老龄黄皮书
YELLOW BOOK OF AGING

老龄政策调研（2015）

LAO LING ZHENG CE DIAO YAN

全国老龄工作委员会办公室◎编

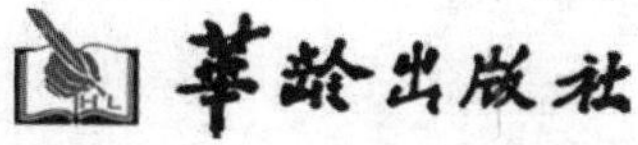

责任编辑：林欣雨　薛治　高志红　阎祯圆　李英卓
责任印制：李未圻

图书在版编目（CIP）数据

老龄政策调研.2015 / 全国老龄工作委员会办公室编. -- 北京：华龄出版社，2016.7
（老龄黄皮书）
ISBN 978-7-5169-0748-1

Ⅰ.①老… Ⅱ.①全… Ⅲ.①老年人—社会政策—研究报告—中国—2015 Ⅳ.①D669.6

中国版本图书馆CIP数据核字（2016）第153266号

书　　名：老龄政策调研（2015）
作　　者：全国老龄工作委员会办公室　编
出版发行：华龄出版社
印　　刷：环球东方（北京）印务有限公司
版　　次：2016年8月第1版　2016年8月第1次印刷
开　　本：787×1092　1/16　　**印　张：**39.75
字　　数：900千字
定　　价：100.00元

地　　址：北京市朝阳区东大桥斜街4号　　**邮编：**100020
电　　话：58124218　　**传真：**58124216
网　　址：http://www.hualingpress.com

出版说明

调查研究是科学决策的基本前提，是开展各项工作的基本手段。注重调查研究，是我们党一贯的优良传统和作用。随着人口老龄化的快速发展，人口老龄化引发的新矛盾问题不断涌现，应对人口老龄化的情况更加复杂，老龄工作面临的任务愈加繁重。在新的历史条件下，调查研究在老龄工作决策和实施中的地位和作用显得更加重要。做好老龄工作，客观上要求我们必须加强调查研究，对我国人口老龄化的基本国情有深刻的认识和把握，更要注重以人为本，从老年人日益增长的物质和精神文化需求出发，有针对性地研究分析人口老龄化给老龄事业发展带来的新机遇和新挑战，为各级党委政府制定相关政策，推进老龄事业改革创新提供建设性建议。

为加强调查研究工作，不断提高各级老龄工作机构的政策研究水平，更好地为老龄工作委员会科学决策服务，推进老龄事业和产业科学发展，按照《全国老龄办关于进一步加强调查研究工作的意见》要求，全国老龄办政策研究部组织实施了主要面向全国老龄工作系统的“专题政策调研及优秀调研成果评选”活动。

在工作过程中，各地积极开展调查研究，认真撰写调研报告，严格筛选调研成果，共提交调研报告约300篇。整体上看，筛选出的调研报告内容丰富，涉及养老保障、养老服务、老年社会管理、老年文化教育、老年人权益保障、老年产业发展、老龄工作、以及特殊困难老年群体状况等重要领域。部分成果视野开阔、观点明晰，切实反映了老龄事业和老龄工作发展中的热点、重点和难点问题，具有现实针对性，所提出的对策建议具有重要决策参考价值，一些成果已经转化为地方党委、政府的工作决策。

对各地上报的调研成果，我们在初审的基础上，组织专家委员会打分评议，共选出一等奖10篇，二等奖20篇，三等奖30篇，优秀奖40篇，现将部分调研成果编入《老龄政策调研（2015）》，纳入“老龄黄皮书”系列，予以出版。

在该项工作推进过程中，全国老龄办王建军常务副主任和朱耀垠副主任对指导各地做好调查研究工作，评选和表彰优秀调研成果，分别做出了具体的要求。政策研究部主任张民巍亲自把关，审阅了上报的所有调研报告，并提出了相应的意见和建议。具体工作由政策研究部政研处负责组织实施。

限于编者水平和时间问题，本书难免有不足之处，敬请广大读者提出宝贵意见。

编者

2016年8月

目　　录

北京市养老服务需求评估体系研究

北京市民政局研究室

近年来，北京市人口老龄化趋势日趋严峻，呈现出基数大、增长快、高龄失能、空巢化严重等特点，解决养老问题成为关系首都长远发展的民生大事。但目前养老服务供给与需求利用之间存在结构性矛盾，一方面老年人服务需求没有得到满足，另一方面存在部分养老服务资源闲置浪费。导致该现象的重要原因就是缺失需求评估环节，政府、社会资源难以同老年人个体需求有效对接。本课题从北京市养老服务现状出发，研究分析开展需求评估的必要性及其意义，进而在借鉴吸收国内外先进经验基础上，提出建立养老服务需求评估体系的整体思路，并以开展需求评估为视角，力图重构和完善全市养老服务体系，提供更精细、多元的服务。

一、基本概念界定

（一）养老服务

广义上的养老服务是指家庭、政府和社会为老年人提供的所有正式、非正式的安排，包括物质、精神保障方式及其相应的制度安排，接近于整个社会养老制度的安排。狭义上是指家庭、社会对老年人提供的生活照料、精神慰藉、文化教育、尊严保护、医疗保健等服务行为，以及相关的设施和制度等。在狭义的养老服务体系中，基础和核心内容是生活照料、护理，供给主体为家庭、社会。本文所提“养老服务”都是从广义而言。

养老服务可分为基本养老服务和非基本养老服务。基本养老服务主要是指面向所有老年群体提供的基本生活照料、护理康复、精神关爱、紧急救援和社会参与等服务，其建立实施属于政府责任，服务水准一般是提供基本及中等条件的服务。非基本养老服务是指社会提供的非营利性养老服务和市场化养老服务，旨在满足占总人口大多数的中低层家庭和老年群体的服务需求，对维护社会稳定和谐，实现社会财富再分配具有重要作用。按照现阶段经济发展水平，政府重点和优先发展的是基本养老服务。

（二）养老服务需求评估

养老服务需求评估是指通过一定评估标准、评估工具、评估程序等，对老年人基本状况及其养老服务需求进行综合掌握评价，从而有针对性地提供服务。其核心内容是老年人自理能力评价。20 世纪六七十年代开始，国际上就针对人的活动能力进行了广泛深入的研究，其中包括老年人能力的分析评估。目前通用的做法都是通过对老年人生活自理能力、认知能力、家庭结构、经济状况等进行测量，判断其处于何种状态，需要哪些护理治疗或者康复服务，进而以评估结果为参照，安排相应养老机构、社区服务或居家养老服务。

二、开展养老服务需求评估的必要性和意义

北京1990年就进入老年社会，随着经济社会快速发展，既为完善养老服务体系创造了有利条件，也面临更加多样化、多元化、多层次的养老服务需求。政府要想运用有限的资源尽可能地满足目标群体诉求，就必须以开展老年人需求评估为基础，划分不同的老年人及养老服务类型，搭建需求与供给对接桥梁，提高养老服务整体效能。

（一）北京人口老龄化速度加快，孕育了巨大的养老服务需求，需要通过评估对养老需求进行分类管理

北京市人口老龄化目前呈现出以下特征：一是老年人口基数大。截至2013年底，全市60岁及以上户籍老年人口279.3万人，比上年增加16.4万人，占总人口21.2%。老龄化程度仅次于上海，居全国第二位（全国平均14.3%）。二是老龄化发展趋势严峻。全市每年净增老年人口15万人，预计到2030年总数将超过500万，每4个人中就有1名老年人。同时，外来人口对常住人口产生“削峰填谷”效应，即低峰时期更低，高峰时期更高。三是社会养老压力逐步加大。总抚养系数为46.5%，其中老年抚养系数为31.5%，比上年增加2.1个百分点。户籍人口中纯老年人家庭人口48.8万人，占老年人口总数的17.5%，比上年增加0.4万人。四是人口老龄化程度区域差异大。户籍人口老龄化程度在区域分布上表现出明显的“内高外低”，全市16个区县中，60岁及以上户籍老年人口排在前三位的是朝阳区、海淀区和西城区，分别为48.3万人、42.5万人和33.7万人。60岁及以上户籍老年人口占该区县总人口比例排在前四位的是丰台区、东城区、石景山区和朝阳区，分别为25%、24.2%、24.2%和24%。

老龄化加剧必然带来养老服务需求的快速增长。政府要解决如此庞大的需求问题，就必须进行辨别和筛选，判断哪些是家庭、社会、市场能够有效服务的，哪些属于政府应当重点保障的，有针对性地提供相应服务，避免撒芝麻盐式的泛泛而保，减少资源的重复和浪费。

（二）北京养老服务及其工作体系已形成雏形，具备在需求评估基础上为老年人提供精细化服务的条件

近年来，北京市坚持以人为本、城乡一体、适度普惠，不断加大财政投入和政策创制力度，确立了“9064”的养老服务基本格局，建立了城乡统筹的养老保障制度，初步形成社会化养老服务体系，为开展需求评估、实现精细化个性化的养老服务创造了基本条件。一是社会保障体系实现制度全覆盖。包括企业职工基本养老保险制度、

机关事业单位退休制度、城乡居民养老保险制度、福利养老金制度等养老保险制度，城镇职工基本医疗保险、新型农村合作医疗、城镇居民医疗保险等医疗保障体系，城乡低保、农村五保供养等救助政策，以及高龄津贴、老年人优待等普惠型老年人福利。二是社会养老服务体系基本建成。出台了居家养老服务“九养”办法，在社区普遍建立了托老所和养老餐桌，依托辖区养老机构、设施为社区居家老人提供短期入托、上门照料护理、康复训练等服务，调动政府和社会资源加快养老机构建设，初步建立起以居家为基础、社区为依托、机构为支撑的社会养老服务体系。三是养老工作体制机制更加健全。市级层面和所有区县、街乡镇均成立了老龄工作委员会，设立了每年5.2亿的市级养老服务工作专项资金，用于养老券结算、养老餐桌和托老所奖励、社会办养老机构运营补助等项目。

（三）开展养老服务需求评估，对北京市完善养老服务体系具有重大意义

随着老龄化程度日益加深，养老问题的解决成为全社会关注的重点、难点和热点。政府以开展养老服务需求评估为基础，提升资源利用效率，提高老年人群服务水平，具有重要现实意义。一是有利于促进社会公平公正。只有确保底线公平，才是真正实现公平。政府作为社会公共事务的主要管理者以及基本公共服务的主要提供者，应当把公共资源用于最需要保障的人群。开展养老服务需求评估，就是通过建立科学的评估体系，用硬性指标、客观数据进行对象筛选，最大限度确保公平公正。二是有利于推动养老服务供需平衡。老年群体规模庞大，并且健康状况、经济收入、家庭结构等各不相同，所以在需求上存在着巨大差异。与之相对应，现有养老服务资源也可划分为多种类型和层次。开展养老服务需求评估，就是要通过对服务需求与资源供给的细化分类，探寻二者的匹配契合点，最终实现供需平衡。三是有利于提高行政效益。伴随我国经济进入新常态，养老等民生保障领域的公共服务供给不能单纯依靠增加财政投入，而要在更多借助于社会力量、市场机制的同时，注重调结构、强效率。开展养老服务需求评估，能为政府制定政策、完善服务提供客观依据，提升公共资源使用效益。

三、国际国内做法与经验

（一）日本

日本开展养老服务需求评估主要是通过2000年正式实施的《护理保险法》提出。按照《护理保险法》规定，护理保险级别根据老年人自身状况分为由低到高三种，即自立、需要援助与需要护理。自立级别的老年人不能得到护理保险服务；需要援助级别的老年人可以接受上门服务和日间服务等，但不能接受设施介护服务；需要护理级别的老年人根据自身程度的不同接受不同的服务项目。被保险人按规定程序进行申请和认定后，可获得两种类型的服务：一是居家服务，二是机构（设施）服务。居家服务主要指日间照顾、日间看护、日间洗浴、日间康复与居家医疗管理指导等服务项目；机构服务主要指介护

老人福利型设施、介护老人保健型设施与介护疗养医疗型设施。

（二）荷兰

荷兰 1968 年制定了确保老年人长期照料的《特殊医疗费用支出法》，施行通过社会保险方式筹措资金的长期照护保险制度；1997 年专门出台规定，建立了统一、规范的养老服务需求评估体系（又称 AWBZ 评估体系）。按照评估运作过程，首先照料对象请求评估，由评估单位进行评估确定所需要的照料类型，再由资助单位与服务提供方在评估结论范围内为照料对象安排所需的照料，最后服务提供方根据协议提供照料服务并根据当前的评估结论收费。评估机构通常是非政府组织，成员多为经过培训且具有医学、护理、理疗、社会工作背景的专业人士。

（三）香港

香港养老服务方针是为需要服务的对象提供社区照顾服务，尽可能让更多老年人在家中得到照料，部分无法在家中得到良好照料的对象，可以提出入住养老机构申请，然后根据专业人员评估，确定服务申请是否被认可。为此，香港在 5 个区成立了安老服务统一评估管理办事处，并从 2001 年开始建立了安老服务统一评估机制。由经过专门培训、具有专门资格的评估员，采用一套国际认可的评估工具进行评估，评估内容包括自我照顾能力、排泄抑制能力、认知形态、行为、情绪、健康、环境问题等。社工服务提供机构依据评估员的评估得出结论，经评估被认定为需要服务的对象，通过统一编配，安排其接受居家或机构养老服务。

从上述国家或地区的做法中，可以得出以下基本经验：一是将需求评估作为养老服务对象资格认定的重要手段。老年人是否需要养老服务，需要什么样的服务，只有通过需求评估才能决定。国际上普遍将养老服务需求的评估作为获得养老服务的前提条件。其中老年人的自理能力和经济能力这两项要求，都是获得政府养老服务的主要依据。二是将需求评估作为公平合理配置养老服务资源的关键一环。养老服务体系建设成效关键就在于是否满足了老年群体的需求。虽然各个国家或者地区都有不同养老服务类型和方式，政府针对老年人的服务也是多种多样，但大都选择了通过开展需求评估，科学研判不同类型养老服务的需求总量，从而合理调配社会养老服务资源，以满足不同老年人对不同类型养老服务的需求。三是建立了一套科学的评价体系和严格的操作流程。国内外已开展养老服务需求评估的国家地区，基本都有符合各自国情地情的实施体系。正是这些规范的评估方法和评估流程，保证了评估的科学性、准确性。

四、构建北京市养老服务需求评估体系

综合以上信息，我们认为，北京市构建养老服务需求评估体系，应当以老年人能力评估为基础，以促进服务需求与供给对接为核心，以实现养老服务精细化科学化为目标，在发展养老服务方面迈上新的台阶。养老服务需求评估体系简单架构见图 1。

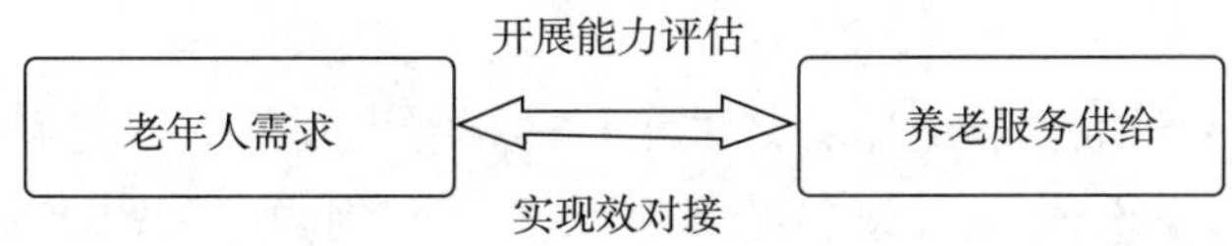

图 1　养老服务需求评估体系架构

（一）开展老年人能力评估

开展老年人能力评估是构建养老服务需求评估体系的前提和基础，是掌握老年人服务需求的有效途径。要形成科学的评估方法和流程，并选取合理的评估指标。

1. 评估方法和流程

养老服务需求评估是政府为实现养老服务有效供给而开展，因此评估理应以政府为主导，可灵活采取组建评估部门或购买第三方服务的形式。结合当前加强政府简政放权的趋势及北京市现状，建议依托基层老年人协会和街道社区养老照料中心建立评估队伍，分区域开展老年人能力评估。

街道（乡镇政府）作为辖区管理者，依托居（村）委会、社区服务站等接收老年人服务申请。申请应以书面形式，并填报涵盖基本身份信息、所需服务等内容的申请表。街道（乡镇政府）接收申请后，委托居（村）委会对申请信息进行初步把关，同时向区县民政或老龄部门提出评估建议。区县民政或老龄部门结合申请人所在辖区，就近派遣评估团队进入社区和老年人家庭开展评估。评估团队由至少 1 名专业评估员及基层养老照料中心成员组成，与村（居）委会及时沟通初审情况并请求协助评估。评估团队完成评估后，将结果向街道（乡镇政府）及区县民政或老龄部门反馈，最终由区县民政或老龄部门选择相应的服务机构或服务市场，提供老年人所需要的服务项目。具体流程见图 2。

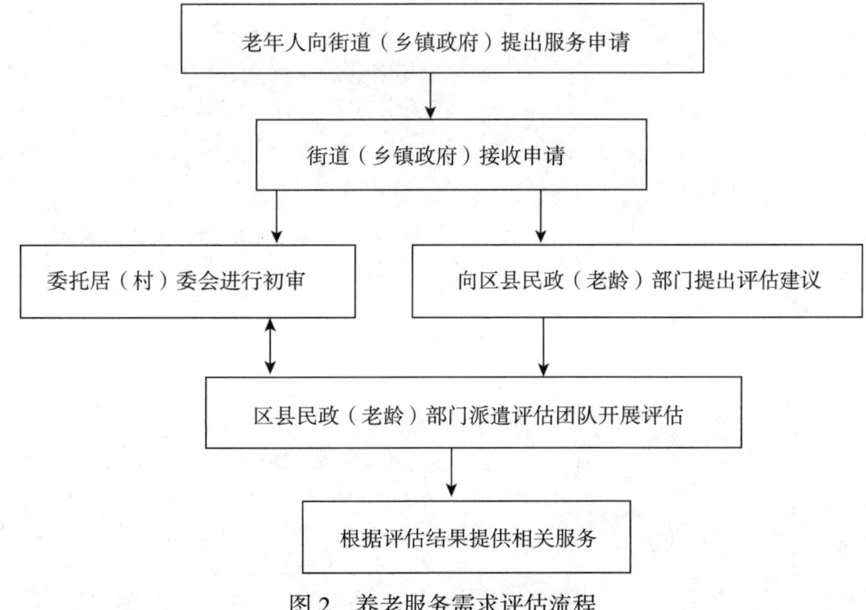

图 2　养老服务需求评估流程

2. 评估指标

结合民政部《关于推进养老服务评估工作的指导意见》、《老年人能力评估》行业标准、国内外相关实践经验及北京养老服务现状，参照国际通用的老年人日常活动量表ADL 评测体系等，按照简单实用的原则，拟选择以下主要指标进行能力评估，共有一级指标 5 项、二级指标 20 项。

（1）个人基本信息。主要涉及年龄、健康状况、经济收入、家庭情况、居住环境等 5 项指标；

（2）日常生活能力。指个人日常独立生活中必须每天进行的身体基本动作，涉及进食、穿衣、如厕、个人卫生、起居移动等 5 项指标；

（3）精神状态。指个人日常独立生活中展示的身体以外的状态，主要包括认知、记忆、情绪等 3 项指标；

（4）感知觉与沟通能力。指个人与外界人或事接触情况，主要包括视力、听力、意识、言语理解等 4 项指标；

（5）社会参与能力。指个人对外界人或事主动施加影响的情况，主要包括家务料理、人际交往、集体活动参与等 3 项指标。

具体评估指标见表 1。

表 1　养老服务对象能力评估指标

一级指标	序号	二级指标	权重	评估细则	得分
个人基本情况 20 分	1	年龄	3	60-80 岁得 1 分，80-90 岁得 2 分，90 岁以上 3 分	
	2	健康状况	6	按半年因病卧床天数，1-10 天 1 分，10-30 天 2 分，30 天以上或 7-10 级伤残 4 分，60 天以上或 1-6 级伤残 6 分	
	3	经济状况	4	按家庭人均收入与城镇居民人均可支配收入或农村居民人均纯收入的比值，150% 以上 0 分，100%-150% 得 1 分，50%-100% 得 2 分，50% 以下 4 分	
	4	家庭情况	4	按赡养人数量，2 名以上子女 0 分，1-2 名子女 1 分，1 名伴侣 2 分，无人 4 分	
	5	居住环境	3	按人均住房面积，20m2 以上 0 分，10-20 m2 得 1 分，10 m2 以下 2 分	

续表

一级指标	序号	二级指标	权重	评估细则	得分
日常生活30分	6	进食	8	可独立进食0分，需部分帮助4分，完全依赖他人或营养管8分	
	7	穿衣	4	可独立完成0分，需部分帮助2分，完全依赖他人4分	
	8	如厕	6	按大小便失控频率，可控制0分，偶尔失控3分，完全失控6分	
	9	个人卫生	4	按刷牙、洗澡情况，能独立完成0分，需帮助4分	
	10	起居移动	8	按行动情况，能上下楼梯0分，不能上下楼梯但能平地行走4分，不能平地行走8分	
精神状态20分	11	认知	8	按是否存在认知功能障碍，不存在0分，部分障碍4分，完全障碍8分	
	12	记忆	6	按记忆力强弱，存在记忆力0分，部分丧失3分，完全丧失记忆力6分	
	13	情绪	6	按情绪受控成都，能正常控制0分，偶尔失控3分，完全失控6分	
感知觉与沟通20分	14	视力	6	能看书看报0分，不能看书看报但能辨认物体2分，不能辨认物体但能进行模糊判断4分，完全丧失视力6分	
	15	听力	5	可正常与人交谈0分，需要大声说话才能听见2分，听力完全丧失5分	
	16	意识水平	5	神志清醒0分，嗜睡1分，昏睡3分，昏迷5分	
	17	言语理解	4	能正常沟通交流0分，只能进行简单表达2分，完全不能沟通4分	
社会参与10分	18	家务料理	4	能料理家务0分，能料理家务但安排欠条理2分，不能料理4分	
	19	人际交往	3	人际交往正常0分，勉强可与人交往1分，难以与人接触3分	
	20	集体活动参与	3	参与集体活动0分，不参与集体活动3分	

根据各项指标对于老年人能力影响的大小，赋予不同的权重值，作为该项指标的目标分值。然后对各二级指标进行细化，划分出若干等级的能力层次，评估出的每个能力等级赋予相应的得分值。困难等级程度越高，则分值越大。所有指标得分值相加之和即为评估对象综合得分值。综合得分值越大，则困难程度越高，其自我满足能力越弱，对外界服务的依赖程度越严重，也就越需要政府进行兜底保障。

（二）实现服务需求与供给有效对接

通过对老年人进行能力评估得出的分值，可以基本判断出老年人生活状态及所需服务，从而能够根据这些信息，为每位老年人配置有针对性的养老服务。在这些不同类型的养老服务中，还应重点明确政府所承担的责任，从而有利于政府部门充分履职，服务管理好社会。

1. 综合得分值在 0–30 分之间，判定为基本不存在困难

这部分老年人需要的服务多为日常照料护理，主要通过市场满足。政府为其提供普惠型的福利和优待服务，例如养老券、高龄津贴、免费乘公交进公园等。

2. 综合得分值在 30–80 分之间，判定为存在部分困难

由于自身环境条件不同，服务需求也存在差异，因此政府应根据其实际情况提供相应服务。

（1）个人基本情况得分值在 15 分以上，其他各项指标得分占目标分值 80% 以内的，主要是普通的生活困难。鼓励在家养老，政府除提供普惠型的社会福利和优待服务以外，发放一定生活津贴，并动员社区邻里间进行互助帮扶。

（2）日常生活得分值在 20 分以上或精神状态得分值在 10 分以上，其他各项指标得分值占目标分值 50% 以上，基本生活存在较大困难，尤其需要专业的护理服务。应优先安排入住养老机构；未入住机构的，优先且优惠提供街道乡镇养老照料中心或社区托老所提供的照料护理服务，并发放一定社区居家养老护理补贴。

（3）感知觉与沟通得分值在 10 分以上，其他各项指标得分值占目标分值 80% 以内的，主要是身体存在部分功能性障碍。鼓励其在家养老，政府发放一定辅具补贴或医疗补助。

（4）其他情况下，一般鼓励采用社区居家养老，政府结合实际提供补助补贴、日间托养、护理照料、社会优待等，并通过大力调动市场和社会资源，开发出更加多样化的养老服务项目，丰富老年人选择内容。

3. 综合得分值在 80–100 分之间，判定为极度困难

[illegible]分老年人自我照料能力极为欠缺，各方面服务需求都非常强烈，但能够获取的[illegible]是政府进行兜底保障最核心的目标人群。政府应安排入住养老机构；[illegible]标准享受各种福利政策。（见表 2）

表 2　养老服务需求 – 供给体系

<table>
<tr><th>评估得分</th><th colspan="2">所需服务内容</th><th>服务供给者</th><th>政府责任</th></tr>
<tr><td>0–30 分</td><td colspan="2">日常照料护理</td><td>家庭与市场供给为主</td><td>提供普惠型福利优待服务</td></tr>
<tr><td rowspan="3">30–80 分</td><td>个人基本情况分值在 15 分以上</td><td>生活帮扶</td><td>家庭与市场供给为主</td><td>提供生活津贴</td></tr>
<tr><td>日常生活分值在 20 分以上，或精神状态分值在 10 分以上</td><td>专业护理</td><td>政府供给为主</td><td>安排入住机构</td></tr>
<tr><td>感知觉与沟通分值在 10 分以上</td><td>行为辅助</td><td>家庭与市场供给为主</td><td>提供辅具购置租用补贴或医疗补助</td></tr>
<tr><td>80–100 分</td><td colspan="2">全面服务</td><td>政府供给为主</td><td>安排入住机构</td></tr>
</table>

五、北京市完善养老服务体系的政策建议

构建养老服务需求评估体系仅仅是手段，如何通过评估掌握老年人需求，进而形成更加完善的养老服务体系，才是最终目的。作为政府，健全和完善养老服务体系，就是要在需求评估的基础上，按照老年人需求的类型和总量，配置养老服务的类型和规模，根据老年人的需要为老年人提供可选择的养老方式和服务项目。但是就北京市目前养老服务现状而言，要实现这一目标，还存在许多亟待解决的问题。

一是养老服务市场机制不够健全。经过需求评估很大一部分老年人，特别是失能或者半失能老年需求入住养老机构，单靠政府办养老机构远远不能满足这部分老年人的需求，需要社会力量参与兴办养老机构。但是目前政府办养老在政策、用地、定价等方面具有明显优势，挤压了社会力量参与养老服务的生存空间。社会办养老机构较高的用地成本、不完全的市场定价和竞争机制，使其在市场竞争中处于不利地位，机构床位使用率普遍在 50% 以下，影响了可持续发展，也导致社会资本缺乏后续投资的积极性。养老市场没有得到充分发育，势必会影响服务供给的内容和质量。

二是社会资源参与养老服务远远不够。对于大多数老年人，养老服务需求需要通过家庭或者市场来满足，政府需要大力鼓励和培育养老服务组织发展。但是目前北京市养老服务社会组织发展还处于初级阶段，数量少、类型单一。由于登记手续较复杂，程序较严格，限制了养老服务社会组织的发展壮大，导致现有部分养老服务社会组织规模较小，社会动员和资源整合能力较弱，服务内容与社会应用存在脱节。在政府职能转移社会组织承担方面，用于购买社会组织公益性养老服务的项目资金还较少，公用事业收费、税收减免、职业培训、开设场所等扶持政策还不完善。社会力量参与较少，直接导致养老服务领域活力不足，队伍资金等资源短缺。

三是公办养老机构管理运营体制滞后。经过需求评估，低收入家庭、为社会做出特

殊贡献以及部分失能老年人需求入住政府办养老机构，但是市区两级的公办养老机构都存在着投资渠道单一、管理模式封闭、经营方式不活、市场竞争不足等问题，特别是街道、乡镇敬老院整体建设水平偏低，专业管理人员和服务人员缺乏，难以吸引老人入住。另外，供地机制不活、动力不足、收益很低，其它用地转为养老设施用地的手续繁杂，中心城区土地缺口更大。公办养老机构发展水平较低，制约着养老服务体系的进一步完善。

四是养老服务人才队伍欠缺。无论是开展养老服务需求评估还是提高机构养老和居家养老服务水平，都需要大量专业人才队伍的支撑，但是养老服务行业规范、专业标准、评价体系与监管制度建设相对薄弱。社区居家养老服务人员整体素质偏低，其职业技能、服务质量无法充分满足老年人的需求。养老服务需求评估急需的医学、护理学、心理学、老年学作等方面专业人才缺口很大，而人才培养机制还不健全，养老服务人才供求矛盾突出。

五是老年群体消费能力仍然偏低。通过市场和家庭满足养老服务需求的老年人属于绝大多数，但是目前老年人总体经济收入本来不高，尤其是城市“三无”、农村五保和低收入老年人的收入水平更低，失能老人及其家庭负担较重。老年人消费观念相对保守，依赖政府提供的保障和服务，对市场服务或产品存在一定抵触心理。大部分老年人养成了重积累轻消费、重子女轻自己、过于节俭的生活习惯，普遍存在不愿消费、不知消费和不敢消费的心理，老年群体的潜在消费能力尚未得到释放。

北京市建立健全养老服务体系，要在全面开展养老服务需求评估的基础上，优化调整各类养老服务的供给规模和布局，合理确定政府、市场和社会的职责分工，充分调动多方资源参与，为老年人提供多层次、多样化、有针对性的养老服务。为此要重点做好以下几方面的工作。

（一）大力发展居家和社区养老服务，为经过评估选择居家生活的老年人提供有力支撑

经过需求评估综合得分在 30 分以下或者 30~80 分之间基本得分在 15 分以上的老年人主要是居家或者社区养老，这类群体将构成养老服务对象的大多数。满足这部分老年人服务需求，必须以家庭为基础，以城乡社区为依托，大力发展生活照料和家政、医疗卫生和护理、精神慰藉和紧急救援、文化娱乐和体育健身等服务，对各类公共服务设施进行适老改造，确保选择居家社区养老的老年人群体能享受到不低于机构水平的养老服务。

一是发展老年人日常生活照料相关服务。采取政府购买服务、项目委托、以奖代补等多种形式，鼓励和引导社会力量为居家老年人提供养老服务，不断扩大服务覆盖面。鼓励养老照料中心、专业养老服务机构以及家政、物业等企业为居家老年人提供助餐、助浴、助洁、助急、助医、护理等上门服务。支持餐饮企业、养老照料中心、专业送餐机构和单位内部食堂，通过开设老年餐桌、“中央厨房＋社区配送”等方式，为社区居家老年人提供餐饮服务。在老年人有需求、村委会有意愿、集体经济可持续发展的村开办老年餐桌。政府通过购买服务方式，为餐饮服务机构提供设施改造、设备购置、送餐

服务等补助；为经济困难老年人提供餐食和送餐服务补助。支持爱心慈善超市等商业连锁企业，为居家生活老年人特别是农村偏远地区老年人提供上门送商品、送服务等服务。鼓励养老机构利用自身资源优势，开展入户居家养老服务，指导社区养老服务组织，培训服务人员。鼓励个人利用家庭资源就近就便开展为老服务。

二是发展老年人行为矫正及精神健康相关服务。完善基层医疗卫生服务网络，扩大基层卫生服务供给，加强基层卫生人才建设，提高基层卫生服务质量，提升基层卫生服务机构为老服务能力。积极引导社区卫生和社会医疗服务机构为居家生活的老人提供入户服务，建立健康档案、开展康复、开设家庭病床等服务。完善基本医疗保险社区用药报销政策，按照社区卫生服务机构的服务功能完善基层用药制度，保证社区卫生服务机构药品配备，为老年人在社区治疗常见病、慢性病用药提供方便。建立社区（村）为老服务志愿者队伍，开展邻里相助、结对帮扶和养老服务志愿活动，探索建立健康老人参与志愿互助服务的工作机制。积极倡导志愿者为孤寡、独居、空巢老年人开展陪聊、读报、购物等服务。引导、组织专业心理慰藉机构在各乡镇（街道）建立心理咨询服务站，为老年人提供精神关怀服务。

三是开展适合老年人参与的文化娱乐活动。加大老年人文化娱乐的资金投入力度，创建文化养老平台，为老年人提供更多的文化娱乐场所和文化活动设施。为老年人提供展示的空间，开展符合老年人特点、适应老年人需求的文化活动，展示老年文化建设成果。积极组织老年文化专业人才和业余爱好者创作老年题材节目。加强对老年非物质文化遗产项目代表性传承人的保护和帮扶力度。提高全社会对老年教育是全民终身教育重要组成部分的认识，理顺老年教育发展的管理体制，建立具有行政管理职能的老年教育管理机构，实现老年教育系统化发展。鼓励有条件的个人、企业、高校、社会组织、养老机构、群艺馆、文化馆等创办老年大学或老年学校，形成以示范性老年大学为主，社区老年学校、老年电视大学、老年网络大学为辅的老年教育格局。社区利用现有的资源，就近为老年人提供学习机会和场所。创新教育载体，整合社会信息资源，积极发展数字化远程教育。积极组建老年教育志愿者队伍，开发老年人力、智力资源，激发老年人的潜能，使之成为开展老年教育活动的重要力量。

四是加强社区及社会养老助老服务设施建设。采取政府和社会资本合作（PPP）等方式，在老年人口相对集中的区域建设街乡镇养老照料中心，整合区域内托老设施、各类专业服务机构和服务团队共同组成居家养老服务联合体，建成在服务区域、人员配备等方面具备满足辐射社区和居家养老服务的区域综合性为老服务平台。加强社区托老所建设，按需设置日间照料床位、娱乐康复健身设施和社区居家养老服务中心。支持和引导各类社会主体参与社区养老服务设施建设、运营和管理，鼓励引导各类具有为老年人服务功能的设施向老年人开放。推动将居住区公共设施适老性改造列入老旧小区综合改造计划，重点进行出行路面和设施的无障碍改造，鼓励有条件的老旧小区住宅楼加装电梯。推进无障碍交通设施与服务体系建设，合理设置交通步道、人行道、信号灯等交通设施，基本建成中心城无障碍交通出行网络。制定年度老年人家庭无障碍改造计划，扶持困难老年家庭在住宅装修、家具设施、辅助设备等方面进行符合老年人适用性、安全便利性方面需求的设计和改造。

（二）合理配置机构养老资源，满足评估后需入住养老机构的老年人的机构养老需求

经过需求评估，综合得分80~100分、日常生活分值在20分以上以及精神状态分值在10分以上的老年人要重点保障其入住养老机构的需求；另外居家社区养老也同样需要养老机构提供相应支撑，因此发展养老机构是政府保障养老服务的重要内容。按照北京老龄化趋势及机构建设现状，必须继续加强养老机构设施建设，有序推进公办养老机构改革，鼓励引导社会力量参与养老机构建设管理，提高机构养老服务水平。

一是合理规划养老机构建设布局。针对北京市养老机构总量不足、利用率低、辐射能力较弱等问题，按照“提升存量、保证增量”的思路，通过现状挖潜、其他设施利用和新建的方式，建设一批机构养老设施，扩大养老机构总量供给。优化养老机构资源配置，缓解养老机构在城乡分布、政府办和社会办、照料型和护养型等方面存在的结构性矛盾，分区域明确设施规划目标和发展策略。将各类养老服务设施建设用地纳入城镇土地利用总体规划和年度用地计划，合理安排用地需求，可将闲置的公益性用地调整为养老服务用地。统筹养老护理机构及社区护理设施、医疗服务设施，形成养老护理的完整链条。按护理需求、地点或服务时间、收费等不同情况进行细化分类，合理规划居家社区式、医疗康复式、集中护理式三大类设施，其中护养型床位要达到总床位数的70%以上。在每个区县至少建设一所400张以上床位的养老机构，每个乡镇至少建设一所养老照料中心。

二是深化公办养老机构管理体制改革。加快落实《关于深化公办养老机构管理体制改革的意见》，构建功能明确、运行高效、权责明晰、监管有力的公办养老机构管理服务体系。全面增强公办养老机构托底保障功能，以养老服务需求评估为基础，明确需要进行保障的重点服务对象，配置相应养老资源，并进一步加大对居家社区养老服务的辐射和带动作用。加快完善养老服务行业市场机制，除承担托底保障职能的公办养老机构享受政府补贴外，推动其他公办养老机构与社会办养老机构公平参与市场竞争。市属、区县属公办养老机构主要承担养老服务示范引领、功能试验、专业培训、品牌推广等职能。培育一批带动力强的养老机构，打造知名养老服务品牌，形成可供借鉴的服务管理经验。

三是扶持更多社会办养老机构发展。探索采取股份制、股份合作制、PPP（政府和社会资本合作）等模式，引导支持更多社会力量投入建设发展养老机构，扩大机构规模数量。鼓励支持机关、企事业单位将所属的度假村、培训中心、招待所、疗养院等转型为养老机构，支持民间资本对企业厂房、商业设施及其他可利用的社会资源进行整合和改造，用于养老服务。对社会资本利用现有住宅、工业、商业等设施改建养老机构的，在规划调整、财政补贴和公用事业收费价格等方面予以支持。根据经济发展、财政收入、物价变动等因素，对社会办养老机构给予的一次性建设资金补助标准和运营补贴标准，建立科学合理的调整机制。推动养老机构规模化、连锁化发展，鼓励养老机构跨区联合、资源共享，发展异地互动养老，推动形成一批具有较强竞争力的养老机构，实现服务技

术和品牌输出。

四是创新养老机构运营管理模式。鼓励养老机构尝试所有权企业化与经营权非营利化的创新组合模式。通过所有权和经营权分离的办法，将养老机构的所有权企业化或债券化，允许向银行融资或向社会发行企业债券，承认所有权，赋予收益权。将养老机构的经营权非营利化，给予独立经营权，坚持非营利和零基预算，保有养老福利性质，使养老不偏离福利事业的航向。发挥养老机构服务优势，拓展服务范围，提高养老服务机构辐射居家养老和社区照料服务能力。通过内设医疗机构或与周边医疗卫生服务机构签订合作协议等方式，提高养老机构医疗服务能力。鼓励有条件的医疗机构利用闲置资源开办养老机构，满足长期患病、术后照护、残障老年人康复护理、临终关怀等服务需求，为机构、居家、日间照料的老人及社区老人提供适时的医疗服务。加强机构与社区的联系，合作建立养老护理服务流通站。借用现代交通工具，建立养老服务流动服务人才队伍。

（三）健全养老服务保障及老年人福利政策，为所有老年人提供基本养老福利保障

老年群体整体消费能力偏低，自我需求满足能力较弱，大部分在现实社会中都属于较弱势的群体，因此政府在满足老年人需求过程中，必须充分认识老年群体这种特殊性，充分发挥保基本、兜底线作用，建立健全养老服务需求评估和资格评估、政府购买养老服务以及老年人福利补贴和优待服务等制度，提高所有老年人的社会福利水平，增强老年人自我服务和消费能力。

一是健全老年人护理保障政策。建立和完善老年人基本养老制度，根据其经济收入、身体状况等，为入住养老机构或接受居家养老服务提供支持。对政府供养的城市特困人员、农村五保对象中的老年人，由公办公营养老机构承担其基本养老服务保障。对经济困难的孤寡、高龄、失能老年人，由区县政府通过购买服务形式，协助其入住养老机构或接受居家护理服务。为社会作出突出贡献人员中的失能或高龄老年人，以及计划生育特殊困难家庭中失能或高龄老年人，享受优先优惠入住公办养老机构服务。支持商业保险企业开发经营长期护理保险产品，探索建立长期医疗护理保险制度。

二是健全养老服务补贴补助制度。继续推进养老（助残）券“券变卡”改革，优化养老卡申请和发放流程，加强对养老服务单位的培育、管理和服务工作，强化专项资金使用管理监督，探索调整养老卡资金使用方向，推进养老卡精细化管理。优化高龄老人医疗补助结算流程，探索扩大高龄老人医疗补助覆盖人群。完善高龄津贴、高龄特困老人补贴、老年人意外伤害保险等制度，研究建立各项津贴、补贴标准的科学调整机制。为失能老年人家庭租用或购置相关辅具提供补贴支持，确保所有困难老年人享受平等待遇。

三是提高老年人社会优待服务水平。进一步加强老年人优待工作，拓展、细化优待服务内容，从不同老年群体的实际需求出发，对各优待项目的服务对象进行细分，优先考虑高龄、失能、贫困、空巢等困难老年群体的特殊需要，逐步发展面向老年人的普惠性优待项目。根据城乡经济社会发展实际情况，分年龄、分层次确定优待范围、优待对

象和优待标准，兼顾不同年龄群体的利益诉求，促进代际共融与社会和谐，坚持循序渐进地推进优待工作。在政策制定、资金投入等方面发挥政府的主导作用，在多重领域积极为老年人提供优待，鼓励、引导和吸收社会力量参与老年优待服务。健全优待服务保障措施，建立经费保障、绩效考核、行政监察、社会监督机制，满足老年人更多社会参与需求。

（四）培育发展养老市场和产业，通过市场机制为所有老年人提供更多养老服务选择

老年人的需求具有多样性，不能仅仅满足于政府所提供的基本公共服务，而是有赖于养老服务市场的充分开发，利用市场配置资源。要发挥北京市在发展养老产业方面具有的资金、人才和技术等优势，大力加强老年产品用品研发、创新养老金融产品服务，扶持养老旅游休闲等服务发展，优化京津冀养老产业协同发展布局，形成健康有序的养老服务市场，为老年群体提供更多连锁化、专业化、个性化的养老服务。

一是加强老年产品用品研发。支持企业开发安全有效的康复辅具、食品药品、服装服饰等老年用品用具和服务产品，引导商场、超市、批发市场设立老年用品专区专柜，鼓励有条件的地区建立老年用品一条街或专业交易市场。鼓励已有电商平台完善服务功能，增加适应老年人消费需求及特点的商品和服务。建立老年用品产业园，集研发、制造和销售于一体，在老年电子电器产品、老年康复辅助器具、老年医疗器械等老年产品用品研发方面，发挥北京科技创新优势，培育一批知名企业，形成有竞争力的核心产品。

二是创新养老金融产品服务。设立养老产业发展引导基金，通过贷款贴息，以奖代补、投资入股、小额贷款、项目补贴等方式，发挥政府性资金的撬动放大效应，引导社会资本发展养老服务产业。鼓励符合条件的养老服务企（事）业法人及其他合格主体申请国家开发银行贷款支持的养老项目。加大金融行业对养老产业支持力度，加快信贷产品创新，提高贷款覆盖面，加强对小微养老企业信贷支持，延长贷款期限，保持贷款余额的合理增长。研究制定社会办养老机构贷款贴息管理办法，建立养老机构贷款风险基金。推进住房反向抵押贷款试点，开展房地产信托投资基金试点。

三是扶持养老旅游休闲服务发展。制定投资优惠政策，发挥北京市健康、旅游、文化资源优势，鼓励健康、旅游、文化等机构开展养老养生和休闲旅游业务，促进相关行业的融合创新发展。出台优惠措施，鼓励北京市医疗健康旅游业拓展国际市场。培育有一定知名度、实力雄厚的养老咨询公司。打造具有国际影响力的养老产业博览会和养老产业论坛。建立老年健康产业园，引进一批优质项目和企业，实现产业集群化发展。以老年医院为基地，打造集养老、老年医疗、康复为一体的示范中心和研发中心。

四是优化养老产业布局。建立养老服务产业统计指标体系。充分发挥区县的比较优势和竞争优势，加强养老产品和服务的统一市场建设，促进生产要素合理流动与聚集，打破条块、地区、城乡分割的市场格局。按照中央关于京津冀协同发展的战略部署，主动对接河北和天津两地，加强与两地的合作和交流，互通情况，汇集共识，明确养老服务领域合作路径和运行机制，谋求项目合作和产业链衔接，打造互补互利的养老服务集群，缓解首都的养老压力，努力推动养老服务三地协同发展。

（五）加强人才队伍和信息化等建设，为全面开展养老服务需求评估、提升养老服务效能奠定基础

不论开展需求评估还是发展养老服务，队伍都必不可少。而随着现代社会发展，信息化的广泛应用也成为无法逆转的潮流，养老服务中也必将有更多信息化因素的引入，如进行网络评估、提供网上服务等。必须积极推进养老服务人才队伍的职业化、专业化建设，推动互联网、物联网、云计算、大数据等信息技术应用于养老服务领域，全面提高养老服务效能。

一是培育职业化的管理服务队伍。将养老服务人才队伍建设纳入北京市人才教育培训规划，培养具有职业素质、专业知识和技能的养老服务工作者。适应养老服务需求评估体系建设要求，培育专业的养老服务评估员队伍。开展职业院校养老服务类示范专业点遴选和建设工作，促进职业院校围绕本地区养老服务业发展需求，深化专业课程改革，强化师资队伍和实训基地建设，充分发挥示范引领作用，带动相关职业院校养老服务类专业点建设。支持职业学校增设养老服务和管理专业，引入老年医学、康复、护理、营养、心理和社会工作等专业人才。开发养老服务公益性就业岗位，支持街道（乡镇）、社区（村）有序开展养老工作，鼓励养老照料中心、老年餐桌等机构提供居家服务。通过政府购买服务方式，对养老服务机构的管理人员、服务人员和护理人员进行职业培训、职业教育和继续教育，为家庭照护者、为老服务志愿者提供相关技能培训，建设一支养老服务人员、社会工作者、志愿者相结合的养老服务队伍。

二是建立养老服务信息管理服务平台。建设面向社会的北京市养老服务门户网站，发布老龄政策、老龄工作动态等政务信息。建设养老服务业务管理平台，优化养老卡、老年人补贴等各项业务审批办理流程，加强专项资金使用效率和监督管理。建设依托养老照料中心运行管理的区域性养老服务信息平台，建立老年人养老需求和服务项目登记制度，整合服务资源，组织联络服务机构、服务人员和志愿者为老年人提供居家养老服务，并对服务进行监督。推动养老卡转型升级，将养老卡打造为老年人享受养老服务、养老服务单位享受奖励扶持的平台和依据。试点开展智慧型养老社区建设，运用信息化手段，建立居民、家庭、社会组织、社区活动电子档案，完善社区服务设施技术网络环境，形成互联互通共享的信息服务系统，开展社区健康管理。开发和推广养老信息化相关的智能终端产品，利用信息技术开展远程医疗、健康监测、居家护理等养老服务。

三是鼓励社会组织参与养老服务。社会组织是开展养老服务需求评估的重要承接者以及提供养老服务的有力支撑者。要支持非营利性养老服务社会组织进行直接登记，探索支持民办非企业单位跨区多点开展养老服务。通过政府购买服务方式，支持老龄产业协会、养老行业协会等社会组织开展养老服务调查研究、行业标准制定、服务质量评估、服务行为监督及专业职称评定等事务。加强基层老年协会建设，推动老年群众组织开展自我管理、自我发展、自我服务和服务社会活动，倡导进行多层次、多形式的社会参与。

四是推进养老服务标准化建设。推进养老服务标准研究、制修订和宣传贯彻，完善

涵盖基础通用标准、服务技能标准、服务机构管理、居家养老服务、社区养老服务、老年产品用品标准等内容的养老服务标准体系。加大养老服务标准宣传力度，将标准化建设落实到行业管理和经营服务的各个环节，推动养老服务标准在全社会得到广泛认同和普遍实施。完善标准评价体系，通过对实施效果的评价，不断总结推广实施标准的方法经验。通过政府购买服务方式，充分发挥企业和行业组织在标准需求、投入、制定和应用中的积极作用，支持企业加强标准化工作，鼓励企业制定联盟标准。

上海市日间照护服务机构的现状、问题与对策

上海市老龄办

据《上海市老年人口和老龄事业监测统计调查制度》统计，上海早已进入深度老龄化阶段。另据预计，“十三五”期间，80岁及以上高龄人口平稳增长，平均每年约增加0.82万人，2018年上海户籍60岁及以上老年人口总数突破500万人，2020年总数将达到540万人，2025年以后，上海将进入高龄老人快速增长期。因此，“十三五”的5年是应对今后高龄化社会的有利准备期也是重要准备期。

在家庭逐渐核心化、本土特殊人口政策造成的家庭4–2–1模式、家庭普遍双职工模式而导致照顾能力弱化等特殊背景下，传统家庭养老的模式已不能满足目前的照顾需求，需要外部力量加以支持。同时，中华文化传统使得老人及其家庭倾向于在社区养老。根据“在地老化”的理念，在社区照顾是经实践检验合理及有效的养老模式。所以，完善社区居家养老体系，以社区为基础，发展社区养老服务，并为家庭养老提供支持成为满足不断增长的养老需求的一个重要策略。

自2002年上海市颁布《上海市日间服务机构建设指导意见》实施以来，全市建设老年人日间服务机构共计381家，服务人数共计1.4万人，但存在设施空置，服务基础、以及运营困难的情况。为对上海市日间照护服务机构进行全面深入的了解，课题组按照所处地区、运营模式两个维度分类选取了10家老年人日间照护机构和1家提供日间照护服务的社区养老机构进行了调查访谈，以此来考察目前上海日间照护服务机构在发展中所面临的困境，政府、社会和老年人日间照护机构之间的相互关系，并进而探讨如何有效推进上海市日间照护服务机构合理、健康发展的问题。

本研究调查区域为浦东新区、金山区、闵行区、长宁区共四个区域11家机构，所处地区包括城市地区、郊镇地区、农村地区，经营模式包括公办、公办民营、公建民营、民办公助、民办等多种类别，基本涵盖了目前上海市日间照护服务机构的所有类型。调查主要采用半结构式访谈的方法，调查对象包括日间照护服务机构的负责人和部分委托运营的政府部门代表。

一、国际日间照护服务相关情况与政策

日间照护中心在美国称为成人日间照料中心，而在澳大利亚称为日间照料中心，在我国香港地区称为长者日间护理中心，虽然在名称上存在差异，但均是指在白天为需要

帮助和照管的成人提供护理和陪伴服务的机构，且多数情况下服务对象为老年人。综合各国，日间照护中心基本都具备以下三个方面的功能：①这种以社区为基础的服务体系主要是为了帮助老年人维持良好的功能状态，从而在社区中安享晚年；②在评估老年人生理、心理及社会需求的前提下为其提供个体化服务；③为家人及其照顾者提供喘息服务，帮助他们更好地照顾老人。

（一）有关服务模式比较

为满足不同自理能力及健康状况老年人的服务需求，国际上日间照料中心一般分为三种模式：①社会模式：提供就餐和日常活动辅助，例如瑞典的社会日间中心和澳门的老人日间中心；②医疗模式：是在社会模式的基础上增加了专业医疗、护理和康复服务，例如瑞典的康复日间中心和美国的成人日间保健中心；③特殊模式：为有特殊护理需求，如认知障碍患者和帕金森症患者提供服务。

（二）有关服务对象评估的比较

综合国内外相关政策，日间照料中心的服务对象主要为健康欠佳或身体功能受损，日间需要照顾的老年人、认知障碍患者、残疾人及其照顾者。服务对象进入日间照料中心前需要进行系统、综合的评估，这种评估不仅为日间照料中心准确了解被照顾者的基本状况、设定相应的个体化服务提供依据，也为动态地评价照料服务质量提供基础资料。不同的国家和地区均有具体的评估和准入标准，而且所使用的评估工具也不统一。在美国，使用的是综合评估工具，如 Comprehensive Assessment Reporting Evaluation（CARE）和 Adult Day Care Assessment and Planning System（ADCAPS）。在我国台湾地区，使用 ADLs 及 IADLs 进行评定。在我国香港地区，使用长者健康及家居护理评估工具（Minimum Data Set-Home Care，MDS-HC）对申请进入政府资助的长者日间护理中心 / 单位的长者进行评估。虽然使用的评估工具不同，但共同关注的评估项目主要涵盖身体评估、病史评估、用药评估、营养评估、心理社会评估、自理能力评估、风险评估、经济评估、兴趣调查等内容。这些评估需要由专业人员进行，在美国和加拿大由注册护士进行评估，在澳大利亚由老年护理评估组对申请者进行评估，并结合申请者的个人意愿为其选择合适的日间照料服务及接受服务的时间，制定相应的治疗护理计划。

（三）有关服务内容的比较

日间照料中心提供的服务内容上主要包括：生活照顾、膳食服务、社交活动、休闲娱乐、接载服务、护理服务、康复及治疗活动、健康教育与咨询、照顾者支持等 . 很多日间照料中心会公布每月的活动日程，方便服务对象选择自己感兴趣的项目。典型的活动内容包括：身体锻炼、个人护理、智力训练、社交活动、教育和远足。这样的活动日程为老年人提供了丰富的选择，吸引他们参与到集体锻炼和社交活动中，同时也能帮助他们合理安排自己的生活。

（四）有关机构运营与经费来源方面的政策比较

日间照料中心的营业时间一般是每周 5 个工作日的日间，有的也在夜间和周末营业。由于日间照料中心提供的服务内容存在差异，隶属机构及盈利性质不同，加之不同地区的福利和保险制度也不一样，所以服务对象需要负担的费用也各异。在美国，日间照料中心收费从 25 美元 / 天到 100 美元 / 天不等，平均 61 美元 / 天，国家医疗补助计划（Medicaid）能为低收入人群支付进入日间照料中心的大部分或全部费用。在加拿大，根据申请者的收入水平，各省健康卫生系统承担的日间照料服务的费用也不同；加拿大和美国的私人医疗保险只部分支付包含医疗护理服务的日间照料中心的费用。在英国，除了由英国国民健康保险制度（National Health Service，NHS）经营的日间照料中心，由其他组织（如 AgeUK、地方政府、志愿组织和商业组织）经营的日间照料中心都需要个人付费。日本、韩国及我国台湾地区，根据申请者的失能程度和家庭经济状况，政府会给予不同程度的补助，超出的部分须自行承担。在我国澳门地区，为老年人提供的社会服务多数由非政府组织承担，社会工作局为这些非政府组织提供资助，老年人只须支付少量费用。香港地区也类似澳门地区，老年人不需付费或只需要支付极少费用。

（五）有关工作人员配置要求比较

根据服务对象和内容的不同，日间照料中心的工作人员组成和配置也不完全相同，但基本是 1 个工作人员照料 4 ~ 7 名服务对象即（4 ~ 7）∶ 1。根据不同自理能力及健康状况老人的需求差异，相应的人员配比也会有所不同。如在美国、加拿大、澳大利亚和瑞典，为患有认知障碍或帕金森症患者提供服务，配比达到（4 ~ 5）∶ 1，而只提供社会模式服务的日间照料中心的人员配比一般为（5 ~ 7）∶ 1。日间照料中心的工作人员一般包括注册护士、助理护士、康复师、治疗师、社会心理工作者、行政人员、娱乐人员、司机等，不同的服务模式下，配备的人员也不一样。日间照料中心工作人员必须接受相关培训，培训的内容包括：如何帮助有特殊需要的服务对象、心肺复苏、公民权利、如何报告虐待和疏忽、食物卫生及病原体控制等。

（六）各国日间照顾相关法律及政策

为支持包括日间照护服务在内的长期照顾服务的实施，各国均制定相关法律或政策进行支持和规范。其中日本制定《介护保险法》，美国制定《美国社会保障法》、《美国老年人法案》及其修正案，台湾于 2007 制定“长期照顾十年计划——大温暖社会福利套案之旗舰计划”，香港制定”综合社会保障援助计划和公共福利金计划“、“改善买位计划“、“持续照顾计划”等，对照顾对象，照顾对象评估及服务申请，照顾服务提供及资助政策等进行规定。

二、上海老年人日间照护机构发展现状

此次调查的 11 家日间照护服务机构的大致情况如表 1 所示（数据提供时间为 2014 年 11 月 –2015 年 1 月底不等）。

表 1　11 家日间照护服务机构的基本情况统计

序号	城区	机构名称	兴办主体	管理运营主体	设施面积 (m^2)	护理员数	其他工作人员数	床位数	入住老人数	主要服务对象	管理费（元）	餐费（元 / 餐）	其他费用
1		上海浦东南码头街道老年人日间照护中心（以下简称“南码头”）	南码头街道	上海瑞福养老服务中心	800–900	2	3	30	约 110	半自理老人	30/ 天	10	扦脚 3 元 理发 5 元
2		周家渡街道老年人日间服务中心（以下简称“周家渡”）	周家渡街道	上海乐耆社工服务社	400	2	3	22	17	自理老人	150/ 月	自行支付给食堂	–
3	浦东新区	张江青桐老年人日间服务中心（以下简称“张江青桐”）	张江镇		500	2	3	40	64	半自理老人	0	7~9	–
4		张江镇老年人日间服务中心（以下简称“张江镇”）	张江镇	上海乐群社工服务社	约 500	2	3	30	40	半自理老人	0	7~9	无
5		鹤沙航城老年人日间服务中心（以下简称“鹤沙航城”）	航头镇		200–300	1	2	30	10	半自理老人	50/ 月	8~10	无

续表

序号	城区	机构名称	兴办主体	管理运营主体	设施面积 (m^2)	护理员数	其他工作人员数	床位数	入住老人数	主要服务对象	管理费（元）	餐费（元/餐）	其他费用
6	金山区	后岗村老年人日间服务中心（以下简称“后岗村”）	后岗村	后岗村	占地336，实际约500	2	1	30	30	半自理老人	0	4~6元按实际成本分摊	无
7	金山区	山阳镇老年人日间服务中心（以下简称“山阳镇”）	山阳镇	山阳镇	600	2	2	30	38	半自理老人	0	4~6元按实际成本分摊	无
8	金山区	山阳镇第二老年人日间服务中心（以下简称“山阳镇第二”）	山阳镇	山阳镇		2	3	30	38	半自理老人	0	4~6元按实际成本分摊	无
9	闵行区	梅陇老年人日间照料中心（以下简称“梅陇”）	上海浦东爱招护老年人公益发展中心		900	–	–	30	–	半自理老人	30元/天	包括在管理费内	单洗浴15元
10	长宁区	江苏路颐家老年人日间照护中心（以下简称“颐家”）	颐家（上海）老年服务有限公司		200	3	1	22	18	不限	780/月，（半天），1280/月（全天）	包括在管理费内	无
11	闵行区	智汇坊	万科房地产有限公司		1300	7	1	20	16（累计）	不限	60元/天，1800元起收	包括在管理费内	无

注：①主要服务对象的判断以访谈对象的说明为准。②总体收费 = 托费 + 餐费 + 其他费用，其中其他费用一般为可选服务费用，例如理发费、扦脚费、康复费等。由于其他费用一般为可选服务费用，不计入总体费用考虑。③半自理老人指介于全自理与全护理之间的有一定护理需求的老人。

（一）建设现状

1. 建设主体

目前老年人日间照护机构中建设主体主要为政府主体，所调查 11 家机构中仅 2 家为社会组织或企业作为建设主体。具体见下表。

表 2　建设主体一览表

机构	南码头	周家渡	张江青桐	张江镇	鹤沙航城	后岗村	山阳镇	山阳镇第二	梅陇	颐家	智汇坊
建设主体	街道	街道	镇	镇	镇	村居	镇	镇	镇	社会组织	企业

2. 建设模式

表 3　建设模式一览表

序号	机构	建设投入金额	备注
1	南码头	不确定	街街道负责建设资金出资及补贴申请
2	周家渡	不确定	同上
3	张江青桐	不确定	同上
4	张江镇	不确定	同上
5	鹤沙航城	不确定	街道全额出资，未注册，未享受建设补贴
6	后岗村	约 16 万元	–
7	山阳镇	100 万元	市区各补贴 40 万
8	山阳镇第二	130 万元	市区各补贴 40 万
9	梅陇	不确定	街道负责建设资金出资及补贴申请
10	长宁颐家	总体约 50 万 ~70 万元	该场地配置有远程监控系统。场地由街道提供，第一年免费，第二年起每月房租 6 万元
11	智汇坊	660 万元，约 4600 元 / 平方米	场地为万科自有场地，优惠租用，每月房租 2 万元

注：由于本次调研主要为访谈运营机构，大部分对建设成本不了解。

3. 建设选址、建设面积和空间布局

（1）建设选址

各调研机构均选址在居住区附近，但张江青桐选址位于商业住宅区，距本地户籍镇属居民集中居住地区有一定距离。

（2）建设面积

郊镇地区的设施单位面积较大，普遍为 800~1000 平方米，城市地区根据不同地区

的政府可筹措空间情况不一致，有 200 平方米的单一设施，也有 800 平方米左右的单一设施。

按照调研结果，单个服务设施的建设面积有明显的规律是中心城区的日间照护服务设施建筑面积较小，城镇地区和农村地区的日间照护服务设施建筑面积较大。

例如，长宁颐家的建筑面积仅为 200 平房米。周家渡建筑面积为内部空间约 400 平方米。根据中心城区的老龄化状况，单体面积偏小，据了解多采用同一街道建立多个老年人日间照护机构的做法。

（3）空间布局

各调研机构均按需求配置或合用休息室、康复室、活动室、办公室，其它多功能厅、浴室等空间设置情况不一，具体见下表。

表 4　服务空间设置情况统计

序号	机构名称	服务空间设置									备注
		休息室	康复室	活动室	多功能厅	餐厅	厨房	开水间	浴室	办公室	
1	南码头	P	P	P	P	P	O	P	P	P	休息室中除休息沙发外另有 4 个休息床。
2	周家渡	P	P	P	P	O	O	P		P	开水间同时配置洗衣机，提供洗衣服务。
3	张江青桐	P	P	P	P	O	O	O		P	前台与电视区结合走廊设置。厨房、餐厅与助餐点合用。浴室（与阳光心园合用）。
4	张江镇	P	P	P	P	O	O	O	O	P	餐厅、康复室（养老院合用）。楼下养老院有浴室，目前未能合用。
5	鹤沙航城	P	P	O	O	P	O	O	O	O	活动室（与楼下老年活动室合用），无浴室。
6	后岗村	P	P	P	P	P	P	O	P	P	—
7	山阳镇	P	P	P	O	P	P	O	P	P	分男休息室与女休息室，
8	山阳镇第二	P	P	P	O	P	P	O	P	P	分男休息室与女休息室。
9	梅陇	P	P	P	P	P	P	O	P	P	有护理台和两个康复室。
10	长宁颐家	P	P	P	O	P	O	O	O	P	活动区为走廊开放空间，
11	智汇坊	P	P	P	O	P	P	O	P	P	餐厅、活动区为连续性开放空间。

4. 配备设备

根据民政部《社区老年人日间照料中心建设标准》规定，服务设备包括生活服务设备、保健康复设备、娱乐设备、安防设备和交通工具五类。

生活服务设备包括洗澡专用椅凳、呼叫器、轮椅，除鹤沙航城日间服务中心因浴室还需改建未配备外，其它所调查机构均完全配置。

保健康复设备包括按摩床\椅，以及平衡杠、肋木、扶梯、手指训练器、股四头肌训练器、训练垫、血压器、听诊器。其中血压器、听诊器所调研所有机构都有配备，其它康复设备配备情况不一。除南码头、智汇坊及梅陇三家外，其它不符合民政部对康复器材的要求。另根据《上海市老年人日间服务机构管理办法》规定，康复室应配有适合老年人的康复器材五种以上。所调查机构都符合上海相关要求，达到5种或以上。

娱乐设备包括电视机、投影仪、播放设备、计算机及网络设备，除长宁颐家因空间过小未配备投影仪外，其它均配备完全。

安防设备包括监控设备、定位设备和摄录像机，该类别设备除摄录像机外普遍缺乏，所调查机构除长宁颐家、智汇坊外均未见监控设备，另外全部未配备定位设备。

交通工具为应配备老人接送车辆，但所调研机构均未配备，仅张江青桐因与丰田有一年期捐赠使用权合作，配备有一辆老年福祉车。

（二）服务现状

按照民政部《社区老年人日间照料中心建设标准》和《上海市老年人日间服务机构管理办法》的要求，日间照顾机构主要为生活不能完全自理，需要一定照料的半自理老年人提供膳食供应、个人照顾、保健康复、娱乐和交通接送等日间服务，另政府所建设机构一般要求服务于本地户籍老人。目前，部分地区例如浦东新区已开始推动日间照护机构提供更专业护理服务，要求其除基本生活照护、助餐服务、社交康乐活动及团康服务外，还至少应提供助浴服务。

1. 膳食供应

各老年人日间照护机构的膳食提供有不同模式，其中金山区三家有附属食堂和炊事人员，南码头、张江青桐、周家渡由位于同一栋楼的社区助餐点支持，其他为社区助餐点送餐或支持单位（如紧邻学校）支持。

调查显示，各日间照顾机构的餐费价格相差不大，大都在10元/天的标准计算，其中金山区三家在4–6元，按实际食材采购成本分摊金额为核算基础。

2. 个人照顾和护理

各老年人日间照护机构提供的个人照顾服务普遍为简单生活辅助服务，例如理发服务、移动辅助，就餐辅助，定期巡护等。

所调查10家机构中5家开展助浴服务，另5家未开展原因经调查了解为设施不符合要求和未能匹配相应护理人员两个方面。另外，其中三家老年人日间照护机构所提供的助浴服务不包括沐浴辅助，仅提供沐浴设施使用服务。

3. 保健康复

（1）专业人员配备

调查显示，老年人日间照护机构一般没有专职医疗人员，被调查10家机构中仅梅陇及智汇坊聘用护士，均无专职医生。对护理服务的监督和管理一般由有护理资质的资深人员负责。

另外，日间照护服务机构普遍没有专职或兼职康复人员，在10家机构中，有7家没有自己的专职康复师，其中1家是通过与康复机构合作来解决这一问题，1家通过与社区医院合作解决保健康复需求。

（2）康复项目和康复设施

日间照护服务机构的康复设施总体来说相对简陋。首先是通常没有医务室，医疗设备基本限于听诊器、血压计，其他吸氧机、血糖检查、心电检查的仪器通常未配置。其次，一般不具备配药功能。并且，大部分机构没有专业性的康复设施，只有部分运动或保健器材。小部分机构有基础康复设施和\或失智康复作业疗法用品。目前各机构所提供的康复服务普遍不完善，例如只进行康复操等简单运动疗法。其他健康服务普遍只提供简单血压测量等。

4. 娱乐

日间照护服务机构应经常组织老人进行有益身心的娱乐和社会活动，进行相互之间的情感交流和社会交往，这对老人的身心健康十分重要。调查中我们发现，日间服务机构大都在机构内部组织老人开展系列的活动，如兴趣班、团队活动或主题活动、生日会等，一定程度丰富了老人的精神文化生活。但还存在服务提供针对性、志愿者参与程度低等不足。

5. 交通接送

所调查10家机构，仅颐家为就近老人提供陪同式接送服务，其他均未提供日常交通接送服务。

（三）管理现状

1. 管理主体

日照中心的管理主体呈现多元化格局。以浦东新区为例，共51间日间中心中，管理主体为街道、镇居家养老服务中心的15家，占29%；由社会组织托管的有27家，占53%；由养老院管理的有3家，占6%；由（村）居委管理的有5家，占10%；由企业成立的社会组织管理1家，占2%。

本次调查中管理主体为镇居家养老服务中心的有2家，村委管理的为1家，5家为社会组织，2家为企业成立的社会组织，1家为企业。

表 5　管理主体对比

机构	南码头	周家渡	张江青桐	张江	鹤沙航城	后岗村	山阳镇	山阳镇第二	梅陇	颐家	智汇坊
管理主体	社会组织	社会组织	社会组织	社会组织	社会组织	村委	镇居家养老	镇居家养老	企业背景社会组织	企业背景社会组织	企业

2. 运营模式

目前老年人日间照护机构主要有公办自营、公办民营、公建民营和民办公助、民办五种运营模式，具体的定义和合作模式如下：

（1）公办自营

日间中心的所有权及经营权属于街镇或其委派机构（居家养老服务中心等），典型特征有街镇委派编制人员作为总体管理人员，街镇直接指导经营决策。

（2）公办民营

街\镇政府独立完成建设和注册工作后，交由社会力量进行管理或运营。其中部分案例，在进行建设以前就进行招标，由中标机构负责进行建设指导。该模式又分为三个小类别：

委托管理模式

通过约定具体管理及盈亏目标，达成及超越目标情况对支付管理费有影响的方式。此调研中代表为浦东南码头日间照护中心，委托上海瑞福养老服务中心进行管理；相应人员成本及公共事业费等运营成本由街镇另行负担，机构法人也由街镇指定人员担任；管理方不直接承担亏损责任，但管理目标的完成情况与管理费收入挂钩。

委托运营模式

通过政府购买服务委托社会组织进行运营，由购买方支付基本的运营成本包括人工费用及其他成本。此模式下，运营方通常不承担盈亏责任。此模式也是最典型的社会组织与政府合作模式。

这类别模式也分有“全包”和“半包”两种模式。其中全包为全部运营经费统一包括在购买费用中。“半包”为经营组织不承担公用事业费或护理人员费、活动经费等部分经费的支出责任，但需负责派出至日间中心的管理及专业人员薪酬支出等责任，不同合约约定的半包内容各有区别。

购买岗位模式

通过政府购买服务购买专业服务岗位，例如社工、康复师等。专业岗位人员工作通常受派出机构指导，但需由日间中心管理团队进行直接管理。有时在汇报中，此模式也会等同于购买社会组织运营服务。

（3）公建民营：

社会力量从建设阶段开始介入，根据双方约定，社会力量对老年人日间照护机构建设也有一定投入。其后，在产权明晰基础上，社会力量自行注册日间照护服务机构已进行运营。

（4）民办公助

社会力量作为建设和举办主体，自行承担装修及改建费用、办公与服务设备配置费用、场地租金、公共事业费、人工费等建设与运营成本，并且依据价格策略独立进行定价和服务的模式。政府以直接资助或补贴、约定期限免租等形式对其进行扶助。

（5）民办

社会力量作为建设和举办主体，自行承担装修及改建费用、办公与服务设备配置费用、场地租金、公共事业费、人工费等建设与运营成本，并且依据价格策略独立进行定价和服务的模式。由于其服务定位为面向中高端对象，政府未对其有直接扶助。

表 6　管理运营方式一览

机构	南码头	周家渡	张江青桐	张江镇	鹤沙航城	后岗村	山阳镇	山阳镇第二	梅陇	颐家	智汇坊
运营模式	委托管理	购买岗位	委托运营	委托运营	委托运营	公办自营	公办自营	公办自营	公建民营	民办公助	民办

3. 行政管理人员设置

按照浦东相关规定，机构负责人原则上应符合以下要求：具有相当大专以上学历；年龄男性不超过 60 岁，女性不超过 55 周岁；具有管理、护理、医学、康复、社工等任一专业资质，从事养老服务工作 2 年以上；负责人应为专职。

所调研机构负责人部分为退休返聘人员专职，部分为街道委派人员兼任，或由社工、护理人员兼任，此前的职业背景、学历和专业也各不相同、参差不齐。具体见下表：

表 7　行政管理人员情况一览

机构	南码头	周家渡	张江青桐	张江镇	鹤沙航城	后岗村	山阳镇	山阳镇第二	梅陇	颐家	智汇坊
行政管理人员	专职	社工兼任	社工兼任	社工兼任	社工兼任	护理员兼任	专职 1 人	专职 1 人	–	护士兼任	专职店长

备注：“–”为此项事宜不明。

4. 护理员与专技人员要求

目前，在全市层面对日间照护服务的护理员配比没有要求。但浦东新区对护理员与护理对象要求比例为 1 ： 7，并建议配备相应的专技人员。

调研显示，大部分老年人日间照护机构的专职护理人员配置偏低，或未配备专技人员。部分如张江青桐、张江镇、鹤沙航城机构专技人员兼任护理人员。

表 8　护理及专技人员情况统计

机构	南码头	周家渡	张江青桐	张江镇	鹤沙航城	后岗村	山阳镇	山阳镇第二	梅陇	颐家	智汇坊
专职护理员	4人	2人	3人	2人	2人	2人	4人	4人	–	2人	7人
专技人员	康复师1人	社工2人	社工1.5人	社工1.5人	社工1人	–			–	护士及康复师各1名	护士1名

另外，主要为持有《上海市养老服务护理员岗位合格证书（居家）》、养老护理员上岗证等上岗证书，持有国家职业等级资质的较少。

而且，由于收入待遇和工作性质的原因，农村地区的老年人日间照护机构相对较容易聘用本地人员，但城市地区普遍只能聘用外地的人员，在语言、文化上存在一定问题，经调研反馈外地护理人员的流失率较高。同时，护理员以女性为主，不利于承担对体力要求较高的中重度老人护理工作。最好，护理员大多文化程度较低，为小学至初中之间，甚至在小学文化水平以下，尤其本地户籍护理员普遍为4050就业协助人员，年龄偏大，不利于管理和培训。

5. 床位利用率

根据机构所在地区与老龄化程度、收费情况，各老年人日间照护机构的床位利用率不一，如下表显示。

表 9　床位利用率情况统计

机构	南码头	周家渡	张江青桐	张江镇	鹤沙航城	后岗村	山阳镇	山阳镇第二	梅陇	颐家	智汇坊
入住率	350%	77%	160%	133%	33%	100%	109%	103%	–	82%	

备注：梅陇中心被调研时还未正式接受入住老人，没有相关数据。

总体来说，位于中心城区，老龄化程度较高的地区，床位利用率较高。位于老龄化程度较低或人口密度较低的郊镇地区的，床位利用率较低。收费高低对老人入住情况有一定影响，如政府将部分保障群体以付费形式（例如南码头）进行购买，也对床位利用率有一定保障。

6. 收费项目

目前日间照护服务收费主要分为三类，分别为管理费（或托管费）、餐费和延伸服务费用。

其中，管理费主要为基础服务费用，服务内容包括基础照护，基础康复及洗浴服务等，其中收费情况也主要分为三类：1. 免管理费或接近免管理费，主要在城镇或乡村地区，代表机构为张江青桐、金山区多家机构等。该类地区老年人主要为城镇及农村老人，养老保险收入一般为1300元不到或500~600元，个人支付能力较低。2.低管理费，通常为100~300元，代表机构为周家渡等。这种收费情况主要存在在城市社区尤其是旧城区地区，主要居住老人为普通收入居民。3.相对市场化收费，为600~1280元不等，部分托管费将餐费也包括在内。这种收费主要为城市中心地区，代表机构为南码头、闵行爱照护、长宁颐家。其中南码头部分费用由街道直接从居家养老服务费用中定向购买支付。

具体收费对比情况见下表：

表10 收费情况统计

<table>
<tr><th>机构</th><th>南码头</th><th>周家渡</th><th>张江青桐</th><th>张江镇</th><th>鹤沙航城</th><th>后岗村</th><th>山阳镇</th><th>山阳镇第二</th><th>梅陇</th><th>颐家</th><th>智汇坊</th></tr>
<tr><td>管理费（元）</td><td>30/天</td><td>150/月</td><td>0</td><td>0</td><td>0</td><td>0</td><td>0</td><td>0</td><td>30/天</td><td>780/月，（半天），1280/月（全天）</td><td>1800每30天</td></tr>
<tr><td>餐费</td><td colspan="2">社区食堂另付</td><td colspan="2">7~9元</td><td>8~10元</td><td colspan="3">以实际成本为基础分摊</td><td colspan="3">包括在管理费内</td></tr>
</table>

餐费收费基本以成本为基准计价，主要由送餐公司或助餐点提供，代收代付或由老人自行支付。

延伸服务包括专业康复、按摩以及洗衣、扦脚、理发等服务，一般由老年人日间照护机构自行或联合社区服务提供方或志愿者提供。其中由志愿者提供的服务内容一般不收费，但频度较低。其他延伸服务如自行提供的一般自行定价，价格根据服务项目为5-30元不等；联合社区服务提供方提供的延伸服务一般为代收代付的形式。

所调研机构中，梅陇、颐家承接政府居家养老服务项目，由政府采购服务，该延伸服务可有效补充总体服务资金，弥补日间照护服务收支不平衡的情况。而智汇坊则尝试提供照护性质的社区居家护理服务，但该项服务未实际开展，原因在于申请服务的老年人过少。

（四）收支与盈亏情况

由于所调查机构多为委托管理机构，对总体收支情况无明确数据，仅根据其所阐述情况在以下进行对比。

1. 收入与支出构成

收入与支出的主要项目构成见下表：

表 11　运营收入及支出项目一览表

序号	收入	序号	支出
1	管理费	1	人力成本
2	额外护理费	2	场地和设备维护
3	额外康复费	3	服务（活动）耗材等
4	餐费	4	场地租金
5	理发、扦脚、特别康复项目等延伸服务收费	5	公共事业费
6	关联商品代售（如生活、保健用品等）	6	行政人事费（包括培训费、会议费、差旅费、办公费等）
7	社区居家服务	7	委托管理费用（支付给委托运营或委托管理的社会组织）
8	运营补贴（按照收住人数进行补贴）和其他政府拨款	8	税收（目前，委托运营或管理的社会组织尚未享受免营业税政策）

注：上述收入支出项目不计入建设补贴和建筑、装修与设施设备折旧。

根据不同规模和团队配置的情况，运营补贴及收费等总体收入与总体支出的比例有所区别。以潍坊日间服务中心为例，运营补贴、服务收费等收入占日间服务中心总体开支的近 30%，其余成本由街道承担。

另外，日间照护服务需逐步完善，按照规定比例配置护理人员和其他专技人员，人力成本还将大幅提升。

2. 财务管理方式

根据经营性质的不同，资金及帐目管理权限和方式也有不同。

公建民营以及民营均为自行管理所有资金账户及相关账目；公办自营一般为居家养老服务中心或社区事务中心并帐代管，或设立独立账户及帐目代管；公办民营的日间照护中心均为收支两条线，运营方收取街镇服务购买费用，承担或部分承担运营服务成本费用，设立单独账目；而服务对象管理费用以及餐费、政府补贴由委托方自行管理。

3. 盈亏情况

如不计委托管理费用收入，运营收支平衡仍仅有南码头日间照护中心一家。其他被调研老年人日间照护机构均未达到收支平衡。

经了解，南码头日间照护中心盈亏平衡原因，部分由于南码头街道将 90 岁以上老人的社区居家养老服务整体购买，结合日间照护服务进行提供，一定程度上保障了日间照护中心的稳定收入来源。

总体来说，老年人日间照护机构收支平衡情况不佳，盈利前景堪忧。且由于人力成本的提升和服务人员配置要求的提高，服务支出将呈现逐渐升高的趋势。服务收入如不能相应提高，将加剧日间照护服务机构的亏损情况。

（五）目前的地方政策支持

目前的政策支持主要分为直接补贴和政策优惠两大类别，具体如下：

1. 建设补贴

用于补充建设期间的投入，为市区 1:1 配比，最高分别不超过 40 万元。

2. 床位补贴

按照收住床位情况给予床位补贴，可由区和街道共同支出。以浦东新区为例，对于收住符合评估要求的老人的，区和街道 / 镇每月分别补贴 100 元，共计 200 元每个床位。

3. 居家养老补贴

将居家养老补贴直接带入日间照护服务用于支付日间照护服务管理费等。部分区县如浦东新区、金山区、闵行区已经实施此政策。

4. 以奖代补

根据各日间服务中心评估情况，给予奖金。以金山区为例，奖金为 3000~30000 元不等。

5. 专技人员补贴

向社工师、康复师、心理咨询师等专业技术人员发放补贴，以提升行业人才吸引力。以浦东新区为例，每个老年人日间照护机构可申请最高 2 人的专技人员补贴，补贴额度为每人每年 3 万元。

6. 培训补贴

由区或街镇民政出资，资助老年人日间照护机构派出护理员进行上岗证等护理培训。以浦东新区和金山区为例，浦东新区对进行学习费用资助，金山区定期组织护理培训，安排护理人员参加。

7. 运营（开办）补贴

针对新设立的老年人日间照护机构，每个机构前三年每年给予不超过一定补贴，各区金额不一。以浦东新区为例，该政策实施期间每年运营补贴为 3–5 万，但目前已取消。

8. 场地租金优惠

日间照护服务场地一般由街镇政府优惠或免费提供。

9. 公共事业费优惠

根据《上海市老年人日间服务机构管理办法》，日间照护服务使用自来水、燃气和电，付费享受优惠。

10. 税收优惠

非营利日间照护服务机构视同养老机构，享受免营业税待遇。但此优惠目前不适用于承接委托管理日间照护服务机构的社会组织。

三、上海市日间照护服务发展中所遇到的问题及其原因

（一）发展中所遇到的问题

总体来看，老年人日间照护机构在服务和管理上正逐步提高，但仍然面临服务需求不凸显、服务供给不足、机构收支不平衡、服务实施不到位四个主要问题，而且这四个问题互相影响，互为因果，将日益成为制约上海老年人日间照护服务发展的瓶颈。

1. 服务需求不凸显

服务需求不凸显，主要体现在老年人自身对社区日间照护支付意愿及支付能力、服务匹配不足三方面。

目前，上海社区老年人照护中心运营中出现的一些现象也体现了日间照护服务需求不凸显的窘况，例如床位闲置，老人饭后或活动后即提前离托等。

根据所调研机构和社区相关负责人的反馈显示，老年人对日间照护服务的支付意愿不高，大部分日间照护服务仍是免费服务或象征性收费，月管理费在200元及以下。以周家渡为例，仅收取每月150元的管理费，仍有部分老人至街道进行投诉。并且，农村及城镇地区老人退休收入较低，难以支付日间照护费用。但失能程度较高的老人由于其对日间照护需求的迫切性，对日间照护服务收费的接受度较高。

老年人对使用日托服务报有不确定的态度，一些老人认为身体好时不会寻求日托服务，身体不好时，出行不便，难以享受日托服务。

2. 服务供给不足

考虑到中度及中重度失能老人的日间照护服务需求及上海快速加剧的老龄化、高龄化程度，该日间照护床位供给存在较大缺口。

目前上海的日间照护服务供给不足主要体现以下几个方面：

（1）社会力量参与供给建设不足

日间照护服务是需要依托于设施的服务，前期投入较多。目前前期投入主要由政府进行支出，仅个别情况为民营企业或社会组织投入。调研11家机构中仅2家机构作为建设主体，另仅一家有小额建设投入。目前该服务的可持续运营模式还未明确，相关企业及社会组织总体处于观望状态，仅在运营管理方面与政府进行合作。可以说，社会力量对日间照护服务的投入还未真正启动。

（2）街镇建设积极性不强

考虑到建设和服务运营两方面的投入，以及目前日间照护服务发挥的作用不明确。街镇存在投入大但受益对象有限，解决街镇老年服务需求效果不明显，相关街镇尤其是中心城区积极性不高。

（3）供给和需求的不匹配

受限于中心城区土地和建筑资源的紧缺，日间照护服务设施建设呈现立项到实施周

期长，设施规模小的特点；反而，郊镇和农村地区日间照护设施建设加速，服务和需求没有跟上，有极大的设施空置和浪费；出现了中心城区日间照护服务排队轮候，但郊镇地区日间照护设施空置的情况。

另外，由于接送服务的缺失、服务风险控制措施不足以及专业化日间照护服务能力不足等原因，需要服务的半护理老人反而无法接受服务，日间照护中心作为专业照护设施，目前主要服务对象为失能程度较低老人，甚至未失能老人，服务供给与服务需求未能合理匹配。

3. 机构收支不平衡

（1）过度依赖政府补贴

目前日间照护服务的收入来源主要是服务收费和政府补贴，所调研 11 家机构中 8 家机构主要收入来源为政府补贴。扣除政府补贴的因素，普遍处于亏损状态。而且，目前政府补贴以根据总体经营成本直接对供给方进行补贴为主，而直接对服务需求方进行补贴较少，不利于促进服务使用率提高和服务质量提升。

（2）设施规模偏小

目前单个日间照护设施的床位规模普遍在 20~40 个床位之间，难以形成规模效应，降低成本。按照日本等先行国家的经验，小型设施也普遍无法在财政上成功运作，只能作为护理保险其他设施的分部而存在，以灵活运用其人员来节约人事成本。

（3）税收支出优惠和公共事业费优惠未完全落实

目前公办民营、公建民营的日间照护服务仍需支付委托运营方的税收成本，提高了日间照护服务的运营成本。

另外，由于养老用地土地性质不符，以及水电表非独立设置等情况，存在日间照护服务机构无法享受公共事业费优惠的情况.

4. 服务实施不到位

（1）服务空间和服务设施不完善

日间照护服务设施的全国性建设要求发布于 2012 年，部分之前建设 / 立项以及场所面积过小的日间照护服务机构的空间、设施不符合该要求，需通过改建、合并、增添设施等方法进行改善。

（2）服务内容未匹配实际需求

日间照护服务已逐步定位为服务于半自理老人，但由于专技人员的缺乏，服务设施的不完善等原因，服务内容与老年活动室、社区助餐点的服务区别不大。而且在访谈中也了解到日间照护服务运营方普遍不倾向招收护理需求较大的老人以及提供洗浴辅助、物理治疗与康复、接送服务等相对专业或必要的服务，理由主要在于缺乏专业团队、人力成本投入过高、风险难以控制三项原因。

（3）专业服务团队不完善

所调查机构中如仅考虑护理人员，服务比例一般为 1 ：（10~15）。但事实上其他工作人员如社工等也会承担部分看护职能，总体工作人员与被护理人比例一般为 1 ：（7~10）。另外，而目前上海的日间照护服务工作人员仍主要为护理员，部分机构配置有社工或康复师，专业服务团队不完善。

（4）服务风险控制不足

目前，各老年人日间照护机构普遍仅投保集体意外保险，未投保机构责任险，部分通过协议签订约定风险免责，并且风险预案及风险演练缺乏。总体抗风险能力不足。

（二）问题形成的原因

总体来说，以上问题形成的根本原因在于日间照护服务功能定位不清晰、投入不充分、经营主体主动性不强、监督指导不到位、支持政策不完善等几个方面。

上海的日间照护服务设施发展开始较早，但功能方面与社区助餐点、老年活动室的区别不明显。由于功能定位方面的不清晰，也造成了投入的不充分、服务专业化不足的恶性循环。并且，由于部分地区立项需求分析不充分或超前建设的原因，与当地老龄化情况、人口密度情况不匹配，也造成了设施闲置。

另外，日间照护服务普遍由街镇相关部门自组团队或交由社会组织运营。其中街镇自管为本地区老年服务机构个人兼管或相关政府部门工作人员兼管。社会组织运营一般仅负责服务实施，定价和收支管理仍由街道管理方负责。以上两种运营模式下，运营团队均没有足够的权限和动力来改善日间照护中心的经营情况。

虽发展近 13 年，日间照护服务的规范性还是有所不足，未在全市层面加以规范和监督指导。相应支持政策也偏重补供方，需进一步完善。

四、促进日间照护设施建设与服务发展的政策建议

（一）加强顶层设计，明确功能定位

日间照护服务应基于对护理需求老人集中性提供助餐、助浴、生活辅助等生活照料服务以及康复、护理、心理疏导等专业服务的基础定位，发挥社区老年服务设施的社区支持作用：①为家庭助老者提供技术培训，心理疏导，社交活动等；②提供专业化的社区预防保健服务，预防和延缓失能；③开展辅具租赁，使用培训等面向社区的服务。④与医疗康复单位合作，建立转介机制或合作于日间照护设施内设立医疗康复服务。⑤延伸社区康复与保健功能。发挥辐射作用。

日间照护服务具备专业性、集约性服务的优势，是社区居家养老服务中重要一环。应基于老年人需求评估，进行个性化、系统性的社区老年服务方案设计，将日间照护、居家上门服务、社区送餐服务、社区关爱与互助服务等多方面有机结合，在社区层面进行统筹，共同发挥护老作用。

（二）加强指导与监督

1. 加强立项的科学性指导

建设老年人日间照护机构的选址除考虑便利性和环境外，还应考虑辐射半径内的人

口密度、老龄化以及高龄化程度等因素，优先完善中心城区的日间照护服务。为克服其场地有限的困境，可根据场地情况建设多个面积较小的老年人日间照护机构，；或采取一个中枢站加多个卫星站的模式：中枢站有完备的日间照护服务内容提供，卫星站仅提供基础护理和助餐服务，其他服务在中枢站提供。

另外，人口密度较低的地区建设老年人日间照护中心必须配备有接送设施。

对新建项目应通过政策告知及可行性分析辅导等方式，加强立项阶段对政策优惠和服务规划的指导，重点对失能程度及集中度高的地区进行日间照护服务建设，管理在前，建设在后，避免盲目建设，资源浪费。

2. 推动日间照护服务的规范化、标准化建设

将日间照护服务分成若干子服务模块，不同等级的老年人日间照护服务机构需达到不同的服务模块要求，逐步在设施、服务和管理方面达到标准化、规范化。其中，服务需求紧迫的失能老人集中地区，加紧进行升级改造；服务需求不紧迫地区，避免日间照护中心成为“面子工程”，根据需求及服务实施条件逐步升级。

应逐步完善日间照护服务的评估、管理、服务和人员要求，并以三年为一阶段，定期检讨优化。其中，对护理员的人员配置，可参照《养老机构设施与服务要求》规定护理人员与护理对象的比例实施。

3. 倾斜投入，培育标杆机构，复制成功经验

鼓励和支持日间照护服务机构主动探索，提升服务，改善经营。并借助评选等平台培育标杆机构，倾斜性投入资源帮助其完善模式，总结经验并加以复制。

（三）完善支持政策

1. 将日间照护服务纳入居家养老服务

在完善居家养老服务评估的基础上，将日间照护服务正式纳入居家养老服务，有利于增加日间照护支付资源，提升居家养老服务效果。

2. 增加人才培养专项投入

将中心负责人、护理员、以及社工及康复师等专技人员的专业化培训纳入到日间照护机构服务要求中，并有一定的优惠和扶持政策，例如免费或适当免费向其提供培训。免费或优惠政策可与机构的服务质量挂钩，作为一项可良性循环的奖励政策。

另外，阶段性普及专技和国家护理资质人员津贴，有利于提升日间照护服务的专业化水平。

3. 完善和升级日间照护服务信息系统

可设立专项资金，整合建设日间照护服务信息系统，以促进日间照护服务评估、计划和服务实施管理工作的提高。

4. 试点长期照顾保险，增加市民支付能力

借鉴德国、日本、台湾等地经验，试点长期照顾保险，增加市民支付能力。

5. 推进行业协会建设

老年人日间照护服务机构尚无此类行业协会，各自为政，缺乏统一性和互助性。应加强行业协会的建设，或者将老年人日间照护机构纳入现有的社会福利行业协会体系。

（三）激活社会力量参与主动性

1. 明晰产权，简化管理，鼓励社会力量运营公办老年人日间照护机构

目前老年人日间照护机构主要由政府举办，或自行运营，或成立一“空壳”机构，交由社会组织运营。后一种情况实质经营责任和管理责任不统一，不利于机构发展。应在明晰机构或设施产权的基础上，通过公开招投标，以承包、联营、合资、合作等方式，交由社会力量来运营和注册，权责合一，实现运行机制市场化。并且没有特别针对同一举办者设置多个日间照护服务机构的相关政策或流程。如有以上情况，举办者需重复以上手续，而不能通过扩大服务范围或服务区域等变更手续进行审批。

应完善注册制度，降低机构注册金等门槛，鼓励连锁经营，有利于快速提升服务供给。

2. 扩大政府支持范围，鼓励社会力量自办老年人日间照护机构

目前建设补贴主要适用于政府设立的日间照护机构。可扩大建设补贴范围，将建设补贴视为政府资助的一种，通过协议承诺日间照护服务对象提供保证公共服务的供给。

另外，采取床位购买等方式，在通过合法协议保障权益的前提下，基层政府的场地优惠、专业人员补贴也应覆盖民间自主举办的民办非企业或养老服务企业。

3. 从补供方到补需方，常态化政府购买日间照护服务，形成稳定支付

（四）改善老年人日间照护机构经营，提升日间照护服务设施效能

1. 优化日间照护收入结构，增加收入来源

（1）直接为居家养老对象购买日间照护服务

日间照护服务作为居家养老服务体系中的一个部分，可按需求评估为居家养老服务对象定向购买服务，一定程度保证运营收入的稳定性。

（2）为非居家养老对象购买日间照护服务提供床位津贴

浦东新区为通过评估的护理需求老人接受日间照护服务给予每人每月200元的补贴，该项资助款对于服务的持续运营是一个极大的帮助。对比上海养老机构的资助情况，有一次性的开办资助，也有运行中的资助。该优惠也应可复制至日间照护机构。

（3）鼓励运营机构开展延伸服务

鼓励运营机构在合法合规经营的基础上以日间照护设施为平台开展延伸服务，可包括上门居家服务、辅具租赁、日用品及老年用品代购等服务，提升可持续运营能力。

2. 降低日间照护服务成本

加强养老服务优惠政策的落实工作

加强养老服务政策的信息公开与单独告知，改善相关制度与流程，进一步落实公用事业费、免营业税等养老服务优惠政策。

（2）鼓励连锁经营和规模服务

连锁经营是加强管理与服务的同时，降低服务成本的有效方式。应对一定规模的连

锁经营机构给予评级或特别优惠待遇，鼓励产生一定规模的连锁日间照护机构，产生标杆效用。

在条件符合的地区，鼓励单一设施床位数增加至 50 个床位以上，形成规模效应，降低平均服务成本。另外，也可鼓励社区养老院开设日间照护服务，有效利用资源。

3. 加强资源整合

鼓励和支持日间照护服务机构与社区老年服务相关单位、团体，及其他社会组织、企业、基金会、政府部门等资源进行合作，完善日间照护服务。

（五）完善风险管理

日间照护服务机构与养老机构的相似度较高，可由民政局或相关行业协会进行协调。延伸养老机构责任保险可适用于老年人日间照护服务机构，

开展相关风险管理的培训和指导，并进行定期的风险情况和风险预案检查，将检查结果作为评估的一部分。

另，各日间照护机构没有统一的协议范本，都是自行拟定，协议内容简单，缺乏科学性。为加强统一管理，避免不必要纠纷，建议参造上海市养老机构规范性协议范本的制定过程，制定行业协议范本进行参考。

杭州市老龄产业发展思路和对策

杭州市老龄办调研组

近年来，随着杭州市民生活品质的持续提高，城市人口结构发生显著变化，特别是人口老龄化现象日益明显。由此，因老年消费市场需求增长而催生形成了一项新兴产业——老龄产业。本课题以杭州人口老龄化为基本背景，基于广泛和深入的调查分析，从研究老年人消费需求出发，剖析产业发展现状，提出老龄产业发展的战略方向和对策建议。

一、杭州老龄产业发展的基础条件

（一）老龄产业发展的时代要求

第一，发展老龄产业，有利于满足老年人日益增长的多样化需求，提高老年人生活品质。截至 2014 年末，杭州市共有 60 岁以上老年人口 142.97 万人，占户籍人口 20%，即将进入深度老龄化阶段，老龄产业将进入市场持续加快增长、需求多元发展的新时期。根据课题组针对老年人服务需求开展的问卷调查[①]显示，老年人对健康食品、医疗保健、健身娱乐、养老服务设施等方面需求强烈。通过市场化配置资源方式，大力发展老龄产业，可以为老年人提供丰富的物质、精神产品和各种生活服务，提高老年人的生活品质。

第二，发展老龄产业，有利于缓解就业压力、促进社会和谐包容，提高劳动生产率。当前，我市仍面临着较大的就业压力，新生劳动力就业难，结构性失业人员多。老龄产业覆盖面广、涉及领域多，且不少领域都为劳动密集型行业，能大量吸纳劳动力，缓解就业压力。通过市场化的产业发展方式，能有效缓解“4-2-1”型家庭、“空巢”家庭的养老压力，提高中青年群体的劳动效率，有利于社会分工的进一步细化，提高劳动者的劳动效率，促进社会劳动生产率的提高。

第三，发展老龄产业，有利于产业结构的调整和优化，培育新的经济增长点。目前，我市经济发展步入新常态，处于重要的转型期，社会资本需要发现合适的投资领域和消费市场。引导和支持社会资本进入老龄产业，推动老龄与健康、信息、旅游、房地产、金融等产业深度融合，将老龄产业培育成为未来重要的、新的经济增长点，并充分发挥

---

① 2015 年 6 月 -7 月，课题组面向全市老年人口，开展了老龄需求调查，共发放 1159 份调查问卷，收回有效问卷 1120 份。

其产业链效应，促进老龄相关产业联动发展，有利于我市加快产业转型升级，实现经济发展方式转变和经济结构迈向中高端。

（二）老龄产业发展的现实条件

近年来，在全社会的共同推动下，我市老龄产业加快发展，已经逐步成为一支特色鲜明的新兴产业力量。主要体现在四个方面：一是老龄产业初具规模，发展空间广阔。根据国内外相关机构的研究和预测显示，如果广泛地看待老龄产业，预计到2020年，我市老龄市场规模将达到千亿级，到2050年，老龄产业增加值占全市生产总值的比重有望达到20%以上。二是产业结构不断优化，特色领域亮点纷呈。老龄产业中，养老服务业等领域优势明显，在全国处于领先地位；老年生活用品业、老年卫生保健业等行业快速兴起，“候鸟式”度假成为老龄产业新亮点，老年金融保险业、老年咨询服务业加快发展。三是养老观念逐渐改变，发展需求更加多元。随着老龄化社会的快速发展，老年人传统的养老观念正在逐步更新，对老龄产业的需求更为旺盛。四是政策体系加快完善，发展环境不断优化。我市先后出台了《市政府关于加快养老服务业改革与发展的意见》等系列政策文件，信息化、智慧化老龄设施体系加快建设。

同时，也要看到，我市老龄产业跟全省、全国类似，都还处于起步阶段，还存在不少突出问题：一是体制机制问题依然存在，政策制约仍然明显，部分政策文件缺乏可操作性，难以落地实施。二是老龄产品和服务的开发缺乏创新，产业整体上处于一种“小而散”的发展状态，主要集中在衣食、保健等传统领域，专业化人才匮乏，高科技含量、高质量的品牌产品和服务偏少。三是产业供求矛盾依然存在，我市老龄产业表现为潜在需求旺盛，但有效需求和供给不足且不匹配，老龄产品和服务市场建设也明显滞后。

二、杭州老龄产业发展的战略方向

基于我市老龄产业发展的形势背景和现实需求，综合考虑老龄产业发展基础、关联产业、资源禀赋等因素，并结合前期调研和分析研究，提出“十三五”及今后一个时期我市老龄产业发展的总体方向，就是：突出一个定位，坚持一条主线，把握五个导向，聚焦六个领域，建设四类平台。

（一）突出一个定位

我市老龄产业的发展战略定位应兼顾前瞻性、科学性和可行性，建议考虑为：打响“美丽杭州·智慧老龄”品牌，建设全国老龄产业发展的样本。

建设全国老龄产业发展的样本，要以建设生产美、生活美、生态美“三美融合”的“美丽杭州”为引领，依托杭州优秀的山水资源、厚重的历史文化资源以及健康服务业、养老服务业、信息经济等综合优势，充分发挥市场在资源配置中的决定性作用和更好发挥政府作用，注重信息技术、智慧技术的推广应用，加快构建门类完善、特色突出、功能协调、开放合作的老龄产业体系，在经济发展新常态的背景下培育杭州新的经济增长点，提高老年人生活品质，立足杭州、引领全省、服务全国，增强对全市经济社会发展的贡献能力，提升对全省、全国的辐射能力。

根据这个定位，“十三五”时期，我市老龄产业发展的总体目标是：产业增加值平均增速高于全市生产总值平均增速、高于全省老龄产业增加值平均增速，老龄产业综合发展实力处于全省、全国领先水平。主要体现在四个方面：

在数量方面，老龄产业增加值年均增速超过15%，到“十三五”期末，力争全市老龄产业增加值在2015年的基础上“翻一番”，产业总规模大幅提升。

在结构方面，以老龄用品、老龄服务、老龄金融、老龄住宅为主导的老龄产业体系更加完善，老龄可穿戴产品、老龄互联网金融等新兴领域加快发展，培育一批具有竞争优势的企业集团，形成一批特色品牌。

在平台方面，新建、改造提升一批社区养老平台，培育形成一批各具特色的休闲养老园区和特色小镇，建设提升一批集聚发展、产品高端、绿色低碳的老龄用品产业园。

在体制方面，老龄产业发展氛围更加浓厚，全社会对发展老龄产业的认识更加统一，老龄产业的工作推进机制基本形成，努力探索形成一批老龄产业发展的新模式、新路径。

（二）坚持一条主线

加快我市老龄产业发展，要坚持一条主线：扩总量、优质效、建平台、树品牌。

扩总量，就是通过大力发展老龄产业，推动产业总规模、企业数量及能级、税收贡献等规模指标迈上一个较高台阶，不断扩大老龄产业在国民经济中的比重。

优质效，就是在提升老龄服务业、老龄用品业的基础上，支持老龄金融业、老龄住宅产业等领域加快发展，促进老龄产业与信息经济、养老服务业、健康服务业深度融合，提升企业科技含量和核心竞争力，全面提质增效升级。

建平台，就是统筹各类要素资源，搭建支撑老龄产业发展的重要平台，主要包括产业园区、基地、特色小镇等产业平台，养老机构等养老平台，以及信息平台。

树品牌，就是从行业、地域、企业、产品和服务等方面以及地方、全国两个层面做强、打响“美丽杭州·智慧老龄”品牌，形成明显的品牌优势，着力提高杭州老龄产业的知名度和竞争力。

（三）把握五个导向

按照上述目标定位和发展主线的要求，加快我市老龄产业发展要把握五个方面的战略导向：惠民发展、特色发展、创新发展、融合发展、开放发展。

惠民发展。把提高老年人生活品质作为根本出发点，合理区分老龄产业和老龄事业，注重分类指导，促进两者联动发展，实现经济效益和社会效益的协调同步。

特色发展。立足杭州实际，依托自然及人文、产业等综合优势，突出智慧养老、医养护一体化等特色领域，与长三角地区的老龄产业功能形成错位发展。

创新发展。进一步创新老龄工作体制机制，强化政府在政策引导、市场监管、公共服务等方面的职能，激发市场活力，引导社会资本参与老龄产业发展，强化科技支撑。

融合发展。推动老龄用品、老龄服务、老龄金融、老龄住宅等产业之间良性互动，促进老龄产业与健康服务、信息经济、旅游休闲、文化创意、会议展览等产业深度融合。

开放发展。借鉴国际上特别是发达国家发展老龄产业的经验，积极学习北京、上海等城市应对人口老龄化的经验和做法，拓宽对外交流与合作，打造开放型老龄产业。

（四）聚焦六个领域

着眼于对建设“一基地四中心”、加快提质增效升级以及改善社会民生、提高老年人生活品质的服务支撑，依托优势资源，突出创新发展，聚焦六个重点领域，持续拓展和深化发展内涵，构建具有杭州特色的现代老龄产业体系。

第一，面向老年人实际需求，突出集聚发展，大力发展老龄用品用具业。充分利用我市制造业优势，从老年人的日常生活需求出发，引导企业积极开发符合老年人需求的产品、食品、药品、保健品、工具、器械等用品用具，特别是老龄智能可穿戴可携带用品用具、绿色保健品、优质药品、医疗及康复器材等。统筹推进老龄用品用具的研发、生产和流通，加快老年产业园区、街区以及电子商务等平台建设。

第二，推动新兴技术应用，注重融合发展，大力发展老龄健康服务业。依托杭州医疗卫生资源集中的优势，推广应用物联网、移动互联网等信息技术，积极推动“医养护一体化”，促进医疗卫生机构与养老、老年护理和康复机构的合作，为老人提供专业化、智能化的医疗护理、康复、保健、健身、照料服务。围绕医疗卫生、护理与康复、养生保健、健康管理、健康信息等领域，支持有条件的企业实施品牌输出，开展跨地区经营和连锁经营。

第三，加强老年住宅建设，兼顾“适老化”改造，大力发展老龄住宅产业。积极引导社会资本投资开发多种类型、多种形式的养老地产项目，特别是推动建设一批养生养老休闲护理康复相结合的综合性老年社区、单纯老年公寓。以适合老人使用为要求，加强老年住宅、配套设备的建设改造，推动老年人住宅无障碍化、宜居住宅和代际亲情住宅改造，加强面向老年人出行以及公共场所、社区的设施设备建设。

第四，依托丰富的旅游资源，推行“候鸟式”养老，大力发展老龄养生旅游业。围绕建设“国际重要的旅游休闲中心”目标，依托杭州丰富的自然山水和历史人文旅游资源，结合旅游风景区、现代服务业集聚区、健康服务业基地等平台的建设，培育发展一批老年养生旅游示范基地。鼓励旅行社、旅游企业积极开发适合老年人旅游的线路、产品和服务，打造国内知名的老龄养生旅游目的地。

第五，关注老年人精神需求，建设老年大学，大力发展老龄教育培训业。着力提高各级公办老年大学（学校）、老年电视大学的办学水平，积极探索利用互联网技术发展老年教育的新模式，进一步扩大办学规模，提高办学水平。支持社会资本举办老年大学，加快制定出台相应的支持政策。根据老年人的生活兴趣，鼓励社会各界力量开展面向老年人的时事政治、法律法规政策、社会生活、医疗保健、文化艺术、安全防范知识等方面的宣讲和培训。

第六，注重老年人的可接受性，加强金融创新，大力发展老龄金融保险业。根据老年人对金融产品选择在稳定、安全等方面的需求，鼓励各类金融机构设立专门从事老年人业务的部门，积极开发适合老年人的金融、理财、保险等产品，推广老年意外伤害险，探索护理保险新险种，提高老年人的支付能力。在积极发展人寿险、养老保险的基础上，大力发展老龄商业保险。注重业态融合，促进老龄金融与健康医疗服务等传统老龄业务相衔接，实现融合发展。

（五）建设四类平台

第一，注重老龄与文化旅游等功能融合，培育发展若干老龄特色小镇。按照“企业主体、资源整合、项目组合、产业融合”的要求，结合各区域发展特色和优势资源，以景区的理念标准规划建设一批产业、文化、旅游“三位一体”，生产、生态、生活“三生融合”的老龄特色小镇。近期，重点在“三江两岸”、西部区县（市）等生态养老资源丰富的地区，研究谋划并建设培育若干老龄特色小镇。同时，在特色小镇的项目建设、用地保障、资金引导、人才引进等要素资源方面，加强政策扶持和保障。加大培育力度，力争创建 3–5 个省、市级老龄特色小镇。

第二，依托杭州良好的制造业、商贸流通业和电子商务产业基础，规划建设一批老龄产业园区。围绕医药及医疗器械产业、保健用品产业、老年辅助用品产业和老年文化娱乐用品产业等领域，在三区四县（市）等地区，培育建设若干具有规模优势的高科技老年产品研发机构集聚区和生产、加工制造基地。利用主城区的科技、人才、信息、资金等优势，积极构建老龄产品科技研发平台、交流展示平台和产品流通平台，特别是支持企业建设老龄产业电子商务平台。支持浙江省老年产业园等园区和基地建设，培育建设中山中路孝亲文化特色街等一批老龄特色街。

第三，突出杭州养老服务特色，拓展养老服务平台。一方面，发挥好社区养老平台的基础性作用。利用社区用房，以居家养老为主，推广老年人日间照料中心等服务模式，采用政府或社区向社会购买服务和产品的方式为当地老年人服务。同时，大力开发集中的休闲养老园区。在富春山健康城等区块建设生态休闲养老园区，吸引房产业进入园区，开发建设养老服务社区、休闲养老公寓、安居养老公寓等多种形式的养老机构，通过吸收老年人入住或向老年人租用、购置、合作开发等方式经营，满足旅游式养老、候鸟式养老、居家式养老等多种养老服务需求。

第四，推动信息技术应用，加快建设产业智慧系统平台。抓住我市发展信息经济、推进智慧应用的重大契机，加快构建与老龄产业发展需求相适应的智慧老龄系统。依托老龄、民政、卫生计生等政府部门的公共平台以及阿里健康云等企业主导的信息平台，充分利用大数据、云计算、物联网等技术，构建具备信息发布、老年人需求受理反馈、老龄产品、服务、企业、园区、基地查询、运行商平台监管等多种功能的“杭州市智慧老龄产业信息港”。加快完善管理服务系统，推动实现信息港内企业之间信息同步和无缝式业务数据交换，促进老龄企业智慧化转型。

三、加快杭州老龄产业发展的几点建议

为推动我市老龄产业加快发展，建议近期内要重点做好以下几个方面的工作：

第一，建立产业长效发展的工作机制。建议强化现有老龄工作职能部门的职能和力量，成立由市领导任组长，市老龄委和民政部门牵头，发改、财政、规划、国土、社保、卫生计生、教育、经信、旅游、金融、住房建设等相关部门参与的市老龄产业发展工作领导小组，并在市老龄办下设办公室。同时，整合市属和区、县（市）各老龄产业职能部门的资源，积极发挥老龄产业相关协会的功能，合力开创老龄产业发展新局面。

第二，完善产业发展规划和政策体系。建议由市老龄委、民政部门会同有关部门及区、县（市），按照市“十三五”总体规划要求，根据杭州及区、县（市）经济社会发展水平、人口老龄化程度和发展趋势、老龄产业发展需求，研究制定加快老龄产业发展的实施意见以及老龄产业“十三五”发展规划及中长期规划纲要。在实施意见和发展规划的基础上，细化制定年度或三年行动计划。

第三，构建支持产业发展的资金保障机制。建议从市政府设立的市产业基金中安排一定比例的资金，研究设立市老龄产业发展基金，重点投资老龄产业，逐年适当增加规模，重点支持智慧老龄产品和服务、商业模式创新、公共平台建设、重大产业项目等领域。充分发挥市现代服务业发展引导资金、市文化创意产业专项资金、市十大特色潜力行业专项资金等资金的引导作用，加强对老龄产业的扶持和保障。鼓励国有资本与金融资本、产业资本等合作，共同建立老龄产业投资基金。推广政府和社会资本合作等模式，吸引社会资本参与杭州老龄产业发展。

第四，加强产业发展的土地要素保障。有效落实《杭州市人民政府关于加快养老服务业改革与发展的意见》（杭政函［2014］174号）、《关于规范创新型产业用地管理的实施意见（试行）》等政策关于用地保障的条款，争取更多老龄产业项目列入发展信息经济、推进智慧应用“一号工程”、省市重点项目等用地支持范围。盘活存量土地资源，建议把“三改一拆”、“空间换地”等新增土地指标，重点用于保障老龄产业等重点产业的重大项目用地。提高土地利用效率，综合运用亩产税收、能耗、污染排放等指标，研究建立我市老龄产业项目土地利用效率综合评价体系。

第五，优化产业可持续发展的社会环境。建议各级政府加大对老龄产业的关注，深化改革创新，提高公共服务能力。可考虑定期制定发布全市老龄产品和服务目录，推动老龄企业开发的新产品、新服务、新业态、新模式进入目录，并加大政府购买老龄产品和服务的力度。充分利用APP、微信公众号等新媒体形式，让更多老年人的子女关注和参与老龄产业发展，引导老年人转变理念，让更多的老年人接受和参与社会化老龄产业

运作模式，共同营造良好的发展环境。

第六，建立健全产业发展统计体系。当前，我市老龄产业统计指标体系还没有建立起来，统计数据匮乏。建议市老龄委会同市统计部门，科学界定老龄产业内涵和范围，完善全市老龄产业统计制度和指标体系，形成统计长效机制。定期开展数据统计和监测，建立重点企业监测制度，完善老龄产业信息发布制度。针对监测中发现的问题，建议市和区、县（市）两级有关部门加强对重点老龄企业的跟踪服务。

四川省老年人优待工作调研报告

叶 路 张晋川 吴成谦 彭 丹

为认真搞好老年人优待工作，切实贯彻《老年人权益保障法》，近来，省老龄办组织人员到成都、绵阳、攀枝花、泸州、宜宾、自贡、南充、遂宁、广元、达州、巴中等地对老年人优待工作进行了调研。现将有关情况报告如下：

一、老年人优待工作开展基本情况

一是各地日益重视，优待工作提上了议事日程。随着人口老龄化的加剧，各地切实将老年人优待工作纳入民生工程、民心工程，作为为民办实事的重要内容列入议事日程，专门研究部署，保障优待工作经费，协调解决重点、难点问题。近年来，泸州、宜宾、达州、遂宁、阿坝等地相继出台和修订了优待老年人规定或进一步加强老年人优待工作的意见。宜宾市政府近六年来三次出台了加强敬老优待工作的意见，使老年优待的普惠和特惠政策不断提标扩面。德阳市委、市政府把为老服务“最后一公里”纳入市委督察组专项督查项目，通过督查帮助解决了老龄事业发展中存在的问题，使得老年人优待政策落实更为有效。

二是部门齐抓共管，优待政策进一步得到落实。各级老年人优待工作的职能部门认真履行职责，一些地方制定了配套实施办法，明确和规范本部门及所属行业、单位的优待职责，并纳入本系统目标管理考核。邮政部门设置提示牌和老年人通道，在柜台上专门为老年人配备了老光眼镜，并有专人为老年人提供服务指南。银行部门有导银员专门为老年人提供服务。对有特殊困难的老年人，银行还专门上门办理业务。在每月低保和养老金的领取时间段，在人员特别集中的区域，银行设立专柜专人办理。泸州市司法、文化、卫生、交通、建设、旅游、体育、邮政等部门还分别制定了实施办法或发出通知，对所属行业、单位提出了具体落实要求。

三是借助创建平台，推进了优待工作的深化。在省老龄委印发的每一轮《敬老模范县（市、区）考核验收标准》中，均要求建立高龄津贴制度。在第四届“敬老文明号”创建中，进一步强化老年人优待工作，将之作为创建工作的一项重要内容。尤其通过前三轮“敬老模范县（市、区）”创建，极大的推动了老年人优待工作。

四是开展普法宣传，营造了优待的社会氛围。《老年人权益保障法》修订颁布后，各地广泛采取法规学习、案例剖析、典型报道等多种宣传形式，加强老年人优待法规政策的宣传和敬老爱老助老教育，为老年人优待工作的开展营造了良好氛围。各地人大、政协积极开展老龄问题调研，人大代表、政协委员关于老年优待工作的议案、提案逐年增加，关爱老年人、提高老年人优待标准，已成为全社会的共识。

二、老年人优待政策落实情况

（一）政务服务优待方面

一是城镇职工基本养老保险制度不断完善。全省实现新农保和城居保制度合并，建立了统一的城乡居民基本养老保险制度。同时，将月基础养老金标准提高5元，达到每人每月60元，将缴费补贴从30~70元调整为40~160元。2014年，省财政共拨付城乡居民基本养老保险财政补助资金76.8亿元。我省企业退休人员基本养老金实现“十一连涨”。省财政拨付对企业职工基本养老保险基金的补助资金达262.5亿元。出台了《关于建立统一的城乡居民基本养老保险制度的实施意见》《关于机关事业单位工作人员养老保险制度改革的意见》和《四川省社会救助实施办法》，中央对老年社会保障领域改革的有关决定和要求在我省得到全面贯彻落实。人力资源社会保障厅、财政厅联合印发了《关于贯彻城乡养老保险制度衔接暂行办法的实施意见》《关于提高城乡居民基本养老保险基础养老金最低标准的通知》，人力资源社会保障厅还印发了《四川省城乡养老保险制度衔接经办规程》，细化了城乡养老保险制度衔接政策。进一步发挥商业保险的补充作用，完善了多层次养老保险体系。进一步加强了企业退休人员社会化管理服务工作，社会化管理服务率已达97%，积极为退休人员提供登记建档、资格认证、待遇发放、医疗保障等服务。企业退休职工基本养老金人均1795.5元/月，城乡基本养老保险参保人数4887.64万人。老年职工的养老权益得到了进一步的保障。

二是普遍建立了80周岁以上高龄津贴制度（见附表）。成都、攀枝花、广元、遂宁、内江、乐山、南充、宜宾、达州、雅安、眉山、阿坝12个市（州）实现县级高龄津贴全覆盖。乐山市所属的2个县建立了高龄老人家庭奖励制度。峨眉山市对80-84周岁老人家庭奖励100元/年，对85-89周岁老人家庭奖励500元/年，对90-99周岁老人家庭奖励1000元/年，对100周岁及以上老人家庭奖励3000元/年；犍为县对100周岁及以上老人家庭奖励1000元/年。甘孜州2014年9月出台《关于切实加强老年人优待工作的通知》，将从2015年将高龄津贴纳入财政预算，按照84-89周岁每人每月50元，90-99周岁每人每月100元，100周岁以上每人每月200元。阿坝州金川县今年出台《金川县关于增加90周岁以上高龄老人生活补助的实施方案》，规定年满90周岁的老人每人每月补助1000元；90至99周岁每增加一岁，每人补助增加100元/月。年满100周岁，每人补助2000元/每月，100周岁以上每增长一岁，增加200元/月。目前为全省90岁以上老年人高龄津贴最高县。

三是进一步加大了老年社会救助力度。出台了《四川省社会救助实施办法》，将老年人救助工作纳入到社会救助体系。“救急难”试点工作稳步推进。老年社会救助城乡最低生活保障制度进一步完善，符合条件的贫困老年人家庭全部纳入了最低生活保障范围，适时上调了低保标准，提高了保障水平。截至目前，全省保障城市低保对象 165.42 万人，其中老年人 31.99 万人，占城市低保对象 19.34%，城市低保对象累计月人均补助 238 元；保障农村低保对象 418.89 万人，其中老年人 185.74 万人，占农村低保对象 44.34%，农村低保对象累计月人均补助 118 元。城乡医疗救助制度逐步完善，将符合条件的困难老年人纳入全省医疗救助范围。强化医疗救助与基本医保制度衔接力度，资助符合医疗救助条件的困难老年人参合参保，缓解困难老年人看病难、看病贵。全面推进了城市医疗救助与城镇居民基本医疗保险、农村医疗救助与新型农村合作医疗的“一站式服务”机制。建立完善了临时生活救助制度，切实保障了因突发性或临时性原因造成基本生活出现暂时性困难急需救助的老年人的基本生活。

（二）卫生保健优待方面

一是全民医保基本建成，多层次医保体系不断完善。截至 2015 年 6 月，全省城乡三项基本医疗保险参保人数达到 5061 万人，城镇居民医保最高支付限额达到了 13.18 万元，城镇居民医保政策内住院费用支付比例为 72.2 %，与实际住院费用支付比例之间的差距逐步缩小。稳步推进异地就医结算服务，建立省内异地就医即时结算平台。基本医疗保险坚持向高龄人员倾斜，报销比例按“75%+ 年龄 ×0.35”的公式计算，随年龄增长而增加，90 岁以上老人住院报销不再缴纳门槛费。城镇居民医保政府补助水平不断提高。不断提高城镇居民医保政府补助水平，2014 年全省城镇居民医疗保险和新农合人均政府补助标准由 2013 年每人每月 280 元提高至 320 元。

二是以老年人健康管理为重点的社区卫生服务进一步发展，初步探索出集医疗、预防、保健、康复、健康教育于一体的老年社区卫生服务模式。社区卫生服务中心（站）每月针对辖区内社区至少进行一次健康知识讲座，老年人的健康教育率达到 85%。全省 147 个县（市、区）为 65 岁以上老年人建立了健康档案，146 个县（市、区）为 65 岁以上老年人提供免费体检，98 个县（市、区）为老年人提供上门医疗服务。出台《全省医疗卫生服务体系规划（2015–2020 年）》，对老年医疗卫生服务网点建设和医养结合工作进行合理规划，探索建立医疗机构与养老机构协作机制、社区医院与老年人家庭医疗契约服务关系。积极开展老年疾病防控知识宣传，做好老年人常见病、慢性病健康指导和综合干预，推进健康管理服务，建立健康档案，促进老年疾病早发现、早诊断、早治疗。

三是老年人就医优先或优惠服务进一步落实。绝大部分医疗机构都为老年人就医提供了优先或优惠服务，为百岁老人实施免费体检，市（州）、县（市、区）医院实行了挂号费减免，截止 2015 年 6 月，全省共 83 个县（市、区）符合条件的医院专门设立了老年病科。遂宁市：鼓励二级以上公立医疗机构减免老年人普通门诊挂号费和贫困老年人诊疗费。据不完全统计：近三年三家市直医疗单位义诊约 500 人次。达州市：2014 年 1 月，政府出台了《关于进一步加强老年人优待工作的意见》（达市府发［2014］5 号），规定从 3 月 1 日起，各级公立医疗机构对老年人就医免收普通门诊挂号费；70 周岁以上老年人减半收取专家门诊挂号费；80 周岁以上老年人使用仪器设备诊病时，收费标准在 50 元以上的按 80% 收取检查费。泸州市：江阳区将 90 岁以上的高龄老人列入重点医疗救助对象，适当提高重病住院报销比例。古蔺县政府出台了《古蔺县医疗救助实施办法》，其中专门出台了针对 60 周岁以上贫困老年人提高医疗救助的规定：户籍在本县农村的低收入家庭中，年满 60 周岁以上的老年人患病住院治疗产生的费用，在新农合报销后，可申请民政按比例实施医疗救助，同一对象金额最高救助为 1.5 万元，五保老人住院救助最高可达 5 万元。纳溪区农村 85 岁以上的高龄老人每人每年新农合个人缴费 50 元由区财政缴纳；凡困难老人因病住院，除享受医保报销外，还可获得医疗救助每人每年最高 10000 元；困难老人每人每年可报销门诊费最高 800 元，申请了慢性病的困难老人可报门诊费最高 2000 元；五保老人因病医治，除医保报销外，区民政局给予全额报销。资阳市：积极落实大病医疗救助政策，卫生医疗部门每年免费为 65 岁以上老年人进行健康体检，并在全市二级以上医院开设了老年病科，为老年人看病提供方便，并督促各类医院优先为老年人挂号、就诊等，多数医院为老年人免挂号费。

（三）交通出行优待方面

从调查情况看，绝大部分地方长途客运、铁路、水路和航空客运等运输部门都根据各自条件，不同程度为老年人提供了购票、上下车（船、飞机）、托运行李等优先服务，在长途车站候车室，设立了老幼病孕专座。在公交车上设立“老弱病残孕”爱心专座，张贴相关标识，营造敬老氛围，改善老年人的乘车环境。客运站设立为老年人购票、乘车绿色通道，老年人提供优先服务。全省共 86 个县（市、区）实现了 70 岁以上老年人免费乘座城市公共交通工具。成都市在全市广泛开展以敬老、爱老为主要内容的“助老工程”。助老工程”的实施，有力推进了成都市老年优待工作，城区公交车老年人专座由原来的 70 条线路、2000 个座位，扩展到现在所有线路，逾万个座位。老年人持卡每月可在城区内实行次数刷卡消费的公交车上免费刷卡消费 70 次。攀枝花市老龄办与公交部门协商，改由公交统一办理 IC 卡，年龄、户籍严格标准，并纳入司机的绩效工资，合理解决了老年人免费和司机利益的矛盾冲突。达州市主城区在 2013 年市财政为市属 144 台公交车每车每年补贴 5000 元共计 72 万元；大竹县从 2009 年起每年为 36 台公交车每车补助 10000 元共 36 万元，共计补助 180 万元。从资金上保障了老年人乘车优惠政策落实。

（四）文体休闲优待方面

截至 2015 年 6 月，全省共 135 个县（市、区）做到了各级各类公园、公益性文化设施、公共体育健身场所，风景区和国家财政支持的文物建筑和遗址类博物馆免费向 60 周岁以上的老年人开放，17 个县（市、区）实行 60 岁以上老年人门票减半，70 岁以上老年人门票全免。部分老年大学（学校）为贫困老年人入校学习提供了学费减免。乐山市老龄办加强了对优待政策落实情况的检查和暗访，先后多次深入峨眉山、乐山大佛、市内各主要景区景点进行了解和检查，老年人优待政策落实到位。

（五）商业服务优待方面

从各类服务业情况看，邮政、通讯、商业等部门都在大部分营业场所设立了老年人优先优待服务提示牌。各服务行业结合各自特点采取设置优先标志、帮助老年人取号或填写信息、电话预约、上门服务等，基本满足了老年人的特殊生活需求。工商银行遂宁分行优化为老服务流程，遇到老年客户集中取养老金的日子，支行会调整和安排专门窗口办理养老金取款业务。鼓励老年客户折换卡，并免收银行卡手续费、成本费和年费，大堂经理热心引导老年客户在存取款机上存取钱，提高了业务办理速度，简化了老年人存取款程序，减少等候时间。

（六）维权服务优待方面

各地认真开展《老年人权益保障法》及老龄相关政策法规的宣传教育，完善健全老年人司法救助和法律援助体系，畅通老年人诉求渠道，为老年人提供及时、便利、高效的法律服务。省人大对部分市（州）开展《老年人权益保障法》执法检查。在老年维权中，司法行政部门以对老年人提供优质的法律援助和法律服务为出发点，充分发挥法律援助的职能作用，大力开展老年人法律援助工作。罗江县对贫困老年人交纳诉讼费和律师费确有困难的老年人，及时给予提供法律援助，费用实行减、免、缓。涉及公证费的还根据老年人的经济状况实行减免优待。绵竹市根据《法律援助条例》规定，专门制定了适合老年人的《〈法律援助条例〉实施办法》，把老年人请求最低生活保障待遇、赡养费、人身损害赔偿等与公民基本生存条件密切相关的事项纳入法律援助事项范围。遂宁市协调司法等相关部门完善老年维权网络和法律援助体系，市、（县、区）两级6个法律援助中心，依托乡（镇、街道）司法所共建立120个法律援助工作站，在社区、村社建立法律援助工作联系点2360个，对老年人法律援助开辟了绿色通道，实行免审查，直接提供咨询和代书服务。射洪县人民法院金华法庭在打造“关爱特殊群体”特色法庭工作中，开辟绿色通道，每天派一名审判员专门接待老年人的涉诉工作，引导老年人正确行使诉讼权利。达州市积极构建“一小时法律援助服务圈”维权网络，全市7个县（市、区）均建立法律援助中心，并在乡（镇）建立法律援助工作站，在村（社区）设立了法律援助联络点，形成了覆盖全市的法律援助工作网络。资阳市司法部门建立了覆盖城乡的法律援助服务圈，开通了“12348”法律援助热线，24小时接受法律援助申请。

三、老年人优待工作中存在的问题

（一）一些地方对开展老年人优待工作重视不够

一些政府职能部门和少数领导干部，对老年人优待工作重要性、紧迫性认识不足。认为实行老年人优待，让老年人占用了更多公共资源，会造成新的社会不公。同时，受市场经济及“跌倒老人扶不起”等诸多道德滑坡现象的负面影响，全社会对老年群体的关心和重视程度不够，“尊老”远不及“爱幼”。个别地方和部门贯彻老年人优待政策缺少实际举措。一些地方老年人优待政策的宣传力度不够，老年人优待政策的社会知晓度还不够高，影响了老年人优待政策的有效落实。

（二）少数单位对老年人优待政策贯彻落实不到位

一些地方和单位以财力不足为由，对老年人优待工作开展不积极，存在“雷声大、雨点小”的情况。个别地方以种种理由对《四川省老年人优待规定》执行打折扣。部分医疗机构对老年人看病优先优待的规定没有落实。还有少数地方对企业为老年人提供优待服务的财政支持没有到位，使企业在优待老年人方面有心无力，特别是要持续开展老年人优待工作困难重重。

（三）《四川省优待老年人规定》内容有所滞后

2004 年出台的《四川省优待老年人规定》距今已有 10 年，80 周岁以上低收入老年人高龄津贴和生活长期不能自理、经济困难老年人的养老补贴、护理补贴，原规定中没有涉及，在有关交通出行、商业服务、文体休闲优待方面，规定也比较笼统简单，操作性不强。

（四）很多地方存在实施优待所需资金不足的问题

老年优待规定的实施需要资金支持，而很多地方经济困难，政府财力薄弱成了实施老年人优待规定的最大障碍。比如在交通场所和站点配备升降电梯、无障碍通道，无障碍洗手间等设施，需要资金投入。高龄津贴制度问题，一是年龄段不一致。有的实施的是 90 周岁以上，有的实施的 80 周岁以上；二是标准不一致。百岁老人长寿补贴金高的地方每人每月 800、2000 元，而经济条件较差的地方仅 100、200 元。

（五）城乡老年人实际享受的优待差别较大

老年人优待政策涉及的养老、医疗、老年教育、生活服务，以及提供优待服务所涉及的场所和设施，包括市政公用设施、文化娱乐、医疗卫生、体育场馆等公共服务设施和老年福利设施等，大都集中在城市，农村老年人很难享受到。尽管农村老年人占老年人口的大多数，但与城市同龄老年人相比，他们享受的优待项目却很小，优待水平也很低，享受优待几乎成了城市老年人的“专利”。这值得有关部门深入思考。

四、进一步加强老年人优待工作的建议

（一）加大人口老龄化国情宣传力度，营造老年人优待工作良好氛围

开展人口老龄化国情教育，广泛宣传人口老龄化发展的趋势和严峻挑战，树立积极

老龄化意识，增强发展老龄事业的紧迫感和责任感。大力培育和践行社会主义核心价值观，深入开展“敬老模范县（市、区）”和“敬老文明号”创建活动，积极开展评选“文明家庭”、“敬老好儿女”、“敬老好媳妇”以及“敬老模范村（社区）”等活动，弘扬中华民族敬老养老助老的传统美德。通过宣传教育，在全社会努力营造关心、支持和参与老年人优待工作的社会氛围。

（二）以贯彻《老年人权益保障法》为契机，及时修订《四川省老年人合法权益保护条例》

《老年人权益保障法》修订颁布实施，为加强老年人优待工作提供了法律依据。各级党委、政府要以贯彻《老年人权益保障法》为契机，进一步提高对老年人优待工作重要性的认识，把做好老年人优待工作列入党政工作议事日程，纳入民生工程、民心工程，作为为民办实事的重要内容。建议结合我省实际及时修订《四川省老年人合法权益保护条例》，增加新的优待内容。

（三）坚持老年优待与经济社会发展水平相适应，既量力而行又尽力而为

全省自然条件不一、经济发展差异较大，因此在制定老年人优待政策时必须进行通盘考虑，切忌一刀切。特别是在老年人优待范围、优待内容、优待水平上要统筹考虑老年人的需求和当地经济发展水平，立足于可持续发展。

（四）加大政府购买服务力度，调动服务行业优待老年人积极性

各级政府要进一步加大向为老服务的企业、社会组织的购买服务力度，为实行老年人优待政策的单位、企业和组织提供必要的财力支持，促进老年人优待工作的持续发展。公交企业实行老年人优待的，地方财政应给予适当补助。对于其他按照政府要求提供老年人优待的自负盈亏企业，也应当采取购买服务或补贴等形式给予支持。对于主动优待老年人的企业，要通过表彰、奖励等形式予以肯定，营造全社会敬老优待的环境，进一步调动各行各业优待老年人的积极性。

（五）突出优待重点，进一步关心关爱农村老年人和困难老年人

四川是农业大省，农村的老龄化、空巢化、贫困化程度均高于城市，应对人口老龄化的挑战性将更大。因此，在制定老年人优待政策时要充分考虑我省农村老年人的实际，在制定优待政策时，特别是高龄津贴政策，应重点关注农村高龄、空巢、失独、残疾等老年人，进一步向困难老年人倾斜，提高公共资金使用效率，促进社会公平。

（六）加强基层老龄机构建设，为老年人优待工作提供组织保障

老龄工作的重点在基层，老年人优待服务的大量工作需要基层老龄工作部门去推动和落实。要进一步加强基层老龄工作机构建设，重点解决好县、乡两级老龄工作机构编制、

人员和经费问题。要加大司法体系的维权合力，依托公安、法院、律师协会等部门建立老年维权机构。为老年人优待工作提供组织保障。

附件一 2015 年 6 月全省市（州）高龄津贴统计表

年龄段 数量 市（州）	县级数量	80-84 周岁		85-90 周岁		90-94 周岁		95-99 周岁		100 周岁以上		未建立
		数量	比例 %	数量	比例 %	数量	比例 %	数量	比例 %	数量	比例 %	
全省合计	183	132	72.13	132	72.13	169	92.35	169	92.35	169	92.35	14
成都市	19	19	100.00	19	100.00	19	100.00	19	100.00	19	100.00	0
自贡市	6	0	0.00	0	0.00	6	100.00	6	100.00	6	100.00	0
攀枝花	5	5	100.00	5	100.00	5	100.00	5	100.00	5	100.00	0
泸州市	7	1	14.29	1	14.29	7	100.00	7	100.00	7	100.00	0
德阳市	6	1	16.67	1	16.67	6	100.00	6	100.00	6	100.00	0
绵阳市	9	0	0.00	0	0.00	9	100.00	9	100.00	9	100.00	0
广元市	7	7	100.00	7	100.00	7	100.00	7	100.00	7	100.00	0
遂宁市	5	5	100.00	5	100.00	5	100.00	5	100.00	5	100.00	0
内江市	5	5	100.00	5	100.00	5	100.00	5	100.00	5	100.00	0
乐山市	11	11	100.00	11	100.00	11	100.00	11	100.00	11	100.00	0
南充市	9	9	100.00	9	100.00	9	100.00	9	100.00	9	100.00	0
宜宾市	10	10	100.00	10	100.00	10	100.00	10	100.00	10	100.00	0
广安市	6	2	33.33	2	33.33	6	100.00	6	100.00	6	100.00	0
达州市	7	7	100.00	7	100.00	7	100.00	7	100.00	7	100.00	0
巴中市	5	4	80.00	4	80.00	5	100.00	5	100.00	5	100.00	0
雅安市	8	8	100.00	8	100.00	8	100.00	8	100.00	8	100.00	0
眉山市	6	6	100.00	6	100.00	6	100.00	6	100.00	6	100.00	0
资阳市	4	0	0.00	0	0.00	4	100.00	4	100.00	4	100.00	0
阿坝州	13	13	100.00	13	100.00	13	100.00	13	100.00	13	100.00	0
甘孜州	18	4	22.22	4	22.22	4	22.22	4	22.22	4	22.22	14
凉山州	17	15	88.24	15	88.24	17	100.00	17	100.00	17	100.00	0

附件二 2015 年 6 月全省县（市、区）高龄津贴统计合并表

市(州)	县市区	高龄津贴月标准（元）					备注
		80—84周岁	85—89周岁	90—94周岁	95—99周岁	100周岁及以上	
成都市	锦江区	50	50	200	200	500	
	青羊区	50	50	200	200	500	
	金牛区	50	50	200	200	500	
	武侯区	50	50	200	200	500	
	成华区	50	50	200	200	500	
	龙泉驿区	50	50	200	200	500	
	青白江区	50	50	200	200	500	
	新都区	50	50	200	200	500	
	温江区	100	100	200	200	500	
	都江堰市	50	50	200	200	500	
	彭州市	50	50	200	200	500	
	邛崃市	50	50	200	200	500	
	崇州市	50	50	200	200	500	
	金堂县	50	50	200	200	500	
	双流县	100	100	200	200	500	
	郫县	50	50	200	200	500	
	大邑县	50	50	200	200	500	
	蒲江县	50	50	200	200	500	
	新津县	50	50	200	200	500	
自贡市	自流井区			100	100	200	
	贡井区			100	100	200	
	大安区			100	100	200	
	沿滩区			100	100	200	
	荣县			100	100	200	
	富顺县			100	100	200	
攀枝花市	东区	50	50	200	200	800	
	西区	50	50	200	200	800	
	仁和区	50	50	200	200	800	
	米易县	50	50	200	200	800	
	盐边县	50	50	200	200	800	

续表

市（州）	县市区	高龄津贴月标准（元）					备注
		80—84周岁	85—89周岁	90—94周岁	95—99周岁	100周岁及以上	
泸州市	江阳区	0	0	25	25	400	
	龙马潭区	50	50	25	25	300	80—89发给特殊困难群体
	纳溪区	0	0	25	25	500	
	泸 县	0	0	25	25	400	
	合江县	0	0	25	25	300	
	叙永县	0	0	25	25	400	
	古蔺县	0	0	25	25	400	
德阳市	旌阳区	0	0	50	50	200	
	广汉市	0	0	50	50	200	
	什邡市	0	0	80	80	260	
	绵竹市	30	30	60	60	260	
	中江县	0	0	50	50	200	
	罗江县	0	0	50	50	200	
绵阳市	涪城区	0	0	60	60	200	
	游仙区	0	0	50	50	200	
	江油市	0	0	50	50	200	
	安 县	0	0	50	50	300	
	梓潼县	0	0	50	50	200	
	平武县	0	0	50	50	200	
	北川县	0	0	50	50	200	
	三台县	0	0	50	50	200	
	盐亭县	0	0	50	50	200	
广元市	利州区	25	25	100	100	300	
	昭化区	30	30	100	100	300	
	朝天区	25	25	100	100	300	
	剑阁县	30	30	100	100	300	
	旺苍县	25	25	100	100	300	
	青川县	25	25	100	100	300	
	苍溪县	25	25	100	100	300	

续表

市(州)	县市区	高龄津贴月标准（元）					备注
		80—84周岁	85—89周岁	90—94周岁	95—99周岁	100周岁及以上	
遂宁市	船山区	25	25	100	100	300	
	安居区	25	25	100	100	300	
	蓬溪县	25	25	100	100	300	
	射洪县	25	25	100	100	300	
	大英县	25	25	100	100	300	
内江市	市中区	10	10	16.67	16.67	200	
	东兴区	10	10	16.67	16.67	200	
	资中县	10	10	10	10	200	
	威远县	12.5	12.5	12.5	12.5	200	
	隆昌县	20	20	50	50	200	
乐山市	市中区	25	25	60	60	300	
	五通桥区	20	20	50	50	300	
	沙湾区	50	50	100	100	300	
	金口河区	50	50	50	50	200	
	峨眉山市	30	50	100	100	300	
	犍为县	10	10	30	30	300	
	井研县	20	20	20	20	300	
	夹江县	30	30	50	50	300	
	沐川县	50	50	50	50	200	
	峨边县	30	30	50	50	200	
	马边县	50	50	50	50	200	
南充市	顺庆区	25	25	50	50	600	
	高坪区	25	25	50	50	500	
	嘉陵区	25	25	50	50	300	
	阆中市	10	10	50	50	200	
	南部县	20	20	50	50	200	
	西充县	30	30	100	100	200	
	营山县	17	17	25	25	300	
	仪陇县	20	20	40	40	200	
	蓬安县	30	30	50	50	300	

续表

市(州)	县市区	高龄津贴月标准（元）					备注
		80—84周岁	85—89周岁	90—94周岁	95—99周岁	100周岁及以上	
宜宾市	翠屏区	16.67	16.67	100	100	500	
	宜宾县	16.67	16.67	100	100	500	
	南溪区	16.67	16.67	100	100	500	
	江安县	16.67	16.67	100	100	500	
	长宁县	16.67	16.67	100	100	500	
	高　县	16.67	16.67	100	100	500	
	筠连县	16.67	16.67	100	100	500	
	珙　县	16.67	16.67	100	100	500	
	兴文县	16.67	16.67	100	100	500	
	屏山县	16.67	16.67	100	100	500	
广安市	广安区			50	50	200	
	前锋区	16.7	16.7	100	100	200	
	华蓥市			100	100	200	
	岳池县	10	10	16.7	16.7	200	
	武胜县			16.67	16.67	200	
	邻水县			25	25	200	
达州市	通川区	20	20	100	100	400	
	万源市	20	20	100	100	400	
	达川区	20	20	100	100	400	
	宣汉县	20	20	100	100	400	
	开江县	20	20	100	100	400	
	大竹县	20	20	100	100	400	
	渠　县	20	20	100	100	400	
巴中市	巴州区	30	30	80	80	200	
	恩阳区	30	30	80	80	200	
	平昌县	30	30	80	80	200	
	南江县	30	30	100	100	300	
	通江县			80	80	200	

续表

市（州）	县市区	高龄津贴月标准（元）					备注
		80—84周岁	85—89周岁	90—94周岁	95—99周岁	100周岁及以上	
雅安市	雨城区	50	50	100	100	300	
	名山区	50	50	100	100	300	
	天全县	50	50	100	100	300	
	芦山县	50	50	100	100	300	
	宝兴县	50	50	100	100	300	
	荥经县	50	50	100	100	300	
	汉源县	50	50	100	100	300	
	石棉县	50	50	100	100	300	
眉山市	东坡区	20	20	50	50	500	
	仁寿县	10	10	20	20	500	
	彭山县	10	10	100	100	500	
	洪雅县	15	15	100	100	500	
	丹棱县	20	20	80	80	500	
	青神县	16	16	100	100	500	
资阳市	雁江区			100	100	200	
	简阳市			100	100	300	
	安岳县			100	100	200	
	乐至县			100	100	200	
阿坝州	汶川县	50	50	80	80	200	
	理 县	50	50	80	80	200	
	茂 县	50	50	80	80	200	
	松潘县	50	50	80	80	200	
	九寨沟县	50	50	80	80	200	
	金川县	50	50	1000	1000	2000	
	小金县	50	50	80	80	200	
	黑水县	50	50	80	80	200	
	马尔康县	50	50	80	80	200	
	壤塘县	50	50	80	80	200	
	阿坝县	50	50	80	80	200	
	若尔盖县	50	50	80	80	200	
	50	50	80	80	200	50	

续表

市(州)	县市区	高龄津贴月标准（元）					备注
		80—84周岁	85—89周岁	90—94周岁	95—99周岁	100周岁及以上	
甘孜州							
	35	35	100	100	500	35	
	25	25	41.67	41.67	100	25	
	50	50	100	100	200	50	
	50	50	100	100	200	50	
凉山州			100	100	300		
	50	50	100	100	300	50	
	100	100	150	150	300	100	80—89发给农村老人
	50	50	100	100	300	50	80—89发给农村老人
			100	100	300		
	50	50	100	100	300	50	
	宁南县	50	50	100	100	300	
	普格县	50	50	100	100	300	
	布拖县	50	50	100	100	300	
	金阳县	50	50	100	100	300	
	昭觉县	50	50	100	100	300	

续表

市(州)	县市区	高龄津贴月标准（元）					备注
		80—84周岁	85—89周岁	90—94周岁	95—99周岁	100周岁及以上	
凉山州	喜德县	50	50	100	100	300	
	冕宁县	50	50	100	100	300	
	越西县	50	50	100	100	300	
	甘洛县	50	50	100	100	300	
	美姑县	50	50	100	100	300	
	雷波县	50	50	100	100	300	

（作者单位：四川省老龄办）

陕西省“十三五”社会养老服务体系建设研究

陕西省政府研究室、陕西省老龄办课题组

人口“老龄化”是世界趋势，也是世界性难题。当前我省老龄人口持续增长，“老龄化”日益凸显，呈现数量大、发展快、高龄化、空巢化特点，经济社会发展面临“未富先老”严峻挑战。“十三五”我省将进入中度老龄化转折时期，建设体制科学、机构健全、服务完善、可持续运行的社会养老服务体系紧迫而必要。

一、“十二五”社会养老服务发展成效与做法

（一）政策法规日趋完善

科学规划，出台省《“十二五”社会养老服务体系建设规划》《加快发展养老服务业的意见》，确立了全面建成功能完善、规模适度、覆盖城乡的养老服务体系发展目标。健全法规，推动省《老年人优待服务办法》《实施〈老年人权益保障法〉办法》全面实施，促进了老龄工作规范化、制度化。政策指导，出台省《鼓励和引导社会资本进入养老服务领域的若干意见》《推进城镇养老服务设施建设工作的通知》《加强养老服务设施规划建设工作的通知》等指导性文件，加快了社会养老服务体系建设进程。

（二）机构设施城乡全覆盖

健全机构，推动养老服务公办保基本，民办专业化、多样化，大力发展养老机构。2014 年底，全省建有各类养老机构 3850 个，其中公办 555 个，民办 240 个，社区居家养老 3055 个；拥有床位 17.45 万张，老年人床位拥有率达 30.09‰。对标落实，执行国家养老服务“人均用地不低于 0.1 平方米”标准，要求新建、已有城区和居住（小）区，一律按标准规划建设或健全养老服务设施。突出重点，在城市搭建社区居家养老服务平台，建立日间照料中心；农村举办互助幸福院，提供日间照料、短期托养、配餐等服务，引入家政养老服务机构、公益组织及社会志愿者等服务，初步实现城乡全覆盖。

（三）管理服务模式不断拓展

培育居家养老。建立社区养老综合服务中心，满足不同老年人群需求。2012 年省上安排资金 3000 万元，资助西安市建设老年餐桌 300 个，受益老人 15000 余人。推行日托养老。老人“朝至夕归”，白天在社区“日间照料中心”活动，晚上回家休息，既得

到较好照料，又满足家庭感情交流。探索信息化养老。西安、宝鸡和铜川等市分别建立养老服务信息中心，在社区建设“呼救通”“爱心门铃”服务网，及时沟通信息，完善养老服务功能。提升农村养老。建立农村居家养老服务体系，通过老年人协会、志愿者服务、结对帮扶等形式，使空巢、独居、失能困难老人及时享受到日常照料服务，如公办民营“渭滨模式”、农村互助幸福院式“商洛模式”、居家服务管理“莲湖模式”、邻里互助“榆林模式”等效果初显。

（四）政策支持格局正在形成

制度建设保障。居民基本养老走上规范化、法制化轨道，2011年起推进城乡并轨，实行“六统一”，实现由制度全覆盖向人群全覆盖跨越。医疗保障体系全面建立，2014年新农合参保人数2581万人，参保率达95%；城镇职工和居民基本医疗保险参保人数1244.27万人，政府补助标准提高3.5倍，保障水平稳步提高。城乡低保覆盖265万人，占总人口7.5%，基本做到应保尽保。财政资金支持。推动民间资本进入养老服务业，对新、改、扩建机构实施财政一次性补助每张床位3000元、2000元，用电、水、气、热执行居民生活类价格标准，减轻了资金压力和营运成本。建设用地支持。对社会兴办养老服务，明确营利性、非营利性土地使用优惠政策，列入省控指标重点保障。2014年解决了9个省级重点养老服务项目建设用地需求。税收优惠支持。对养老机构提供养老服务一律免征营业税；对非营利性养老服务机构及自用房产、土地，免征企业所得税和房产税、土地使用税；对向非营利性养老服务机构捐赠的单位和个人按标准予以纳税扣除。

（五）普惠型优待服务不断扩大

下调优待年龄。将优待年龄由70岁下调到65岁，高龄老年人生活保健补贴年龄由80岁下延到70岁。提高补贴标准。对70–100岁以上高龄老人划分4个档次，补贴标准分别提高到每人每月50元、100元、200元和300元，全省260多万老年人受益。延伸优待领域。65岁以上老年人，可享受免费进公园、旅游景点、场馆，使用收费公厕；优先就医，每年一次免费体健服务；优先购买机票、车船票，优惠乘坐公共交通等。

（六）改革试点深入推进

国家改革试点积极推进。西安市开展养老服务业综合试点，在财政、金融、土地、税费、人才、技术及服务模式等方面积极创新。推行公办养老机构公建民营，西安市阎良区、商洛市丹凤县加快申报国家试点。医养结合试点取得实效。省荣誉军人康复医院、荣誉军人第一医院开展医养结合试点，探索建立了医疗卫生与养老服务结合新模式。

二、面临困难和问题

一是养老服务压力明显增大。“十二五”以来，我省老龄人口迅速扩大，老龄化形势严峻。2014年全省60岁以上老年人565万人，占总人口15%，年均增长5.52%，高于总人口增速近10倍，高于全国平均水平3.51%，并呈高龄、空巢、失能老人比重攀升，农村高于城镇，区域差异化明显等特征，对养老服务造成空前压力。

二是养老服务体系建设差距较大。供给总量明显不足，每千名老年人拥有养老床位数远低于发达国家50~70张的水平。空间布局区域、城乡不均衡，关中、陕北、陕南三大区域人口老龄化程度不同，养老设施建设水平差异较大；中心城区和新建大型住宅区养老设施比较紧张，郊区、农村社区为老服务资源相对缺乏。供给结构专业化和多样性不足，供给与需求结构不相匹配，养老自理、介助和介护床位构成比例不科学；面向失智、失能、临终老人专业性服务及面向特殊老年人个性化服务普遍缺乏。服务队伍缺口大，预测到2020年全省60岁以上失能、半失能人口将达到129.25万人，约需护理人员194万名，缺口非常明显，同时整体专业化程度不高，队伍不稳定，专业素质与服务需求不相称。

三是多元主体养老服务模式尚未确立。政府、社会、市场、家庭等多元主体协作的养老模式尚未建立，政府层面只能基本满足社会“三无”、五保及经济困难的孤寡、高龄、失能等老年人养老需求，而社会层面为老服务类社会组织的数量、专业水平、项目执行能力等发展不足。家庭层面赡养功能过度弱化，居家养老服务缺乏有力支撑，是社会养老服务体系相对薄弱环节。

四是养老发展面临体制机制制约。公办机构对服务对象的来源缺乏严格评估，造成公共资源浪费和不公平；运营成本提高，运行经费仍按旧标准拨付，难以提供高品质服务。经营性养老发展受限，用地没有相应优惠制度安排，难以列入福利项目划拨；获得政府补贴少，又受到公办机构低收费的空间挤压。覆盖面小，除少部分“三无”、“五保”或“特困”老人由政府出资养老外，约95%以上的老年人只能自费。

五是养老服务产业发展滞后。我省虽然出台了一系列扶持政策，但尚未形成清晰完整的发展规划和政策体系，无法在土地、金融、服务、医疗等方面提供充分的政策支持，产业发展相对滞后，养老服务供给多样性的不足。

三、对策建议

（一）深化社会养老服务体制机制改革

一是加快养老服务发展根本性转变。由重事业轻产业向事业、产业并重转变，谋划发展“十三五”养老服务事业和产业；由关注弱势老年群体向全面关注老年群体转变，扩大养老服务覆盖面；由传统养老方式向多主体现代养老方式转变，推进养老服务社会化；由“被动养老”向自主选择养老方式转变，让老年人群自主选择适合自己的养老方式。二是积极发挥政府、社会和市场职能作用。发挥政府养老服务的主导作用，履行好制定规划、出台政策，保基本、兜底线，市场培育、监管督促职能。发挥社会组织灵活、创新、成本低、效率高、接地气等优势，健全机构，完善制度，规范行为，营造环境，支持开展养老服务工作。推进养老服务市场化，通过政府购买服务、合同外包、委托等形式发展养老服务产业。三是提供专业化、多样化、多层次养老服务。通过委托管理和服务外包等方式，由专业机构参与养老服务供给，增强养老服务的专业性、科学性。创新服务产品，满足老人基本生活、人身安全、受新生、求知和自我实现等需求，形成全面完整的生活服务体系、健康服务体系和精神服务体系，提供多层次、多样化养老服务。四是推进医养结合。促进医养融合对接，开通医疗机构养老就诊绿色通道，支持开办老年病、康复、中医医院和临终关怀机构等，鼓励社会力量兴办医养结合机构，扩大政府购买基本健康养老服务。五是探索建立评估机制。对养老服务在养老机构自我评估的基础上，由第三方——养老服务评估委员会组织评估，将评估内容结果公开，以第三方和社会监督提高养老机构服务效能。

（二）系统推进养老服务设施建设

一是构建设施体系。根据国家规范和我省实际，明确功能定位，规范配置标准，着力建设系统完备的养老服务设施、为老服务设施及老年社区等硬件设施，不断提升养老服务设施水平。二是创新推进机制。明确政府职能，对基本公共服务领域，养老设施由政府直接供给，或由市场供给、政府购买；对高档养老机构设施，完全让位于市场。创新经营模式，对税费、融资、用地、基础设施等予以政策优惠，采取公建民营、民办公助、补助贴息、政府和社会资本合作等方式，支持社会力量参与养老服务设施建设。三是推进城乡统筹、均衡发展。按照集约高效原则，整合社会资源，结合地域特色，推进社会养老服务设施由近期“按需布局”向远期“城乡均等化布局”过渡，形成覆盖城乡、全民共享的设施网络。四是加快特色养老基地建设。推进养老服务资源优化配置和差异化布局，老城区根据老年人口比例和密度大小、建设用地紧张程度，建设实用性强、承载量大的养老设施，或功能更完善、环境更舒适养老设施；经济相对发达区域，鼓励各类市场主体建设适度超前、标准较高的养老设施。五是加强社区养老设施建设。纳入城市公共服务设施规划，与小区建设同步规划、建造和使用。整合社区已有资源，盘活家政服务、医疗保健、心理咨询等社会服务资源，为社区养老提供相应服务。将驻区单位资源纳入居家养老使用范围，加以利用和改造，提高养老资源综合效用。六是构建公益养老信息服务平台。建立呼叫服务中心、老人救助指挥中心、养老服务管理中心和数据交换控制中心等功能区，实现智能养老。建立老人标准化电子健康档案、服务需求信息库，提高信息化服务水平。建立为老服务热线、居家呼叫系统、数字网络系统等信息服务系统，及时提供求助求救服务。整合现有人口管理系统、养老服务企业管理系统、养老机构服务信息系统等资源，建立统一的养老服务信息平台。

（三）促进养老服务产业健康快速发展

一是明晰发展路径。立足我省实际，确定近期、中期和长期老龄产业优先发展领域。以全面、多样、高质量满足老年人需求为宗旨，坚持政策推动、企业参与、市场运作、统筹规划、社会支持，加快形成多样化、多元化、多业化养老服务产业格局，发挥其扩内需、增就业巨大潜力。二是繁荣养老消费市场。支持引导养老相关行业、机构拓展适合老年人特点的健康保养、文化娱乐、精神慰藉等服务，开发安全有效的康复辅具、食品药品、服装服饰等老年用品用具和服务产品，满足老年人基本需求，扩大养老消费市场。三是构建完整老龄产业链条。鼓励有实力企业集团化发展，扶持中小型企业连锁经营，吸引国内外知名企业入驻，做大做优养老企业主体。将为老人提供生活照料、养生保健、康复护理、家政服务、老年用品、教育培训、心理咨询、文化娱乐、旅游观光等服务领域有机联系起来，拓展旅游养老、生态养老、乡村养老等老年服务业态，形成完整产业链条。四是营造良好市场环境。完善政策法规体系和技术标准体系，实行市场准入制度，对符合条件的经营主体和经营行为加强监管，不符合者严令退出。扶持和培育专业中介信息机构，为供需双方提供信息服务。加强价格、质量、安全管理，规范市场秩序，净化消费市场，释放老年群体消费能力。

（四）积极破解农村养老难题

一是探索“村建养老区、村办养老院、家办托老所”等试点。村建养老区，由村集体统一建设老年服务设施，老年人免费或低费入住。村办养老院，利用农村闲置资源，建设小型养老院，解决本村高龄、空巢、失能半失能老人和五保老人就近养老问题。家办托老所，由农民利用自家院子或租赁房产建设，照顾附近地区老年人。二是建设农村敬老院、幸福院。坚持村级主办、互助服务、社会参与、政府扶持，在村一级建设小型、就近、适用的互助式敬老院、幸福院，关心帮助照料农村高龄、空巢、失能半失能老人。三是拓展养老机构建设方式。在新型农村示范社区，通过政府引导支持，采取村集体建、村和个人合资建、成功人士无偿建和个人投资建等方式，建设农村养老实体，提高农村养老水平，降低政府养老支出。四是建立居家养老服务网络。对辖区内老年人群及服务机构建立数据库及服务档案，提供紧急救援、生活帮助、主动关怀三大服务方式，提升农村居家养老服务水平。五是建立农村养老服务队伍。明确家庭、政府、社会在农村养老服务方面应承担的责任，组建农村老年协会，动员低龄老人、村干部、党员、妇女参与农村居家养老服务，开展结对帮扶。六是探索农村老年人宅基地流转养老。将农村老年人宅基地流转给村集体，置换为集中居住的养老新居，既可避免老房子闲置、浪费，又减轻自身和集体养老负担，大大降低全社会养老成本。

（五）加强对老年人精神关爱

一是着力于老有所为。组织引导老年人在原有业务领域发挥专长，实现人生价值，贡献余热；参与社会工作，开展老年互助、青少年教育、救困扶贫、纠纷调解、辅助社会管理等公益活动。二是着力于老有所学。推进老年教育事业，形成以市、县老年大学为骨干，乡镇（街道）社区老年学校为基础，覆盖城乡的老年教育体系。探索财政经费补贴在普通全日制高校开办老年班，满足部分老年人求知学习的愿望。三是着力于老有所乐。把老年精神文化建设纳入社会事业发展规划，发展老年文化事业，创新老年文化产品。依托老年活动中心，健全文化活动队伍，提供免费或低成本文化产品和活动场所，开展健康向上、益于身心的老年文化活动。四是着力于心理疏导。制定老年人精神关爱指标体系，开展专业化心理咨询服务，帮助老年人解决心理危机和心理健康问题。开展志愿者与空巢老年人结对关爱活动，教育引导空巢老人子女“常回家看看”，以亲情关怀解决空巢老人心理孤单问题。

（六）培养高素质养老服务人才队伍

一是培养纳入国民教育规划。通过国民教育正规化专业化教育，不断培养面向社会、面向未来、面向高龄的高层次专业护理人才，建设成为技术专业、服务规范、人员稳定的养老服务人才队伍。二是建立养老服务职业准入制度。建立岗前培训、持证上岗制度，对养老服务管理、护理等从业人员，由民政老龄部门按照职业标准开展技能培训，经费列入预算保障；鼓励有资质的民办培训机构开展养老护理员职业培训，政府给予补贴。三是提高待遇水平。落实社会保障待遇，探索民营机构一线护理“三金”缴纳办法，做到用事业留人、用感情留人、用适当待遇留人。四是实现管理服务专业化。增加老龄工作专业人员配备，在条件成熟的地方设置1~2个社工岗位，负责辖区内社会资源整合，提高为老服务效率。将社区日间照料中心工作人员纳入社会公益性岗位，提高待遇，稳定队伍。建立民办养老机构护理员等级评定机制，稳定护理员队伍。

课题组组长： 杨三省
课题组副组长： 刘春秀　蔺全锁
课题组成员： 赵子厚　刘继娥　赵理顺

关于居家、社区、机构养老服务融合发展研究

广东省老龄办课题组

近几年来，国务院和全国老龄办、民政部印发了一系列建立社会养老服务体系的文件（包括“意见”、“通知”、“规划”等），2012年新修订的《老年人权益保障法》还专列了第五条，其中第二款是“国家建立和完善以居家为基础、社区为依托、机构为支撑的社会养老服务体系”。于是乎，“居家养老”、“社区养老”、“机构养老”成了社会养老服务体系的三个组成部分，全国上下都在热议、热干所谓居家养老、社区养老和机构养老。国家有关部门提出要开展居家、社区、机构养老“三合一”融合发展研究，自然顺理成章——试图在研究三者配合方面取得研究成果，以指导实际工作。因为社会养老体系建设是由居家、社区、机构养老“三合一”组成，本研究涉及的其实是整个社会养老服务体系建设问题。

一、社会化养老方式是“三合一”还是“二合一”

（一）家庭养老与社会养老

姜向群、王桂新等提出，以养老资源来源作为划分依托，可分为家庭养老和社会养老两类。其实，家庭养老是传统的养老方式，也是我们比较熟悉的养老方式，是指家庭成员（具有婚姻关系和血缘关系构成）提供养老资源的养老方式和养老制度，是“在家养老”和“子女养老”的结合。我国宪法规定“父母有抚养教育子女的义务，成年子女有赡养扶助父母的义务”。但最近几十年来，家庭养老功能已经弱化：在社会经济高速发展的过程中，子女少了，家庭小了，子女生活压力加大，子女还要照顾自已的子女，传统养老观念受到各种不良价值观念冲击，孝已不为先了；从养老资源看，老年人最基本的生活保障靠退休金收入和医护保险金收入，农村大部分老年人或没有这些收入或这些收入微薄不足以解决养老资源问题，城镇相当一部分居民还刚刚纳入基本养老保险和医疗保险，老年居民（以及将老的居民）也难以解决自身养老资源问题。

社会养老是相对于家庭养老的概念。指的是由国家（政府）和社会提供养老资源的养老方式和养老制度。家庭养老依靠家庭成员提供养老资源，包括维持老年人基本生活水准的收入保障和服务保障（服务保障包括生活照料、家政服务、康复护理和精神慰藉等）；社会养老依靠国家和社会提供养老资源，包括维持老年人基本

生活水平的收入保障（退休金、医护社会保险）和服务保障。这里必须指出，所谓“社会养老”，指的是两个方面提供的养老资源，一是指国家（政府）提供的基本或主要的养老资源；二是指社会慈善提供的养老资源补充，包括构成养老资源的慈善捐赠和志愿服务。

关于家庭养老与社会养老二者的关系，穆光宗等人认为，“以家庭为主的传统养老模式向社会为主的现代养老模式转变成为一种必然趋势”。但这仅仅是一种趋势而已，我国要完成由家庭养老为主向社会养老为主的转变（包括老年人的经济给付和服务供给）将是一个相当长的历史过程。尤其是在我们这样一个未富先老的国家，至少在三、五十年内还不能完成这一过程，即在三、五十年内我们还不能指望国家和社会承担起养老的主要责任，不管家庭养老是否能真正承担得起主要的养老责任。我国城乡，亿万老年人将面对家庭养老资源下降和国家社会养老资源不足双重压迫，一部分老年人将处于家庭养老靠不住、国家社会养老够不着的艰难境地。

如前所述，家庭养老与社会养老二者是对应的养老模式。我国最近这十几年才开始重视社会养老问题并采取了一系列措施推动社会养老服务，在发现难度很大时又把社会养老服务的主体扩大到政府、企业、社会组织、家庭及个人这是值得商榷的。

（二）居家养老、社区养老、机构养老“三合一”配合还是居家养老、机构养老“二合一”配合

早在20世纪八十年代中后期，民政部就开始提出并推动“社会福利社会化”。1986年民政部在一次关于城市社会福利工作会议上就提出社会福利要逐步实现社会化，包括服务对象社会化（即由补缺型社会福利转向普惠型社会福利，作者注，下同）、服务队伍社会化（即为老人提供服务的不仅是编制内工作人员，还包括社会上各种专业和非专业服务人员）、资金筹措使用社会化（除财政资金转化的民政事业费外，还包括社会各种资金，例如民资、善款、彩票公益金等等）和管理方式社会化（包括承包、公办民营、公建民营、合资合作即当今讲的PPP模式、民办公助等等）；其目标是“用10年左右的时间，在我国基本建成国家办的社会福利机构为主体、居家福利保障服务为依托的社会福利服务网络，建立起与社会主义市场经济发展相适应的社会福利事业管理体制、发展机制、投资机制和运营机制，……”。1987年，民政部开始开展城市社区服务试点，其中就包括街道、居委会办敬老院（楼）就近为老年人提供机构养老服务。2000年，国务院办公厅转发了民政部等11部委《关于加快社会福利社会化的意见》（国办发［2000］19号），文中提出“建立以居家为基础，以社区为依托，以社会福利机构为补充的供养方式”，要求走“国家倡导资助、社会各方面力量积极举办社会福利事业新路子”，建立“国家兴办的社会福利机构为示范，其他多种所有制形式的社会福利机构为骨干、社区福利服务为依托、居家养老为基础的社会福利服务网络”。这是上世纪末关于养老服务网络建设的最权威表述。

到了2006年，民政部印发《关于开展全国养老服务社会化示范创建活动的通知》，其养老服务社会化示范创建活动的基本要求是“居家为基础、社区为依托、机构为补充”。

同年 2 月，国务院办公厅转发全国老龄委办公室和发改委等部门《关于加快发展养老服务业意见的通知》（国办发［2006］6 号），文中仍提到“逐步建立和完善以居家养老为基础、社区服务为依托，机构养老为补充的服务体系”。此后，官方文件作出了微调，提升了机构养老的地位，在文件中“机构养老为补充”变成“机构养老为支撑”，例如国办发［2011］60 号文就明确提到“以居家为基础，社区为依托、机构为支撑”。到了 2012 年修订《老年人权益保障法》，第五条第二款中就规定“国家建立和完善以居家为基础、社区为依托、机构为支撑的社会养老服务体系”。此后，无论国家还是地方层面都按照这一条法律规定对社会化养老服务进行表述，（但今年以来，在官方文件中“机构养老为支撑”又变回“机构养老为补充”）。

“居家为基础、社区为依托、机构为支撑”这种“三合一”社会化养老发展模式从表面上看并无不当之处，符合社会化养老服务的实际需要和人们的普遍心理：因为无论从哪个角度讲居家养老现在、将来都是中国绝大多数老年人的养老方式，“居家为基础”不会错；“社区为依托”，就是说，绝大多数老年人居家养老，不能关在家里养老，除了自身和家庭成员自助型养老服务，还得“依托”居家所在地的社区（社区服务设施、社区服务机构和组织）提供一些替代性的养老服务（因为自助型养老服务已越来越艰难，完全自助已不可能了）；“机构为支撑”则是说一部分老年人，特别是高龄、失能以后，家庭自助型、社区替代型养老服务都难以解决养老问题或者居家养老成本过高，他们就有必要入住专门的养老机构（主要是护理型养老机构）养老，直至走完人生。

但是，认真分析这“三合一”，我们不难发现，“社区为依托”是隶属于“居家为基础”的，就是说“居家为基础”即居家养老必须以社区为依托，也就是前面讲到的居家养老不仅需要老年人自身及其家庭成员发挥自助性养老服务，还必须倚重社区养老服务这一替代性服务；而机构养老则是另一种独立的、与以社区为依托居家养老相对应的养老模式，这种养老模式可以是脱离家庭和社区的，如果不脱离社区（不一定是老年人所在的社区居委会、农村社区，而是指离老年人居所不太远的周边地区），至少是脱离老年人家庭的。《我国基本养老服务模式研究报告》（2013 年出版的《2011 年度彩票公益金中央级项目研究成果汇编》的主报告）说到“养老服务功能定位”时指出：“社区养老服务具有社区日间照料和‘居家养老’支持两类功能，主要面向家庭日间暂时无人或者无力照顾的社区老年人提供服务”（《汇编》第 8 页）。显然，文章指出了社区养老服务两个功能中的一个是居家养老支持功能；另一个功能是“具有社区日间照料”功能。什么是“日间照料”？就是老年人居家养老过程中，间或出现家庭成员或其他负责照料老年的亲友等在不确定的“日间”（白天）暂时无人或无力照顾时，把该老年人送去社区的日间托老机构照顾（早送去晚接回），该老年人的基本照料还是在家庭完成的，家庭仍是照料老人的责任人。所以说，这是最为典型的“居家养老”替代性服务或叫“居家养老”支持服务。在此情形下，社区发生的这种养老服务补充功能、支持功能或称替代功能就发挥“依托”作用了。但这绝不是一种所谓独立的“社区养老”服务，社区养不了老。

其实，迄今为止，无论中外老年人的养老方式只有两种，一种是居家养老（即老人及家庭成员自助+社区服务他助），一种是机构养老。英国为代表的欧洲发达国家在上世纪七十年代搞福利国家建设，政府曾一度建立许多专门的养老机构（相当于我们的公办养老机构）把一些高龄、失能的老年人集中起来养老，这就是所谓的实行“院舍照顾”，搞了一阵子，他们发现无论哪方面（政府、老人及家庭、社会）都不满意，通过论证又逐步改成老年人重回家庭和社区，主要通过政府和社会提供的“社区照顾”替代和家庭自我服务的配合来解决养老问题（但仍保留部分院舍照顾，即完全失能老人仍入住护理型养老机构）。早些年国家发布的有关文件也说得很明白，“社区养老”不是一种独立的养老模式，而是居家养老的支持性服务。例如2011年国办发[2011]60号文就明确“社区养老服务是居家养老服务的重要支撑，……”；2013年国务院《关于加快发展养老服务业的若干意见》（国发[2013]35号）也明确提出“统筹发展居家养老、机构养老和其他各种形式的养老，……”。综上所述，养老模式（或方式）没有“居家、社区、机构”养老“三合一”，而只有居家养老和机构养老“二合一”。

（三）社会化养老服务体系建设的“9073”、“9064”

《我国基本养老服务模式研究报告》（同上）中说：“自‘十一五’以来，上海、北京等地在规划、布局本地养老服务体系发展时，分别对居家、社区、机构三种主要形式的养老服务提出量化发展指标，目前有代表性的提法主要有‘9073’和‘9064’两种”。“随后提出养老服务‘9073’发展格局的地方还有天津、广东、陕西、宁夏、河北、湖北、新疆、长春、昆明等 地方”。“北京市在2009年提出了‘9064’养老服务模式，……，同样提出养老服务‘9064’格局的还有杭州、苏州、合肥等地”。（《汇编》第12页）最近几年，越来越多的地方也都这样提。

首先，所谓“90”，指的是“90%的老年人由家庭自我照顾”，（同上）即家庭养老。无论“9073”也好，“9064”也罢，“90”就是这个意思。老年人“由家庭自我照顾”属于家庭养老，而这些地方却活生生地把家庭养老用来冒充所谓“基本养老服务”或“社会养老服务”，这不是明明白白的偷换概念、推脱责任吗？！所谓偷换概念，因为我们所要建设的是与家庭养老相对应的社会养老，你把家庭养老与社会养老混为一谈；所谓推脱责任，就是明明是建设“社会养老体系”，你把这个体系建设的绝大部分责任又推回给“家庭”，等于你什么也没说，或你什么也不想干，回到历史和逻辑的起点——自古就实行、目前仍然在实行的“家庭养老”。

其次，我们研究为什么全国各地都是“90%”？我敢说，所谓“90%”的提法就算是指“90%”的老年人通过居家养老支持服务+家庭自我养老服务解决养老问题，也是武断和缺乏依据的。其一，全国各地的社会养老服务体系建设是与其经济社会发展水平、老年人总数、老年人占总人口的比例以及政府重视程度、财政收入状况等直接相关的，发展肯定是呈现不同水平的，而社会化养老服务体系建设，尤其是居家养老服务设施和专业化服务是与家庭养老服务相向而行的，前者的替代性服务越多、越充分，所替代的家庭自我养老服务就越多，也即家庭自我养老服务就会越少。以此推之，全国各地都能整齐划一地、同时建立起能替代“90%”老年人家庭养老的服务能力是完全不可能的。其二，是居家养老还是机构养老，各地老年人的选择因传统、习惯和居家养老支持服务、机构养老的满意度而不同。在机构养老比较发达的地区，人们对机构养老已有所了解，老年人及其家庭成员的选择比较多，其入住机构养老的意愿会多一些，在一些还没有民办养老机构的地区，人们只知道附近的公办养老机构，在广大农村地区只知道有个“敬老院”，而这些公办的养老机构的声望、能力会令其害怕，其入住机构养老的意愿会少一些；居家养老支持服务比较好的地方，老年人选择机构养老的就会少一些，居家养老支持服务缺失或服务不好的地方，老年人别无选择，只能选择机构养老（如果机构养老也很糟糕那么只好在家等死）。

再次，“90”脱离社会提供的居家养老支持服务就是传统的“家庭养老”，必须辅之以社会提供的居家养老支持服务才能成为社会养老服务体系的基础，即“居家养老”为基础才能成立。梳理一下近十年来国家层面（全国人大、国务院及各相关部委）关于基本养老服务、社会养老服务的法律、行政法规或规范性文件等，我们不难看出，在整个基本养老服务或社会养老服务体系建设的框架中，无一不是突出“居家养老”。什么是“居家为基础”的养老服务模式？《老年人权益保护法》第二十七条规定“国家建立健全家庭养老支持政策，鼓励家庭成员与老年人共同生活就近居住，为老年人配偶或者赡养人迁徙提供条件，即地方各级人民政府和有关部门应当采取措施，发展城乡社区养老服务，鼓励、扶持专业服务机构及其他组织和个人，为居家的老年人提供生活照料，紧急救援、医疗护理、精神慰藉、心理咨询等多种形式的服务”。“对经济困难的老年人，地方各级人民政府应当逐步给予养老服务补贴”。还有第三十八条第一款规定：“地方各级人民政府和有关部门、基层群众性自治组织，应当将养老服务设施纳入城乡社区配套设施建设规划，建立适应老年人需要的生活服务、文化体育活动、日间照料、疾病护理与康复等服务设施和网点，就近为老年人（居家养老，作者注）提供服务”。所以，我们可以把所谓“90%”理解为90%的老年人居家养老，即老年人通过自身和家庭成员自助性家庭养老服务，加上国家和社会提供的居家养老服务支持（以社区服务方式提供）这种替代性的社会养老服务支持解决养老问题。

所谓7%或6%，指的是7%或6%的老年人通过社区的养老服务解决其养老问题。且不说7%或6%是如何计算出来的，有无依据，我要问的第一个问题是社区能否解决老年人的养老问题。我们知道，社区在国外是一个社会学概念，可大可小，只是一个区域，一群同地而居、相互联系的人群；我国社区指的是居委会或村委会所辖的一个区域。如前所述，社区各种养老设施（包括所谓日间照料中心和托老所等）、各种养老服务项目都是为居家养老的老年人服务的，是居家养老的依托，隶属于居家养老服务。家庭养老的责任人是家庭成员及其老年人本身；居家养老的责任人是家庭成员及老年人和社会（政府和社会力量）；机构养老的责任人一般是家庭成员及其老年人（入住机构养老以后，监护责任转移给养老机构，但支付责任仍是老人自己及家庭成员）或政府（政府供养的老年人）；社区养老的责任人是谁？难道是社会学讲的是不着边际的混沌社区，还是社区居委会或各种不同范围的农村社区？有人可能会说，责任人可能是家庭成员及其老年人自身（提供服务资源，自费服务），可能是政府（为政府供养的老年人），各负其责，这也许是有道理的。但社区不可能是责任人。按照权威和通常的说法，“社区养老”指的是“社区提供日间照料和托老服务”。日间照料和托老服务能独立解决养老问题吗？回答是否定的。日间照料（早送晚接）也好，托老服务（临时或短期托养），都是发挥支持居家养老服务的功能，仅靠日间照料和托老服务根本解决不了一个老年人的全部养老服务问题。况且，日间照料和托老服务场所和机构连合法的（独立法人）地位都没有，连养老服务的主体资格都没有，它们提供服务的合法性都饱受质疑。

与“90%”一样，所谓“7%”和“6%”也都是拍脑袋拍出来的，根本没有任何依据，完全是一种主观的臆想。

第四，关于机构养老的 3% 或 4% 是指占老年人总数的 3%、4% 的老年人通过入住养老机构解决养老问题。其中 3% 的说法比较普遍，这是怎么来的呢？很简单，因为民政部要求在“十二五”期间全国各地的各种养老床位数要达到 3%，即每百名老年人要拥有 3 张床位，所以各地就按 3% 的老年人机构养老来作出规定。民政部在制定民政事业发展“十二五”规划时提出这一要求，是基于许多发达国家及部分发展中国家的养老床位一般都达到每百名老人拥有 5~8 张床位，最少的也有 3%，而“十一五”末我国每百名老年人所拥有的床位才 1 张多一点，差距确实太大了；根据我国养老事业发展的必要和可能，要求通过五年的努力，增长一倍左右，即达到每百名老年人拥有 3 张床位。应该说，民政部的用心和出发点是很好的，但只是一厢情愿。其一，全国各地的经济社会发展水平、老龄化程度、人民群众生活水平、养老的文化和习惯、老年人与家庭成员的紧密程度等等都是有较大差异的，因此老年人对机构养老服务的需求是大不相同的，都搞一刀切的 3%，显然脱离各地的实际需要。如前所述，杭州、苏州、合肥等地提出的目标是 4%。如果有的地区通过各种努力真正实现了 3% 的目标，很可能机构养老的实际需求达不到 3%，而是 2%、1%，造成床位空置、资源浪费。其二，即使完成了 3% 的目标，也不一定能发挥其 3% 的功能和作用。3% 这个目标并不是好高骛远，经过努力是可以达到的。但是我们必须认识到机构养老的弹性是很大的，受到多方面因素的影响，其中最大的影响是城乡老年人有支付能力的需求。且不说一般社会老人，就是法律、法规明确规定的政府所供养的农村五保户，广东省约 24 万多人，其中高龄和失能的约占 1/5 左右，由于目前敬老院不能接收他们入住（由于不具备服务能力，明文规定只接收生活能自理、正常的五保老人）只能分散在原住所残喘。如果政府履行其法定职责是应该安排他们入住有服务能力的养老机构养老的，这就产生了机构养老需求，要建设一定具有服务能力的公、民办或公民合办的养老机构，增加养老床位，但这种情况现在还没有发生。作为政府兜底养老对象是指供养对象、低收入对象的少数老年人，他们对机构养老的需求相对于一般社会老人对机构养老的需求而言只占很微小的比例（不到 2%）。可以这样说，机构养老的需求是社会老人的需求决定的。我国社会老人数量庞大，其中相当大一部分是没有经济支付能力的（或经济支付能力不足的），他们不是没有机构养老的需求，而是缺乏入住养老机构的支付能力。

真正具有收养服务能力的养老机构，一是民政部门举办的城市大中型养老机构。目前，它们大多数是事业单位，只有极少数开始推行公办民营。由于公办养老机构未计算完全成本，其服务收费相对于民办养老机构比较低，而且位置比较好，床位就非常紧张，普遍出现所谓“一床难求”，一般社会老人很难进去；按照规定和政策，这些以县级以上行政区域为单位建立的公办养老机构，其宗旨主要是服务政府兜底养老对象的，其本身没有服务一般社会老人的任务和职能。它们对社会老人开放只能是少量的；如果收养的大多数是社会老人而使政府兜底养老对象不能得到服务是绝对背离了宗旨，走错了方向。这样的公办养老机构床位的多少取决于政府兜底养老对象的需求，一般一个县级区划单位建一所就够了，如果把现有小型、分散、破烂、不具备养老服务功能的农村敬老院撤销，最多也就增加一、两所（收养高龄、失能的政府兜底养老对象）。因此，公办养老机构的数量、床位是以政府兜底养老对象的机构养老需求为限度的，不可能无限度扩张（要想以现有公办养老机构模式、以不完全成本或很少成本的价格服务全部有机构养老需求的老人，政府还没有这样的能力和决心）。可以这样说，床位的增加，主要指望的是能服务一般社会老人的民办养老机构（包括公办民营、公建民营和未来 PPP 模式建立的养老机构），而不能指望公办养老机构的发展。二是民办养老机构。民办养老机构是社会资本投入建成的，投资者是以赢利为目的，（虽然不可能是高额利润）。如果这种投资不仅不能赢利（哪怕是微利）而且还要亏本，已经投资的可能就要抽逃，没有投资的也就不会自投罗网。民资投入建成的养老机构，根据其档次和服务能力，一定会有不同档次的收费标准，这个收费标准是通过不同的养老机构通过市场竞争形成的，是一个完全成本 + 适当赢利的收费标准。按照市场形成的收费标准，除了极少数高收入老人（入住中高档养老机构）和有支付能力的中等收入以上老人（入住普通养老机构）外，大量的低收入的老人只能望而兴叹。全国各地都有报道，一些民办养老机构入住率很低，主要原因是这些民办养老机构按照完全成本 + 利润确定的收费标准，超过了一般社会老人的实际支付能力以及老人及其家庭认为其收费与服务不对等。为了降低民办养老机构的成本、平抑其收费价格，国家和地方两个层面都出台了不少诸如划拨土地、床位补贴、减免税费、优惠水、电价格、住院补贴等扶持政策，但是实行的结果是很难落实，这不仅涉及到各地政府的重视与否问题，也涉及到各地财政支付体制和能力问题。尽管这些扶持政策还是发挥了一定的“扶持”作用，但还未达到真正撬动大量民间资本投入兴办养老机构的程度。以广东省为例，从上世纪八十年代末、九十年代初就开始推行社会福利社会办，鼓励民间资本兴办民办养老机构，早在 1998 年就在全国率先出台了省政府规章《广东省民办社会福利机构管理办法》，现已过去了十多年了，民办养老机构仍发展缓慢、步履艰难。迄今只有 307 间民办养老机构，占全省养老机构总数的 11%，床位 5.9 万张，占全省养老机构床位总数的 23%，而且主要集中在省会城市广州（约占 70%）。

综上所述，全国许多地方未能按照民政部的要求完成所谓 3% 的床位建设目标，这是必然的。因为一方面公办养老机构已基本上实现了一个县级以上行政区划单位举办一个公办社会福利院（中心）的目标，也符合民政部的工作要求；农村敬老院不具备收养能力，政府兜底养老对象对机构养老虽然还有较大需求，由于当地政府的重视程度与财政能力差异较大，因而缺乏扩建、新建公办养老机构的决心和动力、能力。所以公办养老机构的床位建设受到抑制。另一方面是民办养老机构发展不起来。如前所述，增加床位主要指望民办养老机构，民办养老机构的发展取决于市场有支付能力的需求和政府真金白银的扶持政策，要想民办养老机构大发展光靠政府发号召是根本不行的。好在市场是起决定作用的，如果民间资本盲目投资民办养老机构，大量增加床位，勉强完成了所谓3%的床位建设目标，而这些床位脱离社会老人有支付能力的需求，难免会造成大量床位空置，不仅造成资源浪费，也将会进一步挫伤民间资本投资机构养老业的积极性。

二、居家、社区、机构养老服务现状评估

（一）居家养老服务

居家养老服务，如前所述是指国家和社会为家庭养老的老年人提供的替代性服务，是社会养老的主要部分或基础。按照国发［2013］35号文的要求，包括生活照料、医疗护理、精神慰藉、紧急救援等主要内容。有专家把居家养老服务又分为基本养老服务项目（家政服务、护理服务）和非基本养老服务项目（文化、体育、娱乐、活动、精神慰藉等），前者是老年人（特别是高龄、失能老年人）维持基本生活所需，后者是提高老年人（生活能自理的老年人）生活质量所需。居家养老服务从2006年民政部正式部署开展试点活动至今已九年多了，现状如何呢？

居家养老服务基本项目，部分大中城市的普遍做法是政府给部分老年人发放居家养老服务补贴或养老服务券，由老年人自主选择服务项目和时间。从居家养老服务补贴（服务券）的发放范围和标准看，这种最基本的、老年人最需要的支持服务并没有发挥多大作用。例如，北京市是居家养老服务搞得最早，也是力度最大的直辖市，其居家养老服务补贴范围是“北京户口、满60周岁、符合高龄、低收入、纯收入、纯老户等条件的老人”；其补贴标准是每人每月50~250元，其真正享受此项服务的老年人也仅10万人左右。

五年前，即2010年《中国社会工作》第一期刊登了记者李芳的《中国养老服务业：春天真的来了？》，文中说“居家养老服务基本处于停滞状态......。而一项在广州某社区开展的调查表明，高达95%的老人不知道有‘居家养老’，对于‘居家养老’，他们的理解是‘住在家里养老’，‘自己在家照顾自己’；而剩下的5%知道什么是居家养老服务的老人对居家养老的描述是‘阿姨到家里做清洁，义工来陪聊’，这与真正意义上的居家养老服务相去甚远”。这是广州市的实际情况。虽然五年过去了，情况并未发生多大变化：2015年9月23日《南方都市报》刊出高筱晓的文章《养老骑士刷新养老服务思维》，文中说“目前社区居家养老服务主要集中在康乐文娱和家政类。很多服务更像是活动，看起来场面很热闹，但可能对老人家只是点缀”。同一天广州的《老人报》

刊出了记者梁立然《穗空巢老人近半，安老路在何方？》一文，文中说："据广州民政系统有关负责人透露：政府购买居家养老服务覆盖只有1.3万人，仅占老年人口的6%，覆盖面低，另外供需对接的有效性也不高"。"上周，记者先后咨询了三个家庭综合服务中心，对申请居家上门服务条件都有限制。其中，越秀区一家综工作人员介绍道：80岁以上或独居长者、失独家庭、家有残障子女的家庭和军烈家属可以享受居家上门服务"。根据我的了解，广州市的居家养老基本服务项目不仅覆盖的老年人面很小、人很少，就是覆盖到的老年人，每月居家养老服务补贴每人每月也只有区区一百多元，二百多元，三百元，相对于高龄、失能老年人来说也只是杯水车薪。客观说，广州市作为经济大省的省会城市，其居家养老服务的重视程度、工作力度、投入力度在全省来讲是最大的城市之一，尚且如此，其他城市就不用说了。

深圳市，人口老龄化程度比较低、户籍老年人较少的城市（据称非户籍老人80万左右，户籍老人只有20万左右），该市大约十年前开始率先开展居家养老服务，主要做法是给深圳户籍的不同类型的政府兜底养老对象发放居家养老服务券，由老人自主选择政府审定的服务商提供上门服务，其居家养老服务对象核定范围比广州市稍宽，其养老服务券发放标准是60岁以上、生活不能处理的低保家庭老人每人每月500元；60岁以上生活不能自理的非低保家庭的老人每人每月300元；60岁以上、分散供养的城市"三无"老人每人每月300元；60岁以上、生活能自理的低保家庭老人每人每月300元；60岁以上、重点优抚对象老人每人每月300元；所有80岁以上非低保家庭老人每人每月200元；65岁以上的空巢老人每人每月100元。这个标准在当时是全国最高的标准了。近些年养老服务券制度有所调整，标准也有所提高。但是，仅凭这几百元居家养老服务，对解决高龄、失能这样的重点养老对象的养老服务所起的作用也是十分有限的。

我们再来看二线城市的情况。东莞市，按照东莞市居家养老服务的有关文件规定，居家养老服务对象分为无偿服务对象、低偿服务对象和有偿服务对象三类：凡低保家庭60岁以上生活不能自理或与残疾子女同住的，"三无"老人生活不能自理的、市级以上劳动模范而且生活不能自理并独居或与残疾子女居住的，优抚孤老、六等以上残疾军人，百岁老人为无偿服务对象；80岁以上、独居或与残疾子女居住的为低偿服务对象；其他老人为有偿服务对象。政府（市和镇、街两级）负责筹集无偿、低偿服务资金，资金来源为福彩公益金、财政资金、慈善资金三个渠道。与广州、深圳两市不同，该市既不发放服务券，也不发放服务补贴，而是直接为服务对象购买服务时间，凡无偿服务对象，每个老人每月提供30个小时上门服务（每天1个小时），每小时付费12元，每月360元；低偿服务对象，每个老人每月享受20小时上门服务，每月付费240元。服务的内容包括上级要求的居家养老服务的所有项目：生活照料、家政乳臭、康复服务、日托服务、心理咨询、精神慰藉、临终关怀等。佛山市和珠海市等其他珠江三角洲城市居家养老服务对象范围、服务内容、服务标准都是大同小异，据统计佛山市能享受居家养老服务老人为19118人（2014年底），占全市60岁以上老人的2.9%，其他各市也不会高过这一比例，而且有的还要把非基本养老服务项目算上。如果说居家养老服务的基本服务项目在珠江三角洲地区多多少少还有一点的话，那么粤东西北地区基本上是一片空白。

再说居家养老服务中的非基本服务项目，全国大中城市经过多年的努力还是有不少的，十多年前最早的有社区星光老年之家，后来又有一些地方建立社区老年人活动中心等等；“十二五”期间，在大力推进养老服务事业的大背景下，各地又陆续建立了一些综合性的或专门性的老年人社区服务设施，如社区服务中心、家庭综合服务中心等服务设施。广大农村地区，除少数村委会建有老年人活动室外，其他服务设施基本上是空白。城市的社区型老年人服务设施由于管理体制问题（政府有关部门管建设不管运作，强行推给基层，甚至推给居委会、村委会，又不提供运作经费），其服务功能发挥不出来，央视批评的社区星光老人之家就是一个典型代表。

（二）社区养老服务

如前所述，社区养老虽然有时被单列为一种养老服务方式，甚至有的地方还给它规定了所要承担的养老服务任务（解决 7%、6% 的老年人养老服务问题），实际上这是一种侈望。所谓社区性养老服务设施、项目等等，一类是属于居家养老基本服务（如家政服务、护理服务、日间照料、托老服务等），一类是属于居家养老非基本服务（文化、体育、保健康复、活动、交往等）。早在 2011 年 9 月 17 日国务院《关于印发中国老龄事业发展“十二五”规划的通知》（国发［2011］28 号）时，就已明确把社区服务、社区依托作为巩固和支持家庭养老的手段，文件要求“充分发挥家庭和社区功能，着力巩固家庭养老地位，……”。社区养老服务设施和项目，作为居家养老支持服务的具体形式在“居家养老服务”现状已大体说明．这里我想就所谓社区养老主要设施之一的日间照料中心作一些介绍。这些年，社区日间照料中心和托老所是作为社区养老服务设施主要形式看待的，许多文件都要求尽快覆盖到城市的每个街道，广东省进一步明确每 3 万人的地方有一间日间照料中心。广州市经过“十二五”期间五年的努力，已基本上实现每个街道有一间日间照料中心的目标，深圳、珠海、佛山等珠江三角洲的城市也在街道建了不少这样的中心。这种“中心”的建设方式各有不同，有民政部门支持、街道办协助建的，有民间资本投资建的，还有民政部门、街道与民间资本合作建的，粤东西北地区也有少数地方在省、各地级市支持下建立了极少数这样的“中心”。但是据我在广州、深圳、佛山、韶关、湛江等市的调查，情况堪忧：珠江三角洲地区的“中心”一是由于运营主体、经费支持以及服务方式等问题的困绕，真正来接受服务的老人门可落雀，基本上没有发挥出功能作用。我亲自调查的深圳市南山区一间“中心”，是民政部门提供场所，民资投资兴办，日间照料做不下去，改为社区机构养老，接收老人机构养老，现正在办理“民办养老机构”手续；韶关市的一些“中心”，是民资投资兴办的，也早已改为“机构养老”。广州、深圳等市的许多“中心”也面临同样的问题，“日照”不下去，等待改革和调整。制约“中心”服务功能发挥的服务方式也是一个显而易见的问题。一个街道范围那么大，有“日照”需求的老人家属早上要送来，晚上要接走，现在城市交通堵塞，“中心”又没有“校车”那样的接送服务，谁愿意来“日照”呢？况且最需要托老的是托老所，“日照”又不接收“临托”、“短托”，那么最后“中心”也只能“日照”了。2015 年 8 月，我去佛山市民政局调研，该局汇报材料说，这些社区养老服务设施，服务内容单一，运转困难，缺乏运营和维护经费，部分“中心”变成麻将馆，有的处于半关闭状态。这是珠三角地区“日照”中心的现实情形。

（三）机构养老服务

机构养老服务的主要考核指标一是床位数量，二是床位利用率。首先，我们来看床位数量。民政部要求“十二五”期末各类养老机构的总床位要达到老年人总数的 3%，估计全国很多地区达不到。其主要原因是由于老年人有支付能力的需求不足和政府对养老机构的扶持优惠政策力度不够或不落实，社会资本还没有足够动力投资养老机构。

大家知道，养老床位建好后是用来老年人机构养老的。虽然我国整体而言机构养老床位并不多，按照每百名老年人的床位拥有率根本不能与其他大多数国家和地区比，但现已建成的床位利用率却非常低。据中国老龄事业研究院的报告披露，2014 年底，全国养老机构 3.4 万个，554.4 万张床位，入住老人 288.7 万人，床位利用率仅 52%，（48% 空置），北京市床位利用率约为 50%~60%，上海不足 70%，郊区为 20%；南京市为 50%；（广东省的床位利用率也不会超过 50%）。2015 年 9 月上旬，谢琼在《中国社会报》发表《床位空置：需检讨养老发展取向与政策支持体系》一文，尖锐批评了一方面我们在追求床位迅速增长的目标，另一方面又出现大量床位空置、造成资源浪费的结果。他认为，“养老服务业投资失败”，原因是多方面的。如前所述，我认为社会对机构养老的刚性需求主要取决于老年人及其家庭的经济支付能力，目前已退休的大量老年人，尤其农村老人没有基本养老金，城里的老人多数有退休金但标准都不高，到养老机构的消费能力很差，所以很难推动机构养老市场发展（2014 年广东省城镇职工退休金也只有 3019 元，失能、高龄以后入住民办养老机构也远不够）。为了解决这些问题，北京、上海、广州等大中城市也出台了一些资助老年人入住养老机构的政策，即所谓给予“住院补贴”。补贴谁？补贴的是政府兜底的社会养老服务对象（与居家养老基本服务项目相似），部分地区开的口子稍大一些，凡有本市户籍的老年人入住养老机构也给予补贴，但加起来老年人的受惠面不过 1%。补贴标准，低得难以启齿。例如广州市 2009 年出台的《广州市民办养老福利机构资助试行办法》规定，凡有本市户口、60 岁以上老人、残疾人经过评估以后给予住院资助：特、一级护理的每人每月 100 元，二级护理的每人每月 80 元，三级或其他一般护理每人每月 60 元。相对于每月几千元的养老费用，起多大作用呢？这对提高老年人的经济支付能力又有多大份量呢？据了解，广东省乃至全国各地大部分地区还没有这一点点资助。在这样的情况下，如何能推动机构养老市场发展呢？又如何难免出现总体床位很少，又出现大量空置床位的惨景呢？！

三、居家、社区、机构养老服务体系建设的若干结论

根据前面两个部分的分析和评估，我想可以、而且应当对当今居家、社区、机构养

老服务体系建设作如下结论：

（一）政府及其有关部门推动社会养老服务体系（居家、社区、机构养老建设），考核社会养老服务事业应当实现从“物”到“人”的转变

这些年我们推动社会养老服务体系建设，一个显著的特点是重视社会化养老服务的“物”，包括几乎所有“顶层设计”，都无一不是要求建设养老床位（“十二五”期间要求 3%，“十二五”期间则要求 3.5%~4% 等等）、建设养老服务指导中心、日照中心、服务中心、活动中心及其他各种社区养老服务设施和场所等等。为了完成这些社会“养老服务设施”的建设任务，民政部还专门编制了考核指标、考核表，要进行统计和通报。于是，作为地方就得围绕“指挥棒”转，层层作规划、方案，层层下达指标和任务。诚然，养老服务设施是社会养老服务的硬件，当然是非常重要的。但是，所有的硬件也只有用了才能发挥作用，不然建再多也等于零。如前所述，我们投入巨资去建设养老床位，而又不能充分使用，造成大量闲置和浪费；我们这些年投资在社区建设各类社区化养老服务设施，如星光老人之家、日照中心等等，只有极少数是开门发挥作用的，也造成大量闲置和浪费。这十几年来，民政部部署、推进许多计划有所谓大中城市示范性、大型养老机构建设“阳光计划”、县级综合性服务机构“月光计划”、社区“星光计划”、农村乡镇敬老院五敬老“霞光计划”、农村村一级的互助养老“幸福计划”、所有养老机构设施配套康复用品和用具的“福康计划”等，基本做法是发出文件、进行号召、提出要求，要求各地完成“计划”（某些“计划”也安排一定数量的福彩公益金以示支持）。这些计划几乎无一不是围绕“物”的，是“造物”计划。结果是，这些“物”造了一些（许多计划并未预期完成），其实际功用就另当别论了。因为这不是“指挥棒”要求的。举一个例子说，农村互助养老的所谓“幸福计划”，要求各地农村都试点并纳入计划，每个村一级“幸福院”民政部给 3 万元开办费，找一个地方挂一块牌子，就“幸福院”了，以后如何开门、提供服务？谁负责管理和服务？这都是村里的事了。村又有多少有能力长期运营这“幸福院”呢？长此下去，可能又是“星光之家”的翻版。

因此，我认为要认真检视、反思这些年我们推动社会养老事业的得失和经验教训，在顶层设计时实现从“物”到“人”的转变。

所谓从“物”到“人”的转变是，顶层设计中不规定诸如床位、设施的数量，而对老年人的服务作出制度设计和规定。例如，一个省或市或县，政府社会化养老服务的重点对象是哪些？顶层设计的文件（包括《老年人权益保护法》）都强调，在社会化养老体系建设上要以政府供养老人、低保家庭等经济困难的老人为重点，尤其是这些老人中的高龄、失能老人为重点，优先解决这些老人的社会化养老问题。但是这只是个导向，并没有纳入考核指标，也没有进行统计和通报。虽然我们这些年轰轰烈烈推进社会养老服务，也总结了一大批经验，取得了巨大成就，但是连政府兜底对象中的最困难、最需要养老的城市“三无”老人和农村五保老人也没有很好解决养老问题：分散在城乡社区的“三无”老人和五保老人，前者仅靠现有的所谓居家养老服务根本不能解决其基本的、

有尊严的养老问题，后者则完全没有居家养老服务支持，处于自生自灭状态。无论是机构养老还是居家养老，只要能解决老人的养老服务问题都可以。依照法规和政策，这些老人是政府供养对象，也是政府负责养老服务的对象，是政府要一刀切负责的。此外，还有其他政府负责的诸如低保家庭中失能老人、失独家庭中高龄、失能的老人及其他类型经济特别困难处于无助中的高龄、失能老人等，顶层设计也要提出具体的养老服务要求和指标，并纳入考核之中去。考虑到各地经济和社会发展水平的差异，除了顶层设计的考核指标和要求，还可以引导各地根据政府财力状况确定其他低收入困难老人、荣誉老人中的高龄、失能者社会养老服务的资助项目和标准，直接补贴老人由老人自主选择机构养老还是居家养老服务支持。这些自选动作，民政部可以通报、表扬、以奖代补进行鼓励。

各种城乡社区养老服务设施都是为居家的老年人提供支持服务的，一般都是非基本养老服务项目。在顶层设计时，可以把某地区、某社区的老年人获得服务的项目、人次、满意度作为考核指标和要求。这样不仅使地方有建设各种社区养老服务设施的压力，而且还有发挥这些服务设施功能、服务好老人的压力。社会养老服务实现由“物”向“人”的转变后，有了服务对象、服务需求就不怕没有服务设施（床位等设施），也不怕各地不建设服务设施（因为没有设施这些硬件完成不了服务老人的任务）。

（二）政府和有关部门推动社会养老服务体系建设要实事求是，一切从实际出发，不要大跃进

大家知道，我国仍是个发展中国家，对于养老来说，无论是经济支持还是服务支持都是一个未富先老的国家；放眼世界，的确绝大多数国家和地区社会养老事业发展很快、水平也比较高，值得我们学习和借鉴；随着我国经济社会的发展和人民生活水平的提高，以及党和国家对社会养老服务的重视和支持，我们确实应该按照亿万老年人的需求和全社会对社会养老服务的呼唤，努力并坚持不懈地发展社会养老服务。但绝不能脱离实际，绝不能好高骛远。《社会养老服务体系建设规划［2011—2015年］》（国办发［2011］60号），在目标设定上就提出“到2015年，基本形成制度完善、组织健全、规模适度、运营良好、服务优良、监管到位、可持续发展的社会养老服务体系。每千名老年人拥有养老床位数达到30张。居家养老和社区养老服务网络基本健全。”在“建设任务”部分更是提出一系列设施等硬件建设要求。到了2013年，国务院下发［2013］35号文，文件提出“确保人人享有基本养老服务”，即生活照料、医疗精神慰藉、紧急救援等养老服务覆盖所有居家老年人。“到2020年，全面建成以居家为基础、社区为依托、机构为支撑的，功能完善、规模适度、覆盖城乡的养老服务体系”。其中，在城市，标准化的日照中心，老年人活动中心等服务设施实现全覆盖，在农村，90%以上乡镇、60%以上农村社区建立包括托老服务在内的社区综合服务设施和站点，养老床位要达到每千名老人35~40张。地方层面，也不能降低标准和要求。从这些顶层设计的文件和地方的规范性文件看，文字很整齐、很华丽，要求也非常高、非常急，许多指标未经核算就拍脑袋出来了。这样过高、过急，而且没有资金支持和明确责任主体以及有含金量扶持政

策的支持，是完全脱离我国现阶段和最近的将来客观实际的，是不可能实现的。目前全国养老服务事业发展的实际就以事实作出了这样的结论。

我认为，社会养老服务事业作为一项重大的民生政策，涉及到全社会的千家万户，关系到亿万老年人的利益。我们必须在顶层设计前通过调查研究，进行统计分析，譬如说政府兜底养老服务对象一共多少？多少是生活能自理的，多少是生活不能自理或高龄的？分布在哪里？目前已经通过机构养老和居家养老服务解决了多少？还有多少需要解决养老服务问题？除了必须兜底老年人，社会老年人还有多少？分布在哪里？其中生活能自理的多少？失能和高龄的多少？目前这些老年人的养老服务现状如何？我们政府根据财力可以为其中哪些“急”、“难”、“危”、“重”的低收入老人（高龄、失能者）提供他们最急需的社会养老服务支持（资助入住养老机构或提供居家养老基本服务），为哪些生活还能自理的其他老年人提供一般的社会养老服务（如机构养老床位补贴、居家养老非基本服务支持）？根据这些不同的养老服务需求，先看看政府的钱袋子（包括撬动社会资本），然后再分轻、重、缓、急，出台有服务目标人群、有服务内容、有服务标准、有责任主体承担、有检查监督的政策法规，这就可以实事求是、脚踏实地、卓有成效地真正推动惠及亿万老年人的养老服务事业。

有这样一个省份，为了应付上级的居家养老服务城镇“全覆盖”，农村覆盖 60% 的要求，在一份文件中宣称：到 2014 年底，城镇社区居家养老服务已经覆盖 87%，农村社区则覆盖了 70.6%。乍一看，不得了。又通过 2015 年一年的努力，全部超过了民政部所要求的覆盖率。但是，他们是怎么计算的呢？他们认为，只要有了一个涉老服务设施就算“覆盖”到了。呜呼！一个城乡社区，只要有一个老年人活动场所也算“覆盖”了。我就问：十多年前我们许多大中城市的社区都已实现星光老人之家全覆盖了，算不算居家养老服务全覆盖呢？回答是“当然是啦”。大家知道，这样的覆盖对解决社会化养老服务到底有多大作用？盖来盖去不是骗上级、骗老人、骗社会吗？

（三）推进“居家、社区、机构养老”社会化服务体系要发挥市场对资源配置的基础作用，走市场化路子

国家社会养老服务顶层设计一直是强调走市场化路子的。早在 2006 年 2 月 9 日，国务院办公厅转发全国老龄委等十部委《关于加快发展养老服务业的意见》（国办发［2006］6 号）就明确指出，社会养老服务必须通过产业化来办，作为服务业来办，其工作原则是“政策引导、政府扶持、社会兴办、市场推动”；养老服务业的举办方式为：公建民营、民办公助、政府补贴、购买服务等；政策目标是兜底，即对供养对象、对生活困难的老年人提供无偿、低偿服务。此后，近 10 年来，国务院文件、民政部文件都不断强调发展社会化养老服务要走市场化道路。2011 年国务院办公厅在 60 号文中，进一步明确指出“充分发挥市场在资源配置中的基础作用，为各类服务主体营造平等参与、公平竞争的环境，……”。2012 年 7 月，民政部专门下发《关于鼓励和引导民间资本进入养老服务领域的实施意见》;2015 年 9 月，民政部又联合相关部门联合下发《关于鼓励民间资本参与养老服务业发展的实施意见》（民发［2015］33 号），可以说是不遗余

力了。为什么民政部到今天还在制发文件来推动民间资本进入养老服务业呢？按照问题导向的思路，肯定是民间资本进入的力度还很不够或民间资本还没有从根本上撬动起来，市场化还仅仅是初步的。

我认为，要想从根本上撬动民资进入养老服务业，发挥市场对于资源配置的基础作用，至少要满足以下三个条件：其一，要尽快完成公办养老机构的公办民营、公建民营改革，使之成为市场主体。其二，要加大对民资参与社会养老服务业的政策扶持力度。既要加大扶持民资进入养老市场的力量，又要落实好已有的扶持优惠政策，真正撬动社会资本注入养老产业。其三，要发挥政府价格管理的杠杆作用。对于企业性质的社会养老机构和组织，其收费价格全部放开，全部由市场调节，对公益性质的（民办非企业）应实行政府指导价，由政府物价部门原则下按照市场收费定出指导价，但要根据其档次和服务水平采取不同档次的收费指导价，同时抑制不合理的、高利润的收费，保证绝大多数公益性养老机构和组织有所赢利。

（四）居家、社区、机构养老社会化服务体系建设，一定要有政府的养老服务补贴和老年人长期护理保险制度予以配套

社会化养老服务从本质上是一项公共服务，即我们所称的社会养老服务事业，是政府和社会提供的；我们说社会化养老服务要发挥市场对于资源配置的基础作用、走市场化路子是社会化养老服务通过市场主体提供的服务（购买服务）和大多数社会老年人通过自费的方式购买市场主体的养老服务。国家的社会化养老服务制度顶层设计也作出规定，政府在社会化养老服务体系建设中，要首先承担起兜底的责任。如果真正按照预期目标，养老服务形成正常的市场化服务，享受社会养老服务的老年人都要通过市场主体获得服务。国家法律已经要求对生活不能自理的困难老人给予护理补贴。因此，必须尽快普遍建立起这种补贴制度，并且逐步提高补贴标准，对兜底的养老服务对象来讲是真正兜好底的问题；此外，按照国家建立适度普惠型社会福利制度的要求，政府要对中低收入的老人也给予适当帮助（补贴），对广大社会老年人尤其是低收入的老年人来说（重点是高龄、失能、独居者）是提高其有支付能力的需求。只有这样，才能使这项公共服务落到实处，同时培育和发展养老服务市场。

此外，从长远来看、从国际经验来看，要尽快按照《老年人权益保障法》第三十条中关于“国家逐步开展长期护理保障工作，保障老年人的护理需求”的规定，启动老年人长期护理保险工作，提高老年人的护理保障能力，这对缓解政府的社会养老服务压力、提高老年人养老支付能力、发展养老服务业市场是刻不容缓的。

（五）居家、社区、机构养老社会化服务体系建设必须明确责任主体，强化县级政府的保障能力

推进社会化养老服务体系建设首先要明确责任主体，在顶层设计中认真框算全国、各省、各市、各县的财政投入总额，然后明确各级政府的承担比例，再按照目前的财政体制和制度以及财权与事权相匹配的原则进行资金调整；县级以上上级政府按照所承担

的比例把社会化养老服务的资金列入本级财政预算并及时拨入县级政府财政；县级财政统一安排本级和上级预算的资金用于社会化养老服务体系建设。只有这样，才能使县级政府既承担起社会化养老服务的责任，又有相应的财力予以保障；同时，建议今后国家以及省、市层面的各种社会化养老试点一律停止，重点研究如何增强县级政府的保障能力，并把各种试点经费由专项转移支付转变为一般转移支付，切实增强县级财政对社会养老事业的保障能力。

课题组成员
方炎松（广东省民政厅巡视员、省老龄办主任）
王先胜（广东省民政事业发展研究服务中心主任）
高迎春（广东省老龄办政研宣传部部长）
执　　笔：王先胜

加快发展高淳养老养生产业对策研究

江苏省政府研究室、江苏省民政厅、南京市民政局联合调研组

十八大以来，国务院连续下发重要文件，把全民健身上升为国家战略，对养老服务业、健康服务业、中医药健康服务、体育产业、旅游业和政府购买服务等工作进行全面部署，明确提出把服务亿万老年人的“夕阳红”事业打造成蓬勃发展的朝阳产业，打造一批知名品牌和良性循环的健康服务产业集群，使之成为调结构、惠民生、促升级的重要力量。这些都预示着我国养老养生产业迎来了发展的“黄金期”。高淳地理位置优越，生态环境优美，养老养生产业基础较好，必须积极适应人口老龄化和健康产业的发展趋势，抢抓养老养生产业发展重大机遇，以做大做强国际慢城为突破口，以建设长三角品质生态健康宜居城、南京—黄山旅游带上的重要休闲目的地、苏南地区科技新区与制造业服务枢纽为城市定位，在新起点上推动养老养生产业更好更快发展，大力繁荣健康经济、养生经济、银发经济，着力打响长三角养老养生福地品牌。

一、发展养老养生产业是一项十分重要而紧迫的任务

养老产业是人口老龄化的必然结果，养生产业是人们在物质生活基本满足以后追求健康生活质量的必然选择。狭义的养老产业单指养老服务业，广义的养老产业则包括一、二、三涉老产业。随着老龄人口的迅速增长，以满足老年人特殊需求的养老服务设施、日常生活用品和护理服务、文化娱乐、旅游休闲、健身养生、老年农副产品等产业统称为养老产业，又称“银色产业”和“银发产业”。养生产业属于健康产业，也有狭义与广义之分。狭义的养生产业仅指与疾病治疗、康复服务直接相关的产业活动，这种养生有“被动”的含义。广义的养生产业不仅包括与健康有关的医疗康复产业活动，还包括人们有意识地参与强身健体活动，如中医养生、旅游度假、体育健身、娱乐休闲等产业活动。对我国而言，养老养生产业都属于新兴产业，涵盖高、中、低端市场的生活照料、家政服务、医疗护理、地产、旅游、体育、农业种植等几十个领域。这两大产业，链条长、辐射范围广，对上下游产业具有明显的带动效应。发展养老养生产业，对于坚持环保优先、生态立县的高淳来说，既有利于健全完善社会养老服务体系，满足社会消费不断升级的需求，又有利于经济调结构、稳增长、促转型、强后劲。

（一）优化高淳产业结构需要加快发展养老养生产业

当前，我国经济发展进入了新常态，呈现了几个明显的新趋势。一是经济增长进

入中高速增长期。经济新常态的一个重要标志是经济增速回落和保持在一个中高速增长的合理区间，需要更好处理持续健康发展和 GDP 增长的关系，将更加强调结构稳定合理、全面协调可持续的稳态经济增长。二是产业结构偏重服务业发展。服务业是国民经济的重要产业，服务业发展水平是衡量现代社会经济发达的重要标志。只有服务业的充分发展，民生才能更好改善、就业才能更加充分、服务才能更为丰富、全民才能得到更多实惠、老百姓才会更有幸福感。三是 GDP 增量追求绿色低碳环保。经济发展需要 GDP 增长，但更需要绿色低碳环保的增长。必须按照以人为本的责任和原则，坚持从人民群众的根本利益出发谋改革、促发展，更加注重创新驱动、绿色低碳生态环保发展。

养老养生产业是新兴的现代服务业。发展养老养生产业，将使高淳的产业结构朝着更加优化、韧劲更加强化的方向迈进。一是有利于巩固高淳的绿色生态发展理念。从上世纪 90 年代开始，高淳立足于实际，根据自身自然禀赋，确立了立足于生态求发展的战略发展思路，始终坚定走生态特色之路的定力，十分注重第一产业的绿色生态化、第二产业的绿色集群化、第三产业的高效低碳化，产业发展保持了绿色低碳良好势头。养老养生产业，是低碳环保产业，十分契合高淳多年来所坚守的绿色发展理念。二是有利于提高第三产业比重。2014 年，高淳区地区生产总值 475 亿元，增长 10.6%，三次产业比重为 7.6 ∶ 51.8 ∶ 40.6，服务业增加值占地区生产总值比重提高 1.1 个百分点。从产业结构看，高淳的一二产比重仍然偏高。通过发展养老养生产业，一方面，可以增强养老养生产业对 GDP 的贡献，直接增加服务业在产业结构中的比重，达到降低一二产比重、增加三产比重的目的。另一方面，由于养老养生产业渗透性强，通过发展养老养生产业，利用其对一二产业的渗透，客观上有利于促进一二产业内部结构优化。三是有利于扩大就业。据统计，服务业的单位 GDP 所能产生的就业岗位，要比制造业和其他产业的单位 GDP 所能产生的就业岗位高 30%。因此，发展养老养生产业，吸引更多外来人口到高淳养老养生，不仅能发展绿色 GDP，而且能提高就业率，扩大就业面，经济效益和社会效益都很可观。

（二）积极应对人口老龄化需要加快发展养老养生产业

自 20 世纪 90 年代以来，我国老龄化进程明显加快，当前正由轻度老龄化向深度老龄化逼近。我省于 1986 年进入老龄化，比全国早 13 年，已由中度老龄化向深度老龄化快速迈进。人口老龄化呈现了迫切需要加快养老养生产业发展的诸多特征：一是基数大。截至 2014 年底，全国已有 60 岁以上老年人口 2.12 亿，占总人口的 15.5%。其中，江苏户籍老龄人口为 1494 万，占户籍总人口的 19.6%。二是寿龄高。江苏 65 周岁及以上老年人约占老人总数的 68%，其中 80 周岁以上老年人 224 万余人，分别约占老年人口总数和户籍人口总数的 15%、2.94%。随着养老养生条件和医疗保障水平的提高，高寿的老年人将越来越多。三是需求旺。随着老龄人口增加、收入水平提高、消费观念转变，老年人的消费需求将越来越旺，并向个性化、多元化方向快速增长。研究表明，老年消费占国内生产总值的比重，2011 年是 5.55%，2020 年将达到 14.64%，2050 年将达到 28.97%。

表 1　江苏省 2015–2035 年老龄化指标变动情况预测

序号	指 标	单位	2015 年	2020 年	2025 年	2030 年	2035 年
1	人口总数	万	8061.69	8200.41	8202.02	8075.72	7868.27
2	60 岁以上	万	1617.34	1867.09	2209.12	2622.44	2818.50
3	65 岁以上	万	1088.53	1395.08	1591.71	1873.93	2219.37
4	80 岁以上	万	237.00	296.01	354.66	448.83	583.38
5	老年人口抚养比	%	18.56	24.86	29.10	35.96	45.99
6	60–69 岁人口占比	%	56.50	52.43	48.43	51.11	46.71
7	70–79 岁人口占比	%	28.85	31.72	35.52	31.77	32.59
8	80 岁以上人口占比	%	14.65	15.85	16.05	17.12	20.70

对于高淳而言，发展养老养生产业：一是有利于提升社会养老幸福指数。积极应对人口老龄化，不仅要搞好养老“兜底”工程，还要努力为全社会老年人提供多样性、个性化、精细化的产品。比如打造老年休闲旅游、健康养生、医疗康复等基地，为“富养”老年人提供选择条件，提升这类人群的养老质量。二是有利于促进社会养老观念转变。发展养老养生产业，打造比家庭更贴心的养老环境，能够吸引老年人走出家门，在社会生态中颐养天年，减轻子女抚养压力，让他们更好投身社会主义建设事业。三是有利于释放养老红利。据统计，42% 的城市老年人有存款，要把这些潜在的消费激发出来，就必须针对老年人的特点和需求，开发出特色养老产品，如老年用品、老年食品、老年保健、老年旅游、老年地产等，促进老年消费，推动经济转型发展。

（三）全面提高生活质量需要加快发展养老养生产业

随着我国全面小康社会的建成，人们已经脱离温饱阶段，开始更多关注身体健康和生活质量，以追求生活品质为目标的休闲养生产业是未来的消费热点。2014 年，江苏省政府明确提出全面构建“智慧江苏”“健康江苏”“畅游江苏”体系，着力培育新的消费增长点。此外，“积极老龄化”正成为全球应对 21 世纪人口老龄化问题的发展战略。积极老龄化是指最大限度地提高老年人“健康、参与、保障”水平，确保所有人在老龄化过程中能够不断提升生活质量，促使所有人在老龄化过程中能够充分发挥自己体力、社会、精神等方面的潜能，按照自己的权利、需求、爱好、能力参与社会活动，并得到充分的保护、照料和保障。也就是说，要通过积极养老和健康养生，不断提高身体机能和生命质量。

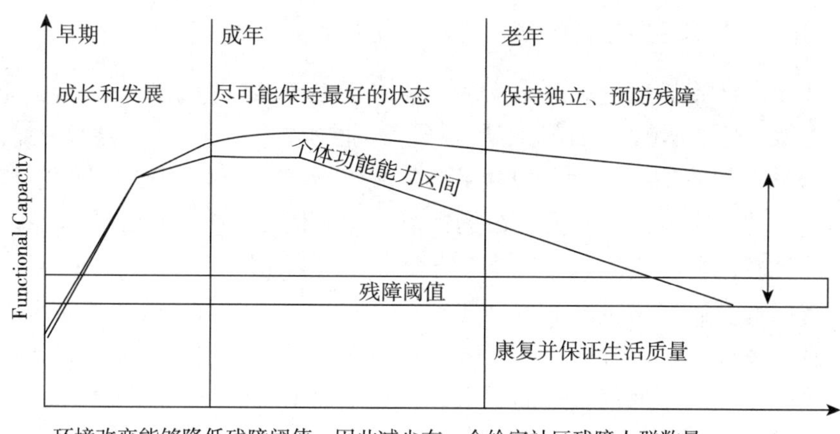

Source:Kalache and Kickbusch,1997

图 1　保持生命周期的功能

高淳城林山水相依的城市生态和“慢生活”的特质，非常适合各层次人群适度追求低强度、慢节奏、重休闲、强身心等需求特点的生活品质。高淳应顺势而为、积极作为，加快养老养生产业发展。一是有利于增加产业布局密度。“桠溪生态之旅”风光带全长48公里，区域面积50平方公里，水、电、路、通信等基础设施齐全。结合休闲度假和养老养生，在这一片区适度进行高端养老社区开发，可以增强产业布局密度，提高产业附加值，增强单体产业的综合优势。二是有利于放大旅游资源效应。2014年全年国内游客36.1亿人次，比上年增长10.7%。其中，老年旅游人数已经占到全国旅游总人数的20%以上，相当一部分是较长时间的度假旅游。发展高淳养老养生产业，可以进一步提升“桠溪生态之旅”知名度，更多吸引长三角乃至全国各类人群前来度假养生，带动相关产业发展。三是有利于增强后发优势。美国摩根大通认为，人口老龄化是中国未来经济转型的新机会，尤其是中国进入中等收入国家后，对医疗保健要求会越来越高，养生保健业的发展空间非常广阔，或将成为下一个房地产业。我国现在医疗保健行业占GDP比重只有3%左右，而美国等发达国家一般是15%到20%。因此，发展养老养生产业潜力巨大，谁抓得早，下了先手棋，就抓到下一轮经济发展的先机。

综上所述，发展养老养生产业，对高淳来说，机遇特别难得，意义十分重大，只要引导规划得好，必将孕育出新的经济增长引擎，产生加法甚至是乘法效应，实现改善民生与推动经济发展双迈进。

二、国内外养老养生产业发展经验借鉴

养老养生产业是现代服务业的重要组成部分。发达国家和地区以及国内有关省市，在积极应对人口老龄化、大力发展健康服务业等方面，采取了许多有效措施，积累了一些成功经验，对高淳养老养生产业发展具有重要的参考价值。

（一）部分国家的主要做法

日本：注重产业指导培育和政策支持。日本于1974年步入老龄化社会，2010年65岁以上人口比例高达23.10%。日本发展老养生产业的主要做法：一是指定专门机构负责产业指导。1985年日本厚生劳动省成立了老龄振兴指导室，主要任务是探索和推广养老服务评估制度，建立服务评估基准、市场规范和行业标准，维护老年人权益，保障和推动老年福利的社会化和产业化。二是建立行业指导与职业资格制度。1980年代中期，政府经济主管部门通产省制定了“老龄商务伦理纲领”，以加强行业和企业自律。老龄产业民间企业及团体成立了“社团法人老龄服务振兴会”，通过设定标准建立老龄产品认证制度，引导企业提供更加优质产品和服务。三是健全产业发展规划和政策法规。先后制定实施了“黄金计划（1990–1999）”、“新黄金计划（1995–2000）”、“黄金计划21（2000–2004）”等发展战略，出台了《促进福利用具研究开发和普及的法律》、《长寿社会对应住宅设计指针》等政策法规，引导养老养生健康产业发展。四是将健康产业提升为国家战略。2009年以来，在日本政府制定出台的“新增长战略（基本方针）”、“新增长战略”和“新增长战略2011”中，明确将健康产业列为六大重点产业之一，提出了加强医疗护理领域创新、强化医疗护理和老龄服务横向联合、鼓励企业开拓亚洲市场等战略方针。

美国：注重产业市场体系的多元化构建。早在20世纪40年代，美国就开始进入人口老龄化社会。经过数十年发展，养老养生产品种类逐步增多、产业领域日益拓宽。其主要做法：一是提供多元化服务。通过立法保障和产业扶持政策，引导社会力量参与养老养生产业市场化、商业化运作，为消费者提供人性化的多种选择。如就地颐养、继续照料社区、高科技居家服务或无围墙医院等。二是注重个性化设计。注重居住建筑的个性化设计和服务设施的完善配套，如专为喜好体育和社会活动老年人建立的活跃老人社区，面向可以生活自理老年人的独立生活社区，适合需要辅助照料或特殊医疗老年人的协助生活社区，针对大部分或全部生活依赖他人护理老年人的专业理疗养老院等。三是重视新产品研发。通过老龄产品标准化建设，引导企业加强产品研发，生产适合老年人使用的特种消费品。如适合行动不便老人使用的餐具、容易穿脱的衣服、坐式淋浴设备，可调节高度或倾斜度的床、椅子等。四是加强规范化管理。美国建立了比较完善的养老养生服务设施和服务技术标准，以及严格的服务流程和专业化的监管机制。如美国卫生部规定，包括养老服务机构在内的所有服务机构，都要实行标准化的报告制度，其相关信息和评估结果用于检测服务质量和消费者的满意度。五是促进规模化发展。通过医疗保障制度改革，推动健康产业资源优化配置，降低企业成本，拓展产业范围，推动商业健康保险和医疗服务业的联合并购，强化产业的市场集中度，提升企业的综合竞争力。

韩国：注重产业竞争力提升和融合发展。截至2014年底，韩国65岁以上人口比例高达13%，预计至2045年，韩国劳动人口平均年龄将达到50岁，可能成为世界最高水平。韩国发展养老养生产业的做法：一是制定产业发展战略。为应对2018年“团块世代”

退休潮的到来，从2008年开始利用10年时间重点发展养老服务业，明确了减少财政、低增长、健康、财务、生活风险等五大政策目标，制定了选择与集中、阶段性推进、制定修改法律、建立政府推进计划等四大战略。二是加强产业立法。2005年以来，先后制定了《低出生·老龄社会基本法》、《老龄亲和产业振兴法》等法规，将老龄产业划分为护理、仪器、药品、食品、金融等14大产业和34个品种。三是实施老龄社会基本计划。2006年、2011年先后制定了第一次和第二次“低出生·老龄社会基本计划”。加强老龄产品评价体系建设，鼓励老龄产品技术研发，提高产品和服务质量。同时，注重产品和服务标准化建设，实施老年护理设施服务标准、老龄优秀产品和服务指定及标识制度，推动市场规范化发展。四是推进医养融合发展。建立医疗、护理机构与养老服务机构的长效合作机制，促进养老养生与医疗资源有机融合，更好满足消费者医疗卫生服务需求。五是着力开拓国际市场。韩国政府确定了养老产业“确保国际竞争力、提高市场吸引力、提高公共性”等三大发展方向，对具有国际竞争力的企业进行重点扶持，鼓励优秀产品“走出去”，形成稳定的出口货源基地。

（二）国内部分省市的主要做法

上海市：积极完善老年人长期照护服务体系。上海市于1979年进入人口老龄化社会。截至2013年底，该市老年人口比例高达27.1%。随着老龄化程度的日益加深，养老服务特别是长期照护服务在上海市得到了较好发展。一是推广社区居家养老服务。2009年，制定出台《关于进一步规范本市社区居家养老服务工作的通知》，对社区居家养老的服务对象、补贴标准、资金来源、需求评估等作出规定，吸引社会组织参与服务提供。依托养老机构、服务网点、家政公司等社区服务资源，不断拓展以“助餐、助浴、助洁、助行、助医、助急”为主要内容的“六助”服务。二是完善机构服务功能。鼓励养老机构由简单的住宿服务，向提供生活护理、康复保健、心理慰藉等多样化个性化服务转变，重点发展面向失能、失智老年人的养老机构。全面推行养老机构意外责任保险，增强机构发生意外的善后处置和抵御风险能力。三是加强养老服务管理。在机构养老管理方面，建立了政府宏观管理、行业自律、养老服务机构自主发展的工作机制。在社区居家养老服务方面，构建政府、中介组织、服务实体协作机制，中介组织（社区居家养老服务中心）和服务实体（社区助老服务社）覆盖所有社区。四是推进标准化信息化建设。2009年，出台《社区居家养老服务规范》，对社区居家养老服务范围、服务内容、服务流程、服务质量评价等作出明确规定。建成覆盖全市民政部门和养老机构的养老服务信息管理系统，实现了机构养老网上审批、养老服务供需无缝对接以及养老服务数据的统计挖掘。

广东省：建立健全养老养生产业扶持政策。广东是全国较早进入老龄化社会的省份之一。该省注重发挥政府主导作用，积极引入市场机制，努力探索养老服务社会化、产业化新路子。一是加强制度和网络建设。探索建立了养老服务补贴、养老服务评估、政府购买服务、老年人意外伤害综合保险、养老机构责任保险等服务制度，着力构建养老服务业多元化投入机制和风险分担机制。在县（区市）、街道（乡镇）、社区（村）分别建立居家养老服务指导中心、服务中心和服务站（点），引入社会组织和家政、物业等服务单位，丰富养老服务内容，延伸养老产业链条。二是放宽产业准入门槛。健全市场规范和行业标准，降低养老服务企业注册资本、经营范围、住所（经营场所）等登记条件，对养老服务企业登记实施绿色通道，简化审批手续，并提供政策及技术指导服务。鼓励建设休闲养生、特色医疗、文化教育、科技服务的养老养生基地，重点扶持老年健康服务、老年文化教育、养生休闲旅游等产业发展。三是重视组织和队伍建设。成立老龄产业协会、养老服务行业协会和企业商会、老年学研究会等社会组织，开展养老服务行业标准制定、服务质量评估、服务行为监督及养老机构等级认定等活动。推广政府向社会组织购买服务，包括生活照料、康复护理、辅具配置、紧急救援、法律服务等。建立养老服务实训基地，开展职业技能培训和鉴定，实行执业资格认证制度。完善养老服务人员补贴政策，从业人员工资待遇与专业技能等级、从业年限等挂钩，稳步提高工资福利待遇。

重庆市：统筹推进养老养生与相关产业融合发展。重庆市于1999年步入人口老龄化阶段，是我国西部地区老龄化程度最高的城市。近年来，该市积极整合城乡资源，推进养老养生与医疗、家政、保险、教育、健身、旅游等相关产业互动发展。一是打造“四大产业园区”。推进老年生活辅具、保健品、文化用品等养老产品制造向原材料、生产制造、商品流通的全产业链集聚发展，打造养老产品制造业基地；整合旅游相关要素，突出区域比较优势，从养老保健、避暑度假、冬季保健和运动休闲等角度，进行旅游产品开发、线路规划以及配套设施完善，打造养老养生旅游体验园；引进国际先进的现代农业技术，发展设施农业、生态农业、休闲观光农业，开发“采摘+餐饮+观光+科普”等系列产品，养老养生食品供应基地；深度发掘区域特色文化资源，依托旅游产业和周边城市策划不同类型的休闲养老文化项目，建立养老主题文化园。二是实施企业培育计划。根据养老养生企业成长过程和发展需求，有针对性地制定并实施企业培育方案。在创新创业阶段，实施滚动培育计划，加强引导，为企业创新提供支撑；在产能提升阶段，实施融资直通车计划，搭建桥梁，为企业融资创造条件；在规模扩张阶段，实施投资公司计划，优化支持，为企业扩张增资助力；在战略发展阶段，实施上市融资计划，协调服务，为企业上市夯实基础。三是完善各项扶持政策。开展养老机构信贷试点，探索金融支持养老产业发展的有效路径。通过整合、置换或转变用途等方式，鼓励将闲置的医院、厂房、农村房屋，以及各类公办培训中心、活动中心、疗养院、小旅馆等设施资源，因地制宜改造用于养老养生服务。通过财政、金融政策扶持，鼓励企业创建产品品牌，打造“四大园区”基地品牌，不断提升产业竞争力。

（三）几点启示

国内外不同国家和地区推进养老养生产业做法各有特色，发展模式也不尽相同，但也有一些共同经验，为高淳加快养老养生产业发展提供了有益的启示。

第一，转变管理理念是加快养老养生产业发展的首要关键。理念是行动的先导。理念存在问题，必然导致顶层设计、战略规划和政策措施发生根本性偏差。从国内外养老养生产业发展来看，转变养老养生产业管理理念和方式，最重要的就是要实现管理观念从“行政化管理”向“社会化管理”转变。实践表明，发展养老养生产业，首先必须澄清老龄事业与老龄产业的界限，明确政府、市场和社会在产业发展过程中的不同角色定位，进而有针对性地选择政策工具，使市场在资源配置中起决定性作用和更好发挥政府作用。

第二，健全产业标准体系是加快养老养生产业发展的坚实基础。标准化是规范行业发展、提升管理和服务水平的重要技术手段。从日、美、韩等国在老龄用品、养老服务等方面标准化建设实践来看，养老养生产业的准入、运营、退出各环节，都建立了一套标准化规范化且行之有效的管理体系。我国养老养生产业起步较晚，标准化建设相对滞后，存在着标准化市场驱动乏力、大多数领域标准缺失的问题。高淳率先把养老养生产业作为支柱产业来培育，就必须大胆探索、勇于实践，在标准化建设、规范化管理方面走在全国前面。

第三，构建产业融合发展平台是加快养老养生产业发展的有效路径。平台是产业发展的重要载体，构建产业融合平台是延伸产业链条、拓展产业发展空间的重要举措。美国通过构建健康产业发展平台，不仅推动了相关领域企业的兼并重组，同时也促进了产业融合发展，提高了产业的市场集中度，增强了企业的竞争力。高淳养老养生产业刚刚起步，迫切需要借鉴国内外产业融合发展平台建设的成功经验，加强资源整合，推动产业集聚，形成养老养生产业特色，提升产业整体竞争实力。

第四，加强市场监管是加快养老养生产业发展的重要保证。新兴产业发展初期，市场机制很不完善，更加需要政府的有效引导和监管。日本、韩国等发达国家养老养生产业发展的实践表明，政府应积极履行公共服务、市场监管职能，建立和完善养老养生产业政策法规、服务标准体系，加强对养老养生产业的中长期规划，充分发挥示范引导、扶持培育和规范监管作用。高淳养老养生产业尚处于初期培育阶段，市场监管的“盲点”较多，需要下更大功夫，加快建立完善相关监管制度，推进养老养生产业有序发展。

第五，培养专业人才队伍是加快养老养生产业发展的核心支撑。专业有素的从业人员不仅是产业发展的基础，也是产业形成的重要标志。发达国家始终将专业化人才培养，放在养老养生产业发展的重要位置。以日本为例，养老护理机构的人员队伍由医师、看护人员、介护人员、疗养师、作业疗法士、机能训练指导员、生活相谈员、介护支援专门员构成，涵盖了服务的方方面面，不同岗位均应获得相应的资格和等级，养老护理服务人员队伍的专业化、职业化特点明显。实践表明，加快养老养生产业发展，必须树立“人才先行”、“人才为本”的理念，以培养高层次、高技能人才为重点，统筹推进各类人才队伍建设，全面提高行业人才队伍整体素质。

三、高淳发展养老养生产业的优势和存在的问题

近年来，高淳先后出台了《社区居家养老服务三年行动计划（2014-2016）》和《购

买居家养老服务办法》，委托专业规划机构编制了《高端养老社区空间布点规划》，初步拟定了高端养老社区规划预留用地。总的来看，高淳是慢城联盟中国总部、中国最佳休闲度假旅游名区，养老养生资源丰富，产业配套比较完善，既有发展养老养生产业的独特优势和良好基础，也面临着体制机制不顺、产业集聚不够、市场竞争激烈等挑战。

（一）高淳发展养老养生产业的比较优势

高淳加快养老养生产业发展，着力打造长三角养老养生福地，具有一些得天独厚的优越条件。主要表现在4个方面：

第一，区位条件比较优越。高淳位于江苏西南端、苏皖交界处，是承接苏南、辐射皖南的长三角区域重要节点。陆路交通便捷，宁宣高速、常合高速、长深高速直通互接，S123、芜太公路、S246及宁望一级公路穿境而过；正在建设的溧芜高速连接溧阳与芜湖，贯穿高淳全境；宁高新通道、城际轻轨即将竣工，将大大缩短南京主城区到高淳的距离；规划中的苏皖赣城际轨道在高淳设有站点。水路西进长江黄金水道、东达太湖苏南水网。空路距南京禄口国际机场60公里。这些都为吸引更多外地老人和游客来高淳休闲养生提供了良好的交通便利。长三角地区地缘相近，人缘相亲，经济发达，文教昌盛，民众富庶，老年人中有大量的高级知识分子、机关干部退休人员，对于高端养老养生的需求以及接纳程度较高，购买力强，是庞大的潜在消费群体。

第二，生态环境比较优美。高淳自然资源丰富，山水串联，全域成景，生态优势明显。境内西部为水网圩区，东部为丘陵山区，全境为固城湖、石臼湖和水阳江环抱，具有“三分山、两分水、五分田”的黄金分割比例。生态红线保护区达到区域面积的30%以上，高于全省7.75个百分点。生态环境质量指数、空气环境质量良好以上天数均位居江苏省前列、南京市第一，是全省首家国家生态县。桠溪慢城为慢城联盟中国总部、省级旅游度假区、国家4A级景区，桠溪慢城—游子山片区为省级生态旅游示范区，游子山为国家森林公园、国家3A级景区、省生态文明教育基地，固城湖为国家城市湿地公园。

第三，人文底蕴比较丰厚。高淳属吴头楚尾，是传统的苏南农耕文化社会，人文历史悠久。游子山因孔子在此游历讲学时思乡返家而得名，伍子胥主持开挖的胥河是中国第一条人工运河，境内的薛城古人类遗址距今已有6300年，高淳老街为国家4A级景区、中国历史文化名街，高淳陶瓷作为北京APEC会议指定餐具供应商而享誉全球。传统文化习俗在高淳保留完好，至今本地居民仍使用盛唐风韵的古吴语，跳五猖、大马灯、舞龙、赶庙会等传统民间活动长盛不衰，宗祠孝亲文化延续传承，中医医疗养生特色显著。

第四，产业基础比较坚实。通过完善配套设施，提高保障水平，基本形成了以居家养老为基础、社区养老为依托、机构养老为支撑的功能完善、规模适应、覆盖城乡的养老服务框架体系。全区现有养老服务机构12家，床位3847张，每千名老人拥有机构养老床位41.7张。其中，2012年，武家嘴村投资1.2亿元，新建了全省第一家村办养老服务机构，床位总数达到858张。144个社区实现了社区居家养老服务中心全覆盖。与养老养生产业配套的医疗、旅游、文化、高端制造等近年也发展迅速，为养老养生产业提供了较好的发展基础。全区现有各级各类医疗卫生机构156个，共有床位数1675张，其中政府办医疗机构拥有床位1365张。通过在养老机构中完善医疗服务、医疗机构为社区居家老人提供协议服务等形式，建成医养融合型养老机构11个，“医养一体化”进程加快。旅游资源丰富，服务水平不断提升，旅游产业发展驶入快车道，近年来全区旅游接待人数、旅游总收入保持年均30%的高幅增长。重点打造“两大基地”、推进“三项工程”的新型工业化步伐明显加快，旅游、商贸、文化等三大新兴特色产业加快发展。大力实施高效、品牌、设施、观光休闲等“四大现代农业培育工程”，农业现代化水平进入全省第一方阵。

（二）高淳发展养老养生产业的薄弱环节

由于养老养生产业刚刚起步，政策支持体系不够完善，市场发育尚不充分，高淳在发展养老养生产业方面还存在一些亟待解决的突出问题。主要表现在6个方面：

第一，对养老养生产业还缺乏理念上的共识。深刻理解和认识产业的内涵，对于一个地区的产业顶层设计、战略规划和制定政策措施至关重要。调研发现，对于养老养生产业的科学内涵及其外延，以及如何发展养老养生产业，全区上下目前还未形成思想共识。例如，有的认为养老产业就是养老服务业，甚至就是养老机构服务；有的认为发展养老养生产业，就是多划几片地来搞房地产开发；有的认为养生就是中医调养，形成产业的条件尚不具备。

第二，尚未建立统筹协作的高层级平台。成熟的养老养生产业体系，覆盖第一产业的农副产品种植，第二产业的老年用品制造、老年社区建设，第三产业的养老服务、护理保健等各个方面。同时作为一条领域宽、分支多的产业链，它的发展需要多地区多部门协同合作。目前高淳尚没有高规格的组织机构，对产业布局、政策体系、项目建设等重大问题进行统筹协调，地区部门间缺乏有机合作，医疗卫生、健身旅游、农业种植等行业在发展中与养老养生产业结合不紧，资源没有得到有效整合。

第三，缺乏经验丰富、实力雄厚的专业团队。养老养生产业具有很强的市场化特征，且有建设体量大、管理标准高、资本回收周期长的特点，其发展离不开成熟的专业团队来开拓市场。据了解，高淳本地尚不具备有较强实力和丰富从业经验的产业资本力量，企业、社会组织和个人等主场主体多处于观望阶段。

第四，对周边地区消费群体的吸引力不足。高淳老年人口虽有9万多人，但其中农业人口占比大，经济收入较低，主要以家庭养老或者入住价格低廉的公营养老机构为主，对养老养生产业的推动力较弱。因此，仅仅依靠本地老年人群，无法支撑庞大的养老养生产业市场，必须吸引长三角地区乃至全国各地的老人和游客到高淳进行候鸟式、度假式、长期居住式的养老养生体验。

第五，相关产业基础比较薄弱。总体上看，高淳养老养生产业规模小、层次低，与之相关的医疗、旅游等产业发展也比较滞后。与发达地区相比，高淳的医疗卫生服务专业水平差距明显，尖端医疗专家少、知名专科门诊少、医卫设施布局不完善，且存在异地医保结算的政策壁垒。休闲旅游特色不够鲜明，多以短途游、一日游为主，旅游文化与养生资源亟待整合，旅游项目的多样性、健身性以及接待服务能力仍需大幅提升。

第六，土地等要素制约十分突出。尽管高淳区委区政府对养老养生产业发展十分重视，并研讨确定了高端养老社区建设预留用地规划。但在高淳目前每年不超过2000亩用地指标的政策框架下，能否确保一部分养老养生产业开发建设用地，也是影响产业快速发展的重要制约因素之一。

四、加快高淳养老养生产业发展的总体思路

（一）指导思想

深入贯彻习近平总书记视察江苏时的重要讲话精神，全面落实党的十八届三中、四中全会精神，积极适应人口老龄化的发展趋势，自觉遵循产业发展基本规律，以满足人民群众物质文化需要、提高生活质量为出发点和落脚点，以改革创新为根本动力，以国际慢城的示范带动为重要抓手，通过制度创新、政策引导和规范管理，优化养老养生产业发展环境，增加养生产品和养老服务供给，推动高淳养老养生产业结构高端化、产业发展集聚化、产业竞争特色化，形成结构合理、特色鲜明、服务规范、综合竞争力强的养老养生产业体系，把高淳打造成立足南京市、辐射长三角、国内一流、国际知名的养老养生福地。

（二）基本原则

——坚持因地制宜。紧扣高淳经济社会发展实际，充分发挥资源比较优势，实施差异化发展战略，科学规划，合理布局，分类指导，促进养老养生产业与当地产业结构、生态环境、人文历史有机融合。

——坚持突出重点。根据老年人的普遍需求，集中资源重点发展养老服务业，形成上下游有机衔接的产业链和服务品牌，带动老年用品业、老年旅游业、老年地产业协同发展。以桠溪慢城为重点，做好“慢”文章，大力发展养生文化和养生产业。

——坚持循序渐进。立足当前实际，着眼长远发展，分别制定养老养生产业近期和中长期发展战略规划，有重点、有步骤地分步实施，积小胜为大胜，步步为营、久久为功，促进养老养生产业全面协调可持续发展。

——坚持改革创新。更加注重发挥市场在资源配置中的决定性作用，自觉遵循产业发展规律，围绕产业链部署创新链、围绕创新链完善资金链，全方位推进产品创新 、品牌创新 、产业组织创新 、商业模式创新，推动企业真正成为产业发展的主体。

——坚持统筹兼顾。按照低端有保障、中端有供给、高端有市场的总要求，多措并举，综合施策，全面加强政策指导、资金支持、市场培育和监督管理，统筹推进养老产业

与养老事业，养老养生产业与医疗卫生、休闲旅游、智能制造、农业种植等产业的融合发展。

（三）主要目标

近期目标（2015–2020 年），养老养生产业发展的战略规划、服务标准、政策支持体系基本健全，政府、企业、社会组织、家庭和个人等主体在内的多元参与协调机制初步形成，各类养老养生服务设施的社会化、民营化、市场化进程不断加快，养老养生产业集聚发展、绿色发展、创新发展的特色日益彰显，逐步成为高淳新的经济增长点。

远期目标（2020–2030 年），在养老养生产业领域培育一批具有核心竞争力的重点企业和具有国内外影响力的知名品牌，建成一批功能突出、辐射范围广、带动作用强的养老养生产业基地，基本形成供给能力充足、产业结构合理、资源配置高效、管理服务优质的养老养生产业体系，养老养生产业成为当地经济发展的支柱产业，对经济增长、就业创业、社会稳定等方面的贡献更加突出，把高淳打造成为长三角知名养老养生胜地。

（四）重点领域

养老服务业。着力把以大数据为重点的养老信息、医疗卫生、健康促进和管理、健康保险等支撑配套服务融入养老业态，重点发展老年医护康体、生活照料、休闲娱乐、文化教育服务，加快形成“以居家养老为基础、社区养老为依托、机构养老为支撑”的社会养老服务体系。创新商业模式，探索医养融合、游养融合产业化路径，延长老年服务产业链，提高产品附加值。培育发展养老社会组织，引进有实力的企业，有序开发特色养老地产。

养生服务业。依托高淳优良的空气质量、秀美的山水风光、绿色的健康食品等资源优势，利用自然文化遗产地、森林公园、风景旅游名胜区等自然禀赋，放大国际慢城品牌效应，加快发展休闲、康体、文化、旅游等养生产业，加快发展一批特色休闲养生活动品牌和养生示范基地，把高淳建成国内知名的健康养生目的地。

老年用品制造业。依托养老养生产业园区，培育一批养老养生示范基地、龙头企业和企业集群，形成若干全国知名的老年用品品牌企业。重点发展老年康复器材、老年护理用品、老年医药用品、老年医疗器械、老年人辅助生活器具、老年生活用品、老年服饰等老年制造业。

养老养生农副产品业。综合开发利用高淳生态、气候、环境等资源优势，大力发展水产、水果、农作物等适合老年人食用的有机食品产业，积极开发老年中药材、老年专用食材等保健养生药品。

表 2 江苏省政府关于养老养生产业相关政策文件及发展目标

发文时间	文件名称	相关目标
2014.04	省政府关于加快发展养老服务业完善养老服务体系的实施意见	到 2020 年，养老服务业增加值在服务业中的比重显著提升，形成具有一定规模连锁经营的养老服务机构和一批养老服务产业集群，打造一批养老服务知名品牌。
2014.06	省政府关于加快健康服务业发展的实施意见	建成一批省级健康服务产业集聚区，产业规模达到 1 万亿元左右；健康服务业规模发展、集聚发展和创新发展水平位于全国前列。
2014.07	省政府关于全面构建“畅游江苏”体系促进旅游业改革发展的实施意见	到 2020 年，全省旅游业总收入达到 14000 亿元，年均增长 10% 左右；旅游增加值占全省地区生产总值比重达到 6% 以上；年接待入境过夜旅游者 320 万人次，游客人均逗留 1.6 天，人均消费 1600 元；年新增旅游就业 2 万至 3 万人。
2015.06	省政府关于加快发展体育产业促进体育消费的实施意见	到 2025 年，体育产业总规模超过 7200 亿元，增加值约占全省地区生产总值的 1.6%，体育服务业增加值占体育产业增加值的 50% 左右。

五、加快高淳区养老养生产业发展的关键举措

（一）以经济转型和结构调整为契机，着力加强养老养生产业发展战略谋划

政府推动新兴产业发展的重要政策工具之一，就是制定中长期战略规划，引导产业发展方向。发展高淳养老养生产业，迫切需要从准确把握经济转型规律、产业升级趋势、市场竞争态势的高度，对未来发展作出全局性、战略性和前瞻性的部署。一是制定产业发展战略。把养老养生产业作为高淳的战略性新兴产业，结合当地经济社会发展“十三五”规划编制，高起点制定高淳养老养生产业中长期发展专项规划，提出未来 10 年至 20 年养老养生产业发展的战略思路、战略目标和战略布局，明确不同阶段的发展目标、发展重点，统一规划，分步实施。二是统筹谋划产业布局。根据当地经济结构调整的任务书、路线图和时间表，对养老养生产业进行科学布局，与城镇建设规划、土地利用规划、其他产业发展规划相协调，并在土地、资金、人才、税收等方面进行扶持。三是建立高规格综合协调机构。由区委区政府主要领导挂帅，组建养老养生产业发展领导小组或协调机构，坚持政府主导，加强顶层设计，完善政策措施，创新体制机制，促进区域之间、部门之间、上下之间联动协作，统筹推进养老养生产业发展。

（二）以标准化专业化建设为抓手，着力打造养老养生服务品牌

标准是产业发展重要的技术支撑手段，品牌则是企业或产业的核心竞争力。加快发展高淳养老养生产业，必须走标准化、专业化、品牌化的发展道路，不断增强产业的市场竞争力。一是健全养老养生服务标准体系。抓紧制定包括养老养生服务基础通用标准、服务技能标准、服务机构管理标准、服务工作标准、老年产品用品标准等在内的养老养生服务标准体系，切实推动养老养生服务标准的推广实施。健全养老养生服务市场秩序，建立养老养生服务协议制度，规范服务行为和收费行为，更好地为消费者提供标准化的住宿、膳食、生活照料、康复、护理、医疗、保健养生、精神慰藉、文化娱乐等综合性服务。二是加快养老养生机构规范化建设。抓紧制定和实施养老机构等级划分与评定、养老服务质量评估和等级评定等标准，统筹推进等级评定、合格评定和标准示范建设工作。重点打造3–5个特色鲜明、功能完备、管理规范、服务优质的高端养老养生社区，逐步建成养老养生服务示范基地。三是加强与国内外知名养老养生机构的战略性合作。通过引入国内外知名养老养生机构的先进理念和管理经验，着力培育发展本地养老养生市场，培养培训专业化人才队伍，缩短产业成长时间，加快形成高淳新的养老养生服务品牌。四是放大国际慢城品牌效应。依托设在高淳的国际慢城中国总部品牌，深入研究“慢文化”，精心组织“慢活动”，大力倡导“慢生活”，加快形成以高淳为核心的“慢城镇群”，组建中国国际慢城联盟，做足做大国际慢城文章，将慢城品牌打造成高淳养老养生产业的金字招牌。

（三）以养老养生地产为载体，着力提升养老养生产品的吸引力

推动养老养生产业持续发展的关键，还在于产品的吸引力和竞争力。只有吸引顾客、留住顾客，养老养生产业才能做大做强。推动高淳养老养生地产发展，重点在以下几个方面：一是合理规划布局。根据城市发展总体规划，合理利用生态、交通、文化等稀缺资源，结合养老养生特殊需求，优化空间布局，完善配套设施，加快建设特色鲜明、交通便捷、功能完善、生态优良的养老养生社区，形成不同特色的养老养生拳头产品。二是坚持错位发展。结合慢城小镇建设，坚持高标准高起点，打造具有较大规模的“慢生活”养老养生国际社区。利用原高淳陶瓷厂旧址，结合工业遗产及固城湖自然风光，打造休闲旅游养老养生品牌基地。利用龙墩湖优越的水景观资源，建设龙墩湖健康养生高端社区，着力打造健康养生、医疗康复基地。三是推动医养融合、养旅结合。把医疗、生态、康复、休闲、健身等多种元素融入养老养生地产，广泛开展文化娱乐、体育健身、教育培训、休闲旅游、健康养生、精神慰藉、法律援助等多样化、个性化服务，促进养老养生、休闲度假等一条龙服务、一体化发展，不断提高养老养生社区的综合吸引力。支持养老养生机构以慢性病的健康管理为重点，以治未病理念为核心，开展融合中医特色健康管理的老年人养生保健、医疗、康复、护理服务。

（四）以产业园区建设为重点，着力发展老年用品制造业

中国拥有世界上最大的潜在老年用品市场，而且这个市场在不断扩大。高淳制造

业基础较好，要抓住经济结构调整和“中国制造 2025”的战略机遇，以养老养生产业园区建设为重点，着力构建创新链、资金链、服务链、产业链协同耦合的养老养生产业集群。当前，要重点抓好以下几个方面：一是加大招商引资力度。把养老养生产业列为招商引资重点产业，加快搭建养老养生产业招商引资平台，定期公布招商目录和重点招商项目，通过举办项目推介会等形式，积极引进国内外优良绿色食品、保健用品、无公害农产品加工生产企业。对引进项目实行行政审批事项全程免费代办服务。采取引进一批、培育一批、转型一批、升级一批的发展方式，大力发展养老养生企业集群，打造一批知名品牌。二是培育一批示范基地。建立养老养生产业示范基地认证制度，每年认定一批在发展业态、发展规模等方面具备良好条件和市场潜力的老龄产品制造业示范基地。对认定的各类基地实行动态管理，形成能进能出的管理机制。强化对示范基地的协调服务，在资金投入、项目用地、建设程序、运营管理等方面给予重点培育和扶持，打造养老养生产业服务载体。政府有关部门要采取有力措施，强化要素保障，集中力量加快组织实施。三是扶持一批龙头企业。每年认定培育一批市场效益好、发展潜力大、具有龙头带动作用的养老养生企业，支持企业开拓市场、创建品牌、创新商业模式，在财税、金融、土地等方面，有针对性地给予政策扶持、要素保障和技术指导。紧紧围绕市场需求，积极开展产品开发和推广，深化创新链与产业链融合，不断推进养老养生产业技术进步，提升产业竞争力和品牌附加值。发挥龙头企业对养老养生产业的带动作用，构建集研发、展示、营销、物流于一体的老年用品集成平台，让消费者、生产商、供应商、增值服务商、物流商等多元力量形成一个良性循环的商业生态系统。

（五）以产业集约集聚发展为重点，着力做大做强养老养生产业链

打造养老养生产业集群，除了前面“横向联合”的路径外，还有就是“纵向延伸”路径。要充分利用高淳生态环境优越、现代农业基础较好的比较优势，以及在宁农业、林业、中医药、医学等高校和科研院所的人才和技术优势，推动养老养生产业纵向延伸，促进上下游产业间分工更加精细、生产迂回程度进一步加深，从而形成集约集聚发展的规模效应。当前，着力在以下两个产业取得突破：一是绿色食品产业。利用现代高效农业示范园区、茶园、蔬菜种植基地、水果种植基地、水产养殖基地，不断完善“以绿色食品品牌为纽带，以龙头企业为主体，以原料基地为依托、以农户参与为基础”的一体化组织形式，加强企业、基地和农户间的分工协作，着力发展符合养老养生需求的绿色食品、有机食品、无公害食品，拓展延伸养老养生产业链，提高养老养生产品的市场竞争力。二是中药材产业。依托高淳生态特点，加快中药材优良品种筛选和资源库建设，推动大宗中药材无公害规范种植，重点建设铁皮石斛、薰衣草等规模化、产业化生产基地。加强产学研医深度协作，通过趁鲜切制、精深加工等技术，支持中药材相关养生产品研发、制造和应用，提高中药材资源综合开发水平，发展中药材绿色循环经济，形成中医药健康服务产业集群。利用中药材种植基地、药用植物园、药膳食疗馆等资源，建设一批中医药特色旅游村镇、度假区，形成一批与中药科技农业、名贵中药材种植、田园风情生

态休闲旅游相结合的养生体验和观赏基地。

表 3 国务院关于中医药、中药材发展的政策文件及发展目标

发文时间	文件名称	相关目标
2015.04	国务院办公厅关于印发中医药健康服务发展规划（2015—2020 年）的通知	到 2020 年，基本建立中医药健康服务体系，中医药健康服务加快发展，成为我国健康服务业的重要力量和国际竞争力的重要体现，成为推动经济社会转型发展的重要力量。
2015.04	国务院办公厅关于转发工业和信息化部等部门中药材保护和发展规划（2015—2020 年）的通知	中药材资源监测站点和技术信息服务网络覆盖 80% 以上的县级中药材产区；种植养殖中药材产量年均增长 10%；中药生产企业使用产地确定的中药材原料比例达到 50%，百强中药生产企业主要中药材原料基地化率达到 60%。

（六）以改革创新为动力，着力完善养老养生产业保障机制

养老养生产业是一项新兴产业，具有投资回报周期长、行业利润低的特点。因此，必须建立可持续的养老养生产业发展体制机制。一是改革体制机制。以政府主导、市场决定、社会参与为原则，采取公建民营、民办公助、政府购买服务、财政补贴、委托管理等多种形式，鼓励社会资金以独资、合资、合作、联营、参股等方式兴办养老养生企业和社会组织。改革政府办养老机构的体制机制及其经营方式，创造公开、公平、公正的竞争环境，促进养老养生产业快速发展。二是保障土地供应。加强养老养生产业与新型城镇化建设的联动协调，将养老养生设施建设用地纳入土地利用总体规划和年度用地计划。对列入养老养生产业发展的重点园区和重大项目，优先安排土地供应指标。采用政府供地，社会资本建设运营的 PPP 模式，推进养老养生企业发展。严禁养老养生设施建设用地擅自改变用途或变相搞房地产开发。三是加大财政扶持。进一步优化财政性资金支出方向，通过创业引导基金、产业投资基金、事中事后贴息、先建后补、以奖代补、风险补偿等多种方式，重点支持养老养生企业、产业园区以及企业基础设施、重大项目建设和产品开发。四是创新融资模式。加大对养老养生企业的信贷支持力度，支持符合条件的企业到资本市场上市，通过发行公司债券、非金融企业债务融资工具等形式进行直接融资。鼓励社会资本发起设立养老养生产业投资基金。鼓励外资、民资进入养老养生产业领域。五是强化信息支撑。支持养老养生机构综合运用互联网、物联网等现代信息技术，发展基于大数据、云计算的智慧服务信息平台，推进养老、医疗、康复、保健、休闲等信息数据的共建共享。借助于微博、微信、手机客户端、在线养老养生社区等平台，推动线上线下融合联动，形成服务智能化、管理数字化、消费便捷化、营销网络化的新型商业模式，全面提升产业发展的信息化水平。六是加强队伍建设。加大对急需紧缺型高层次人才的引进力度，打造高端产业经营管理团队，营造良好的创业环境。与在宁院校开展深度合作，进一步加大对保健、护理、运动康复、中医养生等人才的培养培

训，强化资质管理，增强职业技能，提高服务水平。进一步加强养老养生行业组织建设，充分发挥其在行业自治、规范管理、信息交流、志愿服务、产业发展等方面的作用。

课题组成员

课题组组长：郑　焱

课题组成员：金世斌（江苏省政府究室）

吴国玖（江苏省政府究室）

陈幼迪（江苏省政府究室）

刘亮亮（江苏省政府究室）

倪　华（江苏市民政厅）

符信新（高京市民政局）

统　　　稿：金世斌　吴国玖

云南城乡社区居家养老研究

云南省老龄办、云南财经大学联合调研组

云南是全国贫困县最多、贫困面最大、贫困程度最深的省份。国家2011年确立的11个“连片特困地区”就包括有滇西边境山区、乌蒙山区和滇桂黔石漠化区。云南的贫困老人多、且居住很分散，用于养老服务的资源十分受限，老龄化浪潮给集“山区、边疆、民族、未富”的云南社会经济发展带来强烈冲击。如何总结成功经验，创立适合云南特点的居家养老模式，克服各种困难，保障每位老人安度晚年，这是共享发展成果，同步建设小康社会的重大问题，也是云南应对老龄化挑战的现实选择。

一、云南城乡社区居家养老的现状与问题分析

（一）云南社区居家养老的形势和趋势

云南少数民族种类最多、人口多、分布广，少数民族计划生育政策长期作用和宗教信仰自由等政策将长期影响到城乡社区居家养老的老年人口总量、结构和多元养老文化。另外，我省传统产业比重大、产业转型慢、市场经济发展不充分、城镇化水平低、收入水平较低，这将影响社区居家养老的经济支持和社会保障水平及质量。这些使得我省社区居家养老形势严峻。主要表现为社区居家养老总供给不足、需求结构失衡、区域供求失衡。

一是社区居家养老需求旺盛。由于家庭规模小型化、居家养老缺少劳动力保障，空巢、独居和高龄老人增多，导致社区居家养老需求十分旺盛。基于云南人口年龄结构的老龄化形态变化，可以预计，伴随经济社会发展，公共医疗服务水平的不断提高，在“稳定现行计划生育政策”的预期条件下，未来云南人口老龄化进程必将持续加深，空巢老人增多。随着空巢老人家庭增速加快，独居比例逐年增加，特别是完全失能老龄人群规模扩大，失能老人和高龄老人的长期照料问题显得日益突出和必要。

二是社区居家养老供给总体不足。云南人口老龄化进程相对滞后于全国平均水平，但老年人口规模增长较快。“六普”数据显示，2010年云南60岁及以上老龄人口为508.7万人，占总人口的比重达11.07%。云南省于2005年进入老龄化社会，在时点上横向观察，云南比全国1999年跨入人口老龄化晚6年。云南进入人口老龄化时间虽然晚些，但与本省老年人口增长态势强劲，“五普”至“六普”10年间，云南总人口年均增长率为0.7%，同期云南65岁及以上老年人口年均增长率达3.1%，为云南老龄人口年均增长率的4.4倍。而目前云南老年护理医疗、老年护理员的配置，老年公寓、老年福利院、老年护理院、临

终关怀医院等各类养老服务机构，每万名老年人的床位数都明显低于全国水平。

三是社区居家养老发展不平衡。首先，州市之间发展不平衡。人口老龄化进程存在明显的区域差异。“六普”老龄化系数超过全省平均值的有玉溪、保山、楚雄、大理、昆明和丽江 6 个州市，最高的玉溪市达到 8.78%。比较而言，怒江州老龄化系数最低，仅为 6.09%，昭通、迪庆、德宏、西双版纳和怒江尚未进入老龄化社会。全省经济较发达地区的老龄化程度比经济欠发达的少数民族地区更严重。其次，城乡之间发展不平衡。2010 年城镇、乡村老年人口老龄化系数分别为 7.02% 和 7.95%，乡村老龄化程度高出城镇 0.92 个百分点。这表明了云南城乡人口老龄化进程的差异性与不平衡性，城镇老龄化显著快于乡村。此外，我省少数民族种类多、人口多、宗教信仰多样，这些导致社区居家养老文化多元化、需求结构多元化和供求之间不平衡。

四是社区居家养老任务艰巨。人口老龄化的持续上升，导致社区居家养老需求在时间上和空间上具有持续上升特点，进而导致社区居家养老任务的艰巨性呈现日益加大。根我们预测，云南 65 岁以上的老龄化将持续上升，到 2015 年老龄化系数为 8.45%，2020 年老龄化系数为 9.24%；2030 年，老龄化系数超过 11%，持续上升的老龄化将给全省经济社会发展带来极大压力。尽管，云南老龄化水平低于全国平均水平，但云南 60 岁以上和 65 岁以上人口增长率仍处在较高的水平，老年人口规模仍较大，且高老龄化倾向比较明显。这说明，65 岁以上人口的较快增长将给全省城乡社区养老带来极大挑战。

五是“未富先老”。经济发展滞后导致城乡社区居家养老的家庭收入及社会经济保障压力加大。数据表明，云南人口老龄化已先于工业化、城镇化来临，“未富先老”已是不争的事实，而老龄化发展超前于经济社会的发展。2010 年，全省 65 岁以上老年人口数位居全国第 12 位，老龄化系数位居第 23 位，而同年云南人均 GDP 仅居全国第 29 位，倒数第二。此外，因广大乡村和民族地区经济较落后，相应的老年贫困人口较多，云南省在生产力水平还相对较低的时候就已经进入人口老龄化社会。显然，属于典型的未富先老省份，家庭养老、社区养老、机构养老所需费用与家庭收入出现较大缺口，社会经济保障的压力日益剧增。

（二）社区居家养老的主要成绩

云南省委、省政府日益重视区居家养，在财政不充裕的情况下，加大投入，取得显著成效：

一是搭建起社区居家养老组织平台和工作平台。2000 年起先后成立了省、市（州）、县（区、市）老龄工作委员会并下设办公室，建立起社区居家养老的组织管理体系。“十二五”末，城市 30% 的社区建成居家养老服务点，农村 10% 的社区居家养老服务网点。

二是搭建社区居家养老的信息服务网络平台，形成政府、市场和社会服务网。昆明、曲靖、玉溪、红河等地积极开发居家养老服务网络信息平台，开通老年人救助“一键通”、“一号通”呼叫服务，设立“54321”便民咨询和服务热线，广泛开展生活照料、家政服务、康复护理等居家养老服务。

三是建立起社区居家养老机构并取得显著成效。“十二五”期间，全省共建设居家养老服务中心1422个（其中城市社区居家养老服务中心496个，农村社区居家养老服务中心926个）和省级爱心护理院9个，床位19070张；建成农村幸福院3512个，为村社老年人提供综合性日间照料服务。

四是各类养老机构和居家养老服务中心的养老床位建设。到“十二五”末，全省养老总床位123840张，比“十一五”末增加床位8万多张，每千名老年人养老床位达到23张。一是养老机构建设加快。截至2015年底，全省共有城市公办养老机构134个，床位24063张；农村敬老院686所，床位51650张；民办养老机构119个，床位29057张。当前我省每千名老年人拥有养老床位数23张。

（三）社区居家养老面临的困难和问题

尽管我省居家养老工作有了良好开端，已取得一些成绩和经验，但与全国较早开展居家养老的地区相比，与广大老年人日益增长的居家养老需求相比，仍有很大差距。城乡居家养老服务仍然存在思想认识不到位、政府投入不足、扶持政策不够、市场要素不完备、服务场所和机构匮乏、管理体制和运行机制不适应、专业队伍少、服务水平低等问题，不能满足广大老年人及其家庭的实际需要。主要表现为以下“六大难题”：

一是重视不够难支持，导致社区居家养老发展缓慢。一是有的地方或部门领导重视不够，政府的主导力量和引导作用没有充分发挥。还没有意识到老龄化造成经济发展和社会养老问题的严重性，对社区居家养老的重要性、紧迫性认识不足，难以引起高度重视。因此，从领导角度在资金投入、资源分配、人员配备和政策扶持上力度不够，也缺少标准化服务和规范化管理。尤其是，县级机构还普遍存在管理经费不足、人员编制不落实等突出问题，经费被挤占、挪用以及非法占用等现象时有发生，养老经费欠缺、保障力度不够。这都在一定程度上影响了城乡社区居家养老机构建设和良性运作，进而影响到居家养老服务业发展。

二是社会和家庭重视不够，社会力量和市场资本投入不足。居家养老是新形势下的一种新的养老模式，目前社会氛围还没有形成。无论是家庭还是社会，人们对居家养老还缺乏较多了解，有些老年人和子女持观望态度，要得到他们的理解和支持，需要有一个过程。尤其广大农村老人的养老，主要是依靠传统家庭，而当前，在农村家庭日益空巢化，而社会养老保险、养老机构等老年人照料服务又满足不了老年人的需求，农村留守老年人养老更缺乏有效有支持。

三是政策配套和落实难，导致社区居家养老发展缺乏活力和动力。尽管出台了促进养老服务业发展的一些政策规定，由于优惠政策不配套、优惠力度不够、措施操作性不强，基层在操作中缺乏依据，影响了此项工作在全省展开。例如，优惠政策规定，社区居家养老中心的用水、电、电话、煤气、税收、交通、金融信贷、土地等政策优惠，由于没有具体的细化规定，缺少具体化方案，与此相关的部门和企业难兑现这样的优惠政策。

四是缺少经费保障，导致社区居家养老机构运营和发展困难。随着经济社会发展和社区建设不断推进，为养老服务创造了条件，奠定了一定的物质基础，但是老年人的需求越来越多，要求越来越高，在物质需求上一时难以保障。另外，社区居家养老服务主要靠政府主导，需要公共财政有效投入。总体来看，除昆明等少数城市之外，大部分中小城市，尤其是广大农村的产业基础还很薄弱，集体经济不够发达，地方财政困难，财政投入不足。筹资渠道单一资金投入不足，居家养老社区服务无力扩充相关的设施和服务，造成供给不足，也就成了制约我省城乡社区尤其是广大农村社区居家养老发展的瓶颈。

五是制度、机构和机制难理顺，服务质量和管理效率不高。组织机构及制度衔接难。虽然，各级党政都成立有由领导牵头、多部门组成的社区居家养老服务工作领导小组，下设办公室，但缺乏老龄委成员单位高效灵活的会商机制。涉及养老的政策和制度功能分散到多个部门，养老归民政部门管，老人的医疗归卫生部门管，老人的养老保险归人社部部门管，多部门管理之间的协调难，制度、政策、机制等对接衔接难。台湾模式值得学习借鉴，即老人入住敬老院、医院，所享受的优惠政策主动跟进。

六是队伍建设不够，服务能力难提升。社区居家养老服务处于起步发展阶段，尽管养老服务设计了较多的服务项目和内容。但是社区居家养老服务项目单一、服务面窄。目前，除开展一些如棋牌活动、播放电视、茶水供应等简单基本生活服务外，无力提供老人需要的康复护理、心理慰藉等服务活动。究其原因：一是护理员的数量、质量问题突出。每位护理人员与护理老人比例高，工作量大。二是管理队伍建设不够。三是社区居家养老服务缺少分工协作，没有形成规模效益。四是缺乏养老机构星级评定指标体系及评定工作。

二、云南城乡社区居家养老模式构建

（一）构建云南城乡社区居家养老模式的理论基石

由于养老服务涉及的理论和实践内容广泛，如果只靠单一主体的供给很难满足。依据多种理论研究社区居家养老的成果，尤其是根据福利多元主义理论，应该引入多元主体的供给，通过明确各主体的职责，让各主体通过相互协调合作，从而形成一种互补的多元供给主体模式。社区居家养老模式要建立城市与乡村社区居家养老服务网络，一方面减轻政府负担，另一方面则为了增加当地居民的就业机会，挖掘深层社会资源，建立城乡社区居家养老的社会支持系统和模式。这样的模式应该建立在什么样的理论基础之上呢？

我们认为，政府、非政府组织、家庭、志愿者和居家老人五种主体自我循环，通过社区居家养老服务中心形成一种超循环系统（即由两个以上循环构成的系统①）（图1）。其中，

① 关于非平衡态系统的自组织现象的理论。由德国科学家 M. 艾肯在 20 世纪 70 年代直接从生物领域的研究中提出。在生命现象中包含许多由酶的催化作用所推动的各种循环，而基层的循环又组成了更高层次的循环，即超循环，还可组成再高层次的超循环。超循环系统即经循环联系把自催化或自复制单元连接起来的系统。在此系统中，每一个复制单元既能指导自己的复制，又能对下一个中间物的产生提供催化帮助。艾肯在分子生物学水平上，把生物进化的达尔文学说通过巨系统高阶环理论，进行数学化，建立了一个通过自我复制、自然选择而进化到高度有序水平的自组织系统模型，以解释多分子体系向原始生命的进化。

老人的循环处于核心地位，社区居家养老服务中心循环是外围边界大循环，它是社区各种居家养老资源集聚的集成体。社区居家养老服务中心联结政府、非政府组织（企业）、家庭、志愿者围绕居家老人，提供养老服务，同时还要提供对各主体的管理和监督。一方面，服务中心为老年人提供周到细致专业的服务，另一方面要达到城乡社区居家养老的目标。

图 1 中居家养老每一个主体运行自成循环。为保证城乡居家养老服务管理体系运，根据管理循环（PDCA）科学程序，社区居家养老服务中心循环由组织、规划、运行和监控四部分体系构成。其中组织是核心，为整个体系的动力源，通过各方面的协调，把涉老的各部门、各方力量有机地组织起来，纳入养老服务体系，以老人养老为目标；在规划阶段，要通过对社区和服务对象的调查、访问等，摸清老人对养老服务的需求，确定服务政策、服务质量目标和程序等。在运行阶段，要实施上一阶段所规定的内容，对不同需求的居守养老进行服务标准、服务内容设计。在监控阶段主要是在规划执行过程之中或执行之后，检查执行情况，看是否符合服务的预期目标或标准。进行检查后将结果反馈到组织阶段，进行更高层次的循环，不断提升居家养老服务质量，不断扩大居家养老服务面，实现质和量的高度协同。

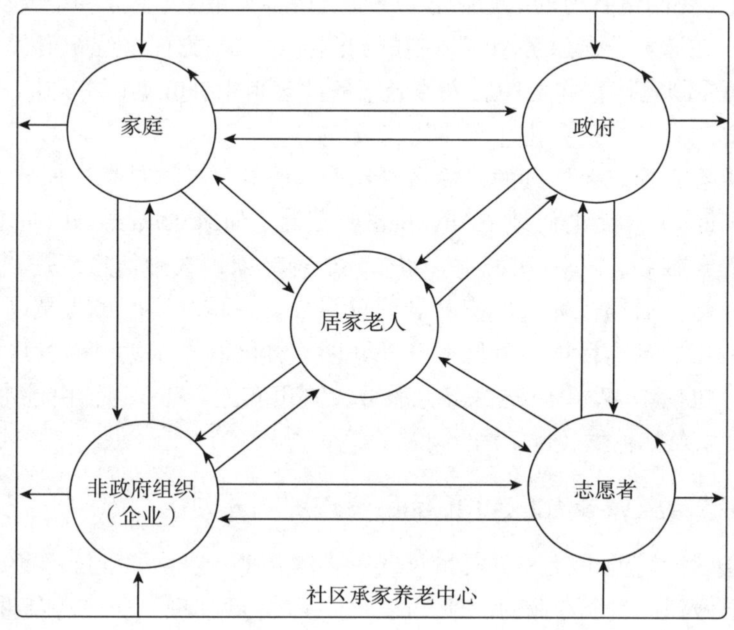

图 1　云南城乡社区居家养老体系的新模式

PDCA 循环，可以使居家养老的思想方法和工作步骤更加条理化、系统化、可视化和科学化。它具有如下特点：一是大环套小环，小环保大环，推动大循环。PDCA 循环作为各级部门根据居家养老的方针目标，都有自己的 PDCA 循环，层层循环，形成大环套小环，小环里面又套更小的环。居家养老服务中心是大环。大环是小环的母体和依据，小环是大环的分解和保证。各个主体的小环都围绕着居家养老的总目标朝着同一方向转动。通过居家养老服务中心循环把各主体的循环有机地联系起来，彼此协同，互相促进。

二是不断前进、不断提高。居家养老的 PDCA 循环就像爬楼梯一样，一个循环运转结束，居家养老目标就会提高一步，然后再制定下一个循环，再运转、再提高，不断前进，不断提高。三是螺旋式上升。PDCA 循环不是在同一水平上循环，每循环一次，就服务一次，解决一部分居家老人的养老问题，取得一部分成果，工作就前进一步，水平就进步一步。每通过一次 PDCA 循环，都要进行总结，提出新居家养老目标目标，再进行第二次 PDCA 循环，再进行另一次居家养老服务。PDCA 每循环一次，居家养老数量和质量质水平均进步一步。

在超循环模式中，政府仍是居家养老服务体系的组织者、管理者、监督者和推动者。在居家养老服务组织层次的设计上，政府的推动、引导作用，必须作为居家养老超循环运动的初始动力，贯穿于启动、规划、组织等各个环节和过程，必须建立有力高效的领导机构，建立起以社区居家养老服务中心为平台的多层级、多元主的服居家养老体系，实现良性超循环，不断推进和提升云南城乡社区居家养老水平与质量。在居家养老服务法律法规的完善上，推进养老的社会保障法制建设、明确养老服务的法律地位，建立老年人利益诉求通道，为保护老人寻求行政、法律及其他方面的支持。在居家养老服务激励政策的制定上，要制定有力的政策措施，鼓励支持各类组织、企业和个人从事养老服务，吸纳社会捐助。在居家养老服务组织体制的构建上，应一方面加强福利养老、政府购买的建设；一方面要制定培育和发展居家养老服务社会组织和养老服务志愿者的服务制度，组织社区加快养老服务的社会化、产业化建设。

超循环居养老家模式要达到的目标是“5A”级服务。具体是无论何老人（Anyone）、无论何时（Anytime）、无论何地（Anywhere）、无论何求（Anyneed）都能够为其提供所需要的居家养老服务（Anyservice）。超循环居养老家模式中信息流是“血液”，超循环居家养老模式运行必须以完备居家养老信息系统。一是社区服务人员网、以社区服务热线为龙头的社区服务电话网、社区服务互联网、社区服务求助网、社区服务短信网。其最主要的指令包括“4W”即：居家养老服务在哪里实施（where）、由谁来实施（who）、做什么（what）以及如何做（how）的问题。

（二）构建云南城乡社区居家养老模式现实基础

一是昆明模式。昆明市社区居家养老服务中心模式，创立“1+1+1”的服务模式，即对老人的护理要做到：一个专业的护理人员、加一个家政助理、加一套专业护理装备。昆明五华区虹山中路社区建立“构建三级工作网络、汇集七大功能于一体、发挥‘五老’队伍作用”的模式。最具典型的模式是幸福 916 老年社区数字化居家养老模式，是国内首创。916 寓意“就要乐”，数字养老，即利用互联网这个数字平台，创建“梯级人际关系”。二是曲靖模式。曲靖市加强养老服务体系建设，扎实推进居家养老服务，创立“11266”模式。三是玉溪模式。玉溪市已开展“711 工程”和“163”计划为主要内容的居家养老服务。

（三）云南城乡社区居家养老新模式——“3311”模式

运用“5A”级服务、“4W”理论和超循环居养老家理论模式对上述社区居家养老模式的理论研究和实践总结，结合云南实际和发展需要，我们以图 1 为基础进一步提出构建“3311”模式（图 2），即“构建三个供给圈、满足三个需求群、解除每个家庭忧、幸福每位老年人。”外围是社会养老服务网络圈、信息养老网络圈、养老人脉关系网络圈，形成三个供给循环，交互提供实体、虚拟和精神服务。它就是社区居家养老中心循环的功能提升与细化。核心是失能、半失能和完全能自理老人群体形成的三个养老需求圈，形成三个微循环，总体上形成供需动态平衡的超循环运行体系。

1. 构建三个供给圈

社会养老服务圈，就是以每个社区居家养老中心为纽带，当地政府及相关部门、养老机构、社区及其区域内相关社会团体和单位、家庭、企业、志愿者等共同搭建开发的、发展的、便捷高效的社会养老服务平台，在该平台上搭载各种各样的养老服务，打造社会养老服务圈，提供超市式、菜单式、项目式、家庭式、流动式的养老服务，以满足老年人生理需求。信息养老网络圈，就是充分利用电脑及互联网、物联网、QQ群、微博、微信，手机及通信网，收音机、电视及广电网，以及各种网络信息资源构建信息养老、虚拟养老社区。充分利用用现代信息技术和手段，搭建信息养老网络圈，昆明要注重发挥 916 社区的功能和作用，这对于 70 后、80 后将来进入老年时代的意义更大，同时信息养老网络圈也是交流各种养老供求的信息平台。建立社区老年人信息库，掌握老年人服务供需信息。以社区老年人信息库和信息平台，依托居家养老服务中心向居家老人提供日间托养、短期寄养、配送餐等服务。可通过居家养老服务中心与“社区服务热线”、信息平台的职能进行整合，把老年群体服务需求与有关的企事业单位紧密融合，吸纳有关单位成为居家养老服务提供商。信息养老网络圈主要为老年人提供以信息为载体的信息化、数字化养老服务。养老人脉关系圈，是每个养老家庭和老人都需要在社区引导和指导下构建的亲友、邻里、社区人员、志愿者等人缘关系圈，这是最贴近每个养老家庭、每位老人的核心圈，对老年提供人文关怀和精神慰藉服务。

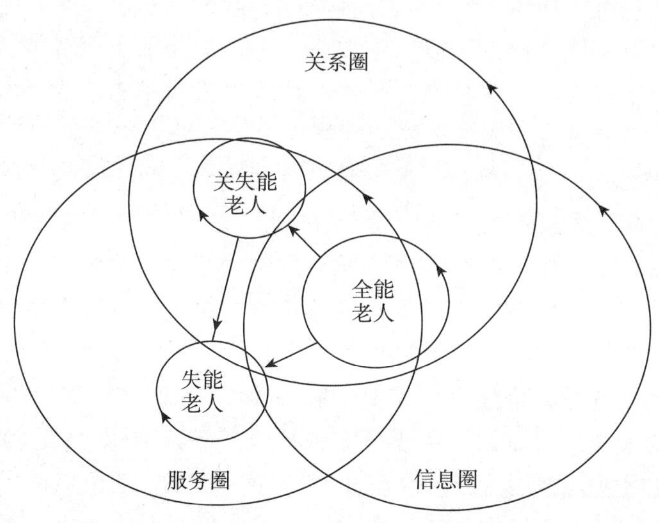

图 2　云南城市居家养老的“3311”模式

2. 满足三个需求群

由失能、半失能和完全能自理等老人群体形成的三个养老需求圈，它们也具自我服务和相互服务的机能，如完全能自理老人可以为失能、半失能老人提供服务。不同年龄、不同地区、不同民族、不同健康状况、城乡等老人具有不同的养老需求，三个老年人群体转化也会引起服务需求结构变化。因此，构建好三个养老供给圈，每个需要养老帮助的家庭和老人，可向三处求助，有三处可去，这里的“三处”就是三个养老供给圈。根据老年人的不同情况、不同需要，采取多种形式为老年人提供最直接的帮助和最便捷的服务。失能、半失能和完全能自理等三个老人群体的养老需求，可以从社会养老服务圈、信息养老网络圈、养老人脉关系圈三个养老供给圈中有不同居家老人需求都能得到满足。

3. 解除每个家庭忧和幸福每位老年人

养老的家庭之忧不除，家庭不安宁、家人不幸福，老人倍感不幸。如果创建好三个养老供给圈，就可以使家向三处求助、人有三个去处。家与家结对、人与人结群，就是那些具有完全失能老人的同住一个社区家庭之间、失能老人之间，社区可以牵线搭桥，把这样的家庭及老人组织起来或合并起来，家庭护理人员之间分工协作合作、相互照顾、轮班照顾，也可以使得老人陪老人，老人互相可以聊天。搞好“四种”互动互助，就是老年福利机构服务人员与老年人互动互助、家庭成员与老年人互动互助、左邻右舍与老年人互动和老年人与老年人互动互助。

（四）“3311”模式的特点

第一，社区居家养老制度的设计和建设。必须针对自身进行合理的分层与定位，以适应不同层次老年人群的需要。社区居家养老模式的分层设计体现在两个方面。从宏观上看，在居家养老模式发展尚不成熟的条件下，要注意社区居家养老与家庭养老、机构养老的层次性衔接，以便顺利实现从家庭养老向社区居家养老的过渡。从微观上看，在社区居家养老方式内部，应根据年龄、身体状况、收入水平、文化水平等因素对老年人进行分类，以满足其不同层次的需求。主要是第一层次是重点服务老人群，包括城乡无收入的失能老人、空巢老人、失独老人、农村留守老人；第二层次是收入水平较低、半失能老人群体；第三层是有收入、全能老人群体。

配套能力。作为一种长期项目，养老是一项对资源（资金和服务）依赖性很强的系统工程。要想维持社区居家养老服务持续有效进行，稳定资金保障和服务供给至关重要。而这些资源的获取，仅仅依靠社区或者志愿者的努力是难以为继的，必须从制度的层面予以明确。发展社区居家养老所需的配套措施主要包括收入保障制度（养老保险、社会救助等）、医疗保健制度（医疗卫生服务、医疗保险、医疗救助等）和相关服务。

整合现有的社区资源，构建一套完整的服务体系。以充分整合、利用有限资源，发挥居家养老服务的最大社会效益。主要是完善社区配套设施建设；相关部门应注意协调配合，形成合力；加强居家养老管理人员与服务人员的培训；采取以政府主导、社会参与、中介组织或服务实体承办的运作方式，推动居家养老服务走社会化、产业化之路。

有利于提高民众参与社区养老的意识。各级政府应从“以人为本”的层面，把完善社区养老服务，作为构建和谐社会的主要组成部分来看待。并加强对社区养老服务体系的宣传活动。社区可通过开展针对老年人家属的“一对一”的专业咨询、培训讲座、免费上门服务等公益项目，提高社区居家养老的质量和水平，使老年人在健康养老的过程中找到幸福感与归属感。

三、推进云南“3311”模式的保障与措施

（一）明确目标任务

指导思想。坚持以科学发展观和老龄工作方针为指导，通过构建“八大体系”、采取“八种服务方式”，实现“六个老有”的工作目标。“八大体系”是经济和社会保障体系、老龄服务体系、老年宜居环境体系、老年群众工作体系、老年社会工作管理体系、信息化养老体系、服务项目体系、改革创新体系。“八种服务方式”是提供政府购买服务、日间照料服务、协议服务、互助服务、养老机构延伸服务、呼叫服务、市场有偿服务、各类志愿志愿者服务。

基本原则。在推进全省城乡社区居家养老发展深化认识、统筹发展、健全制度机制、提升养老质量的总体思路下，坚持“六条”原则，即政府主导和重点保障原则，统筹布局和协调推进原则，立足社区、面向家庭的原则，以老年人的需求为导向和市场化导向相结合的原则，社区居家养老服务项目、内容、水平、定价与经济社会发展水平和不同老人群体的经济收入及其家庭经济状况相适应的原则。

目标任务。到 2015 年，全省 100% 的城市社区、1249 个乡镇的 30%、12314 个村民委员会社区（村）的 10%，建立居家养老服务中心。到 2020 年，实现乡镇和农村社区（村委会）居家养老服务中心全覆盖。健全满足城乡老年人基本生活照料需求的居家养老服务体系，逐步建立县（市、区）、乡镇（街道）和社区（村）三级养老服务网络，实现城乡一体化养老全覆盖，初步建成“3311”模式。

（二）强化制度机制保障

“3311”模式的构建和运行，需要建立健全一系列配套政策和制度提供保障。主要有“九条制度”和“五个机制”。前者分别为，社区居家养老的规划制度和责任制度；居家养老服务准入制度；三是居家养老服务管理制度；政府购买居家养老服务制度；健全配套性社会保障制度；高龄补贴制度；养老服务补贴制度；义工制度；教育和培训制度。后者分别为，建立城乡社区居家养老服务机制；建立沟通协调工作机制；建立奖励机制；支持建立老年人意外伤害保险制度，构建养老服务行业风险合理分担机制；建立科学合理的价格形成机制，规范服务收费项目和标准。

（三）构建三个养老供给圈的措施

一是构建功能健全内容丰富的社会养老服务圈。在社会养老服务圈的功能和职能构

建方面，重点在于健全和整合包括政府、社会组织、社区、社区医院、日间照料中心、企业、志愿者团队、家庭等与社会养老服务相关主体的功能及职能。机关、企事业单位和社会团体要把敬老、爱老、助老宣传教育作为干部思想职工道德建设的重要方面。教育部门要把敬老、爱老、助老作为中小学德育教育的重要内容。宣传、文化等部门要加大宣传力度，及时报道各类敬老、爱老、助老先进事例，形成人人尊重、关心、帮助老年人的良好社会风尚。以此形成社会养老服务的主体群和社会养老服务的功能圈。

二是构建内容丰富使用便捷的信息养老圈。关键是要利用现代网络技术、通信技术等信息技术及其资源，建立社区居家养老服务信息化系统、完善服务网络、搭建服务和管理平台。社区信息化建设是社区推动居家养老服务的基础性工程，建立社区居家养老系统、完善服务网络是做好社区居家养老工作的重要保证。这个网络包括组织机构网络、社会关系网络、现代信息网络和社区服务信息系统等网络群。其中，组织机构和社会关系网络由家人、邻里、朋友、各种民间服务组织、政府有关部门、义工、社工等构成；社区服务信息系统，包括通讯网络，服务热线、急救系统、走失定位（GPS 定位）系统等，打造联动服务平台。

三是加强居家养老服务精神文化建设以构建养老人脉关系圈。居家失能半失能老人、空巢老年人等特殊群体，他们的孤独感比起很多人更为突出，他们在独处中伴随的是寂寞与无聊。如果长此以往，必将造成心理障碍，以致酿成抑郁等不乐见的情况。因此，丰富社区文化生活，形成宽松、和谐的人脉关系网，对舒缓特殊老人群尤为重要。

当前要努力办好社区老年活动中心，完善阅览、健身、棋牌、娱乐、歌舞、会议等功能，配置相应的设备设施，满足老年人不同的活动需求；可以根据老年人不同的兴趣和爱好，成立合唱团、舞蹈队、太极拳剑队、乒乓球队、门球队、健步走队等，发挥他们的文艺、体育专长；可以举办音乐会、舞会、体育游园、书画展等，让老年人能够展示晚年的风采；可以通过论坛和网上聊天等形式，让老年人在其中畅谈自己对生活、人生甚至是对政治、经济、国内外大事等的见解和观点，使老年人在交流中增进生活情趣，提升思想境界；组织行动方便的老年人就近参观、学习、考察，使他们能亲身体验改革开放带来的新变化、新成就。

（四）满足三个养老需求群的措施

居家养老服务面向城乡全体老年人，目前的重点为空巢、独居的失能、半失能老人提供基本服务及邻里互助、精神慰藉等服务。生活不能自理的老年人，行动不方便的高龄老人，子女不在身边照顾有困难，请不起保姆，住不起养老院等老人最需要得到帮助，是社区居家养老服务需要最迫切解决的问题，也是社区专业人员和志愿者服务的主要对象。社区为这些居家养老的老人提供生活照料服务，医疗保健服务，精神慰藉服务。对生活困难确需政府援助的居家老年人尤其是失能、半失能老人，主要通过政府全部或部分购买服务等形式，提供养老服务；对有一定经济能力的居家老年人尤其是全能老人，主要通过“个人购买服务”的形式，提供收费性服务；积极倡导和动员社会各界为老年人提供无偿优质的公益性服务和志愿者服务。

鼓励身体健康、行动自如的老人“走出小家，融入大家”，走进社区居家养老服务中心，由社区提供活动场地和必要的活动设施，由老年人根据兴趣爱好的不同，自己组织歌咏队、舞蹈队、乐器队、戏剧队、秧歌队等，或下棋打牌、或运动健身，自娱自乐；社区应成立老年学校，聘请离退休老年人中的专家、学者、教师、医护人员等志愿为老年人开展多种形式的教育、医疗保健、疾病预防、心理咨询辅导、法律知识等专题讲座，提高老年人的物质文化生活质量。

四、结语

建设以居家为基础、社区为依托、机构为补充的多层次养老服务体系，是适合我国国情的养老模式。90% 的老人居家养老，未来的大趋势是居家养老服务实现全覆盖。“十三五”期间养老服务设施和站点将覆盖云南所有城市社区，90% 以上的乡镇和 60% 以上的农村社区。而“3311”模式是对适合云南省情的城乡居家养老模式的一种概括，其既有实现的经验和基础，又有充分有理论依据。它是一个系统集成，在建立“互联网 + 养老”平台上积极开展应对人口老龄化行动，开展敬老、养老、助老，实现每个老年人的养老梦想。当然，要在云南全面推行“3311”养老模式，关键的是要建立政依府主导的，靠多主体、多渠道、多元化的供给长效机制，保证充足稳定运行的资金支持，同时，吸纳民间资本，开拓社区居家养老服务的产业化道路。此外，建立统一居家养老服务标准及评估机制，并引导中介机构参与评估，政府还应建立对评估流程投诉受理与管理监督体制，推进居家养老服务业健康、规范、有序发展。

安徽省市场化方式发展养老服务业研究

安徽省老龄办调研组

本研究报告中的“市场化方式发展养老服务业”的主要内涵是，通过财政资金的“杠杆撬动”作用，按市场化运作的方式，支持发展居家养老、机构养老、社区养老及综合服务等多种形式的面向基层大众的养老服务产业，探索形成以市场化、商业化方式支持养老服务产业发展的体制机制和有效模式，促进养老服务产业加速、融合发展。课题组以我省市场化方式发展养老服务业为研究对象，主动与我省及内蒙古、吉林、江西、山东、湖北、湖南、甘肃等国家市场化方式发展养老服务产业试点省的民政、发改、财政、商务等省直相关部门进行交流磋商，浙江、江苏、山东等省进行实地调研，组织开展了深入省内合肥、铜陵、六安、芜湖、马鞍山、蚌埠等市县专题调研，组织开展安徽省立医院、合肥滨湖医院、安徽社家养老服务中心、合肥夕阳红护理院、合肥振亚晚霞情老年公寓、合肥春芽残疾人互助协会等养老医疗机构及社会组织的负责人专题座谈，并与国家政策性银行（驻肥机构）、省政府融资平台公司、保险公司等部门进行了座谈，着力研究我省以市场化方式发展养老服务业的现状、存在的主要问题及原因，认真研究梳理了目前中央财政的相关支持政策，在此基础上，经过进一步的比较分析、深化研究，揭示当前及今后一段时期我省市场化方式发展养老服务业面临的形势，提出加快推进我省以市场化方式发展养老服务业的主要目标、原则、思路及具体对策建议。

一、我省加快推进市场化方式发展养老服务业的重大意义

加快推进市场化方式发展养老服务业，具有必要性和紧迫性。具体来讲，其重大意义表现为：

（一）直面我省老龄化社会严峻挑战的战略应对

当前，我国已经进入人口老龄化快速发展阶段，庞大的人口基数使得中国社会养老需求巨大，2012年底我国60周岁以上老年人口已达1.94亿，2020年将达到2.43亿，2025年将突破3亿。[①]在这一背景下，我省从1998年开始步入老龄化社会，是全国较早进入人口老龄化社会的省份之一。2013年底，全省常住人口中，60周岁以上老年

① 《国务院关于加快发展养老服务业的若干意见》（国发［2013］35号）。

人口984.7万人，占总人口的16.3%；其中65周岁以上老年人650万人，占总人口的10.8%，均高于全国平均水平。[①]面对已经沉重并将继续加重的社会老龄化带来的养老难题，传统的居家养老已经无能为力，仅靠政府的“兜底”也将不堪重负，难尽如意，必须创新观念，正确处理好政府和市场的关系，使市场在资源配置中起决定性作用和更好发挥政府作用，做到既促进政府切实转变职能，提高养老服务资金的使用效益，促进养老服务资源的优化配置，又能够充分激发市场活力、集聚社会资金，破解政府的投入无法短时间内弥补需求与供给的缺口难题，壮大培育市场化的养老服务机构及组织，不断满足老年人持续增长的养老服务需求。

（二）满足我省多元化社会养老服务需求的顺应之举

当前及今后一段时期，养老服务不仅面临着总量加重的压力，而且面临着养老需求呈多元化、多层次、高质量的要求，存在供需严重失衡的问题。2009年，安徽省社会保障研究会提出，“不同老人对养老机构有不同的功能需求，其中，选择各种功能的老人人数和比例分别为：文体娱乐270人，占49.8%；旅游度假60人，占11.1%；劳动休闲58人，占10.7%；学习研究12人，占2.2%；健身场所100人，占18.5%；其他42人，占7.7%”，“不同老人对养老机构收费标准的选择不同，其中，接受能力在600元以下的有187人，占34.5%；接受能力在600～1000元之间的有231人，占42.6%，接受能力在1000～1500元之间的有100人，占18.5%；接受能力在1500～2000元之间的有18人，占3.3%；可以接受2000元以上的有6人，占1.1%。”[②]另外，据《关于安徽省养老服务问卷调查分析及若干建议》的问卷调查显示，年龄、性别、职业构成、经济状况、婚姻、居住状况和健康状况等因素都可以影响老年人不同的养老需求，其中，“在养老方式选择上，选择家庭养老占的61.1%，选择机构养老占的15.0%，选择社居养老的占19.9%，选择其他方式养老的占4.0%”；“养老服务项目选择上，选择家政服务的占有效问卷的31.5%，选择餐饮服务的占40.8%，选择康复服务的占48.8%，选择娱乐活动服务的占32.9%，选择保姆陪护的占6.1%，选择钟点工服务占2.8%，其他的占11.7%”。[③]我省养老服务需求的多样化特征对养老服务产业的传统发展模式提出了严峻挑战，要破解这一困境，就必须立足现实，尊重市场消费需求，顺应现代养老产业的发展规律，以市场化方式发展养老服务，鼓励企业和社会组织及个人以投资、承包、租赁、托管、股份制等形式参与养老服务业的发展，形成投资主体的多元化和经营方式的多样化，促进养老服务事业快速健康发展。

---

① 引自安徽省人民政府《安徽省养老服务业发展政策落实情况的汇报》附件《安徽省养老服务业发展基本情况》(2014年11月2日)。

② 安徽省社会保障研究会《安徽省民办养老服务机构发展对策研究》（2009）。

③ 安徽省政府发展研究中心“安徽省养老服务问题研究”课题组《关于安徽省养老服务问卷调查分析及若干建议》（2013）

（三）新常态下培育和催生我省经济发展新动力的重要抓手

研究表明，在新常态下，养老服务产业是推动经济转型发展的重要推力和抓手，这一地位和特点是由养老服务的自身特质、需求特征和发展条件决定的。养老服务产业最本质的特点是综合性和融合性，它以老年养老服务为对象，与医疗保健、休闲娱乐、精神慰藉、日常照料、文体旅游、房地产等各产业融合互动，具有显著的联动功能和综合效益。当前，一个巨大的链条长、领域广、对上下游行业带动效应明显的养老服务“银发产业链”已经呼之欲出，它包括养老地产业、养老保险业、养老医疗保健业、康复护理业、托管托养服务业、养老陪护家政业，以及围绕“以房养老”的金融服务业、房屋评估拍卖业、中介咨询等现代服务业。我省养老服务产业具有诸多优势，仅以养老健康产业为例，课题组经研究后认为，健康养老服务产业已经成为未来区域产业竞争的重要领域，也是我省培育新兴优势产业的重要选择。一是区位优势。高铁时代的到来，将更加有利于我省优质的健康养老产品和服务东输，同时也更有利于吸引长三角地区人群到我省进行健康养老消费。据规划，到2019年，我省将实现16个市全部通高铁，合肥米字型高铁路网骨架基本形成，届时我省的区位优势将进一步凸显。从健康养老产业发展的市场腹地看，2013年，江浙沪皖大长三角地区人口约2.3亿，人均GDP约1万美元。其中上海人口2380万，人均GDP14551美元；江苏人口7920万，人均GDP12049美元；浙江人口5614万，人均GDP11055美元；安徽人口6800万，人均GDP5116美元。二是生态优势。我省特别是皖南地区生态环境优良，是发展养老休闲度假产业的理想之地。三是人文优势。皖北的道家养生文化和华佗医学、皖南的新安医学源远流长，具有深厚的健康养老文化传统。四是人力资源优势。我省人力资源丰富，合肥是我国重要的科教基地，健康养老领域专业技术研发人才基础较好。五是农业资源优势。我省是全国重要的农产品（含中药材）种植基地，也是全国重要的茶乡，拥有一大批道地药材和特色药材，具备发展健康养老保健品、食品和中药产业的重要资源条件。实践证明，必须抢抓机遇，探索以社会化、市场化、商业化方式支持养老服务产业发展长效机制，切实释放出养老服务业的巨大潜能，在我省经济社会新常态下起到扩大消费、促进就业、改善民生和调整产业结构中的重要作用。

（四）壮大发展我省养老服务产业的必然选择

一是可以解决在养老服务市场需求中存在的市场主体作用发挥不足与政府“吃不下”的矛盾。在今年全国两会上，一些人大代表和政协委员对养老服务市场需求进行了分析。郑秉文、高美琴等代表认为，“养老的需求不仅会越来越大，并且是刚性的、稳定的。它的来源受经济周期波动的影响小”。①政府既然吃不下，“发展养老产业链需要发挥市场机制的作用。市场主体可以不断发掘养老需求，具备竞争力的企业还可能创造新的需求。在市场机制下，这个养老产业链可以越来越丰富。②二是可以破解在发展养老服务中

① 韩宋辉，等.要围绕经济“新常态”发展养老产业链［N］.中国社会报，2015-3-10.

② 韩宋辉，等.要围绕经济“新常态”发展养老产业链［N］.中国社会报，2015-3-10。

社会资金作用发挥不够与政府财政资金“供血不足”矛盾。一方面，我省发展养老服务业的资金供应不足，政府资金主要起到养老基本保障的“兜底”功能和“杠杆撬动”的引导作用，不可能大包大揽。正式基于这种考虑，目前国家关于养老服务业发展政策中无不把充分发挥市场主体作用作为主要任务，把如何创新社会力量参与养老服务业的机制方式作为长期而重大的主题。李克强指出，要“鼓励养老健康家政消费，探索建立产业基金等发展养老服务，制定支持民间资本投资养老服务的税收政策，民办医疗机构用水用电用热与公办机构同价。”[①]《国务院关于加快发展养老服务业的若干意见》（国发［2013］35号）中把完善市场机制作为发展养老服务业的基本原则之一，明确强调，要“充分发挥市场在资源配置中的基础性作用，逐步使社会力量成为发展养老服务业的主体，营造平等参与、公平竞争的市场环境，大力发展养老服务业，提供方便可及、价格合理的各类养老服务和产品，满足养老服务多样化、多层次需求”。[②]财政部2014年8月22日发布消息，中央财政下拨服务业发展专项资金24亿元，支持在吉林、山东等8个省份开展以市场化方式发展养老服务产业试点试点，主要目的是发挥中央财政的“杠杆撬动”作用，通过采取中央财政资金引导，地方政府、银行、企业共同出资设立基金平台，按市场化运作的方式，支持发展居家养老、集中养老、社区综合服务等多种形式、面向基层大众的养老服务产业，促进养老服务产业加速、融合发展，探索以市场化、商业化方式支持养老服务产业发展的体制机制和有效模式。可见，中央关于市场化推进养老服务业发展的一个核心的出发点是破解政府财政资金投入不足的问题，吸引更多的社会资金发展养老服务业。据悉，安徽省拟设立养老服务产业投基金，总规模初步设定为18.5亿元。[③]三是可以开创我省养老服务业开放创新的发展格局。近些年来，我省虽然在市场化方式发展养老服务上取得一定的成绩，但存在着明显的规模较小、服务层次偏低、抗风险能力较弱等问题，与省内外一些先进地区的养老服务企业（集团）相比存在较大的综合实力与核心竞争力的差距，与此同时，我省养老服务产业还将面临者省内外养老服务企业强力竞争，只有大力推进市场化方式发展养老服务，才能使我省的养老服务企业有效应对我省养老机构核心竞争力不足又面临国内外竞争的挑战，才能坚持开放创新，与正在进入或准备进入的养老服务企业合作“共舞”共创共赢，共同推进我省养老服务产业的大发展大繁荣。前不久，受省政府发展研究中心邀请，澳大利亚葛兰奇（Grange）住宅养老（Senior Living）（简称GSL）的保罗·菲利普斯一行在合肥与省政府发展研究中心人员、省财政厅、民政厅、商务厅及久久夕阳红、振亚养老公寓等负责人进行交流。今年2月11日，该公司一行又莅临安徽静安健康产业集团参观洽谈，预示着海内外养老服务企业即将进入我省养老服务业。我们只有遵循市场规律，推进养老服务业的混合所有制改革，寻求到更多更有效合作机制和渠道，才能在开放合作中不断增强我省养老服务产业综合实力和核心竞争力，也将为我省养老服务企业（集团）将来能够走出安徽、

① 2014年10月29日，李克强总理主持召开国务院常务会议。

② 《国务院关于加快发展养老服务业的若干意见》（国发［2013］35号）。

③ 参阅安徽省财政厅《安徽省养老服务产业投资基金管理办法》（草稿）。

走向全国和世界打下坚实的基础。

二、我省市场化方式发展养老服务业的主要做法与成效

近年来，省委、省政府高度重视养老服务业发展，特别是认真落实中央有关市场化方式发展养老服务业的决策部署，出台一系列切实可行的政策措施，有力地保证了养老服务业健康快速发展。主要做法和成效有：

（一）在统筹规划发展全省养老服务设施中保障各类市场主体的地位和利益

安徽在强化公办保障性养老机构托底保障功能的基础上，引导社会力量投入养老服务业。全省各地陆续建立了对社会办养老机构建设的财政补贴制度，2012 年以来，仅省级财政就投资 1 亿元，撬动社会资金 22.8 亿元，兴办社会养老机构 330 所，床位 4.4 万张。对提供社区居家养老服务的企业和社会组织，省财政按照服务种类和人次提供每年 3 万 ~12 万元不等的运营补贴。利用省本级福彩公益金在部分市辖区开展“福满江淮老有所依”活动，通过购买服务的方式，培育居家养老服务企业和社会组织，着力打造没有围墙的敬老院。

（二）在逐步完善养老服务业发展扶持政策中强化支持各类市场主体兴办的养老服务机构发展

为鼓励社会力量更好参与养老服务业发展，出台实施了一些扶持政策。一些政策虽然没有明确表明是支持社会力量通过市场化方式发展养老服务需求的的，但大多强调民办养老机构一视同仁地享受政策待遇。在土地政策上，分类明确养老机构建设用地、社区养老设施用地、其他养老设施用地，并将之纳入土地利用总体规划和年度用地计划，其中城市按照人均用地不少于 0.2 平方米的标准实施，比国家要求的标准高 1 倍，重大项目按规定在省预留建设用地计划指标中解决，保障养老服务业合理用地需求。在财政扶持上，各级财政安排专项资金，各级福彩公益金均将 50%以上的资金，通过补助投资、运营补贴、购买服务补助等形式，支持养老服务体系建设。2014 年，省财政及省本级福彩公益金共安排 2.7 亿元专项资金，其中 5000 万元专门用于支持社会力量兴办养老机构和社区养老服务。制定了政府购买养老服务实施办法，在全国较早建立社会力量举办养老机构贷款贴息制度；创新性地运用财政性资金，设立全国首个省级支持养老服务业发展风险补偿金，积极引导金融机构支持社会力量兴办养老机构。值得一提的是，在国家发展改革等部委大力支持下，去年 10 月份，我省养老服务体系建设作为新增项目获得世行 1.4 亿美元贷款，这是世行在我国首次支持养老服务业发展。在税费优惠上，将国务院 35 号文件涉及的 4 条税收政策扩充为 6 条，减免养老机构契税和耕地占用税，认真落实水、电、气、热等价格优惠措施。对民间资本举办的各类养老机构，服务收费全部实行市场自主定价；对民间资本租用公办养老机构房产举办非营利性养老机构的，3

年内免交房屋租金。在人才培养上，在3所大中专院校建立了老年护理实训基地，在6所养老机构建立了养老护理员实训和职业技能鉴定站。计划今明两年全省培训15000名养老护理员，2000名管理人员和业务骨干。将养老从业人员纳入公益性岗位开发范围，给予岗位补贴和社保补贴。对从事养老护理工作的大中专毕业生，根据工作年限，给予国家助学贷款代偿、学费补偿和一次性奖励。

（三）在推进医养融合发展中促进形成各类市场主体兴办的养老服务机构与公办保障性养老机构融合发展的格局

推进医养融合发展是以市场化方式发展养老服务业的重点和难点，只有更好地发挥市场配置资源的决定性作用，充分释放市场潜能，才能实现老年人不同层次、不同类型的医养需求，也才能够改变我省养老服务业中存在的"养老不治病，治病不养老"的问题。这方面，我省进行了积极探索。一是完善医疗卫生机构规划布局，有利于以市场化方式推进医养结合的顶层设计和统筹协调。结合当地老龄人口数量和医疗卫生资源分布状况，合理调整护理院、老年康复医院、社区养老、临终关怀等各级各类医疗机构的数量、规模和功能定位。二是健全城乡基层卫生服务网络，有利于形成以市场化方式兴办医养结合养老服务机构中心便于依托和利用的的组织和设施网络基础。目前，全省共建成411所社区卫生服务中心，1582所社区卫生服务站，1388所乡镇卫生院和15310所村卫生室。三是开展老年健康管理工作，有利于形成以市场化方式推进医养结合的信息和档案管理基础。已为475万65岁以上的老年人建立健康档案，规范管理率达到70.26%，签约服务率达到10%；实施高血压、糖尿病患者健康管理服务，全省管理高血压患者577万，糖尿病患者136万；积极推进高血压和糖尿病患者"便民药箱"试点。四是统筹利用医疗服务与养老服务资源，有利于推进以市场化方式兴办的各类养老服务机构与公办保障性养老机构在医养结合中的优势互补和融通互动。我省规定，拥有100张床位以上的养老机构可申请设置医疗机构，符合条件的纳入医保定点范围。支持安徽省立医院、合肥滨湖医院、合肥夕阳红护理院等机构建设"医养结合"老年护理中心，引导部分一级、二级医院和闲置的原矿山、企业医院转型为老年护理院，形成规模适宜、功能互补、安全便捷的健康养老服务网络。

（四）在贯彻落实国家促进养老服务产业发展专门政策中着力探索市场化方式培育壮大养老服务业的路径

这些探索主要包括：着手编制安徽省养老服务产业发展规划，积极拓展适合老年人特点的文化娱乐、体育健身、休闲旅游、健康服务等产业领域，引导市场优先满足老年人基本服务需求。通过培育和认定养老健康服务业省级新产品、设立企业发展专项资金、认定有关产业集群等方式，鼓励支持企业技术创新，研制开发老年产品用品。建立了省级重大养老项目调度库，启动建设6个省级示范项目，着力打造一批特色鲜明、辐射面广、带动力强的养老基地，全省计划到2020年，建成10个养老服务业发展园区（基地），50家骨干企业（机构）。全面建立养老机构综合责任险制度，近两年共引导保险资金

48.2 亿元，投资养老社区、健康管理中心等养老服务项目。组建安徽省太和中医药集团，形成涵盖基本医疗、健康养老和中药产业的中医药健康联盟。积极开发老年宜居住宅和老年社区，台肥太阳湾、泾县月亮湾、宁国幸福城等一批“全龄宜居社区”已见雏形。

（五）不断健全市场化方式发展养老服务业发展的工作机制

早在 2012 年，我省就成立了由省政府分管负责，同志任组长，民政、发改、财政等部门为成员的省养老服务体系建设领导小组，负责全省养老工作的政策制定和工作督导，将发展养老服务业纳入国民经济和社会发展规划。省政府《关于加快发展养老服务业的实施意见（皖政》［2014］60 号），将养老服务业发展任务细化分解为 46 项具体目标，明确落实主体和牵头单位，为政策的落实提供了有力的保障。截至 10 月底、省发展改革委、教育厅、民政厅、财政厅、人社厅、国土厅、住建厅、卫计委、地税局、金融办、物价局、保监局等单位密集了一系列政策措施，着力解决政策制订“最先一公里”问题；根据省政府的统一部署，全省 16 个地市也陆续成立了相应的领导小组和工作，并将发展养老服务业工作列入政府重要议事日程，加强对政策落实情况的督促检查，着力打通政策落实“最后一公里”。需要说明的是这些机制虽然是面向全省全部养老服务业发展，但市场化养老服务业的发展是工作的重要主体和内容重心，这一点在省政府《关于加快发展养老服务业的实施意见（皖政》［2014］60 号）的有关内容中可以体现，几乎在该文的每一项条款中都有明确的规定。如在总体要求上：强调“以全面深化改革为统领，按照责任明晰化、投资多元化、对象公众化、服务多样化的原则，坚持保障基本，注重统筹发展，完善市场机制，激发社会活力，……发展养老服务产业”，“涌现一批带动力强的龙头企业和大批富有特色的中小企业，形成一批养老服务产业集群和知名品牌”等。在深化体制改革、充分发挥社会力量主体作用上，强调“创新养老服务供给方式”、“培育养老服务市场主体”、“发展混合所有制养老机构”、“推动医养融合发展”、“促进养老服务产业发展”等。在强化政策保障上，强调完善财政扶持政策，“各地要统筹整合资金，加大财政性资金支持社会养老服务体系建设的力度，鼓励和引导民间资本参与养老服务业发展；各级福利彩票公益金的 50% 以上要用于支持发展养老服务业”；完善金融扶持政策，“加快金融产品和服务方式创新，支持养老服务业的信贷需求”，“加强养老机构信用体系建设，支持非营利性养老机构资产抵押和优质企业信用贷款。拓展直接融资渠道，支持养老服务龙头企业上市融资、发行企业债券”；完善土地供应政策，如“营利性养老机构，应以租赁、出让等有偿方式供地”，“支持企业利用存量用地建设养老机构”；完善税费优惠政策，如“对符合条件的非营利性养老机构按规定免征企业所得税”；完善人才培养和就业政策，等等。

三、我省市场化方式发展养老服务业的存在的主要问题

尽管我省养老服务业取得了长足的发展，但也要清醒地看到，由于我省在全国属于较早进入老龄化的省份，加之全省经济社会发展总体水平不高，这项工作还存在着服务

设施总量不足、布局不合理、市场发育不完善、产业基础薄弱、企业用地和融资困难、服务人员短缺且素质不够高等突出问题。总体上，我省市场化方式发展养老服务业还处于有所起色和亟待突破的阶段，全省养老产业尚处于“大市场、小产业”的尴尬局面。

（一）产业现有规模与应有潜力存在较大差距

根据预测，2020年我省老龄人口达到1160万，2013年我省人均消费水平11618元，以此估算，2020年我省老龄人口年消费额就突破1000亿元；2010年人均消费水平（8237元）较2000年（4233元）十年增长近2倍，按此估算，2030年我省老龄人口达到1870万，到时年消费水平接近3000亿元。与这种巨大潜力相比，养老产业的现实规模较小，且存在严重的区域失衡现象。目前，我省养老产业虽然商机无限，但却仍然是“叫好不叫座”。市场投资者大多是关注者多、行动者少，没有因为商机无限而蓬勃发展，由于老年人的特殊需求投入研制的经费较高，市场风险也大，因此不愿开发生产老年人用品。特别是目前的社会保障、医疗保健和养老金制度均不成熟，相关的政策不到位，加大了涉足养老产业的风险和成本。养老产业往往是投入时间长、见效比较慢，带有一定公益性质的行业，对于企业来说，如果没有强有力的政策扶持，大都不愿意进入这样的行业，影响投资者对整个行业发展的信心。

（二）产业供给结构与养老需求结构严重不匹配

当前，养老产业需求侧市场趋于细分化，出现了老年用品、老年公寓、老年护理、老年疗养、老年文化、老年娱乐、老年家政护理等多种养老服务及配套服务业。但与这种需求侧市场细分的趋势相比，我省市场化养老供给侧的市场体系则极为狭窄和单一，服务内容和产品远不能满足老年人多元化、个性化、多层次化的消费需求。据研究表明，我省特殊老人的人群刚性需求呈迅猛增长态势。一是失能老龄人口、空巢老龄人口照料需求和精神慰藉需求增加，尤其是特殊人群养老需求增加，供给不足。2013年，我省失能半失能老人突破200万，每人每年消费将达2万~3万元，消费刚性需求500亿元左右；2030年将达400万人，对医养融合的需求急剧增加。对养老床位需求增加，仅失能老人床位需求就需400万张，而现有养老床位不足30万张；护理人才需求也急剧增加。二是老年慢性病患者数量激增，2012年全国慢性病患者已达2.6亿，其中，60岁以上的老年人近50%患有慢性病，仅老年高血压和糖尿病患者近1亿，对患慢性病老人的护理市场需求巨大。三是从事有毒有害（如粉尘、有毒化学原材料等）工种的农民工（多为无文化的大龄人群）产生的职业疾患在未来10–20年内将呈现快速增长，据测算我省农民工职业疾患患者约有150万人。此类人群的医疗和养护需求很大。上述三大特殊群体的养老服务需求每年将达3万~5万元，需要的养老机构和专业养护人员的数量巨大。这些需求将有力促进安徽省产业结构调整和经济发展，并吸纳更多的劳动力就业。但是遗憾的是，这种刚性需求在我省市场化养老产业中却没有得到应有的呼应和匹配，所能提供的服务和产品与市场需求严重“脱节”，基本只能提供最基本的非常单一的同质化的养老服务。黄佳豪曾经对合肥市的民办养老结构供求失衡现象进行问卷调研，分析结果也印证出合肥市作为我省市场化养老领先的地区，在产业供给结构与养老需求结构严重不匹配的情况。[①]造成我省市场化养老机构产业结构滞后于现实需求原因是现有市场化养老机构的服务设施简易、功能不全，提供多样化、多层次此、专业化的养老服务和产品可谓是“心有余而力不足”。据研究，我省入住机构的老年人不仅有生活照料方面的需求，还有医疗、护理、康复、扩展知识、联系社会等多方面的需求，而我省大部分民办养老机构目前还难以满足这些需求，困难主要表现在，医疗器具不健全，接受调研的 104 家机构中仅有 8 家配备了 B 超机，9 家配备了心电图机；同时，与医疗急救单位建立绿色通道的也只有 53 家；网络、教育、休闲、度假、娱乐等其他设施也严重缺失。[②]

（三）市场化方式养老服务业发展的支撑要素存在诸多瓶颈

一是土地供应问题难以落实。地方政府领导重视程度较低，在土地规划布局上没有给予养老项目支撑性支持。在“土地财政”的状况下，养老设施在城市、乡村没有总体布局规划，即使有一些设想，政府在保基本的土地供应部分可能有所考虑，社会力量很难获取土地。二是我省养老服务业一直存在人才瓶颈，护理人员数量短缺，劳动强度大，专业性不足且流动性大。我省专业的养老护理人员和养老服务机构管理人才均严重不足，我国持证的养老护理员仅数万人，我省仅数千人，按照国际 5 ∶ 1 的护理员需求量，缺口将近 40 万。再以合肥市调研为例，该市乏民办养老机构人力资源匮。目前，医生、护士和护工与入住老人的比例分别是 1 ∶ 60.57、1 ∶ 23.36 和 1 ∶ 6.65，这意味着一个医生、护士和护工分别要照料 61、23 和 7 位老人。另外，由于医护人员工作时间长，劳动强度大，工作压力大，工作待遇低，社会认同度低，从而导致人才流失严重。在过去的一年里，民办养老机构的医生、护士与护工的流动率分别为 38.89%、35.71% 和 22.15%，新聘率分别为 28.86%、31.3% 和 23.86%。[③]三是资金短缺，固定成本大、资金来源渠道少、各种支出项目多。课题组在合肥“夕阳红”、振亚、肥西温馨等老年公寓调研时，他们都坦诚在资金方面长期承担的巨大压力，希望我们向有关部门呼吁并积极谋划，帮助他们破解资金短缺、融资难、贷款难问题。四是老年用品的设计、研发、生产还处于萌芽状态，远远落后于东部地区，医养护能力期待提升，服务能力、医保结算、政策引导等方面还存在诸多制约因素，需要做好顶层设计和制度建设。五是养老服务信息化建设程度不高。老龄人口信息云平台尚未建成，老年智能化终端产品缺口较大。

（四）养老服务市场仍处在摸索阶段

一是培育养老服务市场主体力度不够，政府购买服务意识有待进一步深化。二是养

---

① 表中资料依据黄佳豪《安徽省合肥市民办养老机构发展的现状与问题》，《中国卫生政策研究》（2014 年 04 期）一文整理。

② 安徽省民办养老服务机构发展对策研究联合课题组，《安徽省民办养老服务机构发展对策研究》，2009。

③ 安徽省民办养老服务机构发展对策研究联合课题组，《安徽省民办养老服务机构发展对策研究》，2009。

老服务市场的准入、退出和监管机制尚不健全，规范和标准较为缺乏。三是市场主体作用没有充分发挥，服务功能单一，缺乏服务供给层次和可持续发展的项目支撑，服务水平满足不了老年人需求。尤其是在社区居家养老服务方面，提供基本生活照料的多，个性化和特色化服务还很匮乏，造成不少运营社区居家养老服务的市场主体面临不可持续的问题。养老护理需求最为迫切的失能、半失能和需要临终关怀的老人，由于护理成本高、风险大，很多养老机构不愿意接收。四是老年人基本信息和服务需求档案工作尚需进一步完善，信息档案的不健全和不及时也制约着市场化推进养老服务业的进程。主要表现为对老年人的身体状况、经济水平、文化层次以及需求情况没有详细的调查摸底，尤其缺乏对空巢、失独、残障以及贫困老人等需要特殊关怀群体的档案记录，进而削弱了分类分层服务方式的针对性。五是产业发展缺乏规范的风险防范机制。虽然近年来我国出台了不少法律法规，如《老年人权益保障法》，但尚未形成质量管理和法律协调体系，缺乏相应的规范或法规依据，使入住老人和养老机构都面临着维权困境。

（五）推进市场化养老服务业发展的政策体系仍不够完善且落实不够到位

主要体现为两个方面。一是政策体系仍不够完善。首先，政策系统化程度不高。我省养老产业市场化和社会化起步较晚，发展进程缓慢，养老服务机构开放模式和开放力度依然处于摸索阶段，相应的对市场化方式发展养老服务业的的优惠政策也处在试行和逐步制定的阶段，导致政策总量过少、力度不足等问题。尤其是在具体细化和落实过程中难以实现系统化、全面化，可操作性程度有待提高。政策碎片化的情况还在一定程度上存在，如医疗资源如何进入养老机构、新建小区如何配建养老公共服务设施、基本养老和基本医疗以及社会救助制度如何有效衔接等。其次是政策的可操作性还不够强。据研究，当前我省这方面的政策与山东省、浙江省、海南等省出台的政策相比，在细化程度和可操作性上都存在一定差距，迫切需要根据我省养老产业实际情况，制定系统全面的养老产业政策。二是已有政策的落实力度不足。近年来，国家和省及地方政府在促进养老服务业发展上出台了一系列优惠扶持政策，但因为种种原因，在具体执行过程中仍然落实不够，用地难、融资难、用人难等问题依然是制约养老服务业发展的瓶颈问题。如在土地使用方面，尽管原则性的规定都有，但一些地方受“土地财政”的影响，养老设施用地很难落到实处。在融资方面，现行的金融产品和服务方式不能适应养老服务业的行业特点，养老服务企业和机构的信贷需求得不到满足。在人才队伍建设方面，缺乏有针对性的奖励激励政策，很难吸引较高素质的人才从事养老服务。公办托底保障性养老机构（如农村敬老院）的工作人员待遇偏低、素质不高，尤其是运营经费得不到有效保障，服务水平亟待提高。不能落实的一个重要原因是缺乏有效监督机制，比如在税收方面，早在 2000 年 11 月 24 日，《关于对老年服务机构有关税收政策问题的通知》（财税［2000］97 号文）就“对政府部门和企事业单位、社会团体以及个人等社会力量投资兴办的福利性、非营利性的老年服务机构”，作了“暂免征收企业所得税，以及老年服务机构自用房产、土地、车船的房产税、城镇土地使用税、车船使用税”的规定，但由于缺乏强有力的督促督查机制，这些政策难以落到实处。

四、对我省加快市场化方式发展养老服务业的思考与建议

（一）深刻把握国内外养老服务业的发展趋势

人口老龄化不仅是我们面临的难题，也是全国各地和世界许多国家都亟待破解的难题。如何运用市场化方式发展养老服务业，国内外各地各国都进行一些积极有效的探索，综合分析国内外发展养老服务业成功经验，综合分析，最大的启示是，在切实体现政府的公益保障的基础上，以市场化的多种途径充分发挥社会力量的作用，充分体现出市场在养老资源配置中的关键作用。就国外发展模式而言，就是西方发达国家政府在建立和完善法律制度体系为养老服务发展提供制度保障，同时充分调动和利用私人资本、企业以及其他社会资源投资养老服务市场，以促进非营利组织及企业的发展壮大，进而形成一个可持续的医疗－养老服务产业体系。该医疗－养老服务产业体系主要通过市场进行调节，政府在必要时对该系统只进行一定的监督和调控。该医疗－养老服务体系的有效运行充分发挥了市场自我调节与政府调控的最大优势。因此深入学习和借鉴国内外以市场化方式发展养老服务业相关理论与实践，对于我们深刻把握养老服务业发展现状及其趋势，集成和探索国内外市场化养老服务业发展的典型模式与具体途径，促进我省有效养老服务体系的建立具有重要的意义。

（二）明确发展的总体目标和思路

加快以市场化方式推进养老服务业发展，中央有部署、社会有共识，现实有需求、社会有期盼，必须认真研究，明确市场化方式推进养老服务业发展的总体要求和主要思路。

关于总体目标，综合我省及浙江、河南等省的省财政、商务、民政等部门的研究成果，经进一步深化研究，概括如下：一是服务能力大幅增强。初步建成功能完善、规模适度、覆盖城乡、具有安徽特色的养老服务产业体系，力争全省养老服务业增加值占生产总值的比重超过全国平均水平，成为推动全省经济社会发展的重要力量。二是产业规模显著扩大。以老年生活照料、老年产品用品、老年健康服务、老年体育健身、老年文化娱乐、老年金融服务、老年旅游等为主的养老服务业全面发展，养老服务业增加值在服务业中的比重显著提升。培育若干规模较大的养老服务集团和连锁服务机构，形成一批富有活力的中小型养老服务机构。全省机构养老、居家养老生活照料和护理等服务提供50万个以上就业岗位。到2020年，在全省建成50个左右20分钟社区居家养老服务圈示范项目，培育2~3家年营业额50亿元以上的养老服务企业，打造若干国内领先国际知名有较强竞争力的养老服务产业集群和1个全省互联互通的虚拟智能养老院。三是发展环境更加优化。市场化推进养老服务业发展的政策法规建立健全，行业标准科学规范，监管机制更加完善，信息技术有效应用，服务质量明显提高。全社会积极应对人口

老龄化意识显著增强，支持和参与市场化养老服务业发展的氛围更加浓厚。

关于发展思路。根据中央对安徽等8个省份开展以市场化方式发展养老服务产业试点的要求，结合我省实际及省财政、商务、民政等部门在这方面形成的调研成果，经进一步深化研究，概括如下：一是探索完善新机制。根据国务院《关于加快发展养老服务业的若干意见》（国发［2013］35号）以及《关于促进健康服务业发展的若干意见》（国发［2013］40号）文件精神，贯彻落实中央在部分省开展试点工作、探索建立以市场化方式推进养老服务产业发展的新机制。二是充分发挥财政资金的杠杆和放大效应。引导财政资金4倍以上的社会资金共同设立安徽省养老服务产业化基金，投向居家、社区、大众化的健康养老服务，采取规模化建设、标准化管理、集约化经营、理财式融资、滚动式开发的模式，养老服务产品更加丰富，市场机制不断完善，养老服务业持续健康发展。三是谋划打造若干养老服务产业集群。根据我省新近出台的关于加快打造战略性新兴产业集群基地建设的政策要求，结合“十三五”时期我省产业集群基地发展的规划，谋划打造若干养老服务产业集群。应按照因地制宜、统筹规划的原则，整合各类有效资源，优化养老设施空间布局，以合肥省会城市产业基地为依托，立足合芜蚌自主创新综合配套改革试验区和皖江城市带，从人口、资源、环境的客观情况出发，打造若干养老产业集群区域版块，实施品牌战略，提高创新能力，形成一批产业链长、覆盖领域广、经济社会效益显著的安徽养老产业集群。四是坚持走项目化带动之路。采取目标任务项目化的办法，由基金管理公司围绕目标任务面向全社会征集项目，各地商务部门向基金公司推荐成熟项目，基金公司建立全省养老服务产业项目储备库，按照一整套完善的流程提现，包括项目开发、尽职调查程序、投资决策工具的应用、投资方案设计、项目决策程序、投后管理程序、项目退出策略等，最大限度地使基金降低和控制投资风险，在完成目标任务的前提下有效地提高投资回报。商务、财政部门加强对项目的定期监管，进行跟踪问效。

（三）完善省养老服务产业投资基金运行机制

为落实党中央、国务院关于加快发展养老服务业有关要求，探索以社会化、市场化、商业化力式支持养老服务产业发展的长效机制，我省根据国家财政部办公厅、国家商务部办公厅《关于开展以市场化方式发展养老服务产业试点的通知》（则办建［2014］48号）等规定，结合我省实际，制定了《安徽省养老服务产业投资基金设立方案》、《安徽省养老服务产业投资基金管理暂行办法》，这是推进市场化方式发展养老服务业的关键之举、明智之举。鉴于《方案》和《管理暂行办法》已经比较完善，这里就不再重复已有内容条款。仅就如何完善基金运行机制、充分发挥财政资金的杠杆和放大效应做一些补充建议。一是要注意理顺四大关系。就是要理顺政府与市场的关系；理顺事业与产业的关系；理顺当前与长远的关系；理顺中央与地方的关系。二是注意确定运作思路。要采取“政府引导、社会参与、市场运作、专业管理”的基金管理模式，重点发挥政府财政资金的撬动作用，发挥社会资本的主体作用。在整个过程中，政府不直接参与基金运作，委托专业化管理团队进行基金管理。其中，政府引导，就是基金由省财政厅设立发起，以股权方式投入设立基金管理公司，资金来源由财政安排。政府设立基金的目的是非盈利性，重点在于放大资金的效应，撬动社会资本，引导资金投向我省的健康养老服务业领域。社会参与，就是强调在募集资金时给予社会资本优先级回报，以较好的固定回报收益以及完善的资本退出机制吸引社会资本进入，促进社会资本、民间资本对健康养老服务业的投入力度。市场运作，就是强调基金完全按市场化运作模式机动灵活地投资。同时通过契约形式，由优先级投资人与普通级投资人通过协商采用补偿、回购、共同承担风险等方式增加投资者信心，这也符合 PPP 模式中公私合作利益共享、风险分担的核心要件。专业管理，就是强调政府、社会资本均不参与基金运作，而是采取市场化手段，委托专业的基金管理团队进行投资管理。基金管理团队在投资管理过程中通过复杂而科学的投资管理技巧，保证投资者在承担一定风险的前提下获得更多的收益。三是注意优化运作模式。可以探索实施："筑巢引凤"模式，就是基金管理公司通过向社会招募基金管理团队来进行投资管理，省财政本身不参与基金投资管理，主要是搭建好平台、整合各类资源要素，撬动多元化社会资本，打造全覆盖性健康养老服务产业集群。"借船出海"模式，就是依托资本募集投资，由基金管理公司负责发起筹措"养老服务业发展基金"，主要可分为普通级募集资金和优先级募集资金两大块。"利益捆绑"模式，就是投资各方在基金运作中都遵循利益共享、风险共担的原则，保证资本能进能退。

（四）破解土地制约"瓶颈"

将养老服务用地纳入年度总体用地规划。按照人均用地不少于 0.2 平方米的标准，分区分级规划设置养老服务设施。以切实保障养老机构用地为目标，落实社会力量办养老机构建设用地优惠政策，对民间资本参与投资并列入重大产业库的示范项目，按规定给予计划奖励。优先优惠供应养老机构建设用地，鼓励社会力量对闲置的医院、学校、企业、商业设施、农村集体房屋等其他可利用的社会资源，进行整合改造用于养老服务。营利性养老机构建设用地可参照成本逼近法或收益还原法进行地价评估后，采取租赁或招拍挂出让方式供地。鼓励农村集体经济组织利用集体建设用地为内部成员兴办养老服务设施。民间资本举办的非营利性养老机构与政府举办的养老机构可以依法使用农民集体所有的土地"。①

（五）推进智慧医养护一体化发展

依托智慧城市建设整合社会资源，借助人口大数据库，支持面向个人、家庭、老年人的公共服务，实现跨部门的新型特色服务，推进医养护一体化发展。开展家庭型、日托型和机构型医养护一体化服务。建立分级诊疗模式。合理推进存量医疗资源向养老、养生领域转型，鼓励养老服务机构加强医疗服务能力。适时适量地将闲置或低效运转的

① 参阅安徽省社会保障研究会联合课题组，《加大扶持政策落实力度加快我省养老服务业发展研究》，2014 年 12 月。

医院、服务站转型成为养老养生机构，形成规模适宜、功能互补、安全便捷的健康养老、养生服务网络。加大对专业护理型养老机构的政策优惠力度，鼓励养老机构获取医疗服务资质。对社会力量兴办的养老机构内部设置的已取得执业许可证的医疗机构，如申请医疗保险定点，在符合同等条件情况下给予优先审批，护理院、康复医院以及民办养老机构内设的已取得执业许可证的医疗机构，如申请医疗保险定点，在符合同等条件情况下给予优先审批，护理院、康复医院以及民办养老机构内设的管理和卫生技术人员，在科研立项、继续教育、职称评定等方面享受与公立医疗机构专业技术人员同等待遇。[①]最后需要补充的是，2015 年 01 月 22 日，中国老龄产业协会和华龄涉老智能科技产业发展中心今天共同发布《全国智能化养老实验基地智能化系统技术导则》。该《技术导则》与此前发布的《全国智能化养老实验基地规划建设基本要求》共同形成我国智能化养老系列标准规范。智能化养老实验基地系列标准的发布，不仅对即将建设和已验收合格的老年社区、老年公寓等养老机构和老年服务设施提供了指导意见，还为综合部署智能养老居住建筑和配套设施建设提供了参考标准，将有助于提高我省养老服务智能化水平，加快推进养老服务方式的现代化进程。

（六）破解养老服务业发展中资金难问题

一是进一步加大财税支持力度。在财政支持方面，除设立专门的投资基金外，加大财政投入和资金扶持力度。建立财政投入增长机制，建立随 GDP 或财政收入的同步增长的刚性公共财政投入机制，将支持社会养老服务经费列入每年的财政预算，并在制度上予以明确规定。同时考虑对水、电、气等公用事业部门的相应补贴，以提高其落实优惠政策的积极性。建立财政资金扶持制度，参照劳动密集型中小企业自行贷款财政贴息办法，对取得银行贷款资格的养老机构提供相应的财政贴息。对三无老人、五保老人、低保老人和残疾老人提供财政补贴，向商业保险公司购买护理保险服务业务，条件成熟时可进一步将该项补贴惠及到整个老年人群体，通过财政补贴，将长期护理保险逐步建立起来。加大社会筹资力度，配套安排相应的建设和购买服务资金，支持民办养老服务发展，加快培育连锁化、规模化、集团化的养老服务机构。在落实税费优惠政策方面。要鼓励有条件的养老服务机构兼并重组、做大做强，民办非营利性养老机构依法享有与公办养老机构同等的税费优惠政策；公益性捐赠支出在计算所得税时按规定扣除；民办非营利性养老服务机构收费标准实行政府指导价，营利性养老服务机构收费标准由其自主确定。 建立省级养老服务产业化专项资金，鼓励和引导企业参与到全省养老服务体系建设，促进养老服务产业化发展。专项资金主要用于以下方向：对企业新建、改扩建符合标准的养老服务网点给予一次性建设补助和日常运营年度补助，对其从银行等金融网点贷款建设的给予一定比例的贴息补助；鼓励企业化经营的养老服务网点创建市、县及社区级示范性养老服务网点。原则上经验收符合市级、县

---

① 安徽省社会保障研究会联合课题组，《加大扶持政策落实力度 加快我省养老服务业发展研究》，2014 年 12 月。

级、社区级示范养老网点标准的，分别给予400万元、200万元、100万元的奖励。对企业化运营的养老服务平台给予一次性建设补助和年度运营补助。二是创新融资方式。第一是建立健全评估体系。逐步消除营利、非营利性养老机构金融支持政策的差异化，对所有养老机构一视同仁，以公平、公正、社会效益为导向，建立公开、公平、规范的养老机构准入制度和考核评估体系。第二是建立对金融机构的补贴激励机制。通过建立风险补偿基金、利息补贴制度、专项信用贷款基金等方式，鼓励推动金融机构对养老产业的支持，提高金融支持养老产业的覆盖面。第三是完善担保保险机制。根据我省出台的《关于进一步加强融资性担保体系建设支持小微企业发展的意见》，比照支持小微企业的做法，各级财政出资的融资性担保机构应优先为符合条件的营利性养老机构提供担保。第四是创新养老服务业融资方式。拓展市场化融资渠道，支持养老服务企业上市融资。支持采取股份制、股份合作制等形式发展养老机构，深入探索政府和社会资本合作（PPP）建设养老机构模式。

（七）进一步繁荣养老服务消费市场

一是拓展养老服务内容。积极引导养老服务企业和机构优先满足老年人基本服务需求，鼓励和引导相关行业积极拓展适合老年人特点的文化娱乐、体育健身、休闲旅游、健康服务、精神慰藉、法律维权等服务。加强对残障老年人专业化服务。二是开发老年产品用品。围绕适合老年人的衣、食、住、行、医、文化娱乐等需要，支持企业积极开发安全有效的康复辅具、食品药品、服装服饰等老年用品用具和服务产品，引导商场、超市、批发市场设立老年用品专区专柜，鼓励有条件的地区建立老年用品一条街或专业交易市场。支持建立老年用品网络交易平台，发展老年电子商务。鼓励开发老年住宅、老年公寓等老年生活设施。引导和规范商业银行、保险公司、证券公司等金融机构开发适合老年人的理财、信贷、保险等产品。三是扶持老年社区和老年地产建设。鼓励社会力量参与老年住宅、老年公寓等老年生活设施建设，各地要保障其合理用地，在收取城市基础设施配套费等方面给予适当优惠，其配套的养老护理机构独立登记后享受相应的扶持政策，对老年地产涉及的物业开发、持续运营、护理服务、市场培育、资本运作等方面，给予福利引导。四是加强市场监管。省商务、财政部门健全养老服务行业规范和行业准入、退出机制，逐步完善养老服务业行业标准，强化对养老机构的服务范围、服务质量和服务收费情况的日常监督和年审。建立养老服务业定价机制和考核机制，探索建立养老服务业定价机制，规范养老服务收费行为。量化养老服务业发展目标，制定科学合理的考核机制。

（八）加强养老服务产业培训和标准体系建设

开辟养老服务培训基地。实行养老护理员职业准入制度，建立养老护理员分层级和强制性职业资格培训体系。推行养老护理职业资格论证制度，鼓励家政服务公司和培训机构积极开展养老服务培训。建立养老服务标准化管理和等级评估监督制度，引入专业服务质量评估体系，建立科学的人力资源管理制度，提升养老网点管理和服务水平。建立养老网点意外伤害责任保险制度，构建养老服务行业风险合理分担机制。建立科学合理的价格形成机制，规范服务收费项目和标准。

（九）推进养老服务的信息化发展

建立银发信息数据库，建设安徽养老服务平台和银发紧急呼叫中心。银发信息数据库以城乡60岁以上的老人为统计对象，以社区为网格单元，与医院数据、社保和医保数据对接，建立包括老人姓名、身份证、原工作单位、社保账号、医保账号、家庭情况（含子女）、健康情况、病史、服用药物、爱好等全面信息的数据库；银发呼叫中心与银行产业信息库对接并与电信、联通、移动等运营商开展合作，在老人中推广使用植入GPS卫星定位、来电识别功能的老人手机，对来电需求进行一对一的服务和处理；养老服务平台将家政服务公司、社区的养老网点、街道居家养老服务中心、社区日间照料服务中心、各类养老服务单位、120以及各服务单位的家政员、护理员的姓名、家庭、学习情况、资格证书、从业经历、信用记录等资源进行整合，与银发信息数据库、银发呼叫中心相连接，实现网上养老服务供需无缝对接，扩大养老服务消费，提升老年人的生活质量。

（十）加快养老服务业人才队伍建设

一是加强现有人员的培训。将养老服务人员的培训纳入政府购买服务内容，委托专业机构，列出培训计划，强制使其服务能力达到从业标准。建立行业从业人员准入制度，达不到标准的，实行淘汰。二是加大高校的人才培养力度。支持高等院校和中等职业学校开设养老护理和管理相关学科专业，引导高校合理确定相关专业人才培养规模，加快培养养老护理员、养老机构管理员等从业人员，加快培养照护康复、养生保健、体育健身等专业技能人才，提供职业培训和创业辅导。支持高校和中职学校、技工院校拓展人才培养渠道，创新人才培养模式，推进“3+2”、五年一贯制等中高职一体化人才培养。依托大专院校和养老服务机构等，建立养老护理人员培训基地。三是鼓励引导高校等机构的养老服务专业毕业生到养老服务机构就业，实现机构人才和学校教育无缝对接。上述专业方向的毕业生进入非营利养老服务机构就业满5年后，对从事养老护理工作的毕业生给予补贴。如对口专业毕业生在养老机构从事养老护理工作满三年的，给予全额学费补助；工作满五年并取得相应职业资格证书的人员，给予不少于3万元的一次性奖励等[①]。加强在岗培训，对参加养老护理职业培训和职业技能鉴定的从业人员给予补贴。四是提高养老服务从业人员的薪酬待遇。以建立吸引并稳定养老服务专业人才的长效机制为目标，建议人力社保、民政部门每年定期向社会公布当地护理人员职位工资指导价位，督促指导民办养老服务机构落实护理人员待遇。对专业技术人才和业务骨干，在工资、福利、劳保、职称等方面，实现与公立医院同等待遇。对从事养老管理、护理岗位的专

① 安徽省社会保障研究会联合课题组，《加大扶持政策落实力度 加快我省养老服务业发展研究》，2014.12。

业人员，给予财政奖励补助。学生到养老机构实习实训，给予实习实训补贴，鼓励养老机构引进社会工作人才。

课题组成员

课题组指导：张文达　侯世标　严方才　辛朝慧

课题组组长：沈　昕（安徽大学社会与政治学院教授，博士，博导，省政协委员）

课题组成员：凌宏彬（省政府发展研究中心综合经济研究处处长，博士）

刘目斌（安徽大学社会与政治学院博士，讲师）

丁胡送（省政府发展研究中心综合经济研究处副调研员，博士）

牛　津（安徽大学历史系博士生）

齐丽媛（安徽大学社会与政治学院硕士生）

卢子怡（安徽大学社会与政治学院社工专业硕士）

杨　洋（安徽大学社会与政治学院社工专业硕士）

曹亚青（安徽大学社会与政治学院社工专业硕士）

老龄商业保险发展研究

重庆市老年学学会、重庆工商大学财政金融学院联合调研组

一、人口老龄化背景下的老年风险与风险管理状况分析

1. 人口老龄化背景下的老年风险与风险管理状况分析

（1）收入下降与贫困风险

人进入老龄后，由于老人的体能下降、记忆力反应力衰退、疾病因素等导致身体机能日益变差，通常情况下，应当退出劳动领域。尤其对于城镇居民和农民，收入下降与贫困风险更加突出，2006 年《中国青年报》登载的对全国 10401 名农村老人做的一次调查，发现这些农村老人与儿女分居的比例 45.3%，三餐无保障的占 5%，没有替换衣服的占 6.9%，小病吃不起药的占 67%，大病住不起院的高达 86%；农活 85% 自己干，这表明城乡居民老年之后面临着严重的贫困和经济风险。

虽然近年来国家逐步建立起新型农村养老保险等保障制度，但保障程度仍然很低。也正因为如此，一些农村老人，七八十岁的高龄还不得不在田间劳作，因为退出劳动就意味着收入来源的断绝。

（2）健康风险及衍生而来的支出增加风险

随着年龄不断增大，个体的生理机能不断下降，无论是各类慢性病、多发病、还是重大疾病，发生概率越来越大，健康风险的加大导致医疗费用支出的快速增加，诸如糖尿病、高血压、老慢性支气管炎等都需要终身服药，尤其是随着社会生活条件的变化，人口疾病谱也发生，需要持续治疗的长期慢性病比重日益增加。

（3）意外伤害、残疾等风险及衍生的护理支出

对老年人，由于腿脚不灵便、高血压等多种疾病原因，容易发生跌倒损伤等意外伤害，极易造成更严重的伤害，造成的后果比单纯疾病更加严重，一是需要大笔医疗费用，二是住院期间需要护理，三是可能长期瘫痪。很多老人在高龄后身体机能衰竭导致生活不能自理，需要人部分或全部护理，由此给家庭带来极大负担。由于子女分居生活、工作繁忙等原因，老龄人口不仅面临精神上空虚孤独。更面临无人照料和护理的风险。

2. 我国城乡居民老年风险管理的整体状况

对于老年风险，主要的处理方式主要有自我保障、家庭保障、社会保险、商业保险、储蓄投资、国家、社会、亲友救助等多种风险管理方式。其中自我保障、家庭保障、社会救助、亲友救助等属于非正式的传统老龄风险管理方式，而社会保险、商业保险、政府救助则属于制度性的正式风险管理方式。

对于城镇职工、机关事业单位人群，其主要的与老龄风险相关的社会保险主要是城镇职工基本养老保险和城镇职工基本医疗保险，以及基本医保基础上的职工大病医保。

对于农民和城镇居民，在养老方面主要是已经合并的城乡居民养老保险；同样地，在医疗方面也分别有新型农村合作医疗和城镇居民医疗保险，目前多数地区也已经合并为城乡居民医疗保险，同时，为保障大额医疗费用风险，在基本医保基础上，各地已经全面建立了城乡居民大病医保制度。

总体而言，随着近20年来国家社会保障体系的逐步建立和完善，对于中国的各类群体，已经开始日益依赖社会保险作为其应对老年风险的主要手段。

对于老人意外伤害和残疾风险，目前都还没有纳入社会保险的范围（工伤保险只是针对在职职工的），同时，对于意外或疾病，或者年老导致的残疾、瘫痪、或者生活自理能力部分或全部丧失，目前社会保险还尚未顾及到，从另一方面看，这也正是老龄商业保险需要发挥作用的方面。

3. 不同群体老龄风险管理状况

（1）城镇职工和机关事业单位的老龄风险保障现状

城镇职工中，基本上都参加了五险一金的保障项目，但只有少数国企和部分外企建立了补充性的企业年金，但目前企业参保率不足1%，职工占比不足5%。随着2015年国务院发布的《关于机关事业单位工作人员养老保险制度改革的决定》，广受诟病的“养老金双轨制” 问题开始破除。但由于规定应当建立职业年金制度，从而使得未来机关事业单位人员整体上仍然高于企业。

然而即使是养老保险水平较高的机关和事业单位离退休人员的离退休费对于进一步提升老年生活质量和应对突发的健康生活事故将无能为力。因此为这批群体提供更加充裕的商业保险十分必要。

（2）农村居民和城镇居民养老保险现状

对于农村居民和城镇居民，家庭养老、自担风险等仍然是基本的风险管理方式，但随着诸如城乡居民养老医疗保险等社会保险制度的逐步建立和全面覆盖，非传统的风险管理方式已经开始逐步让位于社会保险、商业保险等正式风险管理方式，也拥有了与城镇职工、机关事业单位群体类似的社会保险，虽然其保障程度还有显著差距。

同时，总体上看，农村居民老年保障程度更低。比如城乡居民养老保险中，国家提供的“免费”基础养老金，最低的几十元，标准相对于职工基本养老保险有极大差距。

4. 总结与启示

总体而言，目前城镇职工的养老和医疗风险依靠社会保险加以初步解决，部分中高收入群体还通过商业保险和个人储蓄提升自己的养老金和医疗费用，少数建立了企业年金制度的，或者参加了补充医疗保险的职工，还享有补充养老金和医疗费报销。而城乡居民由于社会保障水平较低，一些人群尚未覆盖到，他们的养老基本上主要靠自己和家庭自担风险解决。

因此，在人口老龄化背景下，由于家庭保障功能的弱化，社会保障程度的覆盖面不足、保障程度低等，诸如护理保障等保险缺失等原因，大力发展老年商业保险尤显必要。

二、发展老龄商业保险的必要性及重要意义

老龄商业保险并不是指针对老龄人的某个保险产品和险种，是指针对老年群体或为了未来老年之需而提供的各类商业保险的产品或险种集合，本文还适当考虑广义的为老龄群体风险而提供的养老机构责任保险等保险。

1. 大力发展老龄商业保险的必要性

（1）人口老龄化、家庭小型化背景下面临紧迫的老龄养老保障需求

中国是世界上人口最多的国家，也是世界上老年人口最多的国家。中国人口老龄化浪潮呈现以下特点。一是高速，据测算，老龄化程度从 10% 到 20%，中国将只用 20 年，而美国是 57 年，德国是 61 年。二是高龄，我国需要特殊照顾的 80 岁及以上高龄老人增速是老龄化速度的 2 倍。三是未富先老。四是老人基数庞大，养老负担沉重。五是我国地区经济发展水平与老龄化程度倒置，我国农村老人比例将高于城镇，欠发达省区的老人比例将高于全国平均水平。

我国人口老龄化变迁及预测表 （人口数：亿）

年份	60 岁以上人口数量	60 岁以上人口占比	65 岁以上人口占比	80 岁以上人口数量	80 岁以上高龄占老人比	职工抚养比
2000	1.3	10.3%	7.0%	—	—	—
2013	2.0	14.9%	9.7%	—	—	3.0 ∶ 1
2023	2.7	19.8%	—	0.31	12.4%	—
2051	4.4	31.0%	—	0.94	21.8%	1.3 ∶ 1

同时，中国家庭规模日益小型化。独居老人比例逐渐升高，单亲家庭、丁克家庭、隔代家庭出现快速增长态势。而家庭小型无疑使得过去依靠大家庭分散风险的传统风险保障机制更加难以为继。需要通过大力发展老龄商业保险来解决。

（2）现有社会保险不足以满足老龄风险保障需求

在多层次社会保障体系中，社会保险发挥着基础性的作用，但社会保险只是低水平的广覆盖，难以满足人们老年风险保障需求。据测算，在职工基本养老保险中，养老金只能提供大约 50% 的收入替代率（不少职工的替代率甚至只有 40% 左右），而根据国际上的通行标准，养老金替代率通常要维持在退休前收入的 80% 左右才能保证生活水平不至于下降。

从医疗保障来看，现有基本医疗保险在保障方面有起付线、封顶线、报销比例方面

的限制，虽然现在国家已经全面推开城乡居民大病医保和职工大病医保，但大病医保能够再分担 50% 或更多一点医疗费用，个人仍然要承担一笔不小的费用，因此，依靠商业保险提供补充保障尤为必要。

2. 发展老龄商业保险的重要意义

（1）有助于减轻政府的社保财政负担，为政府分忧解难

在我国目前的养老保险三支柱体系中，作为第一支柱的社会基本养老保险依然承担着主要养老职能，使得政府财政负担越来越重，政府承载着相当大的转型成本。已经有众多学者和研究机构为我国养老保险隐性债务进行了测算。

我国养老金未来收支预测 （亿元）

年份	2015	2023	2024	2031	2032	2042	2050
保费收入	20861	54422	59404	110333	118217	221785	320761
保费支出	22167	54119	61097	124164	134100	269095	449738
当年结余	1694	303	–1692	–13830	–15882	–47310	–128799
累计余额	33518	55916	56460	11567	–3852	–324910	–1204010

从上可以看出，如果没有政府财政补贴，从 2024 年开始，我国养老保险将收不抵支，到 2032 年将耗尽前期积累而陷入赤字，不过政府不加补救，到 2050 年累计不足将高达 120 万亿元，但即使有政府补贴，也会给未来的财政带来沉重负担。

这无疑说明，改善民生养老等保障，如果单靠政府，在财力上难以为继，这就要求保险业充分发挥保险这种市场化机制的优势。

（2）有助于为老年群体提供更加充分的保障渠道，满足老年人的多元保障需求

由于社会保障的保障程度相对较低，大力发展老龄商业保险一方面有助于为老年群体提供更加充分的保障，另一方面，商业保险可以弥补社会保障在保险责任范围等后面的缺失。比如住院护理保障、长期护理保障、老人意外伤害，目前以至于相当长时间内社会保险很难提供此类保障，而老年人对这些风险保障需求很大，就可以通过商业保险解决。

同时，即使是现有商业保险产品，专门针对老年群体的不多，而且多数产品都通过年龄限制，而通过开拓老龄商业保险，将使得保险对象更加有针对性，保险险种更加丰富，保险责任更加全面，满足多元化保障需求。

事实上，商业保险也并非有钱老人的“专利”，即使对于低收入老年群体。老年意外伤害保险、住院补贴保险等商业保险也会助他们一臂之力。

三、我国老龄商业保险发展状况及发展环境分析

1. 我国老龄商业保险发展的整体状况及存在的问题

（1）产品品种较为单一，创新型产品缺失

目前，个人养老、医疗、意外伤害等保险发展较为成熟、企业年金、护理保险等产品有一定发展，而失独老人养老医疗保险、住房反向抵押养老保险、个税递延型养老保险，以及衍生的养老护理机构责任保险等保险产品缺失或少见。

（2）老龄群体的商业保险针对性不强

目前普通养老医疗保险等保险，很多是通用型产品，多数并不是针对老龄群体的，比如养老保险还搭配有身故保障功能，而这通常并不是老人需要的，很多有投保年龄限制而将老年人排除在外。在市场上体现为老年人买不到保险，即使有，价格也贵，产品理赔困难多。

（3）保险公司经营老龄保险积极性不高

保险行业经营积极性不高。现阶段，我国老龄商业保险体系中从业企业较少，市场风险高、收益低，限制了企业对老龄商业保险品种的开发，目前以大型保险公司经营为主，中小保险公司介入意愿不强烈。市场表现为“风险高，盈利难”。

（4）政府引导下的老龄商业保险区域发展不平衡，政府支持力度有限

目前，各地政府也在探索促进老龄商业保险发展。但各地发展差异大。老龄商业保险发展在区位上体现为东强西弱，北京、山东、广东等地在老龄商业保险的实践上走在前列。其中，广东、安徽等省份率先启动“银龄安康行动”，发挥商业保险在老年人社会保障的作用，减轻政府和个人负担。西部内陆地区受制经济因素、财政补贴负担等压力，相对来说发展步伐较为缓慢。

2. 我国老龄商业保险发展滞后的原因分析

（1）尚未建立起促进老龄商业保险发展的有效机制

虽然各级政府对于老龄人群保障问题日益重视，但更对多地是从社会保障角度考虑，聚政府和社会对老龄商业保险的相应扶持措施远远不够，政府重视力度明显不足。如果鼓励和支持地方区域发展老龄商业保险，为保险机构产业链的延伸提供较好的机会，对相关企业提供一定政策倾斜及财政补贴，就会有更多保险企业参与老龄商业保险发展。

（2）老龄保险的高保费抑制保险需求

目前市场上存在少量老年险产品，与其他年龄段的同类产品相比，老年人投保费率更高，即使是专门度身定做的保险计划，根据老年人的身体状况和疾病高发的现实，费率仍要提高数倍以上，从而导致难以推广普及，扼杀潜在需求。

（3）风控难度大制约保险的有效供给

高龄群体患病和遭受意外的几率最高，是风险高发的群体，并容易引发道德风险和逆向选择。开发老年保险产品，意味企业需要承担相当大的风险，要求保险公司必须具

有多年的积累和丰富的经验，以及损失数据的积累。目前只有少数具有规模优势的大型保险公司相对具备条件，但都面临风险控制难度大的问题。

（4）老龄保险的发展受社会保险挤出效应的影响较大

目前各类群体社会保险在保障水平、保障范围和统筹层次等方面的扩大，直接影响着与其紧密衔接的老龄商业保险的发展。比如基本医疗保险封顶线逐步提高，报销比例逐步加大，将在一定程度上挤压老龄商业健康保险的发展空间。

3. 我国老龄商业保险发展的环境与机遇分析

（1）有利环境与发展机遇

①政策环境

党和政府对于人口老龄化及由此而带来的严峻社会经济问题十分重视，近年来陆续出台了一些重要的纲领性文件，明确了商业保险在老年风险管理和社会保障中的重要作用。

2013 年国务院发布了《关于加快发展养老服务业的若干意见》，提出要“鼓励和支持保险资金投资养老服务领域。开展老年人住房反向抵押养老保险试点。鼓励养老机构投保责任保险”。2014 年国务院发布了《关于加快发展现代保险服务业的若干意见》（业内称为“新国十条”），提出要创新养老保险产品服务，探索各类医疗、疾病保险产品为不同群体提供个性化、差异化的养老保障等，充分发挥商业保险对基本养老、医疗保险的补充作用。这些国家层面的纲领性发展意见及各地配套的实施细则为老龄商业保险的发展提供了强力的政策支撑，并进而有相应的促进措施推动其发展。

②经济环境

近 30 年来，我国经济快速发展，人们的收入水平和财富积累随之提高，衡量衣食消费占比的恩格尔系数大幅下降，根据马斯洛的的需求层次理论，人们在满足了衣食住行等低层次的需求后，人们就会增加对于安全的需求，进而推动保险市场购买力的增长。即使不少中西部农民尤其是农民工群体中，也有相当部分收入并不低，有一定财力负担保费支出，这对老龄商业保险来说也是非常有利的发展机遇。

（2）不利环境与挑战

①老人和公众的风险意识薄弱，保险观念误区导致投保有效需求不高

目前保险市场发展中出现的销售误导、投保容易理赔难等现象导致保险行业社会形象受损，民众对保险的不信任制约保险的普及。另一方面，老百姓对保险了解甚少，甚至对保险仍然存在偏见和误解，有的简单地将保险与银行储蓄理财等进行比较。我国公众的保险意识会直接影响其保险需求，进而影响我国老龄商业保险的发展。

②家庭结构变化，老人话语权弱化制约老龄保险的购买

在传统的大家庭里，大多数老人是一家之长，处于中心地位，但现在独生子女家庭日益增多，“四二一”的家庭模式越来越多。独生子女自然成了家中的“掌上明珠”，这种“重小轻老”的变化，使得老年人在家庭的地位降低。老年人家庭威望降低及家庭权力的转移，使许多老年人既当不了家，也作不了主，老年人通常不能自主去购买保险

产品。

③老龄商业保险发展面临政策优惠不足及财力限制

虽然国家大力鼓励发展老龄商业保险，但现实中要将指导性意见转化是看得见的具体优惠措施仍然面临许多困难。比如个税递延型养老保险需要财政部、国税总局的积极支持，而减税是“真金白银”，影响财政收支，地方政府通过财政补贴推动老龄商业保险也面临财政负担的硬约束。

四、普通老龄商业保险发展分析

（一）老年个人商业保险

针对老年人的个人商业保险主要包括商业养老保险，老龄医疗保险与重大疾病保险、老年意外险等，作为基本社会保险的重要补充，整体而言，其中的养老保险相对发育成熟、产品较为丰富，经营者数量相对较多。而后两者品种相对较少。

1. 商业养老保险

商业养老保险是以获得养老金为主要目的的长期人身险，包括传统型养老险、分红型养老险、万能型养老险、投资连结型养老保险。它是年金保险的一种特殊形式，又称为退休金保险，是老龄商业保险中的主体和最重要的险种。

（1）传统型养老保险

传统的养老保险是投保人与保险公司通过签订合同，双方约定确定的领取养老金的时间，约定相应的额度领取。该种产品优势在于回报固定，风险低。但由于此类保险与前确定了未来几十年后的领取金额，很难抵御通胀的影响。

（2）分红型养老保险

分红型养老保险是指将传统的储蓄型养老保险与保单红利分红相结合，使被保险人既能获得养老保障也能享受分红好处，获得除养老金以外的额外收入，达到资金保值增值的目的。

（3）万能型养老保险

万能险的保单持有人可以灵活交费，并根据自己的需要提高或降低保额。万能型养老保险同时具备了投资理财与保险保障的功能，能较好地抵御通货膨胀的影响。

2. 老年意外伤害保险

老年意外保险是针对老年人发生意外伤害所设立的一种保险类别。目前的意外伤害保险大都是通用型的，真正针对老年人的意外伤害保险不多，保费也相对较贵。目前市场上此种产品较少。

针对老年人的意外保障需求，我国部分地区探讨政府推动购买老人意外保险。我国有北京、广州、杭州等地通过政府引导、市场运作的方式专门为老年人提供意外伤害保险。以北京市推行的意外伤害保险为例：政府为每一保单提供一定补贴。两款产品的意外身故和残疾保险金额分别为 2 万元和 3 万元，意外伤害医疗保险金额分别为 1000 元和2000元，保险费分别为30元/份和50元/份。

3. 老龄商业医疗保险

老龄商业医疗保险是对被保险人因疾病遭受的经济损失的补偿，可分为费用补偿和费用津贴两种类型。费用补偿型按实际支出来报销，费用津贴型则按预先给定的标准给付，比如每住院1天补贴100元。目前市面上，产品的保障范围主要涵盖补充住院医疗保障、意外医疗保障、重大疾病保障等，目前，商业医疗保险一般都有投保年龄限制，重大疾病、住院医疗类险种投保年龄上限一般为55周岁。

五、特色创新性老龄商业保险发展分析

（一）长期护理保险

1. 发展长期护理保险的重要意义

长期护理保险是为年老、疾病或伤残而需要长期照顾的被保险人提供护理服务费用的健康保险。失能老人日常生活缺乏必要的照顾，晚年生活毫无尊严和品质。老有所依已经不仅仅是单纯的家庭问题，更演变成社会难题。

2013年7月国务院下发《关于加快发展养老服务业的若干意见》中，就指出我国目前还存在养老服务和相关产品供给不足，政府应当鼓励老年人投保长期护理保险产品，鼓励和引导商业保险公司开展相关业务。发展长期护理不仅能实现养老尽孝的传统理念，还能让全体老人有尊严地生活。

2. 我国发展长期护理保险面临的障碍

理论分析，我国日益增加的老龄人口，将带来庞大的护理需求，可实情却是发展缓慢。究其根源，发展长期护理保险面临的主要障碍有如下几点。

（1）传统文化习俗的影响

我国养儿防老的传统思想根深蒂固，但现实中许多老人失能半失能后心理上仍依赖子女照顾，受传统观念约束，一些家庭子女没有能力照顾老人也被迫把老人留在身边，长期以往，家庭陷于困难。

（2）产品类型较少、费率偏高

目前我国的长期护理保险产品种类偏少，且产品过多的偏重于意外、疾病、死亡、期满等风险，本末倒置，护理保障反而缩小，无法满足客户实际的护理需求。产品组合了各种保障，产品的费率就更高，让许多客户投保时力不从心，阻碍长期护理保险的发展。

（3）护理标准不统一、产品定价困难

我国东西部地区经济发展不均衡，各地的工资标准不同导致生活消费成本差距，且医疗机构、养老中心、家庭看护等不同的护理标准，使护理费用或有很大的差额，护理标准不一势必会影响产品的定价。

3. 我国各地长期护理保险的实践探索

鉴于人口老龄化的发展态势和老年人长期护理的客观需求，上海市作为我国人口老

龄化最早和最严重的城市之一，对长期护理模式进行了探索。

2012 年，上海开始试点对经评估达到护理需求等级及独居的老人实行老年护理服务医保补贴制度，并探索建立以社会保险为基础、社会救济和社会福利为辅助、商业保险为补充，与基本医保制度互为衔接的老年护理保障制度。

2014 年 8 月，青岛市社保局与四家保险公司签订委托合同，将长期护理保险、意外伤害医疗保险、大病保险等三大类 6 个医保项目打包交由保险公司商业化承办，全部的保险费均由政府买单。其中职工和居民长期护理保险分别为每年 153 元 / 人、36 元 / 人，长期护理保险最高赔付标准为 170 元 / 天。青岛开展长期护理保险模式，具有极强的示范作用，值得各地借鉴学习。但由于各地经济条件发展的差异，各地财政补贴有限，长期护理费用很多并不是发生在医院，而是老年护理中心或者家居护理，无法纳入目前的社会保险范围，长期护理保险制度应该通过何种模式来实现值得思索。

4. 我国长期护理保险发展思路与模式选择

我国的长期护理保险应当立足我国的国情，结合各省市的实际情况，建立不同层次的长期护理保险发展模式，有计划有步骤地进行建立不同形式的、不同层次的长期护理保险模式，包括社会保险和商业保险性质的护理保险制度。

首先政府应倡导有实力的保险公司，积极研发以护理保障为主的长期护理产品，满足有经济能力的客户投保需求。为鼓励个人购买长期护理保险产品，政府可提供个税减免优惠，具体做法可借鉴商业健康险模式。

其次，鼓励有实力企业为员工投保长期护理团体保险，若保险费由企业和员工共同负担，同样可享受相应的税收减免优惠。

（二）个税递延型养老保险

所谓个税递延型养老保险，是商业养老保险的一种，指投保人所缴纳的保险费在一定比例之内，可以在个人所得税前扣除，将来退休后领取保险金时再补缴个人所得税，这有别于目前个人收入纳税后才交纳保险金的做法，可以使得购买该养老保险，减少投保人的纳税额，可以促进其为自己的养老提供更多自我保障。

1. 个税递延型养老保险实施背景

2008 年 12 月，国务院颁布《关于当前金融促进经济发展的若干意见》（简称“金融 30 条”）。该意见提出“研究对养老保险投保人给予延迟纳税等税收优惠”的议题，标志着个税递延型养老保险纳入到了国家决策之中。2015 年 3 月 5 日，国务院总理李克强在《政府工作报告》中提出，要推出个人税收递延型商业养老保险。此后，财政部部长楼继伟和保监会主席项俊波相继表示，2015 年年底之前，争取使得该项政策落地。

2. 个税递延型养老保险的运行机理及好处

假设一名 30 岁的普通工薪阶层，其工资计税金额（扣除三险一金等税前列支项目后）为 10000 元，如其每月购买 700 元税延型商业养老保险，根据其收入所对应的 20% 最高税率来计算，税延政策使他延后缴纳的个人所得税为每月 140 元，一年即为 1680 元。30 年后该人达到退休年龄，从个人账户支取商业养老金，根据 30 年后起征点及税率进行缴税，由于退休后的收入通常不会高于工作时的收入，因此退休后缴纳的个人所得税通常较低，再扣除通胀因素，税收负担就更轻了。

3. 实施个税递延型养老保险的好处

首先，通过减轻个税负担，通过推行个税递延型养老保险，采取在缴费期减免税收，在养老金领取时纳税的方式，能够一定程度减轻百姓个税负担，很好地提升广大雇员投保的积极性，不仅改善当期的生活质量，更是保证了日后的养老生活质量。

其次，提高工资替代率，促进个人购买养老保险，完善养老保障体系。建立递延型个人养老保险，对参加养老计划的个人给予税收优惠，会对职工形成一种极大的激励，也有利于基本养老保险与年金的相互协调。

个税递延型养老保险是面向所有企业职工的养老计划，缓解了在企业年金中存在的税收不公平现象，推进我国养老保障体系的完善。个税递延型养老保险会为企业留住现有人才和吸引更多优秀的劳动力提供支持，也会提高建立企业年金的积极性，从而促进企业年金的推广和发展。

（三）住房反向抵押养老保险

住房反向抵押养老保险，俗称为“以房养老”，是一种将住房抵押与终身养老年金保险相结合的创新型商业养老保险业务，即拥有房屋完全产权的老年人，将其房屋抵押给保险公司，保险公司对借款人的年龄、房产现值等进行专业评估后，为老年人提供养老金，同时老人继续拥有房屋的使用权居住，身故后，保险公司获得抵押房产处置权。该类养老模式在国外发展得非常成熟。

住房抵押反向养老保险是在不影响老年人其他社会福利的前提下，增加了一种新的养老方式。针对于我国现阶段空巢老人人数连年递增的情况，住房抵押反向养老保险更为这些特殊人群提供了一种晚年保障。

1. 开展老年人住房抵押反向养老保险业务的背景

2006 年，全国人大和政协首次将“以房养老”议题提出后，全国各地开始积极探索，先后出现了“南京模式”、“上海模式”、“北京模式”和“杭州模式”。2013 年 9 月，国务院公布《关于加快发展养老服务业的若干意见》和 2014 年国务院公布《关于加快发展现代保险服务业的若干意见》中都明确指出鼓励开展老年人住房抵押反向养老保险试点。中国保监会于 2014 年 6 月公布了决定在北京、上海、广州、武汉 4 地试点。试点时间长达两年，由幸福人寿保险公司具体承办。

2. 开展住房抵押反向养老保险的困难

（1）传统养老观念束缚，市场需求较低

在我国，家庭观念根深蒂固，“养儿防老”的意识较强。老人过世后基本上都是把房产留给子女。因此部分老人担心一旦“以房养老“，会导致老人子女反目、损害家庭亲情，甚至导致断绝往来。这些传统观念将导致住房抵押反向养老保险的市场需求量不高。

（2）保险公司市场风险较大

保险公司开展以房养老面临一些重大的市场风险。首先是长寿风险。当预期寿命短于其实际存活寿命时将导致最终支付的养老金总额超出房屋价值，致使保险机构出现亏损。其次是房价估值风险。房价的变动与整个社会经济环境息息相关。如果房屋价值下跌，则损失就要由保险公司承担。

（3）土地政策等影带来的隐忧

按规定，住宅土地使用年限为70年。一般情况下，当老人将房屋抵押给金融机构时，房屋的产权已经用去二三十年，到老人身故后处置房产又要过二三十年。此时房屋的变现能力会变弱，同时削弱了金融机构开展住房抵押养老保险业务的积极性。

3. 以房养老的适应人群

我们认为，“以房养老”仍然是小众群体保障，适用于三类人群。首先是有产权住房的无子女老人家庭；其次是子女不孝的老人，子女不赡养自己，凭什么还要老人在有生之年过着清苦惨淡的日子，而在死后还要将大笔遗产留给他们，第三类是子女经济条件可以，不需要老人死后留下房子这笔大遗产给他们解困，老父母可以用自己的房子提高老年生活质量，实际上这类人群占有相当的比例。

（四）失独家庭养老医疗保险制度

1. 我国失独家庭基本状况

随着30多年计划生育的实施，“白发人送黑发人“的悲伤情景不可避免，无子女老人和失独老人日益增多。2012年，我国失独家庭至少有100万户，且每年以约7.6万户的数量持续增加。据学者易富贤2007年推断，二三十年后，会有1000万人在25岁之前离世，将产生一千万个失独家庭、两千万个失独老人。独生子女的意外不幸死亡给独生子女父母带来了近乎毁灭性的身体和心理创伤，也使得其丧失了子女这一最基本、最重要且最可靠的养老保障，生无所依、老无所养、困无所助，处于日益被边缘化的悲惨境地。

2. 现有失独家庭扶助与保障政策及实践

随着我国“失独”家庭社会问题突显，中国各级政府和计生协等部门开始把“失独”家庭的帮扶工作列入重点工作之一。目前失独家庭可获得社保、奖励扶助、特别扶助在内的多项资助，但扶助标准偏低，仅仅依靠现有政策无法实现老有所养。2012年，中国计生协根据“失独”家庭的困难和需求，开展了“失独”家庭帮扶项目，

同时，北京等省市开展了失独家庭保险试点。2012年6月，人寿保险北京市分公司与北京市计生协积极创新服务项目，联手启动了“计划生育失独家庭综合保障项目暖心计划”。政府将通过“暖心计划”，每年为每位失独者出资2800元，购买包括养老、医疗、意外险、人寿险、女性安康险在内的综合性保险。

宁波市也在2015年免费推行失独家庭综合险，为60岁以上的失独家庭免费投保人身意外伤害、重大疾病、住院补助及护工补贴等各类保险，每人最高可赔付2万元保险金和每天100元住院护工补助。

3. 需要建立失独家庭长期护理综合保障制度

“失独”家庭成员在遭受意外伤害或意外疾病时，无论是住院还是在家，不可避免

需要短期或长期护理，而长期护理对“失独”家庭来说是一个沉重的经济负担，这也是他们最迫切需要解决的问题。为进一步发挥保险机制对“失独”家庭的保障作用，建议由政府出资，建立“失独”家庭长期护理险并纳入国家政策性保险范畴，为全国“失独”家庭建立保险保障。

除了住院给予补贴外，还利用保险公司的资源，提供了一系列增值服务，比如陪诊、紧急救援、专家预约等，使失独者从生病住院到出院结账、理赔，一连串的问题都能得到很好解决。

（五）养老机构责任保险

养老机构责任保险是指为转移养老机构运营中由于自身责任导致人身伤亡和财产损失的民事责任风险，而通过保险方式加以转移的一种制度。

1. 发展养老机构责任保险的背景

近年来，各类养老机构大量扩展，各类事故风险也日益加大，近年来已经发生了多起事故。2015 年 2 月 19 日，湖南双峰县爱心养老院，因为被拖欠半年工资，六旬护工拿起砖头砸向 16 名无辜老人，造成 8 人死亡。2015 年 5 月 25 日，河南鲁山县三里河村一老年康复中心发生火灾，导致 38 名老人遇难，遇难者绝大部分是生活不能自理的被护理老人。

即使除上述严重事故外，老人在养老机构也会发生大大小小的事故，上海市福利协会一项针对 55 起养老院事故的统计显示，老人摔跤致伤占 40% 左右，其他还有坠床、洗澡意外、走失、吸烟或燃香引起火灾、吃饭窒息、护理员发错药等。

这些事故的发生，养老机构通常很难免除其失职责任，而养老院是微利行业，很多民办养老院一年的运营利润也就是一二十万，如果发生老人在养老院出意外过世，家属提出几十万赔偿，养老院赔完了就倒闭了，经营上难以为继。

为此，养老机构的责任风险日益引起社会和政府的关注。2014 年 3 月 10 日，民政部、中国保监会、全国老龄办联合下发了《关于推进养老机构责任保险工作的指导意见》。随后，北京、辽宁、四川、广西、甘肃等多地纷纷出台具体实施细则，养老机构责任保险开始全面铺开。

2. 各地模式

上海是全国最早推行养老机构意外责任保险的省份。2008 年 12 月，上海市民政局发文，在全市范围内公开招标，确定承办保险公司，由市、区两级政府补贴保费。年保费标准为每个床位 120 元，保费由市、区两级民政局分别资助 1/3，养老机构承担 1/3。

北京市推行养老机构责任险稍晚，但保费补贴全部由市级财政承担。辽宁省建立了服务业风险分担机制。省财政按照各地财政补助数额的 80% 给予补助，人均补助不超过 60 元。

从各地试点看，来自政府的补贴都占到保费的大头。一种是按比例补贴，比如，北京市财政按保费的 80% 补贴，上海推行第一年市、区县民政局分别资助保费的 1/3，养老机构承担另外三分之一的保费。在安徽省，这笔补贴具体从省级福彩公益金中支出，对“五保供养机构和社会福利院”的每张床位补助20元。

3. 发展养老机构责任保险的进一步对策

第一，采用灵活的补贴形式与标准。首先根据养老机构的入住率、收费标准、年事故发生率，以及是否收容“三无”人员或五保户等指标确定差异化的、浮动的补贴金额。

其次，采用奖惩补贴机制。对于由于管理不善事故高发的养老机构减少补贴，反之则给予奖励，最后平衡。各级财政对于县乡财政紧张的农村地区，政府应予以资金支持。

课题组成员

沈文彪　重庆市老龄办主任

谭湘渝　重庆工商大学财政金融学院保险学系主任、教授

陈兴源　重庆市老年事业发展基金会副理事长

区域性推进老年失智症社区关爱与干预体系建设的实践和思考

——以杭州市西湖区为例

杭州市西湖区老龄办、浙江大爱老年事务中心

老年失智症问题日益凸显，已成为应对人口老龄化、高龄化必须直面的挑战。近年来，杭州市西湖区按照“行政资源主导推动，社会组织专业承接，各方力量共同参与”的思路，因地制宜、城乡一体，全区域推进老年失智症社区关爱与干预体系建设，取得明显成效。本文以西湖区实践为样本，从政策创制、社区宣传、早期筛查、定点干预、经费保障、社会参与、风险防控、项目评估等方面，回顾工作历程，检索取得的初步成效和经验，希冀引起各方关注，共同促进我国老年失智症预防和干预体系的建立，提升全社会科学应对老年失智难题的能力，提高目标群体的生存质量，减轻家庭、社区和社会的照顾负担，助力经济和社会的和谐发展。

一、问题的提出

失智症，俗称老年痴呆症，是一组因疾病或脑部受损导致的认知功能退行性症候群，其中尤以阿尔茨海默病（Alzheimerdisease，AD）为最常见，患者约占患病人群的50%~60%，其他还有血管性失智和路易氏型、额颞叶型失智等。失智症具有不可逆的特征，一般确诊普遍偏晚，是威胁老年人生命的“第四大杀手”。失智症因发病原因尚不明确，无法对症治愈，医学界一般用药物帮助控制病情。但是这类药物价格昂贵，患者自负的比例很高，多数家庭难以承受长期使用所带来的经济压力。一般而言，这种病年龄越大、发病率越高，患失智症者平均存活时间为8~12年。据我国卫生部2012年公布的数据，60岁及以上人群发病率为4.2%，85岁以上可达20%。按此推算，浙江省和杭州市2014年底分别有老年人945.08万和142.97万人，其中约有失智老人39.69万人和6万人。而这组数据随着人口老龄化、高龄化趋势的加剧将快速增长，影响范围也会不断扩大，由此给家庭和社会带来了的巨大物质负担和精神压力，在一定程度上正在并将持续影响经济和社会的和谐、稳定发展。

国际阿尔兹海默病协会（ADI）执行董事MarcWortmann曾表示：“失智症对患者、

其家庭、社区以及国家卫生系统都造成了破坏性的影响，已经不仅仅是一个公众健康危机，同时也是社会和财政方面的梦魇。全世界每4秒钟就会出现一个新的失智症病例。我们的寿命越来越长，而目前的卫生系统根本应对不了爆炸式增长的失智症危机。”

进入本世纪以来，国际社会日益重视失智症的预防、干预和治疗。世界卫生组织（WHO）呼吁各国将失智症视为重要的公众健康问题。现在已有包括美、英、韩、法、日、德、澳等在内的一些国家制定了全国性的失智症应对计划，将这方面的政策上升到国家层面。我国台湾也于2012年通过了《失智症防治照护行动纲领》，失智症的应对已成为全社会关注和参与的热点。

我国内地由于历史和现实的多重原因，在老年失智症的认识、预防、治疗以及社会支持系统建设方面，应对相对滞后、被动，居民对这一病症的认识严重不足，失智预防和照料知识的社会普及度很低，很多人对失智症存在误解和歧视，而当前政府及其业务主管部门还缺乏针对性的有力举措。如何有效应对失智症，正在成为应对老龄社会挑战的一大难题。因此，如何在政府主导下，区域化整体推进失智症社区关爱与干预体系建设，实际上是一个事关民生保障和老年福祉的重要课题。

二、西湖区的实践

西湖区是杭州老城区中面积最大、人口最多的区，截止2014年底，户籍人口总人数约为60万，老年人户籍人口约为10万，其中失智老人数量超过5000人，直接影响家庭近3万户。

西湖区的社会保障体系较为完备，2014年，城乡居民医疗保险、养老保险参保率分别达99.47%和99.78%。西湖区还是全国老龄工作先进区、全国养老服务示范区，正在着力打造重点服务失能、失独、失智老人的“长者社会关爱体系”。其中自2010年开始率先探索建设的失能、失独老人关爱体系已基本建成。

（一）基本做法

1. 行政资源主导推动

西湖区失智症关爱与干预体系的建设，即“大爱人家——失智老人关爱项目”（以下简称“大爱人家”）始于2013年西湖区民政局指导的“古荡试点”，2014年上升为政府实事项目内容，区政府出台了项目实施方案，并于当年5月召开专项推进会，分管副区长做动员，试点镇街代表介绍做法，并对参会的全体人员做了项目培训。

按照项目实施方案，各镇街在场地提供、设备购置、社区发动、居民组织等方面给予了全力的支持，有关社区也给予了积极的配合，区财政、民政、卫生等部门则予以资金保障和业务指导，确保了“大爱人家”项目得以顺利实施。

2. 社会组织专业承接

承接西湖区“大爱人家——失智老人关爱项目”的浙江省大爱老年事务中心，是一家在省民政厅注册登记的民办非企业单位，现为浙江省5A级社会组织。该中心2012年成立后就专注于失智老人关爱事业，在国内最早提出了通过整合社会资源和社区资源，开展失智预防社区宣导、早期失智非药物干预及家庭照顾者社会支持“三合一”的“大爱人家”项目设想，并在西湖区的古荡、蒋村两个街道进行了为期半年左右的试点和探索，形成了一整套项目标准流程和做法，总结出诸如“循序渐进，激发潜能”、“干预不干涉”、“引导不主导”、“防止过度照顾”等项目操作原则，组建和锻炼了一支专兼职结合、具有较高专业水准的工作队伍，具备了在西湖区全区范围整体推进这一创新特色项目的基本条件。

2014 年 7 月，西湖区民政局代表区政府与大爱中心正式签订了服务合同，明确了在为期一年的时间里初步建成失智老人关爱体系，完成失智预防常识社区宣讲 3000 人，认知能力受损评估 1000 人，照护知识普及培训 1000 人，早期失智定点干预服务 5000 人次的基本服务目标。

3. 各方力量共同参与

失智症社区关爱和干预体系建设是一个系统工程，也是前无古人的探索性工作，除了依靠政府主导、专业组织承接外，社会各方力量的积极协同和共同参与也是必不可少、至关重要的。

（1）学习借鉴境外先进经验。台湾在老年失智社会支持体系构建方面起步较早，处于华语地区领先地位。大爱中心自“大爱人家”项目启动试点的 2013 年 10 月起，先后派出 10 名专兼职员工赴台考察、实习，并与台湾失智症协会、台北中山日间照料中心等建立了长期的合作关系，系统地吸收了大量的专业性很强的经验成果，包括一大批教材、课件、读物和视听产品，带回来传播、分享，借鉴，应用于“大爱人家”项目，收到了事半功倍的效果。今年 6 月，大爱中心还联合省社会福利协会、马寅初基金会、浙工大政管学院，邀请台湾专家来杭，举办以“关爱和干预”为主题的老年失智症专题讲座，并请他们对“大爱人家”项目做了现场督导，获益匪浅。

（2）三甲医院专业技术支持。省立同德医院作为省卫生厅直属的、在老年病诊治方面享有盛誉的三级甲等医院，与大爱中心就西湖区“大爱人家”项目订立了技术服务合同。陈杏丽主任医师带领的老年二科医护团队在志愿者培训、干预服务方案审定、“大爱人家”服务对象医学评估等方面全程参与，给予了宝贵的指导和付出，提升了“大爱人家”项目和体系建设的专业化水平。

（3）众多志愿者的倾情参与。

志愿者资源是大规模社会服务项目可资利用的宝贵力量。西湖区在“大爱人家”项目实施的全过程中，充分调动和发挥了志愿者的积极性。2013 年 8 月大爱中心在“大庇长者，爱无止境”的号召下，组建起了浙江大爱志愿服务团。两年来，经过严格培训，富有爱心的大爱志愿者，围绕西湖区建立失智关爱和干预体系这一目标，参与社区宣讲、量表筛查、入户培训、定点干预等志愿服务活动 300 余次，贡献服务时长超过 3000 小时。目前，注册志愿者已发展到 170 多人。

其他社会资源相与作用。如省和中央的福彩公益金 2013 年和 2015 年先后支持了西湖区“大爱人家”试点项目和“大爱港湾”家庭照顾者社会服务项目；浙江省马寅初人口福利基金会出资支持“大爱友善使者培训计划”，助力营造关爱失智老人的社会氛围，并和大爱中心共同创建了由全国道德模范陈斌强和中央电视台著名主持人黄薇担任形象大使的“大爱失智专项基金”；各级各类媒体对西湖区的创新实践也给予了热情关注和大力传播……所有这些资源投入，对于西湖区构建失智老人关爱和干预体系都产生了积极的正面的推动作用。

（二）体系内涵

1. 预防常识宣讲

从2013年8月底开始，我们本着对失智症不可逆特点的理解和“预防比治疗更重要”的理念，启动了失智关爱和干预体系建设首个环节的活动——失智预防常识社区宣讲。近两年来，大爱中心精心组织的讲师团队和志愿者队伍，带着《预防失智40招》的展板，走进西湖区11个镇街的57个社区，举办了37场图文并茂、深入浅出的《老年失智预防常识》讲座，聆听宣讲的老年人达3554人。

2. 认知能力筛查

鉴于对失智症早期发现重要性的认识，我们开展体系建设的第二个重要环节，就是运用画钟测验（CDT）或简易智能精神状态检查量表（MMSE）方法，为有意愿的中老年人进行认知能力缺损早期筛检，从中发现有早期失智倾向或患有轻度失智症的老人，以便针对性地开展早期干预。这项工作，在一年多的时间里，进展顺利。由大爱中心组织经专业培训合格的团队，利用社区宣讲、企退职工体检或其他有利时机，为自愿接受筛查的居民提供服务，累计已有4762人受检，几近全区户籍老年人口的5%。

3. 定点早期干预

体系建设的第三个、也是最重要的环节是对认知能力评估中得分偏低，疑似有早期认知障碍或轻度失智症状的老人，通过入户深度访谈进一步确认，并征得本人及其家庭同意后，邀请其与家庭照顾者一起进入所在街道的“大爱人家”，每周1至4个半天接受持之以恒的非药物干预服务，以帮助其稳定病情，延缓病程。服务主要采取团体、小组、个案等活动形式，综合运用怀旧、艺术、运动、手工劳动等手段和疗法，对其进行认知和感官训练、心理和情绪调适、精神慰藉和激励等。到今年7月底，稳定地接受项目干预服务的疑似有失智倾向的老年人和他们的照顾者达到160对，320人，现场定点服务达5439人次、20000多个小时。

4. 照顾者社会支持

失智老人大多数是由家庭承担日常照护责任的，家庭照顾者是失智关爱体系的重要组成部分，因此，我们把体系建设的第四个环节，定位在为照顾者提供社会支持上。这种支持重要体现在四个方面：一是“喘息服务”，让照顾者获得尽可能多的闲暇时间，满足其休息、娱乐和社会交往的需求；二是抚慰服务，帮助舒缓情绪，化解压力；三是“充电”服务，通过办讲座、搞演练等形式，提高照顾者的照料技能；四是引领服务，在照顾者中发现和培训骨干，帮助他们转接一定的社会资源，从而构建起长效的自助互助机制。

我们依托“大爱人家”和“大爱港湾”两个项目，已向300多位失智老人的家庭照顾者提供了上述支持，“失智老人照顾者QQ群”也已建立并正常运转。

到目前为止，西湖区社区层面的失智关爱和干预体系已初步形成预防宣导、早期筛选、非药物干预和照顾者支持这四部分内容组成的工作链（已完成工作量见下表），接下来还将加上“中重度失智家庭扶助”这一环，使之更趋完善。

西湖区失智症社区宣讲评估培训干预工作量完成情况表

（截至2015年7月）

街道名称	开展宣讲的社区（个）	聆听讲座人数（人）	接受认知能力评估人数（人）	入户复查培训人数（人）	大爱人家早期干预服务人次（次）
古荡	10	721	805	201	2011
蒋村	6	340	549	34	45
灵隐	4	267	215	36	298
北山	5	422	291	48	189
西溪	4	222	306	28	305
翠苑	7	552	505	141	201
文新	7	414	370	43	233
留下	2	111	382	52	660
转塘	3	106	239	0	671
双浦	3	117	254	13	487
三墩	6	282	219	105	339
合计	57	3554	4135	701	5439

（三）保障措施

1. 认真宣传发动

由于多种原因，社会各个层面对老年失智问题普遍缺乏正确的认知，存在不少偏见和认识误区，因此自上而下的相关知识灌输和组织发动，对于“大爱人家”项目的顺利实施是十分必要的。在项目实施初期，我们要求大爱老年事务中心先对11个镇街及其下辖社区的455名分管领导、社工“以会代训”，开展失智症常识培训和项目宣传，在此基础上与各镇街、社区进行项目对接，建立联系网络，商定工作计划。与此同时，我们组织编印、发放了5000余份项目简介资料，制作、张贴了3000多份宣传海报，开展了一系列社区宣传活动，形成了一定的工作声势，居民们对“大爱人家”失智关爱项目的知晓度和支持度大幅提高，为项目顺利推开打下了认识基础。

2. 加强制度建设

西湖区探索构建失智关爱和干预体系，自始至终高度重视相关规范和制度的建设。区里和大爱中心共同努力，形成了包括《“大爱人家”项目要求和技术规范》、《“大爱人家”工作手册》、《大爱人家服务大纲（初稿）》、《“大爱人家”项目服务质量管理和控制办法》等一整套规章制度，对体系建设各时段、各层面、各环节的工作行为都作出了清晰、明确、细致的规范，让所有工作者和参与者都有章可循。每次服务活动都有计划、有流程、有明确分工，活动结束有记录、有小结、有包括影像图片的台账资料。就连志愿者进社区开展服务，也制定了详尽的活动流程，做到人手一册，照章作业。

3. 重视风险防范

鉴于服务对象年龄、认知、体力等的特殊性，我们在体系建设全过程，把风险防范放在十分重要的位置，要求有关各方切实按照《“大爱人家”安全防范暨突发事件应对预案》做好下列工作：（1）每个“大爱人家”都成立由所在镇街民政科负责人任组长、大爱中心负责人任副组长的安全工作小组，负责现场安全和突发事件处理；（2）为所有自愿进入“大爱人家”接受干预服务的老人建立档案，与他们的家人签订服务协议，并要求其照顾者同来参加活动，起到陪护作用；（3）为所有“大爱人家”办理公共空间责任险，为老人们购买老年人意外伤害保险；（4）组织大爱中心全体工作人员参加急救知识培训，并全部通过了区红十字会组织的救护员考核；（5）在活动场地配置消防器材，将逃生通道、急救电话等安全信息资源载入《大爱人家服务手册》。

4. 开展标准化试点

为了提升失智关爱和干预体系建设的规范化水平和可复制性，西湖区有关各方从一开始就确立了体系的标准化、品牌化发展方向。今年5月，体系的主要服务载体“大爱人家”服务商标已在国家工商总局商标局注册成功。由大爱中心主持、杭州市标准化协会指导的《老人失智早期干预服务标准化试点》，也于今年6月经杭州市质量技术监督局批准，列为“杭州市2015年服务业标准化试点项目”，进入实施阶段。

（四）初步成效

经过前后近两年的工作，西湖区失智关爱和干预体系建设已基本实现预期目标，取得了阶段性的成效。这种成效主要通过以下几种途径的评估、评价得以充分体现：

1. 受益方评价

如前所述，项目先后深入11个镇街57个社区开展失智预防常识宣讲，所到社区现场填写反馈表，对宣讲活动的满意率达到100%；随机抽取现场听课的老年人反馈满意率为97.2%。不少老人认为这样的讲座对自己帮助很大，知道了失智症的危害，懂得要从主动预防做起。翠苑四区的洪筱阳老人听完课即席赋诗云：“老年失智真可怕，白头难懂孩童话，智者愚者均得防，别毁自己苦了家。深入浅出一席话，深深一躬谢专家！”

在各“大爱人家”现场接受干预服务的老人们在多次随机访谈中也一致给出了很高评价，满意率达到95.5%。灵隐、西溪、北山等街道的老人还集体写信，赞扬“在大爱人家，我们很有收获，锻炼了大脑，结交了朋友，工作人员当之无愧，都是我们的‘小棉袄’”。古荡街道的徐世伦老人更是逢人便夸：“我那患血管性失智的老伴儿，这一年认知进步明显，医生都感到惊奇！”

2. 专业医学评估

为了检验“大爱人家”对患有早期认知障碍和轻度失智症老人进行非药物干预的效果，在迄今为止的项目期内，由省立同德医院的医生团队对进入“大爱人家”的服务对象进行了155次期初、期中和期末认知与心理状况的专业评估，还对部分对象做了脑部磁共振检查。评估和检查结果表明，定点干预的效果比较明显，MMSE量表检测显示有相当一部分接受干预的老人认知状态趋于改善或者平稳。

其中古荡街道的评估数据最为完整（见下图）。15名接受评估的对象有10人MMSE得分呈上升或平稳状态，总体向好的方向走；另有5人有下降趋势，但总体下降幅度不大。

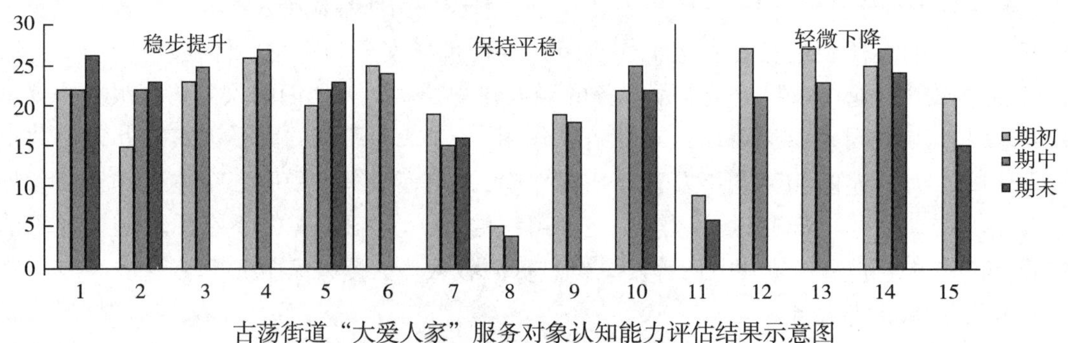

古荡街道“大爱人家”服务对象认知能力评估结果示意图

注：1. 3条柱形线颜色由浅变深，分别代表期初、期中和期末评估结果，有的因干预时间短，未进行期中评估，因而只有2条柱形线；2. 因保护服务对象隐私需要，公开资料隐去患者姓名，以序号表示。

3. 第三方评估

失智症关爱和干预体系建设在内地尚属首创，成效评价无先例可借鉴，对项目的第三方评估显得尤为重要。今年3月，当“大爱人家”项目实施时间过半，西湖区委托浙江工业大学养老服务评估中心对项目进行第三方评估。评估组采取专家评审与现场查看相结合的方法完成了项目中期评估。评估结果称：失智老人“大爱人家”服务项目已完成大多数预定指标，项目开展效果很好，受助对象满意度较高，具有可推广性。

4. 社会（媒体）评价

2013年9月至今年8月，浙江电视台新闻频道、杭州电视台综合频道、钱江晚报、都市快报、浙江老年报、浙江在线等10多家媒体30余次报道了西湖区建设失智症社区关爱和干预体系——“大爱人家”项目的相关消息。

期间，中国社科院、台湾失智症协会、印尼大学等多家中外科研机构和高校先后来访，对西湖区建设失智症关爱体系的做法给予了高度评价。

2015年1月，西湖区区域性整体推进失智症社区关爱与干预体系建设项目以98.4的高分，荣获杭州市养老服务创新项目第一名。

5. 领导层评价

对于西湖区构建失智症社区关爱和预防体系的做法，各级领导这两年多有肯定和鼓励：全国老龄办鲍学全、吴玉韶、朱勇等三位副主任都曾到访指导，认为属于国内首倡，值得认真探索；浙江省政府熊建平副省长专门作出批示“请民政厅参阅”；省民政厅尚清厅长等领导实地视察指导；杭州市张鸿铭市长和民政、老龄等部门的领导也都来西湖区考察了“大爱人家”，认为值得关注和推介。中共浙江省委、杭州市委、全国和省、市民政（老龄）部门的信息刊物也都介绍了西湖区的这一创新实践。

三、问题与思考

（一）存在问题

作为老年服务领域的新生事物，西湖区在区域性整体推进失智症社区关爱和干预体系建设方面成效显著，但在实施中也存在一些问题，主要表现在：

（1）政府层面。虽然区级党委、政府将该体系建设纳入重点工作内容，出台了相关实施方案，但由于项目内容新、专业要求高，在镇街、部门和村社层面，理解和支持度不平衡，一定程度上影响了体系建设的广度和深度。

（2）场地方面。由于多种原因，各镇街自主提供的“大爱人家”服务场地，多数不是专属场地，即使是专属的，在装修要求和设备配置等方面也难以达到专业水准，制约了服务规模和效度。

（3）公众认识。居民群众有不少人忌讳提及“痴呆”、“失智”，项目入户核查和培训环节，疑似有失智倾向的目标家庭拒访率较高；部分社区社工因认识不到位，配合欠主动，也影响了入户访谈的预约成功率，因此使得合格服务对象的数量受限。

（4）工作力量。西湖区区域面积大，城乡皆有、差别明显，社会组织力量分配有难度，实际运行成本高，人员和资金投入与体系建设要求不匹配，有待于加强。

（二）几点思考

1. 需要政府高度重视，强势推进

要学习有关国家和地区的先进经验，结合实际情况，在法律政策层面对体系建设予以保障。国家层面，要广泛调查研究，将失智症应对列为公共健康问题，制定相关的法律法规，出台全国性的实施纲领或计划。省、市、县（市、区）要将失智症关爱与干预体系建设列入民生保障和公共卫生计划，部门协同，城乡一体，全面推进。

2. 多元化筹措、落实所需资金

要将失智症社区关爱、预防工作与失能、失独老人照护工作，一起列为政府常年的购买服务项目，提供基本的财政资金保障；要发挥各级慈善总会资金和福利彩票资金的作用，用于失智症宣传培训、筛查干预、照顾者支持平台建设等；还要引入市场机制，引导有需要的家庭和个人合理付费。总之，要实现失智症应对专项资金的多元化筹集，

切实增强体系建设的可持续性。

3. 鼓励相关社会组织创办社会企业

失智症关爱和干预体系建设的主要承接者是专业的社会组织，而社会组织的蓬勃生命力源于强大的“造血”功能。要积极引导和鼓励社会组织引入商业模式，增强实现“关注失智问题，关爱失智老人”社会目标的经济实力，成为合格的、能够持续发展的社会企业。为此，政府要集聚资源，在资金、服务用房、人才培养等方面予以有力地孵化、扶持。

4. 营造关注失智问题的浓郁氛围

鉴于失智症的危害、表现和预防、干预的重要性还不为社会熟悉与重视，有必要在一定时期，以有力手段，组织公共媒体加大专题宣传的覆盖面和力度，提高公众对失智症关爱体系建设的知晓度和信任度，进而提高全社会的参与热情，促进形成体系建设的良好舆论环境。

5. 鼓励加强相关学术研讨和标准化工作

目前国内对失智症社区预防和干预体系的建设，既缺少像西湖区这样区域推进的大样本，也缺乏必要的学术支持和理论支撑，更没有现成的操作标准和评价体系，基本靠借鉴域外的经验。在这方面，政府级有关职能部门应该加以引导，支持有关科研机构和大专院校，开展相关学科的理论研究和人才培养，抓紧组织相关建设标准的研制和推广，为在全国范围整体推进失智症社区预防和干预体系建设创造条件。

6. 加强分类指导，因地制宜推进体系建设

区域性整体推进失智关爱体系建设，要充分考虑城市和农村、城镇居民与农村居民在文化、习俗和对疾病认知等方面的差别，坚持从当地实际出发，个性化、差异化地推进。区（县）级层面，要建立为日渐增多的中重度失智老人提供专业护养的院舍和开展失智症日间照护和干预的机构。中心城区的街道，可以打造集“葆智苑”（早期干预）、“益智苑（预防促进）”和“照顾者之家”功能“三位一体”的“大爱人家”；地处城乡结合部、农村人口占比较高的镇街，则可以重点开办面向全体中老年居民的“大爱教室”，致力于认知功能的改善和失智症的主动预防。社区层面，则重点扶助居家的失智老人，营造关心、帮助失智老人及其家庭的社区氛围。

7. 结合“智慧养老”，加大体系的科技应用力度

西湖区在前一阶段的体系建设实践中，对现代科技的应用是重视的，如建立了《失智长者基本信息数据库》，为部分失智老人配置了“平安云”智能定位器等。今后打算统一选购和标配一批如“阿尔兹海默症治疗仪”、“触屏式多功能脑健康感官教室”等现代化的认知促进和干预设备，并利用现有的养老服务信息管理系统，进一步优化和承载失智老人服务系统，推出相关的智能化的远程干预和自助互助平台，实现线上线下的有机融合，提高失智预防和干预体系的有效性和受益面。

参考文献（略）

山东省基层老龄组织建设情况调研报告

山东省老龄办调研组

为掌握全省基层老龄组织建设情况，找准制约基层老龄组织建设的薄弱环节，探索加强基层老龄组织建设的新举措，今年4月至9月，省老龄办基层组织建设情况调研组先后赴枣庄、烟台、济宁、莱芜4市进行了实地调研，采取召开座谈会、实地察看、填写统计表和调查问卷等方式进行了深入调研。不参加实地调研的市，省老龄办委托各市老龄办选择1个县（市、区）进行了实地调研，并填写了基层老龄组织建设情况统计表和调查问卷。经过对实地调研情况、统计表、调查问卷的统计和分析，基本摸清了全省基层老龄组织建设的现状。有关情况报告如下：

一、调研统计表和调查问卷有关情况说明

（一）调查统计表

共3张统计表，分别是：《县、乡老龄机构建设情况统计表》《乡、村老龄机构、老年组织建设情况统计表》《村（居、社区）老年组织建设情况统计表》。3张统计表的统计标准时点为2014年12月31日。

（1）《县、乡老龄机构建设情况统计表》，由全省17市老龄办填写。主要内容是填写县、乡两级老龄组织建设情况。共收到17份《县、乡老龄机构建设情况统计表》，共统计了全省176个县（市、区、高新区、开发区、风景区、度假区）、1941个乡（镇、街道办事处）的基层老龄组织建设情况，经审核全部符合填报要求。

（2）《乡、村老龄机构、老年组织建设情况统计表》由县级老龄办填写。被选中参加实地调研的市，每个市抽取1~3个县级老龄办填写此表，不参加实地调研的市，每个市抽取1个县级老龄办填写此表，全省有20个县级老龄办填报此表，收到《乡、村老龄机构、老年组织建设情况统计表》20份，共统计了238个乡（镇、街道办）、6062个村（居、社区）基层老龄组织建设情况，经审核全部符合填报要求。

（3）《村（居、社区）老年组织建设情况统计表》由乡级老龄办填写。全省有60个乡（镇、街道办事处）填写了《乡、村两级老龄机构、老年组织统计表》，每个乡（镇、街道办）至少填写10个村（居、社区）的基层老年组织情况，共填报了625个村（居、社区）的基层老年组织建设情况。经审核60份《村（居、社区）老年组织建设情况统计表》全部符合填报要求。

（二）调查问卷

共3个调查问卷，分别是：《县（市、区）基层老龄组织建设状况调查问卷》《乡（镇、街道办）基层老龄组织建设状况调查问卷》《村（居、社区）基层老年人组织建设状况调查问卷》。

（1）《县（市、区）基层老龄组织建设状况调查问卷》。此问卷由县级老龄办填写，全省共有17个县（市、区）老龄办的负责人参加问卷调查。经审核，17份《县（市、区）基层老龄组织建设状况调查问卷》全部符合填报要求。

（2）《乡（镇、街道办）基层老龄组织建设状况调查问卷》。此问卷由乡（镇、街道办）填写，全省共有51个乡（镇、街道办）的负责人或老龄组织负责人参加问卷调查，收到《乡（镇、街道办）基层老龄组织建设状况调查问卷》51份，经审核，有6份调查问卷不符合填报要求，另外45份调查问卷符合填报要求[以下提到参加问卷调查的乡（镇、街道办）时，仅指调查问卷合格的45个乡（镇、街道办）]。

（3）《村（居、社区）基层老年人组织建设状况调查问卷》。此问卷由村（居、社区）负责人或老年组织负责人填写，全省有527个村（居、社区）的负责人或老年组织负责人参加问卷调查，收到《村（居、社区）基层老年人组织建设状况调查问卷》527份，经审核，有22份调查问卷不符合填报要求，另外505份调查问卷符合填报要求[以下提到参加问卷调查村（居、社区）时，仅指调查问卷合格的505个村（居、社区）]。

二、基层老龄组织建设情况

（一）机构设置情况

1. 总体情况

全省共有176个县（市、区、高新区、开发区、风景区、度假区），均设立县级老龄办或代行、兼行老龄职能的部门。参加问卷调查的17个县（市、区）均设立县级老龄办，其中，有5个县（市、区）还设立了县级老年协会。

全省1941个乡（镇、街道办）中有1860个乡（镇、街道办）设立了乡级老龄办。参加问卷调查的45个乡（镇、街道办）中，设立乡级老龄办的44个，设立乡级老年协会的13个，既无乡级老龄办也没有乡级老年协会的1个，既有乡级老龄办又有乡级老年协会的13个。

在20个县级老龄办调查统计的238个乡（镇、街道办）中，共有村（居、社区）6062个，设立老工委的4572个，设立老年协会的2529个。在60个乡（镇、街道办）统计的625个村（居、社区）中，设立老年协会363个，设立老工委305个。在参加问卷调查的505个村（居、社区）中，设立老工委的182个，设立老年协会的227个，既没设立老工委也没设立老年协会的120个。

2. 县（市、区）老龄组织建设情况

176个县（市、区、高新区、开发区、风景区、度假区）设立老龄办或代行兼行老龄职能的部门中，正县级8个，副县级11个，正科级137个，副科级12个，股级1个，没有级别的7个。隶属情况，独立设置的88个，隶属民政的51个，合署办公的18个，隶属组织部门的6个，兼行老龄职能的6个，隶属人社的5个，隶属老干局的2个。176个县级老龄部门或代行兼行老龄职能的单位中，编制人员789人，实有893人，其中，行政编制280人，事业编制567人，其他编制46人。

参加问卷调查的17个县级老龄办中，工作人员配备情况如下，1~3人的4个，3~5人的4个，5~7人的6个，8人以上的3个；职能明确的16个，人员齐全的16个，制度完善的15个，有办公地点的17个，有经费保障的17个。

参加问卷调查的17个县（市、区）中，有5个设立县级老年协会。5个县级老年协会中，工作人员配备情况如下：1~2人的1个，3~5人的3个，5~7人的1个；职能明确的4个，人员齐全的4个，制度完善的4个，有办公地点的4个，有经费保障的3个；县级老龄办与县级老年协会的关系如下：县（市、区）老龄办是县（市、区）老年协会主管单位的3个，县（市、区）老龄办与县（市、区）老年协会合属办公的1个，县（市、区）老龄办与县（市、区）老年协会平行的1个。

3. 乡（镇、街道办）老龄组织建设情况

全省共有乡（镇、街道办）1941个，设立老龄办的1860个，独立设置的212个，非独立设置的1648个，共有专职工作人员587人，兼职工作人员2339人。

在20个县级老龄办调查统计的238个乡（镇、街道办）中，设立乡（镇、街道办）级老龄办的199个，没设立老龄办的39个。199个乡级老龄办中，股级的90个，副科级的6个，没有级别的103个；共有专职人员149人，兼职人员359人。没有设立老龄办的39个乡（镇、街道办）中，指定兼职人员52人负责老龄工作。设立老年协会的有97个乡（镇、街道办），共设立各类老年协会470个，参加老年协会的人数为57981人。

在参加问卷调查的45个乡（镇、街道办）中，设立乡级老龄办的44个，设立乡级老年协会的13个。44个乡级老龄办中，乡级老龄办主任由专职人员担任的15个，乡级老龄办主任由其他人员兼职的29个，29个兼职乡级老龄办主任中，由乡（镇、街道办）负责人兼任的10个，由民政助理员兼任的18个，由残疾人助理员兼任的1个；44个乡级老龄办中，职能明确的36个，人员齐全的32个，制度完善的32个，有办公地点的40个，有经费保障的21个；44个乡级老龄办工作人员配备情况如下，1人的14个，2人的15个，3人的9个，3人以上的6个。

参加问卷调查的13个乡级老年协会中，工作人员配备情况如下：专职人员1人的6个，2人的3个，3人以上的4个；兼职人员1~3个的10个，3~5人的3个；职能明确的9个，人员齐全的10个，制度完善的8个，有办公地点的9个，有经费保障的2个；乡级老龄办与乡级老年协会的关系如下，乡级老龄办是乡级老年协会主管单位的3个，乡级老年协会隶属乡级老龄办的8个，乡级老龄办与乡级老年协会合署办公的2个。

4. 村（居、社区）老龄组织建设情况

在20个县级老龄办调查统计的238个乡（镇、街道办）中，共有村（居、社区）6062个，设立老年协会的2529个，参加老年协会的人数为38998人，设立老工委的4572个，参加老工委的人数为17079人。参加老年协会和老工委的老年人290709人，村（居、社区）两委兼任老年协会会长或老工委主任5014人。

在60个乡（镇、街道办）统计的625个村（居、社区）中，设立老年协会的363个，老年协会实有人数8412人；设立老工委305个，老工委实有人数1796人。625个村（居、社区）中，参加老年协会和老工委的老年人数为30319人，村（居、社区）两委兼任老年协会会长或老工委主任的426人，退休人员担任老年协会会长或老工委主任的94人。

在参加问卷调查的505个村（居、社区）中，设立老工委的182个，设立老年协会的227个，既有老工委又有老年协会的44个，没有老工委也没有老年协会的120个。182个村（居、社区）老工委中，工作人员1人的57个，2人的36个，3人的27个，3人以上的62个；村（居、社区）老工委主任由村（居）两委主要负责人担任的87个，村（居）两委除主要负责人外的其他班子成员担任的24个，退休回村（居）的干部、工人担任的39个，已退的原村（居）两委班子成员担任的18个，村（居）德高望重的老年人担任的14个；职能明确的158个，人员齐全的136个，制度完善的116个，有办公地点的141个，有经费保障的66个。在参加问卷调查的227个村（居、社区）老年协会中，工作人员1人的105个，2人的47个，3人以上的75个；职能明确的131个，人员齐全的159个，制度完善的145个，有办公地点的73个，有经费保障的61个。

（二）工作开展情况

1. 县级老龄办开展工作情况

在县以下老龄机构或组织中，开展工作情况最好的是县级老龄部门，除了按省、市要求开展活动外，县级老龄部门还结合重点工作、重要节日、重大政策出台等时机自发开展相关活动。据统计，县级老龄部门（或代行、兼行老龄职能的部门）平均每年推动重要事项（老年优待、走访慰问、老年救助、养老机构扶助等）落实2.5件以上。仅2015年敬老月期间，县以下党政领导走访慰问的慰问金和慰问品折合人民币约2.5亿元，参加走访慰问的县以上领导2200多人。

参加问卷调查的17个县级老龄办中，开展工作情况如下：工作出色、活动经常的16个，工作一般、活动一般的1个；县级老龄办开展工作的主要困难如下：职能不清的1个，工作机制没理顺2个，人员配备少10个，经费保障机制没建立3个，社会老龄意识淡薄1个；每年参加上级培训1~2次11个，每年参加上级培训3~4次5个，没有参加上级培训的1个；每年举办1~2次培训的10个，每年举办3~4次培训的7个。

参加问卷调查的5个县级老年协会中，工作出色、活动经常的3个，工作一般、活动一般的2个；经费短缺，持续运行没保障4个，协会人员无待遇，全凭一腔热情尽义务，难以长期维系的1个。

2. 乡（镇、街道办）级老龄组织开展工作情况

在 20 个县级老龄办统计的 238 个乡（镇、街道办）中，有 121 个乡（镇、街道办）设立老年文体团队，共设立老年文体团队 1433 支，参加老年人 105689 人，经常活动的老年人 59734 人，有经费的老年文体团队 1319 支。37 个乡（镇、街道办）无村（居、社区）两委兼任老年协会会长或老工委主任，201 个乡（镇、街道办）中有村（居、社区）两委兼任老年协会会长或老工委主任。从活动情况看，城镇的老年组织明显好于农村的老年组织。

参加问卷调查的 45 个乡（镇、街道办）中，设立乡级老龄办的 44 个，其中，工作出色、活动经常的 22 个，工作一般、活动一般的 22 个；乡级老龄办开展工作的主要困难如下：工作机制没理顺的 4 个，人员配备少的 15 个，经费保障机制没建立的 18 个，全社会老龄意识淡薄的 7 个；乡级老龄办工作人员参加上级培训情况如下：每年参加上级培训 1~2 次的 36 个，每年参加上级培训 3~4 次的 6 个，没有参加上级培训的 2 个；乡级老龄办开展培训情况如下：每年 1~2 次的 35 个，每年 3~4 次的 3 个，每年 5 次以上的 1 个，没有开展培训的 5 个。

参加问卷调查的 13 个乡级老年协会中，工作出色、活动经常的 8 个，工作一般、活动一般的 3 个，工作较差、活动较少的 1 个，工作很差、活动很少的 1 个；乡级老年协会面临的主要困难：经费短缺，持续运行没保障的 7 个，协会人员无待遇，全凭一腔热情尽义务，难以长期维系的 3 个，文体骨干少，活动质量难提升的 3 个。

3. 村（居、社区）老龄组织工作开展情况

20 个县级老龄办统计的 238 个乡（镇、街道办）中，共有村（居、社区）6062 个，经常开展活动的老工委和老年协会为 4306 个，设立老年文体团队 3439 个，经常活动的老年文体团队 2694 个，参加老年文体团队的人数为 149612 人。

60 个乡级老龄办统计的 625 个村（居、社区）中，设立老年协会和老工委 668 个，老年协会和老工委人数为 10208 人，参加老年协会和老工委活动的老年人数为 30319 人。经常活动的老年协会和老工委 203 个，活动一般的 163 个，较少活动的 40 个，很少活动的 5 个，不开展活动的 214 个。625 个村（居、社区）中有 340 个村（居、社区）建有老年文体团队 538 个，295 个村（居、社区）没有老年文体团队。538 个老年文体团队，共参加老年人 18196 人，经常活动的老年文体团队 212 个，活动情况一般的 77 个，活动较少的 38 个，很少活动或只在春节农闲活动的 211 个。

参加问卷调查的 182 个老工委中，工作出色活动经常的 91 个，工作一般、活动一般的 77 个，工作较差、活动较少的 10 个，工作很差、活动很少的 4 个；182 个村（居、社区）老工委开展工作的主要困难如下：职能不清的 11 个，工作制度不完善的 3 个，人员配备少的 2 个，经费没保障的 110 个，缺少文体骨干的 56 个；182 个村（居、社区）老工委参加上级培训情况如下：每年参加上级培训 1~2 次的 127 个，每年参加上级培训 3~4 次的 34 个，没有参加上级培训的 21 个。

参加问卷调查的 505 个村（居、社区）设立 227 个村（居、社区）老年协会，工作出色、活动经常 59 个，工作一般、活动一般 140 个，工作较差、活动较少 9 个，工作很差、活动很少的19个；227个村（居、社区）老年协会开展工作的主要困难如下：经费短缺，持续运行没保障的89个，协会人员无待遇，全凭一腔热情尽义务，难以长期维系的94个，文体骨干少，活动质量难提升的30个，活动场地、器材、设施缺乏的14个。

（三）经费保障情况

1. 县级老龄办、老年协会经费情况

176个县级老龄办（或代行、兼行老龄职能的部门）中，普遍存在经费短缺情况。多数县级老龄办每年的办公经费只有3000元，其他经费也严重不足，特别是在经济下行的情况下，申请经费越来越困难。

参加问卷调查的17个县级老龄办中，办公经费为5000元以下的1个，5000~10000元的3个，1万~3万元的6个，5万~10万元的2个，10万~30万元的4个，30万元以上的1个；县级老龄办专项经费5万元以下的5个，5万~10万元的1个，10万~30万元的1个，30万~50万元的2个，50万~100万元的2个，100万~1000万元的5个，1000万元以上的1个；县级老龄办筹集社会资金用于老龄事业发展数额，5万元以下的6个，5万~30万元的5个，30万~50万元的1个，0元的5个。

参加问卷调查的5个县级老年协会中，办公经费5000~10000元的1个，1万~3万元的3个，3万~10万元的1个。

2. 乡级老龄办、老年协会经费情况

全省共有乡（镇、街道办）1941个，设立老龄办的1860个，有经费的622个，无经费的1238个。

20个县级老龄办统计的238个乡（镇、街道办）中，有124个乡（镇、街道办）的老年协会或老龄办有活动经费，61个乡（镇、街道办）中的村（居、社区）老工委、老年协会有经费，277个乡（镇、街道办）中的村（居、社区）老工委、老年协会没有经费。

参加问卷调查的45个乡（镇、街道办）设立乡级老龄办44个，办公经费在1000元以下的15个，1000~5000元的3个，5000~10000元的4个，1万~3万元的3个，10万~30万元的2个，30万元以上的1个，无办公经费的16个；44个乡级老龄办专项经费在5万元以下的20个，5万~10万元的3个，30万~50万元的1个，50万~100万元的1个，100万~1000万元的1个，没有专项经费的18个；44个乡级老龄办筹集社会资金用于老龄事业发展情况：5万元以下的15个，5万~10万元的1个，10万~30万元的1个，30万~50万元的1个，50万~100万元的1个，没有筹集经费的25个。

参加问卷调查的13个乡级老年协会中，办公经费在1000元以下的9个，1000~5000元的1个，5000~10000元的1个，1万~3万元的1个，3万~10万元的1个。

3. 村（居、社区）老工委、老年协会经费情况

20个县级老龄办统计6062个村（居、社区）中，设立老年协会和老工委7101个，有经费的只有582个；设立老年文体团队3439个，有活动经费的498个。

60个乡（镇、街道办）统计的625个村（居、社区）中，有活动经费的242个，没有经费的383个。625个村（居、社区）设立老年文体团队538个，157个村（居、社区）

的老年文体团队有经费，481个村（居、社区）没有老年文体团队或老年文体团队没有经费。

参加问卷调查的182个老工委中，办公经费在500元以下的68个，500~1000元的74个，1000~5000元的8个，5000~10000元的14个，1万~5万元的3个，5万~30万元的1个，没有经费的14个。

参加问卷调查的227个村（居、社区）老年协会中，办公经费在500元以下的54个，500~1000元的29个，1000~5000元的25个，5000~10000元的23个，1万~5万元的19个，5万~30万元的10个，没有经费的67个。

三、基层组织建设存在的问题和面临的困难

（一）总体推进不乐观

我省历来重视基层老龄组织建设，全国老龄办自2012年起也将基层老龄组织建设放在非常重要的位置。2014年，全国老龄办和省老龄办先后印发“乐龄工程”实施方案，全省各级老龄部门据此做了大量工作，取得了阶段性成绩。但在调研中我们也发现，基层组织建设的总体情况不容乐观。此次调研中，省老龄办设计了比较详细统计表和调查问卷，突出了实用性和填报的随机性，填报的数据不直接反映本单位本地域的工作，统计数据的可信度较高。从统计数据看，县级老龄办的建设情况较好，176个县（市、区、高新区、开发区、风景区、度假区）均设立老龄办或代行兼行老龄职能的部门。但乡（镇、街道办）以下的老龄组织建设情况还存在一些问题，全省有1941个乡（镇、街道办）中，设立乡级老龄办的1860个，尚有81个乡（镇、街道办）没有设立乡级老龄办。20个县级老龄办统计的6062个村（居、社区）中，虽然设立老年协会、老工委的7101个，但其中有好多村（居、社区）既有老年协会也有老工委。参加问卷调查的505个村（居、社区）中，设立老工委的182个，设立老年协会的227个，既有老工委又有老年协会的44个，没有老工委也没有老年协会的120个，接近四分之一的村（居、社区）没有老年组织。

（二）作用发挥不突出

在基层老龄组织中，县级老龄办作用发挥得最好。但由于受人员较少、职能不清、经费短缺等因素影响，没有完全发挥其应有的作用。在有的地方，县级老龄部门成为安排年龄偏大、能力偏弱干部的一个养老的去处，也在一定程度是影响县级老龄工作的开展。有的县级老龄办存在工作按部就班、缺少激情和闯劲、混靠等的现象。

在县以下老龄组织中，乡（镇、街道办）和村（居、社区）的老龄组织发挥作用情况一般。全省乡（镇、街道办）级老龄办共有1860个，有经费的只有622个，在没有经费保障的情况下，开展老龄工作的力度和效果都大打折扣。在60个乡（镇、街道办）统计的625个村（居、社区）的老年组织中，经常活动的只有203个，没有活动的214个，较少或很少活动的45个，这一组数字充分说明了村（居、社区）老龄组织发挥作

用的情况。60个乡（镇、街道办）统计的625个村（居、社区）中，有295个村（居、社区）不开展任何老年文体活动，开展老年文化活动的340个村（居、社区）也普遍存在缺少文体器材、健身设施、文体骨干的情况，只能开展打打鼓敲敲锣、路边跳跳广场舞的简易文体活动。参加问卷调查的182个老工委中，工作出色活动经常91个，工作一般、活动一般77个，工作较差、活动较少10个，工作很差、活动很少的4个；参加问卷调查的227个村（居、社区）老年协会中，工作出色、活动经常59个，工作一般、活动一般140个，工作较差、活动较少9个，工作很差、活动很少的19个，另外，120个村（居、社区）没有老年组织，更谈不上发挥作用。

（三）队伍建设不到位

176县级老龄办中，实有893人，平均每个老龄办5人，就是这5个人，经常被其他部门抽调去帮助工作，如果再去除工勤人员和离岗人员，每个县级老龄办平均不到2人。在平时的工作中，经常发现很多县级老龄办的主任或副主任采写报送老龄信息、宣传报道稿件、登记统计表，原因之一就是这些主任和副主任没人可用，自己不干就没有人干。

20个县级老龄办调查统计的238个乡（镇、街道办）中，有专职人员只有149个。在60个乡（镇、街道办）统计的625个村（居、社区）中，只有94个村（居、社区）有专职老年协会会长或老工委主任。在参加问卷调查的505个村居中，设立老工委的182个，设立老年协会的227个。182个老工委中，工作人员1人的57个，2人的36个，3人的27个，3人以上的62个；227个老年协会中，工作人员1人的105个，2人的47个，3人以上的73个。乡（镇、街道办）和村（居、社区）中普遍存在没人做老龄工作的现象，基层老龄队伍建设有待提高。同时，基层老年组织中缺少文体骨干的现象也非常突出，很多基层老年组织没成立老年文体团队、有老年文体团队却很少活动、有活动也非常简单的原因，就是缺少文体骨干，成为制约基层文体活动开展的主要瓶颈。

四、基层老龄工作人员在加强基层老龄组织建设上的关注点

在调研中发现，基层老龄工作人员因为长期在基层一线工作，对基层老龄工作有着切身的深刻认识，特别是在加强基层组织建设上，有不少好的思路和办法。而且，在加强基层老龄组织建设上，基层老龄工作人员的关注点往往与上级的关注点不完全一致，具有很强的针对性、前瞻性，反映了基层广大干部和老年人的心声，凝聚了基层一线干部群众的智慧。了解基层关注的热点是我们有针对性出台相关政策措施、推动基层老龄组织建设的重要基础。基层关注的热点，主要体现在参加问卷调查的567名县、乡、村级负责人［17名县级老龄办负责人、45名乡级老龄组织负责人、505名村（居、社区）负责人或村（居、社区）老年组织负责人］的调查问卷中。综合如下：

（1）加强基层老龄组织建设的方向。参加问卷调查的567人中，选择理顺体制和工作机制的43人，健全老龄政策法规体系的3人，选择配齐配强工作人员的48人，选

择建立老龄事业发展经费保障机制的406人，选择加强宣传，增强全社会老龄意识的28人，选择明确老龄办职能定位的6人，选择加强人才培养，提高业务素质的33人。

（2）编制体制和工作机制。在参加问卷调查的17名县级老龄办负责人中选择注重顶层设计，理顺编制体制和工作机制的7人，选择立足现有条件，发挥机构作用的0人，选择注重制度建设，完善运行机制的1人，选择整合多方资源，构建大老龄工作格局的9人。

在参加问卷调查的550名乡级村级负责人或老年组织负责人中，选择加大工作力度，在乡（镇、街道办）健全老龄工作机构和老年组织的23人，选择加大扶持力度，对乡（镇、街道办）老年组织给予政策、资金等方面支持的456人，选择加强规范化建设，建立健全乡（镇、街道办）老龄工作机构和老年组织工作制度的6人，选择加强基础建设，使乡（镇、街道办）老龄工作机构和老年组织达到机构健全、队伍齐整、制度规范、作用发挥良好目标的65人。

（3）人员配备。在参加问卷调查的17名县级老龄办负责人中选择配齐配强人员的10人，选择选好主要领导的1人，选择建立能进能出的用人机制的5人，选择建立上下联动互相挂职制度的1人。

在参加问卷调查的550名乡级村级负责人或老年组织负责人中，选择配齐配强人员的52人，选择给协会主要负责人一定补助，提高工作积极性的382人，选择提高文体骨干素质，增加活动的吸引力的69人，选择广泛组织各种活动，为老年人搭建活动平台的47人。

（4）经费保障。在参加问卷调查的17名县级老龄办负责人中，选择建立与经济社会发展同步增长的经费保障机制的5人，选择逐级建立以老年人口数为基数由财政划拨的老龄事业发展专项基金的11人，选择探索建立社会资本投入机制的1人。

在参加问卷调查的550名乡级村级负责人或老年组织负责人中，选择为乡（镇、街道办）老龄工作机构和老年组织列支一定经费的289人，选择建立以老年人口数为基数由财政划拨的乡（镇、街道办）老龄事业发展专项基金（资金）的118人，选择加大筹资力度，筹措更多资金用于发展乡（镇、街道办）老龄事业的143人。

（5）宣传教育。在参加问卷调查的17名县级老龄办负责人中选择加强人口形势教育的2人，选择加强孝德文化宣传3人，选择加强老龄法规政策宣传8人，选择建立老龄宣传教育长效机制的3人，选择加强老龄宣传人员培养的1人。

在参加问卷调查的550名乡级村级负责人或老年组织负责人中，选择加强人口形势教育的33人，选择加强孝德文化宣传的291人，选择在村（居）社区、集市、公园、小区广场等场所开展老龄法规政策宣传的189人，选择加大老龄宣传一条街一面墙建设力度的37人。

（6）人才培养。在参加问卷调查的17名县级老龄办负责人中，选择加强专业培训的7人，选择采取送学方式培养人才的2人，选择采用以会代训方式培养人才的1人，选择把好入口关，选拔高素质人才的7人。

在参加问卷调查的550名乡级村级负责人或老年组织负责人中，选择加强老年文体骨干培训的 119 人，选择采取送学、以会代训方式培养人才的 225 人，选择广泛开展文体活动，在活动中锻炼培训人才的 206 人。

（7）场地、设施建设。在参加问卷调查的550名乡级村级负责人或老年组织负责人中，选择利用闲置学校医院改建老年活动场所的 47 人，选择文化、体育、老龄、老体协加强统筹协调，为基层老年活动场所配备相关设施、器材的 361 人，选择健全制度，提高老年活动场所管理水平和效益的 45 人，选择争取各方支持，提高老年活动场所建设水平的 97 人。

五、几点建议

（一）思想认识上再提高

基层老龄组织建设是老龄工作的基础，是确保各项老龄工作落到实处的重要保障。各级老龄部门对基层组织建设的重要性认识比较到位，也做了大量的工作，但在工作中也确实存在着说起来重要，做起来次要，忙起来不要的现象。要进一步提高各级老龄部门，特别是县级老龄部门对基层老龄组织建设重要性的认识，帮助基层解疑释惑、排险除难，克服畏难情绪，摒弃难有作为的心态，逐级明确基层老龄组织建设的目标任务，制订详细的目标责任分解。加强对县级老龄办主要领导的培训力度，提高其思想水平，提高筹划、协调、落实和督促检查的能力。

（二）顶层设计上再明晰

加强基层老龄组织建设，必须做好顶层设计，特别是省市两要有明晰的思路。省市要顶层设计中，应把握几个内容，首先，要把工作的着力点放在县级老龄办，县级老龄办是基层老龄组织建设的具体组织者，省市的相关政策要有利于县级老龄办落实，不提不切实际的空目标，要细化相关政策，提高其操作性，使之成为县级老龄办抓基层老龄组织建设的有力武器，而不是鸡肋。对乡（镇、街道办）以下的基层老龄组织，重在建设，重在发挥作用，不必强求统一。有的地方基层老工委发挥作用很好，而且在群众中有较高的美誉度，如果强求改为老年协会，既增加工作量，也使基层群众对老龄组织的认可度降低，引起不必要的混乱。第二，要发挥政策和资金的杠杆和引领作用。加强基层老龄组织建设，离不开资金的保障，在省级财政资金紧张，又不能越级拨款的情况，省市两级应从政策上求突破。可以与省市民政、财政部门联合发文，从省市层面出台有关基层老龄组织建设资金保障政策，使县以下老龄组织在推动工作时有抓手。第三，发挥好表彰奖励的指向作用。基层工作既需要持之以恒的抓，也需要及时的激励。我省自 2002 年就开始评选先进基层老龄组织，实践证明，这是推动基层老龄组织建设的一个非常好的抓手。建议，恢复老龄办每两年评选表彰一次基层老龄组织的做法，从 2016 起，每两年评选表彰一次基层老龄组织。

（三）工作推进上再努力

基层老龄组织建设是一个过程，一项事业或一个产业，需要长期的培育和呵护。目前，我省在基层老龄组织建设中，还存在文件落实文件，通知落实通知的现象。对基层老龄组织建设的真实情况也缺乏了解，相关政策与基层老龄组织建设脱节的情况还不同程度地存在。下一步，加强基层老龄组织建好必须在工作推进上想办法、做工作。首先，为县以下老龄组织建设提供政策支持，在资金、人员配备和待遇、工作职责、领导关系等方面应进一步细化，把倡导的变成必须的，把软的变成硬的。其次，在推进工作时把面上普及和典型示范结合起来，面上促推广，点上树样板，为各级树立可学可超的范例。第三，加强检查指导，充分发挥老龄委、老龄办的相关职能，在推进基层老龄组织建设上形成合力，树立权威。推动具体工作，部署多次不如通报一次，表彰N回不如批评一回。

（四）队伍建设上再加强

从调查统计的情况看，乡（镇、街道办）以下的老龄（或老年）组织，没人干、不会干的情况比较突出，这是制约基层老龄工作开展的主要原因。选一个好的老年协会会长或老工委主任，可以兴一方事业。选好人才，是乡（镇、街道办）以下基层老龄组织建设的核心之一。加强基层老龄工作应该在队伍建设上有所作为，具体的有三条，一是配齐配强老年协会会长和老工委主任。二是加强对基层村（居、社区）专业人员的培训，特别是文艺骨干、调解员等人员的培训。三是为村（居、社区）老年协会会长或老工委主任给予一定的待遇，可以参照聊城和莱芜市的做法，让乡（镇、街道办）的老龄办主任享受副科级政治待遇，让村（居、社区）老年协会会长或老工委主任享受村（居、社区）两委委员的经济待遇。

作者：潘思兴　山东省老龄办宣教处副处长。

湖北老年人力资源现状及开发利用调研报告

湖北省老龄办、湖北大学联合调研组

人口老龄化对经济社会发展产生深刻影响和挑战，其中最明显、最直接的是造成整个社会劳动力资源严重不足。多年来，湖北经济的长期高速发展与大量的青壮年劳动力资源密切相关，是享受了“人口红利”的结果。有关数据显示，到2015年左右，支撑湖北长期发展的“人口红利”将逐渐减退，劳动力资源的缺口将在各个领域显现，这会严重制约和阻碍湖北经济的可持续发展。因此，在新的劳动力资源供给不足的情况下，对现有人力资源尤其是老年人力资源的开发利用，推动湖北经济又好又快发展，就显得极其重要和紧迫。为此，省老龄办与湖北大学联合组成调研组，对当前我省人口老龄化的程度及老年人力资源总体状况进行深入调查研究。此次调查主要采用调查问卷、座谈与深度访谈3种调查形式，发放问卷600份，回收有效问卷553份；座谈与个别访谈老年对象50余人次。我们认为：随着人口老龄化的形势越来越严峻，劳动力的供需矛盾会进一步加大，为缓解这个矛盾，开发老年人力资源势在必行，应引起各级党委政府及全社会的高度重视。

一、湖北人口老龄化和老年人力资源现状

截止2013年底，全省60岁以上老年人口936.11万，占总人口的16.01%，其中城镇的418.84万，占城镇人口的14.28%；农村的517.27万，占农村人口的17.83%。离退休干部近58万，其中党员35.8万。随着人口老龄化程度加重以及老年群体受教育程度提高和医疗保障水平的改善，老年群体中的高级知识分子、有一技之长的人越来越多，为开发老年人力资源奠定了基础。湖北是一个人才大省，高校云集，央企众多，全省已退休的教授、高级工程师人数相当可观，这说明，我省老年人力资源储备具有很强的质量优势和开发价值。这一点，在此次调研中也明显反映出来。在随机受访老年人中，文化程度在大学及以上的占比18.81%，其中专业技术人员占比达到11.75%。就我们重点调查的湖北大学、武汉大学、武汉理工大学、江汉大学等高校情况看，退休后身体健康且有再就业意愿的教授、副教授占比非常高。

二、湖北省老年人力资源开发中存在的问题及原因分析

（一）存在的问题

1. 我省老年人再就业率偏低、群体分布不均衡、老年在业人口的文化程度偏低

一是我省目前老年人力资源十分丰富，但利用率却偏低。调查发现，健康状况很好或较好的占受访老年人总数的 83.36%，身体较差的仅占比 16.64%，这说明我省老年人力资源开发对象的身体基础是很好的。但是，从在业状况看，情况并不理想，在业老年人占比仅为 16.82%，而赋闲在家的老年人占比则高达 83.18%，即使是具有大学以上学历的离退休人员的再就业率也仅为 22.1%，这说明我省老年人退休后，大多赋闲在家，没有充分发挥其应有的社会作用，造成人力资源的浪费。二是再就业老年人在业群体分布很不均衡，城市老年人在业率低于农村老年人。城市老年人口在业率为 13.2%，农村老年人口在业率为 26.7%，农村老年人在业率比城市高出 13.5 个百分点。三是我省老年在业人口普遍文化程度偏低，大量高学历、高智力的老年技术人才闲置。在调查的 553 名老年人中，具有大学及以上学历的共有 104 人，其中年龄在 60–70 岁区间的低龄老年人有 69 人，目前在业的仅占 22.12%，而不在业的则占比高达 77.88%。说明我省老年人再就业的渠道基本限定在以体力劳动为主的低端行业，具有高智力、高技能老年人的就业优势体现得并不明显。

2. 我省老年人的再就业愿望还不够强烈，老年人力资源开发的内在动力还未得到充分发掘

一是再就业意愿不强。在“是否愿意再就业”选项下，愿意继续工作的占比 31.28%，不愿意继续工作的占比 34.72%，无所谓的占比 34.00%，选择这三项答案的人数基本相当。说明我省老年人群体再就业愿望不强，还有相当一部分人对于再就业处在犹豫观望甚至拒绝和抵触中。二是再就业途径的选择上存在局限性。此次调查显示，在“再就业途径选择”选项中，选择次序是：熟人介绍占比 40.87%，自己创业或在自己家里工作占比 21.88%，政府及有关部门聘请占比 18.63%，自己去社会应聘占比 11.75%，相关中介组织推荐占比 9.95%。依靠熟人和家庭进行择业的老年人占了绝大多数，两项相合占比高达 62.75%，而选择政府、社会中介组织或市场的仅占 37.25%，这说明老年人再就业的选择面比较狭窄，还处在一个自发阶段。 三是我省老年人重新就业的职业选择取向比较单一。在“如果让你们重新择业，愿意从事什么样的工作”选项中，选择次序如下：“可以和以前的工作不一样，但要能够胜任”，占比 36.35%；“即使不一样，也要关联性很大”，占比 24.05%；“希望与以前的工作一样”，占比 24.77%；“不想做以前的事了，想换个工作尝试一下”，占比 14.83%。这说明我省老年人再就业观念还是较为单一保守，开拓创新意识不强，对于尝试新的工作缺乏动力和信心。四是我省老年人再就业的动机和目的群体差异较大。在“从业动机”选项中回答“不愿意闲着，想为社会继续做贡献”的占比 39.24%；“趁身体还好多赚点钱”的占比 32.01%；“生活所迫，不做不行”的

占比 28.75%。选择前一项的多为干部、知识分子、城市居民，而选择后两项的则以农村老人和城市贫困老龄人口为主。

3. 我省老年人力资源开发尚缺乏行之有效的政策、机制保障

近几年我省出台了《关于进一步加强老龄工作的意见》和《湖北省老龄事业发展“十二五”规划》等文件，但对老龄产业的发展、老年人力资源开发等方面关注较少，并且缺乏有效的政策、机制保障。

一是政府的制度和政策不健全，并且缺乏一套行之有效的激励机制和实施方案。这使得老年人力资源开发仍处于分散、自发、不确定的状态，老年人力资源的价值评估、使用管理、权益保障体系还有待建立，老年人力资源开发理论还有待完善。由于缺少政策鼓励、社会服务和家庭支持，老年人就业中没有劳动合同保障、最低工资保证和劳动福利保护，直接影响了老年人力资源的开发利用。二是政府相关部门对于老年人力资源开发工作的意愿不强、动力不足、办法不多。在“老年人是否了解再就业方面的相关政策和保障措施”选项中，“毫不知道”的占到了 44.30%，“知道一些”的占比 49.37%，而“非常了解”的仅有 6.33%。这说明老年人力资源开发方面的政策和机制，没能落到实处。三是政府为老年人搭建的就业平台不多。在与老年人座谈中，有的老年人明确反映说，“我们身体很好，也愿意继续出来工作，但是政府没有给我们提供相应的平台，让我们来展示自身才能和发挥余热”，对此，有老年人建议：“国家应从立法、管理角度来帮助老年人。在以社会、市场的多元化发展下搭建平台。”还有老年人呼吁，“要把老年人力资源的开发和老年人权益保障结合起来。政府要制定具体的政策措施，来限制老年人的劳动时间和劳动强度，照顾老年人的精神需求，保障老年人再就业的劳动待遇的公平，如果有劳动医疗保险那就更好。”

4. 我省老年人力资源开发还缺乏强烈的市场推动力

一是老年人再就业的市场意识比较弱。我们访谈中，有的老年人明确表示，“我们只求能与社会接轨，不想与市场接轨；我们只想到要发挥余热，为社会继续做贡献，没想到去赚钱”。统计显示，在整个老年人再就业途径选择中，纯粹求助于市场的还不到 10%。二是老年人力资源开发缺乏市场化的社会服务系统。比如，缺乏老年人力资源中心和老年人职业介绍所之类的老年人力资源中介组织，来引导老年劳动力进入劳动力市场，为供求双方牵线搭桥，实现双向选择。三是没有针对老年人力资源的市场特殊性，进行有效的制度或法规上的应对。比如，缺乏适合老年人特点的灵活用工制度；缺乏将老年人力资源纳入在内的人力资源的统筹配置和合理的市场竞争环境；缺乏面向老年人劳动市场的长效性的仲裁和保障机制等等。

5. 缺乏系统的职业培训计划和专业培训机构

一是老年人职业培训计划不明确。在“是否愿意接受相关知识与技能培训”选项下，选择“非常愿意”占比 47.92%；“意愿不强烈”的占比 30.56%；“完全不愿参加”的仅占比 21.52%。然而，在“是否已经参加过相关职业培训”的选项下，选择“从未参加过相关培训”的占比 76.85%，选择“参加过或正在参加培训”的仅占比 23.15%。两组数据对比反差很大，说明当前我省的老年培训机构不能满足老年人的学习愿望和职业培训需求。据我们个别访谈了解，即使是参加过培训的这部分老年人，所学的课程也多是一些修身养性、陶冶情操的“兴趣课”、“休闲课”、“养生课”，这些课程都明显缺乏市场的针对性。二是老年人职业培训机构缺乏。根据调查，目前社会上针对各种需要和各个年龄群体的培训机构非常多，但是针对老年人的专业培训机构却很少。办学历史比较长，影响比较大的就是老年大学。但令人遗憾的是，老年大学无论从其办学宗旨还是课程设置看，与市场或社会需求有关的职业培训方面的内容很少。调查中发现，老年大学的学员自认为所学课程有实用性或职业相关性的仅占比 11.25%，而认为所学课程与与自己的就业基本不相关或完全不相关的占比则高达 88.75%。访谈中，武汉市某老年大学校长明确表示：“老年大学有它自己的办学宗旨，课程设置主要以老年人修身养性、培养爱好和娱乐为主，进行职业教育到职业培训学校好了，老年大学永远不会开此类课程。”从中可以看出社会对待老年人职业培训的态度。

（二）原因分析

1. 认识上存在误区

一是人们对于老龄化社会的到来及其带来的各种问题与挑战，普遍缺乏危机意识，对老年人力资源开发这个问题认识不清、存在顾虑。调查中当问及这方面的问题时，多数回答基本都是“很诧异”、“不了解”、“没有思考”。二是对老年人力资源的整体素质缺乏客观的认识，低估老年人的工作、学习能力。实际上，老年人不仅不是社会的包袱，而是全社会宝贵的、可持续发展的人力资源财富。三是一些错误的、过时的观念阻碍了老年人力资源的进一步开发利用。座谈中有老同志认为，人老了就要“颐养天年”在家“抱孙子，享天伦“，如果还要“打工”，就“没面子”、“很丢人”。这种看法很有代表性。

2. 客观条件的局限

现阶段我省老龄化社会所带来的人力资源的供需矛盾还没有完全显示，开发老年人力资源还不是湖北省经济社会发展的“刚需”。

一是湖北省人力资源储备丰厚，各类青壮年专业技术人才众多，尤其像武汉这样的特大城市，不仅在岗的人才多，而且各大高校聚集了 100 多万大学生，显示了高端人力资源后备军的巨大潜力。在这个背景下，老年人力资源的开发利用容易被弱化、被忽视。其次，经济增长方式的转变与产业结构的调整还在进行中，适应老年人就业的第三产业还不够发达。三是湖北省老年人力资源分布很不均衡，像武汉、宜昌、襄阳这样的大城市，人力资源的需求基本处于一种饱和状态，而广大农村尤其是一些边远山区，劳动力资源尤其是高端的资源又存在巨大的缺口。以我们调研的以“打工经济”为主导的英山、罗田等鄂东山区为例，随着青壮年劳力的外出务工，这些地方的农村人口已呈现出明显的“老龄化”、“空心化”状态，存在着严重的人力资源短缺和老年人力资源被过度开发的现象。这与城市老年人力资源的大量闲置，形成强烈的反差。

3. 政府责任不够明确

在各级政府的大力推动下，我省老年人力资源开发工作已经启动并走在了全国的前列，但是相对于老龄化社会不断深化的现实要求来说，还有很大的距离。主要原因在于政府在老年人力资源方面的职责还不够明确。

一是还没有对于我省老年人力资源状况展开深入的调查研究，对于我省老年人力资源的基本状况和家底了解不够，我省老年人力资源的发展潜力和应用前景，都还没有充分掌握。二是虽然近几年我省已经出台了一些政策措施，但还是缺乏一个综合应对人口老龄化问题的战略规划和顶层设计。三是还未能制定和完善有利于开发老年人力资源的法律和规章制度，建立和完善老年人力资源开发和管理系统，以对老年人力资源再就业市场进行法制化、规范化、人性化、长效化的管理。四是强调对于老年群体的社会扶助和权益保障较多，却容易忽视老年人继续劳动、参与社会、实现自身价值的内在诉求。

4. 老年人自治组织发展不够

对于老年人力资源开发而言，政府的引导扶助，市场的推动刺激，都还是外力，真正意义上的开发还是以老年人自身为主体的自我开发，只有老年人自身投入进来、组织起来，承担起人力资源开发的主体责任，老年人力资源开发才是成功的。但是，从调研中看，我省的老年人自治组织形式发展还很不完善。

一是尚未认识到老年人自治组织对于老年人力开发的重要性。访谈中经常听到老年人抱怨：“领导不重视”、“没人管”、“单位没有了，我们无从发挥余热”等等，说明老年人自治意识不强，自治组织形式不够。二是现有的老年自治组织不仅数量少，而且独立性差、相对封闭且功能单一，在我国传统单位制度弱化以后，未能起到组织老年人联系社会、获取资源、传输利益的渠道作用。以武汉市某城区为例，调研中发现，搞得比较好的几个老年民间社会组织，如“老年人书画协会”、“延安精神研究会”等，其实都有较强的政府组织色彩，在人员构成、资金、活动场所、活动内容方面都受到政府组织的支持和限制，面向社会、面向市场的能力较弱，自身缺乏应有的“造血功能”。三是真正与老年人力资源开发相关的老年组织，诸如老年群体创业组织，老年群体互助组织、老年群体社会中介组织等等，还非常少见。

三、湖北省老年人力资源开发对策与路径思考

1. 加大宣传力度，改变旧的观念

社会要变革，观念应先行。要高度重视宣传的作用，只有在全社会形成有利于老年人力资源开发的良好舆论氛围，才能消除老年人力资源开发的文化阻力，焕发出老年人力资源开发的内在动力，从而推进各项老年人力资源开发相关的政策实施和市场变革。近年来，“积极应对人口老龄化”已提升到国家战略地位，反对把“老化与问题”划等号，重视老年人的自主与独立意识，强调其所具有的能力和优势，鼓励老年人通过成立自我管理、自我服务、自我教育的各种管理组织，继续为社会作贡献。这种理论对于积极的老龄社会构想以及老年人力资源的开发具有很强的借鉴意义。全社会都要抛弃“老年群体是社会的包袱”、“老年人上岗就会导致年轻人下岗”等错误认识，要充分认识到市场本身对于老年人力资源的需求和老年人对年轻人传帮带的作用，真正改变对老年人的

态度，消除对老年人的偏见，相信老年人的创造潜力一旦激发出来，就是一笔巨大的社会财富。我们一定要顺应时代的要求，让老年人不仅能够“老有所养”、“老有所乐”，还要能够“老有所用”、“老有所为”，让这些“壮心不已”的“伏枥老骥”们能够为我省的经济社会发展献计献策，再立新功。

2. 加强政府引导，制定政策法规

新修订的《老年人权益保障法》在“参与社会发展”章节中明确提出：“国家和社会应当重视、珍惜老年人的知识、技能、经验和优良品德，发挥老年人的专长和作用，保障老年人参与经济、政治、文化和社会生活。”由此可见，老年人与青年人同样享有就业的权利，他们能为社会继续创造物质和精神财富，是利国利民的好事。但是由于存在一些对老年人就业的不利因素，比如，体力上的差距、不利于老年人就业的传统就业模式、对老年人就业存在一些偏见或歧视等。因此，必须制定必要的法规，保护老年人的合法权益。必须使老年人再就业规范化、制度化和有序化。为此，这项工作需列入政府议事日程、专题研究诸如年龄歧视、竞争行为、收入待遇、表彰奖励以及解决新老单位在劳保、工伤、医疗费用报销等方面的扯皮问题等。具体措施如下：一是有关部门应研究制定保护老年人劳动权力的再就业法规，禁止以老龄为条件歧视或阻碍老年人再就业。二是立法保护离退休人员再就业取得的合法收入，任何单位不得以再就业取得的合法收入为借口扣发或减发再就业人员的退休金。再就业所得报酬达到纳税金额的照章纳税，任何部门不能巧立名目额外收费。三是对做出显著成绩和突出贡献的再就业老人，用人单位和政府有关部门应与单位在职人员一样，及时给予表彰和奖励。

3. 搭建平台，广开渠道，为老年人力资源的开发利用提供服务

我省现有的老年人力资源开发普遍存在市场化平台不多，再就业流通渠道不畅通的问题。一是要建立老年人力资源信息平台。在现代科技条件下，老年人力资源要建立详细的人力资源信息库，对人力资源进行分类分级管理，并通过网络实现信息共享，否则就会造成人力资源价值判断不准，影响人才的使用效率。二是建立老年人力资源流通平台。人才流动是“识才”到“用才”的中介环节，其通畅与否直接影响到人才的实际使用。必须尽快建立并完善专门的老年人力资源中介机构，使老年人力资源的合理流动有一个组织保障；必须建立并完善老年人力资源市场调节机制，使老年人力资源能够通过市场调节，实现其优化配置；必须尽快建立并完善老年人力资源的评估、流动、管理体系，才能在具体环境中解决实际问题，切实保障老年人力资源的开发与利用。

4. 强化老年人再就业培训、教育

老年人再就业往往需要培训与教育，因为退休之后也确实存在着知识过时、认识跟不上时代等问题，但是老年人本有的经验与技能还在，也有为社会继续做贡献的热情，因此为了充分开发老年人力资源，就必须重视老年人的再就业培训与教育。一是要制定老年人终身教育、终身培训的长远规划，要认识到教育和培训是人力资源开发最重要的渠道，积极推进和发展老年教育事业既是老龄社会的需要，同时也是终身教育体系构建的需要。二是要转变现行的老年教育理念，改革现行的老年教育机制，加大职业培训在老年教育中的分量。对于老龄化社会不断深入所带来的人力资源需求要做出前瞻，预先在师资力量、课程设置方面进行必要的针对性安排。三是考虑设立专门的老年人力资源培训机构。

5. 开拓老年劳动力市场，优化老年人力资源配置

目前，像武汉等大城市老年人才集中，但是许多老年人才却无用武之地。政府和社会各界要为老年人才流动开辟渠道，让他们从大城市到需要的地方去，实现老年人的价值，要为他们参与社会，贡献社会，实现老年人力资源的优化配置提供便利条件。在确认老年人力资源资本化、市场化、社会化、价值化的前提下，老年劳动力市场运行要具备以下条件：一是依据市场追求投资回报最大化的运行规律，要以老年人力资本转化为商品的程度为基本依据，其社会效益的体现只能以经济利益的分配为前提。二是老年人力资源的市场化和社会化的核心是劳动力产权明晰化、劳动行为的主体化。三是企业依据利润最大化原则对老年劳动力的最优配置。在老年人力资源市场，招聘录用、薪酬福利、激励考核、劳动关系管理等方面按照市场经济规律运行。

课题组成员：王建楷　高乐田　田　莹　张泽文

老年人社会参与问题研究

——以重庆市为例

重庆市老年学学会　九三学社重庆市委

人口老龄化是一股不可逆转的潮流，老年人已经成为我国一个不容忽视的社会群体。在未来一段时期内，我国老年群体将占到总人口的1/3，将成为影响小康社会建设的重要群体。

实践和研究表明，老年人社会参与，不仅有利于其身心健康，也有利于推进经济发展、社会进步。鼓励老年人社会参与，既可以提高老年人的自养能力和精神文化水平，又可以缓解沉重的养老、医疗负担，是一种“双赢”的策略，促进老年人社会参与不仅学界、政府和社会应该高度重视，而且应该成为我国制定的老龄政策和行政法规的重要组成部分。

本研究以重庆市为例，梳理老年人社会参与的相关理论，从参与率、参与领域、参与动机和参与方式等方面实际了解当前老年群体社会参与的现状及问题、困难，以及影响老年人社会参与的原因，创新性提出了老年人社会参与的层次性，并在此基础上，从社会意识、政策引导、基层建设、社工组织参与等层面提出关于推进老年人社会参与的对策建议，以期为推进老年人社会参与的相关决策起到参考作用。

一、绪　论

（一）人口老龄化现状

1. 老年人和老龄化的界定

国内外老年学专家界定老年人的标准较多，不同时期、不同国家或地区的定义不尽相同。主要有年代年龄（又称出生年龄）、生理年龄、心理年龄和社会年龄等。通常采用的年代年龄标准将老年人分为三个时期：45-64岁为初老期，65-89岁为老年期，90岁以上是老寿期。

《老年人权益保障法》规定：“本法所称老年人是指60周岁以上的公民。”根据我国实际，一般认为45-59岁为初老期，60-79岁为老年期，80岁以上为长寿期。随着人民生活水平的不断提升，我国人均寿命逐渐增长，对于老年人的定义也逐渐变化。为保证数据一致性，本研究将60岁作为划分老年人口的界限。

老龄化是全世界面临的共同问题，指总人口中因年轻人口数量减少、年长人口数量增加而导致的老年人口比例相应增长的动态过程。国际上通常把60岁以上的人口占总人口比例达10%，或65岁以上人口占总人口的比例达7%作为国家或地区进入老龄化社会的标准。

2. 全国人口老龄化趋势

我国人口老龄化具有老年人口数量巨大，社会老龄化发展速度快及“未富先老”的特点。我国是世界老年人人口最多的国家，老年人数量占世界老年人数量的五分之一，近十年来全球新增的老年人有三分之一来自我国。截至2014年2月，我国60岁以上老年人已超过2亿，占全国总人口的14.9%，这一比例明显高于10%的传统老龄社会标准。

随着人口平均寿命的延长及计划生育政策的贯彻实施，我国人口老龄化速度逐渐加快，据全国老龄委预计，未来20年中国将进入人口老龄化高峰，人口老龄化年均增长率高达3.2%，约为总人口增长速度的5倍。预计到2050年，我国老年人口总量将超过4亿，老龄化水平达到30%以上。

3. 重庆市人口老龄化趋势及特点

重庆市是人口老龄化程度较高的城市，据调研了解，截至2014年底，重庆市60周岁及以上户籍老年人口656.17万，占全市总人口的19.45%。

重庆市老年人群呈现四大特点。一是基数大，老龄化水平高。全市老年人口占总人口比重较国家人社部发布的2014年全国老龄化率的15.5%高出3.95个百分点。二是老龄化程度加重快。自2009年到2014年六年时间，重庆市老年人口从512.99万增加到656.17万，增加143.18万人，增长率达27.91%，占总人口比重亦从16.32%上升至19.45%。三是高龄化率程度明显。全市80周岁及以上老年人口93.38万，占全市总人口和老年总人口的比例分别为2.77%和14.23%。四是组成复杂。城乡比例来看，城镇老年人口占53.1%，农村老年人口占46.9%；从性别比例看，男性占50.77%，女性占49.23%；在特殊老年群体中：纯老年人家庭人口占26.66%；贫困和低收入老年人口占12.35%；失能及半失能老年人口占19.5%。数量巨大、构成丰富的老年人口群体，为本研究提供了良好的样本，重庆市城乡二元结构，经济发展迅速，老龄化程度高且发展快，在我国老龄化城市中具有一定的代表性。

（二）老年人社会参与的认识及发展

1. 积极老龄化的提出

随着社会经济的发展及时间的推进，人们的老龄观经历了由消极到积极的变化。20世纪90年代开始，美国首先掀起了影响剧烈的积极老龄化运动。此后，国际社会也充分认识到了积极老龄化的重要性。1999年，世界卫生组织提出了“积极老龄化”的倡议，并将积极老龄化界定为“尽可能增加健康、参与和保障机会的过程，以提高人们老年时的生活质量”。2002年，第二届世界老龄大会提出“积极老龄化”不仅是指参加体力劳动或从事有收入的工作，更主要的是参与经济、社会、文化及公益等活动。这些积极老龄化的观念充分认识到了老年人的价值，认识到实现老年人价值的重要方法就是老年人充分参与到社会之中。老年人社会参与问题逐渐引起国际社会的重视和学术界的关注。

2. 我国老年人社会参与的实践

我国老年人社会参与的工作实践最早可上溯到上世纪50年代。1958年，中共中央颁布了《关于安排一部分老干部担任某种荣誉职务的决定》，规定了部分老年群体可以参与社会、发挥作用，当然，当时这部分群体仅限于少数高级干部。

自上世纪80年代以来，我国老年人社会参与经历了参与主体范围不断扩大、参与内容不断详尽、参与保障不断健全的转变。上世纪80年代初，中共中央提出了“老有所养、老有所医、老有所为、老有所学、老有所教、老有所乐”的方针。其中，“老有所为”即指社会参与。1982年中办发30号文件关于发挥中央、国家机关离休老干部的作用的意见明确规划了老干部社会参与的途径和具体内容。1986年《支持离退休专业技术人员继续发挥作用》的暂行规定将老年人社会参与的群体涵盖到离退休科技工作者。1994年发布的《中国老龄工作七年发展纲要》中明确规定了要鼓励和支持低龄、健康的老年人进行社会参与。1996年颁布实施的《老年人权益保障法》规定了老年人有权参与社会发展，使参与社会成为了全体老年人的权利。

从老年人社会参与的内容上看，2001年《中国老龄事业发展“十五”计划纲要》明确指出要“鼓励老年人继续参与社会发展”，并分别对城乡老年人参与社会发展提出了“在城镇，要重视老年人才资源的开发和利用，引导老年人从事教育、科研、咨询以及维护社会治安、社区服务等社会公益活动；在农村，鼓励健康老人从事种植、养殖和加工业”的要求，并提出了要“注意充分发挥老年人在基层民主政治建设中的作用”。2006年《中国老龄事业发展“十一五”规划》明确提出要“积极开发老年人才市场”，并要求各地“根据市场需求和老年人的志愿，积极搭建老年人才服务平台，开拓老年人才参与社会的渠道”。2013年7月1日实施的《老年人权益保障法》将老年人参与社会的主要途径分为8个方面，包括传授文化和科技知识、提供咨询服务、从事经营和生产活动、兴办社会公益事业等。此外，我国政府也开始积极组织有关老年群体开展社会参与活动。如以老年知识分子为主体、以援助西部地区和本地欠发达地区为主要内容的“银龄行动”，以健康低龄老年人为主体组成“爱心助成长”志愿服务计划等。

二、老年人社会参与理论基础与国内外研究现状

（一）老年人社会参与的理论基础

1. 活动理论

活动理论在社会老年学领域里是一种占优势的理论，强调了继续参与社会是帮助老年人与社会一体化的一种途径。美国学者罗伯特·哈维格斯特（R·Havighurst）认为，有活动能力的老年人比没有活动能力的老年人更容易感到满足和更能适应社会，只有参与才能使老年人重新认识自我，保持生命的活力。所以，老年人应尽可能保持许多中年

人的活动，把老年人与社会的距离缩小到最低限度。

2. 角色理论

角色理论是社会学经典理论，它更多是关注老年人面对角色变化中遇到的困难和问题时自我调适的过程，并且诠释老年人进行社会参与的目的。现代社会中，老年人面临的不是社会角色的解脱而是社会角色的转换，当失去了原来的社会角色后，老年人需要建立新的社会角色以便更好地进行社会活动，继续社会化。

3. 连续性理论

在活动理论的基础上，美国学者赖卡德（Reichard）、立夫森（Livson）和彼得森（Peterson）等提出，不论年轻或年老，人们都有不同的个性和生活方式，而个性在适应衰老时起着重要的作用。该理论重点解释晚年生活的差异，认为老年期的生活方式是由早期的生活方式发展起来的，并持续至老年，尤其是中年期的生活方式将会延续到老年期。但是，老年期遵循的生活方式可能是逐渐变老的一种反应，而不是毕生生活方式的反应。当健康状况不佳或财力受限时可能需要改变早期的生活方式，因此中青年期的生活方式对老年期的影响是相对的。

4. 老年亚文化理论

美国学者罗斯（Rose）最初提出该理论，认为同一领域成员之间的交往超出和其他领域成员的交往，就会形成一个亚文化群，老年人口群体正是符合这个特征的一种亚文化群体。该理论分析了老年人社会参与的心理需求问题，旨在揭示老年群体的共同特征，并认为老年亚文化群是老年人重新融入社会的最好方式。

5. 社会交换理论

美国社会学家埃默逊（R・Emerson）和布劳（Z・Blau）认为，每个人都有不同于他人的自我需求和资源资本，社会互动就是通过资源交换以满足自我需求的行为。在交换过程中双方都考虑各自的利益，企图以最小的成本换取最大的报酬，因此双方会在某些利益上选择相互作用，当互动双方达不到自我目的时，社会互动就会趋向停止。多德（Dond・James・J）首次将社会交换理论用于分析老年人，认为应该从社会交换理论，即权利和资源不平等的角度去理解老年人所处的地位。老年人社会地位下降的根本原因在于老年人缺少可供交换的权力资源和价值。

尽管这些理论均是从社会学或心理学的某个角度或某个方面阐述老年人社会参与的相关因素，尚未形成完整的体系。但我们可以看到贯穿在这些理论的一条主线，即社会参与在提高老年人生活质量过程中起着十分重要的作用。对于老年人社会参与的深入研究，社会心理学范畴的个体社会化理论，社会学范畴的社会发展和社会公平理论等也对老年人社会参与的研究、实践具有同样重要的指导作用，需要予以关注并进行深入的理论整合。

（二）国内外对老年人社会参与相关研究

1. 国外的相关研究

“社会参与”这一概念在老年学研究领域内，最早由美国欧瑞斯特・W・伯吉斯提出的（L·德克尔，1986）。自提出以来，老年人社会参与受到普遍关注。国外学者对社会参与的研究主要是从社会参与的角度和参与的内容来展开论述。

国外关于老年人社会参与的论述较多。如谢布鲁克大学医学系老年研究中心认为，社会参与是个体当前所参加的所有社会活动以及所扮演的多重社会角色，只要是与社会有联系或是有助于保持社会联系的活动都属于社会参与的范畴。日本总务厅统计局在《平成 8 年社会生活基本调查报告》中将社会参与分为两大类："社会奉献活动"即无偿为他人服务的活动，"社会参与活动"即具有个人目的的活动。美国学者 P. 塞尔比和 M. 谢克特认为老年人是社会的重要资源，并非是社会累赘，可以通过一定途径来开发和利用，并把这些途径视为一种有益的投资而并非是无益的施舍。美国学者霍曼、基亚克等认为老年人通过参加休闲活动，可以更好地与他人联系，肯定自身的价值，增加生活满意度和幸福感。同时指出，参与志愿组织能使老年人与社会保持一体化，意识到自身存在的价值，可以有效地弥补老年人在退休以后因为职业角色的退出、社会生活环境的改变而受的巨大冲击。日本学者上野千鹤子指出：与其在家里做"笨蛋垃圾"，还不如去参加一定目的的活动。老年人就应该根据自己的兴趣爱好有目的地参加一些社会活动或是社会组织。

2. 国内的相关研究

我国对老年人社会参与的研究是在积极老龄化理论的基础上进行的。国内学者对老年人社会参与的概念以及参与社会活动的范围的研究认为，老年人的社会参与就是指根据社会发展的需要，老年人所参加的政治、经济、文化和社会等活动，如参与国家大政方针的制定、再就业、参加社区组织的活动等。也有学者如邬沧萍、杜鹏等认为，老年人的社会参与应该从老年人自身的需要以及能力出发，将老年人参加的对自身和社会有益处的活动都称之为老年人的社会参与，这其中包括社会经济活动、休闲娱乐活动、人际交流活动、志愿活动和公益活动。

有学者从"有酬"和"无酬"的角度界定老年人社会参与。李宗华等认为老年人的社会参与应该有报酬，认为老年人的社会参与就是退休后继续工作或是继续参加有偿性的生产劳动。刘颂认为"老年人按照自己的意愿、需求和能力参加的社会活动都属于老年人社会参与"，既可以有酬，也可以无酬，参加社区组织活动、民间社团组织、老龄组织、老年大学、文艺团体等属于该范畴。

有学者从"家务劳动是否属于社会参与"这一指标来界定老年人社会参与的范围。杨淑琴、杨宗传等认为，老年人社会参与应包括老年人的家务劳动，因为老年人在做家务劳动时也会与他人进行互动交流，所以也应包括在社会参与范畴中。而李宗华等则认为，像种花种草、看书读报、收拾家务或是抚育第三代等纯粹的个人或家庭活动不应列入老年人社会参与范畴。

此外，在老年人社会参与的其他方面，我国学者也做了一定研究。在老年人社会参与功能和作用方面，邬沧萍、袁辑辉等认为社会参与对老年人的影响主要是积极地影响。老年人实现自身价值的一种有效方式就是社会参与。在社会的充分支持以及社会需求的条件下，只有老年人主动参与才能实现其自身的价值。袁辑辉认为通过参加社会活动，可以促进老年人身心健康的发展。在参与的过程中，老年人既可以锻炼身体，增强体质，又可以缓解衰老，还可以树立自信心，保持良好的精神面貌，实现老有所乐。还有学者从从事不同职业、不同地区、不同的参与内容等微观层面对老年人社会参与进行了研究；或从女性老年人、独居老年人、高龄老人等特殊老年人群体的不同社会参与状况进行了研究；或从老年人社会参与和心理健康的相关联系方面进行了研究。

三、老年人社会参与的内涵与意义

（一）老年人社会参与的内涵

1. 老年人社会参与的概念

目前，学术界对于社会参与的概念尚未形成一致的意见。国外学者对社会参与的研究大多是从其研究角度进行界定，主要有四种认识：一是介入角度。认为社会参与指人们对各种社会活动、社会团体的介入程度；二是角色角度。认为社会参与是一个由正式的和非正式的社会角色所组成的多维建构；三是活动角度。认为社会参与指个人和他人一起参加的活动；四是资源角度。认为社会参与是指在社会层面对个人资源的分享。

我国关于老年人社会参与的研究是以“老有所为”的概念提出和进行的，目前，国内学者对老年人社会参与概念的争论主要集中在参与的范围上，有学者归纳出五种解释：一是指老年人从事有报酬的社会劳动；二是指老年人参加的各种社会劳动和社会活动，包括有酬劳动和无酬劳动，但不包括家务劳动；三是指老年人参加的各种社会劳动，包括家务劳动；四是认为不仅指参与社会经济发展活动、家务劳动，还包括参与各种社会文化活动及各种社会文化精神生活；五是指老年人参与社会的经济、政治、文化等活动。

本研究认为，老年人社会参与，是指老年人在与他人、社会的联系和互动中，通过对各种社会角色的扮演和介入，在社会层面上实现资源共享，满足自身的需求并顺应社会的期待。而对于老年人社会参与的范围，应作广义上的理解，即老年人与社会保持联系的各种形式、为各种社会角色的扮演和介入所做的准备、以及通过角色扮演、介入以及社会活动满足自身需求、实现自身价值的行为。但是，纯粹的面向个人的、与他人和社会没有联系的活动，不包含在其中。

2. 老年人社会参与的层次

本研究认为，老年人社会参与的范围和形式应分为几个层次，一是初级、基础的社会参与，是指老年人为满足自身基本生活需求或改善基本生活条件而从事的各种社会参与，如农村老年人继续从事农业生产、空巢老年人自己买米买菜，等。此种社会参与，在某种程度上可以说是“被动”的，与他人、社会联系也较为松散，但是，这类型的活动，往往是支撑老年人更高层次社会参与的基础或前提。

二是中级、扩展的社会参与活动，是指老年人在满足基本生活需求后，为实现身体健康、精神愉悦等追求，或是在家庭、生活小圈子等范围内而进行的各种社会参与活动，如老年人每天到广场跳“坝坝舞”、老年人在家里帮着儿女带孙子，等。

三是高级的、广泛的社会参与，是指老年人发挥自身作用推动经济社会发展进步、参与政治活动、或是在全社会层面的社会参与活动。如参加老年志愿者组织、参与政治活动等。

后两种社会参与，往往是老年人“自愿”开展的，与他人和社会的联系较密切，对社会的影响也远远大于第一种类型的社会参与。因此，本研究所指的老年人社会参与，主要是指后两种形式的社会参与。

3. 老年人社会参与的形式

老年人社会参与主要有以下几种形式：

（1）经济活动。包括老年人再就业，如城市老年人退休后和农村老年人年老后继续从事劳动生产，以及其他参与经济活动形式。

（2）学习活动。参加老年再教育，学习知识、技能。如参加各级老年大学，参加各类老年专门培训班等。

（3）娱乐活动。开展老年文化艺术活动，如参加唱歌、跳舞、书法、摄影、棋牌等活动及各类比赛。

（4）体育锻炼。参加老年健康锻炼，如进行各种球类运动、健身器材锻炼、游泳、太极拳、广场舞、跑步、登山、钓鱼等。

（5）社会管理活动。一是参与社区居委会、村委会服务；二是参加中共、民主党派组织活动；三是参与基层民主选举；四是参与公益性活动，如参与社会治安维护、秩序管理、环境卫生服务，以及参与各种志愿者组织等。

（6）社会交往。包括参与各种老年群体组织、协会以及与以前同事、亲戚、朋友和邻居间人际来往。

（二）老年人社会参与的意义

（1）有助于促进社会经济发展。老年人社会参与有利于补充人才资源的不足，老年人一般都具有较丰富的知识和经验，他们如继续工作将在各个岗位上驾轻就熟，可发挥重要作用，尤其是在专业技术性较强的部门更为突出。此外，老年人在工作上当参谋、顾问，对中青年在业务上的传帮带，是培养接班人的一个重要途径。在人口老龄化不断加剧的情况下，老年人社会参与有利于提升社会整体效益。不仅老年人有参与适当的社会生产与社会发展的需求，国家也需要老年人“人尽其才，才尽其用”，积极参与到社会发展之中，为国家作出应有的贡献。

（2）有利于提升老年人生活质量。社会参与可以从收入和社交需求两方面提升老年人的生活质量。从收入方面来看，发达国家的老年人“未老先富”，老年人受收入的局限而影响其生活质量的情况并不突出。而我国“未富先老”的状态使广大老年人老无所养的现象比较突出，生活质量受到严重影响。我国老年人的经济来源主要有：养老保险金、子女供给或最低生活保障金。其中有些经济来源并不能完全保障老年人能获得良好的生活质量，特别是农村地区老年人，很多没有固定收入来源，极度依赖子女供养，一旦子女经济窘迫，其生活质量就很难保障。通过老年人社会参与，从事一些有收入的活动，可以适当地提高老年人自身的生活水平和质量，也可以缓解子女供养压力和社会保障负担。此外，老年人通过接触社会，不断学习新知识、新思想、新技能，能缓解与青年人之间的隔阂和代沟。

从社交需求来看，老年人作为各类人群的种类之一，是需要良好的人际交往的。在人际交往中，他们可以得到认可、尊重、帮助与鼓励，这在很大程度上可以使其精神上得到满足，从而提升其生活质量。现实生活中，大量的老年人寻找不到属于自己的伙伴群，在人际交往方面得不到满足，终日与孤独相伴，严重影响了生活质量。通过社会参与，让他们在文化、教育、娱乐、体育等活动中建立广泛的人际交往，可使其生活充实起来，进而提高其生活的满意度。

（3）有利于老年人身心健康。老年人随着年龄增加，身体各器官机能下降，如果缺乏自觉的身体锻炼，身体的健康状况将每况愈下。通过社会参与为老年人提供参加身体运动或锻炼的机会，在不知不觉中增强了老年人的体质和生命的活力。

此外，老年人脱离了社会，缺乏与子女的沟通，往往会伴生一系列心理疾病，如孤独、抑郁、恐惧等等。社会参与可以使老年人重新融入社会，得到认可与尊重，从而恢复或保持健康的心理。研究表明，社会参与是一项有助于促进老年心理健康的重要举措，老年人积极参与社会活动，能够有效地预防或减轻在躯体化、强迫症状、抑郁、焦虑、恐怖、偏执、精神性、人际敏感等方面的消极改变，有社会参与活动的老年人的心理健康状态大大优于没有社会参与活动的老年人。

（4）有助于社会思想道德的传承与发展。中国是有悠久历史文化的文明古国，具有优秀的思想习俗、社会道德。一代代的老年人是这种优秀思想品德的实践者和传播者。在社会，老年人在维护社会道德、化解社会矛盾方面发挥着独特的作用。在每一个家庭，老年人是承前启后使我国传统美德世代相传，保证家庭稳定发展的支柱。通过老年人社会参与，有助于发扬传统美德，传承我国的优秀思想文化，助推全社会思想道德水平的发展。

四、重庆市老年人社会参与的现状

为深入了解重庆市老年人社会参与现状，课题组在渝中、沙坪坝、江北、北碚、南岸、九龙坡、云阳、彭水等地老年群体中进行了问卷调查和实地访谈，发放问卷 1238 张，收回有效问卷 1169 张，有效率 94.4%，开展实地访谈 236 人次，共计 1405 人接受此次调查。根据问卷及访谈结果分析，以及相关研究成果，课题组将重庆市老年人社会参与情况总结如下。

（一）被调查对象基本情况

（1）户籍、性别与年龄。1405 名被调查对象中，城市人口 1084 人，占比

77.15%；农村人口 321 人，占比 22.85%。

表 1

类别 / 人数占比	性别		户籍	
	男	女	城市	农村
人 数	667 人	738 人	1084 人	321 人
占 比	47.47%	52.53%	77.15%	22.85%

男性 667 人，占比 47.47%；女性 738 人，占比 52.53%。60–70 岁 879 人，占比 62.56%；70–80 岁 461 人，占比 32.81%，80 岁以上 65 人，占比 4.62%。

表 2

人数占比 / 年龄段	人数（人）	占比（%）
60–70 岁	879	62.56
70–80 岁	461	32.81
80 岁以上	65	4.62

（2）受教育程度。1405 名被调查对象中，小学以下文化程度 138 人，占比 9.82%；小学文化程度 434 人，占比 30.89%；初中文化程度 389 人，占比 27.69%；高中文化程度 292 人，占比 20.78%；大专及其以上文化程度 152 人，占比 10.82%。

表 3

人数 比 / 受教育程度	人数（人）	占比（%）
小学以下	138	9.82
小学	434	30.89
初中	389	27.69
高中	292	20.78
大专及其以上	152	10.82

（3）健康、婚姻和家庭状况。1405 名被调查对象中，身体健康的 1121 人，占比

79.79%；无劳动能力但生活基本能够自理的273人，占比19.43%；生活不能自理需人照顾的11人，占比0.78%。

表4

人数占比 健康状况	人数（人）	占比（%）
身体健康	1121	79.79
无劳动能力但生活基本能够自理	346	19.43
生活不能自理需人照顾	11	0.78

有配偶的（含再婚）798人，占比56.80%；离异的占346人，占比24.63%，丧偶的261人，占比18.58%。

表5

人数占比 婚姻状况	人数（人）	占比（%）
有配偶（含再婚）	798	56.80
离异	273	24.63
丧偶	261	18.58

与子女（或配偶外其他亲属）同住的563人，占比40.07%；未与子女同住但与子女（或配偶外其他亲属）能经常见面（每月1次以上）425人，占比30.25%；与子女（或配偶外其他亲属）较少有机会见面的379人，占比26.98%；无子女依靠的独居老人38人，占比2.70%。

表6

人数占比 家庭状况	人数（人）	占比（%）
子女（或配偶外其他亲属）同住	563	40.07
未与子女同住但与子女（或配偶外其他亲属）能经常见面	425	30.25
子女（或配偶外其他亲属）较少有机会见面	379	26.98
无子女依靠，独居	38	2.70

（4）个人收入情况。1405 名被调查对象中，月收入 500 元以下的 97 人，占比 6.9%；月收入 500~1000 元以上的 225 人，占比 16.01%；月收入 1000~2000 元的 619 人，占比 44.06%；月收入 2000~3000 元的 318 人，占比 22.63%；月收入 3000 元以上的 146 人，占比 10.39%。

表 7

人数占比 / 收入状况	人数（人）	占比（%）
500 元以下	97	6.9
500~1000 元	225	16.01
1000~2000 元	619	44.06
2000~3000 元	318	22.63
3000 元以上	146	10.39

（二）重庆市老年人社会参与基本情况

1. 老年人社会参与度日益提高

调查显示，几乎所有的被调查对象都有不同程度的社会参与，超过 60% 的被调查对象有较强烈的社会参与意愿。在社会参与频率上看，超过半数的被调查对象每天都有社会参与行为，而超过 90% 的被调查对象每周有社会参与行为。这表明，重庆市老年人社会参与积极性较高、参与面较广，参与频率较高，多数老年人有社会参与的能力和意愿，也有社会参与的实际行为。

2. 老年人社会参与形式逐渐丰富

（1）参与经济活动。调查显示，有 287 名被调查者在城市“二次就业”、自助创业或在农村继续劳动，占比 20.43%，有 107 名被调查者开展过咨询、顾问等工作，占比 7.62%。调查中，还有不少老年人表示，如果身体和时间允许，也会参与各项社会经济活动。

调研表明，老年人参与经济活动，主要原因一方面是家庭经济条件有限，为了补贴家用。另一方面是可以从事感兴趣的工作，绝大多数老年人继续工作都是选择了与之前工作相关的职业。影响老年人参与经济活动的主要因素除身体健康外，主要是家庭因素，不少老年人表示，目前要承担更多的家务事，要照顾第三代、老伴等，没有时间去继续工作。

（2）参加文化娱乐兴趣活动。调查显示，1132 名被调查者参与了各种文化娱乐兴趣活动，占比 80.56%。但这些活动不少是群体性较低的散步、登山、读书等个体性活动，群体性较强的棋牌、体育、歌舞等活动占比不高，仅359名被调查者经常（每周一次以上）参与群体性文化娱乐活动，占比25.55%。

此外，全市现有各类老年大学945所，加上参加远程教育学习的学员共计43.69万人，占全市60岁以上老年人口的8.9%。据调查显示，有476名被调查者参加了各级各类老年大学培训，占比33.88%。不少街道（镇乡）、社区（村）通过安装体育健身器材，建设基层文化阵地、乡村文化室等，为广大老年人提供了文化娱乐活动的平台。

调研表明，老年人参与文化活动的地点主要集中在社区（村）、住所附近的开放性公园广场和文化活动组织单位。可见，影响老年人参与文化娱乐活动的原因，除身体健康外，主要是创造更能满足老年人社会活动参与的环境，如条件良好的活动场地，规范安全的活动组织等。

（3）参与社会管理和政治活动。调查显示，重庆市老年人参加社会管理和政治活动的主要是参与社区居（村）委会选举、协助开展村社管理，参加党组织（民主党派）活动等。在这些活动中，参与度最高的是选举，有924名被调查者参加过村社选举，占比65.77%，但此类活动却是开展频率最低的，几年才有一次。有357名被调查者较常参与（每月一次以上）村社管理工作，占比25.41%。有426人有参与党组织（民主党派）活动，占比30.32%。

调研表明，除身体条件外，文化程度是影响老年人参与社会管理及政治活动的重要因素，文化层次较高的老年人群体，参加社会管理、政治活动的活跃度就越高。另一方面，基层党组织建设、居民自治组织建设水平越高的地方，老年人参与社会管理、政治活动的水平就越高。

（4）社会交往。调查显示，有949名被调查者表示与朋友较常（每月一次）有来往，占比67.54%。而在其他人际交往方面，城市老年人更偏向于同事，有603名城市被调查对象表明与同事有来往，占城市老年人的55.63%；而农村老年人更偏向亲戚，209名农村被调查者表示与亲戚有来往，占农村老年人口的65.11%。此外，在邻里的来往上，农村老年人也较城市老年人更为活跃，不少城市老年人表示，即使有关系密切的邻居，平时的交往方式主要也是以见面招手问好为主，只有一少部分被调查者表示“跟邻里的关系比较密切”或者是“自己有困难时，会找邻居帮忙”。

从总体上看，城市老年人在退休后，联系同事、朋友的频率较退休前有较明显的下降，社会交往圈子明显缩小，而农村老年人的社会交往圈子受影响相对较小。但城市老年人社会交往活动受组织影响较大，如，不少城市老人参加了各种社会组织，如老年体育协会、书画协会等，从一定程度上又扩大了城市老年人社会交往的层度，而农村老年人基本没有此类型的组织，在农村老年人中影响较大的组织往往是宗教组织，但也随宗教组织地区发展差异而有较大差别。

目前，对老年人社会活动影响较大的组织是社区（村），调查显示，583名被调查者参加过社区组织的活动，占比41.49%，这些活动中，娱乐活动和医疗保健专家们举办的健康讲座最受老年人欢迎。当然，也有不少老年人表示不愿意参加社区（村）组织的活动，主要原因有身体不好、不感兴趣、社区条件太差等。

（5）参与社会公益活动。近年来，重庆市老年人参与社会公益活动日益得到老年人的重视，也较以往有了更多样参与形式。调查显示，有 461 名被调查者参与过社会公益活动，占比 32.81%。489 名被调查者表示愿意参加各种社会公益互动，占比 34.80%。这些社会公益活动，多数由社区（村）、老年人原所属单位、党员组织发起，近年来日益兴起的志愿者组织在老年群体中发展并不理想，本次调查中，仅有 137 名被调查者参与了志愿者组织，占比 9.75%。当然，有相当一部分老年人表示有参加志愿者活动的愿望，但是不知道如何参与到这项活动中去。也有老年人表示，目前组织的老年志愿者活动形式单一，活动不丰富，所以对参加志愿者活动也没有太大的兴趣。

五、重庆市老年人社会参与的问题及原因

（一）老年人自身因素

1. 年龄、性别和身体健康

调研显示，重庆市老年人社会参与同老年人身体健康程度成正相关，身体越健康的老年人，社会参与的积极性也就越高。从总体上看，被调查的重庆市老年人群体整体健康情况较好，身体健康的占比 79.79%，但是，这些群体中，不少老年人也患有不同程度的慢性疾病，如心脑血管疾病、呼吸系统疾病、糖尿病等，由于病情不重，不影响正常生活，这部分老年人认为自己身体健康。根据近年卫生年检数据显示，我国老年人五成以上均患有不同程度的慢性疾病，不少老年人同时患有两种以上的慢性疾病。可见，身体健康是影响老年人社会参与的重要因素。

在年龄方面，层次较低的社会参与同年龄成反相关，随着年龄增加，社会参与的积极性、活跃度逐步降低，老年人社会参与主要集中在 60–70 岁阶段，80 岁以上的老年群体社会参与活跃度明显有了下降。但较高层次的社会参与，如参与政治活动、社会公益活动等，却未因年龄的增长而有明显变化。此外，本次调查发现，性别对老年人社会参与活跃度和积极性没有明显的影响。

2. 经济条件

调研表明，老年人的经济收入水平，尤其是每月实际能控制支出的多少，与其社会参与的能力和水平呈高度的相关性，每月可支配收入越高的老年人，社会参与程度越高。此外，只有那些经济收入高的老人才会参加层次更高的文化娱乐活动、志愿活动等。可见，经济收入是影响老年人社会参与的一大关键因素。

3. 受教育程度

调查表明，高学历的老年人对精神层次的需求更加旺盛，而低学历的老年人则对精神方面的需求相对而言比较低。高学历老年人更愿意参加社会活动，而低学历老年人则对社会活动的参与意愿没有那么强烈。在参与内容的选择上，高学历老年人往往喜欢参加层次更高、更能体现自身价值的社会参与活动，或是一些比较复杂、需要思考的活动，低学历老年人更倾向于参加一些普通的娱乐性活动，甚至只是开展“被动的”社会参与

活动。

4. 家庭支持

调研表明，家庭支持也是影响老年人社会参与的重要因素。配偶的支持是提高老年人社会参与活跃度非常有效的途径，社会参与度较高的老年人，很大比例是夫妻共同参与。此外，子女、第三代对老年人社会参与也有较大影响，尽管当前重庆市的年轻一代对于老年人社会参与的理解、认同和支持度越来越高，越来越多的子女鼓励、支持并创造条件让其父母有更多的社会参与机会。但是，往往和子女居住在一起的老年人比未和子女居住在一起的老年人做家务、帮着照顾第三代的时间更多，投入其他活动的时间受到一定影响。而未和子女一起居住的老年人社会参与则有两级分化的趋势，部分老年人社会参与活跃度很高，日常生活安排得丰富多彩，而另一部分则社会参与度很低，几乎就只有几个固定的活动场所，过着几点一线的生活。

5. 老年人对社会参与的认识

调查表明，有部分老年人对自身的“社会角色”定位非常消极，有“自己老了、没用了”的思维，进而有不想参与社会，不想与人交往，只愿在家待着的想法。也有老年人存在“老了，就该轻松生活，安享万年，不用再整天东跑西跑”的想法。这些消极的认识我们虽然可以理解，但应充分认识这些消极认识的局限之处以及老年人社会参与的积极意义，并通过新的社会参与策略让老年人重新在社会上扮演新的有意义的角色，以此来改善老年人因原来的社会角色的转变而产生的一系列消极想法和负作用。

（二）社会因素

1. 社会对老年人社会参与认识不足

我国有敬老的传统，社会上对老年生活的认识更倾向于平静无扰而又自我满足的晚年生活。在调研访谈中发现，当前我市社会对老年人社会参与的认识不够深刻全面。目前，仍然有很多人对老年人群需求的定位认识狭隘，把老年人的需求单纯看作是“老有所养”，以为解决了这一问题就等于解决了老年人的全部问题，这在农村表现更为突出，就算在城市，不少人对老年人社会参与的认识也还停留在丰富老年人晚年生活，提高老年人身体健康程度等方面，对老年人社会参与的支持更倾向于较低层次的社会参与，没有能挖掘老年人群身上存在的能动性、积极性和创造性，没有将老年人群这一人力资源很好地利用，对于老年人高层次的社会参与理解、认可度并不高，甚至有不理解、排斥的认识，这导致了我市老年人社会参与现状和意愿有较大反差，尽管老年人有社会参与的意愿，但实际参与度，尤其是较高层次的社会参与的实际水平较低。此外，对老年人社会参与的理论研究还不多，成果不丰富。缺乏理论支撑与引导也是造成全社会对老年人社会参与认识不深的一个重要原因。

2. 老年人社会参与缺乏制度保障

重庆市是老龄化程度较重的城市，重庆市各级党委政府都比较重视老年工作，在国家老年政策法规基础上制定了重庆市老年工作的一系列法规、制度，鼓励老年人退休后继续参与社会的各项活动。但从总体上看，重庆市老年人社会参与方面的立法尚显滞后，政策、措施落实较难，而保障老年人社会参与权利的法规政策往往停留在法律层面，缺乏完善的老年人社会参与保障制度体系，影响了老年人参与社会活动的程度。此外，老年人社会参与涉及的政府部门众多，当前对于老年人社会参与的管理还停留在各部门各自为政的局面，缺乏统一的顶层设计、统筹的协调管理和有一定预见性的安排部署。

3. 老年人社会参与的发展不平衡

调查显示，经济社会发展水平对老年人社会参与的影响较大，较发达的区县老年人社会参与的活跃度的层次性明显较经济社会发展较落后的区县高；城市老年人社会参与的活跃度的层次性明显较农村老年人高；原来从事管理工作的老年人比从事一般工作的老年人社会参与的活跃度的层次性要高。这也与相关研究中我国整体情况是一致的，即老年人社会参与的活跃度和层次性，发达地区明显高于欠发达地区，城市明显高于农村，“精英”群体高于普通群体。

4. 基层组织和阵地建设滞后

受我国传统体制影响，老年人社会参与主动性不强，对于单位、社区（村）居民自治组织的依赖度较高，而基层组织和阵地建设滞后也影响了我市老年人社会参与的开展。

第一是硬件建设滞后。在调查中，不少老年人反映，社区（村）不能提供足够的老年活动场地，不少社区（村）仅仅只能提供一个活动室、少数健身器材，难以满足广大老年人日益增加的需求。

第二是软件建设滞后。一方面，由于处于社会转型期，当前我市的社区（村）发展还不成熟，居（村）民自治性组织在日常工作中往往受到政府部门的过多干预，做了大量本属于政府的行政事务，而服务群众的应有职能往往被忽略，如为老年群体提供社会参与的平台、从事老年人社会参与的组织工作等。此外，由于行政色彩过重，目前，我市不少社区（村）组织的老年活动，往往是为了迎接上级检查或纪念某个运动、节日而举办的，这些活动既没有考虑老年人个性化、多元化的需求，也没有太多创新的地方，每次的内容、形式都大同小异，不能满足老年的多元化需求，从而导致老年群体参与热情普遍不高。另一方面，当前各地过于重视经济发展，忽略了基层党（包括民主党派）组织建设，基层党组织（包括民主党派）活动不规范、频率低、走形式等问题较突出，造成了基层老年群体地方政治性活动参与度较低。

5. 老年人社会参与组织化程度低

专门从事推动、组织和服务老年人社会参与的社会组织缺失，老年人社会参与组织化程度不高。调查显示，我市当前关于老年群体的社会组织主要工作方向是养老、医疗等，而关于老年人社会参与的社会组织较少，目前仅仅有老体协、老年大学等传统组织，而新型的，专门从事老年人社会参与的社工组织、老年志愿者组织等几乎没有。而仅就已成立的老年协会、老体协等而言，也存在法律地位不明，权责不清，活动经费缺少，活动场所不足，难于组织活动，即使勉强组织了活动，老年人多不满意，因此参与率较低。

六、推进重庆市老年人社会参与的对策建议

（一）提高全社会对老年人社会参与的认识

（1）在全社会范围内营造有利于老年人社会参与的良好氛围。引导社会突破传统观念的限制，重视老年人的价值。坚持正确的舆论导向，积极广泛宣传社会参与是老年人的法定权利，让社会大众消除对老年人社会参与的认知偏差，破除老年人是社会的负担，是社会问题的制造者，是社会发展的阻碍者等陈旧的片面认知，深刻认识老年群体对经济发展、社会进步的巨大作用，深刻理解老年人社会参与对于推动社会进步、积极应对日益严重的老龄化问题的重大意义，在全社会形成支持、鼓励老年人社会参与的氛围，对老年人的社会参与给予精神上的鼓励。

（2）加强老年人社会参与的理论研究。针对我市乃至我国老龄化日益加快的趋势，结合国际社会积极老龄化相关理论，鼓励支持学术界加强老年人社会参与的研究，不断发展和创新老年人社会参与的理论，丰富老年人社会参与的内涵，深入了解老年人社会参与的客观规律，为不断推动我市老年人社会参与工作提供理论指导和支撑。

（3）激发老年人社会参与的热情。引导老年人正确认识年老带来的心理生理变化，充分认识自身优势和积极社会参与对经济社会发展的重要意义，提高老年群体的社会归属感，推动老年群体改变以往消极被动的等待有人组织他们进行社会参与活动的观念，培养老年人积极社会参与意识，激发其主动社会参与的热情。

（二）完善老年人社会参与的制度保障

（1）加强法治保障。在已有的老年人社会参与相关立法基础上，不断填补老年人社会参与的立法空白，完善老年人社会参与的法律支撑体系。加大对侵犯老年人社会参与权利的责任追究，消除老年人社会参与的后顾之忧。提供专门针对老年人社会参与问题的法律援助和法律服务，及时受理协调老年人提出的法律援助申请，切实保障老年人社会参与的权利。

（2）强化政府职能保障。把老年人社会参与工作纳入政府工作中来，强化涉老部门的工作职能和协调能力，可考虑成立专门的协调统筹机构来领导此项工作。强化顶层设计，制定老年人社会参与相应的工作计划，健全相关的规章制度，并定期进行考核老年人社会参与工作的进展落实情况，及时宣传奖励先进典型，通报工作落实不足的反面典型。加强对国内外老年人社会参与先进经验和模式的学习和宣传，引导建立适应我市特点的工作模式。设立老年人社会参与的专项引导资金，提高相关部门对老年人社会参与工作的组织和引导能力。

（3）完善养老、医疗保障制度。不断完善老年人社会福利保障，提高老年群体收入和医疗保障水平，尤其是要大力健全农村养老和医疗保障体系，为其参与社会提供必要的物质保证。

（三）加强基层组织和阵地建设

（1）加强基层硬件建设。加大基础设施的投入力度，不断健全社区（村）尤其是村的功能布局。结合城乡社区建设和基础设施建设，在充分利用社区（村）功能设施基础上，依托城市社区服务中心和村级公共服务中心，积极整合辖区内各类资源，为老年人社会参与提供必要的场所、器材，不断满足老年群体日益多元化的社会参与需求。在不断丰富社区（村）养老服务内容的基础上，重视老年人精神需求，因地制宜开展文化娱乐、学习教育、心理关爱、社会参与等服务。

（2）建立老年人信息登记备案制度。在我市的社区（村）逐步建立老年人申报和统计制度，建立动态的老年人档案，对社区内的老年人进行跟踪访问，实施老年人动态管理机制，及时准确掌握辖区内老年人的情况和老年人的社会参与意愿，确保老年人的社会参与意愿及时有效实现。

（3）改革现有社区（村）管理模式。逐步减少目前社区（村）的行政管理职能，大力加强社区的服务功能，还“社区服务群众的本源”。在老年人社会参与上，社区（村）应根据本辖区老年群体实际情况，发挥基层群众自治组织在社会活动上的组织、引导和服务功能，为老年人组织丰富多彩的各种活动，为老年人社会参与提供多元化平台，以强化老年人的社会参与。

（4）加强基层党建。把党（民主党派）的基层组织作为老年人社会参与的重要组织基础、领导核心和重要纽带。充分发挥中共党员、民主党派成员在老年人社会参与中的引领示范作用，切实增强基层党（民主党派）组织的活力，并使之成为老年人社会参与的重要平台和组织保障。

（四）提升老年社会工作组织化和专业化水平

要解决老年人社会参与问题，仅仅依靠个人、政府和社会的力量是不够的，还需要专业社会工作组织的介入。专业的老年社工组织，必须由具备心理学、老年人社会工作等专业知识的人才组成，为老年人社会参与提供针对性的服务。当前，面向老年人社会参与的专业社工组织的缺失，是老年人社会参与工作水平不高的一个重要因素。为此，很有必要大力发展和支持面向老年人社会参与的专业社工组织和社会团体。一方面，要引导现有的社工组织和社会团体重视并投入到老年人社会参与工作中来，另一方面，可以通过政府资金及政策引导，扶持成立新型的、面向老年人社会参与的专业社工组织和社会团体，如老年志愿者组织、老年人社会参与专职社工师团队等，通过专业组织的进入，逐步提高老年人社会参与组织化和专业化水平，最终实现老年人社会参与的组织、策划、服务工作以职业化模式向前发展。

（五）大力发展老年教育

老年人自身发展与社会发展步调不一致是导致老年群体在参与社会活动上面临大部分矛盾的主要原因之一，而解决这一矛盾的关键点是提升老年人群体教育水平。当前，可加强各级老年大学建设，增强师资力量，丰富课程设置，同时，可依托社区（村）社区学校、社区教育点、乡村文化室等，扩大老年教育的覆盖面，通过老年教育，不断提高老年群体的综合素质，提高其社会参与的能力。另一方面，应创新老年教育模式，引导更多的，有一技之长的老年人参与老年教育，通过“互帮互助、互相学习”的模式，既提升老年群体的综合素质，又提供一个新的老年人社会参与平台。

后 记

本课题研究得到了重庆市老年学学会、重庆市政协、九三学社重庆市渝中区委、沙坪坝区委、江北区工委、北碚区委、南岸区委、九龙坡区委、北碚区蔡家岗镇政府以及云阳县、彭水县相关部门的大力支持，在调研过程中，市人力资源和社会保障局、市民政局、市老龄委等部门对报告提出了建议，并提供了大量数据和参考资料，在此，课题组向给予课题调研工作大力支持的单位和全体同志致以诚挚的谢意！

由于调研工作局限，本课题还存在一些不足，一是在数据采集方面代表性略显不足，尤其是对农村地区老年群体取样不足；二是调查访谈中对有老年人社会参与的内容以及影响因素考虑和分析欠周全，对影响老年人社会参与的量化分析不足；三是从宏观微观层面对提高老年人社会参与水平的措施挖掘上尚不够充分。建议相关部门加强对全市老年人社会参与情况加强统计分析和持续性研究。

参考文献（略）

需求导向　综合施策　全面推进医养融合发展

——基于上海市的研究

上海市老龄科学研究中心课题组

医养融合发展既是世界各主要发达国家社会养老服务发展的基本轨道，也是我国建立和完善社会养老服务体系的必然趋势；既是人口老龄化尤其是高龄化的基本需求，也是家庭自我照料功能弱化的必然要求；既是养老服务机构自我发展的基本需要，也是人们支付能力和观念转变的必然结果。然而，医养融合发展仍存在规划布局滞后、养老服务机构优质医疗资源缺乏、老年护理床位严重偏少、内设医疗机构运营成本偏高、医疗机构支持养老服务相对不足、医养护理队伍职业化程度不高、医保和财政等政策支持力度偏弱、政府协同管理体制尚未形成等问题。推进医养融合发展，需要统筹规划、通盘考虑，坚持在设施布局规划、服务队伍建设、管理责任机制、政策支撑体系等几方面全面体现医养融合发展的基本思路。同时，还要通过推进养老机构内设医疗机构、促进医疗卫生机构为养老机构和社区日间照料机构提供医疗服务和医疗支持、推进养老机构老年护理床位建设、探索开展面向养老机构的远程医疗、全面推行康复服务、探索建立长期护理保险制度等任务举措，真正将全面推进医养融合发展的目标和思路予以落实。

十八届三中全会提出“积极应对人口老龄化，加快建立社会养老服务体系和发展养老服务产业”的要求，为此，需要在全社会树立积极老龄化和健康老龄化理念，统筹医疗服务与养老服务资源，加强养老服务机构和医疗卫生机构的有机衔接，加快形成布局合理、功能完善、服务兼容、政策健全、安全高效的健康养老服务网络，推动医养融合发展。下文将分析医养融合发展的基本趋势，并在厘清我国医养融合发展现状及存在问题的基础上，梳理世界主要发达国家推进医养融合发展的实践和经验，最后提出全面推进医养融合发展的基本思路和任务举措。

所谓“医养融合”就是医疗卫生资源进入养老机构、社区和居民家庭，和养老资源相互融合、相互促进，为老年人在养老过程中提供供给充裕、梯度合理、形式多样、触手可及的医疗卫生服务需求，进而整体提升养老服务水平。“医养融合”并不是指大规模新建“医养融合”机构，而是强调现有医疗卫生资源和养老资源的统筹整合、优化重组，强调医疗卫生和养老相关政府职能部门之间的服务联动，强调养老服务管理的机制创新。“医养融合”反应了“持续照料”的养老理念，包括三个相互关联的阶段：一是病前的疾病预防，二是病中的便捷就医，三是病后的康复护理。

一、医养融合是社会养老服务发展的必然要求

（一）老龄化伴随部分地区高龄化趋势，对医养融合发展提出迫切需求

近年来，我国的老龄化程度不断加深。2014 年末，大陆总人口 136782 万人，比上年末增加 710 万人。从年龄构成看，16 周岁以上至 60 周岁以下（不含 60 周岁）的劳动年龄人口 91583 万人，比上年末减少 371 万人，占总人口的比重为 67.0%，60 周岁及以上人口 21242 万人，占总人口的 15.5%，65 周岁及以上人口 13755 万人，占总人口的 10.1%。根据 Sanderson 等人提出的新的老龄化测度方法[①]计算，我国的老年系数[②]在 2050 年将达到 29%。而在部分地区，已经出现明显的高龄化趋势。以上海为例，上海的户籍高龄老人占老年人口比重已超出高龄型人口结构标准的下限（见表 1），正在逐步向高龄型老龄化社会[③]迈进。人口的快速老龄化，以及高龄化趋势的出现，意味着老年人患病率提高、患病种类增多，而且其中更多的是患病时间长、并发症多、治疗难度高的慢性病，因此，老年人将对医疗卫生服务的依赖度更深，对医养融合发展的需求也更加迫切。

表 1　上海户籍老年人口年龄类型　　单位：%

——	户籍老年人口年龄结构类型			近三年上海户籍高龄人口结构		
——	低龄型	中龄型	高龄型	2012 年	2013 年	2014 年
高龄老年人比重（80 岁及以上户籍人口占 60 岁及以上户籍人口比重）	7 以下	7–14	14 以上	18.2	18.5	18.2

注：数据由 2012–2014 年上海市老年人口和老龄事业监测统计信息计算得来。

（二）家庭自我照料功能弱化，亟需以医养融合发展加强养老服务功能

我国推行的以家庭养老为主的养老模式，是符合我国文化传统和现行发展阶段的最佳模式。但随着老龄化程度的不断加深，老年抚养系数和失能老人数量快速增加，家庭

① 目前对老龄化程度的测度普遍采用基于生存年龄的传统的人口老龄化测度指标。Sanderson 研究人员近年来先后在《自然》和《科学》等高水平刊物上发表了一系列文章指出，在人的期望寿命增加并且老年健康时间延长的条件下，仅仅以生存年龄来测度老龄化是不正确的，并提出基于人口期望寿命变化和基于无自理能力老年人比率变化的新的老龄化测度方法。

② 老年系数是指 60 岁及以上老年人口与人口总数的比值。

③ 高龄型的人口结构除了高龄老年人口比重（80 岁及以上人口占 60 岁及以上人口比重）达到 14% 以上之外，还有低龄老年人口比重（60–69 岁人口占 60 岁及以上人口比重）低于 50%，以及老年人口年龄中位数高于 70 岁这两个标准。以上海为例，其目前尚未达到标准线，仍未完全进入高龄型社会。

养老功能正在不断弱化。2014 年，全国失能老年人口总数已经超过 3700 万人，估计到 2015 年将接近 4000 万人。而根据 Sanderson 等人提出的新的老龄化测度方法，2050 年全国老年抚养系数将达到 50% 左右[①]，即平均每两个 15–59 岁人口要抚养一名 60 岁及以上的老年人。而在部分城市，老年抚养系数已经非常接近这个数值。以上海为例，预计 2015 年，上海老年抚养系数（60 岁及以上）将达到 49.6%。家庭中需要赡养的老年人越来越多，而能提供照护服务的家庭成员越来越少。特别是在家里老人体弱多病，需要频繁送医和陪护照料时，病人家属一方面缺乏足够的精力和时间，另一方面也缺乏相应的家庭照护条件和护理知识。根据世界卫生组织统计，中国 60 岁及以上老年人口中身体健康的比例仅为 43%，有近六成的老年人是非健康人群，其中大量的老年人需要获得专业的治疗和护理。而根据全国老龄办和中国老龄科学研究中心 2010 年开展的全国失能老年人状况专题研究，到 2015 年，上海 60 岁及以上失能人口将占老年人口的 14.6%，其中完全失能人口占失能人口的 32.8%。由于政府仅能满足 3% 的老年人口进入机构养老，剩余的大部分失能和患病老年人需要在家庭或者社区的帮助下进行养老。如此，因为大多数家庭缺乏完善的家庭照护条件和相关护理知识，极可能导致老人错失康复机会，故而亟需加强医养融合服务，以增强家庭自我照料的能力。

（三）支付能力与观念转变，为医养融合发展提供现实可能

改革开放带来的经济大发展使得老年人的消费能力有了极大提高。从消费总量来看，2011 年全国老年人消费已经达到 13000 亿，据预测，2020 年将达到 33000 亿，2050 年将增至 284000 亿。特别是一些经济发达地区，老年人的消费能力快速提高。根据 2012 年的一项专门针对上海各核心区高端老年人群体的养老服务需求方面的问卷调查显示，在高端老人中有超过 50% 的老人愿意搬入养老社区，其中生活能自理的有超过 70% 的老人表示月支付养老服务可以超过 8000 元，而正在接受护理的有近 65% 的老人表示最高可以支付 1.8 万元。而这些高档养老社区大多数具备一定的医疗服务能力，或与周边的医疗机构联动以确保养老和医疗服务的高效融合，保证入住老年人可以享受便捷的医疗服务。再根据上海社科院城市与人口发展研究所发布的《上海老年人口状况与意愿发展报告》（1998–2013），从 1998 年、2003 年、2005 年、2008 年、2013 年五次调查情况来看，上海老年人口主要收入来源是养老金。据数据分析，90% 的老人有各种各样的养老金，经济情况不断改善。同时，“子女亲属补贴”所占老年人口收入比重不断下降。老年人退休以后工作的比率也越来越低。由此可见，从低端到高端，部分经济发达地区的医养融合服务市场已经具备相应的潜在消费客户。同时，随着知识型老年群体的增长，老年人的观念正在逐渐转变，自主意识不断增强。一方面，老年人重视家庭和天伦之乐；另一方面，对独立和有尊严、高品质的晚年生活的需求也在不断增加，这对目前的医养融合服务供给的范围、形式和质量都提出了新的要求，医养融合服务的多样化、多层次发展契机已经到来。

---

① 使用传统的方法计算，2050 年全国老年抚养系数将达到 70%，城镇老年抚养系数将达到 78%。

（四）养老服务机构的自我发展需要，逆推医养融合发展提升能级与水平

多数入住养老机构的老年人，特别是高龄老人，往往身患各种慢性病，需要在日常生活照料的同时，进行饮食调理、躯体康复、药物治疗等服务，而绝大多数的养老机构目前仅能提供基本的日常生活照料服务。以上海为例，截至2014年底，全市有养老机构共660家，其中有内设医疗机构的139家，仅有21%的养老机构有内设医疗机构，多数养老机构入住老人的基本医疗和护理需求很难得到满足。入住养老机构中的患病、高龄、失能老人由于行动不便，往返于医疗机构和养老机构就诊的困难较大，因而对获得便捷、及时的医疗护理服务的需求非常迫切。养老机构要进一步发展，提升自身服务能力和水平是最基本的要求，其中提高医疗服务能力，为入住老年人提供一定程度的医疗、康复、护理等服务自然成为最主要的内容之一。

二、上海市医养融合发展现状和面临问题

（一）基本现状

1.养老机构医养融合发展基本情况

目前，上海养老机构在医养融合方面主要有以下形式：一是内设医疗机构。内设医疗机构设置按所属单位服务人数、与服务功能相适应，分“门诊部”、“卫生所”、“保健站（医务室）”三种。其中：①服务人数超过1000人及高等院校，应设置“门诊部”或“卫生所”；②服务人数500至1000人，应设置“卫生所”或“保健站”；③服务人数500人以下，设置“保健站（医务室）”。截至2014年底，本市660家养老机构中，设有内设医疗机构的共有139家（其中有医务室，23家；保健站，79家；卫生所，37家；门诊部，暂无。医务室和保健站的唯一一点区别是：医务室至少要有1名执业医师，保健站至少要有2名执业医师），占养老机构总数的21%；核定床位数共计36733张，占养老机构床位总数的33.9%；其中88家养老机构的内设医疗机构纳入医保联网结算，占养老机构总数的13.3%。二是养老机构与社区卫生服务中心或邻近的医疗机构自主结对，签订服务协议。比如，闵行区莘庄镇敬老院与莘庄镇社区卫生服务中心合作，浦东新区南码头社区敬老院与浦南医院合作，等等。三是养老机构与老年护理院并设或交叉设置。比如：由上海申康医院发展中心下属的上海卫生产业开发中心设立的上海盈康养老院（盈康护理院），拥有养老床位335张、护理床位680张；上海长宁区逸仙第二敬老院拿出一层楼面共计99张床位成立文杰老年护理医院，敬老院与护理院的管理层为一套班子，人员实行统一招聘、统一派工，经营方面两院收支分开。

案例1：上海逸仙第二敬老院（上海文杰护理院）——医养结合的有效探索

上海逸仙第二敬老院位于茅台路616号，该院占地面积约5000平方米，建筑面积约9300平方米。核定床位数372张，是一家社会办非营利性养老机构。

该院是长宁区“医养结合”的首家试点机构。为解决机构老人看病难的问题，同时适当缓解患慢性病老年人在医院压床的现象，2012 年 2 月，经区民政、卫生部门和该院投资人协商，开始进行试点，由该院拿出一层楼面共计 99 张床位成立文杰老年护理医院。当年 10 月文杰老年护理医院取得卫生部门的执业证照，并列入上海市医保定点医院。

文杰护理院内设置有内科、全科、中医科、肿瘤科、康复科、临终关怀科、医学影像科、放射科、检验科、中西药房等，按照一级医院标准享受住院医保，医保规定额度为每天 140 元 / 人。

敬老院与护理院两块牌子，但管理层是一套班子，人员实行两院统一招聘、统一派工，在经营上两院收支分开。目前两院共有工作人员约 200 人，其中医技人员近 80 人，行政后勤人员 40 人，护工 57 人。医技人员中，有高级职称的 11 人，中级职称 16 人，外地户籍占 80% 以上，门诊医生以退休返聘为主，住院医生则主要是三四十岁的年轻骨干，待遇比社区卫生机构略低。

统一管理的最大好处是促进双向转诊。凡有老人入住养老院，首先要接受全面的健康评估，由专业医师确定老人的去向：健康状况稳定的，直接进养老院；处于急病期后康复阶段的可以先进护理院。入住后，有动态健康评估：一旦老人病情有变化或趋于稳定，就可以在护理院及敬老院间相互转诊。另外，入住前，护理院要求每位老人及其家属都签署一份承诺书，承诺一旦被医生评估为“稳定”必须转出。不守信者将被“拉黑”，很难再享受到各类养老服务，包括入住其他养老机构。

目前，经过扩建，护理院床位增至 150 多张，一年来共有 700 余人次老人出入护理院，每月平均有 20 名老人在两院间相互转床，护理床位及资源得到了最大限度的利用。养老院和护理院日常运营也在此基础上实现了盈利。

另外，在推进老年医疗护理服务体系建设方面，本市目前共有老年护理床位 1.8 万张，共有 71 家老年护理机构，包括社区卫生服务中心、公办和民办老年护理院、二级综合性医院和民办综合性医院。按照区域卫生规划，本市逐步调整完善卫生资源功能布局和结构，大力发展老年医疗护理服务。将社区卫生服务中心床位定性为护理床位，除郊区保留部分治疗床位外，其余床位将逐步调整为护理床位。鼓励三级医院发展老年医学科，并开设一定数量的老年治疗床位；鼓励部分二级医院转型为区域老年医疗中心；鼓励部分二级乙等医院和社会办医疗机构转型为老年护理院。2013 年度，全市 23 家区县综合医院共完成设立老年护理床位 1201 张；2014 年度，市卫生计生部门要求各区县综合医院老年护理床位达到 2400 张。对于设置老年护理床位的区县综合性医院，通过福利彩票公益金给予每张床位 1 万元的一次性补助。

2. 社区居家养老领域开展医养融合情况

目前在社区居家养老服务领域开展的医养融合主要有两类探索：

（1）居家医疗护理。主要对有医疗护理需求的居家老年人提供医疗护理服务，包括：一是高龄老人医疗护理计划。2013 年开始在杨浦、闵行、浦东等 3 个区六个街镇试点，对本市户籍 80 周岁以上城镇职工基本医疗保险参保的经评估为轻度、中度、重度的居家老人，每周分别享受 1 小时、2 小时、3 小时的医疗护理服务。每小时收费 50 元，由医保统筹基金支付80%，其余由个人支付。二是家庭医生。2011年开始在全市10个区县试点，2013年在全市推广。本市社区卫生服务中心深入推进家庭医生制度建设，主要开展常见病的诊疗以及特殊需求病人的转诊和分诊、签约病人身体状况的评估和建立健康档案、静脉补液等连续性的治疗服务和健康指导等。医保结算方式由社区卫生服务中心统一管理，依参保种类不同自负比例为8%～10%，其余由医保支付。家庭医生将居家老年人群作为签约服务的重点和优先对象，为65岁以上老年人开展免费体检和健康评估，建立和更新健康档案，设置家庭病床和开展居家护理服务。通过个体与群体相结合的健康管理，为社区老年人提供防治结合、有针对性的健康服务。目前，全市共有签约居民936万人，占常住居民的42%。三是家庭病床。2013年全市共建床位数为4.97万张（其中多数为老人），建立健康档案、定期查床、基础护理、静脉补液、吸氧等，结算方式同家庭医生。以上几种方式已经逐步制度化，受益人群也在逐步扩大。

（2）社区医疗支持。近年来，不少区县和街镇探索利用社区医疗服务资源对社区日间照料中心等托养机构提供医疗服务。比如，将社区医疗服务点与日托机构邻近设置或整合安排，社区老年人可就近获得医疗服务。还比如，社区医生等人员定期到社区养老服务机构，为老年人提供就诊、开药、健康指导等医疗服务。这种形式的服务非常受老年人的欢迎，也切实缓解了老年人对医疗服务的迫切需求，但总体来看，社区医疗支持方式还是零星、分散的做法，没有形成制度，需要进一步总结推广。为此，市卫生计生部门鼓励护理与照料协同，提高社区资源利用效率。依托现有的社区老年人日间照料中心、社区生活服务中心等社区托养机构，由护理站或社区卫生服务中心会同社工、志愿者上门提供慢病管理、健康教育、医疗护理等服务，推进社区医疗护理服务和养老照料服务的有机整合，为老年人提供包括社区医疗护理、生活照料在内的社区一站式照料和护理服务。目前，全市已有11家社会办护理站提供社区和居家老年护理服务。

（二）存在问题

尽管上海在推进医养融合发展方面取得了积极进展，但是在服务能力、医保结算、政策引导等方面，还存在诸多制约因素，亟待相关部门出台具体落实措施。

1. 医养融合规划布局滞后

在总体布局上，之前全市尚没有统一的社会养老总体规划与详细规划，更谈不上养老服务资源与医疗卫生资源有效衔接的科学规划。2014年，编制了《上海市养老设施布局专项规划》，但是目前在区县层面尚缺少具体的落地方案，使得医养资源整合度不高，在某种程度上造成养老床位“短缺”与“闲置”共存的矛盾。一方面，中心城区养老床位严重“短缺”，特别是配置标准、管理规范的养老机构床位明显不足，普遍存在需入住的老人排队等候的现象，有护理、医养融合服务的养老床位更是“一床难求”。另一方面，郊区的，又尤其是民办养老院床位“闲置”突出。一般地，离中心城区比较远、交通不太便利、周边医疗资源缺乏的养老机构床位闲置比较多，层次比较低的民办养老机构床位闲置更多。部分街镇对养老机构的存量改造和消防安全改造等投入重视不够，直接导致部分街镇所属的养老机构设施条件也普遍较差，混合其它多种因素，造成相应的养老机构床位闲置率也比较高，有的甚至超过 50%。

2. 养老服务机构优质医疗资源缺乏

仅就养老机构内设医疗机构而言，一方面其总量仍然不足，覆盖老年人数量有限，另一方面由于受内设医疗机构执业范围限制，其诊疗服务并不能满足老年人的经常性需求，比如静脉输液等。目前，机构养老护理的迫切需求与护理型机构严重缺乏的困境，造成中心城区大部分失能、半失能老年人不得不选择留在家里，接受不了专业的护理服务，并“拖累”整个家庭；一部分有医保和经济条件允许的失能、半失能老年人，则选择长期入住各大医院的康复病区，或者仅有的一些老年护理医院，不仅占用和浪费了医疗资源，更造成医保资金的严重流失。

3. 老年护理床位严重偏少

国家民政部和发改委明确提出城市公办护理型机构应按照每千名老年人 19~23 张的标准进行建设，结合上海的相关标准，截至 2020 年，全市要建成近 80000 张老年护理床位，而目前实际建成使用的占比不足三分之一。在社区养老中，老年人最关注日常护理、慢性病管理、康复、健康教育和咨询以及中医保健服务，而失能、半失能老年人更需要在生活照料基础上，进行医疗诊断、康复护理等健康服务。目前，大部分街镇社区卫生服务中心，均以开展门急诊服务和公共卫生服务为主，仅设置抢救床或留观床，并未设置康复病床，不能满足老年人的住院康复医疗需求；社区养老服务设施通常也只能提供日间照料功能，没有能力提供医疗护理服务。

4. 内设医疗机构运营成本偏高

据推算，保证一个小型养老机构 24 小时为老人提供医疗服务，至少需要配备 1 名全科医生、2 名护士，按月人均工资 4500 元的标准，一年就需要支出人员工资 16 万多元，此外还需配备护工、厨师、保洁等大量辅助人员。如果要建设成更高级别的内设医疗机构或护理院，养老机构的建设成本就会更大，面临较大经济压力。在此情况下，如果不在政策方面对推进医养融合发展进行引导和扶持，而是持续目前大部分养老机构微利甚至亏损运营的情况，其它许多养老机构将对发展医养融合服务存有顾虑。

5. 医疗机构支持养老服务相对不足

不难发现，基层医疗机构由于人力、财力短缺，服务能力有限，运行已然比较艰难。而收治大量老年康复患者，需增加基层医疗机构的硬件投入和人员配置，且大部分老年人以一般治疗、失能照护、临终关怀为主，收费较低，除去运行成本只能基本维持运行，因此，基层医疗机构难以收住老年康复病人。此外，由于同样的原因，基层医疗机构也很难向周边社区范围内的养老服务机构等输出医疗服务。而诊疗水平高、信誉好的医疗机构，特别是三甲医院本身医疗资源十分紧张，加之医患关系、医疗纠纷等潜在风险，难以为养老机构提供全面、及时、有效的医疗支持。

6. 医养护理队伍职业化程度不高

上海养老服务从业人员队伍总量不足，且呈现出社会地位低、收入待遇低、专技水平低，劳动强度和职业风险高、年龄偏高、流动性高的特点，一定程度上影响了本市养老服务业的供给水平和可持续发展。不言而喻，老年人护理特别是对失能半失能老人的护理有一定的专业性和特殊性，而目前养老机构护理人员在职称评定等方面无法享受与医疗机构执业人员等同等的待遇，必然导致就业吸引力有限，因而普遍存在护理员短缺问题。即使是目前在职的护理员，大部分都为外来流动人口或本地“4050”人员，队伍不稳定，文化程度较低，不能为老人提供较为专业的照护和康复辅助服务。

就医技人员而言，目前，本市全科医生共有5102名，按照国家每位全科医生服务2500位居民的要求测算，本市全科医生缺口约5000名。社区卫生服务中心作为整个医疗服务体系的网底与核心，承担了社区全体居民“六位一体”的综合健康管理服务。医养结合工作的重点在于社区和居家老人的照护，目前对于进一步拓展和强化养老机构医疗护理服务存在人力资源短缺的问题。

7. 医保、财政等政策支持力度偏弱

由于养老不属于医疗诊疗项目，即治病的“医保钱”不能转为“养老钱”，因医保报销金额和住院时间的限制，造成康复期较长的老年患者不得不连续出院转院，或采取各种方式压床，既造成过度医疗，也可能对老年人健康造成不利影响，甚至延误治疗。目前，上海养老机构中大部分都没有内设医疗机构，即使有内设医疗机构的养老机构，也才刚刚解决了医疗联网三段结算问题，而且受诊疗项目和用药目录等的限制，并不能便捷地享受相关医疗服务，或者无法享受医保报销。另外，对于内设老年护理床位的养老机构或者老年护理医院来说，除了现有医保政策外，缺少财政、民政等的资金补助。总体上，上海养老服务财政资金投入偏少，远低于教育等其他社会事业投入及财政增长速度，与老龄化程度较高的实际极不相称。

此外，老年护理保险制度尚未建立，老年长期照护保障机制不够完善，老年护理机构、养老机构和社区居家照料服务未形成有效转介。部分老年护理服务缺乏收费项目，部分服务收费标准过低，部分服务项目尚未形成合理价格梯度，不足以弥补医务人员工作成本，体现其服务价值，也不利于服务导向。

8. 政府协同管理体制尚未形成

目前，普通养老机构归民政部门许可和管理，医疗卫生机构归卫生计生部门认定和管理，医保报销由人社（医保）部门管理。由于行业差异、行政划分和财务分割等因素，老龄委、民政、卫生计生、人社（医保）等部门都要介入到“医养融合”型养老体系建设中，这种“多头管理”或“多头不管”的局面使得推动医养融合缺少整体合力，各部门对各项扶持政策的认识、调整和落实难以做到协调一致和横向整合。

案例2：上海市老年照护等级评估体系

目前，上海市在社区居家养老、机构养老、老年护理医院、高龄老人居家医疗护理等领域开展了需求评估工作，初步形成了三套需求评估体系，包括《上海市老年照护等级评估要求》、《上海市老年护理医院出入院评估标准》和《高龄老人医疗护理需求评估管理规范（试行）》。

从适用对象看，老年照护等级评估，主要是申请社区居家养老和机构养老服务的失能、失智老人。老年护理医院出入院评估，仅在部分试点的老年护理院对已入院老人模拟评估。高龄老人医疗护理需求评估，目前主要在试点街镇对本市高龄城保老人开展。

从评估标准看，三个评估标准均以国际通用的日常生活活动能力（ADL）及认知功能评估量表作为评估工具。民政部门的评估主要侧重于生活照料需求，卫生部门和医保部门的评估主要侧重于医疗照护需求。

总体来看，民政、卫生、医保的生活照料和医疗照护需求评估在各自系统开展了积极实践或试点探索。但也存在以下问题：评估各成体系，标准不一，缺乏有效衔接；老年人需接受不同部门的多次评估，部分老人多重享受；部门资源未有效整合，服务项目间缺乏转介机制；监管机制不完善；在政策协同、资源统筹、形成合力等方面需要进一步加强。

三、医养融合发展的思路和举措

（一）基本思路

1. 统筹规划、通盘考虑

一是在设施布局上体现医养融合。在社区和机构的设施布局中，将养老设施和医疗设施通盘考虑、就近安排。鼓励有一定规模的、新建的养老机构内设医疗机构，或设置老年护理床位，或与邻近的卫生服务机构同步规划建设、同步投入使用，为医养融合创造前提条件。二是在服务上体现医养融合。建立统一的老年照护需求评估标准、统一的老年照护服务受理窗口和第三方老年照护需求评估机制，根据统一评估后确定的不同照护等级，合理匹配相应的生活照料服务和护理服务。三是在队伍上体现医养融合。统筹老年护理院专业护理人员、养老机构护理人员、居家养老服务人员队伍建设，逐步建立和完善养老护理人员的教育培训体系、职业资格认定、岗位薪酬和津补贴激励制度，优化鼓励从事养老服务的就业服务政策。四是在政策上体现医养融合。研究制定养老机构内设护理床位的医保支付政策和扩大高龄老人医疗护理计划覆盖面的政策，形成老年护理院、养老机构内设护理床位、居家医疗护理的合理医保支付梯度。

2. 抓住重点、推进落实

（1）落实规划。就上海而言，根据《上海市养老设施布局专项规划》，养老机构的床位与医疗卫生机构的老年护理床位一并纳入总量统计，并且到2020年要实现全市养老床位数达到户籍老年人口数3.75%的目标，其中，1.5%是老年护理床位，医疗机构、养老机构各安排0.75%。因此，必须按照相关标准，推动养老机构中的老年护理床位的落地规划。此外，在设施的具体配置上，要鼓励养老设施与医疗设施邻近设置、整合设置，推动老年人医疗护理和生活护理的有机衔接。鼓励社区卫生服务站与老年人日间照料中心、养老机构等合并设置。

（2）明确责任。为了积极推进养老服务和医疗服务资源的整合，研究推进医养融合发展问题，一方面，要建立医养融合工作的协同机制，由民政部门、卫生计生部门共同负责，其中医疗服务的规划、力量配备、保障落实由卫生计生部门牵头；涉及非医疗服务的其他内容，由民政部门负责协调。另一方面，应当明确以社区卫生服务中心平台为载体，统筹考虑社区内的医养融合需求，实现社区内老年人医疗服务的全覆盖。对于社区卫生服务中心来说，要在继续做好原有各项社区卫生服务工作的同时，把为养老机构、日托机构内的住养老人提供医疗服务作为一项重要职能，包括指导养老机构内设医疗机构和老年护理床位的设置和发展、向社区老年人托养机构输出医疗服务、指导民办医疗机构为社区老年人托养机构和养老机构提供医疗服务等，这也是深化推进医养融合发展的实质性举措和机制性保障。

（3）统一评估。要通过建立统一的老年照护需求评估标准、形成统一的需求评估受理渠道、建立第三方评估机构和队伍、整合老年照护服务资源、制定完善梯度化保障政策，形成“分工明确、梯度衔接、相互转介、公平轮候、能进能出”的养老服务需求统一评估体系，整合社区居家医疗护理、机构养护和老年护理医院资源，实现老年人服务需求与各类服务合理匹配，保证养老服务资源的公平分配和有效使用，这既是当前社会养老服务体系建设的一项重点任务，也是加强医疗、养老资源无缝衔接，推进医养融合发展的根本举措。

案例 3：上海市老年照护统一需求评估体系建设总体考虑

根据《上海市人民政府关于加快发展养老服务业推进社会养老服务体系建设的实施意见》（沪府发［2014］28 号）关于建立服务供给体系、服务保障体系、政策支撑体系、需求评估体系、行业监管体系“五位一体”社会养老服务体系的总体要求，为形成“分工明确、梯度衔接、相互转介、公平轮候、能进能出”的养老服务体系，使老年人基本照护需求与专业服务合理匹配，保障有限的养老服务资源能够公平分配和有效使用，上海市研究形成了关于开展老年照护统一需求评估体系建设的总体考虑。

老年照护统一需求评估体系建设的主要目标包括：一是建立统一的老年照护需求评估标准。整合现有评估标准，构建以老年人为中心的统一老年照护需求评估体系，明确评估标准、分级方法以及对应的服务内容；二是建立统一的老年照护服务受理渠道。结合实际情况，在社区事务受理服务中心、为老综合服务中心等处设立实体受理窗口；利用现有热线电话，建立电信受理渠道；结合统一养老服务管理信息平台建设，开设网络受理渠道；三是建立第三方老年照护需求评估机制。逐步形成“政府主导购买服务、委托第三方评估机构进行需求评估、良性竞争提升评估服务质量”的第三方老年照护需求评估机制；四是整合老年照护服务资源。整合民政、卫生计生、医保等部门资源，发挥街镇在社区为老服务中的主体作用，统筹试点区域养老机构床位、老年护理医院床位和社区居家养老服务各类设施的建设和使用；五是完善政策保障梯度。坚持以社区居家照护为主导、以社区服务为支撑、以机构照护为补充，对现有政策制度进行梳理，在实践探索中，不断完善梯度化保障制度和政策支撑体系；六是健全信息管理系统。因地制宜，与统一老年照护需求评估体系建设相匹配，组建统一养老服务管理信息平台。

老年照护统一需求评估体系建设的基本原则包括：一是以人为本，保障基本。以满足老年人享受“方便、匹配”的服务为目标，整合医疗、康复、生活照料等服务，综合考虑社会经济发展水平，以及老人、家庭的实际承受能力，实行统一管理，为老年人提供适配的基本养老服务。现阶段统一需求评估体系覆盖人群为本市户籍老人中申请接受机构或居家养老专业服务的失能、失智老人。在保障方面，财政对于家庭经济困难的失能失智、高龄老人给予补贴；对于家庭经济条件较好的失能失智、高龄老人由其自行承担费用；二是统一公开，公正透明。根据全市统一老年照护需求评估标准，实现申请人“通过一次申请，采用一份表格，完成一次评估，做出评估结论”。通过信息管理等科学的管理方法，保障养老服务资源公平配置；三是资源统筹，分级分类。在布局规划上，统筹社区服务、养老机构和老年护理医院等老年照护设施资源。在服务结构上，逐步优化照护资源结构比例，不断完善社区居家照护、高龄老人居家医疗护理，养老机构床位、老年护理医院床位的梯度化保障制度。在服务方式上，根据评估结论，制定分级分类服务计划，将老人在不同的服务层次间有序转介，实现老年人服务需求与各类专业服务合理匹配。

（4）加强队伍。首先，应当根据国家相关要求，结合完善建立养老机构服务收费成本定价机制，积极解决养老机构服务人员招聘难、收入低、流动大等问题。其次，要结合有些地区已经实施的“关于养老服务机构从业人员岗位补贴、职称津贴的发放办法”等，研究完善激励医护等专技人员的政策措施。再次，要鼓励和支持高校、职业院校以及培训机构等开设老年医疗护理专业，规范课程设置，为老年医护行业培养储备人才，逐步促进老年医护行业队伍的专业化、年轻化。最后，还要研究制定统一的资质要求及相应的管理办法，建立老年医护人员职业发展体系，制定合理薪酬制度，培育发展社会化、职业化的服务队伍。

（二）具体举措及瓶颈突破

1. 推进养老机构内设医疗机构

内设医疗机构是医养融合最主要的实现形式。一方面，内设医疗机构可以很有效地为住养老人提供医疗服务；另一方面，基本医疗保险办法规定，医保费用只能向医疗机构结算，内设医疗机构首先就是解决了养老机构的医保支付资格问题。此外，对于养老机构内设医疗机构，原则上可全部纳入定点医疗机构并实行医保支付。因此，设立内设医疗机构是解决养老机构医养融合的核心和关键。为推进更多养老机构设立内设医疗机构，需要解决如下问题：

（1）完善养老机构内设医疗机构相关标准。以上海为例，目前关于在养老机构设立医疗机构依据的是《上海市机关和企事业单位内部医疗机构设置和执业登记管理规定》（沪卫医政［1997］60 号）和《医疗机构管理条例实施细则》的有关规定。然而，养老机构与一般企事业单位存在本质的区别：养老机构的服务对象是需要照护的老年人，其中 60% 以上是中度以上失能失智老人；养老机构是 24 小时全天候运转的。因此，卫生计生部门有必要根据养老机构的实际需求，在满足医疗行为底线要求的前提下，降低设置门槛，制定专门的内设医疗机构设置标准。比如，拿保健室（医务室）来说，在医技科室设置方面，其一般要求的“至少设有药房、心电图室、信息管理科、消毒供应室、医疗废弃物存放点”，而且要求“每室必须独立”，等等，应当一方面降低科室设置种类要求；另一方面也不必要求每室必须独立，而仅要求具备相应的服务功能。

（2）建立养老机构内设医疗机构补贴机制。以上海为例，目前开设内设医疗机构的139家养老机构绝大多数是市属、区属福利院和部分规模较大的街镇办养老院、民营养老院。据调查，内设医疗机构的开办成本和运行成本较高（就医务室而言，经调查，其开办成本在8–10万元左右；运行成本主要是医护人员工资支出），是制约其发展的重要因素。因此，应当考虑结合养老机构“以奖代补”扶持等政策，对养老机构设置内设医疗机构给予补贴，包括一次性的开办费补贴和对其聘用专职医护人员，给予一定的奖励。

（3）积极解决内设医疗机构医护人员相关问题。在上海，目前内设医疗机构医护人员招聘难、收入低、发展差、流动大，绝大多数是退休返聘人员。因此，需要：一是研究制定养老机构内设医疗机构医护人员定向培养、合作培养、针对性培养政策。比如，可以参照“乡村医生”的培养模式，专门培养三年制大专学历，主要是老年科的医护人员，这也是符合养老机构老人的医疗需求实际的；二是加强内设医疗机构医护人员在岗培训和继续教育，将其纳入卫生部门人才培养的统一范围。

2. 促进医疗机构为养老机构和社区日间照料机构提供医疗服务和医疗支持

对于达不到设立内设医疗机构条件的养老机构、周边医疗资源比较丰富的养老机构，以及社区日间照料机构，可以通过签订服务协议，引入医疗服务。

（1）社区卫生服务中心要为老年人提供便捷服务。社区卫生服务中心应当结合实施基本公共卫生服务项目要求，建立老年人健康管理服务制度，为老年人建立健康档案，加强老年人健康指标监测和信息管理；每年为60周岁及以上老年人提供一次健康管理服务，开展生活方式和健康状况评估、体格检查、健康教育指导；要转变服务模式，与有意愿的老年人家庭建立医疗契约服务关系，为行动不便的老年人提供上门服务，开设家庭病床，方便老年人就医。

社区卫生服务中心在其所处的行政区域范围内，都可以直接行医，没有其它准入条件等障碍。因此，引导社区卫生服务中心进入养老机构既是非常有效的，也是完全可行的。要强化社区卫生服务中心的医疗康复功能，为养老机构、社区居家养老服务机构社区老年人提供基本医疗康复服务。

目前，比较大的瓶颈问题是，社区卫生服务中心一般实行绩效工资制度，本身为社区服务的工作量就很大，如果没有有效的激励补偿机制，其很难有积极性到养老机构开展医疗服务。因此，必须：一是完善社区卫生服务中心为老服务的激励补偿机制，在政策上允许养老机构向其购买服务；二是授权或鼓励街镇层面采取补贴、共建、协作等措施，整合社区卫生服务中心资源参与养老服务。

案例4：上海市积极发挥社区卫生服务中心平台作用

在上海市新一轮社区卫生服务综合改革中，社区卫生服务中心定位于医养结合支持平台，将社区卫生服务中心基本服务项目分为六大类141项，其中明确69项主要服务对象为老年人群，包括社区护理服务、居家护理服务、舒缓疗护服务、老年人健康管理等，69个服务项目均运用在居家、社区和机构养老的医疗卫生服务中，其工作量占社区卫生服务中心总体工作量的比重达到57%。财政部门对于社区卫生服务中心开展基本服务项目，通过核定任务、核定收支、绩效考核补助方式，保障社区卫生服务中心的正常运行。通过这些项目的实施，将对为老健康服务形成有力的充实和规范。同时，考虑利用市场机制，通过社区卫生服务中心平台，整合各类医疗服务资源参与养老机构住养老人医疗护理服务，以满足多层次医疗护理需求。

（2）努力提高综合医院为老年人服务的能力。二级以上综合医院应开设老年病科，增加老年病床数量，提倡多学科团队合作模式，规范开展老年常见慢性病诊治，有条件的医院开设老年病门诊，满足老年人医疗和康复需求。鼓励支持二级以上公立医疗机构与养老机构建立医疗服务协作关系，通过定期巡诊义诊等方式，逐步提高养老机构医疗服务能力。鼓励有资质的民办医疗机构等进入养老机构和社区日间照料机构开展医疗服务，完善落实医生多点执业规定，细化具体的操作规范；要将为养老机构提供医疗护理服务的民办医疗机构纳入医保定点范围。

完善养老机构与医疗机构业务协作网络，养老机构要与周边医院、基层医疗卫生机构建立急救、转诊等合作机制，开通预约就诊绿色通道，并协同医疗机构做好老年人慢性病管理和康复护理。要积极探索建立护理转移机制，鼓励有条件的养老机构承接医疗机构内需长期照护的失能老年人，逐步解决医疗机构中老年人的“压床”问题。

各级各类医疗机构要积极为老年人提供高质量的医疗服务，要全面落实老年医疗服务优待政策，对老年人看病就医实行优先照顾，在挂号、就诊、收费、取药、住院等窗口设置“老年人优先”标志。要充分发挥医院志愿者服务作用，为行动不便的老年人提供门诊、住院陪同服务，在医疗服务中体现爱老、敬老的良好风尚。

以上医养融合服务模式还有很大发展空间，关键是要解决以下问题：一是完善落实医生多点执业规定。据调查，该规定在实践操作中还远未落实，需要进一步细化具体的操作规范，比如本院的医生在其它医疗机构开展活动时发生的医疗纠纷由谁负责，本院内部管理以及利益分配方面的问题如何解决，等等；二是尽可能地将为养老机构提供医疗护理服务的民办医疗机构纳入医保定点范围。

（3）加快发展为老年人服务的专业医疗机构。充分利用现有医疗服务资源，创办老年医学中心、老年康复中心、老年医院、护理院等主要针对高龄、病残老年人的康复护理专业服务机构。鼓励社会资本举办康复医院、护理院，最大限度放宽设置规划。引导部分非建制镇卫生院建立护理院，开设医疗护理型床位或病区，鼓励乡镇卫生院、社区卫生服务中心发展老年医疗护理服务特色科室。鼓励有条件的企事业单位职工医院、门诊部向以老年康复为主的社区卫生服务机构转型，方便老年人就医。支持部分闲置床位较多的一、二级医院和专科医院发挥专业技术和人才优势，按照护理院建设相关标准要求，转型为老年护理院。按照养老机构设立许可的有关规定，完善养老服务设施，符合条件的，各级民政部门应为其办理养老机构设立许可证，并依照相关规定享受养老机构的建设、运营补贴。

3. 推进养老机构老年护理床位建设

首先应当制定老年护理医院或者养老机构中的老年护理床位建设落地落点规划。明确设置老年护理医院或者床位的具体标准、管理模式以及医保支付政策。要出台扶持和发展护理院及养护型养老机构建设的政策，取消不必要的限制条件。对社会资本投资兴办的护理院和养护型养老机构，在建设补贴、运营补贴、定点医疗等政策上要予以倾斜。

4. 探索开展面向养老机构的远程医疗

面向养老机构开展远程医疗，是医养融合发展的一个崭新模式。国家发展改革委、民政部、国家卫生计生委已经下发了《关于组织开展面向养老机构的远程医疗政策试点工作的通知》（发改高技［2014］1358号），应当据此开展相关政策研究工作。在远程医疗的操作规范、责任认定、激励机制、收费标准和医疗费用报销等方面，研究制定适用于面向养老机构远程医疗服务的相关政策、机制、法规和标准，探索养老机构与医疗机构的新型合作机制等。

5. 全面推行康复服务

各类养老服务机构都要配备康复设备，全面开展康复服务。床位数在100张及以下的养老机构应设立康复区，100张床位以上的养老机构应设立康复中心，配备专业康复人员或引入专业的康复机构，开展专业化的康复服务。政府要为经济困难的失能半失能老年人配备康复辅助器具，为家庭无障碍设施改造提供资助。

坚持养老与养生相结合，将中医药养生保健和“治未病”理念融入养老全过程，利用中医药技术方法全面提升老年人身心健康和生活质量。推动中医医院与老年病医院、老年护理院、康复疗养机构等之间的深层次合作，积极发展养生保健、康复服务。在养老服务机构中开展融合中医药健康管理理念的老年人医疗、护理、养生、康复服务，有条件的可设立以老年病、慢性病防治为主的中医药门诊部、诊所或诊室。建立中医药养老服务实训基地，加强养老护理人员中医药技能培训，推广中医药健康养老知识和产品。

6. 探索建立长期护理保险制度

支持探索建立长期护理保险制度，人社、卫生计生、民政和财政部门要积极开展长期护理保险调研，做好与医保政策的有效衔接，发挥医保基金效益，缓解失能老人护理费用支出压力。有条件的区县可先行试点，探索经验，形成个人、政府和保险公司共同承担的合力，增强失能老人护理支付能力。

目前，以上海为例，应当首先突破以下瓶颈问题，即民政部门的社区居家养老服务项目中，主要有生活照料和生活护理两项内容；人社、卫生计生部门指导实施的高龄老人医疗护理计划项目中，主要有基础护理和常用临床护理两项内容。其中，生活护理与基础护理的内容交叉重叠，势必造成对同一个服务对象服务内容不合理、支付渠道不统一等问题。但是，如果将生活护理和基础护理整合，又存在支付渠道上的难题，目前前者是财政补贴，后者是医保支付。解决这一问题，一个比较理想的方案是，将社区居家养老服务的内容界定为生活照料和护理服务，凡经统一需求评估有照护需求的老年人，不管轻、中、重度，每月均通过财政补贴提供等量的生活照料服务，同时根据照护等级不同，再由医保基金支付不同频次的护理服务。这又需要研究解决两个问题：一是不同政策覆盖对象的统一性问题，比如现行高龄老人医疗护理计划只覆盖到城保75岁以上的老人，而社区居家养老服务补贴对象为60岁以上的城乡老人。这也就需要扩大医保支付范围。二是支付渠道的统一性问题，受医保基金管理条例的限制，通过医保资金支付老年人长期护理费用不是长久之计，参照国外通行做法（国内也有青岛模式），加快研究筹集长期护理保障资金（医保基金、财政资金、福彩公益金、残保金、公积金等），专项用于支付老年人长期护理保障费用，方为治本之策。

首都功能疏解背景下中心城区养老服务发展报告

北京市民政局研究室

近年来，首都经济社会得到快速发展，但同时，其资源承载力不足、人口大量聚集、环境污染、交通拥堵等“大城市病”也逐渐加剧，而这些“城市病”与首都的功能过度聚集密切相关。为了缓解这一发展困境，首都对自身的核心功能进行了新的定位，即“政治中心、文化中心、国际交往中心、科技创新中心”，并把疏解非首都核心功能提上日程。与此同时，北京市要求严格控制人口的无序增长，《京津冀协同发展规划纲要》明确“到2020年全市常住人口力争控制在2300万人以内，其中城六区常住人口在2014年基础上每年降低2~3个百分点，争取到2020年下降15个百分点左右”。由于在2013年，北京市60岁及以上老年人口占比为21.2%，而首都功能核心区和城市功能拓展区60岁以上老年人口占比分别为24.1%、21.8%，均大于北京市平均值。因此，功能疏解和人口控制必然会影响中心城区老年人的生活方式，进而对其养老服务产生深远影响。如何既保障首都老年人口养老服务的质量又能在养老服务质量提升过程中疏解一部分有意愿到郊区养老的老年人口是本课题的研究主题。

本报告的养老服务对象主要是首都城六区的城市户籍老年人口，即东城区、西城区、朝阳区、海淀区、丰台区、石景山区的老年人口。本报告主要分析2006年以来北京市中心城区养老服务发展情况。

一、中心城区老年人口变化趋势

首都老年人口近年来逐渐增加，从2006年的202.4万增加到2013年279.3万，增长约38.0%，年均增长率为4.7%，而总人口则从2006年的1197.6万人增加到2013年的1316.3万人，年均增长率为1.4%，首都老年人口的年均增长率快于总人口增长率3.3个百分点，可见首都面临着严峻的老龄化趋势。

（一）中心城区老年人口概况

在2006-2013年的八年间，中心城区老年人口从134万增加至2013年185万，八年间整体增长率为38.1%，与首都总体老年人口增长率基本持平。其中，首都功能核心区老年人口增长率为32.6%，年均增长率为4.1%；城市功能拓展区老年人口增长率为40.6%，年均增长率为5%，城市功能拓展区对中心城区老年人口增长贡献更大。由表1-1，从2006年至2013年，中心城区60岁以上老年人口占全市老年人口的比例保持在 66% 多，中心城区占全市老年人口的比例保持基本稳定，可见全市老年人口主要聚集在中心城区。

表 1-1 首都中心城区老年人（60+）口变化趋势 （单位：万人、%）

60 岁以上	2006	2007	2008	2009	2010	2011	2012	2013
中心城区	134	139.2	144.1	149.7	156	164.6	174.2	185
首都功能核心区	43.2	44.7	45.7	46.9	48.7	51.4	54.2	57.3
城市功能拓展区	90.8	94.5	98.4	102.8	107.3	113.2	120	127.7
全市总老年人口	202.4	210.2	218	226.6	235	247.9	262.9	279.3
中心城区占全市总老年人口比例（%）	66.2	66.2	66.1	66.1	66.4	66.4	66.3	66.2

（二）中心城区老年人口变化趋势预测

根据 2007–2013 年中心城区人口变化情况，通过线性预测方法可以有效实现中心城区老年人口数据模拟，对未来北京中心城区老年人口的变化趋势进行预测。经过计算得到 2014–2020 年首都老年人口总量，见表 1–2。

表 1–2 2014~2020 年间首都中心城区老年人口预测值 （单位：万人）

年份	2014	2015	2016	2017	2018	2019	2020
预测人口	187.0	194.2	201.3	208.4	215.6	222.7	229.9

首都中心城区老年人口自 2014 年到 2020 年的预测增长率为 22.9%，年均增长率约为 3.5%，按照《京津冀协同发展规划纲要》规定，首都明确“到 2020 年全市常住人口力争控制在2300万人以内，其中城六区常住人口在2014年基础上每年降低2–3个百分点，争取到 2020 年下降 15 个百分点左右”，以上预测发现中心城区（城六区）老年人口增长率快于规划纲要中心城区人口总的调控目标，未来如能将部分中心城区老年人口有序疏解至京郊或外地养老，进而使中心城区老年人口的增长率慢 2–3 个百分点，则能为京津冀协同发展规划的人口目标作出一定贡献。

（三）中心城区与其他功能区老年人口占比比较

由图 1–1，在 2006–2013 年间，中心城区老年人口占全市总人口的比重由 2006 年的

11.2% 上升至 2013 年的 14.1%，八年间增长了 2.9 个百分点；城市发展新区老年人口占总人口比重由 3.7% 升至 4.8%，仅增加了 1.1 个百分点；生态涵养发展区老年人口占总人口的比重增长率更低，在八年间仅增长了 0.4 个百分点，远低于前两者。说明中心城区老年人口增长趋势快于其他两个功能区。

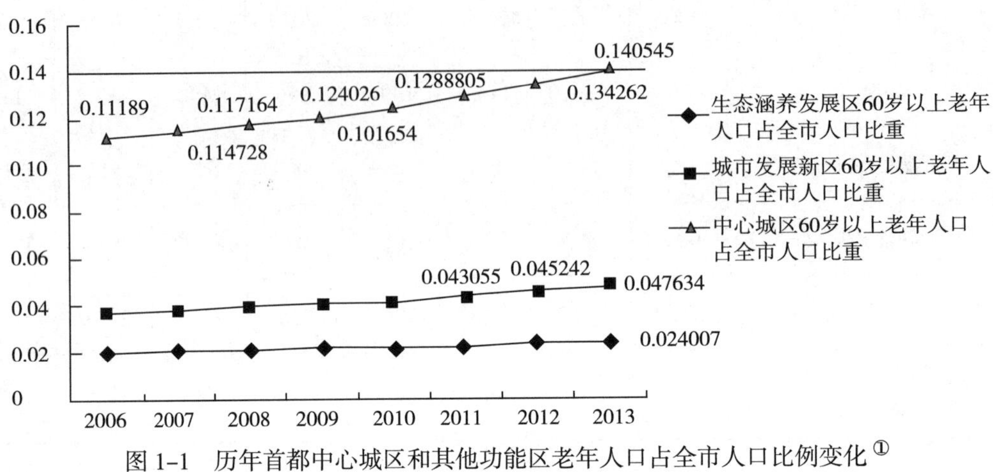

图 1-1　历年首都中心城区和其他功能区老年人口占全市人口比例变化[①]

二、中心城区养老服务发展趋势分析

根据北京市“9064”养老模式，到 2020 年，全市 60 岁及以上老年人口中，90% 的老年人在社会化服务的协助下通过居家养老，6% 的老年人通过政府购买社区服务照顾养老。为实现这一目标，北京市分别出台了多个以居家养老为主题的政策，例如《北京市市民居家养老（助残）服务（“九养”）办法》《北京市人民政府关于加快推进养老服务业发展的意见》《北京市居家养老服务条例》等，推动了全市养老服务体系发展。

（一）中心城区养老服务发展变化趋势

1. 养老机构主要分布于海淀和朝阳，空间上主要位于五环到六环间

2015 年城六区养老机构一共有 140 家，数量最多的分别是朝阳区和海淀区，其次是西城区、丰台区，东城区和石景山区的养老机构数量最少（见图 2-1）。中心城区的核心区——东城区和西城区养老机构占比为 27.14%，养老机构数量最多的朝阳区占中心城区比例为 25.7%，养老机构数量最少的石景山区占比仅为 5.7%，二者差距为 20 个百分点。

① 全市户籍人口数据来自《北京统计年鉴 -2014》。

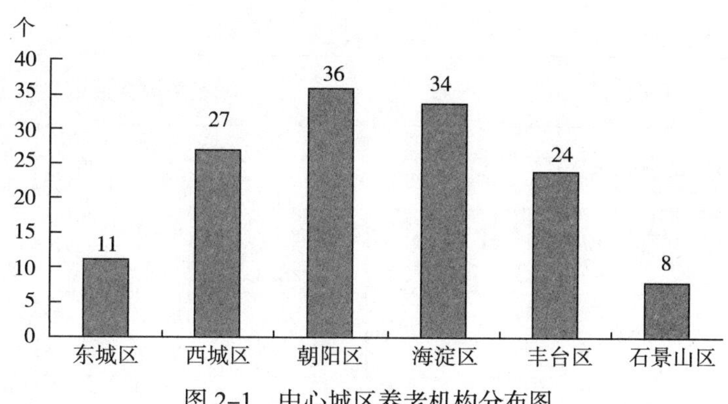

图 2-1　中心城区养老机构分布图

2. 西城和朝阳的养老机构床位数最多，而朝阳和石景山的平均床位数最多

在城六区中，养老机构床位数最多的为朝阳区，其次为海淀区，床位最少的为东城区。在平均床位数方面，石景山养老机构平均床位数最多，其次为朝阳，平均床位数最少的为西城，说明石景山区在中心城区的养老机构平均接待老人床位数量方面最多。

表 2-1　中心城区养老机构床位数分布概况　　（单位：张）

区县	最小机构的床位数	最大机构的床位数	平均床位数	合计
东城	26	300	118.5	948
西城	8	241	76.6	1686
朝阳	16	3000	325.3	11060
海淀	42	1200	282.7	9612
丰台	50	630	189.8	4366
石景山	150	600	371.5	2972

3. 各区养老服务商均逐年增加

截至 2015 年 10 月，根据对北京市社区服务中心的调查，城六区总的养老服务商数量为 4913 家，其中核心区（东、西城）占城六区签约养老服务商比例约为 26.4%。中心城区目前签约服务商数量最多的为海淀区，占比为 26.7%，高于东、西城总签约服务商比例，其次为朝阳区，占中心城区养老服务商签约比例为 26.1%。

表 2-2　中心城区签约养老服务商概况

区县	签约服务商数量（家）
东城区	568
西城区	728

续表

区县	签约服务商数量（家）
朝阳区	1281
海淀区	1313
丰台区	767
石景山区	256
总计	4913

注：数据截止 2015 年 10 月。

（二）北京市、中心城区、京郊养老服务发展趋势比较

1. 养老机构在区域和空间上主要分布在郊区县，但城区机构密度远高于郊区县

从区域看，养老机构主要分布在远郊区县，占全市养老机构的近三分之二。从 2015 年北京市各区县的养老机构数量看，远郊区县的养老机构数量为 249 家，占全部养老机构的 65.87%。

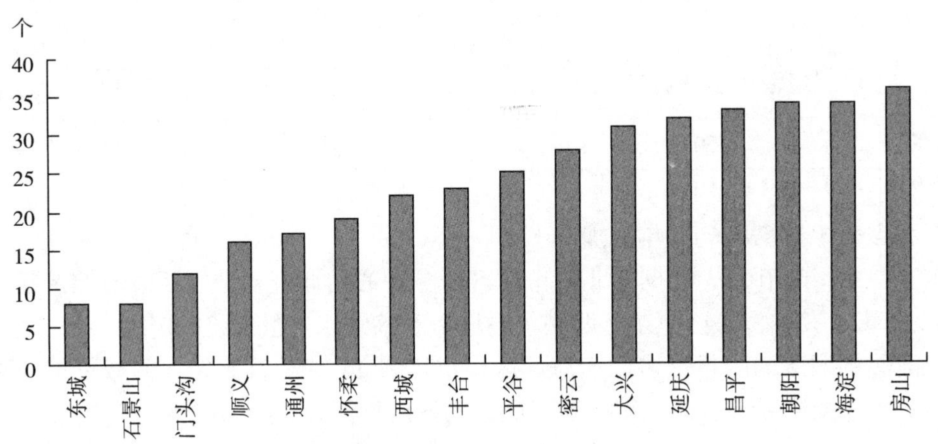

图 2-2 2015 年北京市各区县养老机构数量

资料来源：北京民政信息网

尽管养老机构多分布在郊区，但从养老机构的空间密度看，中心城区尤其是核心区的养老机构密度远高于郊区县，由图 2-3 相关统计可见，城六区养老机构密度均高于其他新城地区和生态涵养区。

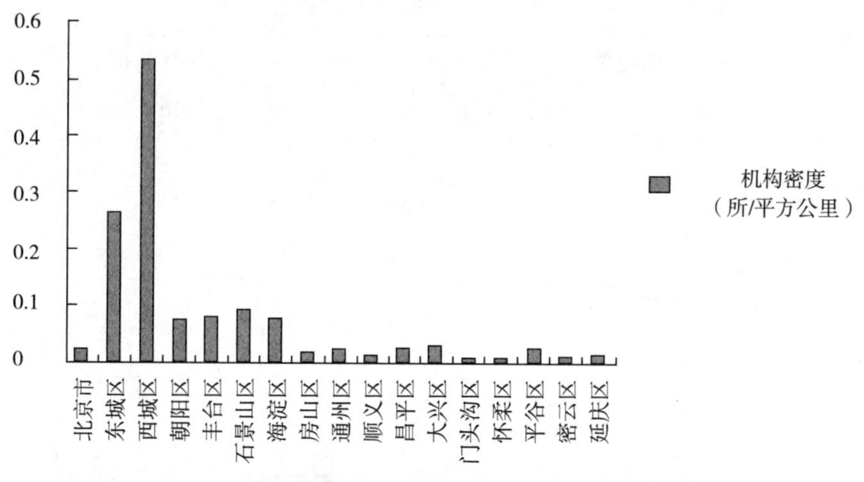

图 2-3　2013 年北京市各区县养老机构的空间密度

注：机构密度 = 机构数 / 区域地理面积，区域地理数据来自北京市统计年鉴

养老机构所对应老年人口能在一定程度反映区域的机构养老承载力，经计算，中心城区每所养老机构平均可服务 60 岁以上老年人约 1.32 万，而京郊每所养老机构平均可以服务 60 岁以上老年人约为 0.28 万，这一方面说明京郊有条件为中心城区老年人提供异地养老的设施条件，另一方面说明北京市城乡养老机构结构性矛盾依然存在。

表 2-3　中心城区与京郊养老机构对比

城市功能分区	土地面积（平方公里）	养老机构(所)	机构密度（所 / 平方公里）	60 岁以上老年人口（万人）
中心城区	1368.32	140	0.102315248	185
生态涵养发展区	8746.65	113	0.012919232	31.6

注：数据来源同前文

2. 全市养老机构床位多位于京郊；中心城区床位多于京郊但存缺口

（1）养老机构床位多位于京郊

首都各区县养老机构床位分布存在较大差异，从表 2-4 数据统计发现，昌平区的机构床位数最多，其次是朝阳区，这两个区床位数总量均超过 1 万张，海淀区的床位数居第三位，也达到了 9612 张床位。在其他 13 个区县中有 7 个区县的床位数量在 3000~7000 张之间，5 个区县的床位数量在 1000~2000 张之间，床位数量最少的区县是东城，只有 948 张。

表 2-4　2013 年北京市中心城区养老机构床位数量状况　（单位：张）

区县	最小机构的床位数	最大机构的床位数	平均床位数	合计
东城	26	300	118.5	948
西城	8	241	76.6	1686
朝阳	16	3000	325.3	11060
海淀	42	1200	282.7	9612
丰台	50	630	189.8	4366
石景山	150	600	371.5	2972
门头沟	50	428	160.3	1923
房山	10	500	142.1	5117
通州	100	800	219.9	3738
顺义	30	432	170.8	2732
昌平	50	5000	426.6	13364
大兴	52	634	203.1	6297
怀柔	35	300	97.8	1859
平谷	50	400	138.1	3453
密云	46	356	136.3	3816
延庆	50	1158	150.9	4830

资料来源：根据北京市民政局编《北京市养老机构指南（2013）》整理

（2）中心城区养老机构床位数多于京郊，但存在床位缺口

从表 2-5 的统计计算结果看，中心城区养老机构床位数远大于生态涵养区，前者是后者近两倍，中心城区养老机构平均床位数为 218.9 张，生态涵养区平均床位数为 140.5 张，前者是后者的 1.56 倍。而按照北京市“9064”养老模式推算，中心城区养老机构的床位数缺口为 43356 张，而京郊生态涵养区养老机构床位数则盈余 3241 张，因此尽管京郊养老机构少于中心城区，但京郊仍具备承担中心城区老年人口异地养老的硬件条件。

表 2-5　中心城区与京郊养老机构床位数比较

城市功能分区	养老机构床位数	养老机构	平均数
全市	77773	398	195.4
中心城区	30644	140	218.9
生态涵养发展区	15881	113	140.5

3. 城区养老服务商数量多于京郊，且持续增长；区域万名老人对应服务商与区域老年人口负相关

（1）城区养老服务商数量高于京郊，且持续增长

养老服务商是政府为老年人购买服务的主要对象，80 岁以上老年人可通过养老助残卡向与政府签约的服务商购买服务，在此过程中可间接撬动老年服务业的发展。截止 2015 年 10 月北京市培育的养老服务商数量为 1.4 万 ~1.5 万①，而正式签约的服务商数量为 9025 家，其中核心区（东、西城）养老服务商的数量占比为 14.36%，中心城区（核心区及城市功能拓展区）签约服务商数量占比为 54.44%，城市发展新区和生态涵养区签约服务商数量分别为 21.85%、23.71%。说明首都中心城区签约服务商的数量占比超过一半。

（2）万名老人对应服务商数量与区域老年人口负相关

按照养老助残卡相关政策规定，80 岁以上老年人为养老卡主要发放主体，为从服务商角度对比各区县养老服务商的供求情况，报告计算了每万名老年人对应服务商情况（如表 2-6 所示），从表中可以发现中心城区每万名 80+ 老年人对应养老服务商的数量均小于北京市平均值 190.4 家，而城市发展新区和生态涵养区每万名 80+ 老年人对应养老服务商的数量均高于北京市平均值，且随着城市从核心区向外延伸，每万名 80+ 老年人对应养老服务商的数量呈增长趋势，这与区域 80 岁以上老年人口比例呈反比的变化趋势。

表 2-6 北京市养老服务商与 80+ 老年人口对比

区县	签约服务商数量（家）	80 岁 + 老年人口（万人）	每万名 80+ 老年人对应服务商（家）
东城区	568	5.2	109.2
西城区	728	7.6	95.8
朝阳区	1281	8.3	154.3
海淀区	1313	7.9	166.2
丰台区	767	4.9	156.5
石景山区	256	1.6	160.0
大兴区	411	1.5	274.0
昌平区	359	1.4	256.4
房山区	408	1.5	272.0
顺义区	372	1.4	265.7

① 签约服务商数据根据对市民政局养老服务处的调研，由于 2014 年北京市老年人口信息尚未出台，因此报告暂取 2013 年 80 岁以上老年人口数据。

续表

区县	签约服务商数量(家)	80岁+老年人口(万人)	每万名80+老年人对应服务商(家)
怀柔区	434	0.7	620.0
平谷区	549	1.1	499.1
延庆县	328	0.7	468.6
密云县	570	1.1	518.2
通州区	422	1.7	248.2
门头沟区	259	0.8	323.8
总计	9025	47.4	190.4

注：签约服务商数据来自对北京市社区服务中心的调研，截止时间为2015年10月22日；80岁以上老年人口数据来自历年《北京市老年人口信息和老龄事业发展状况报告》

4. 中心城区优质医疗资源远多于京郊

北京市中心城区优质医疗资源主要指三甲医院数量，根据对北京市预约挂号同一平台的数据整理（如表2-7）发现，城六区的三甲医院总共有76家，城市功能拓展区有8家，而京郊为代表的生态涵养区的三甲医院仅有1家，中心城区三甲医院是京郊的76倍，中心城区优质医疗资源远高于京郊。

表2-7　中心城区与京郊三甲医院对比

城六区	三甲医院数	城市功能拓展区	三甲医院数	生态涵养区	三甲医院数
东城区	11	通州区	3	门头沟区	1
西城区	16	顺义区	2	平谷区	0
朝阳区	17	大兴区	3	怀柔区	0
海淀区	18	昌平区	4	密云县	0
丰台区	9	房山区	2	延庆县	0
石景山区	5				
合计	76		14		1

注：数据整理自北京市预约挂号统一平台

三、中心城区老年人养老服务需求分析

（一）中心城区老年人养老服务需求分析——以养老服务卡为例

养老助残卡对于撬动养老产业具有较大的乘数作用，自从北京市实行养老助残券

（卡）政策以来，老年人的养老服务需求得到了较大的释放。为方便分析，本报告以2015年1月1日起实行的养老助残卡为例，并结合前期区县相关调查数据进行分析。

1. 中心城区总体养老卡消费倾向于物质消费，轻于精神消费

在2015年开始实施养老助残"券变卡"政策以来，北京市80岁以上老年人通过养老助残卡来购买服务的类别主要有九类，如表3–1所示，其中百货购物消费占比最高，占了超过一半，为50.19%；其次为社区便利店消费，占比为34.33%，由于这两项基本以超市等实物消费为主，因此将其合一归并为超市类消费，占比为84.52%；其次为餐饮（老年餐桌）消费，消费占比为12.7%，超过一成；消费占比最少的为文化娱乐，其他养老服务消费较少的类型依次为养老机构、家政服务、生活照料以及医药医疗，其中日间照料服务目前未有消费。综上，可以发现通过养老卡购买服务的老人倾向于日常实物消费的物质需求满足，根据家庭经济学理论，老年人退休后随着闲暇时间的增多，精神消费的时间成本逐渐降低进而对精神消费的需求应该上升，但城区老人养老服务卡的精神消费需求占比在实践中并未得到验证。

表3–1 北京市老年人养老助残卡消费情况

消费类别	消费类型占比
社区便利店（小超市/小卖部/食品烟酒类）	34.33%
医药医疗	1%
百货购物（超市/商场）	50.19%
文化娱乐	0.01%
养老机构	0.08%
日间照料	0.00%
生活照料（维修/理发/其他）	1.30%
家政服务	0.39%
餐饮（老年餐桌）	12.70%

2. 中心城区签约服务商主要是超市、餐饮，其他类型服务商比例较低

与老年人消费需求对应的是与北京市社区服务协会签约的养老服务商，如表3–2统计，社区便利店的签约服务商目前最多，占比达到33.24%，其次为餐饮类老年餐桌，签约服务商占比为25%，第三位的是百货购物（超市、商场）的签约服务商，占比为16.81%，在协会平台签约最少的服务商为日间照料，占比仅为0.18%。因此，可以得出以超市为代表的实物类服务商比例为75.05%，其他以精神生活需求的服务商比例为24.95%，签约的物质类养老服务商是精神类服务商的3倍多。

表 3-2 北京市养老卡政策签约的服务商类型

类别	服务类型分布	占比
社区便利店（小超市 / 小卖部 / 食品烟酒类）	3000	33.24%
医药医疗	970	10.75%
百货购物（超市 / 商场）	1517	16.81%
文化娱乐	182	2.02%
养老机构	113	1.25%
日间照料	16	0.18%
生活照料（维修 / 理发 / 其他）	697	7.72%
家政服务	274	3.04%
餐饮（老年餐桌）	2256	25.00%

3. 中心城区各区老人消费集中在超市、社区便利店及餐饮

与全市老年人养老助残卡的消费情况类似，中心城区老年人通过养老卡的养老服务需求消费也总体倾向于以超市、餐饮为代表的实物类消费，而较少用于家政服务、日间照料等精神服务消费。在中心城区内部老人通过养老卡的消费类别存在差别。在百货购物消费上，以东、西城为代表的核心区消费比例低于城市功能拓展区（朝阳、海淀、丰台、石景山）老人的消费比例，在百货购物消费方面消费占比最多的为海淀区，比例高达七成以上，其次为石景山区，比例最少的为西城区。在老年餐桌方面的消费中，西城区老年人消费最多，占其老年人所有消费的比例为 24.53%，其次为东城区，老年餐桌消费占比较少的分别是海淀区和石景山区，分别为 5.97% 和 5.2%，不到 10%。超市类消费（百货购物、社区便利店合计）中除西城区外，其他中心城区老人消费比例均在八成以上，最高的为海淀区，达到 91.56%。中心城区内部以家政服务、生活照料、医药医疗等精神需求的消费占比均在 10% 以下，精神需求消费占比最高的为西城区，为 7.74%，其次为石景山区，比例为 6.29%，其他中心城区精神消费需求占比均低于 4%，最少的为丰台区。

表 3-3 中心城区老年人养老助残卡消费情况 （单位：%）

消费类别	东城区	西城区	朝阳区	海淀区	丰台区	石景山区
百货购物（超市 / 商场）	43.64	41.65	59.29	72.60	55.37	60.31
餐饮（老年餐桌）	13.63	24.53	12.44	5.97	11.09	5.20
家政服务	0.48	0.45	0.75	0.10	0.57	0.36

续表

消费类别	东城区	西城区	朝阳区	海淀区	丰台区	石景山区
生活照料（理发/维修/其他）	1.29	1.99	0.96	1.49	0.28	3.37
医药医疗	1.46	5.22	1.03	0.60	1.10	1.34
日间照料	0.00	0.00	0.03	0.00	0.01	0.07
养老机构	0.13	0.07	0.23	0.24	0.06	1.16
文化娱乐	0.04	0.01	0.04	0.04	0.00	0.00
社区便利店（小超市/小卖部/食品烟酒类）	39.34	26.08	25.24	18.96	31.52	28.19
幸福彩虹	0.00	0.00	0.00	0.00	0.00	0.00
消费总额（万元）	2234.7	3794.8	5479.5	10819.5	3754.0	1220.8

（二）中心城区老年人养老服务供求状况——以西城区老年人为例

1. 托老所供需情况

通过调查，西城区老人们不清楚社区内部或周边有托老所的概率为 34.1%，在使用托老所方面，有意愿的总体占比较少，包括“偶尔参加”和“经常参加”，一共仅为 2.4%；而从不参加托老所占被调查老人比例为 94.6%，说明托老所在西城区使用率较低。

表 3–4 托老所（日间照料）供给与使用情况 （单位：%）

	有无该场所				是否使用该场所			
	有	没有	不知道	缺失	从不参加	偶尔参加	经常参加	缺失
比例	23.3	42.3	34.1	0.4	94.6	1.6	0.8	3.1

2. 上门护理及看病供需情况

目前大城市普遍存在空巢老人、失能老人等弱势老人群体，为他们提供上门护理及就医服务是免除他们被疾病困扰的较为人性的方法。在调查中，西城区老人对于上门护理和上门看病服务的知晓率分别为 26.1% 和 27%，认为社区没有该项服务的比例分别为 44.5% 和 46.5%，说明西城区还需增强上门护理及就医服务的宣传。而对于知晓该服务的老人中，从没使用过这两项服务的占比均较高，分别为 94.9% 和 94.5%。而需要这两项服务的老人所占比例分别为 23.5% 和 25.6%，说明西城区老人对这两项上门服务有部分需求，但使用率并不高。

表 3-5　上门护理知晓率、供给与需求情况　（单位：%）

	有无该服务				是否使用该服务				是否需要该服务		
	有	没有	不知道	缺失	没有	偶尔	经常	缺失	需要	不需要	缺失
比例	26.1	44.5	29.2	0.3	94.9	2.2	1.0	2.0	23.5	75.5	1.0

表 3-6　上门看病知晓率、供给与需求情况　（单位：%）

	有无该服务				是否使用该服务				是否需要该服务		
	有	没有	不知道	缺失	没有	偶尔	经常	缺失	需要	不需要	缺失
比例	27.0	46.5	26.2	0.4	94.5	2.6	0.8	2.2	25.6	73.5	0.9

3. 精神服务供求情况

老年人在日常生活中不仅需要物质需求的满足，更需要精神需求的满足。通过调查，西城区老年人对聊天解闷、服务热线等精神需求不知晓率分别为 29.1%、32.7%。而在使用这两项服务方面，从没有使用过这两项服务的老人占知晓这两项服务老人的比例分别为 93.6% 和 93.8%；老人们对这两项服务的需要方面分别占比为 18.4%、24.8%，对服务热线的需要度高于聊天解闷。说明西城区乃至中心城区未来都需要加强在这两项精神服务需求的宣传，让更多老人能够使用这两项服务。

表 3-7　聊天解闷知晓率、供给与需求情况　（单位：%）

	有无该服务				是否使用该服务				是否需要该服务		
	有	没有	不知道	缺失	没有	偶尔	经常	缺失	需要	不需要	缺失
比例	18.6	51.8	29.1	0.4	93.6	2.7	1.7	2.1	18.4	80.5	1.2

表 3-8　服务热线知晓率、供给与需求情况　（单位：%）

	有无该服务				是否使用该服务				是否需要该服务		
	有	没有	不知道	缺失	没有	偶尔	经常	缺失	需要	不需要	缺失
比例	24.1	42.8	32.7	0.4	93.8	3.5	0.7	2.0	24.8	74.1	1.1

4. 外出服务需求情况

老年人通常生理机能到一定岁数后就会出现退化情况，老人外出就需要有专人提供协助，如看病或日常购物。通过调查，这两方面目前老人的反映是不知道的比率还较高，分别达到 32.4% 和 32.1%，因此以西城区为代表的中心城区还需要进一步宣传，争取让更多人知晓该项服务。另外尽管对这两项服务有需要的老人比例为 18.2% 和 15.1%，不算很高，而知晓但未使用过这两项服务的比例更高，分别为 96% 和 96.3%。

表 3-9 陪同看病知晓率、供给与需求情况 （单位：%）

	有无该服务				是否使用该服务				是否需要该服务		
	有	没有	不知道	缺失	没有	偶尔	经常	缺失	需要	不需要	缺失
比例	14.3	52.9	32.4	0.4	96.0	1.3	0.5	2.2	18.2	80.7	1.1

表 3-10 帮助日常购物知晓率、供给与需求情况 （单位：%）

	有无该服务				是否使用该服务				是否需要该服务		
	有	没有	不知道	缺失	没有	偶尔	经常	缺失	需要	不需要	缺失
比例	13.6	53.9	32.1	0.4	96.3	1.1	0.4	2.3	15.1	83.9	1.1

5. 其他社区服务供求情况

对于康复治疗、法律援助以及老年餐桌服务，通过调查，西城区老年人知道社区有这三项服务的比例分别为 16.1%、28.9%、39%，在使用这三方面服务方面，老人从没使用过的比例分别为 95.5%、94.6%、91.4%，与前面老人知晓这三项服务的比例刚好形成互补。与此同时，老人们需要使用这三项服务的比例分别为 20.1%、22.2%、34.7%，这与老人认为没有这三项服务的比例 50%、39.2%、38.9% 也形成了对照，从老人的角度看供求是这三项服务总体供给不能满足需求。

表 3-11 康复治疗知晓率、供给与需求情况 （单位：%）

	有无该服务				是否使用该服务				是否需要该服务		
	有	没有	不知道	缺失	没有	偶尔	经常	缺失	需要	不需要	缺失
比例	16.1	50.0	33.5	0.4	95.5	1.6	0.4	2.5	20.1	78.7	1.3

表 3-12 法律援助知晓率、供给与需求情况 （单位：%）

	有无该服务				是否使用该服务				是否需要该服务		
	有	没有	不知道	缺失	没有	偶尔	经常	缺失	需要	不需要	缺失
比例	28.9	39.2	31.5	0.4	94.6	3.1	0.3	2.0	22.2	76.7	1.1

表 3-13 老年餐桌知晓率、供给与需求情况 （单位：%）

	有无该服务				是否使用该服务				是否需要该服务		
	有	没有	不知道	缺失	没有	偶尔	经常	缺失	需要	不需要	缺失
比例	39.0	38.9	21.7	0.4	91.4	4.4	2.2	2.0	34.7	64.4	0.9

（三）中心城区老年人异地养老需求分析

调研发现中心城区老人异地养老需求不高，具体原因如下：

1. 老年人不愿意离开熟悉的环境

在调查中，朝阳区基层工作人员表示“把老人别说疏解到津冀地区，他连通州都不去，这种方式非常困难，所以为什么有必要开展居家养老，因为老年人你疏解不出去”。“养老工作并非完全出于经济利益考虑，并非一个地方资源多老人就迁过去，一个地方资源少老人就不去”；“对老人来说他的养老服务需求能满足就满足，不能满足就不满足，在家里呆着也一样”。从一线工作人员对老人异地养老的理解，可以看出“在哪养老”并非完全依据养老资源的丰富程度决定，很大程度上是老人是否愿意离开自己熟悉的生活环境；联系我国老人一般的落叶归根传统，如果户籍是北京的老北京人一般并不愿意选择异地养老。

2. 老年人区域发展差距观念影响其异地养老意愿

调查中，朝阳民政工作人员表示：“很多老人十多年都没出过北京，他观念上认为河北还是比较穷的，别的地方不如朝阳，即使疏解至通州，虽然物理距离不长，但是心理距离长，他们平时一周都去不了一次通州”。这可以解释为老年人对于区域经济差距可能造成养老机构发展水平差距，进而不愿意去异地养老。

3. 老年人居住模式倾向于居家养老而非机构养老

在调查中，东城区民政人员表示“一般情况下，不到万不得已，老人都不会住养老院”，“之前的调研结果显示，东城区仅有不到千分之二的老人愿意去外地养老，大部分老人还是愿意选择居家养老，如果本街道有养老院则会就近养老”。又根据对西城民政人员的调查，他们表示：“2013 年的数据显示 26.7% 的老年人愿意住敬老院，接下来问现在、马上、立刻入住敬老院，只有 2.6% 的老年人愿意住。真正入住只占回答想入住的敬老院老人的十分之一”，“大多数老年人还是愿意家庭养老，在迫不得已的情况下，比如失能、瘫痪，家里人没有时间照料时，这样才会选择养老院，因为养老院比较专业”。丰台区、海淀区的调查也有类似的观点。这说明老年人自身选择的居住倾向是居家养老而非机构养老，从居住模式看老年人异地养老的动力更显不足。

4. 老年人对于亲情的重视使其不愿异地养老

在调查中，丰台老龄工作人员表示：“郊区养老真不多，一来是不方便探望，二来是太远了又不放心，主要是子女探望及亲情问题，如果在郊区养老，刚开始子女还隔两天去看望一下，后来就很可能隔一周，再后来就是隔一个月探望了，时间久了并不利于养老。”这说明异地养老容易淡化家庭亲情，进而影响老人异地养老的心理。在进一步对丰台区工作人员的调查后，他们表示“城里只要有地方，价位合适，一般人是不往外走的。目前一些养老照料中心都开始有不少人入住了，放在郊区关系会越来越淡”。西城老龄工作人员结合“儿童与老人”的类比，更表示“不能疏解小孩就不能疏解老人，因为人家是一个家庭，你疏解老人就相当于在拆散人家的家庭”，家庭的亲情是家庭成员以血缘关系连接而成，如将其分开必然会对家庭亲情延续带来较大影响。

5. 生活与关系网不适应

在对海淀老龄工作人员的调查中，他们表示“在郊区 3000~4000 元住不起养老院，吃不好喝不好。如果把房子租出去，在郊区找个房子，为了一个老人全家都得搬出来”。“通过我们跟老人接触，大多数老年人还是愿意在家养老，因为环境熟悉、人也熟悉，也方便，尤其是年龄越大，能力也差，不愿意花更多精力跟人去调整这种相处的环境、关系等”。对石景山的调查中，他们表示：“离家太远，过冬都过不了”。中国是人情社会，让老年人在异地养老无疑会涉及老人生活上和人际关系网重建的问题，而差序格局理论证明个体关系网的建设需要以熟人为基础，陌生环境不利于关系网重建。

（四）中心城区老年人养老服务的供需矛盾分析

1. 机构养老的结构性供需矛盾

一方面中心城区部分老人有住养老院需求得不到满足，另一方面又存在部分养老院床位空置。根据调查，丰台区郊区目前的空置率达到了 94%，城外的空置率比较高，如丰台郊区的“王佐”养老机构，尽管养老院条件很好，但入住率仅为 6%。又如在海淀区的调研，尽管海淀区的苏家坨、温泉等较偏僻的地方方便住养老院，机构养老的租金便宜，环境也好，但没有配套的医疗，所以入住老人少。海淀老龄工作人员表示海淀一些养老机构人少，它就降价，一降价服务质量变差，又难以招到老人入住，最终会形成恶性循环。因此中心城区城乡养老机构间供求结构性矛盾目前仍旧存在。

2. 老人对机构养老的心理矛盾

调查中，朝阳区工作人员表示老人对于住养老院的想法跟他实际的行动有差距。“普遍有担忧，比如养老院能不能把我照顾好的问题，这个通过考察还是可以解决”。而据对西城老龄工作人员的调查，他们也说“如果问老人，他们也可能会说住养老院，但是真正说马上住的时候又说不想住，也就是老人的回答也不能都相信”，因此可以看出，老人住养老院心理意愿的真实性也会影响养老机构的供求。

3. 识别养老服务的真需求与伪需求

经济学意义上的需求不仅包含对某个事物的需要，而且包含对这个事物的支付能力，只有那些有支付能力的需要才称需求。在调查中部分区县的工作人员表示：“通过养老券引发的需求是一种伪需求，比如当老人只能选择剃头、修脚等的时候他就选择这个，当他能选择去超市的时候他就去超市”，这种需求从本质上说是只是以增加某种事物的数量为目的，并非个体真实需要，所以连需要都不是，更不用说需求，也就不是真需求。

4. 机构养老价格是老人选择机构养老的重要但非决定性因素

在调查中，区县老龄工作人员表示高端养老的消费并不缺乏，但并非所有有意愿居住养老机构的老人都有经济实力居住。如在丰台的调查，老龄工作人员表示：“价格是个很重要的因素，但并非决定性因素”。海淀区老龄工作人员表示：“老人收入上涨速度远远落后于地价上涨速度，所以现在很难建那么多养老院，现在统计建一张养老床位，成本在 35 万到 50 万之间”。

中心城区内部不同区县存在不同价位养老机构，高价养老机构入住率也可能较高，如调研中朝阳区的恭和苑、石景山的“寿山福海”等高端养老机构，尽管价格高，但老人入住意愿依然强烈，基本都住满了。但国内其他城市调查显示机构养老成本也会影响老人对机构养老的需求，美国麻省理工大学和云南大学共同开展的“中国实验室”项目结果显示价格也是一个重要因素，他们调查显示：“昆明 65 岁以上老年人认为选择养老院的心理价格不应超过 1800 元，而他们在选择养老院时，最在乎的除了价格之外，则是其中的医疗配套服务”[①]。

四、政策建议

总的原则是实施“两线”战略，一方面，完善京郊养老服务、医院和学校等公共服务，吸引中心城区一部分老年人养老，达到疏解中心城区人口的目的；另一方面，完善中心城区居家和社区养老服务，保证和满足中心城区养老服务的需求。

（一）疏解中心城区一部分老年人的政策建议

1. 疏解中心城区养老机构

（1）禁止在中心城区建设新的养老院和养老公寓等设施

鉴于中心城区老龄化趋势的增强，床位需求大于供给，而城区内养老用地紧张，按照京津冀协同发展发展规划的要求，未来城区应禁止建设新的养老院和老年公寓。

（2）搬迁中心城区已有的养老机构

中心城区部分养老机构（公办或民办）目前存在布局不合理，入住率低且经营困难的问题，政策设计上可以考虑将其整体搬迁至京郊。除为其提供搬迁费用补贴外，为其收住城区老年人提供高于在中心城区的补贴。

2. 完善京郊养老服务及相关配套设施

由于中心城区的卫生、教育、文化娱乐和交通等公共服务设施非常完善，要想让中心城区一部分老年人迁出，或防止迁入，必须做到以下五点：

（1）随子女工作转移。结合首钢搬迁经验，有选择性地疏解中心城区非首都核心功能产业及企业，在职工随企业迁移后，父母一般也会随子女迁移。

（2）让医养结合政策尽快落地，大多数三甲医院位于中心城区，要让中心城区一部分老人搬到郊区养老，必须保证他们能够享用与原来一样的优质医疗资源。

（3）重新布局中小学校址。中心城区集中了北京市最好的中小学。在中心城区居住的老年人相当一部分是为了看护孙子女上学才聚集在城区。如果四环以外的中小学教学质量不如中心城区，这些家庭是不可能搬迁的。因此，要制定四环以外中小学新政，解决上学之忧，吸引中心城区老年人外迁，或者减少内迁。

（4）完善四环以外养老机构的娱乐、交通和购物等配套设施建设，吸引中心城区

① http://news.163.com/15/1019/07/B6997N1T00014AEE.html

老年人入住，减少床位空置率。

（5）结合首都功能疏解规划，在城乡结合部修建类似中心城区的养老四合院，配建相应的医疗设施，满足部分身体健康城区老年人养老的文化环境需求，这不仅提高了城乡结合部的土地利用效率，而且城区老人在出租城区房屋的同时也获得了成本较低的社区养老服务。

3. 制定京津冀养老事业发展协同规划

京津冀三地应制定老年人异地养老的顶层制度设计，具体包括养老机构在京津冀的布局、跨区购买养老服务试点、打破老年人异地养老享受当地社会保障及养老保险的身份和户籍限制等政策。

（1）出台中央层面中心城区老年人异地养老政策。发挥我国政策体系中中央层面的政策引导力，中央相关部门如京津冀协同发展小组可出台北京老年人在津冀养老的宏观优惠政策，实现中央与地方对北京老年人异地养老的双重引导。

（2）打通京津冀三地的医保，为老年人异地养老提供医疗报销保障。我国的医保政策目前仍是区域性的，除了在户籍所在地指定医院就医外，去其他地方一般都需自费。对老年人来说，医疗支出是最主要的支出，能否报销关系重大。京津冀应尽快制定医保打通的相关政策，把入住河北、天津养老机构的北京老年人所发生的医疗费用能够按照北京的标准实现报销。

（3）在津冀及京郊环境优质区域建设高标准的养老设施和医疗设施。近年来，北京出现严重雾霾，部分中心城区老年人对养老环境有更高要求，因此可以考虑在天津、河北及京郊选择空气质量较好的风景旅游地为中心城区老年人建设高标准的养老机构，并配建相当于北京三甲医院水平的医疗机构，不仅满足了老年人对优质环境的需求，又实现了城区老年人的异地养老。

（4）为有实力企业建设跨区域养老机构提供政策优惠。建立政府引导、市场主导、社会广泛参与的机制来发展京津冀养老产业带，为有实力的养老企业走跨区域的品牌化、连锁化经营提供政策便利，包括在税收、融资、养老用地等方面制定跨区域机构建设优惠政策。

（5）为社会资本建设异地养老机构提供经济补贴或采取 ppp 的合作建设模式。鼓励社会资本在津冀投资建设面向北京老年人的养老机构，具体可按照距离北京市由近及远的地理区位提供不断增多的经济补贴，这样不仅使社会资本享受京外地区的低投资成本，也能获得与在京投资养老机构同等或更高的扶持。

（6）建立京津冀养老服务资源的信息化平台。通过政府购买服务的形式建设京津冀养老服务资源信息平台，公开央地两级政府为北京城区老人异地养老的各项优惠政策以及京津冀三地的养老服务资源优势，通过市场化手段让老年人自主选择异地养老的机构和区域。

4. 制定鼓励中心城区老人外迁养老的优惠政策

（1）鼓励中心城区特殊老年人异地养老。中国老人受传统观念影响，仍然更倾向于在家养老，只有在生活不能自理时，才会进入专门的养老机构。因此在异地养老政策制定过程中，可以对符合80岁以上、失能、失智、子女不在身边或照料不便等条件的特殊老年群体进行调查，与这部分老人及其家人协商，并在老人自愿基础上为其安排异地养老，在此过程中要尊重老年人选择异地养老区域及养老机构的自主权。

（2）为有异地养老需求的老年人迁移其“关系网”。城市社区老年人日常空闲时间较多，对精神生活的需求旺盛，而满足其精神生活的需求就离不开已维系的社区关系网络，如老人间的聊天、解闷、打麻将等都会在已有的关系网进行。因此政府可以根据中心城区不同社区老年人异地养老意愿，制定同一社区老年人群体异地养老的鼓励政策。

（3）为住津冀及京郊养老机构的老人提供相关养老费用补贴。为在天津、河北及京郊养老机构养老的城区老年人提供机构养老的各项补贴，补贴范围包括床位费、护理费、伙食费、医疗费用、空调和暖气费等，根据老人的自理程度，给与部分或全额报销的制度。

（4）建立子女异地探望补贴机制。为不影响家庭亲情，政府可以探索建立子女探望异地养老老人的补贴机制。如在探望频率、探望补贴等方面出台具体的政策，具体可以按集中探望和分散探望两种模式进行制度设计，如集中探望可以免除交通费，按北京市日最低工资标准给与误工补贴；分散探望可以给与部分交通补贴，并根据其在津冀养老机构的探望时间长短提供按北京市日最低工资标准的误工补贴。

（5）大力发展老年旅游，促进老年人异地养老与旅游业的融合。为城区身体健康、有“候鸟式养老”需求老人提供在外旅游补贴，或整合区域旅游资源，为老年人发放旅游优惠券。研究显示，收入低仍是老年人选择候鸟式养老的制约因素[①]。因此可按季节和在外旅游时间长短的不同为老年人提供不同的异地旅游养老补贴。如季节上：在冬季，为中心城区老年人提供在海南旅游的养老补贴；在夏季，为中心城区老年人提供在国内主要避暑胜地如承德、九寨沟、秦皇岛等地的旅游补贴。时间上：在外旅游时间以3个月为补贴时间段，即仅为旅游养老时间在3个月以上的老人提供补贴，重点补贴范围有差旅费、住宿费、生活费等。

（二）完善中心城区居家和社区养老服务

总的原则是实施供给侧改革和需求侧评估。通过调结构，保基本，逐步满足老年人差异化、多层次、个性化的养老服务需求。供给侧改革主要包括：供给主体、供给内容、供给制度、供给形式和方式等改革。需求侧评估主要包括：探索评估组织模式、构建科学的养老评估指标体系、探索完善评估流程、探索评估结果综合利用机制。

1. 供给侧改革

（1）供给主体改革

①划清供给主体边界。厘清政府与市场在养老服务资源配置上的边界，明确政府的兜底职责，同时，为社会力量参与养老服务“松绑”。

②提升老龄委（办）在老龄事业中的战略地位。一是调配编制和人员。老龄办是主

① http://www.ce.cn/xwzx/gnsz/gdxw/201502/04/t20150204_4509305.shtml

管老龄工作主体，尽管工作中老龄事务繁琐，但老龄办却缺乏编制和人员，在克强总理不增加编制的政策约束条件下，可考虑从其他民政职能部门为老龄办调配一些编制或按工作紧急和繁忙程度临时借调一些编制，以缓解老龄工作人员紧缺、工作开展效果不佳的问题。二是建立政府部门间的定期联席会议制度。地方老龄委（办）基本属于事业单位，在开展工作中由于行政级别差异（如科级协调局级）或事业单位与行政单位间的单位差异，使得老龄办无法有效协调其他行政单位，因此可考虑在不改变老龄办单位性质前提下，制定由中央政府部门出台的以老龄委（老龄办）牵头的定期老龄工作部门联席会议制度，进一步提高各级老龄部门在政府相关机构设置上的战略地位。

③积极落实社会资本参与养老服务的优惠政策。尽管政府出台了社会资本参与养老服务的相关政策，但存在政策模糊和政策落实不到位等问题，这不利于社会资本参与养老服务供给的积极性。接下来政府应对社会资本开展养老服务工作进行深入调研，了解其困难和需求，为其制定有针对性的优惠政策，并切实落实相关优惠政策。

④改进护理员队伍建设。首先，强化专业培训和职业鉴定。支持护理专业培训学校或鼓励职业类高校开设护理专业，人保部门和职业鉴定部门为设有专门护理专业的院校提供财政支持，培育更多合格的养老护理专业人才。其次，建立岗位补贴制度。可参照国家对其他职业类型的职称评定补贴规则，根据养老护理员所持证照（初级、中级、高级）的不同等级提供不同补贴；或根据护理员工作年限长短进行梯次增加的补贴，如随工作年限的延长逐渐增加每个月的补贴额度。最后，加大宣传，提高人们对养老护理员的社会认可度。可参照为医院护士设立的有全球影响力的南丁格尔奖这一荣誉，也为养老护理员设立一个国家层面的奖项，每年举办奖项颁奖晚会，让社会更多群体关注、认知、尊重养老护理员这一新兴职业，大力宣传这一职业的重要性，此外还可定期举办区域或全国的护理员职业技能大赛，扩展这一职业的社会影响力。

（2）供给内容改革

①提供为老服务的网络平台和智能化技术产品。针对居家和社区养老，通过政府购买服务的形式建立养老服务网络平台，在平台上整合紧急呼叫、家政预约、健康咨询、物品代购、服务缴费等服务项目。其次，为部分社区老人提供防失踪的跟踪仪。再次，与企业合作，为社区提供智能化养老餐桌（如丰台区的智能配送柜）。最后，为老年人提供“一键通”等电子呼叫设备。

②增加为老服务的设施。针对居家和社区养老老人身体锻炼需求，在社区安装并更新适合老年人活动的社区设施，针对机构养老老人，主要为部分失能、失智、高龄以及患病老人提供养老生活辅助器材。

③增加政府购买养老服务范围。为满足老年人养老服务的多样化需求，政府在购买服务时可扩展养老服务商的范围，如扩展养老助残卡的使用范围。

④合理布局中心城区的居家和社区养老服务。制定点、线、面战略，具体为：“点”是以社区为核心点，依靠社区和社会组织为老年人提供养老服务；“线”是以政府和市场为明线和暗线，重点依靠市场在服务商布局的资源价格调节作用，同时发挥政府对有品牌、有口碑服务商资源布局的引导作用。“面”是通过“点”和“线”的措施，通盘

考虑各区不同年龄段老年人数量、多样化和个性化需求等因素，在多方服务供给主体参与基础上提高城区社区和居家养老服务质量。

⑤整合社区资源，开展多样化老年活动。政府和社区要加强与辖区内企事业单位的交流合作，鼓励其在条件允许情况下，将活动场所向社区老年人免费开放。为丰富老年人的文化生活，可组建老年业余文体队伍，积极举办文艺汇演、体育健身、知识讲座、心理减压等活动，还可开设社区老年课堂，以满足老年人开发智力、充实知识、陶冶情操、强健身心的需要，使老年人老有所学，学有所得。

（3）供给制度改革

①完善政府对市场的监管边界。在发展服务商的过程中政府应主要以监管为主，不应过多干预服务商的正常经营，要明确政府的监管范畴，消减政府不必要的监管。如调查中政府对服务商所规定的“六项功能、十项服务”，这一方面束缚了服务商，另一方面也并不完全具有约束效力。

②强化区县、街道对养老服务商的管理职能。尽管市民政局已将与养老卡对接的服务商发展和管理职能收回到市社区服务协会统一管理，但因区县和街道拥有属地管理职责，而且更了解本地区养老服务的需求状况，因此，未来可基于自上而下与自下而上的原则对养老服务商进行双向发展和监管。

③探索建立“家属照料型”居家养老服务模式。即若子女愿意在家为老人提供居家养老服务，政府可为其提供补贴。政策覆盖范围主要是中心城区五类老人（包括城镇“三无”人员、农村“五保”人员；低保及低保边缘的老人；经济困难的失能、半失能老人；70周岁及以上的计生特扶老人；百岁老人）；政策程序为：子女或儿媳首先要申请成为居家养老服务组织的员工，经过培训合格后才能上岗，按照每个月为家庭老人提供居家养老服务的时间长短向社会服务组织申请补贴，补贴额度按照本地家政市场的平均标准计算，子女或儿媳在为父母提供居家养老服务期间接受社会组织的监督。

④建立时间银行制度。号召社会志愿者和社区准老人加入为老服务队伍，将他们服务老人的时间存储入“时间银行”，等自己年老需要照料时再从时间银行取出服务时间；或政府与商家合作，将志愿者存在时间银行的积分在合作商家当现金来消费，不仅缓解了为老服务人员短缺的问题，也能让爱心之火不断传递。

⑤拓宽养老服务资金的筹措机制。首先，提高政府在养老领域的财政支出预算，并逐步提高福利彩票公益金的支出比例。其次，宣传和号召社会公益基金投入养老领域。最后为社会公益组织在开展养老服务过程中提供补贴，降低养老服务资金成本。

⑥探索长期护理保险制度。对于中心城区失能、失智老人的养老服务需求，由政府给予相应的政策和补贴进行引导，建立政府补贴、保险缴费和使用者负担三源合一的筹资机制，然后由商业保险公司作为经营主体提供长期护理险产品，对于部分失能程度高护理费用大的问题，可以提高政府补贴比例，如增加福利彩票资金的支持等。

（4）供给形式或方式改革

①探索医养融合方式，推动养老机构由供养型向医护型升级。

②从单一经济供养向全方位服务形式拓展。为社区和居家老年人提供包括经济有保障、生活有照料、精神有慰藉、个性有发展的全方位养老服务。

③对机构养老，发展从护理型养老主导向护理型和非护理型养老均衡发展的形式。如逐渐提高机构养老的长期护理床位比例。

2. 需求侧评估

养老服务评估，是为科学确定老年人服务需求类型、照料护理等级以及明确护理、养老服务等补贴领取资格等，由专业人员依据相关标准，对老年人生理、心理、精神、经济条件和生活状况等进行的综合分析评价工作。

（1）探索评估组织模式

建立由政府、社会中介组织以及由社会中介组织单独或联合来对老人进行养老服务评估，由政府购买养老评估所发生的费用，评估结果应及时公开，接受家庭、社区和社会的监督。

（2）构建科学的养老评估指标体系

根据《老年人能力评估》行业标准，老年人能力评估应当以确定老年人服务需求为重点，突出老年人自我照料能力评估。评估指标应当涵盖日常行为能力、精神卫生情况、感知觉情况、社会参与状况等方面，所需健康体检应当在经卫生行政部门许可的开展健康体检服务的医疗机构内进行。对老年人经济、居住、生活环境等标准应结合本地平均生活水平、养老服务资源状况、护理或者养老服务补贴相关政策等综合制定。

（3）探索完善评估流程

养老服务评估应当包括申请、初评、评定、社会公示、结果告知、部门备案等环节。评估申请要坚持自愿原则，由老年人本人或者代理人提出；无民事行为能力或者限制民事行为能力的老年人可以由其监护人提出申请。

（4）探索评估结果综合利用机制

①推进居家养老的个性化服务对接。根据评估结果可以把老年人分为有需求且有支付能力、有需求但支付能力不足、有需求但无支付能力、无需求等四种类型，进而为不同类型老年人制定政府购买服务的不同补贴。

②确定机构养老需求和照料护理等级，对于经评估属于经济困难的孤寡、失能、高龄、失独等老年人，政府投资兴办的养老机构，应当优先安排入住。

③用于老年人健康管理。建立老年人健康档案，提高康复护理等服务水平。

④作为养老机构的立项依据。根据服务辐射区域内老年人能力和需求评估状况，合理规划建设符合实际需要的养老机构，提高设施设备使用效率。

（三）养老政策制定要兼顾共同性与差异性

1. 出台上下有别政策

老龄政策与其他政策一样，统得过死易使其执行效力打折扣，在不同区域（区县或街道），甚至一个区域（区县或街道）内部往往都存在实际的社会经济发展差异，如果实行统一政策就容易导致政策执行效果偏差。因此上级政府（如市局）在推行一项养老服务政策时应制定框架性政策，然后让下级老龄和民政部门结合自身实际制定本区域具体政策。

2. 政策可行性

上级政府部门在推行一项老龄政策过程中，须注意政策的具体规范、实施标准，而不仅仅是出台模糊性政策，否则会束缚下级政府，进而导致其对政策的理解模糊、执行模糊，最终会消解政策效力。

3. 政策衔接

老龄政策涉及多个部门、多个利益主体，政府在制定老龄政策时需注意政策的前后关联关系，尤其是老年人福利性政策的不可逆性，即前期福利与后期福利不仅要衔接，而且要更好，因此制定政策过程中要充分考虑前后衔接。

陕西省老年人养老现状与需求调查报告

陕西省老龄办、陕西省老年学学会、陕西省社会科学院联合调研组

老龄化加速发展和家庭养老功能的弱化，使得养老问题成为陕西省经济社会发展的重要议题。“十二五”时期，陕西老龄化进入快速发展阶段。为回应人口老龄化发展和养老差异化需求，陕西逐渐探索并形成了老年社会保障制度体系和多元社会化养老服务模式，并取得一定成效，老年人的生活环境得到了改善。但由于经济社会发展变迁，老年人的状况和需求也随之发生着变化。陕西老年人的现状怎样，老年人在养老方面还有什么问题与困难？必须深入探究。“十三五”时期，是陕西人口老龄化加速发展时期，也是老龄人口从轻度老龄化到中度老龄化的关键转折期，老年人口在总人口中比重持续升高，将成为未来十年陕西人口结构的常态，同时也是陕西经济社会发展的重要转型期，经济平稳发展进入新常态。在“充分发挥市场在资源配置中的决定性作用，逐步使社会力量成为发展养老服务业的主体”原则下，“十三五”时期，陕西的老龄事业发展和社会养老体系建设如何着力，有哪些关键点和重点？陕西省老龄办、陕西省老年学学会和陕西省社科院组成课题组，2015 年二、三季度，对陕西省老年人的现状与需求在全省范围内进行了实地调查。并运用社会统计软件 SPSS 对陕西老年人养老现状进行分析，清晰梳理陕西老年人的养老困难和问题，为陕西“十三五”积极应对老龄化，进一步加强养老服务体系建设提供参考借鉴。

调查以配额抽样方法，根据城市地理区位、城市规模、城乡区别、人均经济收入四个指标确定了调查样本，其中城乡样本比例对半。本次调查回收问卷 2140 份，有效问卷 1810 份，其中男性占总体比例的 62.2%，女性占 37.8%；年龄 60–69 岁占比 46.9%，70–79 岁年龄占比 41.2%，80 岁以上高龄老人占比 11.9%。

一、陕西老年人基本状况分析

“十二五”时期是陕西自有人口普查以来老年人口数量年均增长最快的阶段。陕西省统计局发布 2014 年陕西人口发展报告认为，老年人人口增速加快，60 岁及以上老年人口占常住人口比重的 15.48%，较 2013 年提高了 0.83 个百分点，较 2010 年第六次全国人口普查提高了 2.63 个百分点。老年人口年均增速高于总人口，统计显示，2014 年陕西人口总量低速增加，与 2010 年第六次全国人口普查时相比，四年间净增加人口 42.38 万人，年均增加 10.6 万人。4 年间，60 岁及以上人口增加了 104.62 万人。老年人口的增长速度远远高于总人口增长速度。老年人口占总人口的比例不断上升。同时高龄

老人、空巢老人、失能老人比重较大。失独老人也不断增多，2013年陕西有60岁以上失独老人达到5090人。调查显示，老年人基本状况呈现如下特征（见表1）：

（1）近半数老人与子女同住。调查显示，在有老人家庭中，与子女同住家庭有48.6%，老人家庭有48.8%，养老院老人有8人，占比0.4%，还有2.5%是与亲戚、朋友居住等情况。

（2）大部分老人有两个以上的子女，老人子女数量及其性别与年龄相关。调查显示，多子女的老人依然占到最多数，达到61.2%，有两个子女的老人占比38.8%，独生子女为10.6%，还有0.9%的无子女老人。调查也显示，老人子女数量及其性别与年龄相关。受访老人大多数都有2个以上子女。分析发现，随着老年人年龄降低，其子女数量显著减少。70岁以下老年人，男性子女比例显著高于女性子女数量。

（3）半数以上老人身体基本健康。调查显示，有10.9%的老人认为自己身体“健康”，42.4%的老人自我评价“基本健康”，有疾病但能自理的老人有42.7%，生活不能自理老人占比4.0%。

（4）将近80%的老年人收入“基本够用”。调查显示，8.0%受访老人认为自己经济“比较宽裕”，71.1%的老人认为收入“基本够用”，也有18.2%的老人感到“经济紧张”，还有2.7%的老人认为自己“入不敷出”。

（5）退休养老金和子女供养是城乡大部分老年人的主要经济来源，城乡老人在收入来源和消费支出中存在较为显著差别。调查显示，有38.5%要接受子女接济，36.9%的老人收入来源为自己的离退休金，同时将近20%的城乡老人自己劳动收入也成为其收入的重要组成部分。调查也显示，城乡老人收入来源的最大区别在于养老金和子女接济，大部分城镇老人（64.2%）依靠离退休养老金，而农村老人56.9%来源于子女接济。

老年人消费支出主要用于日常生活，其中日常衣食占比将近41.9%，医疗花费为36.9%，营养保健为第三，少部分老人还要补贴儿女。消费支出状况的分析发现，城镇老人在营养保健、娱乐休闲、补贴儿女方面显著高于农村老年人。

调查也显示，老人消费类型与经济状况显著相关。经济状况差的老人更多支出用于医疗，经济宽裕的老人更多消费支出在营养保健和旅游上。

（6）看电视听广播是大多数老年人的休闲娱乐活动，老年人休闲娱乐活动存在性别差异和城乡差异。调查显示，老年人娱乐休闲活动，大部分老人（70.9%）主要以看电视、听广播这种被动活动为主，1/3的老人会经常锻炼身体（36.0%），串门聊天（36.5%），也有部分老人（27.3%）会读书看报，打牌下棋（19.6%），有些老人也会养花种草（16.5%）、逛街（14.1%）等活动，还有5%的老人会将旅游作为休闲活动；仅有13.8%的老人选择参加社区组织的活动。调查也显示，老年人休闲娱乐方面存在性别差异，男性更多的是读书看报、打牌下棋，女性更多的是串门聊天。城镇老人的社会化活动较多，主要是旅游、社区活动参与等较多，农村老人更多的休闲活动在串门聊天、走亲戚朋友等，较多的在邻里朋友人际交往上。

（7）家庭养老依然是大多数老人的选择，老人养老选择与经济收入显著相关。调查显示，83.3%的老人依然选择家庭养老，有8.6%的老人选择在社区养老机构，也有6.7%的老人愿意到专门的养老机构进行养老。调查也显示，老人养老选择与经济收入显著相关，与受访者年龄、性别无关。虽然家庭养老是大部分老人的选择，但进一步分析发现，在对于养老机构的选择中，收入高的老人更愿意选择社区养老机构，低保五保老人更多选择养老院养老。

表1　老人基本状况

基本状况		百分比（%）	备注
居住状况	与子女同住家庭	48.6	
	老人家庭	48.5	
	敬老院/养老院	0.4	
	其他	2.5	
子女数量	无子女家庭	0.9	
	独子女家庭	9.7	
	双子女家庭	28.2	
	多子女家庭	61.2	
身体状况	健康	10.9	
	基本健康	42.4	
	有疾病但能自理	42.7	
	生活不能自理	4.0	
经济状况	比较宽裕	8.0	
	基本够用	71.1	
	比较紧张	18.2	
	入不敷出	2.7	
经济来源	自己劳动收入	19.9%	本题为多选题，总计超过100
	离退休养老金	36.9%	
	房租/财产性收入	4.1%	
	最低生活保障金	18.0%	
	配偶提供	5.6%	
	家庭储蓄	6.1%	
	子女接济	38.5%	
	其他	14.3%	

续表

基本状况		百分比（%）	备注
日常消费	日常吃穿	42.7%	
	医疗花费	37.7%	
	营养保健	7.2%	
	娱乐保健	1.6%	
	养老服务	1.3%	
	补贴儿女	3.9%	
	旅游	0.8%	
	其他	4.9%	
闲暇安排	读书看报	27.3%	本题为多选题，总计超过 100
	打牌下棋	19.6%	
	看电视听广播	70.9%	
	锻炼身体	36.0%	
	旅游	5.0%	
	逛街	14.1%	
	社区组织的活动	13.8%	
	养花种草	16.5%	
	串门聊天	36.5%	
	其他	12.0%	
养老选择	家庭养老	83.3%	
	社区养老机构（托老所等）	8.6%	
	养老院养老（敬老院等）	6.7%	
	其他	1.5%	

二、陕西老年人养老现状调查分析

“十二五”时期，陕西老龄化进入快速发展阶段。为回应人口老龄化发展和养老差异化需求，陕西大力促进老龄事业发展，建立健全社会保障制度，为老人养老提供基本经济支持，初步形成了以社会、社区、家庭三级服务网络为基础，相互结合、相互补充的多样化社会养老服务体系。为构建“三个陕西”，促进陕西经济社会协调发展，发挥了积极作用。实地调查反映，大部分老人对陕西社会养老建设的成效持肯定态度。

（一）老年人养老现状评价

1. 大部分老人对自己目前的生活基本满意

生活满意度是生活质量的主观测量指标，并受客观状况影响。总体来说，大多数老人对自己的状况比较满意，其中，12.2% 的老人非常满意自己的生活，比较满意者占到 48.2%，感觉自己生活满意度一般的老人占到 31.1%，同时也有 8.4% 的老年人对自己生活不够满意（见图 1 ）。

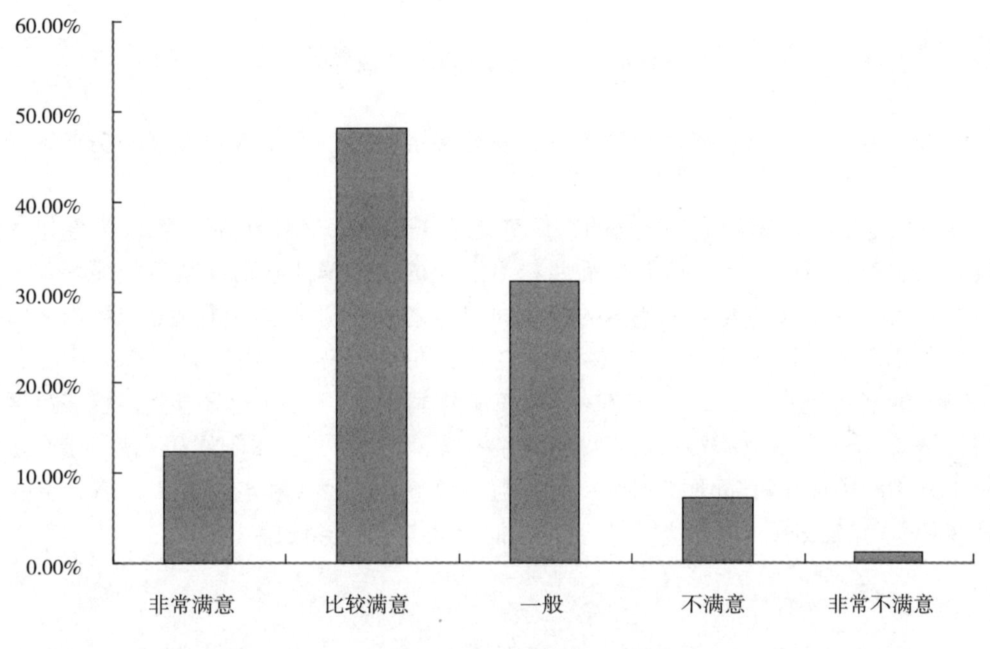

图 1　老人生活满意度

2. 绝大部分老人都参加了基本的社会养老、医疗保险以及低保等；老年人对社会保障制度满意度普遍较高。

调查显示，95% 的被访老人参加了基本社会养老和医疗保险；还有 2.7% 的老人参加了养老和医疗的商业保险；收入来源的调查也显示，老人特别是城镇老人的收入来源主要依靠养老退休金，还有 18% 的城乡老人收入来源主要是社会救助金。

调查也显示，老年人对社会养老保障制度满意度普遍较高，满意率达到 95.2%，其次为高龄老人补贴等福利政策，为 93.7%，再者为基本医疗保险制度，达到 93%，而满意度较低的为失独家庭补助制度和老年人实施低保中的分类施保制度，也分别达到 88.9% 和 84%（见图 2 ）。

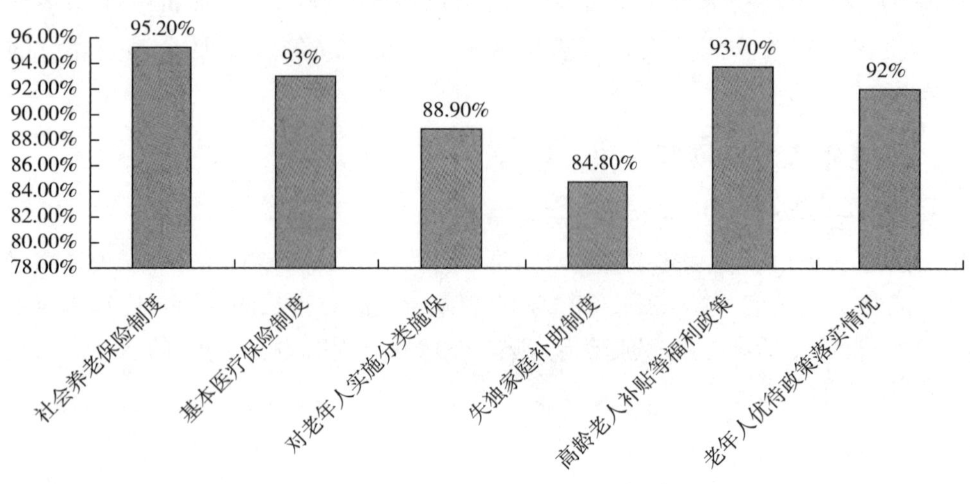

图 2 老年人社会保障制度满意率

3. 部分老年人可以获得社会养老服务等非经济支持，老年人对养老服务业评价总体较低

1/3 社区建成了设施较为齐全的社区养老服务机构，其中少部分可以为老年人提供比较完善的养老服务支持。按照生活照料、医疗护理、精神慰藉、紧急救援等养老服务覆盖所有居家老年人的要求，陕西的社区居家养老服务网络也不同程度地可为老龄人口提供多元化服务。调查显示，30.8% 被访老人中在明确表示“有”社区养老中心，但只有 15.5% 的老人经常去，2/3（67.6%）比较满意其服务。在服务设施上，较多社区配置了身体锻炼场所（53.1%）、社区医疗服务中心（39.6%）、休闲娱乐场所（38.0%），仅有不到 10% 的社区日间照料中心，7% 的有紧急救援服务和老年餐桌，有社区托老所仅为 3.8%。有 25.6% 的社区基本上没有任何社区养老服务设施（见图 3）。

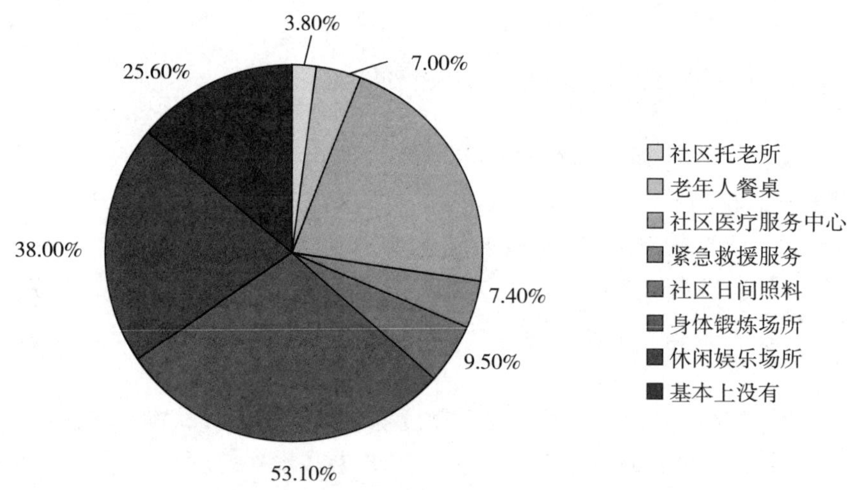

图 3 老人所在社区养老服务设施状况

同时被访老人对社区服务需求比较迫切的前三项依次为做饭、家庭保洁、日常护理，分别有 56.9%、50.5%、49.2% 的老人需要这些服务，将近 40% 的老人还需要陪伴服务，也有 1/5 的老人（20.2%）需要代购服务（见图 4）。

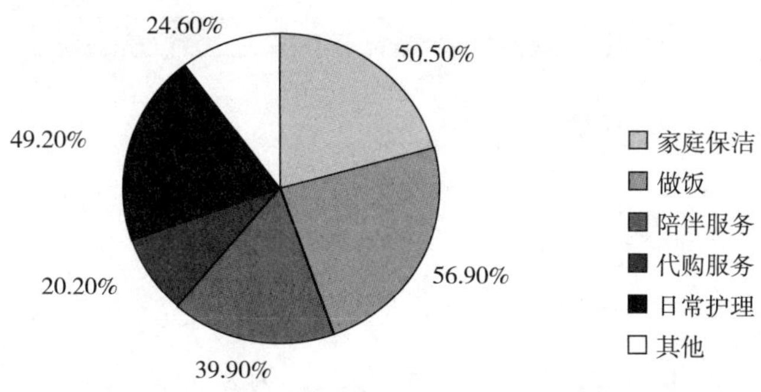

图 4　老年人社区服务需求

1/3 老人认为可以找到适合自己的养老机构。“十二五”时期，陕西养老机构建设发展迅速，各类收养性养老机构涵盖福利院、养护院、敬老院、老年公寓等多种类型，2013 年末，全省累计建成各类养老机构 2526 个，拥有养老床位 15.04 万张，2014 年，又增加 2.4 万张，每千名老人拥有的床位数达到 29.7 张，但这远远不能满足老年人对养老机构的实际需求。调查显示，只有 1/3（30.4%）不到的老人认为可以找到适合自己需求的养老机构（见图 5）。

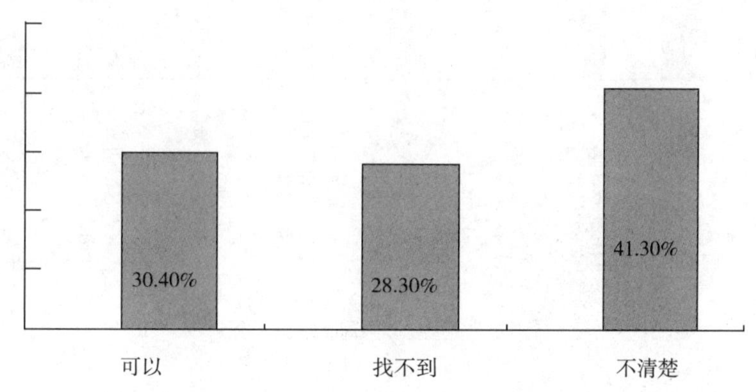

图 5　老人选择养老机构可能性

调查也显示，价格高和距离太远是老年人难以找到适合的养老机构的主要原因（见图 6）。

养老服务业以老年生活照料、老年产品用品、老年健康服务、老年体育健身、老年文化娱乐、老年金融服务、老年休闲旅游等为主，调查显示，老人对养老服务业总体满意率较低。其中，老年人满意度最高的为老年人食品、服装等日常生活用品服务，满意

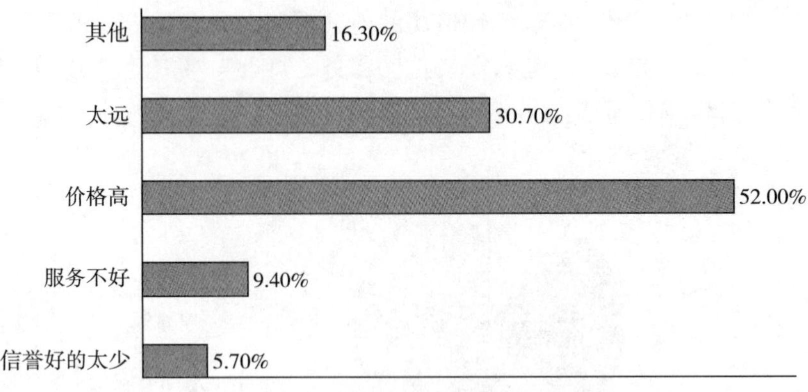

图 6 老人选择养老院困难原因

率为 86.2%；其次为老年人医疗与营养保健服务，为 82.4%，其他依次为老年人休闲旅游和文化娱乐服务、老年教育等，分别为 78.80%、77.30%，满足程度较低其他服务为老人健康、婚姻及心理精神咨询服务（71%）、老年人保险及金融保险理财服务（69.6%）、以及老年公寓、养老院、托老所等老年居住服务（69.6%），最低的为老年人送餐、护理等生活照料服务，满意率仅为 68.60%（见图 7）。

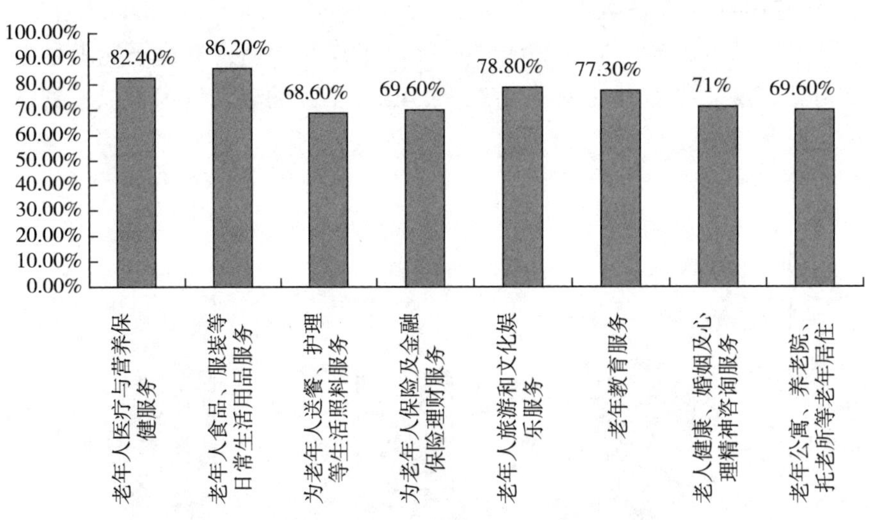

图 7 老年人老年服务满意度

4.2/3 以上的社区有老年性社会组织，但经常性组织活动的较少，老人参与较少。社区老年社会组织是老年人自我管理、自我教育、自我服务的主要依托，可反映老年群体的合理诉求，帮助老年人解决实际困难，是老年人社会支持的重要力量。省民政厅的统计显示，截至 2014 年 7 月，全省共建成基层老年协会 19404 个，覆盖率达 70%，但也存在区域发展不平衡、经费设施不足、作用发挥不够充分等问题。调查显示，有 68.5% 的被访者社区有老年性社会组织，但仅有 1/3 的老年社会组织会经常进行活动（见图 8）。

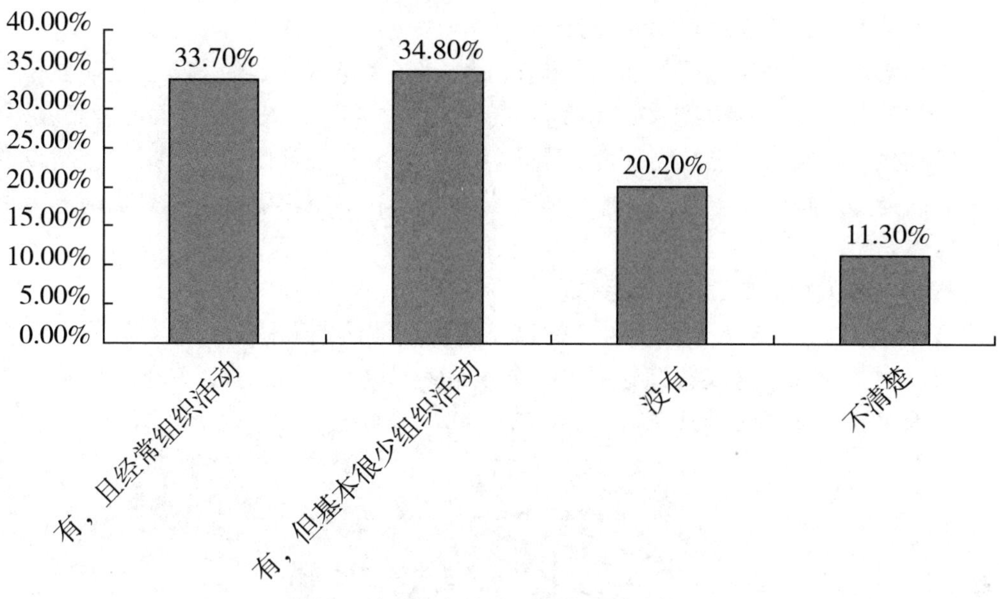

图 8 社区老年社会组织及其活动情况

（二）老年人养老问题与困难分析

1. 疾病多、经济困难、心理慰藉缺少是老年人养老面临的主要困难

分析发现，老年人生活最为困难的前三项依次为疾病多 / 健康差、经济困难、寂寞孤独。还有很多老人被文化娱乐少、家务繁重等困扰，居住条件差、子女很少回家、生活无人照料等也是困扰部分老年人的主要问题。

经济困难、健康较差的老人对家庭关系评价较低。调查显示，身体状况、经济状况、子女数量等是影响老年人代际关系评价的主要因素。分析发现，老年人身体健康情况、子女数量、经济状况，与代际关系评价显著相关。身体状况好的老人，对代际关系评价比较积极，不能自理老人评价最低；子女数量越多，经济状况越好，代际关系评价更为积极（见图 9）。

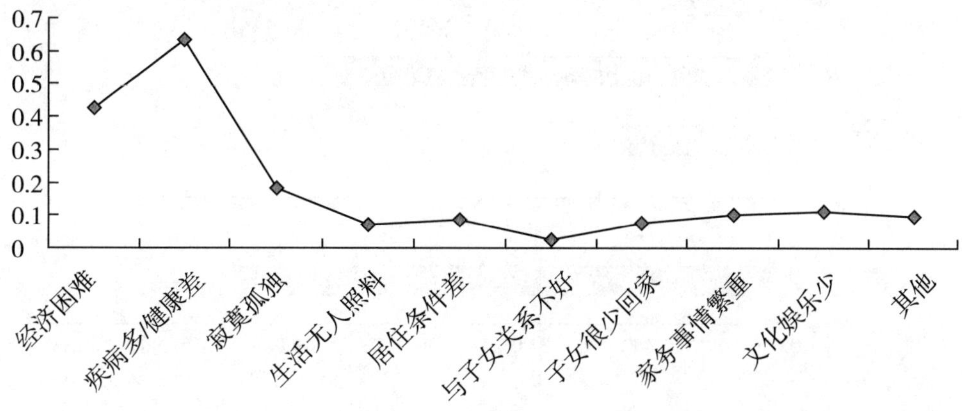

图 9 老年人面临的主要困难

2. 高龄空巢老人日常生活困难更大

老人年龄与养老困难之间的回归分析显示，随着受访者年龄的增大会呈现显著性变化。老人年龄越大，养老困难越多，特别是在寂寞孤独、生活无人照料方面的困难就更大，老人年龄越大，对改善养老社会环境、重视精神养老、加强社区紧急救援设施建设的需求越高。而能够从社区获取的养老服务却十分有限，高龄空巢老人群体是当前养老最为困难的群体。

3. 很多老年人担心自己的权益受损

调查显示，2/3 的老年人担忧自己的权益受损。被访老人认为权益容易受损的主要为赡养权、财产权和人身权益，分别占到了 69.4%、48.1%、32.1%，其他依次为社会参与权、继承权等权益（见图 10）。

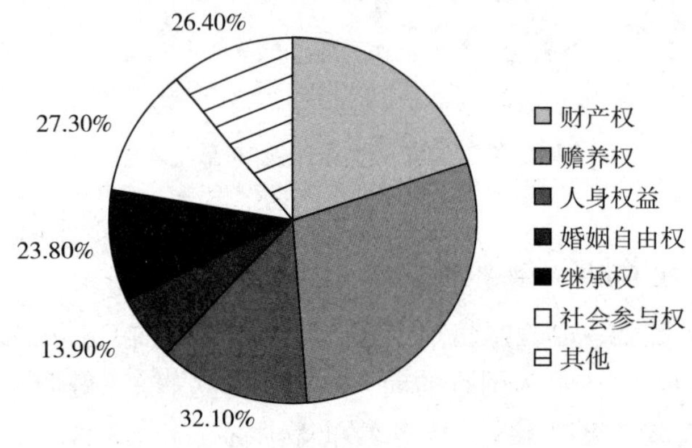

图 10　老人权益受损状况

老人权益之所以受损，半数老人（52.2%）认为主要原因在于老年人维权意识不强，还有 42.8% 的老人任务很多人不了解法律，也有 37.1% 的老人认为孝道观念薄弱也是老人权益受损最主要的原因（见图 11）。

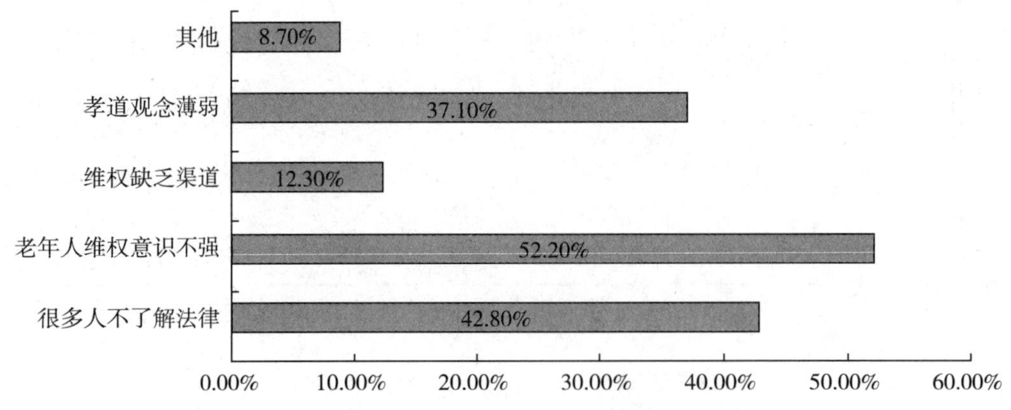

图 11　老年人权益受损原因

4. 农村老年人养老更加困难

调查显示，农村老人在经济支持、基本生活等方面更加困难。第一、农村老人养老经济支持更加不足。研究显示，农村老人对家庭和社会的依赖程度较高，经济帮助依然是农村大多数老人最重要的养老需求。调查显示，56.9% 农村老人的经济来源于子女接济，子女接济的不稳定性，使其在经济上容易产生困难，农村老年人认为经济困难是他们最为困扰的问题。因而消费也主要用于日常生活的支出，很少有经济能力用于营养保健、娱乐休闲等方面花费。数据也显示，陕西城乡居民养老保险金因各地市不同月均在 60~100 元之间，低保救助标准为每月 168 元，而农村居民年均消费支出则达到 5724 元，城乡社会养老保险金和低保救助金是农村老年人比较稳定而重要的经济来源，但其保障水平又明显不足，这两者的矛盾使农村养老陷入困境。第二、农村青壮年劳动力的大量外流，出现了大量的农村留守老人。农村留守老人要承担农活和家务双重劳动，一般处于自养状态，同时，部分留守老人还要承担照料下一代的重担，随着年龄的增大，自养能力逐渐弱化，而外出打工子女的赡养处于缺位状态，使老年人特别是高龄老人的生活照料问题凸显。第三、农村社会养老体系建设管理与服务不足，难以满足老人的实际需要。调查分析发现，在社区养老设施的所有方面，城镇均高于农村，其中在休闲娱乐、身体锻炼场地、社区日间照料、老年餐桌等方面更为显著。实地调查也发现，当前在农村普遍推进的农村幸福院工程，主要是利用村委会或其他闲置场所改造而成的活动中心，其设置较为简单，只能为老人提供简单的娱乐健身活动，对老人真正的生活需求起不到实质作用；农村互助幸福院的建设主要通过行政推动，基层对农村互助幸福院的建设认识不够，对互助自助的社区养老形势缺乏深刻理解，因而缺乏主动性；在运行过程中还存在一些管理不善，服务对象少，运行模式单一等现象。有些幸福院工作只是留于表面形式，上面来人检查时才召集老年人开展活动，平时老年人活动少或没有老年人活动。除少数农村社区养老服务体系建设比较健全，成效较好外，大部分农村互助幸福院距离实现为农村老人尤其是留守、独居老人创造相互帮助、相互关照、消除孤独的生活环境的目标，还存在较大的差距。

5. 农村失能老人的生存现状更为严峻

农村经济发展水平有限，弱势老年人口数量更多（五保老人、贫困老人和失能半失能老人）。以失能老人的生存现状为例，调查显示，农村失能老人多处于维持基本生存状态，大多住不起养老院而主要由家庭成员照顾，很多家庭成员因为照顾失能老人而无法外出打工，家庭经济状况普遍欠佳，失能老人的药品支出又增加了家庭负担，致家庭矛盾增多。有 10% 的失能老人因为此种种困境，存在厌世和心理健康问题。失能老人普遍希望政府能够提供特殊政策支持，而陕西除过西安市 2013 年出台了《西安市特困失能老人生活护理补贴管理办法》，为“五类失能老人”提供 100~300 元不等的补贴外，省级层面没有相关政策，缺乏相应支持。

（三）调查结论

对老人的调查显示，在目前情况下，大多数老人可以从家庭和社会中获得一定的养老支持，但仍有部分老人在经济、健康以及养老方面存在较大问题与困难。

（1）大部分老人可以从家庭获得养老支持。全省老年人多子女、与子女共同居住的传统家庭现象仍占主流，老年人的基本生活照料、精神慰藉、部分经济来源等主要由子女提供。家庭养老仍是大多数老年人主要的养老选择方式。但随着计划生育政策的调整，低龄老年人独生子女现象特别是在城镇较为普遍，加之社会流动与工作生活方式的变化，导致了独居、空巢、留守等老年人家庭越来越多。半数以上老年人身体基本健康，但随着年龄增长，老年人身体状况越来越差，同时高龄老人的不断增多，失能或半失能的老年人也明显增多。社会养老服务需求将不断增大。

（2）部分老人特别是城镇老人可以从社会上获取养老经济和服务支持。绝大多数老年人参加了基本的养老保险和医疗保险，经济困难老人得到低保制度支持，在少部分城市社区已经具有养老服务设施并具备了养老服务能力，而且能够经常性开展老年人社会组织活动。但是全省范围内，社区化、社会化的养老服务供给十分有限，社会化养老服务远远满足不了多数老年人养老服务需求，陕西加速的老龄化以及高龄老人、失能老人等的大量增多，适合不同状况老年人的更加细化和更高质量的养老服务，在未来5–8年将会成为陕西社会现实的需求。

（3）半数老年人对当前生活感到满意。半数以上的陕西老年人基本满意当前生活，其中对社会保障制度满意度较高，而对养老服务需求满意度较低。

（4）老人养老问题与困难问题较多。一是疾病多健康差、经济困难、寂寞孤独是老年人面临的主要困难；二是高龄空巢老人日常生活更为困难；三是老年人较为担忧权益受损问题；四是农村老人特别是农村失能老人养老更为困难。

三、陕西社会养老服务的问题与挑战

对比调查与陕西养老社会服务体系建设的现状，分析认为，陕西社会养老保障与服务存在以下问题与挑战：

1. 社会保障制保障水平城乡差异较大，农村养老经济困难更大

陕西形成了覆盖全民的社会保障体系，但城乡居民养老保险、低保、社会救助与医疗保障水平之间存在较大差距。2013年陕西城乡居民基本养老保险的发放标准为月均60元~100元，而城镇退休人员养老金则为月均2046元，城乡居民养老保险保障水平相差34~20倍。2013年陕西城市低保月均为355元，农村则为168元，城乡低保标准相差2倍以上；农村五保和城市三无人员的保障标准相差1.42~1.8倍；在医疗保障上，农村居民报销比例与城市退休职工的医疗保险报销比例相差30%以上，住院起付标准农村高于城镇2~5倍，同时，城镇职工还有医疗保障卡可以用于平常的药品支出，农村居民则缺乏这一重要支撑。农村老年人仍然普遍存在“小病拖，大病扛，扛不过去吃点止痛药”的现象。可见，群体之间、城乡之间这种差异化的保障方式，都严重影响了社会保障的公平性和可持续性。

陕西城乡老年人养老能力不同，但却实施统一的普惠政策。如全省70周岁老龄补贴政策，城乡补贴标准因为各地市情况不同大约在50~300元之间。50元对于城市领取退休工资的老年人与农村老年人的意义大为不同。在农村50元勉强可以支撑部分老年人每月的零用开支，300元可以维持基本生活，而50元和300元则分别仅相当于城镇职工平均养老金的2.4%和14.6%，对其生活影响较小。

城乡生活水平的差异，城乡老年人对养老社会服务的需求弹性不同，老年人亟待解决的养老问题也有所不同。城镇老年人对娱乐服务、精神慰藉的需求更强烈，而农村老年人最急迫解决的确是安全问题、生活照顾问题和生存保障问题。农村社会养老服务应着眼于这些实际，组建和推动老年协会有效运转，定期查访老人，为他们提供关怀和帮助，而当前陕西对城乡养老服务体系的要求中，未能体现需求的差异化以适应城乡老人需求的差异性。

2. 社会养老服务体系发展不足，养老服务与老人需求匹配度低

第一、养老服务体系设施覆盖不足。民政部门的统计数据显示，目前陕西机构养老床位总量供给不足，全省养老床位有总计15.04万张，每千名老人拥有养老床位数仅约为26.4张，居家养老城乡覆盖率分别仅为32.43%和9.06%。与《陕西省社会养老服务体系建设规划（2011—2015年）》中“老年人床位拥有率达到国家规定的30‰以上的要求，居家养老和社区养老服务网络基本健全”还存在较大距离。

第二、在服务内容上，老年人因健康、年龄、经济状况等的不同，对养老服务类型存在不同需求和要求。但现有大部分养老机构是面向所有老年人的或者主要服务于健康老人，以高龄、失能、半失能老人为重点应提供专业化的养老服务严重不足。社区养老服务方面，调查显示，陕西已建成的社区居家养老服务中心（站点）能为老人提供的主要是文体娱乐和医疗保健服务，这类服务更多的是契合身体健康老人的需要，而日托、购物、配餐、送餐、家政服务和康复保健等满足不同老人需求的居家个性化服务提供较少，70%以上居家养老服务中心（站点）难以为老人提供这类服务。总体来看，陕西养老服务存在针对性不足，需求层次划分有限，缺乏精细的专业分类。

3. 养老产业有效供给严重缺乏，老年产品有效需求和有效供给的矛盾并存

养老产业的发展有助于增加商品种类，扩展服务领域，促进市场繁荣，增加社会财富，扩大就业渠道，推动经济增长。通过发展老龄产业所产生的关联效应和连锁效应，也可促进其他产业的发展，乃至对整个国民经济的发展产生积极的促进作用。伴随城乡养老体系的完善，养老保障水平的提升，陕西城镇职工养老金近十一年连续增长，城乡居民养老保险金、高龄补贴从无到有，极大地提升了老年人的支付能力。而且随着经济的快速发展，很多老人拥有了财产性收入，尤其是城市政府机关、企事业单位退休的老人一般都有储蓄，有的老人进行投资理财，很多老人拥有房产，成为老人养老的可靠保障。同时老年消费观念的转变，老年人的消费需求将日益增长，这使老年人消费市场蕴藏着巨大的潜力。但陕西在老年产业发展中还未能系统地规划与政策支持，养老产业缺乏市场标准和规范，养老产业尚未能形成规模，老年产品有效需求和有效供给的矛盾并存。

4. 老年人安全和权益保护成为社会关注的热点问题

经济社会的发展，使得更多的老人活跃在更大的社会空间里，但老年人安全和权益保护也日益成为社会的关注热点。因为老年人自身防御与自救能力较为脆弱，老年人更容易在日常生活和重大灾难中受到伤害；商业驱使的老年人消费伤害也大量发生，大量老人因为质量问题、虚假宣传、价格欺诈和退换货难等方面消费权益曾遭受不同程度的损害；由于空巢或独居也容易导致老人抑郁和焦虑。同时，老年人赡养、婚姻、财产等纠纷案件呈现增长趋势，老年维权工作面临严峻形势，也使更多老人对自己的权益受损更加关注与担忧。

四、“十三五”时期陕西社会养老事业发展的政策建议

调查显示，老年人“最希望政府工作改善”的前三位依次为提高养老保险待遇水平、营造全社会尊老敬老氛围、完善社区医疗卫生服务；其次为有更多的健身活动场所、重视精神养老、多建些社区养老机构和养老院。其他依次为多组织老年文化活动、加强社区紧急救援设施建设、为老人进行法律援助服务等方面都希望政府工作改善（见图 12）。

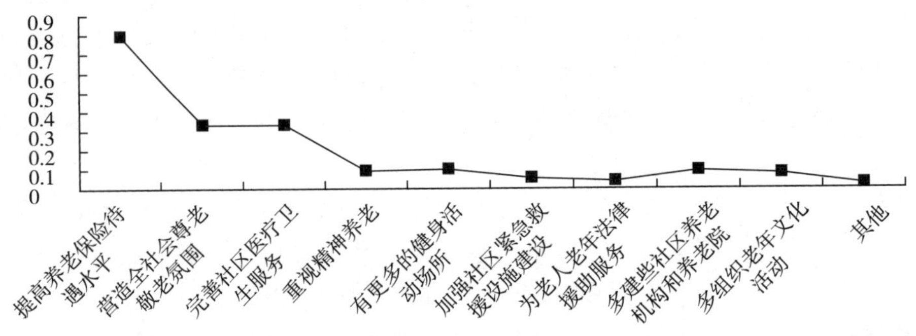

图 12　老年人对社会养老的期望

“十三五”时期，是陕西从“老龄化”社会进入到“老龄”社会的转折期，也是充实社会养老的关键期。根据预测，2015 年以后，老年人口的增加趋势将更加明显，65 岁以上老年人口年均增加量将达到 18 万左右；2020 年老年人口总量将超过 500 万，占总人口比重将达到 13.3%[①]。同时高龄化趋势增强，到 2020 年陕西 80 岁以上老年人口将达到 94.2 万人，增长速度远大于同期其它年龄段人口的增长幅度；随着人口高龄化和人口寿命的延长，失能老年人增加成为必然的趋势；人口流动的增强使得城乡空巢家庭将继续大量存在并呈上升趋势。家庭养老功能将继续弱化，养老社会需求更加多元多样，

① 陕西省统计局，《陕西人口老龄化趋势及其对社会经济发展的影响》。本文所用的预测数据均为 65 岁老年人口，其他数据采用统计局发布的人口数据，均为 60 岁以上人口。

社会养老服务业和养老产业发展十分迫切。为此，应以积极老龄化的理念，加强社会养老制度和服务建设，同时提升老年人自我能力，积极应对老龄问题和压力。结合老年人的期望和陕西老龄事业发展现状和未来形势，课题组认为"十三五"时期坚持"充分发挥市场在资源配置中的决定性作用，逐步使社会力量成为发展养老服务业的主体"原则，应着力完善制度，发展养老社会服务和养老产业，同时加强家庭养老能力建设，优化老人生活的经济社会环境，促进高质量全面覆盖的"以居家为基础、社区为依托、机构为支撑的，功能完善、规模适度、覆盖城乡的养老服务体系"。

（一）完善城乡统筹的社会保障制度

一是坚持社会保障的兜底原则。建立健全社会救助工作人员和救助对象的征信系统，解决低保对象收入核查等难题；完善临时救助制度，适当提高救助标准。二是加快建立城乡居民养老金待遇调整机制。在城镇企业职工养老金连年调整的同时，努力使城乡居民基础养老金每人每月能够达到120元标准。三是"十三五"时期，提高各类社会保险制度的统筹层次。将目前市县级统筹的城乡居民养老保险、基本医疗保险、失业保险、工伤保险、生育保险等制度从县市级统筹向省级统筹过渡。四是建立城乡居民统一的医疗保险制度。建立统一的城乡居民基本医疗保险制度，并以此为契机，整合城乡基本药物目录、诊疗目录和医疗服务设施标准，为建立统一的医疗保险制度，提供政策框架基础。五是加大对农村老人的养老支持。财政继续向农村投入倾斜，适当提高农村老人如空巢老人、失能老人、贫困老人等的补贴标准。六是建立失能老人的社会保障制度。陕西应尽快出台《陕西省失能老人护理补贴办法》，并将失能老人康复治疗纳入城镇职工、城乡居民医保范围；七是在具备条件的市县探索建立老年护理保险制度。

（二）加强适应不同群体需求的社会养老服务体系建设

首先加强公共养老基本服务体系建设，在制定公共养老服务体系服务项目、服务对象、保障水平、责任主体，以及资金来源等方面，发挥政府主导作用，在服务资源有限的条件下，重点保障失能、半失能老年人的基本服务需求，对低保、失独家庭和重点优抚对象中的失能、半失能老人购买居家养老服务券。凭服务券抵扣服务费用。二是统筹发展居家养老、机构养老和其他多种形式的养老服务。在养老机构建设中，要加强规划，建立适应不同群体需求的多层次养老机构。在居家养老服务网络建设中，各级政府应将其列入政府工作议程和民生大事，加大投入，把城乡社区养老服务中心及县、乡、村（社）三级服务网络建设作为"十三五"时期财政支持养老机构发展的重点，并向农村倾斜，促进城乡居家养老基础设施建设同步发展；出台居家养老设施规划配建标准和服务的陕西标准，根据农村不同地区的特点，创新社区养老服务模式。三是探索多种形式的"医养融合"模式。建议出台陕西"促进医养融合发展"政策性文件，鼓励探索多种形式的"医养融合"模式。四是因地制宜，推广陕西不同地域的养老服务模式。陕北地区要加大公共财政投入，发挥财政兜底作用，大力发展社区居家养老，推行邻里互助养老模式；引导民间资本、社会资本进入养老领域。同时出台政策鼓励民间慈善资金支持养老事业发展。关中地区应发挥市场配置资源的优势，大力促进发展社区居家养老建设，加强多层次、多元化养老机构建设。陕南地区要加大各级财政投入和转移支付力度，发挥财政兜底作用，保障贫困老人的基本生活。

（三）积极促进市场主导的养老产业发展

一是将老龄产业发展提到政府重要议事日程。明确政府在老龄产业发展中的职能，从规划指导、政策扶持、政府采购等方面为老龄产业发展创造良好的社会环境。二是深入调查研究，完善相关配套措施。三是鼓励社会资本以独资、合资、合作、联营、参股等方式，使民间专业组织或社会力量参与管理和运作。四是优先发展养老服务业支持性产业，如家政业、医养结合的养老机构、老年护理专业人员和管理人员培训产业，老年产品用具开发、老年养生保健服务业等。五是鼓励发展养老服务中小企业，在社会养老服务中，政府从“直接服务”模式中“后撤”，坚持政府购买养老社会服务原则，对某些因盈利性过小而企业不愿意生产的产品政府给予一定补贴，形成养老服务产业集群，引导和支持老龄产业健康发展。

（四）加快促进老年服务人才培育

一是加强社会养老服务专业的人才队伍培育。鼓励在各相关职业学校和高等院校设立养老服务管理和护理人才专业；在条件具备的情况下，在省内建设一所专门的社会福利专业教育机构，对高校养老护理专业实施一定补贴，建立实习培训孵化养老服务人才的专业基地。对养老护理员实行专业培训和职业技能鉴定补贴。二是要为社会养老服务专业人才发展提供保障。出台相关保障社会养老服务人才权益和支持的相关法规文件；三是通过制定岗位专业标准和操作规范，推进养老护理员国家职业资格认证制度。

（五）强化家庭养老能力建设

家庭传统养老功能将继续弱化，但家庭依然是满足老年人日常生活需求的最重要机制。一是整合计生、妇女发展等部门有关家庭能力建设政策。扩大家庭能力建设覆盖范围，从原来只针对计生家庭扩大到所有家庭，并以家庭作为社会政策的对象。二是建立子女养老的激励制度。建立增加劳动者带薪休假制度，鼓励劳动者和父母就近居住或共同居住；为随子女迁移父母提供同城医疗和社会服务支持。

（六）高度重视老年人权益保护工作

认真贯彻执行《陕西省实施〈中华人民共和国老年人权益保障法〉办法》，一是各级组织要加大开展法律宣传教育，对老年人权益容易受损、影响严重的事件的维权过程进行宣传，使群众了解有关法律规定对老年人的特别规定；二要加强法律监督，加大执法力度，依法严厉处理和打击侵犯老年人合法权益的不法行为；三要加大对老年人法律援助的力度，在社区设立老年人法律服务、法律援助等站点，使老人方便及时能够获取到法律支持与服务；四是提高老年人自身的维权意识与能力。

（七）全面优化养老社会环境和文化环境

一是营造全社会尊老敬老氛围。弘扬传统孝文化精神，赋予其新内涵，并建立适应社会发展变迁的孝道规范；在家庭和学校中培育少年儿童爱老、敬老习惯，在社区中加强志愿文化与邻里互助文化建设，在全社会树立敬老、养老、爱老和助老的良好社会氛围。二是大力培育老年自我服务、互助服务和为老服务社会组织。在农村，政府要重点支持基层老年协会的建设和发展。三是加强老年文化建设。加强老年文化服务配套设施建设，加大出版老年读物的扶持力度，打造多样化老年旅游文化品牌，大力发展老年教育，普及老年体育健身运动。四是高度重视老年安全建设，加大公共设施无障碍建设，加强老年相关产品的安全监管，建立老人伤害意外保险。五是重视精神养老，对社区中特殊老人如残疾、“失独”等老年特殊群体进行有效的专业服务。六是认真落实各级政府对老年人的各种优待政策。

课题组成员

主　持　人：刘春秀　米烈汉

执　笔　人：杨红娟　聂　翔

审　核　人：王克群　高建强

广东省为老机构从业人员状况与需求调查

广东省老龄办课题组

人口老龄化已成为社会关注的焦点。我国的养老服务除了要应对人口老龄化，还面临以下艰难的挑战：一是我国老年人口的高龄化趋势严重；二是我国失能老年人口的数量日益增多。面对我国老年人口基数增大、高龄老人比例提高、空巢家庭日益增多、家庭养老功能弱化等严峻现实，养老机构在养老服务体系中的功能日渐增强、作用日益凸显。加强对养老机构的建设，推进养老机构的发展，有助于提高老年人的生活质量，有利于积极应对我国人口老龄化和高龄化的挑战，是解决老龄社会问题的有效策略，而从业人员的队伍建设状况直接关系养老服务业发展状况和前景。"十三五"时期将是我国人口老龄化、高龄化加速发展的阶段，面对日趋严重的老龄化现象，深入开展全面系统的调研，摸清为老服务机构和从业人员的基本状况，是制定"十三五"老龄事业发展规划的迫切需要。

为了解掌握为老服务机构及从业人员状况，本课题组于 2015 年 6–8 月对广东省为老机构及其从业人员分别进行了较为系统的调查，收到为老机构调查问卷 1613 份，从业人员问卷 2521 份；并于 8 月份对梅州市、广州市、江门市三个地市的民政部门和老龄办、部分为老机构进行了走访和座谈。调查结果显示，广东省为老服务机构从业人员总体上呈现出以下几个特点：超过八成为女性，约 2/3 来自农村，41–60 岁的占 53%，初中及以下文化程度者超过了一半，工作 5 年以下者占三分之二。文化程度低，专业素养不高，流动性大，是为老服务机构从业人员的普遍现象；工作时间长，工作压力大，经济收入低，社会地位低，是较多为老服务机构从业人员的感受；招工难，留人难，专业人员严重缺乏，经营较为艰难，政策落实不到位，是诸多为老服务机构尤其是民营为老服务机构面临的共同困境。

现根据调查情况就广东省为老机构从业人员的工作生活状况及其相关问题作简要分析，以期对政府相关职能部门制定老龄事业、养老服务产业发展规划，促进为老服务从业人员队伍建设有所裨益。

一、为老机构从业人员现状分析

（一）为老机构从业人员的基本状况

1. 人员构成

调查显示，养老机构平均有工作人员 11.5 人，其中，专门的护理人员平均有 8.5 人，约占 73.9%；平均持有资格证书人员 8.7 人，约占 75.7%。

2. 养老机构工作人员人口特征

如表 1 所示，从性别、户籍属性和城乡来源来看，广东养老机构中多数为女性，超过八成；男性只占 18.4%。从户籍属性来看，近六成是本地人，外地户籍占 40.1%；从区域属性来看，约 2/3 来自农村，来自城镇约占 1/3。

表 1　养老机构工作人员人口特征

	性别		户籍属性		城乡来源	
	男性	女性	本地户籍	外地户籍	来自城镇	来自农村
所占比例	18.4%	81.6%	59.9%	40.1%	33.5%	66.5%

3. 年龄结构

养老机构护理人员以 30 岁到 60 岁为主，占近八成（77.9%），其中，31–40 岁年龄段护理人员占约 1/4（24.6%），41–50 岁的占 30.1%，51–60 岁的占 23.1%。30 岁及以下的护理人员占 13.3%。在养老机构中还有部分 60 岁以上的老年人在从事护理工作，占 8.8%。

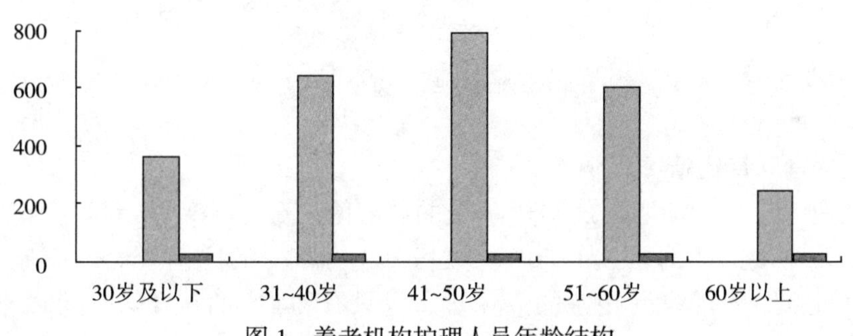

图 1　养老机构护理人员年龄结构

4. 文化程度

如表 2 所示，养老机构从业人员中，初中及以下文化程度者超过了一半，占 52.4%；高中、中专文化程度者二者占约三成（30.7%），大专及以上学历者占 16.9%。

表 2　养老机构从业人员的文化程度

	未受教育	小学	初中	高中 / 中专 / 技校	大专	本科及以上	合计
人数	62	493	766	510	396	192	2419
百分比	2.6%	20.3%	31.7%	21.1%	16.4%	7.9%	100%

5. 经济状况

多数养老机构管理人员月平均工资在 3000 元以内，占到近八成（79.7%），中位数在 2000 元左右，有超过 1/3 的（36.7%）管理人员的月平均工资不足 1500 元；相比之下，养老机构一线护理人员的月平均工资在 3000 元以内者占到近九成（88.3%），其中有 77.3% 的月平均工资在 2500 元以内，有 35.0% 的平均月工资不足 1500 元。

调查结果表明，养老机构从业人员期望平均月薪为 3837 元。可以说超过九成的从业人员没有达到这个收入。因此，有 57.3% 的从业人员对目前的收入感到不满意。

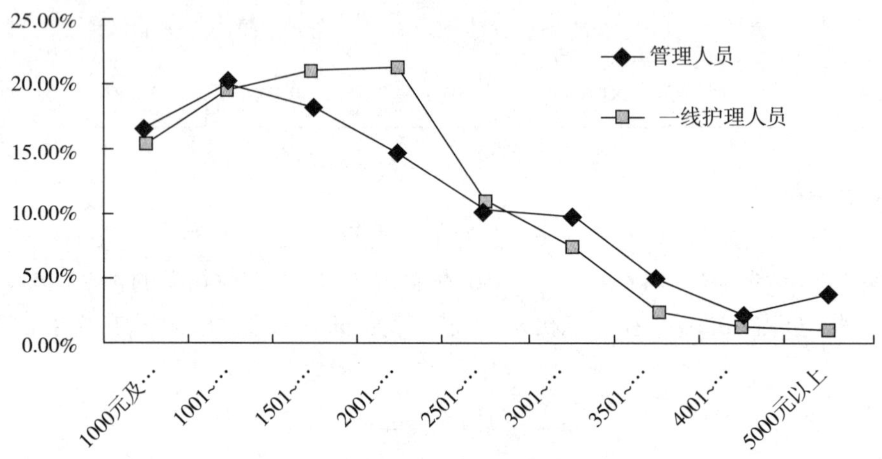

图 2　养老机构管理人员与一线护理人员月平均工资

6. 享受的福利待遇情况

机构从业人员在劳动职工所要求享受的“五险一金”中，只有医疗保险、养老保险和工伤保险享受的比例超过了 50%。住房公积金享受的比例最少，只有 22.7%。超过八成的从业人员不能享受正常的双休日，也只有约 1/3 的从业人员可以享受法定节假日。

（二）从业人员工作的有关情况

1. 工作年限

总体而言，养老机构从业人员的工作年限以 2–3 年、4–5 年的居多，各占 1/4 左右，工作 5 年及以下者占三分之二（66.5%）。由于调查的养老机构中，公办性质的占 77%，民营的只占 23%，公办养老机构由于有编制，有经费保障，收入相对高一些，硬件设施条件相对较好，员工稳定性远高于民办机构，能在一个机构干 4–5 年及以上的主要为公办养老机构人员，而民办机构员工从职年限多在 3 年及以下。

2. 工作量

调查显示，从业人员每天平均工作的时间为 8.79 小时。而多数（60.5%）从业人员平均每人服务的老人数在 5 位以上，服务 2 位、3 位、4 位老人的各占 10% 左右。

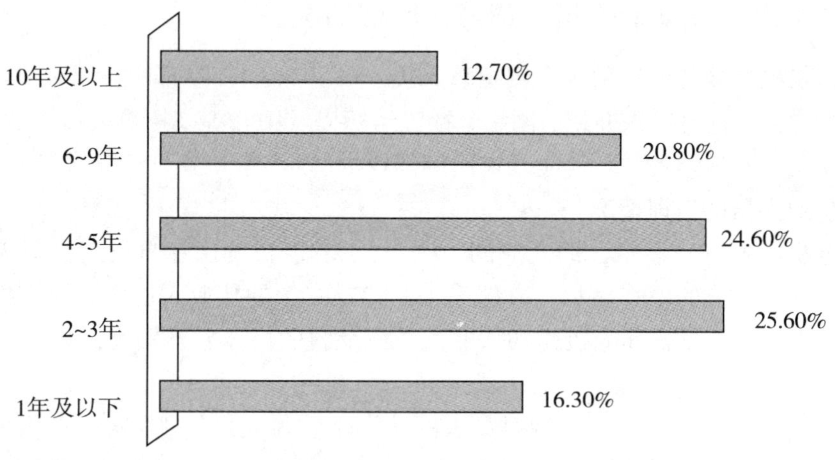

图 3 养老机构从业人员的工作年限

3. 对工作的喜欢程度及其原因

调查显示，有 23.1% 的从业人员不喜欢从事养老服务工作。养老机构从业人员不喜欢养老服务工作的原因是多方面的，其中主要集中在两个方面：一是多数从业人员觉得养老服务工作工资待遇太低，占 65.3%；二是少数从业人员感到工作压力太大，占 17.4%。

4. 工作压力

养老机构从业人员的压力来自身心、家庭和社会方面：一是表现在工作的繁重，有约一成经常感到身体很累，有两成多也明显感到身体的劳苦；二是表现在精神上，有各约一成左右的从业人员经常感到心情不好或经常感到郁闷，约 1/3 的从业人员认为自己心情不好时有发生，超过 1/4 的时有感到郁闷；三是来自社会的歧视，有 18.6% 的从业人员经常受到歧视，超过 1/3 的也时有遇到被歧视；四是家庭的不支持也是造成养老从业人员工作压力的一个重要方面。

5. 辞职情况

调查显示，有 23.1% 的养老机构从业人员辞职较多。辞职的原因按所占比例大小前三项依次表现在：工资待遇低，占 65.3%；工作强度大，占 22.3%；风险责任大，占 18.5%。计划长期从事这项工作、没有想辞职的只有四成多一点，占 42.4%。

6. 遇到的主要问题

养老机构从业人员工作和生活中面临的突出问题是：经济收入不高（44.5%），其次是工作忙无法照料家庭（18.1%）。

7. 从业人员对养老机构工作环境的认可度

从业人员对养老机构的室内外环境、外部的社区环境、养老机构的管理水平、机构的服务态度和护理设施等方面整体认可度较好，认为“非常好”和“较好”的比例都超过了一半。但是，对机构服务态度的认可度要更好些，达到 67.8%，对护理设施的认可度要低些，认为好的占 51.4%。

（三）养老机构从业人员的招募、培训情况

1. 养老机构主要是通过熟人介绍招募人员

养老机构主要通过熟人介绍、网络、社工组织以及中介等来招募人员，“熟人介绍”所占比例较大，占三分之一，其他方式比例都较少。

2. 对从业人员的培训情况

对养老机构的调查显示，约九成的（89.3%）养老机构回答自己对从业人员实施了培训；而对从业人员的调查显示，有超过1/3（37.9%）的从业人员回答没有接受过任何相关的专业培训。可见，养老机构和从业人员所反映的情况差异较大，两者相差27.2个百分点。

对养老机构的调查显示，机构对员工的培训平均每人每年1.9次；平均每人每年培训的时间约为20.7小时；平均每人每年培训经费为206.9元。约七成（70.1%）养老机构对从业人员培训1到2次。养老机构对员工进行了哪些方面的培训呢？多数（64.1%）的养老机构对从业人员进行了上岗培训，包括老年人服务的基本知识与技能、工作纪律等；只有14.7%的养老机构对员工进行了比较专业的护理培训，而康复卫生、养生保健、营养药膳以及与老人的沟通技巧等方面的更为专业、更显服务档次的深度服务内容则培训很少。

而问及从业人员“目前您认为最需要哪方面的培训”时，如图所示，超过一半的（50.6%）从业人员认为最需要专业护理培训，有约一成半的（14.8%）需要管理知识的培训，需要心里慰藉方面和沟通技巧知识培训各占8.0%；需要养生保健、康复卫生、营养药膳、康体活动等其他培训的从业人员都较少；还有3.2%的从业人员认为不需要培训。这充分说明了目前养老机构提供的养老服务层次还较低，养老机构实际提供的培训与从业人员培训需求的切合度还不够高。

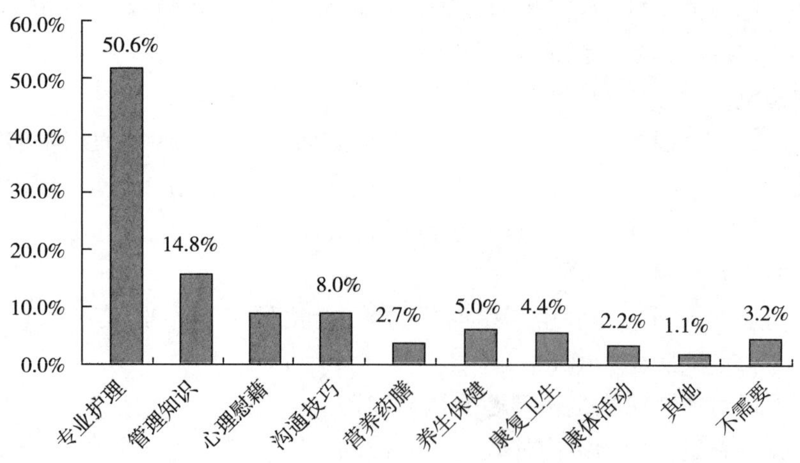

图4 从业人员认为目前最需要哪方面的培训

（四）政府的角色支持

养老事业是一项社会福利性事业。养老机构要想健康发展离不开政府的支持和扶持，同时也离不开政府的监管。超过一半的养老机构得到政府在资金、物资设备和提供场地方面的支持，其中政府对 70.7% 的养老机构提供了资金支持；政府对约 1/3（34.1%）的养老机构进行了人员培训并对 26.5% 的养老机构提供了政策优惠。

表 3　政府对养老机构支持情况

	勾选频数	个案百分比
资金支持	1076	70.7%
物资设备	824	54.1%
提供场地	779	51.1%
房屋租赁	93	6.1%
政策优惠	404	26.5%
表彰奖励	160	10.5%
人员培训	519	34.1%
其他	84	5.5%
没有得到任何支持	85	5.6%

按照有关文件，政府对养老机构提供水电、通讯、有线电视、甚至税收等方面的优惠政策。调查显示，有 26.3% 的养老机构反映没有获得任何优惠；养老机构获得优惠最多的是水电费优惠，占 43.8%；近两成的养老机构获得了人身意外保险、税收和土地使用方面的优惠，分别占 19.5%、18.7% 和 18.3%；有 9.5% 的养老机构获得了信贷利息优惠，但是，只有 8.4% 的养老机构获得通讯费用优惠。

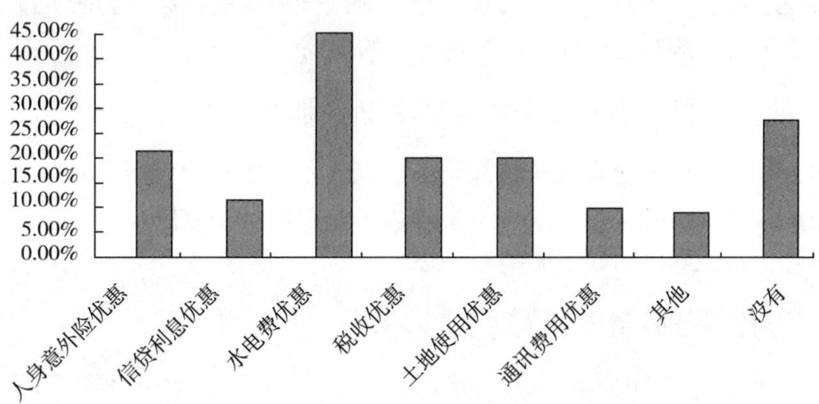

图 5　养老机构获得政府的支持优惠情况

二、问题分析

（一）从业人员文化层次偏低、专业人才匮乏

由于养老福利机构工作时间长、工资待遇低、劳动强度大、服务对象特殊等原因，护理人员流动性强，队伍不稳定，行业整体缺乏竞争力和发展后劲。大多数机构的从业人员主要是农村40岁左右的大龄妇女。其工资水平、福利待遇和社会认可度必然直接影响到从业者的工作积极性和队伍的稳定性。

（二）从业人员工资待遇低、工作繁重、压力大

一是工资待遇较差。养老从业人员的收入仍然处于较低的水平，远低于当地的平均收入。2014广东省城镇非私营单位就业人员薪酬为59481元，月平均薪酬为4956.75元；养老机构护理人员的月平均工资只在2500元左右，超过一半的（57.3%）的养老机构从业人员对自己的工资不满意。

二是工作繁重。调查显示，目前有约六成（60.5%）的从业人员同时要服务5位及以上老人。

三是心理压力大。首先服务对象的特殊性是养老机构护理人员面临较大心理压力的主要来源。有些老人变得敏感多疑、固执孤僻，对养老护理人员的工作诸多挑剔，甚至经常责骂养老护理人员。其次，护理员常年面对老人的衰老，疾病，死亡，会感到心里非常难受。由于护理员之间的交流或与外界进行的沟通很少，她们宣泄心理压力的渠道受阻，就会导致负面情绪的不断积累，会产生更为严重的心理问题。

（三）从业人员社会地位低，难以吸引年轻人及高素质人员加入

长期以来，养老护理工作在很多人心目中属于“下等”职业：工作又累又脏，收入又低，没有职业门槛。目前很多养老机构招聘的养老护理员主要是进城务工的农村妇女，她们普遍文化程度低、年龄偏大。而这些会影响服务质量的提高，影响养老护理人员在人们心中的形象，影响养老护理工作职业地位的提高。

（四）社会组织及志愿服务参与养老机构服务较少

调查显示，志愿服务进养老机构探访入住老人不但次数少而且时间短。据了解，一些热衷公益的社会人士和大学生、中学生作为志愿者偶有在节假日探访慰问养老机构的老人，但缺乏长效激励机制，不能成为常态。

（五）为老服务后备专业人才严重不足

目前，广东省只有1所大学（广州医科大学卫生职业技术学院）开设养老服务与管理专业，远远落后于北京（12所院校）、江苏（8所）、山东（12所）、安

徽（8所）、湖南（6所）等省市，与广东老年人口大省的状况和需求远不相称。虽然，近几年来，较多职业技术学院开设社会工作专业，但与为老服务关联较紧的很少。

三、影响为老机构从业人员队伍建设的原因分析

（一）为老机构发展不平衡、规模小，制约为老机构从业人员经济待遇的提升

一是城乡之间分布不合理。广东乡镇敬老院数占全省养老机构总数的46.8%，床位数占到全省的39.2%。受养老观念的影响，乡镇敬老院入住率普遍较低。由于乡镇敬老院规模小，政府拨款有限，自身又缺乏经营效益，因而员工待遇自然难以提升。

二是公办与民办养老机构之间，民办养老机构所占比例较少，公办养老机构与民办养老机构基本是10:1的格局。可见，民办养老机构成长发展的有利环境氛围尚未形成，公办与民办为老机构公平竞争市场化机制尚未形成，公办养老机构基于政府拨款处于维持现状状态，改善经营的动力不强；民办养老机构由于条件限制，不在同一起跑线上，经营困难。这两方面都影响着从业人员队伍的良性发展。

三是养老机构发展规模较小。超过3/4的（76.1%）养老机构在最初的投资资金在百万元以内，其中投入资金10万元以内的小型养老机构就超过了三成，占31.9%。超过八成的养老机构占地在10亩以内。湛江市，老年人口所占全省比例只有9.02%，但是养老机构有891个，却占全省养老机构的31.51%。没有规模，就难以有效益，没有效益，就难以保障员工的护理待遇。

（二）养老机构整体服务层次不高，难以吸引高素质的专业人员进入

目前广东省养老服务业尚处于起步阶段，农村公办“敬老院”多以收住“三无”人员为主，城市个别养老机构条件较好，但是床位有限。大多数护理人员是农民工或城市下岗失业人员，没有接受过专业培训，缺乏专门的护理知识。养老服务的内容还仅限于生活照料、卫生保洁等基本服务内容，难以提供康复、兴趣爱好、文化娱乐等其它服务，不能满足老年人的精神慰藉需求，也难以吸引较高素养的专业服务人员进入该领域。

（三）机构运营状况不佳，直接制约从业人员队伍的发展

在所调查的样本中，只有7.1%的养老机构实现了盈利，超过1/3的（36.1%）还处在亏损状态。所调查的养老机构中，大部分受访管理人员表示，总投资预期回收周期较长，规模越大，回收周期越长。

支付工作人员的薪资已占运营成本的45.1%。但是，面对高额的费用支出，机构的资金来源显得相对很少，更主要的则是靠收取老年人的入住费用和护理费。多数受访管

理人员表示，由于资金来源困难、政策支持不能落实到位，养老机构运营面临较大困难，以致于招聘专业技能人才难度大，护理人员流动性大。

（四）扶持政策不到位，对从业人员培训支持力度不够

政府对养老机构发展的扶持政策主要有财政补助、用地支持、用电、水、气、有线电视及一些税费减免等组成。调查显示，有5.6%的养老机构没有得到政府的任何支持；在房屋租赁中得到政府的支持只占6.1%；在人员培训方面获得的支持也较少。

表4　政府对养老机构实施的相关优惠政策

选项	勾选频数	个案百分比
人身意外险优惠	257	19.5%
信贷利息优惠	125	9.5%
水电费优惠	577	43.8%
税收优惠	247	18.7%
土地使用优惠	241	18.3%
通讯费优惠	111	8.4%
其他	105	8.0%
没有	347	26.3%

四、对策建议

（一）加大政府对为老服务机构的扶持力度

数据显示，广东养老机构仍处于初步发展阶段。政府应尽快落实优惠政策并加大扶持力度，吸引和鼓励社会力量参与开办安全、规范、针对不同消费阶层的养老机构，提高养老服务的层次和质量，积极应对快速人口老龄化带来的挑战。另外，要加大投入力度，解决目前多数养老机构设施简陋、不上规模不上档次问题，以及大多数民营养老机构面临的运营资金不足问题。2014年广东财政和福利公益金投入社会养老服务体系建设资金402891.86万元，人均只有三百多元。这其中有相当比例的居家养老服务机构的建设资金，说明政府整体投入资金还比较少。因此，政府一方面要加大资金投资力度，另一方面要加强政策落实。

加强扶持和监管，确保资源分配实现公平效率的平衡调整公共财政投入，包括彩票公益金的投资方向和方式，更多地采取基金扶持、贷款贴息、购买服务等“间接投资”的方式支持社会力量参与当前和今后缺口巨大的护理型养老机构建设和改造。明确政

府重点扶持面向空巢高龄老人、失能失智老人的助养型中小型养老机构建设，调整现行的养老床位补贴和运营补助办法，加强环境设施评估和人力资源服务评估，促进为老服务机构提升服务质量，进而促使为老机构改善从业人员的待遇，提升从业人员的素养。

（二）加强为老服务从业人员队伍专业化建设

是否具有数量充足、专业技术过硬的养老护理队伍在很大程度上决定了养老机构提供的服务质量，以及能否可持续发展。所以要促进养老机构事业的快速发展，必须充分重视养老服务队伍的培养与建设。

目前，广东省高校培养为老服务与管理方面的后备专业人才严重不足，远远落后于长三角、北京及内地一些省市。因此，广东的职业类院校应该积极培养老年护理学、老年心理学等方面的专业人员，以应对目前广东省养老护理人员专业化程度不高、年龄偏大、总量少、流动性大的现状，做好养老服务后备专业人才的培养和储备。

提高养老护理岗位的社会认同感，着力提高他们的社会地位和薪酬待遇。加快完善养老护理领域的职业职称评价制度和管理办法。加强机构人力资源评估和监察制度建设，科学合理制定劳动用工时间。

有必要全面推行从事护理岗位的专业人才补助制度，吸引专业人才向一线护理岗位流动。

给予从事养老服务工作的相关高校毕业生一次性奖补是吸引高层次人才进入养老服务事业的有效策略。对入职非营利性养老服务机构，从事养老服务、康复护理等工作的高等院校、高职、中等职业技术院校的毕业生，工作满一定年限发给一次性奖补。

（三）提升养老机构的发展层次

按照需求层次理论，仍可以大致分为两个级别的服务需要：生存型、发展型或享受型。传统的社会养老服务需求是生存型的，入住老人是社会底层人群，只要保障他们的基本生活需求就可以了。发展型或享受型养老服务已成为现在及将来一段时间里愿意入住机构养老的老人更为重要的服务需求。针对养老机构的分布较分散、规模较小、入住率不高、服务层次较低的，适宜整合以提升规模和档次。同时，政府要加大民办养老机构激励和政策优惠，建立规范和科学的资质评估系统，从经费使用、建筑质量、服务设施、饮食卫生、住宿环境、人员配置等方面进行全面的评估和认证，促进民办养老机构提高服务质量，向着规范化、标准化的良性方向发展。

（四）加强培训，提升从业人员的专业水平，多举措提高其薪酬待遇

较低的收入水平是制约养老服务行业健康发展的主要因素。政府可以通过出台相关的政策改善养老服务工作的待遇，通过把养老服务工作纳入公益性岗位，由政府为养老服务人员提供一定补贴，以增加养老服务人员的收入。

改善养老护理员薪酬水平首先要解决养老机构经费紧张的问题。为了提高养老护理

员薪酬水平，政府要加大资金投入，根据财力增长情况，建立福利事业投入的自然增长机制，发挥财政投入对养老机构的主渠道作用；探索建立社会化养老慈善捐助机制，倡导社会资金捐助投入老龄事业以拓宽筹资渠道；切实贯彻落实扶持民办养老机构发展的税费减免、土地保障、融资补贴等各项优惠政策。除此之外，在对养老机构中从事护理工作的人员发放特殊岗位津贴的基础上，政府要对取得相关护理员资格证书的人员实行最低工资标准线，其月工资应达到当地最低工资标准 1–2 倍。

政府一方面应鼓励在相关的院校开设养老护理专业，加快养老服务专业人才的培养，通过财政补贴减免学费等形式，鼓励更多人员报读养老护理专业，为养老服务行业提供稳定的人才。另一方面各级政府通过划拨专项资金，对在岗的养老服务人员进行服务意识和服务技能的培训，有利于提升在岗养老服务人员的专业素养。加强对养老机构员工职业技能的培训，增强他们的护理和沟通技巧，使其能从容应对各项工作，从而提升服务质量，提高他们的工作成就感。

（五）通过购买社工服务等方式疏解从业人员的心里压力

缓解护理人员的心理压力是促进养老护理员队伍健康发展的重要举措。护理人员的压力主要来源：护理对象的特殊性、工作方面的繁重压力大、社会及家庭的不理解不支持、经济方面等。一是可以通过社工个案工作的开展及时疏导养老护理人员的不良情绪。二是可以通过社工各种类型的小组工作，增强养老护理人员对压力的应对能力。

志愿服务的个案工作和小组工作同样可以能解决养老机构不能解决的老人精神慰藉问题。养老服务志愿者进入养老机构，还能起到近距离优化养老机构环境的社会监督力量，起到社会监督作用。志愿服务所具备的特质能为养老机构解决入住老人的精神慰藉问题。

（六）加大宣传，提升养老服务工作的社会地位

相关部门要加大对养老护理工作的宣传，通过各种形式的活动，在社会中形成尊重、理解养老护理职业的舆论氛围。如通过养老护理人员职业技能大赛，提高人们对养老护理工作专业性的认识；邀请媒体和社会公众参观考察养老机构，了解养老护理工作的艰辛，使他们能更多地理解养老护理工作，客观、正面地宣传养老护理工作，提高养老护理工作在社会中的美誉度。

新闻媒体要加大对优秀养老护理员的宣传力度，通过电视、网络等媒体积极报道优秀护理员的先进事迹，促进全社会形成尊敬、尊重养老护理员的舆论环境。促使全社会达成一种共识——从事养老护理是一份光荣、高尚的职业，应受到尊重和尊敬。

（七）积极发展信息化智能化养老服务体系

人口老龄化的加剧对未来经济社会的发展带来巨大压力，我国改革开放 30 多年来赖以支撑我国经济快速发展的重要有利因素之一——人口红利正在消失，这意味着更少的劳动生产力要支撑起更加庞大的老龄社会。低生育率、少子化，年轻人口比例的缩小，

导致社会劳动力不足，近几年来已充分通过“技工荒”、“民工荒”反映出来，其对养老服务业发展的冲击也将是不言而喻的。为应对劳动力的缩减，一些企业正采取“机器换人”的举措予以应对。面对日益严重的养老服务问题，另辟蹊径，大力发展信息化、电子化养老，势在必行。

为了创造居家养老安全便利的新模式，提高老人（特别是空巢老人）的生活质量，广东一些地方如广州、中山市等地利用现代信息技术，积极发展电子化养老，开发了居家养老老人紧急呼叫装置——颐老一键通、慈善爱心铃等，并着手引入“北斗”卫星定位系统，构建北斗居家养老服务导航系统，从老人的居住位置到外出所在地点实现精确定位，从而大大缩短服务提供所需时间，尤其在突发事件上的处理时间，丰富居家养老服务体系的服务内容，提升服务的技术含量，以“人性化设计，信息化手段，综合性服务”为特点，为居家养老的“五保”、“三无”老人提供紧急呼叫和日常家政服务，并逐渐向社会化延伸拓展，社会效益较为明显。

在人口红利消失，年轻劳动力紧缺，为老服务人员招聘难的情况下，为应对日益严峻的老龄化和为老服务问题，充分运用高科技手段，整合社会各界的力量和服务网点资源，加快信息化、电子化、智能化的养老服务体系建设，一方面推动居家养老服务行业持续、健康、快速发展，另一方面在养老服务机构大力推行信息化、智能化管理和服务，提升管理和服务的效率和质量，势在必行。将开发为老服务机器人纳入国家养老产业战略规划，也应被提上议事日程。

参考文献（略）

课题组成员：

方炎松　广东省老龄办

申群喜　电子科技大学中山学院

王世斌　广东工贸职业技术学院

高迎春　广东省老龄工作办公室

陈彤彬　广东老年公共事务研究中心

鹿　麟　广东老年公共事务研究中心

缪俊耀　广东老年公共事务研究中心

关于农村留守老人关爱服务体系建设的调研报告

皮宇飞 张 蓉 黄恒玲 谢 峰

农村留守老人是工业化和城镇化发展的产物，是农村劳动力迁入城镇的结果。我省是一个欠发达、欠开发的西部山区农业省份，人均耕地不足，农民收入水平低，农民致富途径少，农村富余劳动力就近就业的渠道少，多年来，外出务工已成为目前我省农民脱贫致富的一个重要途径。据有关部门统计，目前我省外出务工的农民工约700万人，平均每个农户就有1人，一些边远贫困村寨青壮年基本上都外出务工，留在本土的大多是老人和小孩，形成了数量庞大的农村留守老人群体。2014年底，贵州60岁以上老年人约523万人，农村老年人口约368万人，据初步测算，留守老人约220万，约占农村老年人数的60%。随着城镇化进程不断加快和老龄化深入发展，农村进城务工人员数量还在继续增加，留守老人在一定时期内还将大量存在。广大农村留守老人在生活保障、医疗护理、生活照顾以及精神慰藉等方面都面临着许多困难和问题，亟待全社会给予更多的关怀和扶助。

留守老人的生活情况引起党中央国务院的高度重视，十八届三中全会通过的《中共中央关于全面深化改革若干重大问题的决定》提出要“积极应对人口老龄化，加快建立社会养老服务体系和发展老年服务产业。”并特别强调要“健全农村留守儿童、妇女、老年人关爱服务体系。”习近平总书记今年6月在贵州调研时也重点强调“要关心留守儿童、留守老年人，完善工作机制和措施，加强管理和服务，让他们都能感受到社会大家庭的温暖”。贵州省劳动力流出比重高，留守老人数量多、比重大，贵州省委省政府也非常重视农村留守老人的关爱服务问题，中共贵州省委十一届四次全会在《中共贵州省委关于贯彻落实〈中共中央关于全面深化改革若干重大问题的决定〉的实施意见》中也提出“建立社会养老服务体系”“健全农村留守儿童、妇女、老年人关爱服务体系”的要求。为此，省老龄办组织开展了“农村留守老人关爱服务体系建设”专题调研，以期通过此次专题调研为我省农村留守老人关爱服务体系建设提供一定的参考。现将情况报告如下：

一、农村留守老人的生活保障和服务现状

经济支持方面。一是基本养老金。随着2012年7月新型农村社会养老保险制度的全面推广，目前，全省390余万60岁以上农村老人每人每月领取70元的基本养老金，其中贵阳市已经达到115元。二是针对部分农村特殊老人的各种生活补贴，如农村低保。

全省将136万符合条件的农村老年人纳入农村低保，平均保障标准2695元/年，并对其中特困老年人增发10%—30%的低保金。计生奖励扶助金。给予农村计生“两户”年满60周岁以上的夫妻每人每年1200元的奖励扶助金和每人每月65元的基础养老金计生补贴，免缴需要由个人缴纳的新型农村合作医疗费，并减免个人负担医疗费用的50%；农村计生“两户”年满60周岁以上的夫妻入住老年公寓或敬老院给予优先，并给予每人不低于3000元的补贴。高龄补贴。目前全省6个市（州）已建立市级统一的80岁以上高龄老人生活补贴制度；共有79个县（市、区）在省级补贴的基础上增发了百岁以上老人高龄补贴制度，72个县（市、区）建立了90岁以上高龄补贴制度，63个县（市、区）建立了80岁以上高龄补贴制度。此外还有失能老人护理补贴、失地农民养老补助等，让更多农村老人能够享受经济社会发展成果。

医疗保障方面。全省新型农村合作医疗农民参合率达98.9%，其中农村老年人基本实现应保尽保。新农合年政府补助标准达380元/人，统筹基金最高支付限额达20万元，新农合政策范围内住院费用报销比例达75%以上，重特大疾病保障实现全省覆盖，提高农村贫困人口医疗救助保障水平促进精准扶贫等多项试点顺利推进，各地积极出台新农合老年人补偿优惠政策，农村贫困老年人医疗费用实际补偿比例达到90%以上，部分地方已经达到100%，进一步减轻了农村老年人的医疗负担。新农合管理信息系统覆盖全省，多家新农合定点医疗机构开通及时结算工作，老年人在县、乡、村看病能得到及时报销和补偿。社区卫生服务中心（站）、乡镇卫生院和村卫生室积极开展针对老年人的医疗、卫生保健、健康监测等服务，基本做到了老年人看病小病不出社区、大病不出县，极大地方便了老年人看病就医，农村老年人看病难、看病贵、报销难的问题逐步得到解决。此外全省所有的乡镇卫生院、村卫生室和社区卫生服务中心（站）每年均开展老年慢性病的防治知识宣传及健康教育讲座等防治工作，广泛开展老年健康教育咨询服务等活动，不断提高老年人的健康意识。

住房保障方面。将符合条件的农村贫困留守老人家庭优先纳入当地农村危房改造计划，做到应改尽改，并优先实施改造，切实保障了农村留守老人住有所居。

生活照料方面。我省农村居家养老服务工作自2010年起开始试点，依托乡镇敬老院、村级组织活动场所等设施，开展以高龄、失能、独居、特困老年人为重点的生活照料服务。2013年在全省启动农村幸福院建设工作，依托村级活动场所、农村社区服务站和村老年协会服务站，利用农村闲置村委会办公楼、学校、文化站、卫生室和民房改（扩）建为村级层面的养老服务设施，为农村老年人特别是低收入、独居、空巢、高龄和失能老年人提供居家养老服务或社区日间照料服务。截止目前，全省已建成农村居家养老服务站3203个、农村幸福院3204个，已覆盖全省所有乡镇和五分之一的农村社区。

精神文化方面。农村老年协会是农村老年人参与社会、开展文化体育活动的主要阵地，近年来，省老龄办加大农村老年协会建设力度，全省农村老年协会建设取得长足发展。截止目前，全省93.62%的行政村成立了农村老年协会，切实发挥了维护农村老年人合法权益、组织老年人参与经济社会建设、开展文体活动、推动基层民主政治建设等方面的积极作用。从2009年开始，老年教育在农村的覆盖面不断扩大，2014年底全省社区（村）

级老年学校达1270所，拥有7.8万在校农村老年学员。农村老年体育健身工作不断加强，全省50%的乡镇已建有老年人室内外活动场地，50%的乡镇、30%的村建立了老年体协组织，为农村留守老人参加健身活动创造了条件。农村老年协会、老体协、老年学校的不断发展，很大程度改变了老年人生活方式，丰富了他们的精神生活，消除了孤独感和空虚感，提高了他们的生活质量。

此外，省老龄办每两年举办一届贵州“福彩杯”老年文化艺术节和全省老年人合唱大赛，每年10月份组织开展“敬老月”活动，全省各地各有关部门结合全民健身活动和“敬老月”、国庆节、重阳节等重大节日，组织开展了形式多样、内容丰富、有益健康的老年文化体育活动，省老龄办安排专项资金为全省农村老年协会、农村社区居家养老服务站、农村幸福院、农村敬老院订阅《贵州老年报》，努力丰富农村老年人尤其是农村留守老人的精神文化生活。

维权服务方面。全省各地各有关单位充分利用广播、电视、报刊等宣传媒体，结合“六五”普法和法律进乡村活动，广泛深入地开展《老年人权益保障法》宣传教育咨询活动，进一步增强了农村老年人的法律意识和维权意识。公安部门开展了一系列严厉打击危害农村老年人生命财产安全、侵害老年人合法权益的犯罪活动，对侵害老年人生命、财产安全的犯罪案件，做到快侦、快结。人民法院对涉老案件，为老年当事人建立绿色通道，确保老年人顺利通过司法途径维护自身合法权益。同时加强涉及赡养、邻里之间民事纠纷的诉讼案件的调解，努力实现案结事了。司法部门依托乡（镇、街道）司法所建立法律援助工作站1433个，在村（居）设立法律援助联络点18761个，各级司法部门和法律援助机构积极为农村留守老年人办理涉及财产、赡养、继承等法律援助案件，降低援助门槛、简化办理程序，减免有关费用，积极调解、化解民事纠纷，为老年人安度晚年创造安宁和谐的生活环境。

社会关爱服务方面。每年春节、重阳节、“敬老月”期间，全省各地、各级宣传、老干、卫生、民政、老龄、体育、文化、共青团、司法、妇联、工会等有关单位及社会志愿服务组织，广泛开展走访慰问活动和义诊、健康服务、维权咨询、文艺活动等助老志愿服务活动和敬老文化宣传活动。省文明办在2010年启动了以“关爱留守儿童、关爱空巢老人、关爱残疾人”为主要内容的“和谐贵州三关爱”志愿服务行动，依托医护人员、青年学生等志愿者，采取“一对一”、“多对一”、“一对多”等灵活多样的形式对空巢老人提供生活照料、心理慰藉、谈心聊天、应急救助、健康保健、法律援助等服务，全省20余万名绿丝带志愿者与13万名关爱对象结成帮扶对子，对近26万名空巢老人、留守儿童、残疾人进行帮扶。习水县从2007年开始实施以“关心外出民工、关爱留守儿童、关怀空巢老人”为主要内容的“三关工程”，由乡镇（街道）、村（居）、组干部和党员与空巢老人结对子，定期走访帮扶空巢老人，为空巢老人发放爱心飘带，遇到困难只要在门上系飘带就有人帮助。目前“三关工程”已经在遵义市全面开展，全市结对帮扶空巢老人4万人。各地各有关部门广泛开展关爱帮扶空巢老人活动，通过各地各部门以及志愿服务组织的努力帮扶，让很多农村留守老人感受到党委政府的关怀和社会大家庭的温暖。

二、农村留守老人面临的主要困难和问题

虽然农村留守老人问题已经引起我省各级党委、政府和有关部门高度重视，各地各有关单位在留守老人的关爱服务方面做了很多探索和大量工作，农村留守老人的生活状况得到一定程度改善，但是留守老人普遍经济收入较低、家庭负担较重、高龄失能的留守老人生活无人照料，生病无人照顾护理，精神空虚寂寞等很多情况还非常突出，主要表现在以下方面：

经济收入少。虽然新农保已经在全省范围内铺开，目前绝大多数农村老人都得到了每月 70 元以上的基本养老补助，但对于已经没有能力通过劳作获得经济收入的老年人来说，这个补助标准相对于老年人的日常生活开支显得杯水车薪。由于农村外出务工人员经济收入普遍不高，部分老人的子女给付老人的赡养费也较有限。同时由于子女在外打工收入计算在家庭收入之内，很多留守老人不符合农村低保救助条件。因此，留守老人经济收入总体上仍然偏低，经济供给与消费支出之间仍存在一定差距，生活水平仍处于较低层次。

医疗保障低。医疗保险覆盖率还未完全实现全覆盖，还存在个别遗漏现象。60% 以上的留守老人认为看病过程中最大的困难就是行动不便和无人陪同，老年人对医院就诊程序基本不了解，没有人帮助办理有关手续、无人陪同照顾，加上担心医药费用贵，所以很多留守老人即使生病也很少到医院进行正规治疗，感觉身体不舒服大都在村卫生室开药或打针缓解一下病情。医疗保障水平低，医疗可及性差，留守老人缺乏就医陪伴等，常常导致留守老人小病拖成大病，大病又导致留守老人甚至整个家庭陷入贫困。看病贵、看病难、报销困难等问题依然没有彻底解决，留守老人在医疗保障需求方面没有得到很好的满足。

生活照料难。由于子女远在外地没法为留守老人提供生活照料，那些年事已高、独居、病残的留守老人因为自理能力欠缺导致生活质量普遍较低，饮食粗糙没有营养，生活环境脏乱，甚至个人卫生也无力打理。尤其是无人陪伴的独居老人患病期间照料问题显得尤为困难。而老年人发病往往具有突然性，家中无人或抢救不及时，就会造成难以挽回的后果。留守老人需要有人陪伴就医或提供紧急援助，在生病或生活不能自理期间，需要有人照顾生活起居。生病照顾是留守老人迫切需要的支持，但目前农村地区这方面却非常缺乏。

家庭负担加重。包括两个方面：责任田耕种负担和照顾孙辈负担。子女外出后，农村责任田由留守老人亲自耕种或花钱雇人代种，由此增加留守老人劳动负担。调查显示有三层以上的留守老人感觉劳动负担很重。部分外出子女还将孩子留给老人照顾，孙辈的生活起居，尤其是读书辅导往往成为留守老人的最大困难，不仅导致劳动加重，而且精神负担加大。

精神孤独。由于家中没有人陪伴聊天，留守老人普遍存在孤独感和焦虑感。由于子女外出，包括孙子女外出，留守老人无法享受过去大家庭儿孙绕膝的天伦之乐，家庭氛

围缺失、精神生活单调，近三分之一的留守老人感觉精神空虚无聊。同时，由于负担不起电话费等原因，部分留守老人很少与外出子女电话联系。子女外出使得子女与老人之间无法进行面对面交流，长时间缺乏交流又导致感情疏淡，两代人之间生活方式的差异常常导致即使电话联系也缺少共同交流话题。加上担心孙辈的照顾和教育、经济困难、生病无人照顾等等让很多留守老人常常感到忧虑和无助。因此，留守老人相比非留守老人在精神上承受更大的压力，容易产生孤独感和焦虑感，有的甚至会产生比较严重的精神抑郁倾向。

易受侵害。由于子女不在身边，留守老人常常成为罪犯作案的目标群体，人身财产安全保障受到威胁。而老人运用法律手段保护自身合法权益的意识不高，能力不强，又常常致使这些侵害行为一再发生，成为留守老人获取晚年幸福生活的重要障碍。

三、农村留守老人困境原因分析

缺乏专门政策体系。各项惠老政策分散在各个部门，政策难以整合；许多规定过于原则化，缺乏相应的实施细则，有的只具有宣示、倡导作用，强制性不强，可操作性较差；这些政策大多以全部农村老人为受益或服务对象，对留守老人的专项政策支持存在一定空白。虽然相关政策涵盖了农村老人在经济供养、医疗补助、生活照料、精神文化等方面的需求，但从政策指向对象来看，还没有一项政策专门针对农村留守老人。许多政策都是以城乡老年人口或全部人口作为政策对象，还有就是对农村极端困难户的各种补助，如五保供养制度、农村低保制度、各种计划生育家庭的奖励扶助政策等，没有考虑农村留守老人在生活需求方面的特殊性和实际困难。

缺乏系统的解决方案。留守老人问题涉及养老保障、生活照料、医疗卫生、文化娱乐、精神慰藉、法律维权等方方面面，工作涉及人社、民政、卫生、文化、体育、农业、扶贫、妇联等等很多部门，是一个庞大复杂的系统工程。但是目前各级都没有形成一个整体解决的方案，很多工作还处于摸索阶段。

缺乏专门的工作机制。关爱服务责任主体不明确，政府、部门、社区、家庭以及社会在留守老人服务上的职责界定不清，尚未很好建立政府、部门、社区、家庭、社会协同的全方位关爱留守老人的工作机制，虽然有的地方和部门已经在积极开展关爱留守老人的工作，但是基本都是各自为阵，没有形成合力，开展的关爱活动也存在很大趋同化、表面化的现象，关爱服务工作存在很多盲区和漏洞，资源整合不足，关爱服务的效果不好。

缺乏解决问题的长效机制。农村留守老人关爱服务工作还未实现规范化和制度化，各地各部门对留守老人关爱服务工作发展很不平衡，尚未形成稳定长效的留守老人联系扶助机制，对留守老人的关爱服务存在很大的临时性和随意性。

缺乏专门的经费保障。改善农村留守老人生活现状离不开经费保障，养老保障、医疗卫生、生活照料、文体活动、法律维权等等目前还没有建立起相对稳定的投入机制，各项投入城乡不平衡，统筹层次较低，且有些没有专门考虑农村留守老人的特殊情况和实际需求。

四、建立农村留守老人关爱服务体系的有关建议

（一）提高对建立农村留守老人关爱服务体系重要性的认识

贵州农村留守老人数量大、比重高，农村留守老人作为特殊的脆弱群体，大多数面临着经济困难、家庭负担重、生活无人照顾、情感空虚等问题，他们能否在2020年与其他人口群体一同步入小康生活，关系到我省同步小康中国梦能否如期顺利实现。建立农村留守老人关爱服务体系，做好他们的关爱服务工作，是深入践行党的群众路线的生动体现，是解决外出务工人员后顾之忧和提高留守老人生活生命质量的有效手段，是促进新型城镇化进程，推进城乡统筹发展，加强农村社会治理的重要措施。近几年来，在各级党委政府的重视下，农村养老保障资金投入不断增大，农村居民社会保险、新农合、农村低保等老年人社会保障体系建设取得长足发展。随着农村各类收养性养老机构的发展，养老服务设施进一步改善以及农村幸福院的逐步拓展，以提供生活照料、家政服务、康复护理、医疗保健、精神慰藉等服务的农村居家养老服务网络正在形成，养老服务的运作模式、服务内容、操作规范等也不断探索创新，积累了有益的经验。同时各级各有关部门、社会对农村留守老人的关爱服务力度不断加大，从物质保障到精神生活都为农村留守老人提供了大量的扶助和关爱，农村留守老人的生活质量得到有效改善。但是，农村留守老人关爱服务体系不完善、机制不健全、服务不到位的问题仍比较突出，农村留守老人在生活、医疗、护理、精神等方面还存在不少困难和问题，各地、各部门要充分认识做好农村留守老人关爱服务工作的重大意义，切实增强责任感和紧迫感，把建立和完善农村留守老人关爱服务体系作为改善民生、促进农村发展稳定、加快实现同步小康的重要措施全力抓好抓实。

（二）加快建立农村留守老人关爱服务体系

认真贯彻落实中央、省委关于加快建立农村留守老人关爱服务体系建设的重要精神和要求，全面构建“党委领导、政府主导、部门联动、家庭尽责、社会参与”的农村留守老人关爱服务工作格局，逐步建立农村留守老人关爱服务的长效机制，建立起“政府、社会、家庭”的关爱服务体系，动员社会力量，综合运用服务关怀和宣传倡导等手段，为农村留守老人提供基本的生活、养老、医疗服务以及精神慰藉服务，努力营造全社会共同关心、帮助农村留守老人的良好氛围，切实维护农村留守老人的合法权益，让留守老人充分感受社会主义大家庭的温暖，促进社会和谐稳定，为实现同步建成小康社会做出应有的贡献。

1. 建立健全留守老人风险预防和监测机制。由县级政府领导、乡级政府组织、相关部门各司其职，依托包村干部、驻村工作队、基层自治组织和社会工作者，全面建立起情况详实、反应迅速，分工明确、衔接配套的监测预防体系，确保对存在的风险隐患全面掌握、及时发现、快速处置。建立纵向贯通省、市、县、乡、村，横向连接民政、公安、

卫计、人社、体育、文化、扶贫、老龄、共青团、妇联、残联等部门的全省留守老人管理系统，实现信息化、精准化、规范化管理服务。一是要摸清底数，建立台账。对全省农村留守老人进行全面调查，建立起详实完备的台账，准确掌握数量规模、经济来源、家庭结构、健康状况、照料情况等基本信息，实现动态管理，适时更新，确保情况精准、不留死角，不漏一人。二是筛查分类，风险评估。根据留守老人的赡养情况、身体健康情况等基本情况，将留守老人进行分类，实现动态风险等级评估，对于高龄、独居、病残等特殊困难留守老人要随时进行评估。三是主动发现、及时干预。要完善突发事件应急预案，建立起“信息畅通、流程清晰、统一指挥、职责明确、快速响应、处置有效”的风险隐患快速反应机制，确保存在的风险隐患得到有效预防和及时处置。对老年人发生危重病情、严重精神疾患、外出流浪乞讨等极端隐患情况要及时报告，及时采取有针对性措施，实施有效干预。对事实上无人赡养的无依无靠的留守老人，要切实履行好政府兜底职责，避免发生冲击伦理道德底线、严重违背公序良俗等极端事件。

2. 建立健全农村留守老人联系帮扶机制。充分发挥党员干部、老年协会、妇联组织、志愿队伍、邻里乡亲的作用，加强与留守老人联系，重点关注、关怀留守老人中的独居、高龄、贫困老年人。要积极开展“手拉手”、“结对子”活动，对留守老人要明确专人负责，了解和掌握他们的情况，为他们办实事、解难题、献爱心。一是建立留守老人联系帮扶制度。在全面掌握留守老人情况的基础上，乡镇、村、组三级要建立留守老人联系帮扶机制，将帮扶责任落实到相关干部头上，责任人要定期上门走访，及时帮助解决留守老人的生活困难。对高龄、独居、病残、失能等特殊困难留守老人要重点关注，建立一对一、多对一、一对多的联系帮扶机制，责任人要经常上门或打电话询问情况，避免老年人发生意外情况。二是组建关爱留守老人志愿者队伍和公益组织，重视发挥邻里乡亲的作用，动员各种社会力量与留守老人结成爱心帮扶对子，让留守老人感受到社会的温暖和关爱。三是加强以共青团、妇联等群团组织为主导、以社会服务组织为支撑、以志愿者为补充的关爱服务队伍建设，为农村留守老人提供亲情陪伴、生活照料、家政服务、精神慰藉、医疗康复、紧急救援、法律援助等专业化服务。四是充分发扬邻里互助的优良传统，鼓励村民之间开展多种形式的互助服务，解决农村留守人员的生产生活问题。五是各级机关单位、领导干部要选择留守人员比较集中、困难比较突出的社区（村居）作为联系点，定期下基层、访民情，开展常态化关爱服务，及时解决留守人员在生产、生活、安全、心理需求等方面遇到的困难和问题，发挥示范引领作用。

3. 巩固家庭赡养的基础保障功能。留守老人养老照顾的主体责任在家庭，子女或其他赡养义务人应当依法履行对老人的赡养责任和照顾义务。一是加强《老年人权益保障法》等有关法律法规的普及宣传教育，提高子女依法赡养老人的法律意识。加强传统孝道文化宣传，大力弘扬孝亲敬老传统美德，大力宣传表彰孝亲敬老典型，形成尊老、敬老、爱老、养老的良好风尚，同时对遗弃、虐待老人等不孝反面典型进行曝光，达到警示震慑的效果。二是规范村规民约，将赡养孝敬老人作为村规民约的一项重要内容，综合运用法律、道德、伦理等约束手段，强化监督执行，提高村民自律意识，增强村规民约的约束力。三是对子女或其他赡养义务人不依法履行对老人赡养义务，构成违反治安管理行为的，依法给予治安处罚，构成犯罪的依法追究刑事责任。四是子女或其他赡养义务人因外出谋生不能亲自履行对老人的照顾义务的，应当委托有能力的人代为照顾。子女离乡前要对老人的生活作出妥善安排，在外期间尽量抽空多回家看望陪伴父母，平时要经常与老人保持电话联系，及时给老人寄钱送物，从精神上关心、安慰老年人，使老年人生活上有保障，心理上得到满足。对患有严重疾患、已经丧失自理能力的老年人，家庭内部要协商至少留下 1 名子女在家照料老人或委托他人照料，让父母老有所依，安度晚年。

4. 建立完善农村老年社会保障体系。社会保障是弥补留守老人家庭养老资源不足，解决留守老人老有所养和老有所医的重要制度性保障。一是完善农村养老保险制度。要认真贯彻“保基本、全覆盖、多层次、可持续”的原则，在城乡居民基本养老保险全覆盖的基础上，逐步提高基本养老金水平，保障农村留守老人的基本生活。二是完善农村医疗保险制度。逐步提高城乡居民基本医疗、新型农村合作医疗门诊、住院费报销比例以及大病医疗报销金额。切实将农村留守老人全部纳入医疗保险制度。加强农村医疗机构建设，在全省普遍建立规模适当、设施配套的村级卫生室，并配备必要的医务人员，不断满足和方便农村留守人员就近就医，保障他们的基本医疗需求。三是将符合条件的农村留守老人全部纳入农村低保范围，实现应保尽保。将符合条件的农村困难留守老人及时纳入医疗救助范围，实现应救尽救，并对高龄、贫困留守老人提高救助水平。建立健全疾病应急救助制度，切实解决因特别贫困无力支付医疗费用的留守老人的急救医疗保障问题。将经济困难的农村留守老人优先纳入住房救助范围，优先实施危房改造。将经济困难的高龄失能等留守老人作为慈善救助的重点对象，确保他们的基本生活。四是推动建立高龄补贴制度，逐步提高补贴标准，努力改善农村留守老人经济状况。建立并落实经济困难的高龄失能等老年人补贴制度。五是深入实施农村部分计划生育家庭奖励扶助制度和计划生育特殊家庭扶助制度，逐步提高扶助水平。同时要加强医疗救助、住房救助、计生家庭奖励政策等各项保障制度和政策的相互衔接，防止发生政策遗漏现象，确保每一位农村留守老人衣食无忧、病有所医、住有所居，着力提高农村留守老人的社会保障水平。

5. 加快推进农村养老服务体系建设。认真贯彻落实《国务院关于加快发展养老服务业的若干意见》和我省加快推进养老服务业发展的各项政策措施，加快推进以居家为基础、社区为依托、机构为支撑的养老服务体系建设，在加强城市养老服务的同时，要加快推进农村养老服务体系建设，为农村留守老人提供生活照料、医疗护理、精神慰藉、紧急救援等服务。一是制定发展农村社区养老服务规划。要把发展农村养老服务业纳入社会养老服务体系和社区服务体系总体规划中，力争“十三五”末居家养老服务实现全省农村社区全覆盖。二是整合资源搭建服务平台。结合农村社区建设，有效整合农村公共服务设施，利用闲置的乡镇旧办公室、村学校，并依托乡镇敬老院、村级组织活动场所等现有设施资源，在留守老人比较集中的地方建立集院舍住养的居家养老和社区照料等多种功能于一体的社区养老服务中心（站）或留守老人服务站，为留守老年人提供就近便利的日间照料服务。三是加大养老服务投入。各级政府用于养老服务的财政性资金应重点向农村倾斜，并随着经济的发展逐步加大投入。同时要安排专项资金用于困难留守老人养老服务的补贴，通过政府购买服务的方式，为特困留守老人提供生活照料、权益维护、精神慰藉等方面的服务，帮助农村留守老人缓解生活困难。

6. 健全完善农村社区综合服务体系。深入推进农村社区建设，强化农村社区服务站建设。加大体育彩票公益金对农村地区的投入，加强农村老年人体育健身活动场地建设，经常组织开展老年文体活动，积极引导留守老人参与体育健身和文体活动；加大农村公共文化服务设施建设力度，积极推进乡镇文化站、农村文化活动室建设，丰富农村留守老人精神文化生活；加强农村老年学校建设，不断提高农村老年学校的覆盖率，完善办学条件，提高农村留守老人入学率。加强基层老年协会建设，为留守老人参加文体活动、参与社区管理、参与公益活动等创造条件。农村各项公共文化体育服务设施要优先对留守老人开放。同时通过建立相关制度、完善为老服务设施，整合农村社区服务站、农村远程教育活动室、农村文体活动室、农家书屋、农村老年协会等等各类社区公共资源，不断丰富为老服务项目，形成服务功能完善，服务质量和治理水平较高的农村社区关爱留守老人综合服务体系。

7. 建立健全留守老人平安保障机制。加强农村社会治安管理，全面创建“平安村寨”、“平安社区”、“平安家庭”。“七五”普法依法治理规划要把学习宣传贯彻《老年人权益保障法》、《婚姻法》等涉及老年人权益的法律法规作为重要内容，深入开展送法进村、进社区活动，切实营造维护和保障老年人权益的社会氛围，增强子女依法赡养老人的法律意识，提高留守老人依法维护自身合法权益的意识和能力。政法部门要严厉打击虐待、暴力伤害、抢劫、盗窃、敲诈、诱骗等侵害老年人权益的违法行为，坚决防止针对留守老人的重特大刑事案件等恶性事件发生，切实保障留守老人生命财产安全。涉及留守老人被侵害的案件，要第一时间接警受理，重大情况要及时启动网络舆情监控机制并进行责任倒查。对侵害老年人合法权益的刑事犯罪行为，各级检察院要依法提起公诉。各级法院要开辟留守老人诉讼绿色通道，优先立案、优先审理、优先执行，对经济确有困难的涉诉留守老人缓、减、免交诉讼费，保证他们打得起官司。各级法律援助机构要积极为留守老人提供法律援助和服务确保留守老人通过司法途径维护自身合法权益。要加强农村留守老人安全防范知识的宣传，提高他们的安全防范和自我保护意识。

（三）建立农村留守老人关爱服务的工作机制

一是建立健全组织领导机制。建立党委、政府领导，民政部门会同发改、人力资源和社会保障、卫生计生部门牵头，财政、政法委、司法、公安、扶贫、文明办、残联、共青团、妇联等有关部门配合，社会参与的留守老人关爱服务工作组织领导机制，成立领导小组，明确各部门职责分工，统筹协调留守老人关爱服务工作，定期召开专题会议，研究解决工作中的困难和问题。各相关部门加强协调配合，各负其责、各司其职、齐抓共管，形成工作合力。各级党委政府将关爱服务工作纳入经济社会发展总体规划，纳入科学发展与社会综合治理考评体系，加强组织领导，充实配齐人员，加大资金投入，确保工作落实。市（州）、县（市、区）政府和省直各有关部门研究制定关爱服务实施方案，确保责任落实。乡镇党委政府切实履行监测预防、生活保障、对接帮扶等职责。村委会密切协助政府做好各项工作。切实建立起党委政府领导、部门联动、协调统一的工作机制。确保管理制度机制全面完善、漏洞切实堵塞，确保留守老人生活得到基本保障、合法权益得到切实维护、生命生活质量得到有效改善，坚决杜绝违背社会道德底线的事件发生。

二是建立留守老人关爱服务工作保障机制。各级党委政府切实加强留守老人关爱服务工作能力建设，充实工作力量，加大资金投入。在留守老人较集中的乡镇根据工作需安排专人负责留守老人关爱服务工作。加强关爱服务工作培训，不断提高管理服务水平。各级财政为经济困难的留守老人安排政府购买服务专项经费，将留守老人关爱服务设施建设与日常管理经费纳入地方财政预算，切实保障开展关爱服务工作顺利开展。

三是建立关爱服务工作联动机制。充分整合政策资源、部门资源和社会资源，加强各项制度机制、政策措施有效衔接，动员社会力量广泛参与，充分发挥基层的基础性作用，形成关爱服务工作的整体合力，为农村留守老人尤其是面临特殊困难的农村留守老人提供全面有效的关爱服务和保障救助。着眼于编密织牢关爱服务网络，着力推进制度机制、方法载体、思路理念的创新，真正做到监测预防、发现报告、帮扶干预相互联动，家庭保障、社会关爱、政府救助的有效衔接。

四是建立关爱服务责任制。按照属地管理原则，实行留守老人关爱服务工作地方政府负责制。各级党委政府主要领导是辖区留守老人关爱服务工作第一负责人，分管领导是直接负责人。各有关部门主要领导是本部门职责范围内第一责任人，分管领导是直接责任人。县级人民政府统筹负责辖区内留守老人关爱服务工作，将关爱服务工作任务层层分解，落实到具体单位、具体负责人。

民政部门牵头做好关爱服务综合协调工作，管理信息平台，加强农村社区管理、完善农村养老服务设施，加大社会救助力度，落实救助兜底责任。组织部门要加强服务型基层党组织建设，组织基层党员、驻村工作队、驻村干部开展关爱服务工作。宣传部门加大关爱服务工作宣传力度，抓好敬老爱老助老正面典型的宣传和反面案例的曝光，加强舆情引导。发改部门将关爱服务体系纳入经济社会发展规划，建立完善有关的服务设施，建设信息管理系统平台。人力资源和社会保障部门做好农村留守老人的社会保障工作，牵头做好农民工返乡就业创业服务工作。卫生计生部门做好农村留守老人医疗保障、医疗卫生服务和计生家庭留守老人奖励扶助工作。财政部门根据工作需要切实保障工作经费，将留守老人关爱服务设施建设与工作经费纳入地方财政预算，建立健全关爱服务经费投入机制。政法委、公安、法院、检察院共同做好打击侵害老年人违法犯罪行为。司法部门落实法律服务人员提供法律服务和法律援助，做好普法宣传教育工作。体育、文化部门加强农村老年文体活动设施建设，组织开展农村老年文化体育活动，丰富留守老人精神文化生活。扶贫部门将加强留守老人关爱服务工作作为精准扶贫的重要工作内容，制定有针对性的帮扶措施促进农民工返乡就业创业，脱贫致富。经济和信息化委员会、住房城乡建设、残联等部门和单位根据各自职责，做好相关工作。

五是建立舆情宣传引导机制。宣传部门牵头组织民政、公安、文化、体育、共青团、妇联等部门和组织开展关爱服务留守老人宣传教育，依托广播、电视、报纸、互联网等宣传媒体，采取法律讲座、以案释法、普法实录、调解大篷车、道德讲堂、公益广告等形式，广泛普及法律法规、伦理道德等知识，形成宣传教育的长效机制。组织各类新闻媒体大力宣传敬老爱老助老的典型事迹，及时总结关爱服务工作中好的经验和做法，通过鲜活生动的事例，发出好声音，凝聚正能量，努力营造全社会关注、关心、关爱留守老人良好氛围。同时对侵害留守老人合法权益的反面案例要及时进行曝光，有效发挥反面典型的警示教育作用。有关部门积极利用门户网站、政务微博、政务微信平台等新媒体广泛收集社情民意，建立畅通有效的信息沟通渠道，加强舆情预警，掌握苗头性、倾向性问题，及时化解问题和矛盾，及时发布突发事件信息，积极回应社会关切，不断提高舆论引导水平。

（作者单位：贵州省老龄办）

新疆维吾尔自治区养老服务业发展状况调研报告

李永萍

为了解全区养老服务业发展状况，掌握各地贯彻落实《自治区关于加快发展养老服务业的实施意见》（以下简称《实施意见》）情况，2014年11月，新疆维吾尔自治区老龄工作委员会办公室参与了自治区人民政府参事室组织开展的调研，会同4名参事在自治区民政厅、自治区老龄工作委员会办公室、新疆老年病医院以及乌鲁木齐市及昌吉州、阿克苏地区的6个县市开展了实地调研。现将调研情况汇总如下：

一、《实施意见》的贯彻落实取得成效

（一）认识提高，领导重视，制定措施，推动养老服务业发展

各地对人口老龄化的严峻形势和加快发展养老服务业重要性的认识进一步提高，把加快养老服务业发展作为持续改善民生、构建和谐社会的重要着力点，不断加大工作力度，制定具体措施，推动养老服务业健康发展。乌鲁木齐市、昌吉州、阿克苏地区根据《实施意见》，结合本地实际制定了加快发展养老服务业的措施办法，进一步明确了养老服务业发展的相关政策。有的地区、县市的党政分管领导多次召开专题会议讨论研究老龄工作和涉老问题，并深入基层对养老服务业的发展状况进行调研和督促检查。昌吉州将养老服务业作为现代服务业攻坚年的项目，纳入综合目标绩效考核，推动老龄事业、养老服务业和老龄产业的快速发展。

（二）加大投入，逐步完善养老服务基础设施建设

为构建以居家养老为基础、社区养老为依托、机构养老为支撑的社会养老服务体系，2011年以来，各级各地充分利用本地财政收入、福利彩票公益金、对口援疆项目等多方面资金，不断加大对养老服务业的资金投入，新建、改扩建了一批养老服务机构。2013年，自治区民政厅、财政厅联合制定了《自治区民办养老机构资助办法》、《自治区农村幸福互助院项目实施和专项补助资金管理办法》。对已运营和新开办的民办养老机构分别给予运营补贴和开办补贴，两年共对135家（次）民办养老机构资助1087.34万元。利用中央和自治区本级福利彩票公益金资助农村幸福互助院建设，至今年6月底，共投入3445万元建设689个农村幸福互助院，其中已建成429个。对口援疆省市在养老服务基础设施建设方面投入的资金很大，如杭州市投入援建资金4300万元，新建了阿克苏市

社会福利中心，其他县市也都有所体现。

（三）养老机构、养老设施和床位数快速增长，养老模式多样化

按照国家和自治区的要求，各地把养老服务体系建设纳入地区发展的总体规划，自2012年起，昌吉州连续三年在“政府工作报告”中对加快建设社会养老服务体系提出要求，并将养老服务体系建设列入重点工作进行推动。全区养老机构和床位数大幅度增长，养老设施设备进一步完善，养老服务环境大为改善。2009年，全区各类养老服务机构床位数仅8409张，至今年6月底，已达到52183张，增加43774张。民办养老机构的床位数也相应地从2448张增长到12065张，较2009年增加了9617张。各地在发展养老服务业过程中不断创新，结合本地实际促进各种养老服务模式的发展，养老方式逐步实现多样化。

（四）民营资本进入养老市场大幅增长，民办养老服务机构快速发展

近几年，民营资本进入养老市场大幅度增长，民办养老服务机构数量快速增加，这种发展趋势在乌鲁木齐市和昌吉地区表现得尤为突出。特别是乌鲁木齐市，截至2014年5月，全市有各类养老服务机构45家，床位数5788张，其中民办和公建民营老年公寓36家，床位数4780张，占养老机构床位总数的82.5%，乌鲁木齐市的民间资本和社会力量成为兴办养老服务业的重要力量。昌吉市董景福乐护养院，拟投资7000万元，将建成以医养结合为主要模式，集机构养老、居家养老、旅游养老为一体的养老机构。

（五）养老服务培训逐步完善，养老护理水平有一定提高

为加快养老护理员队伍建设，自治区投入300万元在克拉玛依市建立了养老护理员职业技能培训基地，在乌鲁木齐市设立了养老护理员职业技能鉴定中心，开展养老护理员实地和远程培训，加快了我区养老服务人才队伍建设进入基地化、远程化、专业化、职业化步伐，以适应老年人在养老服务、健康护理、医疗保健、营养调配、心理咨询等方面的需求，护理人员有所增加，护理水平有一定程度的提高。

二、养老服务业发展过程中存在的主要问题

（一）养老服务体系的机制不健全，缺乏统筹规划

全区缺乏统一的养老服务业发展的宏观战略研究和长远规划，相关政策和应对措施也要补充和完善。自治区养老服务业发展的统筹协调机制还未建立，党政主导、部门协作、社会参与的格局尚未形成，各部门推进养老服务业发展的职责不明确，主动性、积极性不强。落实发展养老服务业政策的工作机制不健全，政策的调研、出台、推进的难度较大。养老服务工作目前只有民政和老龄办两个部门在推进，一些地方民政和老龄的职责任务

划分不明确，有关部门的配合不够，存在推诿扯皮的现象。老龄机构设置不合理，难以有效协调其他职能部门推进发展养老服务业相关工作。

（二）资金投入力度不够，养老服务机构数量偏少，工作人员缺乏，专业素质不高

目前，我区大部分城市社区日间照料中心还处于起步阶段，农村社区缺乏相应的养老服务设施。近些年虽然加大了对社会福利园区、敬老院、社区日间照料中心等养老机构的投入，但除了一些示范点外，大部分社区日间照料中心和农村幸福互助院都是利用社区（村）原有设施改建的，普遍存在面积狭小、条件简陋、配套设施不全、活动功能不足、后期运营经费短缺等问题。政府投入的各类养老服务机构或多或少地面临着资金短缺，后期的管理、运行没有经费来源等困境。一些地方不能全额落实民办养老机构的开办和运营补贴。总体来看，我区社会养老机构数量和床位数偏少，目前每千名老人拥有床位数 20.6 张，离“到 2015 年，每千名老人拥有 30 张床位”的目标，还有较大的差距。

各类养老服务机构还普遍存在人员不足的现象，现有社会福利院和敬老院的编制大部分是 2002 年核定的，远不适应现实需求。由于养老服务机构的一些工作岗位特殊，养老护理人员不仅劳动强度大，待遇低，所从事职业的社会认可度低，甚至还会受到歧视，不具备吸引力，难以招聘到人，现有护理人员的专业素质也不高。2013 年，乌鲁木齐市社会福利院在张春贤书记的亲切关怀下增加了 50 个事业编制，至今也招不满人员。

（三）资源共享的相关政策不完善，现有养老床位入住率较低

由于我区地域跨度大，民族成分多，文化和生活习俗差异大，各地老年人在养老服务需求上有一定的差异，一些五保老人不愿意入住养老服务机构，要单独居住。各地的敬老院虽然在完善设施环境、提高服务质量等方面做了大量的工作，但愿意到敬老院集中供养的老年人数量较少，敬老院的很多床位都长期闲置。由于社会福利院、敬老院等公办养老服务机构收住的对象主要是城市“三无”老人和农村“五保”老人，其他有强烈入住需求的社会老年人因不符合条件而不能入住公办养老机构，这就存在着一方面养老机构床位闲置、一方面需要入住养老机构的社会老人无处可去的矛盾现象。

（四）养老服务体系建设不平衡，社区居家养老服务设施严重不足

在 9073 养老服务体系建设中，老年人口中 3% 需要入住机构实现养老的条件基本具备，7% 需要社区提供照料服务和 90% 居家养老的老年人服务需求远远未能满足。近几年，各级政府对养老服务业资金的投入主要在 3% 的机构中，7% 社区部分的投入很小，而数量最大的 90% 的居家养老的老年人养老需求投入更少。同时，在 3% 所代表的养老机构中，也存在发展不平衡的问题。目前各类养老机构主要以养为主，基本没有医疗服务，个别初步具备条件的养老机构在办理纳入医保统筹的手续过程中又存在着许多困难，像新疆老年病医院那样做到医养结合的养老服务机构寥寥无几。

（五）政策措施可操作性不强，落实不到位

为了加快社会养老服务体系建设，国务院、自治区及各地州市相继出台了一系列政策措施。但在相关政策的具体落实过程中，由于涉及到有关职能部门的责任不够明确、与各地实际情况脱节、各职能部门之间缺乏有效的沟通衔接、一些政策过于原则笼统、操作性不强，优惠政策落实非常困难。

国土资源部出台了《养老设施用地指导意见》，在养老机构用地范围、土地用途和年限、供地政策等方面做了规定，但此指导意见仍缺乏实施细则，难以落实。各级城建、规划、土地等部门对养老设施用地问题还未形成系统、规范的意见，特别是在用地规划、拆迁补偿等方面的问题最突出，民办养老服务机构用地问题更为突出。奇台县方正公司拟建设占地200亩，建筑面积11万平方米的金色年华福利院，设计方案已经县规划部门论证，并将此项目作为纯公益项目进行规划，而在办理用地手续时，要按照商业用地标准购置土地，企业感到投资量过大，至今仍在观望。养老机构具有公益性，但在水、电、暖等方面却按照商业价格收费，从而增加了养老服务机构的负担。同时，由于养老服务行业投入大、收效慢，行业的微利性和特殊性，阻碍了社会资本进入养老行业。

三、加快发展养老服务业的几点建议

（一）提高认识，加强领导，完善措施

（1）各级党委、政府要进一步提高对老龄化严峻形势和发展养老服务业必要性的认识。加强应对老龄化问题的战略研究，在政策上对养老事业的整体发展、养老体系的建设进行深入研究，加大政策落实情况的督促检查力度。

（2）建议成立自治区养老服务体系建设领导小组，进一步明确各相关部门职责，形成齐抓共管、各司其职、整体推进养老服务工作，改变目前养老服务业仅有民政和老龄两个部门负责的局面。

（3）建议自治区人民政府尽快督促各部门制定发展养老服务业的实施细则，进一步补充、完善现有政策，特别是在规划、土地、水、电等方面的具体措施。

（4）尽快出台居家养老、社区养老机构所需的人员编制、资金来源等方面的政策，并使之落到实处，促进居家养老和社区养老事业的发展。

（5）进一步完善老年人工作机构体制，明确工作职责，特别是民政部门和老龄办的职责任务要划分清楚。

（二）完善政策措施，引导社会力量参与发展养老服务业

（1）政府在加大投入的同时，要完善政策措施，创造良好条件，吸引社会资本参与养老服务事业的发展。

（2）要把民办服务养老机构作为社会养老服务体系中的一项重要工作抓紧抓好。

要制定具体的土地、税收等优惠政策，鼓励扶持民办养老机构的发展。

（3）完善管理方法，指导民办养老服务机构良性发展。在给予民办养老服务机构优惠政策的同时，要制定科学合理的行业管理办法，对民办养老服务机构的收费标准和整体服务提出要求。

（4）在新规划小区时要同时规划配套建设老年公寓、日间照料中心和文化娱乐场所等养老服务机构。在现有社区运用资源置换等方式，改建养老服务设施，改善入住环境。

（三）进一步健全养老服务体系，实现“六个老有”的目标

（1）改变“养老服务体系仅限于老有所养和老有所医”的狭隘观念，全面做好“老有所养，老有所医、老有所教、老有所学、老有所为、老有所乐”相关工作，健全养老服务体系。

（2）加快老龄产业发展。老龄产业涉及到各类老年人生活的方方面面，老龄产业的发展不仅能为老年人的衣食住行提供便利，还能增加就业、扩大消费需求，促进经济转型。为此，建议把老龄产业放在重要位置来抓。

（3）鼓励支持基层老年协会的发展。基层老年协会是老年人开展自我管理、自我服务、自我教育、互帮互助、服务社会的群众性组织，在“老有所教、老有所学、老有所为、老有所乐”等方面发挥着重要作用。各级政府要大力支持基层老年协会的发展，为其提供必要的活动经费和活动场地，充分发挥老年人的作用，以弥补养老服务体系建设中一些职能部门的缺位。支持鼓励各类老年群团组织开展医疗保健、文化娱乐、体育健身等方面的积极作用。

（四）调整政策措施，提高现有设施的利用率

（1）民政部门要及时调整政策，鼓励各类公办养老机构利用现有设施和床位，合理定价，将闲置的养老床位资源向社会开放，接受有入住需求的老年人，盘活资源，缓解供需矛盾。

（2）部分社会福利院的收费标准是多年前核定的，标准太低，使得这些福利院难以为继，应予以适当调整。

（3）对80岁以上的高龄老人132元的体检标准太低，难以做到必要项目的检查，应予以提高。

（4）提高幸福互助院资助标准，整合富民安居、村集体经济等方面资金共同使用。

（五）加大培训力度，增加护理人员，提高护理水平

（1）进一步加强养老护理员队伍建设，提高养老护理水平，吸引老年人入住。适当增加养老服务机构编制，按1:3或1:4的要求配备护理人员。加大培训力度，提高专业服务水平和专业素质。

（2）提高养老护理人员待遇。根据养老护理人员工作的特殊性，给予护理人员高于其他服务行业标准的工资待遇，以稳定护理人员队伍。

（六）强化督促检查，落实好各项政策措施

建议自治区人民政府政府进一步加强对《实施意见》的督查检查，促进各项政策落实到位，推动养老服务事业发展。

（作者单位：新疆维吾尔自治区老龄办）

西安市老年人权益保障工作情况调研报告

西安市老龄办、人大内司委、老年学学会、社科院联合调研组

进入老龄化社会，保障老年人合法权益，积极做好老年人优待工作，是增进老年人福祉的重要举措，是社会文明进步的重要标志，也是全面建成小康社会的重要内容。多年来，国家、省、市政府持续不断地加强老龄工作，颁布实施了一系列老年人权益保障方面的法律、法规和政策，主要有：《中华人民共和国老年人权益保障法》（2013 年 7 月 1 日实施）、全国老龄办等 24 部门《关于进一步加强老年人优待工作的意见》（2013 年 12 月）、《陕西省老年人优待服务办法》（2012 年 5 月 1 日）、《陕西省实施〈中华人民共和国老年人权益保障法〉办法》（2015 年 3 月 1 日实施），国家、省、市老龄事业发展规划纲要（2011 — 2015 年），以及西安市近几年出台的一系列老年人权益保障方面的规章与政策，内容涵盖社会保障、社会服务、社会优待、宜居环境、参与社会发展、法律责任、组织建设等多方面，推进老年权益落实工作。笔者通过对前期研究成果梳理发现，近年来关于老年人权益保障方面的研究成果，在研究视角上多集中于老年人群，在研究内容上多集中于社会保障与养老服务等方面，从政府工作角度切入，涉及老年优待政策落实、法律责任履行与维权服务、组织建设方面的研究成果相对偏少，而针对西安市这方面问题的研究成果几乎是空白。为了弥补这一研究缺失，深入了解西安市老年人权益保障法律法规和优待政策的制定与落实情况，了解各级政府部门老年维权工作开展与履职尽责情况，以及老年人权益保障组织机制建设情况，找出工作中存在的主要问题，研究探索下一步工作目标与路径，市人大内司委、市老龄办、市老年学学会与市社科院组成联合调研组，于 2015 年 5 至 9 月就以上问题开展了深入调研。此次调研成果，将对西安市人民政府修订《西安市老年人权益保障办法》、编制《西安市老龄事业发展“十三五”规划》及制定完善老年人优待政策等提供重要依据；对进一步建立健全西安市老龄工作组织机制，积极有效地开展老年人权益保障工作提供智力支持。

一、调研方法

本次调研在市老龄委相关成员单位、区县老龄办及成员单位、部分涉老服务机构、老年人群体四个层面上展开，采取发放调查表、召开座谈会、实地察看相结合的调查方法。

（1）发放调查表。面向全市所有区县、镇 / 街办发放调查表，全面了解西安市各级政府老龄工作组织建设、老龄优待政策落实与老年维权工作情况。共回收调查表 182 份（其中，区县调查表 13 份，镇 / 街办 169 份）。

（2）召开座谈会。分别召开三个层面的座谈会。一是市级老龄委相关成员单位与老年优待政策落实部门负责人座谈会，了解近三年来各成员单位开展老年维权工作情况与优待政策落实情况。二是区县老龄委相关成员单位负责人及镇/街办老龄干部座谈会，了解基层老年人权益保障法律法规政策落实情况与维权工作情况。此次调查在全市13个区县中抽取碑林区、临潼区、长安区、周至县4个区县作为调查区县，分别在4个区县召开老龄委相关成员单位负责人及乡镇/街办老龄干部座谈会各1场。三是社区/村老年人协会负责人及老年人代表座谈会。在4个被调查的区县各抽取1个镇/街办，召开社区/村老年人协会负责人及老年人代表座谈会，了解侵犯老年人权益现象特征、以及对维权服务与优待政策落实情况评价及政策需求。

（3）实地察看。联合调研组对西安浐灞湿地公园、翠华山景区、秦岭野生动物园、户县高冠瀑布、大雁塔、曲江海洋馆、寒窑遗址公园、大明宫遗址公园、秦始皇兵马俑、华清池、王顺山公园、水陆庵、化觉巷清真寺等旅游景点及西安市中医医院、西安市第一人民医院，莲湖区青年路卫生服务中心，西安市法律援助中心，新城区法律援助中心，蓝田县北鹿公交公司等机构进行了实际考察，了解涉老优待政策的落实情况。

调研组对调查表进行录入统计分析，对座谈资料进行了质性分析，由此获得了西安市老年人权益保障法规与优待政策落实情况的第一手资料。

二、西安市老年人权益保障工作基本现状

本次调研从政府工作角度切入，重点围绕西安市部分老年优待政策的制定与落实、卫生保健优待服务、法律维权优待与服务、老龄工作组织建设四个方面来展开。

（一）西安市老年优待政策落实情况

老年优待是指政府和社会在做好公民社会保障和基本公共服务的基础上，在医食住用行娱等方面，积极为老年人提供的各种形式的经济补贴、优先优惠和便利服务，主要包括政务服务优待、卫生保健优待、交通出行优待、商业服务优待、文体休闲优待、维权服务优待六大方面。此次调研对部分优待政策执行情况进行了抽查。调查发现，多来以来，西安市政府通过出台老年人权益保障地方性规章，不断调整老年人优待政策，积极作为，促进老年人社会福利优待、交通出行、游景点优待政策落到了实处。

1. 制定《西安市老年人权益保障办法》，明确细化老年优待条款

继1996年10月1日《中华人民共和国老年人权益保障法》与1998年《陕西省实施〈中华人民共和国老年人权益保障法〉办法》颁布实施之后，2003年1月西安市政府制定颁布了《西安市老年人权益保障办法》地方性规章。《办法》对西安市老年人权益保障的政府责任、工作机构、工作经费、老年福利、赡养义务、婚姻权利、财产权利、医疗健康权等进行明确规定，同时规定了老年人持老年优待证享受的优惠待遇项目，主要有："65岁以上老年人凭有效证件可半价游览市区县旅游景点，70周岁以上老年人全免；70周岁以上老年可免费乘坐市内200路以内公交车辆；90周岁以上老年人可享受保健

补贴等”。通过地方性规章，明确和细化了老年人权益保障项目与优待项目。

2. 适时调整老年福利优待政策，不断提高老年人福利保障水平

（1）多次调整高龄保健补贴政策标准，保障老年人共享经济发展成果。2003 年《西安市老年人权益保障办法》规定“90 周岁以上老年人可享受保健补贴”。2011 年 1 月西安市人民政府印发《关于西安市发放高龄老人生活保健补贴的意见》，将享受高龄保健补贴的老人年龄下调至 80 周岁。2012 年 6 月再次调整高龄保健补贴政策标准，将年龄下调至 70 周岁，规定 70–79 岁高龄老人每人每月发放 50 元，80–89 岁发放 100 元，90–99 岁发放 200 元，100 周岁以上发放 360 元。西安市执行的高龄保健补贴政策标准比国家规定标准（80 周岁以上低收入老人）下延了 10 岁，覆盖了所有 70 岁以上老年人，全市受惠老人达到 53.5 万，占到老年人口总数的 43.67%。

西安市高龄保健补贴发放业务由市、区县老龄办主管。据调查了解，西安市绝大多数区县的高龄保健补贴发放工作主要委托驻地农业银行代理。目前高龄补贴发放已建立起了“个人申请——社区 / 村资格认证——银行建档办卡——街办 / 镇或社区 / 村工作人员上门送卡——年度审查——按季发放”的服务机制。农业银行为做好这一项业务，设立了专职客服经理，培训员工，在农村广泛设置惠农服务网点，如农行在临潼 284 个自然村布了 290 个服务网点，实现了村级网点全覆盖；农行在长安区 572 个自然村中已设立了 400 个服务网点，覆盖率达到了 70%，基本上保障了城乡老人就近领取养老金与高龄补贴。

（2）出台贫困失能老人照护服务补贴政策，积极应对失能老人照护困境。2013 年 9 月，西安市出台了《西安市特困失能老人生活护理补贴管理办法》，规定五类失能老人（城乡低保、城镇三无、农村五保、优抚、高龄特困）每月可领取 100–300 元不等的生活护理补贴，用于改善特困失能老人照护条件。西安市失能老人照护服务补贴政策相对于同类城市走在前列。

3. 扩大交通出行老年人优待范围，方便老人出行

（1）西安城区老年人享受免费城市公交线路不断增多。2003 年《西安市老年人权益保障办法》规定“70 周岁以上老年人持优待证可免费乘坐市内 200 路以内公交车辆”。当时西安市区有 51 条公交线路向老年人免费。2009 年市政府出台新规定“西安市 70 岁以上老年人凭个人公交卡可免费乘坐市内所有刷卡公交车辆”，将老年人免费乘车线路增加到 99 条。近几年来，西安市大力发展公交事业，公交线路逐年增加，截止 2015 年 6 月，有 152 条线路、4351 辆刷卡营运车辆向老年人免费，分别占到总线路和营运车辆的 77% 和 78%。地铁除高峰时段外，老年人也可免费乘坐。公交车、地铁上普遍设立了“老弱病残孕”专坐，市区 70 岁以上高龄老年人日常出行得到了充分保障。同时，外地老人持西安市居住证或西安市老年优待证，也可免费办理老年公交卡，享受免费乘车优待。为方便老年人办卡，市公交总公司在城市东、西、南、北、中不同区域设立了 6 个老年卡办理网点，充分满足了老年人的办卡需求。

（2）蓝田县在西安市七个郊县（区）中首家落实了“65 岁以上老年人免费乘车”政策。蓝田县于 2014 年 12 月 2 日开设了 601 路公交环城专线，投入 10 辆空调公交车，65 周岁以上老年人乘车享受免费。

（3）公路交通客运站也不同程度地落实了老年人优待政策。通过设立老年人优先购票窗口、无障碍通道，为老年人提供运送行李、轮椅接送、优先乘车等服务，满足老年人的出行需求。

4. 进一步放宽旅游景点优待政策标准

2003 年《西安市老年人权益保障办法》规定“65 岁以上老年人可半价游览市区县旅游景点”。从 2012 年 5 月 1 日起，西安市将政策调整为“65 岁以上老年人凭老年证或身份证可免费游览市区县旅游景点”。通过实际考察发现，西安市绝大多数旅游景点都执行了这一老年人优待政策。4A 级以上的旅游景点普遍设立了休息室，配备了轮椅、拐杖、休息座椅、雨伞、急救箱，安装了无障碍设施，部分景点还为老人、残疾人配备免费游览车，为老年人提供方便服务。

（二）老年卫生保健优待服务情况

西安市各级卫生部门积极落实《国家基本公共卫生服务规范》、《陕西省实施〈中华人民共和国老年人权益保障法〉办法》以及《陕西省城乡 65 岁以上老年人健康检查项目实施方案》，为辖区 65 岁以上老年人提供健康管理，免费体检，优先挂号、检查、化验，免挂号费等优待政策与多种形式的医疗保健服务。

1. 建立“城乡 65 周岁以上老年人享受每年一次健康免费体检”的长效机制

从 2009 年开始，西安市积极开展 65 岁以上老人社区健康管理工作，建立老年人健康档案，组织健康体检。到 2014 年底，全市 65 岁以上老人免费体检共计 306 万人次，平均每年 61.2 万人次，65 岁以上老年人健康管理率达到 81%。

2. 医疗机构不同程度地落实了老年人优先、优待政策

全市各大医院普遍设立了老年人服务窗口，为老年人提供优先挂号、检查、化验服务；有些医院还配备了轮椅、休息座椅、饮水机、一次性水杯、电话，安装走廊与卫生间扶手、紧急呼叫器等便民设施与无障碍设施；有些医院对行动不便的老人提供就诊、取药等协助性服务，对就诊老人提供网上预约、电话预约、假日门诊、午间门诊、夜间门诊等便利服务；有些医院开设了老年人急诊绿色通道，设立了急救电话；大多数医院为 70 岁以上老年人减免了 1 元挂号费，少部分医院酌情减免了诊查费。如西安中心医院规定：“持老年证免挂号费一元，诊查费不免；老干部持离退休证、老年证，在老年病科就诊，挂号费、诊查费全免；80 岁以上老人、离休干部等持证获优先服务”。

3. 加强老年病专科建设，积极开展老年病医疗康复服务

从 2012 年开始，西安市出台政策，加强二级以上综合医院老年病专科建设，增添医疗设备，加大人才培养。目前，在西安市二级以上综合医院中有 16 家设置了老年专科。其中，西安市第一医院的老年专科规模最大，设立了 5 个科室、120 张床位，配备了较强的技术人才队伍，医院已将老年专科作为未来发展的特色专业来重点打造。

4. 强化社区为老医疗保健服务意识，创新服务方式

目前，西安市已建成投用了 206 个社区卫生服务中心（站），承担着全市 760 个城镇社区居民的基本卫生医疗保健服务工作。为了有效发挥社区卫生服务的基础性作用，提高服务效率，2013年以来西安市卫生部门在社区卫生服务机构中全力推行社区责任医师团队服务模式（由社区全科医生、公共医生和护士组成一个服务团队，负责一定区域的居民健康管理工作），开展“上门访视、家庭出诊、家庭病床、家庭护理、家庭健康指导、家庭康复指导”的“六上门”服务。同时鼓励开展“以家庭为单位，以老年人、慢性病患者为重点对象”的家庭责任医师签约服务。截至2015年5月，全市已建立全科医师服务团队626个，覆盖了95%的居民社区，累计签约服务11.9万人。通过上门服务、家庭签约式服务，满足了部分老年人尤其是失能老人日常监护与康复治疗的迫切需求。

5. 关注农村，不断提高农村老年人医疗保健救助水平

西安市农合从2011年起在农村参合老人中开展全口义齿修复工作，农村65周岁以上参合老人，在定点医疗机构安装全口义齿，新农合补助600元，并免费进行全口义齿修复。从2014年开始，西安市农合分别提高农村80岁、90岁以上参合高龄老人定点医疗机构门诊补助、住院补助标准，补助比例分别提高到80%、90%。

6. 深入养老院、社区为老年人开展义诊服务

从2013年起，市级卫生部门在全市十三个区县100多家医疗机构中开展“护理服务深入养老院、关爱老人健康”活动，并鼓励有条件的医院与养老机构建立长期合作关系，以满足老人的医疗需求。2013年至2015年，西安市卫计部门与老龄办联合发起了“西安市银龄行动—医疗义诊进社区活动”，市内各大医院专家组成义诊医疗队，深入到社区、村镇开展义诊、保健知识讲座与宣传活动，截至2015年6月，累计开展义诊活动166次。

（三）老年人维权优待与服务情况

近年来，西安市各级政府积极落实老年人维权优待政策，建立健全老年维权服务机制与工作网络，创新服务工作方式，努力满足老年人维权服务需求。

1. 建立自下而上的老年维权机制

西安市老年维权机制由社区/村、街办/镇、区县法院、市法院四级构成。①社区/村级层面，以老年人协会、社区村委会为主体建立了人民调解委员会，受理调解老年人家庭纠纷与矛盾。②街办/镇层面，以司法所为主体，受理调处本辖区内涉老纠纷与案件，对涉老案件进行司法干预。③市、区县法院层面，成立专门的老年人合议庭，受理涉老案件。据调查了解，四级老年维权机制各区县发挥的作用参差不齐。在村级人民调解方面长安区做的较好，充分发挥出了老年人协会参与老年人家庭纠纷矛盾调解的作用；在街办乡镇层面，周至县司法所在处理涉老纠纷案件方面成效显著，受到了群众的好评；在法院层面，市中级法院和碑林区法院成立了专门的老年人合议庭，受理涉老案件，多年来社会反响较好。

2. 健全了四级法律援助服务网络

自1998年以来，西安市、区县政府相继成立了法律援助中心，组织律师、公证人员等，为经济困难群众或特殊刑事案件当事人提供免费法律服务，老年人被确定为接受免费法律服务的重要对象。近年来，各级政府积极推进法律援助服务网络化建设，将法律援助服务向基层延伸。截至2014年底，全市在妇联、残联等社会团体设立法律援助联络部（站）

491个，在镇、街道、村、社区依托基层司法所设立法律援助联络站（点）2271个。基层法律援助服务站（点）主要负责法律援助案件初审、法律咨询、矛盾纠纷调解等工作，为老年人提供法律咨询、调解与诉讼代理服务。据不完全统计，近三年来全市共办理涉老法律援助案件1932件，接待老年人法律咨询11434人，调解家庭矛盾纠纷、邻里纠纷不计其数。法律援助服务网络在及时化解矛盾纠纷、维护老年人权益、促进社会和谐方面发挥出了积极作用。

3. 为老年人提供司法“优先、优待、优惠”服务

（1）为老年人提供法律援助优待服务。相对于其他司法部门，法律援助中心（站）在为老服务方面工作成效相对突出。第一，降低老年人获得免费法律援助的门槛。在2008年以前，市级法律援助中心将老年人援助对象确定为“无力支付起诉辩护费的贫困老人”。2008年后市法律援助中心放宽了老年人援助条件，对65岁周以上老年人申请法律援助免审经济状况，走在陕西省（70周岁以上）的前列。同时，各级法援中心（站）普遍拓展了法律援助范围，将与老年人生活密切相关的婚姻、继承、赡养、医疗保险、救助、住房、权益损害赔偿等事项纳入到法律援助范围，并对低保老人不受援助范围限制，不分案件类型给予援助。

第二，对老年人案件实行“优先接待、优先审批、优先指派”服务。在调查中，新城区法援中心工作人员说：“对60周岁以上老年人的法律援助申请和法律咨询，我们实行优先接待，优先解答，对行动不便的老年人提供上门服务。对老年人法律援助申请做到当天受理、当天审批，对重大疑难案件的审批时限不超过三日。对老年人案件或涉老纠纷调解尽量选派熟悉老年人权益保护法规，擅长做老年人工作的律师办理，并对案件办理过程实施全程跟踪、监督。要求法律工作人员对待老人要做到‘接待热心、解答耐心、询问细心、承办尽心、回访诚心’服务”。

第三，创新服务方式，为老年人维权提供方便。各级法律援助服务中心（站）在为老服务这方面进行了有益的探索，除了安排律师值班接待老年人咨询、申请等日常服务外，还开通了“12348”法律援助专线与法律援助网络在线咨询服务，开辟了电话申请、网络申请、邮寄申请、上门受理、流动受理等多种服务方式。

第四，法律援助人员在实践中普遍能灵活处理老年人案件，将伤害降到最低。市法援中心负责人说：“老年人申请法律援助案件的类型主要集中在养老、医疗、家庭矛盾、遗嘱等方面，与家庭成员关系密切，处理不好，容易激化矛盾，使老人权益得不到有效保障”。各级法律援助接案律师针对涉老家庭案件多采取非诉讼的调解、情感沟通、心理疏导等援助方式来化解，避免了家庭矛盾的激化，减少亲情损伤，维护了家庭关系和谐，保障了老年人的合法权益。据不完全统计，自2012年以来，全市通过调解结案的涉老案件占到所有涉老民事法律援助案件的45%以上。

（2）法院与公安系统不同程度地落实了老年人优待政策。法院系统从2006年开始落实涉老案件“三优先”政策，在立案庭、接待室设立了老年服务窗口，对60岁以上老年人因赡养费、扶养费、养老金、抚恤金、医疗费等提起诉讼案件，实行优先立案、优先审理、优先执行。对交纳诉讼费有困难的老人，给予司法救助，缓交、减交或者免交相关费用。西安市中级人民法院与碑林区法院设立了老年人合议庭，对行动不便的老年人实行上门办案。公安户政窗口对 65 岁以上老人办理业务实行免排队、优先办理的服务。

4. 开展《老年人权益保障法》与老年人自我保护法律知识宣传

2013 年 7 月 1 日新修订的《老年人权益保障法》颁布实施后，西安市、区县老龄办与政府相关部门相继推出了各具特色的宣传活动。如：市老龄办以“电影进社区活动”为依托，在社区巡回放映电影过程中持续宣传《老年法》与维权知识。未央区于 2013 年 6 月集中开展为期 1 个月的宣传活动，深入到 8 个社区，开展法律咨询、发放老年人维权宣传资料，受理老年人维权案件等。于 2014 年又开展了法律知识讲座进社区活动，组织了 92 名律师巡回各社区进行法律宣讲、免费咨询，收到了良好的社会效果。市法院刑二庭民警于 2014 年 6 月 27 日，在市革命公园内开展了防范和打击非法集资专项宣传活动，通过宣传展板、宣传手册、现场讲解等方式向现场群众宣传非法集资活动的表现形式、常见手段以及社会危害性，提高群众的防范意识。灞桥公安分局针对电信诈骗案件多发现象与老年人防范意识薄弱的问题，定期在每年 2 月份、5 月 17 日国际电信日组织民警在辖区开展防范 诈骗宣传活动，等等。通过宣传，提高老年人法律知识、维权意识与自我保护能力。

5. 创新维权方式，开展老年维权专项行动

高陵区于 2014 年 1–9 月组织开展了题为“夕阳关爱”老年人维权专项行动，这项活动在整合多部门维权资源，提升公职人员为老服务与维权意识，营造了全社会敬老爱老、维护老年人权益的社会氛围，在推进社会和谐方面发挥出了积极作用，具有一定的创新性，值得各区县学习借鉴。具体做法是：专项行动由法律宣传、摸底调研、司法调解、法律援助几个板块构成，区老龄办、民政、司法、妇联、镇街、电视台等涉老部门联合行动。①老年法宣传。利用老年节等重大节日积极开展新法宣传工作，进村入户发放宣传资料；组织开展“孝行西安寻找最感动孝子”评选活动，提高法律宣传的社会效果。②摸底调查。县乡村三级联动，组织工作人员深入全区村组、社区，对老年人赡养情况进行拉网式摸排，对摸排出的家庭赡养纠纷问题，司法人员全面介入，深入了解情况，进行调解干预。此次专项行动全区共排查出老年人赡养纠纷案件 29 起，全部通过调解得到了妥善解决（其中通过镇街、村组调解解决的 15 起，通过司法等部门参与调解的 14 起）。③宣传报道。区电视台与新闻中心对“专项行动”进行跟踪报道，扩大社会影响，传播正能量。此项维权行动是近三年来全市唯一由区县主动策划设计开展的老年维权工作，高陵区的做法被中央各大媒体宣传报道，得到了社会各界的高度肯定。

（四）老年人权益保障工作组织建设情况

西安市自 1987 年 9 月成立老龄工作委员会以来，经过近 30 年努力，已初步建立健全了市—区县—街办 / 乡镇—社区 / 村四级老龄组织工作机制，基本奠定了老年人权益保障工作的组织基础。

1. 市级老龄工作机构相对健全，职能作用得到充分发挥

西安市政府成立了老龄工作委员会，由 20 多个成员单位组成，下设老龄工作委员会办公室。老龄办为参照公务员管理的事业单位，编制 19 人，内设综合处、福利事业处和权益处，具体负责组织协调全市老龄工作。市级老龄事业经费与老龄办专项工作经费均已纳入本级财政年度预算，老龄工作与维权工作得到了人力、财力的充分保障。

2. 区县级老龄工作机构编制、经费普遍落实，日常工作得到了基本保障

西安 13 个区县相继成立了老龄工作委员会，设立了老龄工作委员会办公室。调查显示：（1）在 13 个区县中，有 7 个区县的老龄办编制在 5 人以上，5 个区县编制为 3 人，1 个区编制为 1 人。其中，莲湖区编制人数最多 8 人，高陵次之 6 人，阎良编制人数最少，仅有 1 人。全市区县老龄办编制人数平均为 4.23 人，在岗人数平均为 5.38 人，除雁塔区与新城区在岗工作人数少于编制数外，其余 11 个区县在岗人数普遍高出编制人数。（参见图 1）说明，绝大多数区县政府比较重视老龄工作，在没有编制的情况下，也要确保岗位工作，保障各项老年维权与老年优待工作的有效开展。

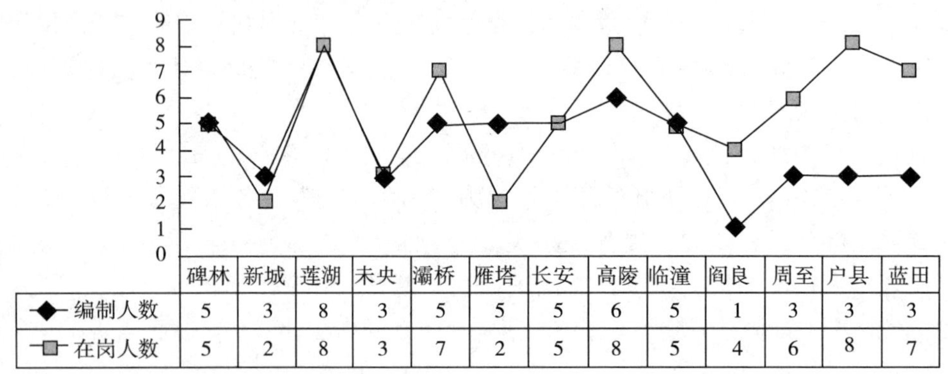

	碑林	新城	莲湖	未央	灞桥	雁塔	长安	高陵	临潼	阎良	周至	户县	蓝田
编制人数	5	3	8	3	5	5	5	6	5	1	3	3	3
在岗人数	5	2	8	3	7	2	5	8	5	4	6	8	7

图 1　西安市区县老龄办编制与实际在岗人数分布图

（2）在 13 个区县中有 11 个区县落实了人均 1.5 元的老龄事业经费政策。其中，莲湖区、碑林区、未央区与长安区每年的老龄事业经费多在 20 万以上，达到甚至超过了 1.5 元 / 人的标准；其它区县的老龄事业经费多在 10 万以下，没有达到 1.5 元 / 人的标准；而雁塔与灞桥 2 个区的老龄事业经费至今还没有落实到位。（参见图 2）

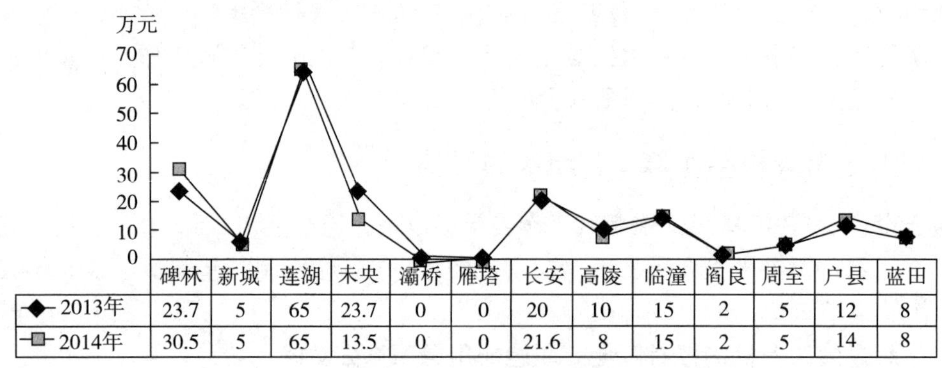

	碑林	新城	莲湖	未央	灞桥	雁塔	长安	高陵	临潼	阎良	周至	户县	蓝田
2013年	23.7	5	65	23.7	0	0	20	10	15	2	5	12	8
2014年	30.5	5	65	13.5	0	0	21.6	8	15	2	5	14	8

图 2　西安市区县老龄事业经费分布图

（3）各区县老龄工作经费呈逐年增加趋势。调查结果显示，2012 年区县老龄办专项工作经费总和为 122.6 万元，2013 年为 141.42 万元，2014 年达到 204.28 万元，分别比上年增长了 15.8% 和 46.4%。各区县间老龄办工作经费存在较大差距，长安、高陵、灞桥、碑林 4 个区，老龄办工作经费相对较高，已超过 30 万，而户县、莲湖、蓝田、雁塔在 5 万元以下，阎良至今还没有专项工作经费。（参见图 3）

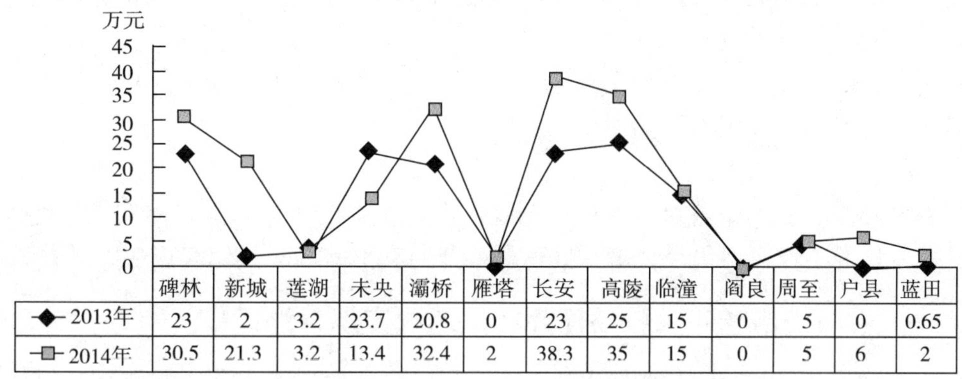

	碑林	新城	莲湖	未央	灞桥	雁塔	长安	高陵	临潼	阎良	周至	户县	蓝田
2013年	23	2	3.2	23.7	20.8	0	23	25	15	0	5	0	0.65
2014年	30.5	21.3	3.2	13.4	32.4	2	38.3	35	15	0	5	6	2

图 3　西安市区县老龄办工作经费分布图

3. 街办 / 乡镇老龄工作机构正处于建立完善过程中，发展参差不齐

在被调查的 169 个街办 / 乡镇中，有老龄工作岗位编制的占 23.7%，配备了岗位工作人员的占 58.6%，拥有专项工作经费的占 20.1%，拥有独立办公场地的占 4.3%，拥有部分或全部自动化办公设备的占 70.9%。（参见图 4、图 5）上组数据反映出，街办乡镇一级的老龄工作机构还不健全，西安市基层老龄工作基础还相对薄弱。

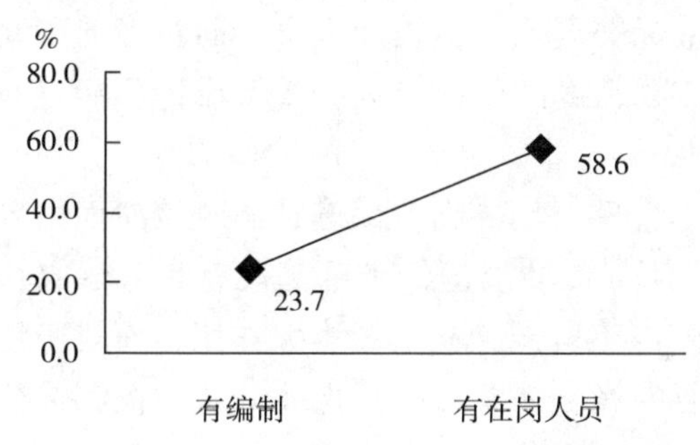

图 4　全市乡镇 / 街办老龄工作机构建建设图

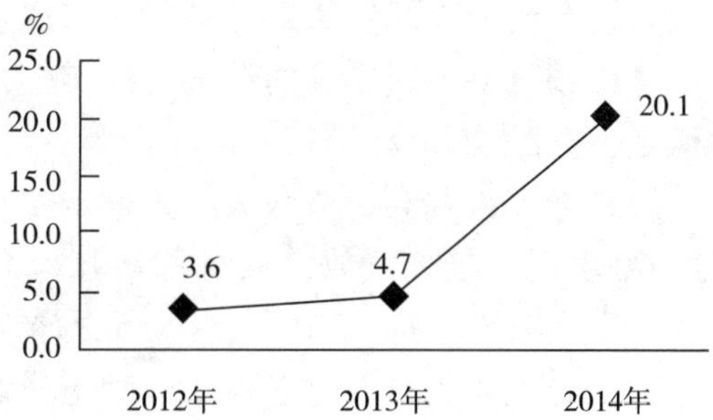

图 5　全市乡镇 / 街办老龄工作经费分布图

4. 老龄工作网络已逐步延伸到社区 / 村，部分社区 / 村配备了老龄工作人员，多数社区 / 村成立了老年人协会

首先，为了做好基础养老金、高龄保健补贴与社区居家养老服务工作，一些社区 / 村配备了专职或兼职工作人员，具体负责老年人信息采集、建档、审查、上报、办卡、养老服务等基础性工作，为老龄工作延伸到基层奠定了基础。如，碑林区将每年招聘的社区专干充实到老龄工作岗位上，社区配老龄专职 1 名，街办配老龄专职 2 名，目前已

全部配备到位。

其次，多数社区/村成立了老年人协会，部分老年人协会能经常性地组织开展娱乐、扶贫帮困、调解矛盾、维权等活动。据市老龄办2014年统计，西安市已建立社区/村老年人协会3581个，覆盖率达到90%以上，能正常开展活动的老年人协会占到老年人协会总数2/3左右。西安市逐步加大对老年人协会的扶持力度，2014年投入218.5万元奖励资助了161个基层老年人协会，占协会总数的4.5%。社区/村老年人协会已成为维护老年人权益的一支重要力量。

三、存在的主要问题

尽管多年来，西安市各级政府部门与老龄办在维护老年人权益、落实老年优待政策方面做了大量的工作，但仍存在着一些薄弱环节与突出问题，具体表现在以下方面：

（一）《西安市老年人权益保障办法》内容严重滞后

西安市政府于2003年依据旧《老年法》制定的《西安市老年人权益保障办法》在条款内容与标准设定上滞后、陈旧，已不能充分体现新《老年法》、老龄政策与老龄化发展的要求，急需要修订完善。

（二）老年福利优待政策设计存在不足之处

一是老年人福利优待政策制定的起步标准过低。如2013年出台的《西安市特困失能老人生活护理补贴管理办法》规定“城乡低保对象、城镇‘三无’对象、优抚对象中的失能老人和高龄特困失能老人每月享受100元生活护理补贴，农村五保对象中的失能老人每月享受300元生活护理补贴”。这一政策标准过低、覆盖面太窄，面对当前劳动力服务市场价格不断攀升的趋势与现实中大量需要帮助的失能老人，政策设计不能有效地满足社会需求。

二是老年人福利优待政策在人群定位上不尽合理。如，高龄保健补贴政策向面城乡所有70岁以上老人发放，从每月拿七八千元退休工资的离退休干部到没有收入的农村老人，人人有份。每月50元、100元的补贴对于高工资老人起不了多大作用，而对于没有收入的老人尤其是农村老人来说则是非常重要的经济来源和生活保障。这一福利优待政策普惠性过高，在人群定位上过于宽乏，脱离了不同阶层老年人经济收入实际，脱离了西安市经济财力实际，没有将有限的资源、高标准地给予真正需要的老人，影响了政策的实际效果。同时，由于享受这一政策的老人基数过大，将会对进一步提升待遇标准带来不利影响。老年福利优待政策应把着眼点放在“雪中送碳”上，而不是“锦上添花”。试想，如果保持西安市财政每年4亿元的高龄保健补贴经费额度不变，调整缩小政策范围，将享受优待范围定位在70岁以上城市居民老人和所有农村老人上，那么这些老人的福利待遇水平将会有所提高，不同阶层老人间、城乡老人间的经济差距将会缩小，优待政策社会效益更加显著。

三是老年人福利待遇水平低。虽说多年来政府不断完善老年人福利保障政策，提高待遇标准，但提高的幅度远不抵物价上涨速度，老年人福利水平因物价上涨而缩水，保障作用大打折扣。

（三）老年优待政策执行中存在标准过严、规范性差与执行不到位问题

一是西安市现行城市公共交通老年人优待政策标准高于国家规定。全国老龄办等24部门印发《关于进一步加强老年人优待工作的意见》中规定：“鼓励城市公共交通工具对65周岁以上老年人实行免费，有条件的地方可逐步覆盖全体老年人”。目前西安市执行的市内公交免费政策将老年人年龄限定在70周岁以上，高于国家标准（65周岁）。调研中许多老人希望调低年龄至65周岁。

二是多数郊县（区）公共交通尚未落实老年优待政策。除了城六区和蓝田县外，另外几个区县的公交车辆还没有对老年人实行免费，郊区县老人希望在出行上享受与城区老年人同等的优惠待遇。

三是西安少数旅游景点、博物馆还没有执行老年人优惠政策。据调查了解，仍有一些小景点、民营的博物馆没有对老年人免费；有些景点为了规避风险，附加了“老人需家人陪同享受免费”的条件，变相剥夺了老年人的权利；有些景点则仍执行“70周岁老人免费”的规定。

四是各区县针对老年人的法律援助优待政策在年龄上不统一。西安市法律援助中心将老年人申请法律援助的年龄定为65周岁以上，新城区定为70周岁以上，灞桥区定为75周岁以上等。在一个城市内老年优待政策执行标准的不统一、不规范，将影响政策的公正性与老年人的公平感。

五是国家规定的一些老年人优待政策还没有完全落实到位。全国老龄办等24部门印发《关于进一步加强老年人优待工作的意见》中规定的一些老年优待政策在西安市还没有完全得到落实，如，对贫困老人的免费诊疗服务；对老年人社会参与提供支持；为行动不便老年人提供上门医疗康复服务；倡导老年人投保意外伤害保险，保险公司对参保老人给予优惠；城市道路无障碍设施改造与利用；金融机构为老年人办理业务提供便捷服务，设置老年人取款优先窗口，提供导银服务、上门服务等等，西安市在以上老年人优待政策的落实上仍有大量的工作要做。

（四）基层老龄工作与维权工作缺乏主动性和创新性

一是基层老龄工作以落实和完成上级分配的工作任务为主，创新性不足。从西安市13个区县近三年来的老龄工作情况看，绝大多数区县老龄办以及相关部门主要是围绕国家、省、市相关部门布置的任务开展工作，以被动完成任务为主，较少从当地实际需求出发、从社会问题切入，有针对性地、主动创新性地开展工作的。在机械地执行上级政策任务的过程中，出现与当地实际脱节、与老年人的需求脱节，造成有限资源闲置与浪费的现象，如社区养老服务中心建设就存在这方面的问题。

二是少数老龄委成员单位为老服务责任意识不强。调研发现，有些成员单位负责人

对本部门所承担的老龄工作职责还不甚了解，存在任务不清、职责不明的问题；有些成员单位多年来没有开展过老龄工作，存在不作为的现象；各政府部门间缺乏配合意识与资源整合意识，各自为政，存在服务资源浪费现象。如城乡居民养老金发放与高龄保健补贴发放，同一个服务对象，两套工作机制、两套信息系统、两套服务队伍，徒增了工作成本。

三是为老服务缺乏老年人视角。为老年人提供便利便捷服务是落实老年优待政策、开展老龄工作的基本原则和重要目标。调研发现，这一基本原则体现得不是很到位。

在养老金、高龄保健补贴、丧葬费领取方面，老年人存在诸多不便。具体表现在：①不少老年人操作银行卡困难。养老金与高龄补贴代办银行为了与银行信息系统兼容，方便银行工作人员操作，提高工作效率，以银行卡的方式发放养老金与高龄补贴。一些老人尤其是农村老人，由于智力退化、行动迟缓，接受新生事物慢，操作银行卡有困难，如果让儿女代为办理，有些儿女会将老人的钱克扣，老人的权益因此受到侵害。②老人卡太多，易丢失，办卡手续复杂。据了解，目前一个普通老人通常拥有 5 张卡以上，包括养老保险金卡、高龄保健补贴卡、身份证卡、优待证卡、公交卡、工资卡等。卡太多，不好管理。一些老年人记忆力下降，忘记密码、丢卡现象频发，补办卡手续麻烦，给老年人带来了较大困扰。临潼区一位乡镇老龄干部说："卡太多，老人分不清，容易丢失，补办手续太麻烦，老人需要跑 3 次才能办成，我们镇有一个偏远山村一月就有 8 位老人银行卡丢失，需要补办，跑一趟镇政府几十公里路，对老年人太不方便了。"③一些区县养老金办理网点少，老人取钱不方便。在一些地方，老人每次取款都要排队等候，甚至存在老人去几次都取不上钱的现象。④丧葬费领取公证费过高。老人去世后领取丧葬费，需要开公证证明，一些公证处收费太高，甚至高过了丧葬费额度，使丧葬费优惠政策失去了实际意义。

在老年人健康服务方面，缺乏精细化、人性化服务意识。具体表现为：①有些医疗机构不能从老年人实际需求出发开展工作。一些社区卫生服务站不考虑老年人身体因素，把体检时间安排在冬季，上百老人在露天排队等候，脱衣检查，容易引发感冒或其它病症，对老人健康不利。②老年人免费健康体检质量不高。老年人免费体检普遍被定点在社区卫生服务中心（站），体检设备简陋，仪器陈旧，体检质量不高，有些病症通过体检不能及时发现，存在走过场的现象，老年人对体检质量多有不满。③一些医疗报销制度规定不合理。有些区县卫生部门对老年慢性病门诊报销规定的时间期限较短，过期不予办理，很多农村老年患者在信息不畅的情况下，往往错过报销期限，使本该享受的优待政策享受不到。

（五）预防打击不力，涉老经济诈骗犯罪呈上升趋势

近几年侵犯老年人权益现象呈现出新的特征，以非法集资、金融诈骗、医药保健品欺诈为主要形式的涉众型经济诈骗案件则呈现井喷式增长，犯罪活动猖獗，老年人成为主要的受害群体。

一是集资诈骗案件集中爆发。据市公安局 2015 年 6 月统计，过去一年间，西安市

集中爆发了投资担保公司非法集资案、民办学校非法集资案、养老院集资案等100多起，涉案人数约20多万，涉案资金200多亿，其中约2/3的受害人是老年人。这类案件由于涉案金额大，涉及人数多，法律关系复杂，办案周期长，维权难度较大，再加上警力严重不足，办案经费保障不足，导致办案效果较差，很多涉案老人的经济损失不能有效追回，有些甚至血本无归。

二是电话金融诈骗案时有发生，受害者以老年人居多。在调研中，周至县邮政储蓄所工作人员反映，近3年来他们堵截了8起针对老年人金融诈骗案件，其中金额最大的一起是10万元。被成功堵截的金融诈骗案件主要是凭银行工作人员的观察及时发现的，没有被识破的金融诈骗案件不在少数。

三是老年人购买医药保健品受骗上当现象频发。医药保健品推销宣传从电视、广播、街头广告、电话推销到设立专营店，亲身体验等形式多种多样，产品良莠不齐，政府执法部门缺乏必要的监管，老年人购买无效医药保健品上当现象非常普遍。

老年人金融知识缺乏、轻信、盲从、信息闭塞、贪小便宜、健康需求等是涉老经济金融诈骗案件高发的主观原因，而政府部门疏于监管、监管不到位、预防宣传不到位、打击不力则是经济金融诈骗案件高发客观原因。

（六）赡养案件执行难、再婚老年妇女养老权益保障难问题凸显

随着国家社会保障力度不断加大以及城乡居民经济生活条件的不断改善，家庭赡养纠纷案件呈逐年下降趋势，据区县法院统计，各区县法院每年受理的赡养案件多在10例以下，有些区（县）仅有1–2例。赡养案件数量虽然不多，但判决后执行难的问题一直得不到很好解决，成为维权难点。另外，在调研中我们发现在老年人赡养方面出现了一种新情况，即再婚老年人权益受损，无力主张现象。临潼区一名社区干部反映：“铁路小区有一位老年妇女，农村户口，20多年前离婚后与一位铁路工人结婚，入住男方家，并一直照顾男方的生活起居。去年女方生了重病，不能再干家务并且还需要人来照顾。男方子女不愿意承担照护责任，逼女方离家，让女方子女接回老人照护，由此引发了两家子女间的矛盾”。再婚老人赡养问题是近年来暴露出来的一个新问题，伴随着离婚率与再婚率上升趋势，未来这问题将会日渐突显出来，法律法规如何应对，以保障再婚老人尤其是处于弱势地位的女性老人婚姻家庭合法权益，是一个需要深入研究探讨的重要议题。

（七）缺乏老年人权益保障法律法规宣传、维权知识宣传的长效机制

目前各区县在老年人权益保障法律知识宣传方面主要采取短期集中、小范围、零星式的宣传方式，有些区县一年搞一次宣传活动，通常放在老年节期间集中搞，宣传效果十分有限，起不到应有的作用；有些区县甚至几年都不组织宣传活动，社会作用更无从谈起。多数宣传内容缺乏针对性与实用性，不能针对现实中老年人遇到的侵权现象开展专项宣传，宣传效果大打折扣。另外，宣传面过于狭窄。各区县、社区村组织开展老年法律法规知识宣传的对象主要是老年人群，中青年人群没有被纳入到宣传视野，而中青

年人缺乏老年人权益保障法律知识与意识的问题相对于老年人更为突出。

（八）基层老龄组织建设滞后，已不能适应业务增长与精细化服务的要求

西安市老龄委成立距今已快30年，基层老龄工作组织建设推进比较缓慢。截止2014年底，仍有2个区县人均1.5元的老龄事业经费没有落实到位，有1个区县老龄办专项工作经费没有落实到位；街办/镇一级老龄工作缺编、缺岗、缺经费现象十分突出，有76.7%的街办/镇没有老龄工作岗位编制，41.4%街办/镇没有岗位工作人员，80%的街办/镇老龄工作没有专项经费；社区/村一级普遍没有配备专职工作人员，老龄工作由社区/村委会工作人员兼职完成；老年人协会有一半左右因无活动经费或经费不足，不能经常地、有效地开展活动，形同虚设。西安市基层老龄工作组织建设状况已严重滞后于老龄事业发展的要求，已无法应对老龄问题增多、老龄工作业务量增大的客观现实。这一现状若不能得到有效改善，将严重制约老龄工作的开展，影响老年人权益保障与各项优待政策的有效落实。

四、结论与建议

（一）基本结论

通过调查分析，我们对西安市老年人权益保障与优待政策落实情况的基本看法是：西安市高龄保健补贴、失能老人照护服务补贴、城市公共交通免费、景区游览免费、免费体检、医疗机构看病挂号费减免、提供免费法律援助服务、司法优先服务等老年人优待政策已基本落实到位，而且在一些方面走在全省、全国的前列；各级政府老龄部门与成员单位普遍能积极落实上级各项老龄政策与工作要求，部分涉老服务部门能积极开拓创新，为老年提供便利便捷服务，充分满足老年人的需求，得到老年人的好评；西安市老龄工作组织机制与老年人维权工作机制已初步建立，并处于不断完善之中，初步奠定了老年人权益保障工作的组织基础。但也应看到实践过程中还存在着一些明显的不足与突出问题。在政策方面，西安市《老年人权益保障办法》内容严重滞后，已不能充分体现新法新政的要求；老年福利优待政策待遇水平较低，还不能有效满足老年人的实际需求；某些老年优待政策执行中还存在标准过高、规范性差与执行不到位的问题。在工作方面，基层老龄工作与维权工作缺乏主动性和创新性；老年人权益保障法律法规宣传与维权知识宣传缺乏长效机制；针对涉老经济诈骗与再婚老年妇女养老权益受侵等新型案件的预防与干预乏力。在组织建设上，基层老龄工作组织建设滞后，基层老年维权与优待工作的资源配置水平低，已不能适应老龄工作业务量增长与精细化服务的发展要求。造成上述问题的原因是多方面的，需要从规章政策、服务意识与服务方式、组织机制、经费保障、人才支持等多维度来改进与完善。

（二）对策建议

1. 修改完善西安市老年人权益保障规章与政策

（1）尽快将修订完善《西安市老年人权益保障办法》提上议事日程。根据新的《中国人民共和国老年人权益保障法》、《陕西省实施〈中华人民共和国老年人权益保障法〉办法》、全国老龄办等24部门《关于进一步加强老年人优待工作的意见》、《陕西省老年人优待服务办法》与西安市经济社会发展实际，科学制定、细化条款内容，使新规章充分体现出时代性、前瞻性、地域性特征，起到承上启下的作用。

（2）制定完善老年福利优待政策。一是建立老年福利优待与经济、物价同步增长机制，适时调整政策标准与待遇水平，力保老年福利待遇与经济发展、物价上涨、生活需求相适应。二是根据社会老龄化发展趋势与老年人需求，在积极贯彻落实国家、省各项优待政策的基础上，应逐步扩大老年人福利优待政策类型，保障老年人在经济保障与公共服务方面享受到最大化优待。另外，在老年优待政策设计上，应结合西安市实际，处理好老年人普惠性福利与补缺性福利的关系，深入分析评估老年人群的阶层差异与实际需求，科学定位政策对象，细化政策标准，实行分类施保，杜绝简单的"一刀切"现象，提高老年福利优待政策的科学性与有效性。

2. 全面落实老年优待政策，提高政策标准与规范性

针对目前存在的老年优待政策落实不到位问题，应研究分析造成此现象的根源，采取切实办法解决。

（1）将执行标准低于国家规定的老年优待政策逐步上调到国家规定标准。西安市要将公共交通车辆老年优待政策年龄标准由70周岁下调到65周岁或60周岁，并将政策范围从市区扩展到所有郊区县。据了解，目前国内一些城市已将60–69岁老人纳入公共交通车辆优待政策范围，各地所采取的具体措施有所不同，可供西安学习借鉴。第一类是实行"对65岁周岁以上老人乘公共交通车辆免费"优待政策，实施的城市主要有咸阳市、青岛市、北京市、烟台市等；第二类是实行"对65–69岁老人乘公共交通车辆优惠"政策，如，济南市实行5折优惠；第三类是实行"对60–69岁老人乘公共交通车辆优惠"政策，如杭州市实行4.55折优惠、本溪市实行5折优惠、温州市实行8折优惠。西安市应根据本地财政实力，逐步下调公共交通车辆老年优待政策标准，从对60–65岁、65–69岁老年人乘车实行不同额度的折扣优惠，逐步过渡到免费。另外，要敦促郊区县尽快落实公交车辆对老年人优待政策，对不落实的区县要进行问责。

（2）确保全市老年优待政策的统一性与规范性。对于全市执行标准不统一、又没有市级统一规定的老年优待政策，市老龄办协同相关部门，尽快出台统一的政策标准，确保政策的统一性与规范性。对于市政府已制定出台了明确的政策标准，涉老机构（单位）拒不执行的现象，各级人大与老龄部门要加大监督检查力度，建立处罚机制，确保优待政策的有效落实，不留死角。

（3）全面落实国家、省老年优待政策。对于国家、陕西省已做出明确规定的、目前西安市还没有实施或者没有完全落实到位的老年优待政策，市老龄办及相关部门要认

真进行梳理，高度重视，将全面落实工作提上重要议程，有计划、有步骤地推进。

3. 加大对老年侵权犯罪行为的预防与打击力度

（1）加大《老年法》等法律法规的宣传教育，重视源头预防。要建立多部门参与的老年人权益保障法律知识宣传教育的长效机制。各级政府要加大对老年人权益保障法律知识宣传教育经费投入，单列专项宣传教育经费，并纳入年度各级财政预算；市级老龄办每年应积极策划宣传教育主题，确立宣传教育任务；各区县老龄办以及政府各成员单位结合各自的工作特点制定宣传教育计划与内容，并鼓励涉老服务机构，如银行、电信、医疗卫生、广播电视等部门和社区、社会组织等积极开展老年人维权宣传教育活动，以主题宣传、典型宣传等多种形式，扩大宣传教育的覆盖面，使更多的老年人了解法律、法规、金融、理财、融资、保健等相关知识，增强自我保护意识和自我保护能力，减少上当受骗的机会。同时要将宣传面扩展到中青年人群，提高他们的老年人权益保障法律责任意识，营造全社会敬老爱老、维护老年权益的良好氛围。

（2）定期开展专项执法监督检查。在老年人容易受骗的行业领域（如广告、集资融资、保健品、药品、保险等行业领域），加大执法检查，并将检查结果及时向社会公开通报信息，为老年人创建一个安全的生活环境。

（3）重视发挥司法部门的积极作用。依托各级法律援助中心与乡镇（街办）司法所，在涉老案件咨询、调处的工作过程中，积极传播法律知识、法治观念，更要让老年人熟悉老年法规，懂得维权的内容和途径。公安、司法部门要严厉打击针对老年人的犯罪，增强涉老犯罪案件侦破力度，对涉老案件犯罪分子，及时依法惩处。

4. 改进工作方式，为老年人提供优质高效服务

（1）建立老年优待工作与维权工作推进机制。要发挥法律政策规范的权威性和强制性作用，形成党政领导高度重视，有力协调；司法部门与涉老单位忠于职守，尽职尽责；社会力量积极参与，献智献力的优待政策推进工作机制。

（2）强化老龄工作者为老服务理念与精细化、人性化、便捷化服务意识。社会各单位，特别是老龄工作者与老年维权工作者，要始终按照社会主义核心价值观的取向，将优待、方便老人作为服务的重要标准，要重点整改目前暴露出来的银行服务、健康体检、高龄保健补贴发放等方面为老服务不够周到、快捷、便利等突出问题，注重克服服务短板和注重服务细节，使为老服务工作更具人性化。

（3）提高为老服务的主动性与创新性。社会发展日新月异，老年人权益不断呈现新内涵与新问题，为老服务要与时俱进。老龄工作一定要接地气，防止机关化和官僚化。各级老龄办与涉老服务机构在落实好上级政策、任务的同时，还要结合实际，创新性地开展工作，积极整合已有资源，不断发掘新资源，提高为老服务水平。建立完善工作绩效考核与激励机制，突出重点、抓难点、抓热点、抓弱点，有的放矢，积极促进老龄工作创新与为老服务方式创新。

（4）强化老龄委成员单位沟通与协作意识。在老龄工作与维权工作方面，要逐步改变老龄委各成员单位配合不够紧密、沟通不够通畅、工作不够协力的现状。加强资源整合和工作间的协调配合，如老龄办与人社部门协调配合解决养老金与高龄补贴发放工作资源整合问题，公安部门与银行机构全力配合防范金融诈骗犯罪现象，规划部门与土地部门协调沟通解决老年人活动场所不能有效落实的问题，社区居委会与社会组织协调配合解决老年人居家养老服务的问题，养老机构与医疗机构建立联动机制破解医养结合的问题，老龄部门与宣传部门、广电部门配合做好老年人权益保障法律知识、敬老爱老道德宣传活动，等等。

（5）加大执法检查力度。各级人大要加大对《老年人权益保障法》执法检查力度，督促政府充分发挥政府在政策制定、督查检查、示范引领方面的主导作用，注重在社会保障、基本公共服务等方面积极为老年人提供优待，采取措施鼓励引导社会力量参与优待工作。

5. 加强基层老龄工作机构建设，夯实老年权益保障组织基础

组织建设是做好老龄工作的基础。要高度重视老龄工作组织机构建设，尽快将编制、人员与经费落到实处。

第一，政府要把基层老龄工作组织机构建设纳入到“十三五”老龄事业发展规划，制定明确的目标任务与推进措施，并加强监督检查，促进落实。

第二，提高区县政府领导与相关部门对老龄工作的重视程度。将基层老龄工作组织机构建设列入工作目标考评的内容，通过市级评比与通报的方式，让工作编制、老龄事业经费、专项工作经费没有落实到位的区县，看到差距，增加压力感与紧迫感。

第三，出台政策文件指导基层老龄工作组织建设。市政府要尽快制定出台“街办/镇老龄工作组织机构建设指导意见”，明确编制、经费要求，使基层组织机构建设有据可依，有章可循。

第四，明确社区/村级老龄工作协理员岗位设置。老龄办与人社部门要积极协调沟通，将社区养老金发放工作、高龄补贴发放工作与社区居家养老服务工作等整合，在社区/村设立老龄工作专职工作人员，并视工作强度给予一定的劳务补贴，提高社区村工作人员的积极性与服务质量。

第五，加大对社区/村老年人协会活动经费支持力度。促进更多的福彩资金向老协组织尤其是农村老协组织建设倾斜，提高政府每年对农村老协组织的奖励比例与标准，推动基层老协组织可持续地发挥作用。

老年人权益保障工作是一项社会化的系统工程，需要做好顶层设计和战略规划，通过不断完善制度、整合资源、改进工作方式，推进使老年人权益保障与优待政策真正落到实处。

关于山东省老有所为及老年志愿者队伍建设情况的调查报告

山东省老龄办调研组

老年人是社会群体的重要组成部分。近年来，我国人口老龄化进程不断加快，老年人口规模增长迅速，截至2014年底，全国老年人口已达2.12亿，占总人口的15.5%；山东省60岁以上户籍人口约1752.6万，占总人口的17.9%。日趋严峻的老龄化形势对经济社会发展带来诸多挑战，如增加社会养老、医疗等方面的公共支出，推升社会劳动力成本，加重家庭养老负担，扩大公共管理和服务需求缺口等。与此同时，随着居民生活水平的提高和医疗保障条件的改善，进入60岁的老年人特别是低龄老年人还能够较好地保持良好的智力水平和身体状态，绝大多数具备参与生产劳动、社会管理、科学研究、文艺创作、帮教下一代等社会事务的能力，他们政治经验成熟、知识阅历丰富、技术能力强，通常具有比较强烈的参与社会的愿望。

发挥老年人才资源优势，鼓励和支持老有所为，对积极应对人口老龄化、实现全面建成小康社会的目标具有重要意义。一方面，改善和提高老年人生命生活质量、促进老年人的全面发展是政府的重要职责，也是老龄工作的题中之义。党的十八大提出“积极应对人口老龄化，大力发展老龄事业和产业”，十八届三中全会提出“坚持以人为本，尊重人民主体地位，发挥群众首创精神，紧紧依靠人民推动改革，促进人的全面发展”，十八届五中全会提出“积极开展应对人口老龄化行动”，为新形势下加强老龄工作、促进老年人全面发展提供了基本遵循。另一方面，当前我们正处在全面深化改革的关键阶段，需要所有社会群体和阶层参与到改革中来。在国家支持“大众创业、万众创新”的时代背景下，组织和引导广大老年人积极参与改革发展进程，充分实现老年人的社会价值，既有助于推动实现全面建设小康社会的进程，又能使老年人更好地维持自身机能，满足精神需求，促进家庭和社会的和谐稳定。

为进一步完善政策机制，推动老有所为工作，省老龄办会同有关涉老单位组成专题调研组，先后到山东东营、滨州、济宁、枣庄等地开展调研，通过到有关市、县和基层单位调查了解情况，与市、县（市、区）老龄工作分管领导、老龄部门负责人和业务人员，各级关工委、老科协、老体协等老年活动组织的领导成员、先进典型和志愿者进行座谈，查看老年组织活动场所和工作站点，查阅文件资料等方式了解基层老有所为工作现状，研究和分析制约老有所为的体制机制问题。一是了解现有政策情况，主要是全国、省、市关于推进老有所为工作的政策法规、指导意见等文件；二是汇总分析各市上报的有关数据资料；三是向省级老年社会组织、涉老部门和助老机构了解相关工作情况，集中总结除了各地经验做法，对老年人参与“五个文明”建设的有效形式和途径进行了初步探索，查找分析基层老有所为面临的问题，有针对性地提出意见建议，为政府制定“老有所为”扶持政策提供帮助，从而为老年人融入社会、发挥余热创造更好的条件。

一、我省“老有所为”的基本情况

近年来，在全国老龄办的指导下，在全省各级党委、政府和社会各界的关心支持下，在广大有识老年人的长期努力下，我省老有所为环境逐步改善，老有所为工作成效较为显著。截至目前，全省共注册各类老年社会组织近 1500 个，广泛分布于社会工作各个领域；规范性老年志愿活动队伍 2406 个，参与人数 291.42 万人，每年开展各类志愿活动 17000 余次；各级老年体协组织 7200 余个，老教育工作者协会组织 492 个，老年文艺活动团体 20610 个；全省老年人才市场 19 个，年举办老年人才招聘活动 160 余场次；25.3 万多名“五老”志愿者长期投身于关心下一代工作。这些老年人在科学研究、法律咨询、矛盾调解、宣传教育、志愿服务、帮教下一代等方面发挥了重要作用。

（一）党委、政府高度重视“老有所为”工作

中央和省委、省政府领导多次指出要发挥老年群体优势，鼓励和倡导老有所为；《中华人民共和国老年人权益保障法》设了专门章节保障老年人参与社会发展的权益，老龄事业发展“十二五”规划提出“扩大老年人社会参与” ；新修订的《山东省老年人权益保障条例》第六章对老年人参与社会发展做出了明确规定，省委、省政府《关于进一步加快老龄事业发展的意见》提出推进建立老有所为工作机制，各级政府也将老有所为工作列入老龄事业发展的整体规划。姜异康、郭树清、高晓兵等省委、省政府领导多次出席关工委、老干部工作有关的会议和活动，并作出指示；省政府分管领导定期听取老龄工作全面汇报；部分省里老领导在老科协、老体协、关工委、老年学学会等省级老年社团担任职务，有力推动了老有所为工作。

（二）“老有所为”组织体系建设不断加强

省委组织部等六部门出台了《关于进一步加强老有所为工作的意见》，从提高认识、加大力度、完善体系、加强领导等方面对老有所为工作提出要求；省有关部门先后印发了《关于充分发挥老科协组织和老科技工作者作用的意见》、《关于进一步加强老年体育工作的意见》、《关于进一步加强老年文化建设的意见》等一系列文件，从政策、资金、考核等角度推进老有所为工作。省老龄委连续多年组织开展全国“老有所为”先进人物和山东省模范老人评选，省委老干部局、省关工委、省老科协等部门和组织也经常性地开展评选表彰活动，加大了老有所为的宣传力度，激发了老年人奉献社会的热情。老年社会组织得到较快发展。以老科技工作者协会为例，目前全省已建立各级老科协组

织 800 多个，市级老科协实现全覆盖，同时成立了 130 个县级老科协组织和 16 个省直老科协组织，省、市、县三级老科协还建立了各类专业委员会 1054 个；全省共有老科协会员 12 万多人，志愿者达到 1.2 万。

（三）老有所为活动紧紧围绕党委政府中心工作布局和开展

各级老年社团组织立足自身优势，紧密围绕服务党委、政府中心工作，开展了既丰富多彩又具有实效的实践活动。如关工委组织开展的党史国史教育、青少年普法教育、四点半学校、“大手拉小手”系列活动和“春苗营养厨房计划”，老科协开展的服务“三农”百千万行动计划、“千名老专家科普百县行”、农业科技项目示范基地创建活动，省老体协举办的“助健身站点，做康乐明星”老年人文体展演及评选表彰活动等，对青少年健康成长、农业科技推广、老年保健等方面都起到了很大的促进作用。枣庄市老专家报告团成立以来，在全市共举办各类农业培训班、科普讲座、现场咨询等科普活动 1160 余场次，发放了大量科普图书，为普及科技知识发挥了积极作用。济宁市强化对老年社团活动的协调指导，建立了有关涉老组织联席会议制度，对老年组织活动进行统筹。市老龄办、市委老干部局和市关工委等有关单位每年底召开联席会议，通报工作情况，共商下一步工作重点，共同组织好每年的老年运动会、书画摄影展、文艺汇演等活动；市老龄委积极引导城区老年活动组织，结合各类文体活动搞好惠民政策和政府中心工作的宣传，既丰富了老年人精神文化生活，又与党委政府的阶段性工作紧密结合。

（四）老有所为的组织化、规范化程度不断提高

目前，我省老年群体的组织形式主要有三种，第一种是规范网络型。有指导、有安排、有检查，建立了上下贯通的组织网络，如关工委、老年大学、老科协、老年书画摄影协会、老年体协等；第二种形式是自主拓展型。如县（市、区）、镇（街）自行成立的老年社团组织，随着会员的增加和经济社会发展不断延伸触角，向村居（社区）延伸，如各级老年艺术团和基层老年协会；第三种是自发自觉型。如机关、企事业单位内部退休人员根据兴趣爱好、特长或自身需要为基础自发形成的活动小组，农村红白理事会、调解委员会等，虽未注册会员但具有参与广泛、形式多样、机动灵活等特点。近年来，随着老科协、老体协等老年组织网络的逐步完善和延伸，老年群体活动的组织化、规范化程度得到明显提升。

二、我省老有所为工作中存在的困难和主要问题

一是老有所为工作支持保障力度不够。调研过程中发现，虽然各级都大力倡导老有所为，但是缺少具体的支持措施，特别是基层一些地方老龄组织力量薄弱，面临无专业人员、无活动经费、无办公场所等问题，影响了老有所为作用的发挥。调研发现，经费是制约老有所为的重要因素。由于自身非企的性质，大多数老年组织自身不具备开展社会活动的经济条件。比如由莱州市离退休医疗专家创办的《健康莱州》杂志，由于免费

发行，缺少稳定的经费来源，发行数量完全取决于本地企业的资助额度，赞助费的多少直接影响医疗知识的宣传和普及。此外，这些专家定期下乡开展肿瘤防治义务宣传活动，虽不收取劳务费用，但车辆的维护、仪器耗材、务餐费用、材料印刷等都需要资金维持。了解其经费来源，一部分为市科协管理的科普经费，一部分为卫生系统“肿瘤宣传周”专项活动经费，一部分为疾控中心宣教科的宣传经费，还有一部分是从老龄部门协调的活动资金。这些经费来源不一且难以计入预算，部门拨付起来有很大弹性，一旦与部门其他方面的开支产生冲突，将面临直接被削减的问题，影响该老年组织老有所为作用的发挥。目前，国家对离退休干部担任社团职务的政策规定也对老有所为产生一定影响。十八届三中全会以后，中组部下发了《关于禁止规范退（离）休领导干部在社会团体兼职问题的通知》，很多原来在社团中任职的领导辞去相关职务，使老年社团的骨干力量造成了流失，从而对工作开展造成影响。

二是缺少推动老有所为工作的联动机制。老有所为工作涉及社会事务的方方面面，分布在社会管理、科技文化、教育教学、志愿服务等不同领域，主管权限涉及老龄、老干部、民政、教育、卫生、体育、司法、科技、文化、关工委等单位和组织。目前，各涉老组织活动主要是平行展开，缺少统管的部门和有效的协调协作机制，难以形成工作合力。特别在省级层面，各部门、社会团体、组织各自为战，资源力量较为分散，活动的影响力和持续性受到制约。一方面，涉老协会组织在协调资金、拓展服务面、自我宣传等方面的力量不足，需要政府部门帮助协调、规范、引导和支持；另一方面，在当前基层老龄组织力量较为薄弱的现实条件下，整合利用相关涉老团体在基层的组织网络，以之为载体落实老龄工作的方针政策具有现实意义。各级涉老组织还可以在政府职能转变过程中，为政府部门提供有偿服务，承接公共服务职能。

三是基层老年组织自我造血的能力不足。受限于经济发展水平低、组织建设不规范、政府财力支持不足等因素，目前基层一些地方的老龄组织网络不健全，无法有效组织老年人开展活动。另一方面，各级老年志愿组织开展的活动突出公益性质，多为义务性的、无偿的，往往只追求社会效益而忽视经济收益，一定程度上限制了其成员的积极性，影响了组织成员的技能培训和业务深造，从长远看不利于社团组织的可持续科学发展。

四是对“老有所为”的宣传力度不足。调研发现，目前我省各级老龄工作的重点仍在保障老有所养、老有所医等方面，对老有所为工作的认识不足。政府和社会缺少对老年社会组织全面有力的支持和引导，社会组织注册门槛高，分散在社区的老年人无法被有效组织起来，老有所为亟需搭建更多实践平台。调研时发现，很多地方只是在老年节等特殊时期对老有所为典型给予表彰，未形成对“老有所为”的常态化宣传，也缺少宣传载体和抓手。部分老年组织和志愿者表示，党委、政府有关部门对老有所为典型事迹和取得的成绩宣传力度小，对老有所为个体的表彰奖励少。

五是社会上对老有所为的认可度不高。老年人参与志愿服务的目的是为了更好地实现自身社会价值，但社会上对老年人参与志愿服务活动有时存在误解。一部分观点认为老年人应该安心在家养老，表现活跃了就是“出风头”；还有的认为现在年轻人就业压力很大，如果老年人重新走上社会求职，会挤占年轻人的空间。部分子女认为老年人参加公益活动会增加身体负担和安全隐患，外面事务太多会耽误看孩子、做家务。一些本想重新融入社会的老年人得不到家人的理解和社会的认同，就会失去继续参与社会事务的动力。随着老年组织活动更加频繁，老年人与其他社会成员之间的摩擦和冲突也出现逐渐增多的趋势。

六是老有所为的实施基础较为薄弱。我国的老龄化属于典型的未富先老和未备先老，除东部少数发达地区，社会养老基础十分薄弱。基本保障方面，目前大多数老年人的养老、医疗保障和精神关爱水平仍然较低，特别是在广大农村地区，空巢、高龄、失能老人占非常大的比例，就其而言，首要问题是具备基本的生存保障，缺少老有所为的客观现实条件。能力保障方面，我省老年人的整体受教育水平不高，现在的老年人普遍出生于上世纪 50 年代以前，其中大多数出生于解放前，因未接受过良好的文化教育甚至是基础教育，限制了其参与社会和自我提高的能力。此外，老年人获取知识的渠道有限，老年教育资源较为短缺。目前，全省有各级各类老年大学（学校）5165 所，在校学员 64.5 万余人，相对于全省 1000 多万低龄老年人的继续教育需求而言，老年教育资源十分紧张。不仅如此，老年教育资源在经济发达地区和欠发达地区之间，在城乡之间分布不均衡的问题也很突出。

三、关于推进老有所为工作的意见建议

开展老有所为，发挥老年人自身优势，服务经济社会发展，是实施积极老龄化战略、应对老龄化挑战的重要举措，我们必须高度重视。

一要加强顶层设计，推进老有所为科学有序发展。首先，政府应围绕老年人才、文化、科技等资源状况和老年人参与社会发展的意愿，广泛开展调查研究，针对老有所为各领域的特点和发展趋势，从环境建设、政策扶持、技能培训、宣传推广、表彰奖励、创新引智、对外交流等方面，制定促进老有所为健康发展的总的指导意见。其次，要把老有所为工作放在社会发展的整体框架下安排部署。各级党委、政府要将“健全老有所为工作机制”纳入老龄事业发展“十三五”规划，将其做为老龄事业发展的重要指标。同时，明确各部门在帮助实现老有所为方面的责任，并加强督导调度，确保责任落实。

二要建立科学有效的工作推进机制。近年来，各级老龄部门在老有所为工作实践中所取得的一项重要经验，就是要完善组织领导、工作推进、财政保障、舆论引导机制，合力为老有所为营造良好的生态环境。省老龄委做为省政府主管全省老龄工作的议事协调机构，应发挥牵头作用；老龄委成员单位作为政府职能部门，应依照法定职能对老有所为提供支持；其他涉老部门、社会团体和个人应多为老有所为创造有利条件，广大老年人社会组织应在相关职能部门的指导下开展工作。建议省老龄委牵头建立涉老部门、组织联席会议机制，将老干部、关工委、老科协、老教协、老体协、老年志愿团等力量整合起来，围绕党委、政府中心工作，分行业、分领域指导老有所为工作开展，定期召开会议，不建立健全“老有所为”工作的考核激励机制，加强先进典型的表彰和推广，形成科学有序的长效推进机制。

三要因地制宜地开展老有所为工作。要根据当地经济社会发展实际、文化传统、人口结构、产业特点，和老年群体的主要需求、因地制宜地开展老有所为。如东营市作为传统的棉花主产区，市老龄办2007年组织成立了老年科研开发中心，以棉办退休主任吴修佩为骨干建立了老年科研实验基地，开始实施棉花缓释肥试验、品种对比试验项目，2008年又实施了以简化栽培为中心内容的棉花“双提”“双减”实验以及新品种引进、合理密度配置等3个试验研究项目，项目实验成功后，经推广产生了巨大的经济价值。该市老畜牧专家朱合田原为市畜牧局局长，退休后继续钻研奶牛养殖和牛奶的生产、储存、加工工艺，并在全省推广鲜奶供销模式，为推动东营市奶业发展做出了贡献。此外，烟台等市举办的老年人才市场，枣庄、菏泽等地开展的“五老”志愿团等，均取得了较为明显的成绩。

四要对老有所为给予更多的资金支持。当前市场经济条件下，不能仅仅依靠广大老年人的自愿无偿服务，还要对从事社会公益的老年人应当给予适当的物质回报和精神奖励，近年来，全省各级老年体育组织网络发展迅速，所有的县（市、区）、近90%的乡镇（街办）、近70%的村（居委会）都建立了老体协机构，市级老体协成立的专项工作委员会达到400多个，老年文体团队1000多个，参与人数2万多人；全省共建有可供老年人文体活动的场馆近5万处，其中门球场约5000块，活动站点4万多处；全省共有各级裁判员17000多人、教练员35000多人，辅导员7万多人。取得如此成绩，主要原因在于各级党委、政府加大了对老年体育事业的投入。省委办公厅、省政府办公厅下发了《关于进一步加强老年体育工作的意见》，全省15市也以市委、市政府办公室名义下发了类似文件，把老年体育事业纳入当地经济社会发展总体规划和对党政领导及有关部门的政绩考核。同时，各级老体协积极协调党委、政府有关部门，坚持把老年体育活动经费纳入同级政府财政预算，争取按财政增比逐年增加；倡导和鼓励社会各界赞助老年体育事业，争取体育彩票和福利彩票的资金支持，并把老年体育用地纳入城乡建设规划。因此，可参考省老体协的经验做法，由各级政府明确一定数量的科普经费用于支持其他方面的老有所为工作，或者通过向老年组织购买服务的方式，为其提供资金上的支持。

五要对老年人参与社会给予正确地宣传引导。随着社会养老保障水平不断提高，在解决了“养老”的基本需求后，如何让老年人生活得更有价值、更有尊严，成为全社会共同面临的问题，这一问题关乎老年人的身心健康，又关乎社会的和谐稳定。因此，必须顺应老年人的生活需求，积极搭建老有所为平台，创新老有所为载体。对大多数老年人来说，从以前的工作岗位上退下来后，赋闲在家并非最好的养生方式，而维持原有社会关系和保持适当工作节奏，有助于延缓智力和身体机能的衰退。东营、烟台、济宁等地建立了老年人才市场或老专家人才库，为老有所为提供平台。东营市老年人才市场自成立以来，举办招聘会107场次，参会及发布招聘信息的单位1125家，提供工作岗位1873个，达成用工意向670多人次，老年人才与企业签订合同208份，将68项老年科研成果推向市场。因此，要寻找更多的切入点，搭建老年人与社会成员之间的交流平台，推广类似关工委开展的“大手拉小手”系列活动，让老年人与儿童、少年、青年甚至中年人相互帮助、相互学习、共同收获，自然、和谐地创造更多人生价值。同时，要进一步强化对老有所为的宣传和引导，通过与各类媒体合作，扩大老有所为的影响力，定期开展老有所为工作和典型的宣传，将老年人参与“大众创业、万众创新”的积极面貌和良好局面宣传开来，倡导社会组织、家庭成员认同老年人开展各项公益活动，让全社会充分认识老年人的特殊作用，形成将老有所为与全民创业相结合的良好氛围。要定期开展老有所为先进个人和先进集体的评选活动，对老有所为先进典型给予精神上的关爱和生活上的优待。发挥好老年刊物的阵地作用，通过爱心捐赠等方式，让更多老年人接触到《老年教育》、《老干部之家》、《山东老年》、《中国老年报》等报刊杂志。电视、报纸等媒体应加大对老有所为工作的宣传力度，老龄部门在工作网站上开设老有所为专题栏目，定期推出和更新老有所为有关的新闻，以便让公众更多的了解、学习老有所为典型人物的先进事迹。

六要强化老年人的教育和培训工作。要实现老年人力资源的可持续发展，就必须大力发展针对老年人的专业教育和技能培训，确保老年人的智力保持和延伸。例如滕州市级索镇北洋楼村的老人，几年前多数以务农为主要经济来源，其他收入基本为国家发放的基础养老金和子女的供奉。但近几年，该村“两委”利用留守老人空闲时间多、居住离家近的特点，通过招商引进了手工艺品来料加工项目。该项目属于劳动密集型，简单易学、容易操作，对工作场地、工作时间、季节、人工素质等要求也较为宽松，大多数老年人都能胜任。村里老年人接受企业简单培训后即可从事简单的串珠、打结、编绳等加工业务。通过简单的劳动，每位老年人每月平均可增加 100–200 元的收入。这种技能培训模式，充分挖掘了农村地区闲置的劳动力资源，为老年人创造了新的收入渠道，有利于保持老年人肢体动作的协调性和灵活性，降低了老年人的孤独、抑郁和失落感，促进了邻里和家庭之间的和谐。同时，要推进老年教育模式创新。济南市老龄办联合济南出版社、济南教育电视台开办的家庭电视老年大学，让济南的老年人在家中就能随时通过电视免费学习艺术和健康养生等全新课程，丰富了老年文化生活。这一教学模式不受场地、规模和时间限制，并且对所有 55 周岁以上的中老年人免费开课，有效缓解了老年教学资源不足、分布不均的情况，极大地方便了老年人参与学习。潍坊市奎文区老年大学结合自身位于潍坊市中心城区、紧邻潍坊市老年大学的现状，不是选择与师资力量雄厚、办学条件优越、课程安排完备的潍坊市老年大学进行直接竞争，而是树立互补办学、梯级推进老年教育的理念，推进老年教育工作进社区，在工福街、樱园、孙家社区设立三处老年大学分校，既有效化解了潍坊市老年大学入学有条件、班额有限制的问题，又消化了社区老年人的教育需求，也避免了在老年教学上的投资重复、资源重叠和同质竞争。

执笔：乔良

上海老年人养老服务需求综合评估体系研究

上海市老龄科学研究中心课题组

上海开展养老服务需求评估工作较早，自2004年以来，本市民政、卫计、医保等部门先后在社区居家养老、机构养老、老年护理医院、高龄老人医疗护理等领域开展评估工作，初步形成了《上海市老年照护等级评估要求》、《上海市老年护理医院出入院评估标准》和《高龄老人医疗护理需求评估管理规范（试行）》等三套相对独立的需求评估体系。上海市人民政府《关于加快发展养老服务业推进社会养老服务体系建设的实施意见》提出构建上海养老服务"供给体系"、"保障体系"、"政策支撑体系"、"统一需求评估体系"、"行业监管体系"五位一体的目标，其中"统一需求评估体系"则是"五大体系"建设的基石。因此，整合民政、卫计、医保等部门的资源优势，统一三个评估标准，形成养老服务需求综合评估体系成为当前的重要任务之一。

一、养老服务需求评估体系的理论和政策依据

（一）养老服务需求评估概念的界定

养老服务需求评估，是为科学确定老年人服务需求类型、照料护理等级的标尺以及审核护理补贴、养老服务补贴等社会福利政策享受资格的手段。由专业人员依据相关标准，对老年人生理、心理、精神、经济条件和生活状况等进行的综合分析评价工作。建立健全养老服务需求评估制度，是积极应对人口老龄化、深入贯彻落实《老年人权益保障法》，保障老年人合法权益的重要举措；是推进社会养老服务体系建设，提升养老服务水平，充分保障经济困难的孤寡、失能、高龄、失独等老年人服务需求的迫切需要；是合理配置养老服务资源，充分调动和发挥社会力量参与，全面提升养老服务质量和运行管理效率的客观要求。

根据上海的经验，养老服务需求综合评估主要是指对有生活照护及医疗护理等养老服务需求的老人，在其提出申请的情况下，由第三方评估机构根据统一、科学的评判标准进行评估，以判断是否需要为其提供相关服务、提供哪些服务，同时界定其可以享受哪些相应的公共福利政策。它是实现政府公平配置养老公共资源，提高资源使用效率的重要工具和手段，为确保有需要的老年人获得恰当的养老服务提供科学的衡量依据。

（二）养老服务需求评估体系构建的理论依据

建立老年人养老需求评估体系，是养老服务事业发展的必然要求。老年人养老需求的增多与养老服务有效资源的不足是施行需求评估的重要出发点。在社会服务资源有限的情况下，除了大力发展社会化养老服务以外，还必须考虑什么样的老人应该优先得到服务，以及针对不同身体状况的老人，应该提供哪些形式和内容的服务，从而合理安排，避免资源重叠使用造成的服务资源浪费。这就要通过评估来完成这一目标。通过建立评估体系，对有照料服务需求的老年人进行评估，将有限的公共养老服务资源优先分配给最需要的老人，并根据老年人的实际需求提供具有针对性的服务。社区居家养老体系的建立实际上可以从“新公共管理理论”、“项目管理原理”和“个案管理方法”三种理论中寻求支持。首先，新公共管理理论将城市居家养老定性为“公共服务”，因此可以“看作是一种以强调明确的责任感、产品导向和绩效评估，以准独立的行政单位为主的分权结构（分散化），采用私人部门管理、技术、工具、引入市场机制，以改善竞争为特征的公共部门管理新途径”。并应该明确公共服务的三类主要参与者在公共服务供给中的角色和相应的地位与责任。第二，城市居家养老可以采纳和吸收项目管理的方法，即被看作“在一定的约束条件下，以高效率地实现项目业主的目标为目的，以项目经理个人负责制为基础和以项目为独立实体进行经济核算，并按照项目内在的逻辑规律进行有效的计划、组织、协调、控制的系统管理活动”。因而可以引入政府或者第三方对项目过程进行监督和评价，加强居家养老的科学化管理。第三，是个案管理的方法。即借鉴发达国家的社会工作介入机制，将城市社区的居家养老看作“一种以社区为基础的长期照顾，要求的是一个有多种服务项目的、能够进行持续照顾的服务体系，其目的在于通过整合、协调社会服务资源，确保有一个整体性的服务方案对高危人群提供专业化的、持续性的和个别化的照顾，以确保对案主的服务质量，从而在满足案主照顾需求的同时，增强其自立生活能力，并达到政府成本控制的目的”。

除此之外，当代积极老龄化、健康老龄化等理念，现代医学模式及社会的公平正义价值观都构成了需求评估的理论依据。积极老龄化、健康老龄化要求我们呼应每一个老年人的基本需求，特别对于那些失能失智、完全需要倚靠外界援助才能继续生存的老年人，必须优先获得照顾和护理，在同样的条件下，这些老人比那些身体健康的老人更应获得帮助。这是在有效公共养老服务资源不足的情况中实施评估的理论基础。同时，社会公平正义正成为社会主义社会的核心价值观，不依赖老人的社会背景、经济条件、宗教信仰以及年龄，而依据对老人身体健康状况、生活自理能力等情况的评估判断，使之享受相应等级水平的护理照料和补贴，正反映了一种公平正义的价值所在。因此，这些都构成了养老服务需求评估体系的重要理论依据。

（三）养老服务需求评估制度建立的背景和政策依据

对上海而言，建立养老需求评估体系，有如下背景基础：首先，快速老龄化形势下老年人照料服务需求日益增长。随着上海人口老龄化、高龄化、家庭小型化进程的加快，人均预期寿命的延长，老年人的护理期也随之延长，但同时家庭对老年人的照料功能逐步弱化，社会化照料服务需求在不断增长。其次，社会化养老服务的提供总量不足。截至 2014 年底，上海拥有养老床位数 11.49 万张，社区居家养老服务人数为 29.54 万名，其中享受养老服务补贴的人数为 13 万人，服务供给与老年人需求之间还存在差距，不能完全满足。因此，在社会服务资源有限的情况下，除了大力发展社会化养老服务以外，还必须考虑什么样的老人应该优先得到服务，以及针对不同情况，应该提供什么服务，这就涉及评估问题。需要通过建立评估体系，对照料服务需求进行评估，将服务资源优先分配给最需要的老人，并根据老年人需求提供针对性的服务。设立评估体系，从众多提出养老服务申请的老年人群中筛选出经济条件相对困难、身体状况需要援助的失智失能困难老人，使这部分老年人优先获得服务，使政府提供的基本公共服务资源能最大限度地公平、合理分配使用，达到政府“保基本”的最终目的。同时，还可以对符合条件的申请养老服务的老年人，根据其实际情况进一步分等级，以确定享受何种等级水平的养老服务内容和补贴。初步达到满足老年人多样化的养老服务需求的目的。

本市民政、卫计、医保等部门探索出多种老年照护服务形式，比如民政部门多年来发展的以生活照护为主的社区居家养老服务和养老机构照护服务，卫计委通过老年护理院、社区卫生服务中心提供的老年人医疗护理、临终关怀、家庭病床等服务，医保部门试点开展的高龄老人医疗护理服务等服务项目，对缓解日益增长的老年照护需求起到了一定作用。但由于各部门管理权限相对独立，造成了服务功能定位重叠、服务资源碎片化、资源管理衔接不够等现实问题。同时，各部门根据各自的研究成果，制定出三套评估标准，在评估体系建立的初期，源自不同领域制定的标准有利于本部门系统提高资源使用效率，减轻相应的养老、护理的需求压力。但是随着老龄事业的发展，新的养老服务目标的提出，特别是“医养融合”目标的提出，消除养老、护理服务的碎片化，融合民政部门和卫生部门养老、护理服务的优势，实现资源共享，就势在必行。国务院《关于加快发展养老服务业的若干意见》（以下简称国务院 35 号文）明确提出了“医养融合”的要求，上海市人民政府《关于加快发展养老服务业推进社会养老服务体系建设的实施意见》（以下简称上海 28 号文）制定了“医养融合”的发展目标，在此背景下，综合整理这三种针对老年人养老、护理需求的评估体系，合而为一形成统一的综合评估体系，成为当前老龄工作的重中之重。

上海在养老服务评估制度的建立和探索方面走在全国前列。早在 2006 年本市即提出要逐步实现居家养老服务和机构养老服务需求一体化评估。这表明了要建立养老需求综合评估的基本思想。上海 28 号文指出，要对老年人开展养老需求评估，并以此为标准，匹配老年人养老需求和养老专业服务项目。整合现有相关评估标准，建立包括医疗护理、生活护理等多种服务需求的评估标准。依托现有的需求评估力量，逐步形成统一的需求评估队伍，建立基本养老服务第三方评估机制。组建统一的需求管理和服务平台，由其负责区域内养老资源的统筹，组织委托第三方专业机构开展评估，并根据评估结果，为老年人提供相应的养老服务和医疗护理服务。制订完善老年护理院出入院标准，在医保配套政策、出院执行保障措施等政策基础上推广实施，形成机构护理与机构养老、居家养护等合理分工，有序衔接。因此，建立融合民政部门、卫计部门、医保部门的养老服务需求综合评估体系有非常明确的政策依据。

二、养老服务需求综合评估体系的设计

（一）现有三种评估体系的梳理和综合分析

本市在社区居家养老、机构养老、老年护理医院、高龄老人医疗护理等领域开展了评估工作，初步形成了三套需求评估体系，分别是《上海市老年照护等级评估要求》、《上海市老年护理医院出入院评估标准》和《高龄老人医疗护理需求评估管理规范（试行）》。

1. 老年照护等级评估要求

《上海市养老服务需求评估表》等评估工具在全市各级社区居家养老服务领域和部分养老机构广泛使用，并实现信息化管理。在此基础上，上海市民政局会同行业专业人士编制《老年照护等级评估要求》。

《老年照护等级评估要求》是依据国际通用的日常生活活动能力量表（ADL量表）以及认知功能评估量表作为评估工具，设定了影响老年人日常生活能力的生活自理能力、认知能力、情绪行为、视觉等四大主要参数，以及社会生活环境等背景参数。每个参数项目下设定了数个评估事项，例如："生活自理能力"参数设定了进食、修饰及洗浴、穿（脱）衣、如厕及排泄、移动等5个评估事项，对这些评估事项逐一进行单项判断评分后，得出这个主要参数的程度等级，据此对老年人日常生活能力进行基础判断，得出"正常"、"轻度"、"中度"、"重度"四种评估结论、三个照料等级。评估是为合理配置老年人照护服务资源提供技术支撑，对经济困难且生活不能自理老年人进行老年照护等级评估，使其获得差别化养老服务补贴。

2. 老年护理服务需求评估

《上海市老年护理医院出入院评估标准》是由市卫生计生委组织制定的关于老年人入住护理医院标准的评估工作，具体包括COPD患者、肺炎患者、高血压患者、冠状动脉粥样硬化性心脏病患者、脑出血患者、脑梗塞患者、糖尿病患者、晚期肿瘤患者、下肢骨折患者等老年护理医院出入院评估标准。评估采用打分制，对因存在医学指征而入院者，每三个月评定一次。对于不再存在入院标准中提到的医学指征，且不符合其他入院标准，应向病人家属建议将患者转出到社区、家庭或养老机构进行养护。对病情出现变化，超出护理院的服务能力者，评分为70分之上的应及时转入到相应的上级医疗机构。

3. 高龄老人医疗护理需求评估

《高龄老人医疗护理需求评估管理规范（试行）》是由市卫生计生委、市人力资源社会保障局（市医保办）统一管理、卫生行政部门具体实施的对老年医疗护理需求的评估工作，目的是根据《关于本市开展高龄老人医疗护理计划试点工作的意见》的要求进一步规范高龄老人医疗护理需求评估的管理。目前处于试点阶段，主要是通过

政府购买服务的形式，由区域内的社区卫生服务中心开展老年医疗护理评估工作。老年人自行申请医疗护理评估，评估结果有效期为一年，有效期满前需提出期末评估书面申请。《老年医疗护理服务需求评估调查表》作为评估工具，设定了被调查者及其家庭情况、基本项目、患病与治疗情况、老人大体状况、居住及社区环境、特别事项等六大主要参数，每个主要参数下设若干具体评估事项。其中基本项目通过选取 31 项老年人日常活动，调查其在完成这些日常活动过程中是否需要他人帮助，以此确定被评估老年人在基本日常活动自理能力与一般日常活动中的自理能力状况。在老人大体状况一项中，调查员通过对被调查者日常生活基本判断能力、视力、听力、表达意愿等方面的观察，根据自己的判断对老年人大体状况进行评估。通过对上述参数的汇总分析形成老年医疗护理需求评估报告，确认评估结果为老年医疗护理需求中的一般需求、轻度需求、中度需求还是重度需求，并给予老年人相应的居家医疗护理费用医保支付待遇。

从总体来看，民政、卫生、医保在各自系统对老年照护需求开展了积极实践或试点探索，但也存在一些问题。如评估各成体系，缺乏有效衔接；老年人需接受不同部门多次评估，部门资源未能有效整合；服务项目间缺乏转介机制等，在政策协同、资源统筹、形成合力等方面需进一步加强。

（二）统一养老服务需求综合评估体系的内涵

根据上海市政府关于加快推进涵盖养老服务供给体系、保障体系、政策支撑体系、需求评估体系、行业监管体系“五位一体”的总体要求，实现老年照护需求与专业服务合理匹配，促进养老服务资源的公平分配与有效使用，制定本养老服务需求评估体系。主要目的是基于“老有所养”和“持续照护”的理念，以建立老年长期照护体系为目标，构建以老年人为中心的统一老年照护需求评估体系，不断完善本市养老服务体系。通过统一的需求评估体系对老年人开展养老需求评估，并以此为标准，匹配老年人养老需求和养老专业服务项目。整合现有相关评估标准，建立包括医疗护理、生活护理等多种服务需求的评估标准。

具体来看，统一的养老服务需求评估体系主要包含两个方面的内容：一是统一评估调查表，涵盖生活照料和医疗护理相关调查内容并明确老年人照护等级、等级划分的标准；二是老年人分类照护项目清单，针对老年人的不同情况，明确对应的服务项目和内容。

（1）统一评估调查表应包含评估参数项目和评估报告两个方面。评估参数项目包括疾病指数、生活自理能力、认知能力、情绪行为、视觉等五个主要参数以及社会生活环境作为背景参数，从这六个方面对老年人进行全面评估。为保证评估结论的客观性，将采取双盲法的办法实施，之后形成完整的评估报告。评估报告将最终呈现老年人的评估总分，并根据分值划分照护等级。统一的评估体系整合老年照护评估标准、老年护理医院出入院评估标准、高龄老人医疗护理评估标准，将老年人照护等级划分为七个不同层级，由轻及重分别为：正常（一度）、较轻度（二度）、轻度（三度）、轻中度（四度）、中度（五度）、重度（六度）、极重度（七度）。根据不同的照护等级为老年人提出相应的养老服务建议。同时做好评估培训和评估团队的建设工作。

（2）明确与照护等级对应的服务项目清单。整合现有服务项目，在居家养老服务政策的基础上，针对社区居家照护（入户生活照料和医疗护理、日间照料、家庭病床等）、养老机构照护、老年护理院照护等不同梯度，制定与照护等级对应的服务项目清单和服务资质、照护服务政策梯度，以及资金支付渠道（个人支付、财政补贴、医保支付）等。

（三）统一养老服务需求综合评估体系的应用范围

全市统一的老年人养老服务需求综合评估体系主要应用于两大类五小类服务：即社区居家照护服务（社区居家养老上门照护服务、社区日间服务机构日间照护服务、高龄老人居家医疗护理服务）、机构照护服务（养老机构照护服务、老年护理院照护服务）。

（1）社区居家照护服务—社区居家养老上门照护服务。主要为经统一评估照护等级较为轻度（二度）、轻度（三度）、轻中度（四度）且有居家生活照料需求的老年人，通过政府的购买服务和社会化参与，由社会养老服务组织，提供或协助提供开展以“助餐、助浴、助洁、助急、助行、助医”等为主要内容的“六助”服务，满足老年人专业化、个性化的养老服务需求。

（2）社区居家照护服务—社区日间服务机构日间照护服务。主要为经统一评估照护等级为轻度（二度）、轻度（三度）、轻中度（四度）且有日托照料需求的老年人提供日托服务，让老年人距家较近的日托所享受到日托照顾、餐饮配送、保健康复、文化娱乐等“一站式”养老服务。与社区居家上门服务有所不同的是，日托服务将更加突出为老服务的专业化，不是简单停留在照看式的“托管”，而是强调人性化的“服务”，让老年人在熟悉的环境中得到所需的专业化、规范化和亲情化服务。

（3）社区居家照护服务—高龄老人居家医疗护理服务。主要为统一评估照护等级为中度（五度）、重度（六度）、极重度（七度）的居家高龄老年人，通过医保额度的匹配，由医疗服务组织或护理服务机构，提供基本的居家医疗护理服务。

（4）机构照护服务—养老机构照护服务。主要为患慢性病、以生活护理需求为主的中、重度失能（失智）、高龄老年人，提供照料护理服务，其中有内设医疗机构的养老机构还提供医疗护理服务。

（5）机构照护服务—老年护理院或社区卫生服务中心照护服务。主要为病情相对较重，以医疗护理需求为主的重度失能老年人，提供医疗护理、临终关怀和舒缓疗护等服务。

三、建立统一的养老服务需求综合评估体系的有利因素及不利因素分析

（一）有利因素分析

（1）市领导的高度重视。建立养老服务需求综合评估体系的第一个有利因素是市

领导的高度重视。在养老服务发展的起步阶段，分别从民政部门、卫计部门、医保部门各自设计出相应的评估标准是可行的。随着“医养融合”目标的提出，市领导提出建立一个统一的养老需求综合评估体系势在必行，并将之写入了养老服务发展28号文中，将其作为“五位一体”中的重要一体单独列出来。同时要求发改委、民政、卫计等部门将其作为当前的一项重要工作任务，积极研究，部署落实。

（2）各部门的共识。主要是包括发改委、民政、卫计等部门在内对建立统一的养老服务综合评估体系有高度的共识，体现在行动上，表现为在市发改委领导下，民政部门和卫计部门均在不断努力探索统一的养老和护理综合评估标准。早在2006年民政部门即提出要探索将机构养老的入院评估标准和居家养老服务的护理等级评估标准统一的做法。卫计部门在2013年制定了老年护理院出入院标准并进行了试点，同时也在探索医院护理服务中接入居家养老服务的内容。医保部门在2013年制定了《高龄老人医疗护理需求评估管理规范（试行）》。因此，建立一个统一的养老服务需求综合评估标准有着良好的部门共识和协作基础。

（3）统一的养老服务综合评估标准拥有了坚实的工作基础。即基于卫计部门的老年护理院出入院标准、民政部门的老年照护等级评估要求、医保部门的高龄老人医疗护理需求评估管理规范（试行）均已经制定并实施。以这三个评估标准为基础，在统一的养老服务需求综合评估中分别形成机构养老模块、居家养老模块和医疗护理服务模块，那么对于将来上海市的养老服务发展，具有非常重要的意义和推动作用。

（二）不利因素分析

（1）不同部门的藩篱需要打破。三个标准涉及三个部门，如果不能打破部门之间的藩篱，那么要真正建立一个统一高效的综合评估体系难度不小。谁牵头，谁来做，谁为主，这些问题解决不好可能会影响将来的综合评估体系的实际运转效率。

（2）评估队伍的整合问题。原来各自的评估队伍要加强培训，以适应整合之后新的综合评估体系。这可能存在一个过渡期。如对老年人同一种身体状况的评估，卫计部门的评估方式、结果与民政部门的评估方式、结果是有差异。不一定是谁正确谁错误的问题，可能是评估的角度、评估依据的专业知识有差异导致的。如何弥合他们之间的评估差异，需要仔细研究。这个问题解决不好可能影响将来的综合评估体系的权威性。

（3）养老服务的资金融合问题。卫计部门的用于养老、医疗护理服务的资金和民政部门的用于养老、护理服务的资金如何进行优势互补，也是需要解决的问题。在建立统一的养老需求综合评估体系背景下，老年人在护理院中的服务费用是否可以纳入民政系统的养老服务补贴范畴，居家养老的老年人和机构养老的老年人的护理照料费用是否可以纳入医保基金支付范畴等，都是需要认真讨论协商解决的。资金问题解决的完美程度影响到综合评估体系的运转效率。

四、养老服务需求评估体系的操作运行方式

（一）评估对象及所接受的服务性质

1. 评估对象的基本要求

拥有本市户籍，年龄在60岁及以上的老年人，主观上认为自己或家人认为该老年人有社区生活照料服务、入住养老机构或护理机构的需求，可以向户籍所在地的社区事务受理服务中心或综合为老服务中心提交相关申请，并接受相关评估。

2. 评估对象可接受三种不同性质的服务

（1）基本养老公共服务。基本养老公共服务主要体现了政府在养老服务中的“保基本、兜底线”作用，保障那些经评估符合条件的特定对象，服务水平体现保基本要求，服务方式可由政府直接提供服务，或由政府购买社会组织服务的方式提供，实行政府定价或政府指导价，对家庭经济条件困难的老人通过财政给予相应补贴。

在养老服务的需求方面，基本养老公共服务主要涵盖以下几方面：

社区居家养老服务

针对本市户籍经评估须接受社区居家养老服务且家庭经济条件困难或高龄的失能半失能老人，为其提供相关社区助老服务及相关设施建设服务。通过政府向这些老人发放服务券，由老人自主选择有资质的助老服务社进行服务。

机构养老服务

针对本市户籍经评估须入住养老机构的老人，为其提供全托生活照料护理功能的机构养老服务。由公办养老机构提供床位或由政府购买社会办非营利机构的床位提供生活照料服务。

医疗护理服务

针对本市户籍经评估须接受一定医疗护理服务的老人，根据不同的评估结论，分别接受不同的医疗护理服务。

社区内医疗服务：为患有慢性病、无法赴医疗机构就诊的老人提供家庭病床服务，由社区卫生服务中心或其购买社会办医疗机构提供服务。

高龄老年医疗护理保障计划：为经评估有医疗护理需求的老人提供护理服务，通过有资质的社会办医疗机构提供服务。

养老机构内护理服务：为经评估有护理需求的老人提供机构内护理服务，由公办养老机构或政府购买社会办非营利养老机构床位提供服务。

老年护理院服务：为符合入院条件的老人，由公办和社会办非营利的老年护理院提供服务。

（2）其他公益性养老服务和市场化服务。服务的种类与基本养老公共服务类同，只是服务的提供方分别为接受政府支持的社会办非营利机构以及工商注册的营利机构。

3. 评估对象与服务的关系

经过照护等级评估的申请人，根据自身的照护等级可接受相应的照护服务。

（1）选择基本养老公共服务的情况。如申请人选择基本养老公共服务，必须先进行照护等级评估，根据评估结果的服务建议接受相应服务。申请人只能选择所建议的服务或比本人照护等级轻的建议服务类型，不能选择比本人照护等级重的建议服务类型。入住公办养老机构还需进入轮候排队系统。

（2）可获取照护补贴的情况。对于经济困难的申请人，若取得相应照护补贴后，可将补贴直接带入照护服务。申请人可自由选择服务提供方。

（3）其他情况。如果老年人未选择基本养老公共服务，原则上可以不进行照护等级评估而直接申请相关服务。

（二）评估工具和参数

1. 评估工具及使用方法

（1）整合后的评估标准依然采用评估表格的形式，将主要的评估参数分成五项，每项参数包含若干评估事项，对每一评估事项进行判断评分，并加总分进行各评估参数的等级判断，同时做出结论备注。

（2）在各评估参数不同等级判断的基础上，对不同等级判断进行评估分值的确定，并对各评估参数的评估分值进行加总，得出评估总分。

（3）根据已经确定的照护等级评分参考值，将前面得出的评估总分分值与照护等级评分参考值进行比较，得出照护等级（共七度）结论。

（4）评估报告中给出了照护等级相关建议。从较轻度（二度）到极重度（七度）分别提出了应当接受何种服务，以及服务提供方和对于经济困难老人可给予的服务补贴。

2. 评估参数和指标

整合后的评估标准中包含五项评估参数，分别是疾病指数、生活自理能力、认知能力、情绪行为和视觉，这五项参数中分别包含具体的评估事项，即参数所含的各项指标。比如疾病指数参数中分为症状和体征两大类，其中症状中包含咳嗽、呼吸困难、吞咽困难等多项指标，体征中包含水肿、胸腹水等多项指标。通过对这些指标即评估事项进行判断评分总和来确定该参数的判断等级。最终按照五项参数的等级得分加总得出照护等级。

除了以上五项评分参数外，评估标准中还包含了一项社会生活环境参数，作为背景参数不参加评分，仅用作居住状况、家庭支持和社会参与的情况参考。

（三）评估流程

（1）老年人提出申请。符合条件的老年人或代理人向社区事务受理服务中心或综合为老服务中心提出照护申请。

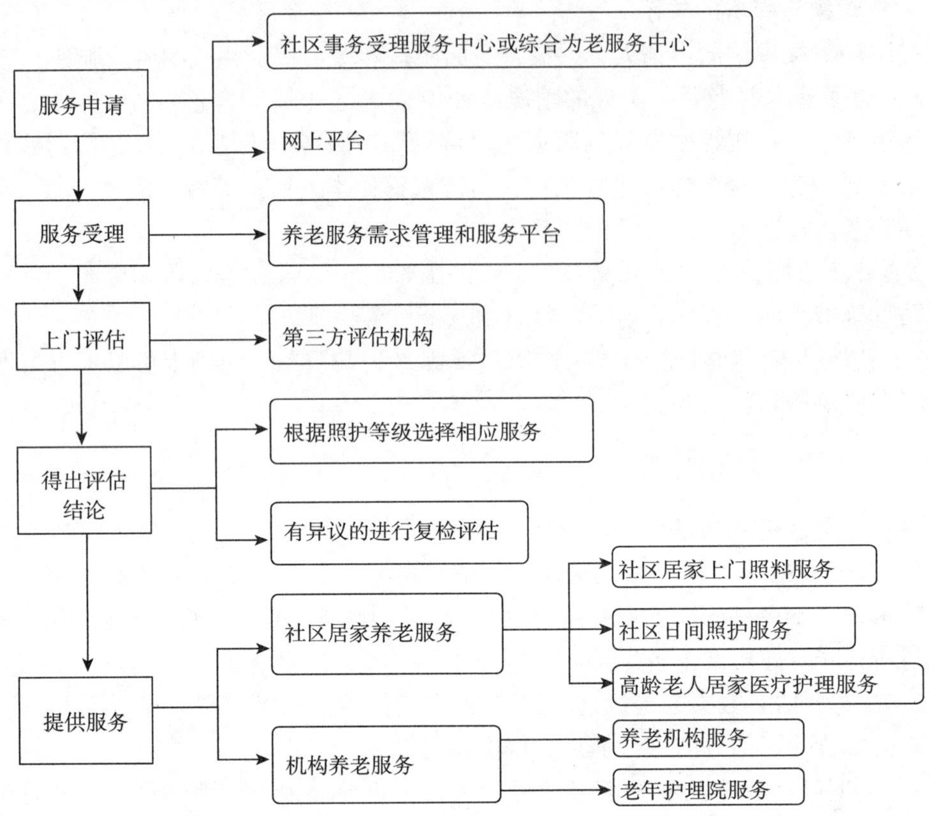

（2）相关部门受理。对于符合条件的老年人进行资格审核，做出受理与否的决定并给出理由；养老服务需求管理和服务平台可承担此职能。

（3）上门评估。对于做出受理决定的符合条件的老年人进行上门评估。由政府认可的具有相关资质的第三方评估机构进行评估。这称为首次评估，也叫做准入评估。在首次评估后，如果老年人的身体状况发生变化，将进行持续评估，或称跟踪式评估。

（4）得出评估结论。老年人对评估结论没有异议的，即参照评估结论接受相应服务；如有异议的，向相关组织提出复检评估申请。

（5）提供服务。根据评估结论提供相应服务，老年人是否享受服务补贴，依经济状况审核结果来定；服务分配由养老服务需求管理和服务平台实现。

（四）评估队伍和评估机构

在整合不同养老服务需求评估标准的同时，还需整合现有各方的评估力量，最终形成统一的评估队伍。统一的评估队伍中的评估人员并非来自一家评估机构，他们可以来自不同的评估机构，但需同时具备居家照护评估、养老机构出入院评估和护理院出入院评估的专业技能，即能进行统一评估。评估人员需要具有相关单位认可的评估资质方能进行评估工作，评估员队伍的培养今后逐步向需持有评估师执业资格证书的方向发展。

评估人员来自评估机构，这是独立于政府部门的社会组织，也叫做第三方评估机构。该评估机构需由政府部门认可，并具有相关资质。第三方评估机构拥有相对独立性，与评估对象和服务提供方没有利益关系。

评估人员的培训工作可由相关社会组织承担，评估机构的认定工作由政府相关部门负责。

（五）评估资金

评估资金包括几种情况：一是老年人初次申请照护服务时的评估费用；二是如对评估结论有异议，申请复检评估的费用；三是当老年人身体状况发生改变，需要进行持续评估的费用；四是养老机构和护理院的出院评估费用。

针对第一种情况，首次的准入评估费用由政府承担。

针对第二种情况，当对评估结论持有异议，由第三方评估机构的主管部门或类似协调小组这样的组织或机构进行审核，出具是否同意复检评估的建议，再指定复检评估小组或人员进行评估。如复检评估结论与先前的评估结论一致，由复检的申请人承担；如不一致，由先前的评估机构承担。

针对第三种情况，在身体状况发生改变的情况下提出持续评估，依相关评估费用标准，可减半或按一定比例减免。

针对第四种情况，养老机构和护理院的出院评估，原则上由机构承担。

在第一种和第三种情况中，存在申请人减免费用的情形，这部分资金需要政府相关部门予以承担。

（六）评估的支持和保障措施

（1）受理平台。建立统一的养老服务需求受理窗口。实体窗口建议设在社区事务受理服务中心或综合为老服务中心。也可另设网上受理窗口。

（2）组建统一的养老服务需求管理和服务平台。建议民政部门为主负责，该平台是一个跨部门的信息服务平台。其作用在于对各部门资源进行有效统筹整合，并对整合后的服务资源进行合理分配。具体在于统筹区域养老机构床位、老年护理院床位和居家养老服务资源，进行统一分配，满足不同照护等级老年人的养老服务需求。平台可设市、区（县）两级。

（3）评估机构和评估队伍的建设。评估机构的认证、评估师的培训和考核，包括原有评估人员的再培训和新评估员的培训，评估机构和人员的配备是整个评估体系正常操作运行的重要保证，需要整合原有的评估员队伍，并充实新鲜血液。

对于复检评估的实施，建议成立专家小组或复审组织，并起草复评估实施流程和标准。

（4）制定养老机构和老年护理院出院标准和出院执行保障措施。制定机构的出院标准也是将资源用于最需要的老年人的措施之一。出院标准可以另行制定，但建议采用整合后的评估标准，当评估标准低于某一级别，可进行出院办理。但在实际操作过程中，有一些老年人入住机构后，即使身体状况不符合入住条件也不选择出院，因此，要强化出院执行措施的力度，使资源分配合理化。

（5）给予养老机构护理床位的医保政策支持。对于养老机构中的护理床位，建议打开医保通道，通过前期的供给实际情况，进行审核和评定，符合条件者可以使用医保支付护理费用。公办养老机构未来收住的老年人 70% 将为失能失智老人，护理床位的比例将会不断递增。在评估过程中，要实现照料和护理的有序衔接，医保的政策支持必不可少。

结论

上海社会养老服务体系建设的总体目标是到 2020 年，全面建成涵盖养老服务供给体系、保障体系、政策支撑体系、需求评估体系、行业监管体系“五位一体”的社会养老服务体系。这其中的需求评估体系包含两层内容，一是养老服务需求评估体系，二是经济状况审核体系。本课题关注的内容是养老服务需求评估体系，通过整合现有的三种原属不同部门、在评估针对性方面各有侧重、在评估内容方面有所交叉重叠的评估标准，形成一个统一的让老年人通过一次申请评估就可以获得与自己身体状况相适合的照护服务的评估体系，而无需分别多次向不同照护服务机构发出申请，从而形成一个在统一评估标准和评估队伍背景下的老年人养老服务需求的梯度衔接机制，该评估体系不仅整合不同部门的评估标准，也整合不同部门的服务资源，通过一条通道统一为老年人所用。

养老服务需求评估体系的另一支撑即经济状况审核体系，这是在老年人养老服务需求评估结论确定后，当提供基本公共服务时，在服务费用的承担方面对家庭经济条件困难的老人通过财政给予相应补贴时的另一评估体系。它单独存在，可依托现有的市居民经济状况核对系统，同时也和养老服务评估体系共同服务于老年人。

附件

（一）上海市老年照护等级评估表（略）

（二）上海市老年照护等级评估流程（略）

（三）上海市老年照护等级评估流程图（略）

老年产业财税政策的现状调查与思考

——以重庆市老年产业财税政策为例

重庆市老年学学会　重庆师范大学历史与社会学院

2014年09月16日《中国财经报》报道，预计到2015年，我国60岁以上老年人口将达2.16亿，占总人口比例的16.7%。而重庆市老龄工作委员会办公室发布的《重庆市2015年老年人口信息和老龄事业发展状况报告》表明，截至2014年底，全市户籍总人口3373.7万人，其中，60岁及以上户籍老年人口656.17万人，占总人口的19.45%；65岁及以上户籍老年人口439.5万人，占总人口的13.03%；80岁以上高龄老人93.38万人，占总人口的2.77%。国际上，通常把60岁以上的人口占总人口比例达到10%，或65岁以上人口占总人口的比重达到7%作为一个国家或地区进入老龄化社会的标准，由此看来，重庆已经进入老龄化社会，并且老龄化的程度远超全国平均水平，属于典型的未富先老地区。我们如何去应对老龄化带来的一系列问题，在解决这些问题的过程中发现发展的机遇，这就需要我们未雨绸缪，先行谋划，发展好老年产业。

面对银发浪潮，在全面建设小康社会的进程中，发展以老年生活照料、老年产品用品、老年健康服务、老年体育健身、老年文化娱乐、老年教育、老年金融服务、老年旅游、养老信息等为主的老年产业，不断满足老年人持续增长的养老服务需求，实现“老有所养、老有所医、老有所为、老有所学、老有所乐”的社会理想，既是建设小康社会的应有之义，也是我国在解决老龄化问题过程中将问题转化为拉动消费、扩大就业的机会，从而保障和改善民生，推进经济社会持续健康发展。然而，目前我国的老年服务业发展还不够完善，养老平台的构成还很单一，以政府包办的具有福利性质的养老院为主，少量存在着一些收费很高的仅供少数人享用的社会力量举办的养老机构，而其他应该与之配套发展的产业，类似于老年旅游业，老年教育业，老年生活用品业，老年医疗保健业，养老信息业等还处于欠发达、不成熟的状态，甚至一些产业才开始出现。在老年产业发展的初期阶段，重庆和沿海、内地的其他省市比，财税政策扶持和引导老年产业发展具有什么样的特点、存在什么问题、导致这些问题的原因是什么、我们如何去破解这些问题。

带着这些问题，课题组通过文献收集、走访、发放调查卷等方式收集了部分省市和重庆的部分区县老年产业发展财税政策的相关文件和资料，并从财政直接投资、财政补贴、税收优惠、行政事业性收费优惠和政府购买服务等五方面，对渝中区、九龙坡区、江北区、南岸区、渝北区、南川区、荣昌区、铜梁区、酉阳县、开县、城口县、巫山县、忠县、巴南区、秀山县等15个区县进行了统计分析；同时，制作了《重庆市老年产业发展财税政策调查表》，向公办公营养老机构、民办民营养老机构和公办民营养老机构进行了调查，也实地走访了渝中区、沙坪坝、巴南区的多家养老机构，还对部分社区居民发放问卷调查表和展开访谈，获取了老年人养老的需求信息。我们以此研究报告呈现我们的观察和思考。

一、国内兄弟省市老年产业财税政策的基本情况和经验

（一）国内兄弟省市老年产业财税政策的基本情况

课题组在选择国内兄弟省市时主要考虑了调查样本的代表性，在直辖市、沿海省市和内陆省市分别选择性地收集了北京、上海、广东和四川老年产业财税政策的资料。以财政直接投资、财政补贴、税收优惠、行政事业性收费优惠和政府购买服务这五项指标作为对比分析因子，我们发现，北京、上海、广东三省市运用财税政策扶持和引导老年产业各有特点并走在全国的前列，而四川无论政策创建还是政策执行均略显逊色。

财政直接投资方面。4 个省市均注重政府财政资金主要以拨款形式直接投资建设和运营公办养老机构，发挥公办养老机构对下列人员的托底作用：即城镇“三无”人员（即无劳动能力，无生活来源，无赡养人和扶养人、或者其赡养人和扶养人确无赡养和扶养能力，以下简称城镇“三无”人员）和农村五保对象中的老年人、低收入老年人、经济困难的失能半失能、失独老年人等。如上海明确规定政府投资举办的公办养老机构优先保障经济困难的无子女、失能、高龄老年人的基本养老服务需求，其中收住失能老年人数量占总入住老年人数量的 70% 以上；此外，上海和广东还运用财政直接投资资金建设养老服务信息平台，为老年人提供紧急呼叫、家政预约、医疗保健咨询、物品代购、服务缴费等一站式服务；特别上海实施养老服务“信息惠民行动计划”，构建全市统一的养老服务信息平台，平台具有养老服务数据库及其分析决策、网上办事和服务等功能，在运用信息化手段推动老年产业发展在全国处于领先地位。

财政补贴方面。4 个省市均注重运用财政补贴手段引导社会资本加速进入养老服务领域，发展各种老年产业。北京财政补贴手段较多，充分利用中小企业、科技创新、创业投资等方面的扶持资金以及医疗卫生资金、就业资金、社会保障基金等，发挥资金投入合力，除采取投入资本金外，在财政补贴方面主要采取直接补助、财政贴息、项目补贴、风险补偿金等方式，引导社会资本加速进入养老服务领域。广东为促进老年产业发展对社会力量举办养老机构给予建设和运营补贴，对公建民营养老机构给予运营补贴；四川对养老服务机构新增床位，原则上按每张 1 万元给予建设性补助，并适当补助运营费。

税收优惠和行政事业性收费优惠方面。4 个省市均按照国务院 2013 年出台《关于加快发展养老服务业的若干意见》（国发［2013］35 号）文件中有关税费优惠政策做出相关规定，贯彻落实国家有关扶持养老机构的税费优惠政策。但北京除重点扶持以社区照顾为基础的老年生活照料服务业外，还将优惠政策延伸到配套发展的老年旅游、老年产品用品等领域，打造老年产业完整产业链；同时，为确保老年产业落地生根，提出建立

老年产业园，充分体现了北京在老年产业发展方面抢占先机的战略眼光。

政府购买服务方面。北京、上海和广东建立了科学合理的政府购买服务制度，以老年人实际真实需求为导向、以精准具体的服务项目为内容提高政府购买服务的效果。具体做法如下：一是上海和广东建立了老年人需求评估制度，根据老年人的生理、精神、经济条件和生活状况等因素科学确定服务需求，解决了真实需求和政策匹配的问题，让真正需要国家帮助的人得到帮助；二是北京、上海和广东根据老年人的服务需求，政府通过购买生活照料、康复护理、辅具配置、精神慰藉、紧急救援、法律服务等养老服务既满足老年人的需求又培育专业化的社会组织，这种老年产业多领域分工协作和走专业化发展之路，有利于提高行业服务质量；三是北京、上海和广东以政府购买服务方式引导社会资本进入养老服务领域，重点发展社区和居家养老服务。广东省各级政府养老服务采购指导性目录以居家养老服务项目为重点，北京市各级政府对以社区照顾为基础的老年生活照料服务业作为政府采购重点，上海将政府购买服务的重点聚焦在对整合社区资源采取集约化运作的“助餐、助浴、助洁、助行、助医、助急”等社区居家养老服务机构。

（二）国内兄弟省市老年产业财税政策值得学习的经验

总结北京、上海、广东、四川运用财税政策扶持和引导老年产业的具体做法，归纳起来有以下四个方面的经验值得我们借鉴学习。

第一，树立老年产业发展战略观，关注老年产业各领域的协调发展。老年人有物质需求、生活照料和精神生活等多样化需求，政府仅仅在养老机构数量增长上着力是远远不够的，还需要提高老年人的物质生活和精神生活质量，因此，站在产业发展的制高点用战略眼光看待老年人的多样化需求，并围绕这些需求打造老年产业链。北京在这方面领先全国其他地区就在于，运用财税政策重点扶持以社区照顾为基础的老年生活照料服务业之外，还注重从北京产业转型的角度扶持老年生活用品、老年健康服务业、老年文化教育事业、老年体育健身活动、老年休闲旅游业、老年金融服务业、老年宜居住宅等的协调发展，打造完整的老年产业链。

第二，区分政府和市场发挥作用的领域，并采取不同的财税政策。在我国坚持市场化改革的路径中，因老年产业中既存在完全依托市场配置资源由市场提供竞争性产品或服务的情形，也存在由政府提供非竞争性产品或服务的情形。这两种情形都离不开政府那只看得见的手的扶持和引导。因此，全体老人的基本养老服务和城乡“三无”老人、低收入老人、经济困难的失能半失能老人和失独老人的养老托底应由政府提供非竞争性服务，其中托底部分应由公办养老机构老承担；全体老人的基本养老服务则既可由公办养老机构承担，也可以由社会力量举办的养老机构承担，但政府在提供这部分非竞争性服务时，同样可以引入竞争机制，以政府购买服务的方式解决老年人的基本养老服务需求并培育社会服务机构，起到了一箭双雕的效果。如上海和广东，政府向养老服务社会组织购买养老服务就是如此。而市场发挥作用的领域则是满足基本养老服务和托底养老服务之外的个性化和高品质的生活照料、物质生活和精神生活等需求。

第三，建立养老服务的评估体系，提高财政资金的使用效果。政府提供的非竞争性养老服务，如果制度设计没有坚持程序公正原则，无法解决老年人真实需求并匹配相应服务的话，而平均分配公共服务的做法，看似公平，实则让真正需要雪中送炭的人得不到或得到较少的政府帮助，锦上添花的结果是整个社会福利的损失和浪费。为解决这一问题，北京、上海和广东均建立养老服务评估制度，其中上海的做法较为典型，即建立统一的经济状况审核体系和统一的需求评估体系，前者依据家庭资产、收入等经济状况，确定享受政府基本养老服务补贴的标准和条件，后者对老年人开展养老需求评估，并以此为标准，匹配老年人养老需求和养老专业服务项目。

第四，关注有效需求，重点培育社区和居家养老服务。我国目前养老真实需求主要存在于20世纪30–50年代出生的老人，这个年龄阶段的老人农村人口占绝大多数且经济条件差，经济条件相对好一些的城镇居民，其养老金收入也不高，2000~5000元的月收入较为普遍，养老承受能力有限。同时，课题组对部分社区离退休职工调研发现，目前有真实养老需求的老人往往在养老观念上倾向于社区和居家养老，更愿意在自己长期生活的熟悉环境中安享晚年。北京、上海和广东的各级政府正是看到了当前老年人的真实需求，在关注老年人有效需求后，着力培育社区和居家养老服务机构。北京扶持以社区照顾为基础的老年照料服务机构，上海优先支持整合社区资源采取集约化运作的“助餐、助浴、助洁、助行、助医、助急”等社区居家养老服务机构，广东省各级政府购买服务的指导性目录以居家养老服务项目为重点。

二、重庆市老年产业财税政策的现状

近年来，重庆作为西部地区唯一直辖市，与北京、上海、广东、四川一样，运用财税政策扶持和引导老年产业发展，特别是主要提供老年人生活照料的养老机构（含社区养老服务中心（站）和家庭服务企业）得到了迅速发展。从2008—2014年，仅市级财政资金投入就达16.4亿元，主要支持城乡公办和民办养老机构以及农村敬老院的建设和运营，截至2014年底，全市城乡养老机构1408所，床位16.8万张，平均每千名老人拥有养老机构床位26张。其中，城镇福利院、社会福利中心、老年公寓等348所，床位5.7万张（国办73所，床位1.9万张；社会力量办275所，床位3.8万张）。农村敬老院1060所，床位9.2万张。全市城市社区养老服务中心（站）建成871个。经对前期收集的资料分析，重庆市老年产业的财税政策现状呈现出以下四个特点：

（一）注重政策创建，确保执行有据

重庆市在促进老年产业发展的财税政策创建方面，注重突出与我国“以居家为基础、社区为依托、机构为支撑”养老模式的衔接，注重激活民间资金进入养老行业。在国务院2013年出台《关于加快发展养老服务业的若干意见》（国发［2013］35号）之前，重庆市民政局和市发展和改革委员会于2012年5月发布了《关于加快推进社区养老服务中心（站）建设的意见》（渝民发［2012］76号），重庆市人民政府办公厅于2012

年 8 月出台了《关于扶持发展社会办养老机构的意见》（渝办发［2012］252 号），这两个文件解决了政策供给中回应市场需求发展社区养老服务的问题，解决了社会办养老机构的财税扶持政策问题，有力地助推了社会力量举办养老机构。2014 年，重庆市人民政府发布《关于加快推进养老服务业发展的意见》（渝府发［2014］16 号），全方位规范老年产业发展的相关政策，其中财税政策主要集中在财政投入、税费优惠等方面，扶持和引导的重点是养老床位的增加和养老机构、社区服务中心（站）的建设。

重庆各区县（自治县）根据自身的实际情况，分别出台发展老年产业的规范性文件。如巫山县人民政府发布《关于加快推进养老服务业发展的实施意见》（巫山府发［2014］25 号），全面规划从财政投入、税费优惠和贷款贴息等方面促进养老服务业发展。而渝中区作为重庆现行试点推行社区养老和居家养老的区县，2012 年 12 月出台了《重庆市渝中区鼓励社会力量办非营利性养老服务机构办法（试行）》（渝中府办［2012］193 号），2013 年 6 月以渝中府办［2013］80 号文号发布了《关于加强居家养老服务工作的通知》和《重庆市渝中区社区养老服务中心（站）管理办法（试行）》两个规范文件，同时发布了《重庆市渝中区社区养老服务中心（站）建设及运行扶持规定（试行）》（渝中府办［2013］81 号）文件，上述规范性文件中明确规定了财税政策如何助力渝中区社区和居家养老服务的发展。

（二）注重多种手段，确保行业发展

在促进老年产业发展的财税政策方面，重庆市各级人民政府主要采取财政直接投资、财政补贴、税收优惠、行政事业性收费优惠和政府购买服务等五种手段确保行业发展。

1. 财政直接投资

重庆市各级人民政府直接投资老年产业主要从提供非竞争性产品解决养老托底问题和信息化建设问题，在市场无法配置的领域发挥财政资金的作用。

养老托底方面。各级政府对社区养老服务中心（站）建设予以政策和资金等方面的支持；各区县（自治县）福彩公益金重点资助社区养老服务中心（站）建设和运营。因此，2008 年—2014 年仅市级财政支持市级福利机构、区县福利中心、乡镇敬老院、城市社区养老服务站、农村幸福院等养老服务设施建设达到 16.4 亿元，其中补助社会力量办养老机构 0.49 亿元。

信息化建设方面。部分区县政府为提升养老行业的信息化管理水平、提供便捷高效的服务项目，搭建养老信息服务平台。如九龙坡区投入 1150 万元建设养老信息服务平台，为老年人提供紧急援助、家政、医疗保健咨询、网上购物、服务缴费等一站式服务。

2. 财政补贴

无论是市级和区县（自治县）均存在通过补贴形式支持养老机构发展，这些补贴形式可以分为建设补贴、运营补贴和贷款贴息三大类。

一类是建设补贴，主要按床位补贴一定资金带动民间资金进入养老领域。如渝中区对自有房新建床位补贴 4000 元 / 张；租用房办机构，床位补贴 2000 元 / 张。扩建按新办标准补助。补助由区民政以购置实物方式支付，用于筹办期间对床、柜、桌、椅、空调、电视等住养设施设备、用品用具的购置。九龙坡区对新建民办养老机构给予每张床位最高 4000 元一次性建设补贴。

另一类是运营补贴。由于运营补贴是区县（自治县）财政负担，各区县（自治县）具体操作的方式上存在差异，具体有以下五种情形。第一、按人头补贴 + 管理补贴相结合的方式，如渝中区对社会力量举办的养老机构，按照接收户籍在渝中区的休养老人每月每张床位 200 元、接收户籍在渝中区的收养老人每月每张床位 600 元的标准给予补助；对正式运行半年以上的社区养老服务中心（站），根据业务开展情况给予老年人信息管理工作补助、老年活动组织工作补助、空巢老人关爱工作补助、服务成效奖、日常维护补助。第二、按服务中心（站）个数 + 人头补贴相结合的方式，如渝北区对符合社区养老服务设施要求并全年正常运营的社区养老服务中心（站），符合发放运营补贴标准的，区财政给予每个每年 3 万 ~5 万元的运营补贴。同时，建立养老机构运营补贴长效机制，对达到规定要求的社会办养老机构，由区财政对收住的渝北籍老人按每人每月 100 元的标准给予养老机构运营补贴。第三、按入住养老机构的人头给予补贴的，如开县社会办养老服务机构收住低保老人、“五保”老人、“三无”老人等，每人每月分别补贴 100—400 元；收住其他老年人，每人每月补贴 100 元。第四、按床位数量给予补贴的，如九龙坡区对符合要求的民办养老机构给予每张床位最高 500 元 / 年运营补贴。第五、按当地供养金标准一定比例给予补贴的，如铜梁区对社会办非营利性养老机构，分别按自理人员、半失能人员、失能人员月供养金的 20%、40%、60% 给予运营补助。

三是贷款贴息。巫山县对新建或扩建的社会办养老服务机构，按出让方式取得土地且总投资在 500 万元以上，其项目银行贷款按同期银行贷款基准利率贴息，自项目贷款之日起县财政贴息两年。

3. 税收优惠

渝民发［2012］76 号文件规定，社区养老服务中心和其他居家养老服务机构，运营中享受与养老机构同等税费优惠扶持政策；渝办发［2012］252 号文件规定，社会办养老机构享受税收优惠政策；2014 年渝府发［2014］16 号文件对在重庆市的公办和民办养老机构（含家庭服务企业、社区养老服务中心站）提供的养护服务免征营业税，对非营利性养老机构的自用房产、土地免征房产税、城镇土地使用税，对符合条件的非营利性养老机构按规定免征企业所得税。重庆市的各区县（自治县）人民政府在税收优惠政策上也和上级人民政府保持一致。如巫山府发［2014］25 号文件就做出了与国务院和重庆市人民政府同样的规定。

4. 行政事业性收费优惠

渝府发［2014］16 号文件规定，非营利性养老机构设施建设免征行政事业性收费，营利性养老机构设施建设减半征收行政事业性收费；养老机构提供养老服务涉及的行政事业性收费要适当减免。养老机构用水、用电、用气按居民生活类价格执行，天然气初装费降低 30% 收取，水电气安装工程费用适当减免。有线数字电视收视维护费执行低收入用户减免政策，电话、有线（数字）电视、宽带互联网等安装费用适当减免。境内外资本举办养老机构享有同等优惠政策。而重庆市各区县（自治县）政府对养老机构建设期间的行政事业性收费有独立决策权，部分区县（自治县）加大了优惠力度，如渝北区和巫山县均规定非营利性养老机构设施建设免征行政事业性收费，营利性养老机构设施建设减半征收行政事业性收费。但巫山县对新建和扩建非营利性养老机构设施，免收城市建设配套费和防空地下室易地建设费，其优惠政策的力度比上级政府的政策规定大。

5. 政府购买服务

2014 年，重庆市级专项资金 0.35 亿元，用于政府购买社会工作服务、社工人才和社区人才培养，逐步提高社区居家养老服务人员素质，满足居家老人对社区专业化养老服务的需要。目前，重庆冬青社工服务中心等少数社工机构在社区养老服务中心（站）针对老年提供精神慰藉等专项服务，重庆市民政局向社工机构购买服务，但总体购买量偏小，处于试点探索阶段。

（三）注重财政投入，确保机构培育

重庆市人民政府、市民政局和区县人民政府充分认识到在老年产业发展初期主要应解决养老场地短缺的问题，在老年生活照料、老年产品用品、老年健康服务、老年体育健身、老年文化娱乐、老年金融服务、老年旅游、老年教育、养老信息等诸多老年产业中，目前要解决的重中之重是 656.17 万 60 岁及以上老年人的生活照料问题，因此发展养老机构（含社区养老服务中心、家庭服务企业）是当务之急。

重庆市各级人民政府和相关职能部门在政策上保障财政资金投入，不论是财政直接投资新建或扩建养老机构，还是财政补贴养老机构的建设和运营，以及税费优惠政策大多集中在养老机构的培育和发展上。重庆市各区县（自治县）人民政府将养老服务体系建设经费列入年度财政预算，加大对政府办福利中心、敬老院的财政投入，完善设施设备，改善供养条件，对达不到福利院、敬老院基本建设标准和入住条件的，要限期整改，确保城乡“三无”老人得到良好照顾。加快城乡社区养老服务设施建设，市级财政对城乡社区养老服务设施建设通过以奖代补的方式给予补贴。支持社会力量举办养老机构，新建、扩建养老机构或用自有房屋改建养老机构新增床位 50 张以上的，市级财政对其新增床位给予每张 5000 元的建设补贴；租用房屋（房屋租期 5 年及以上）改建养老机构新增床位 20 张以上的，市级财政对其新增床位给予每张 1000 元的建设补贴。

（四）注重弱势人群，确保养老托底

截至 2014 年底，全市贫困和低收入老人 81.04 万人，占老年人口的 12.35%；半失能老人和全失能老人 127.95 万人，占老年人口的 19.5%。这部分老年人是老年人中的弱势人群，按照国发［2013］35 号文件精神，各地公办养老机构要充分发挥托底作用，重点为“三无”老人、低收入老人、经济困难的失能半失能老人和失独老人提供无偿或低收费的供养、护理服务。要完善农村养老服务托底的措施，将所有农村“三无”老人全部纳入五保供养范围，适时提高五保供养标准，健全农村五保供养机构功能，使农村五保老人老有所养。

渝办发［2012］252 号文件规定，鼓励社会办养老机构接收安置政府供养对象和其他特殊困难老人。接收农村五保和城镇“三无”人员的，当地政府按照接收人数和规定标准拨付相关费用。有条件的区县（自治县）对接收需要照料的低保、高龄、失能等特殊困难老人，可根据实际给予适当补助，具体补助标准及办法由区县（自治县）人民政府确定。因此，各区县（自治县）根据自身实际，采取不同财政政策关爱老人中的弱势群体，发挥养老托底的作用。如渝中府办［2013］80号文件规定，对具有渝中区户籍的60周岁以上三无老人发放供养金、定救金、助养补贴、居家养老服务补贴、门诊救助、爱心呼叫器补贴，对具有渝中区户籍的60周岁以上低保老人发放助养补贴、居家养老服务补贴、门诊救助、残疾辅助器具和无障碍改造、爱心呼叫器补贴，对具有渝中区户籍的60周岁以上低收入老人发放居家养老服务补贴、残疾辅助器具和无障碍改造、爱心呼叫器补贴。

三、重庆市老年产业财税政策存在的问题

重庆市老年产业财税政策具有重视政策创建、运用多种手段、培育养老机构、托底弱势人群等特点，由于重庆老年产业的财税政策主要集中在培育养老机构上，加之各区县（自治区）老年产业发展存在差异，因此担负扶持和引导作用的财税政策在推进老年产业发展时，从满足老年人多样化的物质和精神需求看，财税政策还存在不少问题。

（一）财税政策扶持的涵盖面窄

根据国发［2013］35号文件精神，在我国养老服务业包括老年生活照料、老年产品用品、老年健康服务、老年体育健身、老年文化娱乐、老年金融服务、老年旅游等领域，而从老年人的实际需求看，还应包括养老地产、老年教育、养老信息等领域。但文件除投融资政策外，税费优惠和财政补贴等财政政策方面均限于提供老年生活照料、康复护理、精神慰藉和文化娱乐等服务的养老机构。而重庆的渝民发［2012］76号、渝办发［2012］252号和渝府发［2014］16号等三个文件，在投融资政策、税费优惠和财政补贴等财政政策方面也仅限于提供老年生活照料、康复护理、精神慰藉和文化娱乐等服务的养老机构，对与之配套的其他领域缺乏具体措施。重庆市下属各区县和乡镇、街道均采取同样的财税政策扶持养老机构。因财税政策未涵盖与养老服务配套发展的其他产业，从而导致老年产业的其他服务短期内发展缓慢。

（二）财税政策地区差异大

重庆的都市功能核心区、都市功能拓展区、都市发展新区、渝东北生态涵养发展区和渝东南生态保护区等五大功能区，经济和社会发展存在差异，反映在老年产业上同样如此，而这种差异往往与当地经济条件和各级政府重视程度有关，因此，地区差异主要体现在两方面：一是市级财政投入主要集中在都市功能核心区和都市功能拓展区，如近年来，市级累计投入2.1亿元，支持重医附一院青杠老年护养中心、重庆总工会南温泉疗养院、市第二社会福利院老年残疾人收养康复中心等医养结合项目的建设。二是各区

县财政政策存在较大差异。以财政直接投资为例，2015 年九龙坡区投入 1150 万元建设养老信息服务平台，平台将拥有统一的养老电话服务热线和信息服务网络系统，实现养老服务与养老机构、养老企业无缝对接；而酉阳县 2015 年投资 120 万元新建桃花源社区养老信息平台 1 个，该经费还包括新建酉水河后溪社区、大溪镇大溪社区和泔溪镇太平社区养老服务中心 3 个。

（三）财税政策未充分回应市场需求

由于养老市场存在不同的需求所决定，每位老人的基本养老服务和“三无”老人、低收入老人、经济困难的失能半失能老人、失独老人的养老服务作为非竞争性的纯公共产品应该由政府来提供，而个性化的需求和高层次需求作为竞争性的非公共产品应该由市场来提供。由此看来，政府扶持和引导老年产业发展的财税政策在回应市场需求时，必须弄清楚政府在什么地方应有所为和有所不为。因此，重庆的财税政策在回应市场需求时存在三个问题：一是干了市场该干的事，如市级部门在某区建设医养结合的接受高端消费人群的养老机构，其结果并不理想。二是对社会力量办养老机构雷声大雨点小，2008—2014 年以来，市级投入 16.4 亿元建养老机构，但补助社会力量办养老机构 0.49 亿元。三是过分追求高大上，没有回应市场的真实需求。课题组曾对部分社区进行过问卷调查和访谈，绝大多数老人希望不脱离原来熟悉的生活环境和邻居，更愿意在社区和家庭度过晚年。因此，各级政府的财税政策应将扶持的重点转向社区养老服务中心和家庭服务企业。但按照渝办发［2012］252 号文件规定，社会力量办养老机构自有房新建和扩建增加床位 100 张以上，市财政对新增床位补贴 4000 元 / 张；租用房（5 年以上）办机构，增加床位 50 张以上，市财政对新增床位补贴 1000 元 / 张。2014 年，重庆市出台政策纠正高端大气上档次的做法，将支持社会力量举办养老机构的支持政策修改为，新建、扩建养老机构或用自有房屋改建养老机构新增床位 50 张以上的，市级财政对其新增床位给予每张 5000 元的建设补贴；租用房屋（房屋租期 5 年及以上）改建养老机构新增床位 20 张以上的，市级财政对其新增床位给予每张 1000 元的建设补贴。从政策导向看，2014 年以前市级财政资金支持高大上的养老机构，而对社区大量需要 50 张床位左右的中小型养老机构扶持不力，这种政策导向难以实现 97% 的老人在社区和家庭养老的目标。这种发展模式到今天已经显现出一定的弊端，一方面是城镇社区中小型的养老机构人满为患，而另一番景象是在城边或城郊结合部的养老场所床位空置率极高，课题组调查中了解到位于歌乐山的某重庆知名民营养老院 700 个床位目前入住率接近 70%，而另一家位于城郊结合部的医养结合公办高档养老院入住率还不到 60%。

（四）财政投入模式易于导致社会福利损失

重庆市各级人民政府的财政资金支出主要有直接投资或补贴，其中直接投资是采取拨款方式解决公办养老机构的建设资金和运营经费的，这种财政资金尽管以工程招投标或政府采购物品设备的形式来使用，在严格的招投标程序下进行，如果经费管理控制措施不严，同样会导致财政资金浪费；而建设和运营补贴主要表现为按人头或床位拨款或直接由政府采购实物发给养老机构（含社区养老服务中心（站）和家庭服务企业），这些社会福利的分配方式均存在社会福利损失的可能。按人头或床位拨款给养老机构（含社区养老服务中心（站）和家庭服务企业），如果监管不力，老年人的受益可能会打折扣。由政府采购实物发给养老机构（含社区养老服务中心（站）和家庭服务企业），由于扭曲了补助物品与非补助物品的相对价格关系，或者对拨款缺乏强有力的监督机制，容易导致一定程度的社会福利损失，真正需要获得帮助的弱势人群享受不到价值匹配的福利。

（五）财税政策执行不力

课题组在调查中得知，在财政补贴、税收优惠、行政事业性收费优惠等方面存在政策执行没有落实的问题。在财政补贴方面，部分社会力量办养老机构反映因区县没有配套文件规定无法获得建设和运营养老机构的财政补贴。在税收优惠方面，社会力量办养老机构反映，因养老机构大多为近年来开办的，企业所得税属于国税，地方政府协调不了，没有享受到免征政策，甚至有的地方因税收压力大按政策属于地方政府免征的营业税、房产税和城镇土地使用税仍然照交不误。在行政事业性收费方面，诸如有线电视收视费、排污费、天然气初装费、水电气安装工程费等行政事业性收费的减免落实较差。

（六）政府购买服务不足

本该提供生活照料、康复护理、辅具配置、精神慰藉、紧急救援、法律服务等养老服务的养老机构，由于受到诸多条件的限制，不可能对入住老人提供上述全部服务内容，特别是心理疏导、哀伤辅导、文化活动、康复护理、法律服务等专业化服务，而许多在社区开展养老服务的中小型养老机构需要政府以购买服务的方式从第三方获得并提供养老机构的老人。目前，养老机构和提供专业化的心理疏导、哀伤辅导、文化活动、康复护理、法律服务的第三方机构基本上未起步，同样需要财税政策予以引导其发展。

四、重庆市导致老年产业财税政策存在问题的原因分析

综观重庆市老年产业财税政策扶持的涵盖面窄、财税政策地区差异大、财税政策未充分回应市场需求、财政投入模式易于导致社会福利损失、财税政策执行不力、政府购买服务不足等问题，对照北京、上海、广东和四川的做法，课题组认为导致我市老年产业财税政策存在诸多问题有四方面原因。

（一）产业发展缺乏整体性思考

从重庆市老年产业财税政策存在的问题看，重庆市的相关财税政策没有象北京那样从产业发展战略高度认识发展老年产业的重要性，仅停留在头痛医头、脚痛医脚的阶段，其观念落后表现在三方面：一是没有对产业发展进行战略定位的准确思考。在老年生活照料、老年产品用品、老年健康服务、老年体育健身、老年文化娱乐、老年教育、老年

金融服务、老年旅游、养老信息等诸多领域，缺乏从重庆现有的科技人才、产业基础、历史文化、自然景观等资源禀赋出发定位发展优势产业的谋划。二是没有看到老年产业协调发展的重要性。不同地区老年产业发展缺乏统筹协调，重都市功能核心区、都市功能拓展区，轻都市发展新区、渝东北生态涵养发展区和渝东南生态保护区，不利于区县老年人享受养老服务；对以养老机构为主的养老服务业发展的推动，出现了产业发展的跛脚现象，养老机构迅速发展，而与之配套的其他产业发展严重滞后，影响了整个老年产业的良性发展；机构养老服务发展较快，而社区和居家养老服务发展缓慢，不利于老年人实现社区和居家养老的愿望。三是缺乏养老服务的质量观，没有认识到服务质量是老年产业的健康、长久发展的关键因素。课题组调查走访了解到，无论养老院还是社区养老服务中心（站）对入住老人的吃、住等物质需求关注多，而对诸如群体融合、心理慰藉、哀伤辅导、临终关怀等精神需求关注较少，导致入住老人在养老院出现打架、孤独等问题。

（二）产业规划局限于发展养老机构

我市老年产业受战略定位思考缺失的影响，导致总体规划目标和阶段性发展目标不清晰，在近期将重点放在增加养老床位以及培育养老机构和社区养老服务中心（站）上，根据渝府发［2014］16 号文件，我市到 2015 年，全市养老服务床位达到 19 万张，每千名老人拥有养老床位 30 张，到 2020 年，全市养老服务床位达到 25 万张，每千名老人拥有养老床位 35 张；社区养老服务中心（站）等服务设施覆盖所有城市社区，90% 以上乡镇和 60% 以上的农村社区建立包括养老服务在内的社区综合服务设施和站点。因此，财税政策惠及的是养老机构和社区养老服务中心（站）。而对以老年产品用品、老年健康服务、老年体育健身、老年文化娱乐、老年金融服务、老年旅游、老年教育、养老信息等为主的养老服务业只做原则性规定，并没有具体的财税扶持措施。

（三）发展思路上市场机制引入不足

从渝府发［2014］16 号文件看，我市在老年产业发展思路上过分强调政府的主导作用，没有象上海、北京和广东那样引进市场力量，特别是提供康复护理、辅具配置、精神慰藉、紧急救援、法律服务等专业化服务机构因政府购买不足而成长缓慢，导致很多养老机构和社区养老服务中心（站）因缺乏第三方来解决专业性问题难以提高服务质量，反过来大而全或小而全的发展模式又制约着养老机构和社区养老服务中心（站）的规模化发展和提升服务质量。与政府购买服务不足的相关问题是，第三方专业服务机构缺乏，政府在没有引入竞争机制的情况下不管是拨款还是补贴，低效率地使用财政资金必然导致社会福利损失。同时，没有竞争机制的前提下，政府职能部门将财政资金采取一定方式发放到社会办养老机构和社区养老服务中心（站），其公正性如何保证，投入的钱能否用到老年人身上，这些风险政府不得不考量。2008 年—2014 年市级财政对社会力量举办的养老机构和社区养老服务中心（站）仅发放 0.49 亿元补助，在一定程度上反映了这方面的问题。

（四）制度设计的合理性体现不够充分

合理的制度设计应充分体现公平公正原则和可操作性原则。重庆各级政府扶持和引导老年产业的财税政策在公平公正原则的缺陷在于，没有建立起类似上海那样的第三方评估制度，缺乏对入住养老机构、社区养老服务中心（站）的服务质量评估制度，以及接受居家养老服务老人的家庭资产、收入等经济状况和养老需求进行评估的制度，也就难以匹配老年人养老需求和养老专业服务项目。由此出现政府建设补贴和运营补贴按入住人头或按床位来支付给养老机构，而不是根据老人评估后的需求采取发放服务券方式由老人或亲属选择养老服务的提供人。而可操作性差的问题主要出现在税费优惠政策上，一是2004年以后成立的企业，其企业所得税的减免权限在国家税务系统，而非地方政府能够决定和实施，以致很多地方的国税部门不执行；二是诸如水电气安装工程费优惠政策本身有问题，因承担工程的企业是自负盈亏的市场主体，在没有相应配套措施的情况下，让企业让利比较困难，故无法落实。

五、重庆市调整老年产业财税政策的对策思考

借鉴北京、上海、广东和四川等兄弟省市使用财税政策促进老年产业各领域的协调发展、发挥政府和市场各自作用、关注有效需求和提高财政资金的使用效果等经验，同时，根据我市老年产业财税政策存在问题及原因，课题组认为，我们应看到老人多样化需求决定了老年产业不能仅仅局限于发展提供生活照料的养老机构和社区养老服务中心（站），还应在老年产品用品、老年健康服务、老年体育健身、老年文化娱乐、老年金融服务、老年旅游、老年教育、养老信息、养老地产等方面早打算、早规划、早实施，因此，调整我市老年产业财税政策应从以下五方面思考。

（一）树立“三观”，确保财税政策正确引领老年产业发展

第一，树立老年产业发展战略观，用财税政策引领产业发展，形成集群效应。重庆市委、市人民政府应站在产业发展战略的高度，充分认识老年产业对推动重庆经济转型升级的巨大作用，利用好我市现有医疗、食品、服装、电子等资源发展老年产品用品，并在都市功能拓展区形成产业集群；利用好三峡库区的历史文化和山水资源，在渝东北生态涵养发展区和渝东南生态保护区发展老年休闲旅游产业。第二，树立老年产业协调发展观，用政策引领不同地区、不同领域的发展。市级财政资金在推动主城区养老机构发展到一定阶段后，应注意统筹不同地区养老机构的发展，运用财政转移支付手段，加大支持都市发展新区、渝东北生态涵养发展区和渝东南生态保护区发展养老机构的力度；市级财政资金应在发展老年产品用品和老年休闲旅游产业上发力，将财政政策延伸到老年产业的各个链条，生产或提供适合老年人需要的产品和服务，满足重庆甚至国内外老年人的物质和精神需求；市、区县、乡镇和街道的财政资金应充分考虑我国老人居家养老和社区养老的真实需求，解决好97%的老人在社区和居家养老的问题，着力打造中小

型的社区和居家养老服务机构。第三，树立养老服务业的质量观，用政策引领养老机构健康发展。我们在老年产业发展的初期阶段以追求数量增长来缓解当前床位紧张的问题是行之有效的办法，但随着养老机构的数量的增多，绝大多数老人的养老场所已经得到解决的情况下，老人及其亲属追求养老服务业的服务质量将不可避免地显现出来，因此，养老机构应满足老人的物质需求和精神需求，国家或地区应利用财政政策全方位发展老年产业来满足老人的多样化需求。

（二）明确目标，确保财税政策有序推进老年产业发展

课题组建议，在规划重庆“十三五”期间的老年产业发展时，应在两方面做好老年产业的规划工作。一是利用财政政策提升养老机构的服务质量。在制定养老机构服务质量标准的前提下，根据第三方机构对养老机构评定的服务质量等级确定运营的补贴标准，改变当前主要按收住老人人数或床位数给付运营补贴的做法。二是利用财税政策培育除养老机构之外的其他老年产业市场主体（包括提供康复护理、辅具配置、精神慰藉、紧急救援、法律服务等专业服务的社会组织）。在充分调研重庆市现有资源的基础上，规划老年产业发展的方向和重点项目，发挥财税政策的扶持和引导作用，扩大财政政策的适用范围，采取市场化手段培育老年产业除养老机构之外的其他市场主体，发展医疗、食品、服装、电子等老年产品用品和休闲旅游服务，满足老年人多样化的物质和精神需求。

（三）改变思路，确保财税政策有效推进老年产业发展

逐步改变现行财税政策，应首先厘清哪些养老服务由市场提供，哪些养老服务由政府提供，凡是个性化需求和高层次需求的竞争性非公共产品应该由市场来提供，而每位老人的基本养老服务和“三无”老人、低收入老人、经济困难的失能半失能老人、失独老人的养老服务是非竞争性的纯公共产品应该由政府来提供。其次，市场提供的个性化需求和高层次需求的竞争性非公共产品，政府应交给市场主体区投资和经营；政府提供每位老人的基本养老服务和“三无”老人、低收入老人、经济困难的失能半失能老人、失独老人的老人中的养老服务作为非竞争性的纯公共产品，也应当引入竞争机制，采取政府购买服务的方式解决，而不是采取按人头、门店、床位等补贴到养老机构。再次，应加大政府购买第三方机构提供的康复护理、辅具配置、精神慰藉、紧急救援、法律服务等专业服务力度，确保老年人安享晚年。最后，建立老人需求评估和自由选择服务机构制度。根据老年人的家庭资产、收入等经济状况和老年人的身心状况开展需求评估，并以此为标准，匹配老年人养老需求和养老专业服务项目，政府依据评估结论发放服务卷，由老人或亲属自由选择养老服务机构。

（四）采取措施，确保财税政策均衡推进老年产业发展

发展老年产业解决养老问题既是解决社会问题，也是铸造民生工程，重庆作为全国首个统筹城乡发展示范区，在老年产业发展问题上应坚持均衡发展观，采取下列措施解决以下问题：一是加大财政转移支付力度，逐步消除地区发展的差异。在都市发展新区、

渝东北生态涵养发展区和渝东南生态保护区加大养老机构（含家庭服务企业、社区养老服务中心）建设力度，解决好上述三个地区大量的贫困和低收入老人、失能和半失能老人以及 149.01 万的空巢老人的养老问题。二是加大对社区养老服务中心和家庭服务企业的支持力度，解决老年人在原来生活环境熟悉的社区养老问题。

（五）强化落实，确保财税政策激励老年产业发展

任何财税政策要产生实际效果，关键是抓好政策的落实，首先要纠正以会议或文件落实政策的做法，强化各级人民政府的主体责任，解决好制度设计、经费筹集、统筹协调等问题，确保财政资金投入有保障，确保税费优惠有落实；其次，政府职能部门在各自的职责范围内依法依规合理使用财税政策，提高财税政策的有效性，避免财政资金的浪费和损失；最后，运用政府、社会、舆论等多种力量监督财税政策的落实，防止相关责任主体滥用财税政策损害国家和老人的利益。因此，在上述三方面抓好财税政策的落实工作，以此确保财税政策激励老年产业健康发展。

主要参考文献（略）

关于依托黑龙江省资源优势　加快发展异地养老产业的调研报告

黑龙江省老龄办、省政府发展研究中心联合调研组

近年来，随着我省老年人的不断增多和异地养老人群的出现，我省更加重视异地养老工作，特别是在省委、省政府的领导下，各市（地）政府的共同努力下，异地养老产业有了良好的发展，为推动我省经济以及和谐社会的构建，起到了一定的促进作用。

一、我省异地养老产业的基本情况

截至 2014 年末，我省 60 岁以上老龄人口已达 606 万，占全省人口总数的 15.8%，略高于全国平均水平，居全国 15 位。全省各类性质养老机构共有 1855 所，床位 16.6 万张，其中公办养老机构 514 所，床位 7.5 万张；民办养老机构 1341 所，床位 9.1 万张；有 8 所养老机构规模达到床位 500~1000 张。每千名老人拥有床位 27 张。全省养老机构的入住率均在 60%~70%。由于老龄人口的不断增多，我省又有清凉夏季的气候和整体生态化的环境，异地养老的人群将不断扩大，将形成“南有三亚，北有伊春”的“候鸟式”异地养老新格局。面对出现异地养老的新形势，我省各级党委、政府非常重视养老服务业的发展，充分依托资源优势，以大力发展旅游业为推手，逐步探索“候鸟式”养老模式，吸引国内外大量老年人前来度假疗养，带动形成健康旅游、医疗保健、健康产品、养老地产等养老服务产业链，拉动了消费、扩大了就业，推动当地经济转型升级。

（一）强化组织领导，推进异地养老产业的快速发展

省政府专门召开了全省养老服务业招商引资推介会，省长陆昊亲自主持，提出了加大“候鸟式”养老的步伐。孙永波副省长还组织召开了各有关部门负责人参加的发展养老服务业的省政府专题会议，落实养老产业和“候鸟式”养老的各项措施。各市（地）按照省里的统一部署，纷纷贯彻落实。黑河市委、市政府将养老产业作为本市“新四型”经济之一，列入民生实事重点推进，着力打造政府主导、政策扶持、社会参与的养老服务新模式。牡丹江市委、市政府结合自身实际，统筹布局，全面规划，优选项目，吸引

异地老人前来养老度假，力争把异地养老产业做大做强。

（二）夯实基础设施，为异地养老产业提供有力保障

近年来，为了发展异地养老产业，各级政府注重抓好基础设施上的落实。省政府今年将投资37000万元，用于养老基础设施建设，并将300余处的关停厂房、撤并的校舍、转型医院，特别是停建、停用的“楼堂馆所”等政府闲置资产作为基础设施，改为养老服务项目。省农垦总局为了提高异地养老的基础设施，将农垦职业技术学院、五大连池农场旧址，改建成近7万平方米、1000多张床位的3个养老机构，并借助柳河水库、五大连池风景区等独特的自然和人文资源，吸引南方的老人来此“候鸟式”避暑休闲养老，进一步扩大异地养老产业的规模和效应。省森工总局投入一定资金将原来养老机构进行内部整合，提高养老设施的基础条件，将绥阳、柴河、鹤立、鹤北、绥棱、桦南、清河、兴隆8个老年公寓扩大范围，增加硬件设施，为“候鸟式”异地老人提供高质量的服务。

（三）制定政策措施，优化异地养老产业的软环境

为发展异地养老产业，各级政府结合实际，纷纷出台政策，做到了在完善政策措施上抓实抓牢。省政府在去年6月份出台了《关于加快发展养老服务业的实施意见》，意见提出要积极发展夏季养老产业，充分利用地缘优势，积极发展异地养老等夏季养老服务的新业态。齐齐哈尔市政府相继出台了多项优惠政策，从“土地划拨、产权收益、税费减免、医养结合”等方面给予扶持，促进了全市养老服务业的发展。目前，全市千名老人拥有床位数已达到35张，处于全国前列。为异地养老提供了近1000张床位。黑河市政府结合实际出台了一系列政策措施，进一步落实老年人及养老服务机构优惠政策。由于各地养老政策的落实，不断提升了老年人的养老条件，吸引了异地老人前来休闲度假，同时也促进了异地养老产业的发展。

（四）完善配套服务，提高异地养老的服务水平

养老产业是个服务型的产业，异地养老更涉及配套服务，各有关部门为了把这项工作做得更好，在服务上狠抓落实。一是加强宣传力度，传递异地养老信息。主要是利用广播电台、报纸刊物等宣传工具，宣传当地的生态气候、资源环境等优势。哈尔滨市老龄办还创办了《海南异地养老服务指南》专刊，全方位的介绍异地养老的常识和知识。同时还利用各种会议加大我省异地养老的宣传。二是开展异地养老联谊活动，扩大异地养老规模。全国已有30余家养老机构加入了异地养老联盟，我省的哈尔滨安康福利院加入了异地养老联盟，江苏、成都、北京等地的养老机构提前预约夏季组团来哈避暑纳凉和养老。三是开通异地医疗保险，为老人提供便利条件。省老龄办、哈尔滨市老龄办积极协调省市医保部门，解决了省直和哈尔老年人在海南医疗就诊和医保用药问题。四是加大专业培训力度，提高异地养老接待质量。为了提高异地养老服务水平，伊春市加大了养老服务行业人才的储备和培养力度，定期对全市养老机构管理人员、护理人员进

行培训，引进培养院务管理、康复保健、心理咨询、社会工作等人才，打造结构合理、知识化、专业化、高水平的养老服务业人才队伍。

二、我省发展异地养老产业面临的主要问题

通过这次调研，我们感到，我省异地养老产业发展，虽然取得了一定的成绩，但从整体上来说还处于起步和探索阶段，发展中还面临着许多问题。

（一）缺少统一规划和引导，异地养老产业还没有形成氛围

调研中发现，有些地市及个别部门对发展异地养老产业还存在许多顾虑。一是认识不到位。很多人担心外地老人来多了，像三亚和巴马一样，交通、物价、社会管理、环境等都带来诸多压力，而没有想到，异地养老产业能够带来创业就业、经济活跃、文化繁荣等诸多利处，其“利”远大于其“弊”，所以一直没有形成共识。二是缺少统一的规划和引导。因为重视不够，一些能够提供异地养老服务的机构在区域布局、发展重点等方面，缺乏统一的指导性、可控性规划。因此异地养老产业没有形成统一的行业规范、服务标准、奖惩和纠纷处理机制，使“候鸟式”养老处于自由、散乱发展状态，机构专业化水平较低，服务功能不系统、不协调，根本达不到相关标准和要求。

（二）缺少政策和资金扶持，异地养老产业尚未形成规模

从异地养老产业特点看，经营的季节性十分明显，养老基础设施会出现“半年闲”，投资回报率不高，在一定程度上影响投资的积极性。而近年来，我省各级政府及有关部门很少出台发展异地养老的扶持政策，对发展异地养老仅仅停留在口头上，专项资金的扶持力度不够，与医疗、旅游结合的养老项目缺少资金投入，缺乏调动省内外民间资本投资异地养老产业优惠政策。同时，我省在高端养老社区、温泉养老、异地旅游养老等方面还处于起步阶段，招商引资推介中有初步意向的几个大型高端养老项目，也只是在洽谈中，未完全落地。

（三）缺少制度保障，抑制了异地养老产业的发展

我省在异地养老保障制度方面还不完善。一是异地医疗保险结算难。由于我国医疗保险制度仍不完善，老年人异地养老遭遇了医疗保险待遇结算的地域阻隔问题，异地医保结算仅限于部分医保代办业务，满足不了“候鸟式”老人医疗保障服务需求。现行医疗保障制度对于异地医疗报销手续还很繁琐、周期长，个人垫付费用高，报销比例不统一等问题比较突出，增加了老年人异地养老的顾虑。二是养老金的异地领取也很不方便。在我国大部分地区，由于各地区之间政策不统一，难以互联互通，老年人领取退休工资，需隔一段时间在单位所在地进行指纹认证，这是制约异地养老的又一瓶颈。三是老年人出行安全存在责任真空。目前养老机构责任保险、老年人意外伤害保险等险种还不完善，

极大地抑制了异地养老产业的发展。

（四）缺少专业化服务体系，尚未形成异地养老服务示范标准

目前我省能够开展“医养结合”养老的机构仅占4.5%，还未形成异地养老服务示范标准和品牌，异地养老服务的软环境亟待提升。一是缺少专业人才。能够提供异地养老服务的机构大多属于专业化程度较高的养老服务机构或酒店式公寓，管理服务专业，准入门槛较高，需要大量懂管理、懂经营、懂市场、懂服务的专业人才，而现在很多机构的管理服务人员普遍年龄较大、文化水平较低，再加上劳动强度大、工资低、待遇差，缺少社会保障，造成这些机构的人才队伍不健全、不稳定。二是缺乏养老产业品牌。像伊春和黑河等地，对异地养老产业不论是地方政府还是养老机构都非常有积极性，也做了许多尝试和努力，但服务没有特色，没有拳头产品。大多数项目都仅只是以环境为卖点，而缺少内容，缺乏适合、吸引老年人群的活动主题。

（五）缺少异地养老产业信息平台，养老优势资源没有得到充分利用，配套产业较为薄弱

一是缺少异地养老产业信息平台。我省异地养老产业联盟刚刚建立，异地养老网络信息平台也正在筹建中。目前，有些开展异地养老的机构，还仅限于体验过的老人口口相传或回头客的方式，入住的异地老年人的多为零散的个人或几个人，人数少并且不集中，远远没有形成规模。一方面，有些地方环境非常好，不论硬件环境还是软件环境都十分适合养老，但却不被外地老人所知，我省民办养老机构入住率平均在70%以下，大量闲置，经济效益上不去。另一方面，许多有需求的外地老人，找不到合适的养老机构，而是长年排队等待人满为患的养老机构入住。二是养老优势资源没有得充分利用。我们对“候鸟式”养老推介、经营力度还远远不够，还不能被大多数外地老年人所了解。另外，当年返城知青和“四野”南下的官兵已进入老龄化阶段，但我省对他们及子女“第二故乡”情结的挖掘还远远不够。三是我省养老配套产业项目较少。老年产品用品开发不足，老年旅游、养老地产、信息化养老、医疗保健、教育娱乐、护理培训等新型综合服务项目，还需要进一步开发。

三、加快发展我省异地养老产业的对策建议

解决我省异地养老产业问题，推动产业发展，必须立足当前，着眼长远，创新体制机制，激发社会活力，撬动民间资本，加快构建社会化、市场化、产业化的异地养老发展新格局。建议省政府在努力抓好已有政策落实的基础上，进一步明确发展思路，完善发展规划，优化发展环境，尽快强化和出台新的补充政策措施，推进产业又好又快发展。逐步通过社会化、市场化等手段，建立一个政府倡导、股份合作、市场运作、产权明晰、转让灵活、保障健全的新型旅游、养老、医疗为一体的综合型产业。

（一）发挥各级政府职能，打造支持养老产业发展的氛围和环境

1. 推进落实有关政策，加快设施建设和机构建设，尽早形成产业体系

一是采取多种形式推进养老服务设施建设。由各级政府组织，在城乡成熟社区规划建设社区居家养老服务（日间照料）中心等服务平台；在适宜发展养老服务产业的市、县（区）、乡（镇）和景区，提前规划好养老设施用地，优先安排养老产业项目。对于农村、城区和景区闲置的集体或者国有房产设施，如疗养院、招待所、干休所、学校等，优先考虑用作发展养老产业。对于环境条件适宜的地区，适当引导发展田园式养老产业，即在推进城镇化过程中，鼓励把腾空村宅基地盘活，引入资金建设养老项目；鼓励自然条件较好的村屯、林场、农场发展养老服务业。二是鼓励各种类型的养老服务机构建设，推动政府资金与社会资本在养老领域深度融合。落实政府鼓励政策，大力倡导社会资本开办民营养老服务机构。各级政府要采取发放补贴、保障用地、建设配套基础设施、支持创办非营利机构、税收奖励、落实水电气优惠价格等政策措施，鼓励引导民资参与养老机构建设。以改革创新的思路措施，采取 PPP 等模式，支持创办混合所有、公办民营、民资入股、民办公助等形式的养老机构，在养老领域实施政府购买社会化服务。三是加强对各类养老机构的监管和服务质量评价。由老龄人口管理部门根据养老机构的营业规模、服务质量、社会反响、综合效益等情况，定期进行综合评价并向社会公开，督促养老机构健康运营发展，也为异地老年消费群体提供选择参考。四是完善补贴政策，提高补贴标准。学习山东省在发展养老服务产业方面，实施宽领域、大额度补贴的做法，建议我省立足支持产业发展，在机构建设及运营、信息平台建设及运营、社区日间照料中心建设及运营、人才培养培训等方面，设立专项资金并增加额度。也可考虑由政府出资购买专业化养老服务，然后向养老机构输送。提高福利彩票公益金地方留成部分用于养老服务业的比例。进一步降低财政补贴的规模标准限制，可以实行阶梯式补贴政策，扩大受益面。在用好省级财政资金的同时，也要督促各级政府根据产业侧重给予适当匹配，提高省级政策资金的溢出效应。五是按照《黑龙江省养老机构建设三年行动方案》加强督办落实。把养老机构建设、床位数量指标做出详细规划，进行任务分解，并如期督办考核。

2. 健全养老机构的管理服务部门，完善产业配套，打造优质的养老服务产业发展软环境

建议各级政府立足管理服务、着眼产业发展，进一步明确民政部门、老龄委办公机构等涉老部门的人员编制、职责分工和队伍建设，改变省、市、县（区）普遍存在的因班子和人员配备不足导致的职能弱化、服务缺位的问题，发挥好数据掌控、政策落实、当地和异地老人优待服务、养老机构建设管理、服务质量监督评价、协调相关协会、搭建信息平台、加强对外联络，促进联盟式发展合作等职能。有关部门要研究适宜的渠道办法，加强对外沟通协调协作，开展养老保险异地年检、医疗保险异地结算业务，为异地养老提供方便。要建设异地养老网络信息平台，方便老年人选择异地养老目的地。大张旗鼓地宣传敬老爱老文化传统，经常性地开展义务敬老活动，在公共交通、公共服务

等方面，保证老年人享受优待，保证当地、外地老年人同等优待。鼓励高校特别是高职院校开办养老服务专业，利用哈尔滨安康、农垦北大荒养老服务中心等标准化养老机构，开展养老服务人员从业资格培训，提高服务人员素质和专业化水平。逐步提高养老人才的实际待遇和社会地位，设立护理人员特殊岗位补贴和社会保险补贴，提高护理人员的待遇。支持重点养老机构周边或内部设立医疗机构和保健场所，满足老年人保健需求。

3. 根据资源条件和地方产业规划，打造我省养老服务产业的典型品牌，提升吸引力和辐射力

建议各级政府根据产业发展需求和地方资源现状，进一步完善包括异地养老在内的养老产业发展规划，并纳入当地“十三五”发展规划，防止出现一哄而上、盲目投资和恶性竞争。在此基础上，要树立品牌意识，侧重培养典型，做到依靠典型品牌，带动产业发展。建议我省着重打造三个层次的养老品牌。一是打造自然养生品牌。塑造黑龙江省整体“绿色健康、生态龙江”的品牌形象，并将其贯穿于食品、旅游、养老等诸多产业之中。重点挖掘展示湿地、森林等自然资源及优质的空气、水源（含矿泉、温泉）和绿色有机食品，从保健、养生、长寿的角度主打养老品牌，尤其要针对一些重点城市空气质量不佳的状况，突出强调龙江空气的“洗肺”功能，针对老年群体健康状况和俄罗斯入境客人需求，突出矿泉、温泉的养生保健功能，形成独具特色的品牌优势。二是打造养老城市品牌。把“南有三亚、北有伊春”、“哈尔滨冰城夏都”等宣传口号在异地养老产业叫响，通过展示气候、资源、区位、文化等特色养老元素以及敬老、爱老、养老的典型做法，把哈尔滨、伊春、黑河、牡丹江四个城市做为试点，打造成爱老名城、养生福地、长寿之乡、幸福家园。三是打造养老机构品牌。筛选各市（地）县各类养老机构，通过重点引导和政策扶持，打造一批建设规模和服务质量双优的品牌机构。建议省政府养老服务业工作推进组对筛选出的优秀典型，给予确认授牌，鼓励做大做强，做成产业链或者开展连锁经营和跨省合作经营，依靠品牌机构增强吸引力和辐射带动力。

（二）坚持多元化投资和市场化方向，凝聚各方力量推动异地养老产业健康发展

1. 把异地养老产业作为发展和完善全省服务业的重要内容，做好产业招商和激活民间投资工作

要大力宣传推介和招商引资，针对资本富集地区、“火炉”地区和发达城市，重点打出自然生态、养生保健、度夏消暑、赏冰玩雪、绿色餐饮等品牌特色，把国内外成功的养老机构引入龙江，把龙江的民营企业家发展养老事业的积极性保护好、调动好，同时把外省老年人群引入龙江。鼓励民间资本，通过参资入股、收购、委托管理等方式，管理运营公办养老机构。按照管办分离的思路，在确保国有资产不流失、养老用途不改变、服务水平不降低的前提下，推动专门面向社会经营的公办养老机构，积极稳妥地转制为企业。把闲置的国有房产、校舍等资源整合起来推向市场，用于发展养老产业。对于购买闲置国有资产开办养老服务机构的单位和个人，同样给予建设补贴和运营补贴，也可用三至五年内的补贴冲抵购买资金，以减轻申购方的资金压力，调动申购积极性。允许

非营利性养老机构提取一定比例的年度盈余收益作为投资者奖励。加快落实营利性养老机构的税收奖励政策。对于重点发展养老产业的地区，把养老产业项目视为工业项目同等重视和对待，在行政审批、项目建设等各方面，给予更多关心关注，除国家明确规定的以外，把组织机构审批和立项、环保、建设、卫生、消防等手续办理权限下放到县（市、区）。

2. 依靠市场机制发展围绕异地养老产业的交通运输、金融保险、涉老服务等配套服务业

产业需要配套。异地养老产业是直接服务于人的产业，而且投资量大、回报期长，直接需要的配套行业广泛，如医疗保健、生活护理、公共交通、金融保险、老年用品等。由政府给予必要的引导，依靠市场机制发展与养老产业相匹配的有关行业。卫生部门要支持有规模的养老机构，设立医疗卫生机构。鼓励社会组织或个人开办以服务老年人为主业的民办机构，提供文化娱乐、文体健身、老年教育、康复养生、精神慰藉和陪伴护理等服务。把为老年人提供便捷公共交通作为公益事业的重点，确保老年人出行方便安全。落实老年人优待政策，保证老年人处处能够享受尊重和优待。提倡养老机构与金融、保险机构对接合作，开发适宜老年人的理财、信贷、保险等产品，设立养老机构责任保险、老年人意外伤害保险等险种，提升个人养老能力，降低养老机构经营风险。对于哈尔滨、伊春、黑河、牡丹江等适宜发展养老产业的重点市（县、区），支持建设养老服务产业园区，打造养老及服务于老年事业的产业聚群。

3. 从优化资源配置的角度，鼓励异地养老产业与相关产业融合发展

实现资源最优配置既可防止浪费，也可提升产业整体效益。在所谓“经营淡季”，除创造条件吸引本地老人入住、吸引异地老人留住之外，还要重点鼓励产业融合，依靠产业融合增强吸引力，解决“半年闲”问题，实现淡季不淡。一是推动异地养老产业与旅游业相融合。围绕生态化的旅游资源和冰雪资源打造养老产业。重点支持哈尔滨、牡丹江、伊春、黑河等旅游城市及景区建设异地养老机构，打造长、中、短期相结合的灵活多样的异地养老模式，量身定制专属老年人的旅游产品，满足异地老人在旅游中养老、在养老中旅游的愿望和需求。以税费奖励等措施鼓励冬季闲置的养老机构开办旅馆承接旅游接待服务，既缓解旅游旺季市场客房不足，又为养老机构增加收入。二是推动异地养老产业与文化产业相融合。大力宣传北大荒文化、铁人文化和满族、赫哲族等少数民族文化，依靠文化提升产业魅力和吸引力。安排有关部门倾情邀请有龙江情结的特殊人群到龙江旅居养老。重点联络当年在北大荒工作生活过的知青和参加第四野战军的官兵及后裔，邀请他们寻根访祖，故地重游，重聚龙江，享受龙江发展成果，为发展异地养老积累人脉人气。三是推动异地养老产业与医疗服务业相融合。充分发挥我省中、西医兼备的大学和医疗机构优势及矿泉、温泉等天然保健资源，大力倡导“医养结合”模式。鼓励大型医疗机构购买国有闲置资源用于创办养老机构；鼓励哈尔滨、大庆、黑河等市利用矿泉、温泉资源引入或开办养老机构。建议省政府对像农垦哈管局利用太平湖温泉小镇引入北京德坤瑶医集团开办的医养结合养生养老项目，给予重点政策资金扶持。四是推动异地养老产业与商业地产、商业养老保险业融合发展。学习三亚市的成功经验，支持建设养老社区模式的养老地产。学习湖北省武汉市引入合众人寿保险股份公司建设合众优年老年社区的做法，支持商业养老保险机构把养老服务与地产建设相结合，开发适宜老年人居住养生养老的保险产品。

4. 组织成立涉老社会中介机构，凝聚起爱老助老的社会力量

以各级老龄委办公机构为依托，组建老龄协会、异地养老产业联盟，搭建异地养老产业信息平台。发挥政府与养老机构、老龄人口间的桥梁纽带作用。老龄协会要在老龄委办公机构的指导下，发挥关注、收集、传递老年人意见建议、帮助异地养老人员解决实际困难、监督协调养老机构与老龄人关系、组织适龄老龄人参加各类活动的职能。充分发挥异地养老产业联盟的作用，开展与省外、国外异地养老需求旺盛地区相关机构对接，做好宣传推介、经验交流、信息传递、送出引入等服务老年人的工作，实现老年人异地养老无缝对接，打造以“三地四季”模式为主的异地养老产业链。

课题组成员

课题负责人：李淑梅　张兴洋

课题执笔人：古艳萍　于喜波　李春玉

2015 年辽宁省农村老年人口生活状况与养老意愿调查报告

辽宁省老龄办、省统计局调查队联合调研组

一、调查背景及调查情况简要说明

（一）调查背景

据辽宁省老龄统计数据显示，2014 年末，全省户籍总人口为 4274.5 万人，60 岁及以上户籍老年人口 837.3 万人，占总人口 19.6%。其中，城镇老年人口 445.1 万，占 53.2%;农村老年人口 392.3 万，占 46.8%。随着全省老龄化程度的不断加剧，农村人口老龄化面临的挑战更加严峻，带来的农村老年人口养老问题尤为突出。近年来，农村老年人养老问题受到了各级党委政府的高度重视，农村老年人生活得到保障，幸福指数逐年上升，但是在养老保障、养老服务、涉老政策落实等方面还有许多亟待解决的实际问题。辽宁省老龄办联合辽宁省统计局调查队于 2015 年上半年在全省范围内开展了“辽宁省农村老年人口生活状况与养老意愿”调查工作。目的就是为了准确、客观的地把握全省农村老年人口的总体状况，针对其需求及存在问题，研究提出能够有效满足我省农村老年人生活养老需求的对策，促进农村老年人口生活质量的持续提高和社会和谐发展。

（二）调查情况简要说明

根据我省人口分布情况，本次调查覆盖了省内 10 市的农村老年人口。调查对象全部为 60 岁及以上的老年人口，并保证样本性别、年龄合理性。性别构成。调查样本中，男性占比 57%，女性占比 43%。年龄构成。60-64 周岁老年人占比 33%；65-69 岁的占比 24%；70-74 岁的占比 18%；75-79 岁的占比 12%；80 周岁及以上占比 13%，样本选择基本反映了老年人口年龄层次的分布规律，能更科学的反应真实情况。

调查采取入户面访方式。调查问卷设计了八个部分，共计 82 个选项，涉及了个人基本情况、健康情况、生活照料与养老服务、经济情况、社会参与情况、优待和权益维护情况、精神文化生活等方面的内容。此次调查，是一次覆盖范围较广、针对性较强的农村老年人口调查。在对调查数据进行归纳、整理、计算的基础上，我们会同辽宁省统计局对我省农村老年人口的生存现状、养老意愿、生活方式做了详细分析，并针对老年人口工作优势及存在的问题提出了相应的对策和建议。

二、我省农村老年人口生活状况

（一）我省农村老年人口主要经济来源

目前，我省已经建立统一的城乡居民基本养老保险制度，基础养老金标准调整到每人每月 85 元。“农村基本养老保险”、“个人劳动收入”、“子女供养”是我省农村老年人口三大主要经济来源。在农村，养老费用主要来源中，“农村养老保险”位居第一，占 38.85%；位列第二的是“个人劳动收入”，占 18.29%；“子女供养”居第三，占 17.69%；“土地（或其他农资）租赁性收入”位居第四，占 8.10%，再次是“政府相关补贴”占 6.30%，“其他收入”占比 4.07%，“最低生活保障”占比为 3.87%，而“出租房屋（门市）费用”、“其他商业保险收入”、“自家企业经营性收入”、“亲戚或朋友资助”、“个体经营性收入”、“个人财产性收入（银行储蓄金融债券等）”作为养老金来源的占比较小，共占 2.83%。调查结果显示，老年人对经济情况自我评价，有 68% 的人认为基本够用和较宽裕；有 25% 的人认为比较困难；有 7% 的人认为很困难。

（二）我省农村老年人健康状况及就医情况

我省农村老年人口目前的自我健康状态评价得分为 62.04 分，处于一般水平。低龄老人、高学历老人、有配偶老人、经济收入较高老人自我健康评价较高，与健康评价基本呈正相关关系。农村老年人患有的主要疾病。从受访者来看，绝大多数的老年人都患有某些疾病，其中患骨关节病（关节炎 / 风湿 / 腰背痛）和高血压的老年人占比较高，分别占 37.21%、占比 31.42%；位居第三位的是冠心病，占比 19.57%；其次是慢性肺部疾病（慢肺阻 / 气管炎 / 肺气肿）和视、听障碍。其他，脑卒中 / 中风、糖尿病等疾病也是老年人中常见病。农村老年人身体不适时所采取的治疗方法。在农村，有一半老年人在身体不适时，到药店买药自行诊治；有 27% 的老年人到医院就医；另有 14.2% 的老年人先自行诊治不见效后去医院。农村老年人就诊时选择的医疗机构。就近的个体诊所是老年人看病就医时的首选机构，依次排序是村级卫生院、县级卫生机构、乡镇级卫生院。可以看出，农村老年人在就医时，为了节省时间和费用，还是会首选“方便就近”的个体诊所。基于看病经费考虑，选择省级以上卫生机构的老年人非常少，不是重大疾病，农村老年人通常不会直接去大医院就医。老年人到医疗机构所需的时间。有 73% 的老年人需要不到半小时就可以到达医疗机构。可见，农村医疗机构的分布还是满足了大部分农民的就医需要。老年人对看病就医的满意度。调查显示，93% 的老年人对看病就医评价表示“满意”和“一般”；有 7% 的老年人对看病就医不满意，主要原因是：医疗费用高、看病手续繁杂、等候时间长、医疗技术水平低等。其中，农村老年人最担忧的是医疗费用高。农村老年人辅具用具需求。老年人由于步入老龄化，在日常生活中会用到一些辅助用品来协助他们的生活，其中用到老花镜、假牙的占比较多，血压计、拐杖/助行器占比次之，而轮椅、坐便器、洗澡椅/洗澡凳、血糖仪、吸氧机、紧急情况呼叫装置等辅助工具占比较少。通过调查，我们还了解到老年人希望获得老年常见病的预防及早期症状识别、用药安全、饮食和营养等方面知识。老年人了解健康知识的主要途径是电视、广播、报刊（杂志）等渠道。只有不到 10% 的老年人是通过社区或村委会宣传、医学或营养学专业人员来了解。

（三）农村老年人养老状况及意愿

调查显示，有 69.91% 的农村老年人是配偶共同生活，有 47.71% 的农村老年人和子女（含媳婿）一起生活，这是我省农村老年人家庭结构的主要存在形式，农村老年人传统的家庭养老观念根深蒂固，养老方式单一，有 91% 的农村老年人选择居家养老；只有 9% 的农村老年人选择机构养老。有 79.36% 的老年人不愿意接受养老院或老年公寓的养老方式，主要原因是自己不愿意、子女不同意、怕人笑话。

（四）农村老年人口居住状况

经计算，我省老年人口对目前的居住状态给出了 71.98 分的评价分值，介于一般满意和比较满意之间。被调查老年人中，82% 有属于自己的房产；18% 无属于自己产权房子。被调查者中，农村老年人所居住的房子大部分都有自来水和暖气，但仍有超过 20% 农村老年人的居所没有室内厕所、洗澡淋浴等设施。调查显示，农村老年人居住的房子附近的配套设施中商店和医院覆盖率较高，但交通设施、银行部门、休闲场所等缺乏，造成农村老年人生活上的诸多不便。有 59% 的居所附近有商场（超市、小商店）或医院（诊所）；仅有 13% 的居所附近有公交站点；有 5% 的居所附近有银行、储蓄所；有 4% 的居所附近有休闲娱乐场所；有 3% 的居所附近有食堂或餐馆；有 1% 的居所附近有公园；有 6% 的居所附近没有选项中的项目。农村老年人最关心居所附近的卫生环境、道路照明、交通情况等问题。

（五）农村老年人口社会参与情况及享受老年人优待政策情况

超八成老年人参加了村（居）委会选举。有 83% 的老年人参与了上一次的村（居）委会选举；有 11% 的老年人没有参与；有 6% 的老年人记不清是否参与。从数据分布中，我们可以看到，随着年纪的增长，村（居）委会选举参与度呈下降趋势。有近四成老年人参加了村（社区）老年协会。数据显示，有 36% 的老人参与了基层老年协会组织。最希望村（社区）老年协会开展权益维护、涉老政策学习、文体活动等。其中，老年人对权益维护关注度最高。老年人合法权益得到有效保障。有 92% 的老年人认为自己的合法权益得到了保障。87% 的老年人对目前实施的老年人优待政策表示满意。老年人普遍认为子女孝顺。有 87.79% 的老年人认为子女孝顺；有 12.07% 的老年人认为子女孝顺程度一般；有 0.14% 的老年人认为子女不孝顺。

（六）农村老年人口精神文化生活状况

调查显示，村（社区）虽有文艺表演、专业咨询服务、传授文化、科技知识等活动，但老年人参与度并不高，只有25.8%的老年人经常参加村里组织的各项活动。90%的老年人精神文化生活主要以看电视听广播为主；38%的老年人与邻居或朋友聊天；有18.55的老年人读书看报；有19%的老年人打麻将、打牌、下棋；少数人参与文体活动。

三、我省农村老年人口生活的现实问题

（一）农村老年人养老金水平较低

目前，农村老年人要操持子女婚礼、照顾孙辈、日常生活等各种开销，给他们带来很大的生活压力。从收入看，农村老年人口收入水平整体不高。“农村基本养老保险”已实现全覆盖，但标准较低；“个人劳动收入”主要是农业收入和打零工收入，收益较低；“子女供养”，随着子女谋生压力变化，缺乏稳定性。在农村，近一半老年人每月养老收入不足300元，大多数农村老年人经济上不能独立。养老金仍是老年人最担心的问题，标准高低、来源是否稳定直接影响农村老年人生活质量。农村老年人一直从事繁重的体力劳动，但是收入水平依然很低，严重阻碍生活水平的提高，而且这种状况很难短时间改善。

（二）农村老年人患病就医情况不容乐观

目前，新农保虽然已经普及，但是住院费用补偿比例75%，农村居民住院自付医药费比例为49.6%，报销的比例和额度有限，老年人患病比例高，康复较慢，不高的收入水平难以承受医疗费用。老年人因病致贫、返贫的现象时有发生。调查也显示，超五成的农村老年人在身体不适时，首先采取自救诊治的方式，而不是去医院救治，主要原因是担心医药费过高。没有重大病症的时候，老年人也多数会选择就近就便，收费较为低廉的诊所。当农村老年人失能、半失能，或者患有重大疾病时，医疗费用，照护费用就显得更加昂贵，给老年人家庭带来巨大的生活和精神压力，个别老年人早成身心失衡，甚至走向自伤自残的极端。因此，看病就医问题不仅是老年人最为担忧的两大问题之一，也为农村发展、稳定带来了一定隐患。

（三）农村老年人养老服务需求还未得到有效解决

农村老年人传统的居家养老观念根深蒂固。农村受环境及自然因素限制，村居各项养老服务还不到位，难以满足老年人日益多样化的服务需求。调查显示，农村老年人最需要的养老服务是医疗保健服务和日常生活服务，其次是康复护理服务、老年维权服务、文化娱乐服务以及精神慰藉服务。现有的村居养老服务机构覆盖有限、设施不足、人员少，

而农村老年人居住又较为分散，即便有居家养老服务机构，也是利用率不高，作用难以发挥。且老年人对居家养老服务机构存有低付出、高受益的心理，不愿也不会支付费用。绝大多数的村居养老服务机构都是政府资金支持，不利长久发展，老年人的多样化需求更是难以满足。

四、农村养老问题建议与对策

我国人口老龄化的特点是悄然无声却来势汹汹，而且高龄化问题、重度老龄化问题也日益突出。发展老龄事业是全面建成小康社会、实现中华民族伟大复兴中国梦的重要内容，也是我国经济社会发展必须面对和解决好的重大课题，而解决好农村老年人养老问题更是重中之重。应对农村人口老龄化，要与城镇化、农业现代化发展同步进行。加快发展城镇化，可以适度集中地为农村老年人提供养老、医疗、照护等服务，逐步缩小城乡养老差距，体现社区在为老服务中的积极作用，也大大增强农村老年人社会参与度。加快发展农业现代化可以促进农业发展，提高农村生产产值，在提高农民收入、改善农民生活的同时，也为进一步实现农村老年人就业提供更大空间，增强农村老年人自信，提升社会地位。根据目前我省农村老年人口的生活状况及养老意愿的调查分析，联系我省实际，我们提出如下建议和措施：

（一）建立养老保障稳定增长机制，鼓励和引导商业保险进入养老保障领域，破解农村老年人“医、养”难题

在农村，多层次的社会养老尚未健全完善。农村老人前期积累较少，政府出台的新农保和新农合成为农村老人唯一的保障制度，政府成为唯一的依托，压力大、负担重。农村养老保险体系需要持续关注和投入。然而，农村养老保险体系面临总体脆弱的难题，养老保险基金财务对财政依赖性强，财政的可持续性直接决定基金的可持续性。在解决农村老龄化进程中，一要按照稳增长、广覆盖的原则，逐步提升农村养老保险水平。进一步推进社会保障制度改革，完善城乡社会保障政策。防止过高过快提升待遇，给政府财政造成巨大负担，进而影响农村养老保险体系的可持续性增长。同时要在有序提高城乡居民基础养老金标准的基础上，加大对生活困难老年人的救助力度。辽宁省目前执行的为 80–89 周岁低收入老年人、90 周岁以上老年人发放高龄津贴制度，有效地缓解了高龄、困难老年人的生活压力。二要逐渐形成多元化养老保障筹资渠道，保障养老保险基金持续增长。在建立财政结余资金、特种债券发行、彩票公益金、社会捐赠等筹资渠道的同时，通过调节贫富差距、制定资金运作规则等方式，确保农村养老保险体系稳定增长，不断提升农村养老保险的财务支付能力，实现新农保制度的持续发展。三要建立就医分级报销制度，适度提升农村老年人报销比例。进一步完善覆盖城乡居民的多层次医疗保障体系。要多关注农村高龄、失能、特困老年人，按照年龄等情况适当分级提高新农合报销比例。四要鼓励商业保险研究开发养老、医疗险种，为农村老年人提供更多保障。近年来，社会商业保险广泛关注养老保障领域，

我们要鼓励和引导社会商业保险多开发适合农村老年人养老、医疗、照护服务的险种，利用市场化手段，为老年人提供各项保险保障等，使商业保险成为老年人养老、医疗保障的有益补充。2013 年，与按照市场化运行方式，辽宁省老龄办与省人寿保险公司联合在全省开展了老年人意外伤害保险工作。2015 年，辽宁省委省政府将“启动关爱老年人健康工程，免费为8.5万名城乡特困老人提供意外伤害保险”列入重点民生工程。从两年的运行来看，老年人意外伤害保险有效缓解了由于意外伤害给老年人家庭带来的经济和生活压力，得到政府和社会各界的认可，受到老年人的欢迎和赞誉，为商业保险参与养老保障提供了成功经验。

（二）加快农村养老服务体系建设，满足农村老年人养老需求

调查显示，90% 的农村老年人选择居家养老。在农村，我们应着力构建以居家为基础、机构为支撑、村居为依托，在制度、设施、标准、补贴、队伍等各要素相互支持互为补充的社会养老服务体系，切实提高保障农村老年人的生活质量和生命质量。一要切实履行政府保基本的职责。加强农村公办养老机构设施标准化建设。将县级床位超 300 张以上和区域性中心敬老院建设纳入社会养老服务设施建设项目，由政府给予补助，不断提高为老服务水平，充分发挥公办敬老院兜底、示范作用，重点为“三无”老人、低收入老人、经济困难的失能半失能老人、重度残疾老人提供无偿或低收费的供养、护理服务。加快农村五保供养服务设施建设，要新建、改扩建规模合理、功能实用、设施齐全的农村五保供养服务机构。二要鼓励民办养老机构发展。加大民办养老机构政策扶持力度，吸引民营资本投资养老服务产业，以产业化为导向，坚持以市场机制调节供求关系，促进民营养老机构健康繁荣发展。三要加快农村养老服务设施建设。在城镇化进程中，强化社区为老服务功能。在农村，着力建设面积 100 平方米左右，村级主办、互助服务、群众参与、政府支持的为农村老年人提供集中养老服务和居家养老和日间照料服务综合服务设施和站点。整合农村党建活动室、卫生室、农家书屋、学校等资源，面向老年人开放。四要积极倡导家庭自我照料养老。强化家庭在养老方面的责任意识；强化赡养人对老年人经济供养、生活照料和精神慰藉的义务；强化老年人与配偶之间相互扶养的义务，增强家庭成员之间赡养及扶养的基础功能，鼓励家庭成员与老年人共同生活或就近居住。使 95% 左右老年人的生活照料问题在家庭得到较好解决。

（三）支持和培育基层老年协会组织，充分发挥老年人自我服务、自我教育、自我管理的积极作用

目前，农村老年人健康和照料局限于各自家庭中，属于典型的非正式组织活动，道德是唯一动力，缺乏稳定的资金和政策支持。现阶段下，多数农村老人传统家庭养老功能衰退，更是难以满足庞大的农村老年人群体居家养老的多样化需求。农村基层老年协会的发展，极大地弥补了农村家庭养老功能和社会管理方面的不足，在老年人医疗保健、日常生活、康复护理、权益保障、文化娱乐以及精神慰藉等方面提供志愿

服务。当前，我们需要广为培育农村基层老年协会并形成致密的体系，直接面对老年人和家庭，搭建需求与服务的桥梁。组织老年人通过基层老年协会实现互助服务。发挥基层老年协会帮扶、关怀和服务于老年人的良好作用。农村基层老年协会作为一个服务于老年人自身的社会组织，需要有坚实的社会基础。现阶段，农村老年协会缺乏社会资本的关注和参与，公益性决定了老年协会无法走市场化运作的道路，这就需要我们政府加大扶持与培育力度，在老干部、老党员中选拔德高望重的老年人牵头负责；给予一定财政补贴（老年协会建设所需资金每年大约 5000~10000 元）；整合村级活动室等作为老年人协会的活动场所。近两年，辽宁省农村基层老年协会建设得到了较快发展，覆盖率逐年提高，在老年人权益维护、农村两个精神文明建设中发挥了积极作用。为解决农村基层老年协会经费来源短缺、基础设施薄弱等难题，2014 年，辽宁省实施了农村基层老年协会建设促进工程，由政府出资给予协会建设资金支持，已经初见成效，协会组织逐步健全、活动开展经常、设施得到改善，作用发挥明显，为我们提供了很好的借鉴。

（四）大力弘扬尊老、爱老、助老的传统美德，加强孝道文化建设，营造浓郁敬老氛围

正确处理好政府、社会、家庭和个人的关系，是解决农村老龄化问题的根本。从政府来说，需要正确认识老龄化程度和趋势，高度重视并采取积极有效措施应对人口老龄化问题；从社会来说，需要调动和吸引各方社会力量参与解决农村老龄化问题；从家庭来说，家庭规模缩小，倒金字塔结构是农村养老面临的难题，家庭养老功能急速退化，需要道德和亲情支撑，为高龄、失能老人提供照料；就个人而言，需要树立积极老龄化理念，将健康预防的理念贯穿全生命历程始终，注重参与家庭活动、社区活动和社会活动，既有实现就业、改善经济状态的参与，又有公益性、志愿活动的参与，体现个人价值，完善自我。以上关系的处理和正确认识，都需要一个良好的尊老、爱老、助老的社会环境做支撑。一要坚持以孝亲敬老为核心的文化取向，形成老龄社会的文化储备。敬老爱老是中华民族的优良传统，是家庭伦理的核心要求，是社会道德的基本价值取向，也是国家文明进步的标志。我们要在全社会唱响“关爱今天的老人，就是尊重明天的自己”的口号，号召全社会以行动诠释孝的内涵，常怀敬老之心、常兴爱老之风、常做助老之事。通过健康老龄化、积极老龄化以及和谐老龄化的制度创新和制度安排，建设和谐的身心关系、人际关系与社会关系，这才可以持续实现成功老龄化和幸福老龄化的目标。二要以“敬老月”、“敬老文明号”创建活动为载体，增强全社会敬老意识。每年 10 月份确定为敬老月，社会各界要广泛开展走访慰问、为老服务、普法宣传、举办大型老年文体活动等敬老爱老活动。在各行业、各服务性窗口深入开展敬老文明号创建活动，提升全社会为老服务水平。二要以敬老典型事迹宣传为核心，弘扬孝道文化。要让孝道文化进社区、进学校、进家庭，在学校、社区、家庭三个层面开展内容丰富的孝道文化践行活动，树立“人人都有孝文化”的理念，传承和弘扬中华民族传统的孝道文化。崇尚孝道、弘扬孝心、践行孝德，古有“百里负米”、“卧冰求鲤”、“亲尝汤药”等故

事代代相传，而今，我们更应广为宣扬当今孝心好儿女的孝行善举，继承和发扬敬老、爱老、助老的传统美德，营造祥和共融的社会风尚。

综上所述，农村养老问题是一个复杂而系统的工程，要解决好这一问题，需要社会的方方面面来共同努力，我们不能离开农村经济的发展而来空谈农村养老模式的建构、养老保险的推行、完善养老服务实施建设等问题。在现行阶段，政府需要多投入一些人力物力，理顺各种关系，促进农村经济的发展，保障农村养老工作能顺利进行下去，这不仅是利国利民的好事，也是我国社会主义现代化建设的一个重要的战略步骤。人口老龄化带来的社会经济影响非常广泛而且深远。"全面应对、统筹治理"的思想包含的视角非常广阔，包括了应对主体和应对方面，而且这两个方面是结合在一起的。一方面，从应对主体看，包括了政府、单位组织和社区组织。另一方面，从应对方面看，包括了赡养体系、资源配置、文化建设等方面。只有在科学理论和正确战略的指引下，汇聚各个方面的力量，整合强大的应对能力，我们才可能实现成功的老龄化社会目标。同时，如果真正地把我国农村"老有所养"问题解决好，对整个世界的发展也将是一个重大贡献。

联合调研组成员

马艳竞　辽宁省民政厅党组成员、省老龄办主任

李献唐　省统计局党组成员、调查队队长

李雅珍　省老龄办副主任

张福多　省统计局调查队副队长

张振刚　省统计局人口与就业处处长

任　旭　省老龄办综合处副处长

关于湖北省失能老人长期照护问题的调查报告

湖北省老龄办、中南财经政法大学联合课题组

失能老人是指在吃饭、穿衣、上下床、上厕所、室内走动和洗澡六个生活指标至少一项不能完全自理，必须依赖他人照料的老年人。为全面掌握我省城乡失能老人的养护情况，省老龄办与中南财经政法大学组成课题组，抽调培训83名大学生担任调查员，采取入户问卷和抽样调查；普遍走访和重点解剖的方式，对全省失能老人养护情况进行了调查。按照课题设计，随机抽取85个村和417所城乡养老机构为样本，对1214名失能老人进行问卷调查；选取东、中、西各2个乡镇为样本进行了深度调查，完成问卷800份。两个调查过程共涉及28个县（市、区）、51个街道（乡、镇）、120个社区（村），回收有效问卷1704份，其中养老机构836人，居家养老868人；离退休人员的401人，普通村、居民1303人。依据统计部门发布的人口数据和此次问卷样本数据，借鉴全国城乡老年人追踪调查和全国失能老人抽样调查数据分析方法，对全省失能老人数量情况进行分析，就失能老人养护状况进行研究，提出对策措施。

一、失能老人的现状、发展趋势和主要特征

（一）基本情况

调查分析显示，我省城乡失能老人为81万人，占60岁以上老年人口的8.4%，占全省常住总人口的1.4%。其中城镇37万人，占城镇总人口的0.8616%；乡村44万人，占乡村总人口的1.6764%。

按照吃饭、穿衣、上厕所、上下床、在室内走动、洗澡六项指标评估，轻度失能者（1~2项不能完成的）有39万人，占48.16%；中度失能者（3~4项不能完成的）有18.5万人，占22.83%；重度失能者（5~6项不能完成的）有23.5万人，占29.01%。

受访失能老人的平均失能时间为3.71年，持续5年以上的占40%。其中养老机构的失能老人平均失能持续时间为2.91年，居家养老的失能老人平均失能持续时间为3.89年。

在未来50年人口老龄化快速发展进程中，失能老人数量将伴随人口老化速度同步较快增长，预计到2020年、2033年、2050年将分别达到105万人、165万人和186万人。

（二）主要特征

失能老人的主要特征表现为“五多”。即：

高龄多。在1704名失能老人中，平均年龄为76.8岁，其中76岁以上的占42.90%。

女性多。在1704名失能老人中，男、女性分别占40.26%和59.74%，为4∶6，女性多于男性的特征非常明显。

丧偶多。失能老人丧偶者占51.39%，其中入住养老机构的失能老人"丧偶"者占67.6%。老伴健者多居家照护。

疾病多。失能老人多因疾病所致，占60.19%；同时，80%以上的失能老人又患有多种疾病，其中高血压、中风、心脏病、类风湿分别占49.27%、25.89%、19.96%和19.60%。

低收入家庭多。在1704名失能老人中，有固定离退休费收入的仅占33.26%，农村及城镇居民占66.74%。家庭收入较好的仅有176人，占10.3%；中低收入家庭1241人，占72.89%；困难家庭287人，占16.81%。

（三）生活状况及服务需求

调查显示，失能老人对生活照护基本满意的占36.33%，不满意的占8.33%，相当一部分失能老人得不到最基本的照护服务。由于多数失能老人经济、精神、护理依赖子女，失能周期越长，对家庭经济、子女拖累越大，家庭矛盾越来越多。整体来看，失能老人和失能老人家庭生活质量普遍不高，老人不满意、子女受拖累、家庭不和睦。

调查显示，失能老人期望得到政府救济、补助的占77.1%，反映多数失能老人的家庭经济压力较大；期望政府提供康复和医疗保障的占57.53%，反映多数失能老人医疗保障有困难；希望有良好护理服务的占26.08%；渴望更多精神慰藉的占11.75%。

二、失能老人养护工作面临的主要问题及挑战

（一）失能老人护养资源严重不足，生存质量不高

一是养老保障水平较低。近几年来，社会养老保障制度虽逐步健全，但从总体上看，养老保障水平仍然较低。城市离退休职工只能维持较低的生活保障水平；而农村老年人所享受的新农保月人平仅有55元，绝大多数老年人的生活来源仍为"自食其力"或子女接济。在调查的1704名失能老人中，人均月收入为993.77元。其中月均收入在500元以下的50.06%，月收入不足200元的占20%。相当一部分农村失能老人的基本生活难以得到保障。

二是养老保障措施单一。除城乡社会养老保险外，目前我省尚未针对失能老人的其他有效保障举措。失能老人护理补贴仅在武汉等少数地方开展试点，且仅限于极少数特困失能老人，标准也很低；国外通行的长期护理保险制度尚未提上议事日程；商业保险产品也属空缺，且很难推广。目前情况下，即使收入水平较高的行政事业单位离退休人员，有限的养老金也无法兼顾失能后养、护两个方面，养老院进不去，护工更是请不起。

三是家庭负担沉重。子女成为失能老人的双重依赖，既要靠子女供养，又要靠子女照料。调查显示，失能老人的日常照料 70.51% 靠子女，生活费支出 60% 以上由子女负担，农村达 90% 以上。老人失能后，家庭开支、生活方式都会受到严重影响，由于失能老人依赖子女照料，子女择业受到限制，发展机会减少；家庭开支加大，导致经济困难，体力、精神压力增大。类似感动中国 2014 年度人物中朱晓晖为照顾瘫痪父亲，辞掉工作、丈夫离异的现象并非个别。

（二）失能老人照护服务体系建设严重滞后

近几年来，我省养老服务体系建设在省委省政府的高度重视和相关部门的努力下，坚持居家为基础、社区为依托、机构为支撑的三结合模式，养老服务事业发展取得了长促进步。但从总体上看，发展仍较滞后，存在规模不大、定位不准、功能不全、服务质量不高等问题。

一是养老机构总量不大。到 2014 年底，全省城乡养老机构总数为 2572 个，床位 23 万张，平均每千名老人近 23 张床位。其中县市以上城市公办养老机构 140 所，床位 3.9 万张；民办养老机构 308 所，床位 4.6 万张；农村乡镇福利院 1284 所，床位 14 万张。除用于集中供养城市“三无”老人和农村“五保”对象外，能调剂用于代养社会老人的床位不超过 10 万张，与失能老人的比例为 1 ∶ 8。

二是护理型养老机构严重匮乏。传统的民政救助职能，导致公办养老机构主要功能是供养“五保”、“三无”老人；而民办养老机构由于投入不足，普遍没有专业护理设备。全省现有养老机构具备护理功能的床位不足 30%，专业护理人员不足 20%。据调查分析，在养老机构代养的社会老人中，失能老人约占 50%，其中公办养老机构的占 40%；民办养老机构的占 60%，有的高达 80% 以上。民办机构护理质量普遍较差。

三是支持居家照护的服务体系不健全。一是社区居家养老服务中心覆盖面窄，且不具备护理功能。目前全省共建有城市社区居家养老服务中心 1965 个，占社区总数的 48%；农村互助养老照料中心 2838 个，占农村社区总数的 11.1%。这些居家养老服务中心基本的功能就是娱乐健身，普遍（90% 以上）不具有护理功能，也基本没有开展护理服务。二是居家养老服务信息平台多数地方虽已建成，呼叫系统比较完善，但由于服务功能少、服务质量差、服务费用高，多数信息平台坐着“冷板凳”。“一键通”能打通电话，但办不成事。三是少数市县针对“三无”、高龄、贫困和失能老人的特殊困难，有的发放了居家养老服务补贴，有的组织志愿者服务队开展爱心服务，但覆盖面都很窄。落实较好的武汉市，为每位老人每天提供 1 小时的上门服务，对于中度以上失能老人而言，显得微不足道。

（三）失能老人照护的社会环境较差

一是公共硬环境较差。城市居民建筑设计强调经济型、小户型住宅，不利于多代同居，也不便失能老人居家生活；城市老旧社区多为七层以下建筑，普遍没有电梯，社区道路及其他公共建筑无障碍设施不配套，失能老人出行不便；农村公共服务设施严重匮乏，失能老人居家生活十分不便。

二是社会软环境不优。随着市场经济的发展，社会尊老敬老意识逐渐淡化，社会歧视老人，子女不赡养老人甚至虐待老人现象时有发生。据相关调查数据显示，60% 以上子女不愿与父母共同居住，24.5% 的子女不愿照料老人；16% 的异地就业子女常年不与父母联系。

三是法规政策制约。政府在制定相关政策法规时，对应对人口老龄化的社会积极作用考虑不够，在强化资源效益、节能减排、价格调控等措施时，兼顾养老的特殊需求较少。如住宅规划指标，小户型占比较多；购买大户型住房，不分家庭人口数量和实际需求，都必须按豪宅征税；水、电、气消费实行阶梯价格，多代同居家庭日常消费开支明显增大；国家的社会福利政策，对哺乳期的妇女有相对宽松的假日安排，但对照护失能老人的家庭成员却无相关优待，等等。

（四）失能老人居家照料面临三大挑战

一是少子女家庭结构的挑战。调查显示，目前农村 75 岁以上老人平均养育子女多达 4.5 人；1704 名失能老人平均有健在子女 2.98 人，其中农村为 3.18 人。据第六次人口普查统计，2010 年，全省家庭规模为平均每户 3.16 人，比上世纪 80 年代的每户 5.6 人减少了 2.44 人，60–65 岁老人平均养育子女为 2.5 人，其中城市有近 70% 的家庭只养育 1 个子女。“四二一”的超小型家庭结构逐渐增多，一对年青子女在赡养多位老人的同时，一旦有一位老人失能，家庭生活、生产、工作矛盾将异常突出。

二是空巢家庭环境的挑战。调查显示，目前全省农村老年人空巢率约占 40%，局部村镇高达 60% 以上。城市受区域经济发展不平衡和产业布局等影响，择业弹性加大、就业范围扩大，异城择业或同城跨区、跨县市就业成为普遍，加之子女多不愿与老人共同居住，城市老人实际空巢率高于农村。一旦老人因病失能，家庭经济将受到严重影响，子女要么高薪聘请护理人员，要么放弃高薪就近就业，维持生计。

三是照护能力严重不足的挑战。调查显示，失能老人需要生活护理的比例高达 73.46%。其中城市和农村养老机构需要护理服务的比例分别为 90.45%、81.70%；城市和农村居家失能老人需要护理服务的比例分别为 77.22% 和 64.29%。有 30% 的重度失能老人需 24 小时专人护理。家庭成员在护理失能老人中将会面临三大考验：首先是 24 小时离不开人的守护考验；其次是相对专业的技能考验；第三是长年累月持续不断的耐性考验。这三个方面对于任何家庭成员都是异常艰难的考验。

三、国内外失能老人长期照护体系建设的主要做法

（一）国外经验

为建立失能老年人长期照料服务体系，化解没有治疗价值的失能老年人大量消耗卫生资源，对医疗保险体系形成的威胁，发达国家特别是德国、日本和美国经数十年的探索，

初步建立起独立于医疗保险体系之外，以长期照料保险为核心、服务机构为主体、服务标准和规范为准绳、辅之以家庭成员、社会工作者和志愿者积极参与的长期照料服务体系，并逐渐成为人类个体生命周期中的最后一道安全网，也成为整个社会保障体系的最后一道防线。一是适度发展养老社会服务机构，这是长期照料服务体系的载体。二是建立长期照料保险制度，例如德国和日本运用社会保险模式建立了长期照料服务社会保险，美国运用商业保险模式建立了长期照料商业保险。同时，政府承担失能老年人的部分长期照料服务费用。这是从制度上解决失能老年人的长期照料服务费用问题。三是健全长期照料服务标准和服务规范。四是建立相应的管理和监督机构。按照保险资金来源的不同，发达国家的长期护理保险主要分为三种类型，即国家保障型、社会保险型及商业保险型，国家保障型以政府财政支出为主；社会保险型采取强制性社会保险，由企业、个人、政府分担费用；商业保险型鼓励个人自愿购买不同种类的长期照护商业保险。

（二）国内的探索

近年来，随着我国人口老龄化的加快，各级党委政府对失能老人的保障正在持续关注和初步探索。2012年7月，青岛市下发《关于建立长期医疗护理制度的意见（试行）》（青政办［2012］91号），在我国率先实施长期医疗护理保险制度。基本模式是通过调整基本医疗保险统筹金和个人账户结构进行筹集，财政根据基金使用情况给予补助，用人单位和个人不需另行缴费。入住定点护理机构接受医疗护理、居家接受医疗护理照料的参保人，发生的医疗护理费，护理保险基金支付96%；在定点医院接受医疗专护发生的医疗护理费，护理保险基金支付90%，个人自付一定比例。目前有11000名失能老人正在享受护理保险待遇，年人均护理消费总额在22000元左右，个人自负1000元左右。上海、天津、浙江、黑龙江等省市制定了老年人长期护理补贴或养老服务补贴制度，根据补贴对象所需的照料程度，划分为轻度、中度、重度三个等级，每人每月分别给予100元至200元不等的补贴，所需经费由财政安排，分级负担。

四、构建失能老人长期照护服务体系的对策建议

党的十八大报告指出：“积极应对人口老龄化，大力发展老龄服务事业和产业”。解决失能老人的长期照护问题，必须用积极态度、积极的措施，从养护保障体系、照护服务机构、居家照护支持、社会优待辅助等多方面入手，形成积极的应对机制，努力构建符合我省省情的失能照护保障服务体系。

（一）尽快建立失能老人的照护资金保障体系

一是积极探索建立独立于医疗保险之外的长期照护保险制度。一是短期内可学习借鉴青岛市的模式，统筹建立失能老人长期医疗护理保险基金，采取从医疗保险中分离部分资金，财政适度补充，形成专项失能照护资金保障渠道。二是尽快研究建立失能老人长期护理社会保险制度，采取“国家＋企事业单位＋个人”的筹资模式，强制40岁以

上的群体缴纳长期护理社会保险，为失能老人积累长期护理保险资金。三是在目前上述保障体系尚未形成之际，尽快建立失能老人护理补贴制度，由政府出资对中低收入失能老人家庭给予补贴，保障失能老人不因护理开支造成家庭生活困难。

二是鼓励保险企业研发长期照护保险产品。为满足失能老人的差异化、个性化的需求，目前，北京、上海等地一些商业保险公司开发了一些商业性长期护理保险产品，以解决失能老人的长期护理费用问题的做法值得借鉴。

三是建立长期照护服务专项基金。从财政经费中安排一部分为基数，发动社会捐赠，筹集善款，重点补助贫困的失智和重度失能老人。充分发挥社会中介组织力量，推动有志于慈善事业的企业和个人捐资捐物。

四是研究制定失能老人等级标准和评估机制。对符合条件的失能老人，通过本人或监护人向户口所在地社区居委会或村委会提出申请，由专业的评估机构按规定程序进行失能等级评估、公示、审查、审批，按相应政策发放照护补贴或报销照护发生的相关费用。

（二）加快建立多层次的失能老人照护服务体系

一是切实加快失能老人照护机构建设。一是调整功能定位，整合养老资源，充分发挥现有公办养老机构在照护失能老人中的骨干作用。有关资料测算，新建养老机构每张床位，平均投资超过 10 万元。目前公办养老机构的收养对象主要是“三无”、“五保”老人；自费供养对象 60% 以上是生活能够自理的健康老人，且收费标准低廉，有的甚至不足以支付日常维护费用。从一定程度上讲，这是对有限养老资源的浪费，也是国家福利的不公平再分配。为使有限的公办养老资源更好地发挥“保基本、促公平”的公共福利功能，应当调整公办养老机构包括乡镇福利院功能定位，按照护理型养老要求进行改造，使之成为失能老人照护机构，专门养护失能的“三无”、“五保”老人，微利照护中、重度失能的社会老人。对健康的“三无”、“五保”老人，不再收入公办福利机构集中供养。二是加大投入，重点支持民办养老机构发展失能老人养护机构。为强化养老机构建设管理效益和质量，政府投入应当主要用以补助民营失能老人养老机构的发展。为体现政府投入资源的公益性，借鉴上海的经验，凡获得政府补助的民营养老机构，应当实行服务对象准入制，只能收养失能老人，且必须经过第三方评估、相关部门备案。政府补贴的比重除土地划拨优惠外，一般应不低于基本建设成本的 30%；利用旧房改造而成的失能老人养护机构，补助比例应不低于改造成本的 50%；同时对照料失能老人的养老机构，政府按使用床位给予运营补贴，合理调控收费价格，允许获得利润。三是鼓励普通医院开展护理型失能老人养护服务业务。对照护失能老人的医疗机构，政府应予以重点扶持，给予不低于民营养老机构同等的财政补贴和优惠政策。

二是高度重视失能老人居家照护服务体系建设。鉴于养老机构养护失能老人，国家和社会投入多、成本高的客观实际，应十分重视失能老人居家照护的社会服务体系建设，为失能老人居家照护提供支持。一是建立城市区域性失能老人日间照料服务中心。区域性失能老人日间照料中心由政府规划、投资、建设，委托社会组织或企业运营，政府给予运营补贴。每 10 万人住居社区布局一处，规模日接纳 100 人左右，辐射 1000 个失能老人家庭。主要功能为：为辖区失能老人日间集中提供看护、助餐、助医、助康复等服务，早入晚归；同时利用其护理专业技能及设施上门为辖区居家失能老人提供助餐、助浴、助医、助康复服务。二是培育失能老人看护服务市场主体。发展多种形式的失能老人看护服务企业和队伍，依据居家养老信息服务平台，或当事人直接与市场主体签约，提供居家照料服务。政府相关部门对失能老人市场服务企业应从税费减免、工作人员技能培训等方面给予扶持，制定服务规则及标准，加强服务质量监督。三是培育失能老人居家看护志愿者服务队伍。定期或按需上门协助失能老人家属做好照料工作，为失能老人家庭成员提供喘息服务，使之舒缓情绪。政府组织对志愿者进行技能培训和指导，为志愿者的服务作好登记，宣传志愿者的高尚行为，给予志愿者适当的交通生活补助等。

（三）建立和完善失能老人家庭看护政策支持体系

失能老人最需要亲情关爱，且不可能全部由养老机构看护。国家制定政策法规要充分考虑老年家庭的特殊需要，利用政策引导，调动社会力量，化解人口老化、特别是失能带来的社会、家庭矛盾，逐步形成有利于老年人居家养老、失能老人居家看护的政策支持体系。

一是制定适应老年人居家照护的住房政策。城乡住房建设规划部门应统筹考虑人口老龄化和失能老人居住需求，重点开发适老社区，加快城乡无障碍设施改造和建设步伐；住房建设规划要适度安排多代同居户型；税务部门对多代同居户型住房，应按照普通住房税率计税；失能老人家庭进行无障碍改造的，政府应予适当补助。通过这些措施，使失能老人和家庭照护人员有一个良好的居住环境。

二是制定有利于失能老人居家看护的消费政策。实行阶梯消费价格的水电气等公共服务产品，对失能老人家庭，经相关机构证明应准予按基准价格计费；失能老人家庭购买居家照料服务产品的，政府可给予适当补助；失能老人家庭聘请看护人员的，政府相关部门应予免费培训。

三是制定失能老人居家看护的优待政策。要求企事业单位对家有失能老人的职工，给予灵活的假日、休假时间安排，或给予上下班时间调整的便利；因照料失能老人暂时不能工作的，单位应予以留职，给予适当的生活补助；居家照料失能老人的从业人员，政府可酌情减免个人所得税或其他税负；政府相关部门免费为失能老人家属进行护理技能培训；对居家的失能老人适当提高养老金标准和医疗费报销比例，或采取发放慰问金、困难补助等方式给予一定的经济补贴。通过这些政策措施，激励更多失能老人及其家庭成员乐意接受居家看护这种既亲情化、又节俭资源的照料模式。

（四）用健康老龄化与代际和谐理念提升失能老人生命质量

健康老龄化是指个人进入老年时期，在躯体、心理、智力、社会、经济等方面的功能仍保持良好状态，是老年人生活和生命质量的重要标志。

一是强化全民健康教育。据有关资料显示，目前我国人口预期寿命在 75 岁左右，但由于饮食习惯、生活规律等方面的影响，健康寿命平均只有 67 岁左右，与发达国家相比差距比较大。特别是60岁以上的老年人口，50%以上患有两种以上老年疾病，失能率也比较高。积极应对人口老龄化，必须从健康老龄化抓起，从婴幼儿、中青年人抓起。政府相关部门要积极采取措施，倡导良好生活习惯，提倡科学饮食，健康科学养生，提高全民族生命健康水平，减少老年失能发生。

二是重视老年病早期预防。政府应高度重视老年病早期预防工作，医疗卫生部门按照老龄事业发展规划要求，加强老年医疗机构建设，对老年人定期体检，强化老年健康管理，重视老年疾病科学研究和老年健康科普宣传，使老年人有病早治，无病早防，最大限度减少因病导致失能的风险。

三是支持老年康复辅具研究推广。康复辅助器具个性化特点突出，研发生产成本高，效益低。政府要通过政策支持，引导科研机构和企事业单位研发生产老年康复辅助器具，并采取财政补助方式鼓励老年康复辅助器具推广使用，最大限度开发失能老人残存功能，鼓励失能老人增强自信，减轻家人及社会护理负担。

四是努力营造代际和谐。要大力弘扬“孝文化”，把尊老敬老作为社会主义核心价值观的重要内容，扎实开展孝老爱亲的传统美德教育，营造家庭和睦、代际和顺、社会和谐的良好氛围，促进社会发展与文明进步。

课题组成员

刘长斗　赵琛徽　王建楷　田　莹　陈显友
黄本明　张泽文　程志辉　卢　抗　万　敏
王　悠　朱文建　张煌

福建省永安市"三自三助"颐老院养老模式调查报告

福建省老年学学会永安研究小组

"出门一把锁，进门一盏灯"。这是当今农村不少空巢老人孤单生活的形象又真实的写照。根据《2014 年永安市老龄事业发展统计公布》数字显示，目前全市 60 岁以上老年人达 5.1 万人，占全市人口的 15.1%，其中农村老年人口 2.75 万人，全市空巢老人 8150 人，其中农村空巢老人 6050 人，全市空巢率 16%，农村空巢率 22%，比全市高出 6%。针对当前农村老龄化问题突出，农村剩余劳动力特别是青壮年劳动力向城镇快速转移，传统家庭养老功能正日趋弱化等的特点，如何有效解决农村家庭中的空巢老人养老保障问题，是促进推动农村改革发展所面临的一项重大社会课题。永安市自 2011 年以来，以"三自"（自愿、自费、自担）为原则，建立村民自治的农村空巢老人"三助"（自助、互助、帮助）颐老院，为破解农村特别是山区农村空巢老人养老难题，提供了一个可持续、可复制、可借鉴的样本。

三年多来，永安市从健全社会养老保障体系，建立新型农村养老制度出发，积极探索，努力实践，参照社区居家养老服务做法，通过开办互助食堂、增设照料订位，加强日间照料功能，建立农村空巢老人"三自三助"颐老院，开展适度集中互助养老服务，为空巢老人提供吃住、学习、健身、娱乐、康复等服务，这是永安市当前农村养老服务模式有益偿试。目前，全市已建和在建的"三自三助"颐老院 61 个，已建成投入使用的 50 个，设照料床位 210 张。有开办老年互助食堂的"三自三助"颐老院 20 个，入住空巢老人 200 人。永安市创立的农村养老服务新模式在全省名列前茅，确实使农村老人享受到看得见摸得着的实惠。2014 年 3 月份，全省老龄办主任工作会议在永安召开，全体与会人员参观了西洋镇蚌口村、燕西街道上吉山村"三自三助"颐老院，2014 年 9 月中共三明市委主办的《决策参考》、2014 年 11 月 12 日福建日报视点栏目均做了全面介绍。以上是笔者对全市农村建点情况的调查了解后加以简要概述。

一、举措与成效

（一）坚持"三自"原则、"三助"方式办好颐老院，积极探索农村养老服务模式

1. 因地制宜，量力而行，强化自我管理意识，让农村困难老人能在家门口安享晚年

2011 年，永安市在全省率先启动农村居家养老服务试点，探索农村适度集中互助养

老模式，罗坊乡吴坊村建立了首个互助养老服务站“三自三助”颐老院。这个村并不富裕，在该村的影响带动下，当年，全市就建成了 8 个农村居家养老服务站。试点村建设的成功做法，为高龄、失能、半失能空巢老人提供吃住、学习、健身、娱乐、康复等服务，颐老院的互助养老模式受到老年人及家庭和社会各界的好评。

2. 明确职责，强化自我服务意识，加快推进农村养老服务建设

把空巢、困难老人集中起来，实现统一管理服务是一个发展的方向，永安在实践中总结推出的“三自三助”模式，为农村养老解决了资金、场地、服务管理人员等系列问题。“三助”：“自助”即依托家庭成员的赡养义务，老人尽其所能解决老人起居问题；“互助”即开展搭伙入住共同生活，老人各尽所长互相帮助解决生活照料问题；“帮助”即组织社会资源和志愿者义务帮助解决农村空巢老人生活照料和精神慰藉问题。“三自”：“自愿”即老年人自愿申请搭伙入住共同生活；“自费”即老年人搭伙入住生活费用由各人家庭自理；“自负”即搭伙入住的老年人风险责任自行承担。2012 年市老龄办在罗坊乡召开农村居家养老服务工作现场会，总结推广吴坊村和小陶麟厚片建设颐老院的做法后，全市各乡镇借鉴试点单位的做法，迅速行动起来，在较短的时间内建设了各自的颐老院。

3. 因陋就简，就近利用，整合公共资源，建设颐老院活动地点

各村把闲置的小学校舍、旧村部进行改造修建而成，建设了老年活动中心、建立了电教室、乒乓球室、棋牌室、健身室等。如大湖镇新冲颐老院利用原来的林场办公楼修缮改建的，设有宿舍、互助食堂、卫生室、棋牌室、电视室、阅览室、书画室、老年学校多功能室，室外还有 200 多平方的活动场所，安装了健身器材。又如小陶镇美坂村利用旧小学进行改造建成。

4. 当日结清，民主理财，让老年人的钱花得明白

老人“三助”食堂伙食费开支使用，是大家所关心的事，为了减少质疑堵塞漏洞，通过民主选举出账目开销记录人员负责做好日常来往钱物的记录。走进老人“三助”食堂里，你可见到墙上挂着一本本账本：实物进仓登记表、实物出仓登记表、就餐老人登记表、就餐老人自带大米蔬菜登记表、就餐统计表、伙食结算单……每一个月的每一笔收支明细都清楚地记录在册。如小陶镇美坂村、燕西街道上吉山村均做到，记录下每一餐总开销及就餐人数，当餐核对结算，如果遇到没有用餐的老，从上交的伙食费扣除，月底结余可累计下月用餐。老人的生活精打细算，其中的蔬菜等大部分是自产的，所以伙食费用不高，平均每位老人的每餐伙食费用仅 3~5 元。

5. 动静结合，科学养生，组织老人适度参加体力劳动，既锻炼了老人的身体，又改善了老人的生活

在村颐老院里的老人，过着集体化的生活，除了要自我安排日常的伙食外，平时则根据老人的爱好参加跳舞、唱歌、做健身操、下棋、打牌、阅读书籍等娱乐活动。这对老人愉悦心情、增长知识、丰富精神文化生活，科学养生有极大的益处。老人在一起有机会交流感情，加强了解，对促进团结，增进友谊有很大的作用。此外，有的建点村想办法找一块地，组织老人自己种菜，目前农村中 60 — 70 岁的老人，平时有适当参加体力劳动的习惯，适度参加体力劳动，能对老人起到锻炼身体的目的。

6. 以院为家，积极作为，注重发挥村老年协会主体责任

各养老试点村的老年协会都能自发地组织老人轮流值班。不仅负责开门、搞卫生、烧开水，还兼管了村里的农家书屋阅览室的管理，不拿一分报酬。在老年人的影响下，蚌口村民冯合相和罗燕春在城里开了一家时尚造型理发店，村里的颐老院建好后，在每月的最后一天，他们都不营业，带着店员到村里为老人免费理发，团支部组织青年义务承担用电线路、自来水管网维护。

（二）共建“邻里友好、和睦相处”大环境，打造具有永安特色的农村养老幸福家园

1. 推进服务平台建设，创新农村养老服务新格局

一是推进农村养老服务平台建设新进展。各乡镇依靠自身的力量，在社会各有关方面的支持下，依托颐老院服务中心，为老人解决食宿，养老娱乐等服务。二是发展农村志愿服务队伍。全市建立 15 个农村志愿者服务中心，150 个服务站，244 支服务队，农村志愿者人数达 3656 人。三是享受信息化社会特殊服务项目。吴坊村在村财十分困难的情况下，通过争取在电信部门的帮助下，率先在全市为本村老人配备 89 部“一健通”手机。只要在电话机上按一个键就能使电话具有查号、天气通报、热线服务、免打扰、转移呼叫等功能，拓宽了老人与外界联系的通道。

2. 推进农村养老文化发展，创新农村文明风尚

一是完善农村养老文体设施。建立村老年学校、老年日间照料室、健身活动室、棋牌室、图书阅览室、助老医疗保健室，建立家政服务网络，并增设了应急救助热线网络。各乡镇医院免费为老年人提供义诊，组织老年人参加知识讲座。二是发展农村老人文体队伍。以培育文化能人、骨干为抓手，发掘农村名人和草根精英，组建健身活动队伍和兴趣小组 260 多个。各村以“帮老、助老、敬老、爱老”为主题，开展组织山歌、红歌比赛，诗歌朗颂、知识讲座等丰富老年人的业余文化生活。三是开展修身养性高尚道德情操等主题教育活动，教育老人不为私欲名利而忧心重重，焦虑苦脑。使老年人保持良好的心态，做个豁达开朗，知恩图报有良心的老人。

3. 关心农村空巢老人的心理健康，减轻社会和家庭的压力，让老年人过上愉快而幸福的晚年生活

一是因人而宜，帮助解决心理疙瘩。组织青年志愿者与老年人聊天、沟通，讲故事等喜爱的活动，帮助他们做些事情，解除他们的困难。对体力好些的老人还组织到附近风景点游玩，让他们感到快乐，愉悦心情，消除抑郁和心中的苦闷。二是改善医疗保障措施，为他们建立健康档案。把农村空巢老人的卫生服务交给乡镇卫生院，把空巢老人的慢性病列入重点提供入户巡诊的对象，并做到经常为他们讲解健康知识，组织青年志愿者为他们服务。三是开展互助，减轻体力劳动负担。许多子女在外打工，把孙子留在家中让老人照顾，承包的土地要他们耕种，加重了这些老人的劳动负担。在建立村为主的养老服务同时，建立了互助、邻里相帮的工作机制，成立了低龄互助组，为行动不便

的高龄老人开展服务，通过建立集中养老互助平台，促进了良好人际关系的形成，妥善解决了老年人面临的困境。

4. 加强保障，把精神养老家园建设推向制度化、规范化

建立由政府牵头、老龄办主管、相关部门配合、乡镇农村具体实施的“三级联创”、“四体一位”精神养老家园建设组织体系，为精神养老家园建设奠定了坚实的基础，使这项工作经常化、制度化、规范化。

5. 搭建亲情呼叫系统，健全求救信息网络

以提供“紧急救援、生活照料、精神关怀”为内容，依托中心服务平台，构建居家养老服务热线、居家呼叫系统等便捷有效的求助和服务信息网络，为低保贫困老人免费安装“一键通”电话机，逐步实现农村养老呼叫网络全覆盖，有效解决老年人身体不安全、行动不方便导致的心理焦燥、心理波动等心理障碍。

6. 注重发展老年教育，提高老年群体文化知识素养

把老年教育纳入地方文化教育事业发展规划，政策上强化鼓励，经济上加大投入，形式上不断拓展，方法上加强引导，老年学校不但是老年人参加学习文化知识，丰富生活的重要阵地，同时也是老年人陶冶情操，实现精神养老的重要手段。

（三）加强组织领导和经费投入，不断强化基础保障

1. 摆上重要议事日程

市委市政府把农村“三助”康乐点建设列入为民办实事项目和服务业重点项目之一。通过市老龄办在调查总结的基础上，制定了《永安市农村空巢老人“三助”康乐点建设指导手册》，指导农村开展居家养老服务工作。

2. 及时总结推广典型

2011 年，全市农村建成 8 个居家养老服务站，2012 年 3 月通过召开现场会，积极推广罗坊乡吴坊村和小陶镇麟厚片建设“颐老乐园”（2013 年全市统一称为“三助”康乐点）经验——开办老年互助食堂，提供住宿、娱乐等养老服务，有效地解决了农村空巢老人的生活照料、安全巡视和精神慰藉等问题。当年新建 12 个农村居家养老服务站。

3. 领导重视，提供经费保障

2013 年 7 月 1 日，永安市委书记黄建平同志到吴坊调研，详细了解“康乐点”的运行管理，对吴坊村开展互助养老模式给予充分肯定，要求罗坊乡全面推广。10 月 8 日，市委书记黄建平在市委常委（扩大）会议上部署，要求在有条件的村开展农村空巢老人“康乐点”建设。同时要求分管副市长亲自落实，年内各乡镇都要建立一个试点示范村。11 月 19 日，市政府召开专题会议，提出建设实施意见，会议决定成立市农村空巢老人“康乐点”建设小组，分管副市长任组长，成员由相关部门组成。对每个示范村补助 5 万元。市财政预算安排补助资金 65 万元，采取以奖代补形式。今年 3 月，全省老龄办主任工作会议在永安召开，全体与会人员参观了西洋镇蚌口村、燕西街道上吉山村“三助”康乐点。

4. 试点村工作主动

把村部或将当地小学空房，让出来办“康乐点”。办食堂不收水电费，食堂蒸、煮、炒等家用电器由村负责购买，开办时，所在的乡镇领导、民政、卫生、计生等部门上门赠送大米、油等食品。值得一提的是西洋镇蚌口村新上任的党支书罗仙旺，新官上任三把火，第一把火就是拆掉祖宗房建“三助”康乐点。没有村财收入，他召开专题会议研究，把建设任务分解到村两委成员身上，2013 年 6 月开会，8 月动工，11 月 18 日一个拥有 290 平米的“康乐点”建成，室外 160 平米广场供老人文体活动。“康乐点”建设用去 26 万元，其中的 20 万元是从市民政、老龄办、镇政府等各有关部门争取的。

在现场，我看到互助食堂、宿舍、卫生所等生活设施，室内电磁炉、电冰箱、电脑、电视机、图书阅览室、棋牌室等设备一应俱全。村里老人天天有人来下棋、看书报、聊天……为了加强管理，村老年协会组建了由 12 人参加的老人志愿者，每天轮流开门值班、煮饭、提供茶水、打扫卫生等服务。蚌口村的做法，《福建日报》2014 年 5 月 1 日第三版做了专题报道。

康乐点就是我的家。“这里生活安排很好，每餐最少也有三菜一汤，荤素搭配，营养合理，每天费用一般为 5 元钱”，这是上吉山康乐点 85 岁老人陈永芳如是说。她有 5 个儿子，在外做生意，丈夫去世多年，一个人也要煮三餐，年纪大，经常为三餐发愁，煮一餐吃一天，生活不正常，一个人在家孤单。自从村里办起了老人食堂后，她天天生活开心，人多热闹，伙食比家里办得好。这个村五保户刘如龙的房间地上铺得是木地板，床铺是新式的床，室内电视机、洗衣机、电饭煲等生活用具齐全，他说“这里就是我的家”。在食堂用餐的，每天都保持在 15 人左右，老人之间关系融洽，工作主动、分工协作，家里有好吃的都拿到食堂与老人分享，陈兴菊老人还把自己的土地让出来，组织老人上地种菜，既节省食堂开支又改善老人生活。

永安农村“康乐点”融合了居家养老与机构养老两者优势，具有投资少、见效快、费用低、住得起、不离家又方便的特点，值得总结借鉴推广。

二、经验与特色

（一）把颐老院的建设列入经济社会发展的总盘子，为农村养老服务提供有力的保障

根据国家十二五社会养老服务体系建设规划和福建省政府关于加快社会养老服务体系建设的意见提出养老服务要覆盖半数以上的农村（建制村）的目标要求。永安市委市政府在（2014）28 号会议纪要中提出坚持统筹兼顾的办法，把养老问题列入经济社会发展总规划，统一谋发、统一预算。2013 年 12 月 16 日，中共永安市第十二届委员会第五次全体会议讨论通过《中共永安市委关于贯彻党的十八届三中全会和省委三明市委全会精神深化重点领域改革的决定》，把“完善农村空巢老人康乐点建设机制”纳入“大胆探索实践，着力突破牵动永安发展的重点领域改革”，“创新完善农村发展的体制机制”

内容，加快推进农村居家养老服务工作（永委［2013］58号）制定下发了《永安市委农村空巢老人“三助”康乐点建设意见》，为养老问题提供领导、资金、场地、设施等系列保障。

（二）立足实际，分清责任，确保养老事业的健康发展

老龄化是一个综合性问题，牵涉到经济社会的方方面面，养老则是其中最为突出的问题之一。面对养老问题的沉重负担，如何在资金、伦理、机制等多个影响要素方面实现全面发展，实现养老的科学化和高效化。永安的做法是选择自然条件、民风淳朴的村进行试点。在实施过程中，通过深入细致的做好思想宣传工作，使群众正确理解“三自三助”的深刻内涵，尤其是风险自担，要正确认识对待这个问题，不能因为空巢困难老人入住居家养老后发生某种意外，就把责任推给社会政府，这不合情理。一个老人有这样那样的问题，或发生意外是正常的，关键是责任要分清。目前农村采取“三助”日间照料模式，与城市居家养老管理模式不尽相同，既减轻了资金压力，又能及时提供力所能及养老服务。社会政府、居家养老、家庭都能履行各自应尽的责任。老人入住成本低，运作简便，能让老人住得进、留得住。

（三）场地建设求实用，反对高档装修

农村闲置的公房都能充分利用起来，在场地建设上，各乡镇的态度是鼓励建设相对简易，投入较少的农村社区居家养老服务照料中心，主要以现有的农村老年活动中心为基础，因陋就简，整合利用现有基础设施、场地改造而成。有的是选择村里闲置或废弃的房子进行简单的改造装修。建成的农村社区居家养老服务中心，要求环境要安全、卫生、舒适，有足够的空间具备一定的设施，为入住的空巢困难老人提供食宿、娱乐、照料、心理慰藉等服务。

（四）入住老人既是受助者又是志愿者

入住的空巢困难老人，平时他们都还有参加劳动的习惯，多数人都能生活自理，本着我为人人，人人为我的观念出发，彼此间，首先是建立相对稳定的结对互助关系，开展互助守望，其次是构建志愿者帮扶服务网络，借助团、妇、民兵等组织力量，建立由党员干部、热心村民及社会成员组成的志愿者队伍，规范志愿帮扶制度，为需要帮扶的困难老人提供各种义务服务。

三、困难与问题

人口老龄化发展，给经济社会发展、劳动力就业、社会保障等带来严峻挑战。在老年人口中，70%的老年人是生活在农村，农村养老方式正处在转型阶段，空巢老人日益增多，传统的家庭养老功能日益弱化，社会保障体系尚未健全形成等都影响着老人晚年的生活质量，对建立农村老人“康乐点”存在着一定的困难。

（一）社会养老保障体系不健全

家庭、集体和社会责任不明确，部分老人对建立“康乐点”、办老人食堂还处在观望当中。自己身上的一点小钱舍不得拿出来，要考虑到自己万一要用钱时怎么办？想加入集体养老，孩子又不给钱，集体和政府的保障不明确，所以许多老人处在犹豫阶段，主要还是钱的问题。一些子女总盼望父母由集体和政府承担养老费用，自己不承担主体责任。

（二）老年人的生活来源没有保障

许多老人身上没有太多积蓄，大部分老年人靠种地维持生活，每年靠种粮食、蔬菜等挣点小钱，或者靠子女一年给点零用钱，平时看病的钱，特别是老年慢性病的医疗费都难于支付，平时积蓄下来的几个钱都不够买药，出现了因病积贫、返贫。60岁至70岁的绝大多数老人都还在参加劳动，靠自己养活自己，80岁以上的老人参加劳动的也还存在，所以老人的生活来源令人堪忧，失去劳动能力的老人，自养能力呈下降趋势。

（三）传统孝道观念淡薄

家庭养老的思想是体现传统的孝道观念，在很大程度上是决定了子女赡养老人义务的主要责任。因受到市场经济大潮的冲击和激烈的社会竞争，导致敬老、养老的价值观念日渐淡化，常常出现“娶了媳妇忘了娘”、“只顾小家不顾老家”、“宠幼轻老”的现象，这给老年父母的心理健康和晚年生活质量都产生了负面影响，经调查显示，有近三成的子女对父母感情麻木，不赡养甚至虐待老人的现象时有发生。

四、启示与建议

（一）建立完善农村养老责任体系的构想

解决农村养老问题是关系到促进农村深化改革，加快建成小康社会的重要课题。农村空巢老人养老问题必须建立由政府、社会和家庭共担当的机制。如今，农村家庭出现规模小型化，外出务工人员不断增加，农村传统的家庭模式正面临挑战。老人依靠子女供养变得困难，日常生活照料、医疗护理失去了依靠，缺乏亲情和慰藉，甚至出现空巢老人暴病无人及时救助，因病死亡多时仍无人知晓的悲剧。要解决农村特别是空巢老人养老问题，首先，当务之急必须构建符合农村实际的养老保障体系，健全法规，尽快完善法律责任。其次，充分发挥市场资源配置的作用，逐步使社会力量成为发展养老服务业主体，以社会化方式解决农村空巢老人生活困境；引导教育，弘扬孝道文化，营造良好的敬老爱老助老氛围；采取措施，督促子女依法履行赡养义务，让老人老有所养，老有所归，老有所终。

（二）要继续坚持宣传互助养老的“三助”原则不变

要通过不同场合、对象，采取不同形式，大力宣传家庭成员自助、老人之间互助、社会方面帮助是解决农村“空巢”老人生活照料和精神慰藉的重要渠道，要全面考虑统筹解决。要反复讲清“三助”责任的内容含义：家庭自助即依托家庭成员的赡养义务，“空巢”老人尽其所能解决自己生活起居问题；老人互助开展搭伙入住共同生活，“空巢”老人各尽所长相互帮助解决生活照料问题；社会帮助即组织社会资源和志愿者帮助解决农村“空巢”老人生活照料和精神慰藉问题。进一步宣传“三自三助”颐老院采取“三自”（自愿、自费、自担）规范运作的重要现实意义。目前要进一步完善规范管理措施，食堂、住宿、活动室、卫生、作息、助老服务等都建立信息管理制度，欢迎家庭和社会的监督，子女要经常过问关心父母在“颐老院”的生活情况，不能不闻不问，一送了之。

（三）要拓宽自保自养的渠道，为促进加快建立完善农村养老社会保障体系的形成

在农村推行养老保险制度和发展老年福利基金，要本着“政府补一点、集体出一点、个人交一点”的原则，根据农村人口的现状特征，筹措资金发展养老保险和老年福利基金。有条件的地方，可以争取侨胞、台胞、企业家等社会名流等方面资助，也可以发动会员自我筹措或者通过村集体经济划拨等形式。创收基金以自我管理、自我服务、面向老人的“互助、互济”为准则，作为农村养老保障的一种有效补充，健全完善社会保障体系，切实提高农村老人的养老能力和后劲，从而推动加快建立完善农村养老社会保障体系的形成。

（四）要从实际出发，提高服务老人的能力

要因陋就简，不搞高档装修，不用高档家具，要体现安全、适用、方便，适合老人生活就行。在服务内容上突出“空巢”老人生活照料、精神慰藉和安全保护外，要让老人享受到医疗保健、文艺生活等其他服务。要整合卫生服务机构、乡村文艺的资源，在三助康乐点设置老年康复家庭病床和医疗室，定期向老人演出文艺节目，使老人减少寂寞，丰富老年人的精神文化生活，感受到社会的关爱，从真正意义上让农村老人在家门口享受到“养、医、乐、学”的各种养老服务。

（五）加强村老年协会的建设

村里已把关心老年事业发展摆上重要议事日程，老年协会要继续加强自身建设，做好服务老人的管理，特别是要以自然村为单位，建立养老互助小组。同时，老年人要主动关心村里集体公益事业的发展，带头树立良好的社会风气，为村里的发展当好参谋助手作用。尤其是要发挥老年人阅历深、经验丰富、有专业知识的特点，为村里的经济社会发展发挥余热，贡献自己的聪明才智。

小组成员：吴刚毅　蒋丽萍

青岛市医养康护型养老服务模式运营现状及问题研究

张永梅　高　飞　王少梅

研究背景

截止到2014年底，青岛市户籍老年人口153.3万，失能半失能老人数量接近30万人，完全失能的老年人口约10万人，占老年人口的6.4%。失能、半失能老年人普遍有多病共存状况，存在不同程度的医疗护理需要。为积极应对人口老龄化，青岛市早在2012年就实施了长期医疗护理保险制度，确定了医养康护相结合的新型服务模式，并在实践中不断发展完善，2015年起实施的《青岛市长期医疗护理保险管理办法》，根据参保人的医疗护理需求进一步明确了医疗专护、护理院医疗护理、居家医疗护理和社区巡护等多种医疗护理服务形式。

截至2015年6月底，长期护理保险制度实施满3年，各类护理服务定点机构将近500家，惠及了2.5万名城镇参保患者，推动了新型医养康护结合型养老服务机构的快速发展。为进一步了解青岛市长期医疗护理保险的实施情况，加快推进青岛市医养康护新型服务模式的发展，本次调研对青岛市南区、市北区、崂山区公办和民办的8家实施医养康护院护和专护的机构展开了调查。调查主要通过座谈和发放调查问卷的形式，了解实施医养康护模式机构的运行状况，分析医养康护模式运行存在的问题，并提出完善青岛市医养康护运营模式的对策建议。

一、青岛市医养康护型养老服务模式的运营现状

截至2015年6月，青岛市共支出长期医疗护理保险资金8亿余元，共有15家二级及以上的综合医院、48家护理院、400余家社区定点医疗机构通过承担专护、院护、家护等形式开展医养康护服务业务，未来还要增加4000家村卫生室承担农村地区的巡护业务。医养康护服务模式运行范围覆盖青岛市六区、四市的10万余名失能老年人，目前享受长期医疗护理保险的老人约为2.5万人。

（一）调查机构的基本状况

本次受访的 8 家实施医养康护型养老服务模式的机构中，公办和民办性质的机构各占一半；其中，A 机构承担医疗专护业务，另外 7 家承担的是院护业务；各机构由于规模、性质不同，所设计的床位不一，如 H 机构为民政局直属自收自支事业单位，下设三个分院，总共有床位 534 张；这些机构的业务一般都涵盖临终关怀、养老、康复、治疗等项目，对社会资源利用程度不高。（详见表 1）

表 1　医养机构的基本信息

机构名称 项目	A	B	C	D	E	F	G	H
性质	公办公管	民办民营	民办民营	公办公管	民办民营	公办公管	民办民营	公办公管
医疗等级	二甲	一级	一级	一级	一级	一级	一级	一级
床位数量	66 张	116 张	160 张	70 张	80 张	212 张	50 张	534 张
推行医养康护模式的时间	2011 年	2013 年	2013 年	2007 年	2006 年	2015 年	2002 年	2002 年
业务范围	临终关怀、康复、治疗、急救	临终关怀、养老、康复、治疗	临终关怀、养老、康复、治疗	临终关怀、养老、康复、治疗	临终关怀、养老、康复、治疗	临终关怀、养老、康复、治疗	临终关怀、养老、康复、治疗	养老、生活护理、保健服务、康复、治疗、急救
社会资源利用情况	无	志愿者	志愿者、义工	志愿者、社工	无	志愿者	无	志愿者

（二）各机构收住的老年人身体状况

受访 8 家机构中一共入住 1006 位老年人，其中身体能够自理的老年人为 238 人，占总人数的 24%；半自理老年人有 153 人，占入住老人的 15%；失能老年人共有 551 人，占入住老人的 55%；失智老年人为 64 人，占入住老人的 6%。受访的机构由于经营所面向的主体不同，身体状况不同的老人比重也各不相同，但总体来说，失能老人入住医养康护型服务机构的比重相对较大。（详见表 2）

表 2　医养机构老年人身体状况　　（单位：人）

机构名称 身体状况	A	B	C	D	E	F	G	H	总数	比例
自理老人数量	0	0	7	2	2	40	1	186	238	24%
半自理老人数量	0	5	30	30	20	0	12	56	153	15%
失能老人数量	66	139	26	38	54	0	32	196	551	55%

续表

机构名称 / 身体状况	A	B	C	D	E	F	G	H	总数	比例
失智老人数量	0	1	15	15	30	0	3	0	64	6%
老年人总数	66	145	78	85	106	40	48	438	1006	

（三）各机构享受长期医疗护理保险的老年人数

在调研的 8 家机构中，E 机构处于试运行时期，入住的老人全部为自理老人，另外 7 家机构共有失能老人 551 人。由于机构内入住的一部分失能老人是异地养老以及病因不在长期护理医疗保险覆盖范围内，所以共有 392 名失能老年人享受青岛市长期医疗护理保险，占所有入住老年人的 39%，占所有失能老年人的 71%。（详见表 3）

表 3 医养机构享受长期医疗护理保险老人状况 （单位：人）

机构名称 / 项目	A	B	C	D	E	F	G	H	合计
享受长护老人数量	62	135	40	35	41	0	26	53	392
占入住失能老人比例	94%	97%	98%	92%	76%	0%	81%	27%	71%
占所有入住老人比例	94%	93%	51%	41%	39%	0%	54%	12%	39%

（四）机构员工培训情况

在调查过程中发现，机构内部培训和政府组织的公共培训是医养康护养老服务人员接受进一步提升的主要方式，占到所有培训方式的 30%-40%；有 30% 左右的机构管理人员会不定期的到其他同行业机构中考察学习，少数一线医护服务人员有机会去其他机构学习先进经验；但是医护人员参与继续教育和远程教育的机会相对较少。（详见图 1）

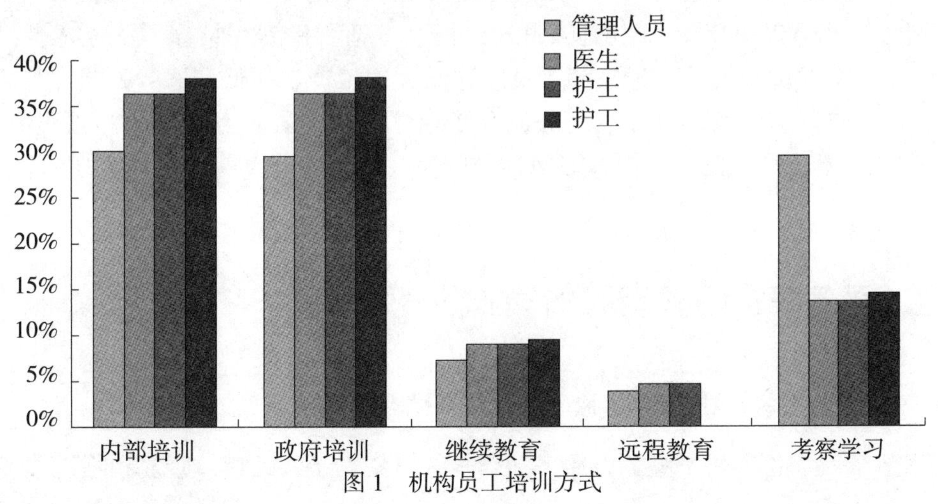

图 1 机构员工培训方式

（五）医护人员的学历状况

由下图可以看出，在 88 名护士中，学历以高中及中专为主，占所有护士 59%；医生的学历以大专和本科为主，占所有医生的 85%；而护工的学历则相对较低，初中及以下的学历占到了 61%，高中及中专学历占 37%；管理人员的学历则相对平衡，高中及中专学历占到了 22%，大专学历占 39%，本科学历的管理人员占到了 37%。医养服务人员中，护工的学历偏低，综合素质相对不高。（详见图 2）

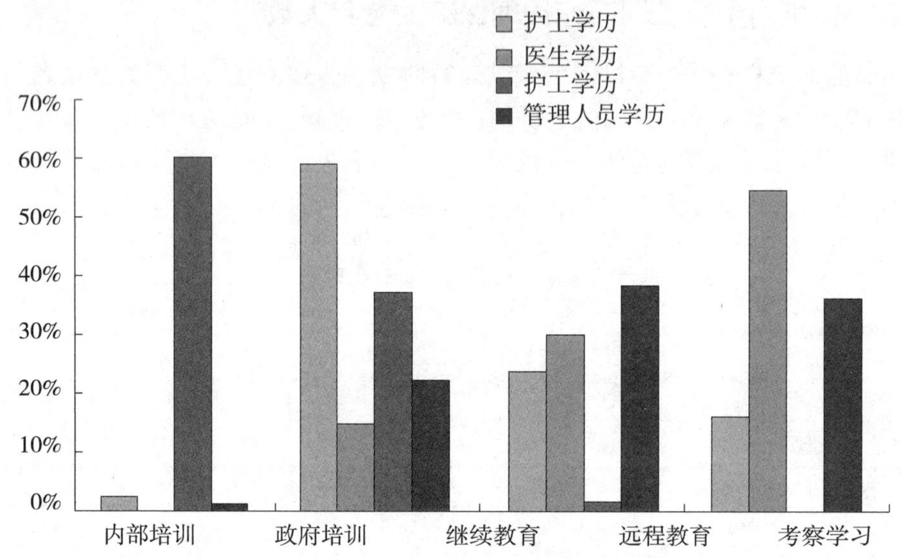

图 2　医护人员的学历状况

（六）医养康护运营中存在的困难

在访谈过程中，被问及医养康护运营模式存在的困难时，有 63% 的管理人员觉得首要困难是部分政府部门工作效率不高，这常常表现为政府审批医疗资质过慢、机构反映问题不能及时得到解决反馈、床位补贴和长期医疗护理保险费用结算不及时等等；其次，有 50% 和 38% 的管理人员认为医务人员工作量大、工资水平低和医务人员专业素质低等问题严重影响了养老服务水平；另外，有 25% 的管理人员认为政府所建立的医养康护监督评估体系不健全、民办机构筹资困难也成为医养康护运营模式中的阻力因素。（详见图 3）

二、医养康护型养老服务模式运营的优势

（一）整合医疗和养老资源

首先，青岛市医养康护型养老服务运营模式是集养老、医疗、康复和临终关怀为一

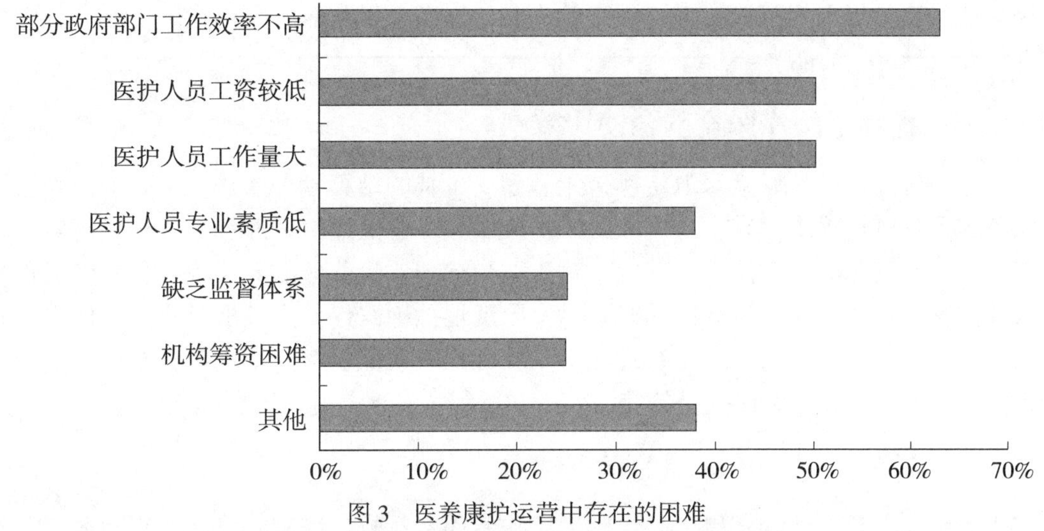

图 3 医养康护运营中存在的困难

体的养老服务模式，在运营过程中积极推进部分一、二级医院转型为老年病院、护理院或康复医院，发挥不同类型机构在医养康护服务模式中的作用；其次，以资源整合为重点，将一些疾病恢复期较长和慢性病老年患者需要长期的专业医疗护理的老人，根据其医疗评定等级和自身意愿可以有针对性地转移到合适的机构进行护理，享受护理保险待遇，有效发挥医疗基金的效益，减少压床、过度医疗等弊端；最后，发挥养老机构和医院二者各自优势，养老机构充任医院的康复病房，解决医院出院老人在回归社区过渡期的临床护理需求，由医生到养老机构对患病老人进行诊治，形成优势互补，避免重复建设带来的有限资源的浪费。

（二）为老年人提供更专业的服务

医养康护型养老服务模式是将医疗机构、养老机构、社区和家庭养老结合起来，发挥各自优势。首先，医院、医务室、社区卫生服务中心等医疗机构通过对入住老年人进行病情和自理能力评估，明确老年人的身体状况，清晰老年人的疾病类型以及发展趋势，确定养老服务和医疗服务需求类型；然后，医生根据老人身体状况为患病老年人提供有针对性的康复护理方案，形成灵活的治疗方案；另外，机构可以根据老年人状况为老年人聘请营养师、社工师、心理师和康复师，使老年人在享受医疗、康复、护理服务的同时，还能享受到多样化的专业养老服务。

（三）增强患病老年人的日常生活能力

医养康护型养老服务模式是将医疗、养老、康复、护理等多种服务有机结合起来，提升老年人晚年的生活质量。首先，专业的医疗团队为老年患者量身打造治疗方案，并由护士进行的医疗护理，为老年人的身体状况进行最大程度的医疗照护；其次由经验丰富的护工对患病老年人实行基础护理服务，保证老年人的基本生活健康有序进行；第三，康复师、社工师和心理师的介入老年人日常生活，提供医疗康复保健服务，组织丰富的老年活动，使老年人的精神状态得到有效调整，提高老年人对康复治疗的信心，从而增强老年人的日常生活能力。

（四）提高了医疗保险基金使用效率

首先，青岛市护理保险采取定额包干、超支不补的结算管理办法，引导承担护理保险业务的护理机构提供适宜、适度的医疗护理服务，避免过度医疗和过度护理现象的产生，引导医疗资源的正确使用；其次，对于享受护理保险业务的老年人实行严格的资格准入及监管，在实现应保尽保的同时，最大限度地杜绝医保基金浪费；第三，根据青岛市人力资源和社会保障局统计，护理保险结算标准大大低于医院平均床日费用，节约了大量医保基金，提高了医保基金的使用效率，缓解了医保基金的支付压力。

（五）减轻了老人及家属的负担

受家庭小型化趋势和年轻人外出学习工作等因素影响，家庭养老功能日益弱化，而青岛市一系列政策的实施为老年人及家属减轻了很大压力。首先，2015 年年初起执行的《青岛市社会医疗保险办法》，建立了城乡一体的社会医疗保险制度，将长期护理保险制度覆盖到农村居民，大大减轻了农村老年人家属的医疗照护负担；其次，《青岛市长期医疗护理保险管理办法》在完善专护、院护和家护的同时，将社区巡护新增到护理服务形式中去，并且规定护理保险不设起付线，这极大减轻了失能老人及家属的经济负担；最后，《青岛市长期医疗护理保险管理办法》中对护理服务的服务内容进行了细化、丰富，明确了服务项目和护理等级，明确了老年人的权益，减轻了老年人及家属的心理和精神负担。

三、青岛市医养康护型养老服务模式存在的问题

（一）政府角色界定不够明确

由于养老服务属于民政部门管理，医疗保健服务由卫生部门监管，而实施医养康护养老服务模式的机构同时隶属于民政部门和卫生部门。但是民政、卫生、人社、财政等部门互不隶属，职责分工各有不同，难以形成政策合力。这导致政府部门会出现职能界定不明确的问题，一定程度上造成养老院或者是社区卫生机构反映的相关问题难以及时、有效地得到反馈，导致承担院护、家护的机构经营存在隐患。

（二）医护人员综合素质不高

一方面，我国的职业教育体系缺乏对老年全科医生和护士的培养，造成医护人员的综合素质不高，而医养康护型机构所照护的老年人大都多病共存，潜在的患病风险也比较大，致使有些专业知识不够扎实的医护人员，不能够及时地预防、发现、控制、治疗老年疾病及并发症；另一方面，受中国传统观念、工作性质、待遇等实际因素影响，愿意从事老年护理工作的群体，特别是具有相应专业学历技能的年轻人严重缺乏，养老护

工大都来自城市下岗职工和农村居民，年龄偏大，学历较低，虽然有一定的护理经验，但是医疗照护专业知识有限。

（三）养老机构与社区医疗机构衔接不到位

在医养康护模式下，社区医疗机构按约定时间派出医生、护士到养老机构进行医疗诊断和健康指导，但是有些机构老年人慢性疾病的日常用药及生活照护均大都由护工完成，这就造成有些护工有时不能及时判断老年人病情发展趋势；再加上医生护士与护工的工作分工不同，对老人的病情交流相对不足，这种养老机构和社区医疗机构衔接不到位，也在一定程度上会造成不良后果。

（四）老年人心理护理不全面

由于失能、半失能老年人身体状况下降，自身社交活动受限，再加上家属因工作等原因不能时时陪伴，这导致很多老年人会出现抑郁、焦虑、自闭等负面情绪。在调研的养老机构中，引入志愿者参与、设立社工部门、聘请专业社工丰富老年人日常活动的机构屈指可数。虽然部分养老机构也在尝试将健康教育、心理护理等加入到日常护理服务工作中，但由于专业心理咨询师的缺乏，日常交流一般由护工进行，时常不能突出老年人的个体差异，因此不能使老年人产生亲切感和被关怀感，心理护理效果不佳。

（五）监督评估体系不健全

一方面，相关主管并没有制定严格可执行的监督管理评价制度，对所提供服务的机构和服务人员的约束力不强；在缺乏利益刺激的前提下，提供医护服务的动力不足，易出现服务质量问题。另一方面，主管部门没有成立相应的监督机构，监督主体不明确，造成机构所提供的服务数量和质量在很大程度上是依赖服务提供者的个人素质高低。另外，部分机构内部所设立的员工绩效考核指标体系设计相对简单，不能够根据员工的工作性质和岗位要求全面考察各层级员工的综合情况。

四、青岛市医养康护模式推广缓慢的原因

（一）筹资渠道单一、资金缺口大

一方面，青岛市实施长期护理医疗保险的资金来源于基本医疗保险，财政根据基金使用情况给予补助。但随着实施医养康护型机构的增多和申请享受长期护理保险待遇的失能老人的增多，所需的资金支持不断增加；另一方面，在青岛市人社局发布的《关于规范长期医疗护理保险经办管理有关问题的通知》文件中规定原则上 3 个月为长期在床的参保人办理结算，但在实际运营中，政府时常因资金缺口大、拨款不及时等原因，常常需要四五个月甚至更长时间才能结算，资金常常由养老机构垫付，在一定程度上造成机构运转困难。

（二）医护人员多样化培养缺失

一方面，我国涉老专业办学比较少，医护人员缺乏职业教育。目前在全国仅有少数高职学院开办相关专业，每年毕业生远远不能满足社会需求。另一方面，调查发现，现有医护人员进入机构工作后所进行培训一般为内部培训和政府培训，培训方式缺乏多样化。内部培训一般为经验丰富的老员工向新员工传授日常工作经验和工作技巧，而对于新技术新方法的学习和应用则相对较少；政府虽定期举行培训，但由于时间不够灵活，医护人员不能够同时去参加培训，这导致医护人员整体的专业素质提升较慢。

（三）机构实施医养康护模式动力不足

首先，成立医务室或者与社区定点医疗机构合作是申请医养康护的一个重要条件，而申请医疗资质的过程一般会耗费大量时间，致使有些经养老机构不考虑申请医养康护；其次，长期医疗护理保险费用是与社区定点医疗机构结算的，养老机构实施医养康护模式只是为老年人提供了某些医疗便利，自身并没有经济补偿，这是养老机构与社区医疗机构合作动力不足的一个主要原因。另外，由于某些二级及以上的医院本身面临的病患群体很大，没有多余的医疗资源抽调到老年专护病房，致使医疗专护发展缓慢，动力不足。

（四）商业医疗保险发展不足

一方面，由于宏观政策、财税制度和法律支持不足等原因，商业医疗护理保险的总体水平不高，难以满足人们日益增长的需求；另一方面，保险公司受自身管理技术、资金运营效率和安全管理机制完善程度等因素影响，造成商业医疗护理保险的种类的相对单一，保障力度不大，参加商业医疗护理保险的人有限。调研过程中发现，机构养老中享受长期医疗护理保险的老年人仅占所有入住老年人的一半左右，剩下的老年人由于未参加商业医疗保险，其所花费的护理费用只能通过医疗保险报销和自费的方式来结算，这给这部分老年人和家庭带来了很大的经济负担。

五、完善青岛市医养康护养老服务运营模式的对策建议

（一）加强政府支持力度

1. 提高社会对养老事业的关注度

一是从建设和谐社会的高度出发，把尊老爱老、孝顺老人的优良传统纳入到精神文明建设中去，提升民众的敬老素养，提高民众对医养康护工作关注度；二是要大力表彰宣传医养康护养老服务模式运营的先进典型，在全社会形成敬老、爱老、助老的良好社会风气，为养老事业发展营造良好的舆论氛围；三是要鼓励医养机构返聘优秀的医务人员，继续发挥其丰富的医疗、康复经验，同时也可利用其与医院各科室熟悉的优势，发挥传帮带作用和沟通纽带作用，为老年人能有一个健康、愉悦的晚年贡献

自己的力量。

2. 加强养老服务人才的培养力度

首先，规范养老服务人员的管理制度，逐步建立起机构医生、护士、护工康复治疗师等服务人员的资格认证、职称评定体系，确保他们的职业发展，并保障他们的权益。其次，鼓励驻青的卫校、中等职业学校和普通高校开设中专、大专、本科等不同层次的老年医学和康复护理专业，培养多层次、高水平的医养康护服务人才。第三，加强养老服务相关专业师资队伍建设，通过政府补贴的形式，鼓励专业培训机构和有经验的医院、养老机构合作共同开展养老护理员的培训，逐渐提高医养康护人才队伍的专业化水平。

（二）加强对医养康护型养老服务模式工作人员的培养

1. 实施绩效目标管理制度

首先，从机构层面上，要为医护人员制定专门的医疗护理制度、分级护理标准和机构老年人安全管理制度，细化医护人员的岗位职责和工作时间安排，将机构的日常工作制度化、流程化、清晰化，做到有章可循。其次，对护理人员日常工作进行监督考核，对其工作结果进行反馈；然后根据工作的动态过程，由上层主管部门、机构管理人员、接受服务的老年人及其家属对每位医护工作者进行绩效考核；最后针对考核结果优劣为员工发放绩效工资，并制定下一步的目标工作计划。周而复始，形成良性循环，激励医养机构医护人员工作积极性。

2. 建立有层次、多样化的培养方式

第一，邀请专家学者进行短期或长期授课、培训，授予养老服务从业者专业、前沿、科学规范的老年护理服务知识；第二，充分利用机构现有的资源，鼓励长期从事老年医护人员及服务人员相互交流、总结临床实战经验，通过帮扶和带徒的形式培养一批中坚力量；第三，通过派送护理人员中的突出典型外出学习，交流临床经验知识，学习先进理论、技巧。通过多层次、多样化的培训教育模式，培养技能型、创新型医养康护型服务人才，使老年人医养工作的科学性、专业性得到贯彻落实和体现。

（三）科学分配机构医疗养老资源

1. 合理分配医养康护资源

首先，将已开展与未开展医养康护型养老服务模式的机构进行合作，前者主要收治慢性病失能老人，而对于不需要医疗护理的自理老人可以转到后者，合理分配资源，使医养康护型养老机构的资源效益最大化。另外，市委市政府在审批建设项目、筹建养老院时，应合理布局，让新建的养老机构附近有一所与之相对应的医疗机构，避免因为医疗资源分配不足造成重复建设和资源浪费，方便养老机构开展医养康护型养老服务模式。

2. 搭建资源整合网络平台

首先，平台的搭建需要卫生与民政部门的通力合作，建立一个可共享的网络平台，并将现有养医疗机构、养老机构的资质等级、服务范围、服务能力、服务水平及入住老人情况投放到平台上，及时更新各个机构发展状态；其次，开放意见建议窗口，让老人

及家属公开反映问题和建议，相关部门给予及时回复，形成良好的互动机制；另外，主管部门对信息内容进行审核和监督，并定期公布官方的医养康护养老机构的运营状况和考评信息。通过医养资源平台的搭建，既为老年人选择机构养老提供了更多的选择，也为实施医养康护的机构的发展建设提供了动力。

（四）建立良好的竞争和监督机制

1. 建立良好的社会竞争机制

借鉴澳大利亚的医养结合竞争机制，制定出适合青岛市的养老服务运营模式。首先，由政府通过公开招标的形式，向社会上有能力承接医养项目的医疗机构、养老院等医养服务提供者公开招标；然后，主管部门按照公平、公开的原则开标，确定中标的机构，由中标机构提供医养康护服务。另外，定期考评中标机构的服务水平和服务质量，优胜劣汰，建立良好的社会竞争机制，提高服务提供者的服务质量和工作效率，促进医养康护养老服务模式的健康有序发展。

2. 构建质量评估和监督反馈机制

一方面，要规范性制定医养机构的服务标准，根据标准对医养机构进行有效地监督和管理，建立医疗机构、养老院、患者三方制衡机制。另一方面，通过政府购买，或采用服务外包的方式，鼓励社保机构委托第三方组织对医养机构进行监督管理，第三方组织能够以其专业态度对医养机构的服务进行客观、公正的评估，使评估结果更能够反映医养机构的服务质量和水平，促进养老服务决策科学化。

结　论

医养结合长期医疗护理模式弥补了我国养老体系医疗服务支持系统薄弱的现状，更加便捷高效地为慢性病失能老人提供了医疗照护服务，推进了我国长期照护服务的专科化、专业化发展。青岛市医养结合老年长期照护模式在探索中发展，调动了政府、机构、社会三方力量，共同参与支持、整合医疗和养老等资源，提高了老年慢性病患者自理能力和生活质量，减少医疗卫生资源的浪费，减轻家属的负担，形成多方互助共赢格局。

（作者单位：张永梅、高飞，沈阳师范大学；王少梅，青岛市老龄办）

苏州市“医养融合”模式推进路径探析

刘贵祥　王孝妹

一、引言

人口问题历来是影响各国经济与社会发展的重要因素，事关重大。当前，人口老龄化问题已成为国际社会普遍关注的热点话题。21 世纪伊始，我国 60 岁及以上老年人口的比例就已超总人口的 10%，正式进入老龄化社会。近十年来，我国老龄人口持续增加，老龄化趋势日益严峻。然而这种快速增长的趋势在可预见的年份里并未减缓。据《中国老龄产业发展报告》预计：2022–2030 年间我国老龄人口急速增长，60 岁及以上老年人数量将由 2.6 亿增长到 3.7 亿，老龄化水平将达 25%。在不断老去的人群中，高龄及失能、部分失能老年人群尤其引人关注。有数据显示，2010 年全国失能老人共计 3300 万，到 2015 年将增至 4000 万，5 年增加超 1/5；其中，完全失能老人将由 1080 万增至 1240 万，占总体老年人口的 6.05%。庞大的失能与部分失能老人群体带来了迫切的长期护理需求。一方面他们由于生理机能的退化和生活自理能力的丧失急需要日常生活照料服务，另一方面罹患疾病的风险愈来愈高，他们对医疗照顾的需求也日益迫切。“医”与“养”的共同需求都成为失能与部分失能老年人的显著特征。然而我国目前的现状是，养老服务和医疗服务各成系统，互不衔接，老年人的综合需求未能得到满足。因此，加快推进“医养融合”模式，满足老年人医养需求成为当务之急。

正是在这样的背景下，我国政府出台了加快推进养老服务与医疗服务资源整合的一系列政策。卫生部早在 2011 年就出台《中国护理事业发展规划纲要（2011–2015 年）》，明确到 2015 年，通过开展试点，探索建立针对老年、慢性病、临终关怀患者的长期医疗护理服务模式，大力发展老年护理、临终关怀等服务，探索建立长期护理服务体系；鼓励养老服务机构与当地医疗卫生机构建立长期合作关系，为养老机构的老年患者提供医疗护理服务。2013 年 9 月 13 日，国务院发布的《关于加快发展养老服务业的若干意见》中更加强调：积极推进医疗卫生与养老服务相结合，推动医养融合发展，要探索医疗机构与养老机构合作新模式。我国高度重视人口老龄化及其带来的老年人养老与医疗需求，各地政府也根据城市发展现状，积极探索推进“医养融合”。苏州作为我国较早步入老龄化的城市，老龄人口基数大，养老服务与医疗服务需求迫切，因此，本文试图提出苏州市“医养融合”推进路径，具有重要的政策意义与现实意义。

二、苏州“医养融合”模式的发展现状

“医养融合”作为近年来流行于国际社会的养老模式，以其得天独厚的医养资源整合优势，成为各国解决人口老龄化压力的有益尝试。此模式区别于传统的单纯养老服务，强调养老服务中老年人的医疗照护服务。该模式的服务对象为全体老年人，尤其是失能与部分失能老年人，主要包括残障老年人、慢性病老年人、易复发病老年人、大病恢复期老年人及绝症晚期老年人等；其服务载体主要有老年公寓、护理院、临终关怀院、各级医院、社区卫生服务中心和社区居家养老服务中心等机构；具体服务内容不仅包括提供日常生活照料、精神慰藉和社会参与，更为重要的是提供预防、保健、治疗、康复、护理和临终关怀等方面的医疗护理服务。

早在1982年，苏州就已进入老龄化社会。截至2014年底，全市60周岁以上老年人已达159.2万，占户籍总人口的24.1%，其中80周岁及以上的高龄老人就已达23.91万人；预计到2020年，60周岁以上的老年人将达到200万人。苏州老年人口的养老和医疗照顾需求日益迫切，养老和医疗照顾问题已成为社会各界关注的热点，解决广大老年人特别是失能、半失能老人的养老及就医问题已成为保障和改善民生的关键。

随着国家深化医药卫生体制改革步伐的加快，江苏省民政厅等四部门也下发了《关于全面推进医养融合发展的意见》（苏民福［2014］26号）。为促进医疗服务进入养老机构、社区和家庭，探索医疗卫生机构和养老服务机构、居家养老合作的模式，不断满足老年人的生活需求，苏州市委、市政府结合实际，积极探索建立“医养融合”模式体系。充分发挥医疗资源优势，强化养老机构医疗能力，提高养老护理水平的基础上，建设了一大批集“医疗、护理、康复”为一体的“医养融合”民办护理院，形成了具有时代特点、苏州特色的民办护理院品牌，其中由苏州市福星护理院形成的“福星模式”就被作为“医养融合”养老服务模式建设的借鉴，辐射到江苏、安徽、上海等70多家护理院。此外，在新建养老机构时以“医养结合”为导向，充分考虑依托现有医疗资源，“就近、就便”安排社会养老服务体系建设项目，并积极督促有条件的养老机构与大型医疗卫生机构合作。建立了120急救联动机制，为老人就诊设置绿色就医通道。目前，苏州市“医养融合”体制建设已取得了一定的成就，全市建有护理院52家、老年病医院和康复专科16家，护理型床位26417张，占养老机构总床位数的45.6%，基本建立了“住、养、医、护、康”五位一体的养老服务模式。苏州市把专业的医院和养老院办成一体，让老人在安居养老的同时，又能够享受便捷的医疗服务，较好地破解了高龄、失能、失智等老年群体“养老难、护理难、看病难”的问题，受到老年人及其家庭与社会的认可。

然而，在“医养融合”模式推进的过程中也存在一些现实困境与问题。其推进路径需要进一步明确，同时也需完善模式的保障措施，以推进“医养融合”模式持续性发展。

三、苏州“医养融合”模式推进路径

目前国内探索“医养融合”模式的实践主要集中在大中城市，但尚未形成统一的模式。

各省市根据省情市情，纷纷设立试点，展开实践，并由此形成了各具特色的“医养融合”养老模式。学者刘华将国内“医养融合”的探索总结为合作模式（双向转诊模式）、内设模式、转化模式以及输出模式等四种模式，并分别总结了各模式的优缺点。根据苏州市“医养融合”实践的发展现状，以及医疗服务资源的现实情况，本文提出了以下五种适宜苏州推进“医养融合”模式的路径。

（一）发展护理院路径

护理院是介于医院和敬老院之间的一种医疗机构，它有别于单纯设立医疗机构或养老机构，主要为长期卧床、生活需要半护理全护理的老年人提供生活照料、医疗护理、康复促进、临终关怀等服务。苏州的护理院建设由民政、卫生和人社三个部门，按照各自职能和分工，共同负责。卫生部门负责护理院的设置、审批、执业登记，核发《医疗机构执业许可证》；民政部门主要按照《养老机构建设规范》进行验收，纳入养老床位进行管理，并给予相关政策扶持和资金补助；人社部门根据护理院的服务对象、服务范围给予医保定点，并确定医保日床位费的标准。早在2004年我市就开展了护理院的建设，从当时一家机构、单纯从事医疗护理的150张床位，经过十多年的发展，目前，已拥52家护理院（其中民办护理院47家）、床位达到14612张，配有健全的医务科室、全面的诊疗项目，能为老年人提供生活照料、医疗护理、精神慰藉、大病康复、临终关怀等全方位的养老服务。

（二）养老机构内设医疗机构路径

机构养老是专业化的养老服务，也是医养融合的最佳载体。我们对床位在100张以上的养老机构，要求设立相应的内设医疗机构，配备必要的药品、医疗器械、康复器具等，聘请具有执业资格的医师、护士，为入住老人提供基本的医疗护理服务；床位在100张以下的养老机构，具备条件的可开设对内服务的卫生室、医务室；不具备条件的，应就近与医疗服务机构签订合作协议，通过定期巡诊、上门服务、建立应急通道等方式，满足入住老人的基本医疗卫生服务。

（三）医疗机构开展延伸服务路径

主要有以下几种方式：一是医疗机构直接开办护理院。鼓励有条件的医疗机构独立或与社会资本合作开办护理院，充分发挥医疗机构优质医疗资源在养老方面的溢出效应，将医疗、护理、保健、康复、心理等医疗服务纳入养老机构日常工作范畴，让老年人享受无缝隙衔接的健康养老服务。如我市红十字会医院、张家港民办澳洋医院、太仓新安康复医院均开办专为老年人服务的护理院。二是医疗机构托管、承包养老机构，充分发挥医疗机构的专业技术优势和运行管理能力。如高新区狮山敬老院将经营权交给具有较强经营管理能力、并能够承担经营风险的苏州附一院进行有偿经营；工业园区娄葑敬老院在明晰敬老院所有权、经营权关系基础上，由娄葑医院指派专业的运营团队进行医院化管理，派驻医疗和护理人员，将医疗资源融入养老服务，从而实现医养融合。三是利用闲置医疗资源通过结构调整、功能改造等方式转变为护理院。如太仓市第一人民医院、相城区望亭中医院搬迁后，民政部门及时跟进协调，将原址改建为医养融合养老场所。四是鼓励医疗资源配置较充分的医疗机构调整、增设老年康复护理病区，增强区域内养老服务能力，开辟一种“医养融合、以养促医”的发展方式。如昆山市锦溪镇医院专门拿出150张床位开办老年康复护理服务；同时，我们还针对部分乡镇街道的卫生院和敬老院床位利用率不高的现状，积极与卫生部门沟通协调，调整为养老护理床位，或转型为老年照护中心。通过这些资源的整合，最大程度满足老年人医疗养老一体化的服务。

（四）推进居家医疗服务路径

居家养老是处于主导地位的养老方式，为散居的老年人提供医疗服务是医养融合的重中之重。目前，我市正在推广以社区全科医生为核心，以卫生服务站为依托，以家庭为单位、以全面健康管理为目标，在自由选择的基础上，家庭医生与居民家庭签订协议，通过契约服务的形式重点为患有高血压、糖尿病以及行动不便的高龄、独居等特殊老年人开展签约服务，通过开设家庭病床，开展家庭护理和健康管理服务。

（五）建立社区照料服务路径

社区养老是居家养老服务的延伸和功能的提升，加强社区养老的医疗服务建设与发展是医养融合的关键环节。我们在建设社区日间照料中心时，对有条件的日间照料中心要配备医务室、护理站等设施设备；条件不具备的老居民区，按照就近原则与社区医疗服务中心建立契约合作机制；明确规定新开发住宅要配套建设医养融合服务设施，为社区老年人提供完备的医养融合服务。

四、苏州“医养融合”模式的保障措施

（一）政策保障

近年来，为促进医疗服务进入养老机构、社区和家庭，推动“医养融合”的开展，我市先后颁布实施了《加快发展养老服务事业意见》、《居家养老服务体系建设实施意见》、《加快发展养老服务业实施意见》、《加快发展医养融合养老服务的实施意见》等文件政策，对医养融合型养老机构在投融资、土地供应、税费优惠、财政补贴、床位建设、医护比例、日间照料中心护理站建设和家庭病床开设的数量等方面都给予了明确，已形成较为完备的政策支持框架，有效推动了我市医养融合养老服务事业的快速发展。同时，为使医养融合能够可持续发展，我们正在研究和建立由政府主导的长期护理保险制度，通过商业保险公司的介入，以减轻老年人入住护理院费用大的压力，降低医保基金的运行风险。

（二）经费保障

为鼓励医养融合型养老服务机构的发展，各级财政按老年人口每年每人 260 元预算投入养老服务事业经费；各级福彩公益金留存部分不少于 50% 用于发展养老事业；市本级设立首期 5000 万的养老服务业发展引导基金，增强创医养融合养老服务组织的投融资能力。主要用于“三补贴一定点一保险”：建设补贴。对具有介助、介护性质的护理型床位，给予 4000~10000 元不等的床位建设补贴。运营补贴。对收住介助、介护老年人的每张床位每月分别给予 120 元、200 元的运营补贴；对每张老年家庭病床每年给予不低于 500 元的运营补贴。特岗补贴。在护理院工作的护理人员，凡符合相关条件，每人每月由财政给予 100–800 元不等的特岗补贴，以增加护理人员的收入，保持护理队伍的稳定。医保定点。对符合条件的护理院，均可纳入医保定点单位，每天每床的医保费用在 83~120 元之间，不仅降低了入住老人的养老成本，也为护理院分担了医疗成本。床位综合责任保险。由市福彩公益金每年为所有养老机构床位购买一份综合责任保险，通过社会保险的介入，解决了护理型机构日常运行的后顾之忧。

（三）规划保障

为统筹全市医养融合养老服务设施科学布局，指导护理型养老机构建设，在分析我市老年人口分布、失能半失能老年人数量的基础上，结合《苏州市医疗卫生设施布局专项规划》，编制并出台了《苏州市养老服务设施布局专项规划》。规划要求按照相邻就近的原则，依托现有医疗资源，设置养老机构和居家养老服务组织，实现养老资源与医疗服务的优势互补；按照有利于医疗服务和养老服务双向转介机制，考虑现有养老机构的医疗需求，设置医疗机构，实现养老资源与医疗服务的无缝对接，全面推进医疗与养老服务的深度融合发展。按照每万名老年人口配备 230 张护理型床位的标准来设置相应的护理机构，通过分区分级规划居家、社区、机构养老服务设施，科学设定近期、中期、远期护理院、护理站、家庭病床发展目标，对我市今后各类护理型机构建设的地理位置、规模大小、配套标准、用地布局等方面给予了明确。

（四）监管保障

为规范护理院的发展，我市先后颁布并实施了《养老机构服务指南》、《护理院收治对象规范》、《护理院考核规范》、《护理院分级护理制度》、《护理院主要医疗制度》、《加强护理院床位和用工管理制度》等“一指南、二规范、三制度”系列文件，从老年人入院评估、康复护理评价、护理院等级评定、人员配备、科室设置、设备完善等多方着手，多措并举，已形成较为完备的监督管理框架，有效规范了我市护理院的发展。另外，每年市民政局、人社局、财政局、卫生局组成联合检查组，对护理院的服务标准、服务内容、服务质量、医疗资质、医保资金使用情况等进行检查，将检查结果向社会公布，接受社会监督，并根据结果进行分级定位，兑现相关政策。同时，还开展老年人养老服务需求评估。明确了评估要求、对象、类型、内容等方面，根据评估结果，合理安排老年人养老方式和医疗护理等级。监管制度的建立，促进了全市医养融合养老服务健康有序的发展，使老年人的合法权益得到保障。

参考文献（略）

（作者单位：刘贵祥，苏州市老龄工作委员会办公室
王孝妹，中国人民大学）

农村养老服务现状分析及对策思考

——以北京市延庆县为例

郭南方

相比较城市中心区，北京市农村地区特别是边远郊区县，地域广阔、经济发展水平较低、老年人口居住分散，在当前国务院和北京市政府提出加快养老服务业发展的大背景下，重视农村地区养老服务发展，提高农村老年人口养老质量，对于全面建设社会养老服务体系，积极应对人口老龄化挑战，努力建设国际一流的和谐宜居之都，具有重要而深远的意义。笔者利用在延庆县民政局挂职半年的时间，对农村地区养老服务发展进行调研，提出粗浅的对策建议。

一、农村养老服务发展状况

（一）延庆县人口老龄化现状

延庆县地处北京市西北部，距市区德胜门74公里，地域总面积1993.75平方公里，其中山区面积占72.8%。全县15个乡镇、3个街道，辖376个行政村、46个居委会。

截至2013年底，全县常住人口31.7万，户籍人口28万，其中60周岁及以上户籍老年人口5.4万人，占全县户籍总人口的19.3%，人口老龄化程度低于全市水平（21.3%）。从2006至2013年，全县老年人口从4.1万人增长到5.4万人，增加1.3万人，增长31.5%，年均增长速度为4%，低于同期全市老年人口年均增长速度（4.7%）。

（二）延庆县农村老年人口特征

延庆县老年人口呈现“五多”的特征，即：农村老年人口多、空巢老年人口多、高龄老年人口多、农村失能老年人口多和经济困难老年人口多。

1. 农村地区老年人口比例高、分布密度低

结合延庆区划特点、街乡镇地理位置、经济社会发展水平和老年人口分布等因素，本文将延庆县划分为城区、川区和山区三个区域（见图1）。

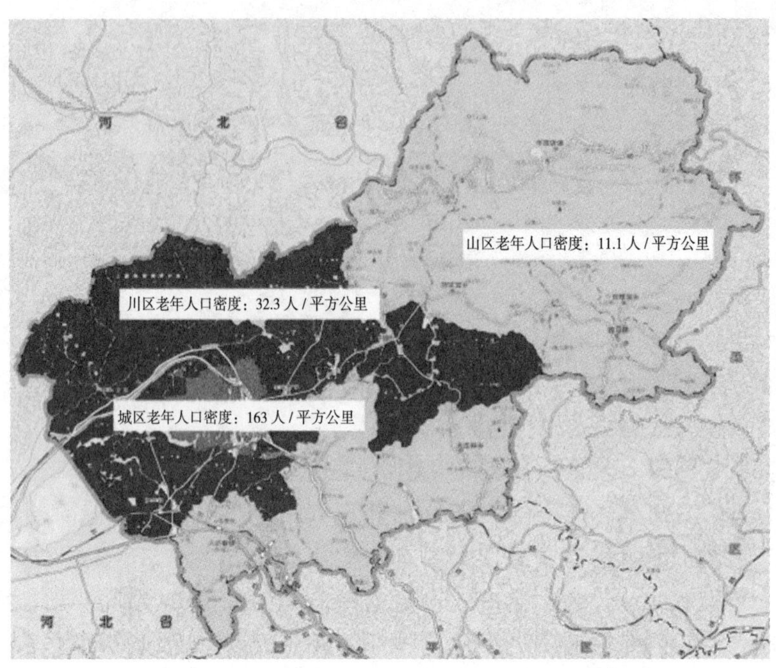

图 1　延庆县城区、川区、山区老年人口分布示意图

其中城区老年人口 1.7 万人，比例 18.2%，老年人口密度为每平方公里 163 人。川区老年人口 2.4 万人，比例 19.3%，老年人口密度为每平方公里 32.3 人。山区老年人口 1.3 万人，比例 20.7%，老年人口密度为每平方公里 11.1 人。从区域分布来看，城区老年人口比例低，分布密度高；山区老年人口比例高，但分布密度低。

据《北京市 2013 年老年人口信息和老龄事业发展状况报告》（以下简称《发展报告》）显示，延庆县农业户籍老年人口占全部老年人口的 70.6%。

2.“空巢老年”人口比例高

“纯老年人家庭人口”是“空巢老人”在统计工作中更为规范的指标。“纯老年人家庭”是指家庭全部人口的年龄都在 60 岁及以上的家庭，包括独居老年人家庭、夫妇都在 60 岁及以上的老年人家庭、与父母或其他老年亲属同住的老年人家庭，这部分老年人对社会养老服务的需求比与子女同住的老年人更为迫切。《发展报告》显示，延庆县纯老年人家庭人口约为 1.7 万人，占全县老年人口的 32.7%，该比例位列全市各区县第二（最高是同为远郊区县的怀柔区 33.3%）。

3. 农村失能老年人口较多

失能老人是指老年人在吃饭、穿衣、上厕所、上下床、洗澡和在室内行走共 6 项日常生活自理能力测量项目中，至少有一项活动为“做不了”的老年人。延庆县老龄办在 2014 年 5 月开展的一项调查结果显示，全县失能老人 3164 人，占老年人口总数的 5.9%；其中城市 255 人，农村 2909 人。这与市老龄办在 2010 年开展的城乡老年人口状况抽样调查关于“失能老人约占老年人口总数的 5.4%”的结果接近。

延庆县民政局在 2013 年开展的一项抽样调查结果显示，老年人对自身健康状况评价为自我感觉很好的占 4.8%，较好的占 24.3%，一般的占 55.3%，较差的占 13.5%，很差的占 2.1%。

4. 老年人口呈现高龄化趋势

截至 2013 年底，全县 80 岁及以上高龄老年人口共 6995 人，比 2006 年（5000 人）增加了近 2000 人。高龄老人占全部老年人口的比例从 2006 年的 12.2% 增加到 2013 年的 12.9%，增长了 0.7%，老年人口呈现高龄化趋势，更多的高龄老人需要社会养老服务。

5. 经济困难老年人口比例较高

全县城市“三无”老人 33 人，农村五保老人 495 人。2014 年 10 月，全县城乡低保老年人 2477 人，占低保人员总数的 44.23%，高于全市比例（《发展报告》显示，2013 年底全市 60 岁及以上老年低保对象 41811 人，占全市低保对象总数的 25.3%）。

（三）农村老年人养老服务需求

根据上述延庆县民政局 2013 年开展的抽样调查结果显示，老年人养老服务需求呈现以下特点：

1. 老年人最关注基本生存需求

老年人消费需求与其收入水平关系密切，收入水平多层次直接导致了消费需求多样化。但归纳起来，老年食品是最大的需求，在 400 位调查对象中，有 67.8% 的老年人将老年食品放在了第一位，开发适合老年人的食品（包括餐饮）市场空间巨大（在笔者 2014 年下半年组织开展的延庆县社区（村）养老（助残）餐桌调查中，有 41.4% 的老年人和 45% 残疾人对集中就餐有需求）。其次是活动场所，有 61% 的老年人希望在自己居住生活环境内有各种活动场所，对社区（村）健身器材和娱乐活动需求较大。再次是保健品，42.3% 的老年人希望在财力力所能及的情况下，通过服用健脑益智类、补钙类或者免疫调节类保健品以延年益寿。

老年人的需求结构可从老年人开销预算方面得到验证。44.5% 的老年人会把主要开销投入到饮食方面，36% 的人会投入到医疗保健方面，而对其他方面的开销投入明显较少，如 5.3% 的人会投入到居住方面，2% 的人会投入到服装方面，1.8% 的人会投入到教育方面。

2. 老年人最青睐居家养老方式

老年人由于生活水平、消费观念等方面的不同，对养老方式的选择也有较大差别。但总体上说，在居家养老、机构养老、异地养老等多种养老方式选择上，85% 以上的老年人有享受居家养老服务的意愿，其重要原因是居家养老有“家”的感觉；只有 9% 的老人愿意在条件允许的情况下选择到养老机构养老。调查显示，老人把子女和配偶看作是自己的生活依靠和精神寄托，在“遇到困难最先向谁求助”的问题中，“子女”和“配偶”分别以 35.5% 和 25.3% 排在前两位，远远高出排在第三位的“社区机构”（9.3%）。在回答“生活不能自理时，希望由谁来护理”上，排在前两位依然是“子女”和“配偶”，比例分别为 31% 和 17.3%。

在此次抽样调查以及笔者实地与农村老年人的交谈中，听到最多的是老年人的反问

“自己能动，为什么要住养老院？”住养老机构开销大和老年人对机构养老认同度不高，是农村老年人不愿意入住养老机构最重要的两个原因。一些老年人认为：“去养老机构总有点可怜巴巴的感觉，总还是在自己家里好。”

3. 老年人最看重社区医疗卫生服务

随着家庭结构日益小型化，家庭照顾功能在逐渐减弱，老年人养老需求向家庭之外寻求更多的支持成为必然，社区的作用由此凸显。在基本生活能在家得到满足的基础上，老年人对各类社区服务内容表现出较大的需求。调查显示，87% 的老年人认为医疗服务的就近与便利十分重要，70% 的老年人需要社区提供医疗卫生服务。此外，老年人对家政料理也表示了较大的需求，达到了 25.3%；有 12.8% 的老年人表示对社区日间照料有需求。

（四）延庆县农村养老服务发展

按照北京市提出的“9064”养老模式及发展目标，延庆县正在努力构建以居家为基础、社区为依托、机构为支撑的社会养老服务体系，加快推进养老服务业发展。

1. 居家养老服务处于起步发展阶段

自 2010 年延庆县落实北京市居家养老（助残）服务“九养”政策开始，居家养老问题得到了政府部门和社会各界的关注，老年人日常生活服务需求通过市场和社会得到一定程度的满足。但从政府部门发展的养老（助残）服务单位数量和质量上来看，居家养老服务目前仍处于起步发展阶段。2014 年底，在全市全面推进养老（助残）券服务工作中，为使刷卡服务单位兼顾老年人（残疾人）的需求差异、地域差异且实现保质保量、覆盖均匀的目标，延庆县采取保留资源、择优邀请、鼓励申报等各种形式，下大力气抓好刷卡服务单位发展工作。截至 12 月 19 日，全县已发展 432 家北京通养老（助残）服务单位入网签约，包括社区便利店 300 家、老年餐桌 64 家、医药医疗 33 家、百货购物（超市 / 商场）18 家、生活照料 11 家、养老机构 4 家、文化娱乐 2 家等共计 8 余类养老（助残）服务，既丰富了服务内容，拓宽了服务范围，又覆盖了全县 18 个乡镇（街道），平均每个社区（村）1 家。

2. 逐步推进社区养老服务设施建设

2006 年至 2008 年，延庆县实施“山区星光计划”，兴建老年福利服务设施，先后有 14 个乡镇 239 行政村建设星光老年之家，集老年人休闲娱乐、运动健身等功能。2012 年至 2013 年，依托乡镇敬老院和村委会设施，兴建 9 个养老管理服务中心。2014 年，在 3 个乡镇敬老院基础上申请建设街乡镇养老照料中心。

3. 养老机构床位超过“9064”模式指标值

截至 2013 年底，延庆县共有养老机构 35 所，床位总数 6102 张，每百名老人拥有床位数 11.3 张，远远超出了全市每百名老人拥有床位数 4 张的建设指标要求。剔除在建的、未正常运营的和主要收住县外老人的养老机构共计 8 所 3130 张床位后，全县正常运营且收住本县老人的保障型普通养老机构 27 所、床位合计 2972 张，每百名延庆县老人拥有床位 5.5 张；其中，政府办乡镇敬老院 15 所，床位 1813 张；社会办养老机构 12 所，床位 1159 张。

二、农村地区养老服务发展存在问题

主要体现在养老服务设施利用率不高、养老服务内容和较少、老年人消费需求不足和养老服务人员缺乏。

（一）农村养老服务设施利用率不高

据笔者近几年在各郊区县走访了解到，目前绝大多数农村托老（残）所处于闲置状态，利用率非常低，主要原因在于其“三无”特征：农村老年人无需求、托老所无资质、村集体无运营能力。村办托老所因无资金持续支持、无人员开展管理服务，闲置率极高。社会办托老所因无资质，对经营者和当地政府来说都存在极大的风险。

当前村级老年活动场所建设虽大力推进，但覆盖范围和设施配备与广大老年人的需求相比仍存在差距。2006–2008 年建成的“星光老年之家”以及 2012 年建设的 9 个农村养老服务管理中心，在不同程度地存在着设施不完善、管理不规范等问题，使老年人强烈参与社区活动的愿望得不到很好地满足，从而出现活动不经常、参与不普遍等状况。

在养老机构中同样存在床位利用率不高的问题。2014 年 10 月，全县保障型普通养老机构入住老人 691 人，床位入住率仅为 23.3%。从养老机构举办性质看，15 所政府办乡镇敬老院入住率为 10.6%，12 所社会办养老机构床位入住率为 43.1%；从区域看，7 所城区养老机构床位入住率为 45.4%，12 所川区养老机构床位入住率 19.3%，8 所山区养老机构床位入住率 11.2%。691 位入住老人中，城市“三无”和农村五保老人等政府重点保障对象 184 人，占 26.6%；社会老人 507 人，占 73.4%。从老年人身体状况看，自理老人 273 人，占 39.5%；失能老人 418 人，占 60.5%。

（二）养老服务内容和项目较少

从居家养老服务内容看，在城区由商家提供的主要集中在家政服务方面，内容相对单一。从其服务形式看，主要是服务人员“走进去”提供服务，老年人主动“走出来”到社区享受各种服务的相对偏少。在农村，上门服务几乎为空白。从养老（助残）券资金结算来看，30% 左右用于养老（助残）餐桌就餐，60% 左右用于超市、食品店购买粮油米面和日常用品，真正用于购买养老服务的非常少，尤其是乡镇辖区内的从事养老（助残）服务的单位更是凤毛麟角。

在农村地区，与小餐馆、农家院签约的养老（助残）餐桌少有老人问津。虽然村办老年餐桌尽管深受欢迎，但受限于村集体经济实力，全县仅有 6 个村办老年餐桌成为“典型”，其中井庄镇北地和王仲营两个村办老年餐桌发展得最好。据测算，开办一个 60 人规模的老年餐桌，一次性投入建设资金近 30 万元，设备购置费用 10 万元；运营方面，每月 4 名服务人员工资 8000 元，水电气暖 2200 元，老年人餐费补贴 2.7 万元，这笔费用对村集体无疑是个巨大的负担（见文后附表一）。据调查，在全县 376 个行政村中，64 个有集体经济收入，平均年收入 57 万元；其中，年收入 5 万元以下 20 个，6 至 20 万元 23 个，21 至 100 万元 15 个，101 万元以上 4 个。

（三）农村老年人养老服务消费需求不足

市老龄办于 2010 年开展的城乡老年人口状况抽样调查显示，北京市老年人月平均收入为 1899 元；其中，城市老年人月平均收入 2288 元，农村老年人月平均收入为 547 元。再以门头沟区 2014 年开展的一项老年人口需求普查为例，该区老年人月平均收入为 1793 元，其中非农户籍老年人月平均收入 2271 元，农业户籍老年人月平均收入 721 元。从上述两项调查可以推算，农村老年人月均收入在 500~700 元之间，基本满足日常饮食需求。前述延庆县民政局 2013 年抽样调查虽然没有具体收入一项，不过该调查分析了城乡老年人收入存在差距的原因，即城市老年人收入主要来源于其离退休金（职工养老保险），农村老年人收入主要来源于其个人劳动收入、子女供给和福利养老金（每人每月 350 元）。

农村老年人收入低，抑制了其消费需求。以就餐为例，在笔者就农村老年餐桌建设与村干部和老年人的交谈中，问老年人是否愿意交钱（每天 10 元）在老年餐桌就餐时，大部分老年人回答不愿意，原因在于在家吃能更省钱。大部分村干部也回答不愿意收老人餐费，原因一是明知老年人经济困难，若收费老年人则不来就餐；二是尽量免费为老年人（残疾人）办好事；三是收费后老年人对饭菜质量提出较高要求，运营压力大增。

（四）养老服务人员严重缺乏

据调查，延庆县 27 所保障型普通养老机构共有工作人员 249 名。从工作性质看，管理人员 48 人，占总人数的 19.3%；护理人员 97 人，占 39%；医生、护士各 6 人，分别占 2.4%；会计、出纳 30 人，占 12%；其他工勤人员 62 人，占总人数的 24.9%。为了降低运营成本，大多数养老机构存在混岗现象，工作人员基本上什么工种都干，分工并不明确。从人员配比看，按照入住老人与养老护理员配备比例 3：1 计算，全县保障型普通养老床位 2972 张床位，入住老人 691 人，需要护理员 230 人，而目前我县养老机构的护理员只有 97 人，其中取得职业资格的仅有 19 人，供需矛盾十分突出。与此同时，养老护理员队伍的整体素质较低，专业水平、业务能力低，服务质量不高，仅能够为老年人提供一般生活照料等基本服务，而无法满足老年人对康复训练、精神慰藉、心理疏导、临终关怀等专业化服务的实际需求。

在农村，专职从事养老服务的人员更少，乡镇民政干部身兼数职，压力较大；村干部管理全村事务，无法兼顾对个体老人的日常照顾。延庆县自 2010 年以来招聘 101 名养老（助残）员，在街乡镇和部分社区（村）承担了大量养老（助残）业务工作，一定程度上充实了基层老龄工作力量。但也日益暴露出一些问题：一是未能按“九养”政策要求实现所有 18 个街乡镇和 422 个社区（村）都有 1 名养老（助残）员。二是年龄普遍偏大，年龄在45岁以上的占50%以上。三是基础素质普遍不高，多数只有初中文化，对于文字录入等电脑操作存在困难。四是就近上岗需求大，符合招聘条件的几乎都在城镇，不愿也不能离家（需照顾家里老小）下到村里工作。

三、加快农村地区养老服务发展的对策建议

针对上述问题，笔者尝试从实际工作角度提出粗浅的对策建议，仅供参考。

（一）加强农村养老服务设施建设

1. 推进农村养老（助残）餐桌建设

养老（助残）餐桌在农村深受欢迎。建议在老年人有需求、村居委会有意愿、集体经济可持续发展的村，扶持老年餐桌建设发展，同时建立实施几种保障制度。一是建立养老（助残）卡就餐服务制度，作为以奖代补重要依据。二是继续实施养老（助残）餐桌以奖代补制度，根据养老（助残）餐桌刷卡结算金额、服务人次、服务环境、服务质量、满意度等因素进行综合评估，市、区县两级给予奖励资金。三是建立区县养老（助残）餐桌专项扶持资金，用于餐桌所需房屋建设、改造、维修、租赁以及厨房设备、桌椅购置补助。四是设置养老（助残）餐桌公益性岗位，减轻村委会运营压力。五是建立老年人（残疾人）就餐补贴制度，由村集体经济对经济困难老年人（残疾人）提供免费或低偿餐饮服务，对其他老年人适当收取餐费用；可组织有劳动能力老年人适当参加劳动并给予适当补助。六是鼓励社会对养老（助残）餐桌定向捐赠和提供公益服务。

2. 深化乡镇敬老院公办民营改革

结合城市“三无”和农村五保老人集中供养需求以及乡镇敬老院地域分布、发展条件等因素，建议保留少数乡镇敬老院继续公办公营，实现“三集中”：一是集中周边乡镇供养老人，二是集中供养经费，三是集中原有服务人员；政府对这类兜底保障型养老院给予经费保障。其他已减轻供养负担的乡镇敬实行公建民营，研究制定社会资本运营公有产权养老服务设施管理办法，在确保国有资产不流失、养老用途不改变、服务水平须提高的前提下，按照政事分开、管办分离的原则，采取委托管理、合作经营等多种方式，有序推进乡镇养老机构公建民营，实现专业化、社会化、产业化运营发展。

3. 加强农村幸福院建设

农村幸福院的实质是为农村老年人提供就餐、文化娱乐、日间照料服务的公益性活动场所，包括农村托老所、老年餐桌、老年人活动中心等。建议充分利用中央专项彩票公益金支持建设农村幸福院的契机，在有条件的村普遍建立幸福院。一是利用好现有公益设施，村级会议室、文化活动室、数字影厅等活动场所，采取合理划分时段、优化配置设施等方式，为老年人特别是留守、独居老人提供日间交流聚会的机会。二是利用村民资源，留守、独居老人愿意提供自家院落和房屋，主动为本村老人提供交流聚会、文化娱乐活动场所的，民政部门、街乡镇和村委会要给予支持，给予配备必要的设施设备。三是整合村内场所，主要是利用本村闲置的校舍、厂房等场所进行改建或扩建。幸福院

一般不设置专业服务人员，由村委会和村老年协会等群众自治组织管理服务。

（二）发展农村特色养老服务项目

1. 开展养老服务下乡入户工作

建议结合北京市全面推进养老（助残）券“券变卡”工作，鼓励有运输条件、服务能力的商业连锁企业以及民政部门支持的爱心慈善超市加入北京通服务网点，配备移动POS机，为农村偏远地区老年人送商品、送服务。建立社区卫生服务中心（站）定期为辖区农村老年人提供送医送药和定期巡视体检机制；鼓励大中型医疗机构开展医疗下乡活动。建立政府购买服务制度，鼓励理发、设备维修、房屋修缮等商户和普法、代书、摄影等社会组织及志愿者下乡为农村老年家庭提供服务。有条件的街乡镇养老照料中心、养老机构可购置流动洗浴车，为偏远地区困难老年人提供助浴服务。

2. 积极帮扶农村留守和独居老人

制定有关农村留守和独居老人生活、就医、出行、娱乐等方面的措施，使其生活有保障，精神不空虚，有病能医治，困难有人帮。有条件的村委会可建立网络视频聊天室（购置具备上网条件的笔记本），方便农村留守老人与外出务工、学习的子女进行交流。建立村干部、养老（助残）员、基层老年协会会员对留守和独居老人进行定期巡访、探视、问候制度。有条件的村为留守和独居老人免费改造家庭无障碍设施和安装紧急呼叫救援设施设备。农村独居老人在病愈恢复期间，可安排入住乡镇养老机构临时代养，民政部门可建立专项补助资金，减免部分困难老人有关费用。

3. 加强农村养老照料中心建设

鼓励对社会办养老机构、乡镇敬老院以及辖区内闲置校舍、宾馆、企业厂房、医疗设施、商业服务设施实施改建、扩建或整合改造，在老年人口相对集中的区域建设街乡镇养老照料中心，实现区域内机构、社区和居家三类养老服务相互依托、资源共享、协调发展。养老照料中心在服务区域、人员配备等方面具备满足辐射社区和居家养老服务的基础条件，提供助餐、助浴、助洁、助急、助医、康复护理、精神慰藉以及辅助器具租赁等服务。有条件的中心可设置专门日间照料区域，为周边老年人提供日间托老、临时短期托养服务。建议农村地区按照“乡镇敬老院＋村养老服务站＋农居服务点”的模式规划建设养老照料中心，现阶段主要向所在村和毗邻村开展社区服务，长期发展可借助村委会、村集体经济组织，在本乡镇属地其他村设置服务站，并依托服务站提供入户服务，实现“以院统站带点”发展。

（三）努力提高农村老年人消费能力

1. 提高农村老年人社会保障水平

一是比照城镇离退休职工养老金每年上调10%的幅度，及时并适当提高城乡无社会保障老年人福利养老金的上调幅度，在大部分农村老年人中，当前每月350元的福利养老金是其最重要、最稳定的经济收入，支撑其日常基本生活。二是对提出大病临时救助和慈善救助申请的困难老年人，加快其申请审批和资金发放进度。三是加大对农村特殊困难老人的帮扶力度，将80周岁以上高龄特困老人每人每年600元补助金，放宽到60周岁以上困难老年人每人每年1200元。四是以社会抚养费为基础，建立独生子女家庭老年父母专项帮扶基金，用于提高农村部分计划生育家庭奖励扶助金和独生子女伤残死亡家庭特别扶助金标准，以支持农村独生子女父母年老时养老服务支出；在其有机构养老需求时，由政府以该基金提供入住担保。

2. 开展农村闲置房屋开发养老服务试点工作

按照加快推进土地流转起来、资产经营起来、农民组织起来的农村“新三起来”工作部署，建议选择有条件的村（如棚户区改造、撤村并村、生态搬迁、外出人员较多）开展农村闲置房产开发经营养老服务试点工作，探索解决农村养老问题并使农民获得财产性收入。一是结合新农村建设，由政府支持开展生活服务、医疗卫生、文化体育等公共基础设施改造，提升村民生活环境质量。二是由村委会组织成立合作社，引入社会投资将闲置民居改造为家庭式养老院，吸引城市老人入住；对留守和独居老人，由合作社提供养老服务，集体经济给予适当补助，实现老人就地养老。三是盘活村集体和村民闲置资产，促进村民就业，带动民俗旅游、蔬果采摘等相关产业发展。

3. 推进郊区县养老产业发展

与城区相比较，郊区县和农村地区在土地利用、交通顺畅、资源环境、气候条件、服务用工等方面具有一定优势。为此，建议将部分养老产业转移至郊区，一方面缓解城区养老压力，另一方面促进郊区县经济和就业增长。具体而言，在城近郊区，可规划建设养老产业园区，扶持老年产品用品企业发展，研发生产适合老年人的助行器具、视听辅助、起居辅助、营养保健、服装饰品等生活用品。在郊区县的城郊区，可规划建设养老养生园区，以护养型、医养型养老服务为重点方向，发展以老年公寓、康复护理、疗养医院、临终关怀等为主要内容的养老康复、养生医疗产业，吸引城市老人入住，缓解首都城区养老服务压力。在农村地区，可依托山区秀美的自然风光和优良的生态环境，面向季节性疗养、候鸟式养老、短期居家度假等新兴旅游市场需求，培育发展养老养生融合的旅游业，部分乡镇敬老院闲置床位可收住季节性养老老人。

（四）加强农村养老服务队伍建设

1. 稳定农村养老服务队伍

在农村发展养老服务，发挥养老机构和养老照料中心对周边地区的辐射功能，需要一支稳定的服务队伍。一是在养老机构中鼓励使用本地用工，不提供吃住，降低用工成本，规范劳动用工，稳定护理员队伍，同时促进当地居民和农村剩余劳动力转移就业。二是适当提高岗位补贴，民政、财政、人力社保部门制定促进就业政策，对进入养老机构就业的人员在《用人单位岗位补贴和社会保险补贴管理办法》规定的岗位补贴5000元的基础上，适当提高补贴标准。三是培训部分特殊群体进入养老机构工作，就目前形势和文化环境，养老护理员队伍不适宜从学校年轻人中间培养，观念的改变非一蹴而就，可对有劳动能力的低保家庭、城镇登记失业人员进行护理技能培训，为其创造就业机会。四是设立本地护理员在公办养老机构优先优惠入住权。

2. 开发农村养老服务公益性岗位

充分利用好“九养”政策关于招聘养老(助残)员的机会，适当将原有招聘“4050人员、失业一年以上城镇低保人员、城镇低保残疾人员、零就业家庭人员”的条件放宽到农村低保人员，同时在招聘、管理、工资方面参照当前农村“新八大员”（专职就业指导员、人民矛盾调解员、计划生育专管员、村级卫生保洁员、流动人口管理员、残疾人专管员、安全生产协管员、农村信息员）的标准，招聘农村养老（助残）员，协助村委会开展养老服务工作，包括老年人信息采集录入、老年人福利待遇的核实与发放、空巢独居老人日常巡访探视、老年人活动组织、养老服务设施管理等。

3. 加强农村基层老年协会建设

基层老年协会是面向全体老年人，获得政府支持并进行自我管理、自我发展、自我服务、服务社会的互益性群众组织。在市民政局关于加强基层老年协会建设意见的指导下，建议各区县积极创造条件推进农村老年协会建设。一是区县财政通过政府购买社会组织服务方式，按区县级老年协会20万元、街乡镇老年协会5万元的标准，向区县老龄办和街乡镇预拨活动经费，以此经费为基础在民政部门登记为社会组织。二是区县民政部门探索降低街乡镇老年协会登记门槛，注册登记资金降为1万元；居村级老年协会作为街乡镇老年协会会员单位，免于登记。三是街乡镇和居（村）委会为同级老年协会解决办公场地，配备开展活动必须的设施设备。四是积极发挥村级老年协会在了解反映老年人需求、组织为老服务、管理养老服务设施、维护老年人权益、举办老年文体娱乐活动、开展互帮互助和结对帮扶空巢老人等方面的作用。

附表（略）

参考文献（略）

（作者单位：北京市老龄办）

老年人权益保障地方立法的实证研究

——以广东为例

广东省老龄办课题组①

2012年12月28日全国人大常委会修订了1996年8月29日通过的《中华人民共和国老年人权益保障法》。以后各省纷纷根据上位法修订本省地方性法规。山东、陕西捷足先登，湖南省接踵而至，第十二次人大常委会第十八次会议通过了《湖南省实施〈中华人民共和国老年人权益保障法〉办法》，安徽等地也陆续出台修订送审稿。广东省与兄弟省、自治区和直辖市一样，紧紧围绕“五个老有”老龄工作目标和“党政主导、社会参与、全民关怀”的老龄工作方针，着力建立健全老年社会保障体系和养老服务体系，紧锣密鼓地进行地方立法的前期准备工作。为了提高地方立法质量，有必要进行前期理论探索，弄清地方性老年人权益保障条例的必要性、立法性质、应有内容，摒弃下位法抄上位法，后出台的地方法抄先出台的地方法现象，确实做到“不抵触、有特色、可操作”。

一、老年人权益保障地方立法正当性的理论分析

（一）逻辑理由——从平等保护到特别保护的时代课题

老年人权益保障法顾名思义，是保障“老年人”这类特殊人群权益的法。从现在至2030年人口老龄化高峰到来之前是我国应对老龄化挑战的关键准备期，需要从战略高度来认识和谋划老龄工作。广东省从1996年开始步入老龄化社会，老年人以每年3%左右的速度递增。以后广东省老年人口呈现出增速快、寿龄高、空巢多、需求广、持续化等特征。截至2014年底，广东省60岁以上老年人口1194万，占全省户籍总人口的13.4%，其中

① 本课题组由杨源哲（华南理工大学法学院博士后）、方炎松（广东省老龄办主任）、高迎春（广东省老龄办宣传部主任）、杨振洪（华南师范大学法学院教授，广东省法学会社会法学研究会会长）、王先胜（广东省民政事业发展研究服务中心主任）、黄婧芝和林豪组成。本文由杨源哲执笔，方炎松和高迎春从实务角度参与研究并指导撰写，杨振洪和王先胜从社会法理论进行宏观指导，黄婧芝和林豪从事资料搜集并参与撰写，最后由杨源哲和杨振洪定稿，并经广东省老龄办审定。

80岁以上的高龄老人187万。显然，广东已进入人口老龄化进入快速发展期。[①]

何谓“老年人”？国际上65周岁以上的人确定为老年；中国规定60周岁以上的公民为老年人。1999年，我国进入老龄化社会。2014年末，中国大陆总人口136782万人；60周岁及以上人口21242万人，占总人口的15.5%。65周岁及以上人口13755万人，占总人口的10.1%。[②]到2020年将达到19.3%，到2050年中国老年人口将达到全国人口的38.6%。广东省从1996年开始步入老龄化社会，老年人以每年3%左右的速度递增。以后广东省老年人口呈现出增速快、寿龄高、空巢多、需求广、持续化等特征。截至2014年底，广东省60岁以上老年人口1194万，占全省户籍总人口的13.4%，其中80岁以上的高龄老人187万。显然，广东已进入人口老龄化进入快速发展期。[③]

根据平等原则，所有公民平等地享有宪法和法律规定的权利。老年人作为成年公民的一部分，其法定权利本在宪法和法律中明确规定。但现实社会中每个人的天赋、能力、继承得来的财产判若云泥，事实上人们享有的权益可能大相径庭。社会必须直面这种不平等有差异的现象，给予弱势群体平等权和给予特殊关照，[④]这样才能减少社会冲突促进整个社会和谐发展。如果不“不同对待”他们的生存就成问题。老年人作为生理性弱势群体，其法定权利也具有“弱势”的特征：权利分配的非主宰性、权利的易受侵犯性、权利实现的低层次性、权利救济的脆弱性。老年人权益保障法的宗旨，就是实现宪法和法律的平等原则，保障老年人与其他自然人一样享受实质上的平等权利，这也是对法律正义本质的具体践行。

（二）现实理由——下位法在上位法修订后的与时俱进

修法属于广义的立法。为什么要对地方性法规中原有的老年人权益保障条例或实施条例进行修订，现实理由在于：

1. 必须根据新上位法补充下位法内容

如2005年《广东省老年人权益保障条例》仅1条规定优待内容，新的上位法“社会优待”有8条规定优待内容；新上位法增加了普惠制的高龄津贴制度和养老补贴、护理补贴制度、司法救助、法律援助方面对老年人给予照顾，而这些在现行地方性法规中没有出现。作为上位法的具体化、细化的规范性文件，需要及时跟进。

---

① 本文引用数据资料除了脚注指明来源的以外，其余数据来自广东省老龄办、省民政厅、省发改委和各地级市老龄办，在此一并致谢。

② 《中国大陆总人口达13.6亿人 男性比女性多3376万》，中国新闻网2015年01月20日。

③ 《广东60岁以上老年人口达1192万（2015最新）》，《信息时报》，2015年7月31日。本文引用数据资料除了脚注指明来源的以外，其余数据来自广东省老龄办、省民政厅、省发改委和各地级市老龄办，在此一并致谢。

④ 弱势群体是指由于自然、经济、社会和文化方面的低下状态而难以像正常人那样去化解社会问题造成的压力，导致其陷入困境、处于不利社会地位的人群或阶层。弱势群体可以分为生理性弱势群体和社会性弱势群体。老年人属于前者。

2. 原有规定中部分不合理，缺乏可操作性

例如2005年的《广东省老年人权益保障条例》第15条规定，各级人民政府应当加强对老年教育工作的领导，统一规划，保障老年人继续教育的权利。现实情况是：老年教育暂未有哪个单位统筹规划。第12条规定：老年人持本人身份证或者老龄工作委员会制发的优待证到医疗单位就医，医疗单位应当给予优先服务。事实上，许多地方如广州市老年人优待证不是由老龄工作委员会制作的（老龄委为虚设机构），而是由市人社局制作，由老龄办发放。有的用语也欠规范如第3条提及的“老人事业”。

3. 原有条例需要因势而变，革故鼎新

2005年《广东省老年人权益保障条例》一共只有24条，内容规定得过于简单，立法理念显得比较落后，已不适应老龄事业发展的形势要求，时过境迁，需要与时俱进。本次修法应在内容方面，从指导思想、基本原则、老年人基本权利到权利救济以及基本制度的内容删去过时的内容。

二、老年人权益保障地方立法内容的探赜索隐

（一）老年人权益保障立法的性质

老年人权益保障立法，首先需要弄清立法的性质。这可以从法规名称中管中窥豹。①

综观各国权利的保障无一例外地采取两种方式：其一是权利宣告；其二是对法定权利的实现提供条件。对老年人这种社会弱势群体应给予其一般成年公民应当享有的权利，亦应给予其特殊权利，以保障其权利得以更好地实现。保障老年人权益立法，是社会保障事业（养老保险、公共扶助事业和社会福利服务等）立法中最主要的立法。1889年德国公布了世界第一部《养老保险法》，目前世界上已有160多个国家制定了这类立法。

新中国成立后，国家制定了大量的有关保护老年人口的法律法规和政策。标志性、里程碑性的法律文件有3个：1991年《关于企业职工养老保险制度改革的决定》，1995年《关于深化企业职工养老保险制度的决定》，1997年《关于深化企业职工养老保险制度的决定》。1996年8月29日第八届全国人民代表大会常务委员会第二十一次会议通过了《老年人权益保障法》，它是中国历史上第一部专门保护老年人特殊权益的法律，2012年该法进行了修订。除此以外，国务院和地方人大和政府制定的行政法规和地方性法规、政府规章也有不少相关规定。我国已经形成以《宪法》有关老年人基本权利的规

---

① 老年人权益“保障法”可以从不同的角度进行解读。从一般意义将讲，第一，宪法是具有最高法律效力的权利保障法，宪法作为最高法和根本法，是老年人权益的最高保障法，宪法对老年人基本权利做了根本性的法律保障。当然现行宪法对老年人基本权利的规定是否完善是值得探讨的。第二，刑法是其他一切法律部门的保障法。刑法是国家强制力的依据和象征，是包括宪法在内的其他部门法的保护法，其他法律保护的老年人合法权益都借助于刑法保护，刑法是老年人权利救济的最后措施。第三，程序法是实体法规定的权利实现的保障法。老年人实体权利的实现有赖于程序法的保障。这里的“保障法”需寻另外的渠道进行解读。

则为统帅，以《老年人权益保障法》为主干，以《刑法》、《婚姻法》、《继承法》等法律中有关规则为重要补充，以行政法规、行政规章和地方性法规、政府规章中有关规则为辅助的老年人权益保护的法律体系。

国家保障老年人权益是一种综合性的法律要求，包括多样化的内容，呈现多龙治水，政出多门。但老年人社会权利以外的法定权利已有相应的规范性文件予以保障，而社会权利尚无专门法予以规定和保障。专门的保障老年人社会权利的规范性文件应运而生。《老年人权益保障法》第3条规定“国家保障老年人依法享有的权益。老年人有从国家和社会获得物质帮助的权利，有享受社会服务和社会优待的权利，有参与社会发展和共享发展成果的权利。”从此可以看出，老年人权益保障法主要保障的权利是老年人的社会权利。

保障，作为名词，是指起保障作用的事物；作为动词，是指保护，使不受侵犯和破坏。“权益保障法”中的“保障”是作为动词使用。

“权益”在不同的学科中有不同的解读。会计学上“权益”是指资产，或是指投资人实际拥有的资产价值。在法学上“权益”是指公民受法律保护的权利和利益。权利，简单地讲就是公民或社会组织可以作的行为和享有的利益，这种行为和利益是国家通过宪法和法律予以保障的。公民有权依法自己去实施某种行为，也有权要求其他公民或者国家机关、社会团体、企事业组织去做或者不做某种行为，从而使本人得到一定的利益或者实现某种愿望。利益：有合法的利益如继承的财产；有违法的利益如赃款；有既不合法也不违法的利益，它得不到法律的保护，比如超过了诉讼时效的债权。权益是权利和利益的结合体，权利和权益是密不可分的，权利是前提，而权益是结果，没有权利谈不上权益，不能维护权益，权利也是空洞的。权利是权利主体所享有的利益，利益是权利的主要内容。老年人权益保障的地方性立法保障的是老年人的合法利益，这一点毫无异议。但是否保障老年人的所有法定权利？抑或主要是保障老年人的社会权利？我们认为是后者。

法定权利，从内容结构上分析，可以分为自由权、防御权、受益权、权利救济权等。老年人法定权利首先是自由权，例如老年人再婚自由权；然后，老年人法定权利中包含防御权，立法机关不得制定侵犯老年人权利的法律，其他国家机关也不得非法侵犯老年人权利，国家还要防止来自第三方对老年人合法利益的侵害，禁止其他公民和法人非法侵犯老年人法定权利；再次，老年人法定权利大多属于受益权，国家有义务为实现老年人权利提供物质帮助和其他服务，为老年人权利的实现创造条件；最后，无救济就无权利，老年人权利包括权利救济权，当其社会权利遭到侵犯时应及时启动行政救济和司法救济程序，老年人权利遭到侵犯后应有权请求调解、进行信访、提起行政复议和诉讼。

与老年人民事权利、政治权利相比，其社会权利的实现过程更为复杂，社会权利本身容易遭到侵犯，需要给予特殊救济。弱势群体社会权利不能通过市场来自发实现。老年人社会权利的实现需要一整套社会服务体系，应“让弱势群体遇到问题时能够知道去哪里解决、有部门解决、有办法解决、有资源解决。”[①]老年人社会权利的实现涉及社

① 向德平．社会问题［M］．北京：中国人民大学出版社，2011：335.

会各阶层关系的调整以及国家、家庭、企业、社会各类组织的功能调整，是社会利益和社会责任重新分配的过程。

老年人权益保障立法，旨在通过实施各种社会保障措施，使老年人得以平等地分享文明社会成果，获得生存和发展的基本物质条件，促进社会实质公平，推动老龄事业的发展。通过建章立制，将老年人这种弱势群体实现社会权利的正当利益诉求制度化和法律化。

（二）走出原有的三大误区，正本清源

1. 老年人权益保障地方立法并非立老年人“诸权合体法”，而是社会权利之法

依据老年人所参与的社会关系的性质，可以将老年人权利划分为属于政治权利、民事权利、文化权利、社会权利、诉讼权利等。上位法和以前本省条例将老年人所有的法定权利放在一个篮子里，杂乱无章。毋庸忌讳，包括老年人权益保障法在内的所有特殊群体保障法均定性不清，定位不准，语焉不详。

从逻辑上说，老年人权益保障法的部门法属性可以有两种结果，一是将老年人依法享有的政治权利、民事权利、社会权利和诉讼权利等各种权利及其取得的合法利益放在一部法里系统集中规定，“诸权合体”，寓于一体；另一种安排就是将老年人权益保障法确定为社会法部门，基本上只宣示和保障老年人的社会权利。

在《公民权与社会阶级》一文中，英国著名社会学家马歇尔（1893–1981）指出公民权包括三个基本维度，即民事权、政治权、社会权。社会权利是作为社会成员分享社会发展成果的资格和拥有文明生活条件的权利，是自然人从社会共同体主要是国家中获得满足其基本生活需求的条件的基本权利。弱势群体的社会权利与政治权利、民事权利三足鼎立。社会法调整的对象处于作为公法与私法之外的“第三法域”，《老年人权益保障法》中强调的老年人的财产所有权、继承权等民事权利就是民法中的私权，社会法没有必要面面俱到去重复规定。马歇尔认为“社会权利是20世纪的伟大成就，它为全体社会成员得以享受满意的生活提供了可能性”①。社会权利是因传统自由权无法解决的诸如贫苦、失业等社会问题而应运而生。资本主义进入垄断阶段以后，社会矛盾急剧增加，贫富差别显著扩大，国家由“守夜人”变成了社会福利的分配者和社会弱势群体的救助者，社会权作为第二代人权入宪，各国相继将社会权规定为宪法权利，并在社会法部门和领域具体化。

我们认为，应开门见山，一针见血地规定老年人权益保障法属于社会法部门，旨在保障老年人的社会权利。理由是：

第一，《老年人权益保障法》宣示和保障的基本上属于老年人社会权利。第3条规定“国家保障老年人依法享有的权益。老年人有从国家和社会获得物质帮助的权利，有享受社会服务和社会优待的权利，有参与社会发展和共享发展成果的权利。”老年人权益保障法规定的老年人受赡养权、婚姻自由权、社会保障权、社会服务权、社会优待权和参与社会发展权均属于老年人的社会权利。

---

① ［挪威］A·艾德．人权对社会和经济发展的要求［J］．刘俊海，徐海燕译．外国法译评，1997（4）．

第二，包括老年人权益保障法在内的特殊群体（弱势群体）保障法属于社会法范畴。我国已经确定社会主义法律体系由 7 大部门法组成，社会法是其中之一。老年人权益保障法是社会法的组成部分。国务院法制办公室编的《新编中华人民共和国常用法律法规全书》就是将老年人权益保障法和妇女权益保障法都编排在“社会法类”中。[①]

第三，其他部门法已经明确保障的老年人权益再由本法本条例规定属于立法资源浪费。老年人的政治权利已经由政治性法律予以保障；老年人人身权利、财产权利，已由民法予以规定。老年人权益保障的法律和条例也没有必要叠床架屋，重复规定。在老年人权益保障法中规定“禁止遗弃、虐待老年人”，只是起到宣示性作用，这种法律规则完全属于《治安管理处罚法》和《刑法》的内容。

2. 老年人权益保障地方立法并非立“抄袭照搬法”，而是补充细化之法

现在地方立法存在两个错误的倾向：一是下位法抄上位法，垂直复制；二是后出台的抄先出台的，横向照搬。这种抄袭、重复上位法，照搬先出台其他地方性法规的现象可以称之为“抄袭照搬法”。老年人权益保障地方立法不能直接抄上位法的条文，应该突出地方化、具体化；不宜照搬外地条文，应该突出本地特色。例如，上位法第 2 条规定：“老年人是指六十周岁以上的公民”，有的下位法仅将“本法”改为“本条例”，与上位法如出一辙。另外，上位法中有不少纯道德性、提倡性的条文，以及操作性不强的条文，诸如“国家提倡”、“国家鼓励”、“国家支持”、“国家应当重视”等诸多空泛词语，需要下位法根据当地实际予以接地气，补充具体内容，将大而不当过于原则的规定细化。。

3. 老年人权益保障地方立法并非立与老年人优待办法“叠床架屋法”，而是地方性法规

2013 年 12 月 4 日广东省人民政府第十二届 16 次常务会议通过了《广东省老年人优待办法》，广东各地级市也大都出台了本地的老年人优待办法，佛山、茂名市已经出台了本地新修订的老年人优待办法，其余各市正在积极推进中。[②]在此基础上有无制定《广东省老年人权益保障法》的必要性？有人认为，前者已经对老年人权益保障进行了系统

① 国务院法制办公室.新编中华人民共和国常用法律法规全书[M].北京：中国法制出版社，2009(目录)：8.

② 相比于原《茂名市老年人优待暂行办法》，此次《办法》老年人在享受公交、旅游、医疗优待方面有了很多新的变化。主要有：第一，在老年人乘坐城区公交车优待方面，简化了老年人到属地公交企业办理公交车 IC 卡所需证件。老年人凭居民身份证、户口本（或 6 个月以上的居住证）即可到属地公交企业办理公交车 IC 卡，免费或半价乘坐市（区）、县级市城区范围内行驶的公交车。第二，在老年人旅游优待方面，下延了老年人到市内政府投资主办或者控股的旅游景点、风景区游览门票减免年龄段，免收门票年龄由 70 周岁以上下延至 65 周岁以上。第三，在老年人医疗优待方面，下延了老年人到市内公办医疗机构看病免收挂号费年龄段，免收挂号费年龄由 70 周岁以上下延至 60 周岁以上，60 周岁以上老年人凭居民身份证或《茂名市老年人优待证》到市内公办医疗机构看病均免收普通门诊、急诊、专家门诊挂号费。第四，将近年来已经实施和新近增加的老年人优待项目均在《办法》中反映出来。如规定农村五保供养老年人等特殊老年人困难群体参加城乡居民医疗保险个人缴费部分由属地政府予以全额资助；对本市户籍 80 周岁以上的高龄老年人实行政府津贴制度；对户籍在本行政区域内的老年人，去世后遗体实行火化的，实行殡葬基本服务费全免除，免除费用由县（区、市）财政负担。

规定，没有必要另起炉灶，重复制定地方性法规。

全国老龄办发［2013］97号文《关于进一步加强老年人优待工作的意见》规定，“老年人优待是政府和社会在做好公民社会保障和基本公共服务的基础上，在医、食、住、用、行、娱等方面，积极为老年人提供的各种形式的经济补贴、优先优惠和便利服务。”老年人优待只是老年人权益保障法的内容之一。并且，《广东省老年人优待办法》属于地方政府规章，还不属于地方性法规。地方政府规章只能就执行法律、行政法规和地方性法规规定的事项以及属于本行政区域具体行政管理的事项出台规范性文件。地方上老年人权益保障条例与老年人优待办法不是具有同等法律效力的规范性文件，二者不是半斤八两，前者法律效力高于后者，前者的内容也多于后者。我们修法修的是地方性法规。

（二）修法并非脱胎换骨而是合理扬弃

原有条例在当时起到了应有的作用，并非一无是处，不能“将小孩与脏水一起倒掉”，推到全部重来，修法不能弄得原条例面目全非。原则上经过实践证明行之有效的规则应该保留下来，可改可不改的规则不予修改，以保持制度的连续性。

（三）将保障老年人权益成功的经验、成熟的政策予以法律化

多年来，在省委、省政府的领导下，在民政部的大力支持和指导下，广东省各级民政部门发挥职能作用，积极应对人口老龄化问题，在重点保障高龄、独居、空巢、失能和低收入老人群体的同时，充分发挥政府主导作用，积极引导社会力量参与养老服务业发展，大力推进养老机构建设和社区居家养老服务网络建设，初步建立起以居家为基础、社区为依托、机构为支撑的具有广东特色的社会养老服务体系。广东省在依法保障老年人权益方面取得了丰富的经验，有许多成功的做法和成熟的老龄政策。这些可以进一步抽象化为基本行为规则，使之成文化、法律化。

1. 将保障老年人权益成功的经验成文化

第一，推行老年人意外伤害综合保险的经验。我省去年以来启动“银龄安康行动”，在全省推广“老年人意外伤害保险”，成绩斐然，效果显著。

第二，发挥养老机构作用的经验。一是充分发挥公办养老机构保基本作用。①在省层面，广东省积极开展创建广东省示范性养老机构活动，采取省级财政专项资金和省级福彩公益金统筹补助的办法，对各地示范性养老机构项目建设，每个给予200–500万元的支持，目前共投入资金2亿多，打造了50个广东省示范性养老机构，增加养老床位2万张。各地认真贯彻落实国家和省的部署要求，采取有力措施，大力推进养老机构建设。截至2015年6月底，广东省共有养老机构2780个，养老床位27.7万张，每千名老人拥

① 全省共有各类养老机构2771个，养老床位26.18万张（包括城市民办养老机构307个，床位数5.9万张），每千名老人拥有床位21.93张。到2014年底，城市居家养老服务设施覆盖率达到87%，农村居家养老服务设施覆盖率达到70.6%；基本上每个地级市有一所专业性护理机构，每个市、县（区）有一所综合性社会福利机构；2011年至今，全省经过培训的养老护理员共有1.96万名；到2015年底，普惠型的80岁以上高龄老人津贴制度覆盖全省21个地级以上市。

有床位23.2张。目前，在公办养老机构集中服务的政府供养老人有43284名。此外，广东省各级各类公办养老机构在保证政府供养对象的同时，还面向社会优先保障经济困难的孤寡、失能、高龄和失独老年人的养老服务需求。如广州市还率先建立了公办养老机构轮候制度，出台了《广州市公办养老机构入住评估轮候试行办法》，凡具有广州市户籍经济困难的孤寡、失能、高龄和失独的老年人都优先轮候入住公办养老机构。二是促进民办养老机构发展的经验。给予床位建设补助和运营补贴，大力推进“公建民营”管理模式，有力地促进了民办养老机构的发展。目前，全省有民办养老机构287个，养老床位达7.1万张，占全省养老床位总量的28.5%。三是规范、提升农村敬老院的经验。敬老院是政府举办的专门为五保对象提供生活和养老的场所，广东省通过“四个狠抓”加强敬老院建设，提升供养服务水平。[①]四是促进医养融合型养老机构发展的经验。广东省各地积极推行养老机构内设医务室或护理院，鼓励养老机构单独设立医疗机构，推动养老服务机构与医疗卫生机构建立起相对稳定的合作关系，支持医疗机构到养老机构内部设置医疗机构延伸服务，鼓励医疗资源富余地区的部分综合医院转型为康复医院、护理院或以小综合、大专科方式增加康复医疗和长期护理床位，鼓励和支持社会资本举办护理院或康复医院。截至目前，全省医养结合模式的养老机构共有247个，床位5.96万张，收住老人3.49万人。设有养老、护理一体化的护理院8家，康复医院35家，设置老年病科或老干科的医疗机构共150家，设有临终关怀床位的医疗机构共161家。

第三，养老服务方面的经验。广东省各地以保障高龄、独居、空巢、失能和低收入老人为重点，借助专业化养老服务组织、养老服务信息平台以及养老服务站点，为居家老年人提供生活照料、家政服务、康复护理、医疗保健、精神慰藉、心理疏导等上门服务。一些地区如广州、深圳、珠海、佛山、东莞、中山、江门等地对经济困难、高龄、重点优抚对象等老年人，每月发放一定金额的“综合养老服务券”，老年人可凭券享受等值的养老服务。全省每年平均服务居家老年人4387万人次。广东省还积极开展了“爱心助行惠万家”活动，为社区老年人特别是贫困家庭的老年人免费或低偿安装助行康复辅助器具。

中山市颐老一键通（慈善爱心铃）项目从2009年开始研发，2010年8月正式投入使用，由中山市民政局主管，中山市慈善总会负责管理，中山市公共信息服务公司运营，同时

---

① 一是狠抓机构建设。2011年至2015年，省级共补助各地敬老院改扩建经费20102万元（其中省级福利彩票公益金4546万元，省财政资金15556万元），共改扩建敬老院348所。目前，全省共有乡镇敬老院1285所，床位69989张。二是狠抓法人登记。2014年广东省全面部署推进敬老院事业单位法人登记工作，明确敬老院法人地位，切实理顺敬老院管理体制，为下一步加强运营管理、改善敬老院管理状况奠定基础。三是狠抓运营管理。为切实提升敬老院管理服务水平，从2014年起，广东省每年从省级养老服务体系建设资金中安排一定数量的资金来支持全省已具备事业单位法人资格的敬老院配齐服务人员，加强运营管理。截至2015年，省级共安排了1761万元经费支持247所敬老院落实管理服务人员，确保敬老院事有人干、责有人负。四是狠抓安全管理。为确保敬老院健康、安全运营，今年，省民政厅安排4650万元用于粤东西北地区养老机构消防等设施改造。

委托市信息产业协会负责服务监督，至今已发展用户约3.4万户。颐老一键通项目因其完善的安全保障功能和优良的服务体系而深受欢迎，中央电视台等新闻媒体曾多次报导，省委书记胡春华同志、前省长黄华华同志及北京、长沙、香港等地政府相关领导都参观了该项目并给予了高度评价。目前除中山本土外，香港、澳门、广州、济南、长沙、重庆等多个城市都在使用该项目的设备。经过3年多的实践，颐老一键通项目在实现居家安全养老、居家轻松养老的服务中正发挥着越来越重要的保障作用。

在居家养老服务方面，广东省积极开展城乡居家养老服务示范活动，采取省级财政补助、福彩公益金资助的办法，对各地城市居家养老服务示范项目建设，每个给予100–200万元的资助，目前共投入资金1.347亿元，打造了105个市、区、街道三级居家养老服务示范中心；对各地农村养老服务“幸福计划”示范项目，省级福彩公益金给予每个40万元的资助，目前共投入资金8000万元，打造了200个农村居家养老服务示范点。全省各地在示范带动下，通过财政投入、公益金资助、动员社会捐助等多种渠道筹资，建设了一大批城乡社区养老服务设施。截至2015年6月底，广东省城乡社区养老服务设施共有2.5万多个，其中城市8490个、农村16751个，城市社区养老服务设施覆盖率87.1%，农村覆盖率73.7%。在各类居家养老服务设施中，居家养老服务中心（街道层面）354个，居家养老服务站（社区层面）1674，日间照料机构1327个，星光老年之家5422个，农村颐养居710个。

在社区养老服务方面，广东省各地不断提升社区养老服务水平，为老年人提供就近、方便、快捷、多样的日托服务和文娱活动场所，珠三角许多城市都打造了10分钟服务圈。与此同时，各地还积极推进社区和养老服务信息化工作，建设居家养老信息化服务平台，采取“平安通””平安宝”“一键通”等便民信息网、电信服务、电话专线、爱心门铃、健康档案、服务手册等形式，为老年人提供方便快捷的信息化服务。如中山市以慈善捐赠和政府购买服务的方式，为全市60岁以上老年人安装紧急呼叫装置，为老人提供紧急情况的119、110、120等紧急救助，累计成功救助老人1500多人次。惠州市积极打造养老服务和社区服务信息惠民工程项目，目前已开发养老智能化系统集成软件，提供养老供需分析决策，为老年人实现无线定位求救、智能手环、跌倒监测、夜间监测、老人行为智能分析、痴呆老人防走失、视频智能联动等智能设备的应用，应用健康监测、远程医疗等技术实现与医疗机构的数据对接、共享等。

第四，规范养老服务队伍的经验。广东省积极开展养老护理员和养老机构管理人员的培训工作，推行养老护理员职业资格鉴定，同时引进社会工作服务理念和工作模式，利用毗邻港澳的区位优势，建立粤港两地养老从业人员的合作培训机制，不断提高养老服务队伍专业素质。截止目前，全省累计组织养老护理人员鉴定15651人，获得国家职业资格证书13782人。

第五，建立“银龄储备”、“时间银行”的经验。广东省老龄组织年轻且有能力的老年人通过志愿者服务和义工服务等形式，为居家或参与社区活动、托老的行动不便的老年人提供帮助和照顾服务。全省每年平均有7.5万名老年人参加了“银龄储备”、“时间银行”等计划。

2. 将成熟的老龄政策予以法律化

第一，将对老年人社会救助的政策法律化。广东在全国率先实行低保标准自然调整和分类管理机制，最低生活保障最低标准每年4月底由省政府分四类地区制定，农村五保供养标准每年按照不低于当地上年度农村居民人均纯收入的60%确定（因2014年国家统计部门将“农民人均纯收入”指标调整为“农民人均可支配收入”，广东省自2015年起农村五保供养标准按照不低于当地上年度农村居民人均可支配收入的60%确定），确保困难老年人基本生活保障水平随着经济社会发展同步提高。截至2015年7月底，全省月人均城乡低保补差分别为400元、190元，在全国均排第8名；2015年人均农村五保集中、分散供养标准分别为8400元、6500元，在全国均排第6名；全省困难群众政策范围内住院自负医疗费用的救助比例提高到70%以上，年均每人次住院医疗救助标准提高到1695元。社会救助水平的大幅度提高，有效保障了困难老年人的基本生活。

第二，将老年人优待政策法律化。2014年，广东省颁布了《广东省老年人优待办法》，规定“对户籍在本省行政区域内经济困难的老年人，县级以上人民政府应当逐步给予养老服务补贴”“对户籍在本省行政区域内的农村五保供养老年人、享受最低生活保障的老年人、丧失劳动能力的残疾老年人、低收入老年重病患者、低收入家庭中的老年人等参加城乡居民医疗保险的个人缴费部分，政府予以全额资助”“县级以上人民政府应当建立本地户籍80周岁以上高龄老人政府津贴制度”等等一系列优惠政策的规定。这些政策成熟的可以上升为法的规则。

第三，基本养老政策进一步法律化。国家建立和完善以居家为基础、社区为依托、机构为支撑的社会养老服务体系。2009年由国家民政部、发改委提出，并选择黑龙江、江苏、湖北、重庆、甘肃五个省份进行试点的基本养老服务体系。从理论上讲，养老方式可以分为家庭养老、社会养老与社区养老。以家庭为核心、以社区为依托、以专业化服务为依靠，为居住在家的老年人提供以解决日常生活困难为主要内容的社会化服务即居家养老，将成为未来中国的主要养老方式。广东在积极探讨基本养老制度，出台了一系列有关政策。如出台一系列促进社会力量参与养老服务体系建设的优惠政策。省政府出台的《广东省民办社会福利机构管理规定》（广东省政府133号令）、《广东省民政厅广东省国土资源厅广东省住房和城乡建设厅关于解决养老服务设施建设用地问题的通知》（粤民福［2013］31号）、《广东省发展改革委广东省民政厅关于进一步落实广东省人民政府加快社会养老服务事业发展意见价格优惠政策的通知》（粤发改价格函［2014］3475号）等，这些政策在税收、用地、用水、用电、用气以及行政事业性收费等方面都明确了优惠规定，以鼓励和支持民办养老机构发展。

广东各地也相继出台了一系列扶持民办养老机构政策措施，通过资金扶持，落实用地、税费、水电气等优惠政策，有力地促进了民办养老机构的发展。如广州、深圳、珠海、江门等市出台了养老服务设施布局规划。全省21个地市和顺德区都出台了扶持民办养老机构发展的补贴政策，床位建设补贴1000~15000元不等，机构运营补贴按入住老人每人每月100~300元不等。中山市还出台了《中山市老龄服务机构资助办法》，将依法登记的民办社区居家养老服务中心等同类民办养老机构列入资助范围等等。截至目前，全省具有一定规模的民办养老机构 281 个，养老床位达 8.2 万张，占全省养老床位总量的 29.6%。

第四，基本养老服务方面的政策。近年来，广东省坚持以政策扶持为导向，着力政策法规创制，为养老服务体系建设提供了制度保障。如 2011 年，省民政厅与省发展改革委联合印发了《广东省 2011–2015 年社会养老服务体系建设规划》（粤民福［2011］51 号）；2012 年，省政府办公厅印发了《关于加快社会养老服务事业发展的意见的通知》（粤府办［2012］73 号），省民政厅印发了《〈广东省开展“社会养老服务体系建设年”活动暨“敬老爱老助老工程”实施方案〉的通知》（粤民福［2012］6 号）；2015 年初，省政府出台了《关于加快发展养老服务业的实施意见》（粤府［2015］25 号），明确了加快广东省养老服务体系建设和养老服务业发展的指导思想、基本原则、主要任务和保障措施，强调要突出社会力量的主体作用，鼓励和支持社会各界积极参与养老服务体系建设，引导社会资本进入养老服务业领域，为老年人提供形式多样、品种丰富的养老服务产品，以满足多样化的养老服务需求。

广东省还出台了养老服务行业标准等规范性文件。如广东省地方标准《社区居家养老服务规范》（DB44/T1518–2015）、《广东省养老机构规范化建设指引》（粤民福［2012］33 号）、《广东省居家养老服务规范化指引》（粤民福［2013］12 号）和《广东省民政厅关于养老机构设立许可的实施细则》（粤民发［2014］164 号），对养老服务的准入许可、服务质量以及事中事后监管都提出了标准和明确要求。全省城乡政府供养对象、低保对象、失独家庭等困难群体中的失能、失智、高龄老人通过政府购买服务实行机构集中养老或实行分散居家养老；中低收入家庭失能、失智、高龄老人享受政府护理补贴，以保障失能、失智、高龄后的护理需求。①

第五，对外地来粤定居老年人的优待政策法律化。广东冬天气温宜人，投奔在广东工作的子女的外地老人络绎不绝。广东各地政府在力所能及的范围内出台“对常住本行政区域内的外埠老年人给予同等优待”的政策，对常住本地的外埠户籍老年人在公共交通、文化娱乐、体育活动、公园旅游景点方面实施优待。这些政策成熟了可以进一步升级。

第六，殡葬基本服务由政府免费提供的政策。自 2011 年 7 月 1 日起，凡农村五保户、

---

① 一是出台促进养老服务业发展配套文件。今年我省省政府先后印发由省民政厅会同省发改委编制的《广东省人民政府关于加快发展养老服务业的实施意见》（粤府［2015］25 号）和发改委牵头编制的《广东省促进健康服务业发展行动计划（2015–2020 年）》（粤府［2015］75 号），分别围绕我省养老和健康服务业发展总体目标、基本原则，提出了具体行动任务、职能分工和保障措施，重点强调要激发社会力量的主体作用、社会资本的投资积极性，鼓励和支持社会力量积极参与养老服务体系建设，引导社会资本进入养老服务业领域，为老年人提供覆盖面广、不同层次的养老设施和服务产品，满足多样化的养老服务需求。

二是出台社会力量投资养老服务业政策。省发改委委联合省民政厅出台了《关于进一步落实广东省人民政府加快社会养老服务事业发展意见价格优惠政策的通知》（粤发改价格函［2014］3475 号）等政策文件，明确对养老服务业有关用水、用电、用气以及行政事业性收费等方面的优惠和减免措施，鼓励和支持民办养老机构发展。

城乡低保对象和生活困难的优抚对象以及城市“三无”人员去世的，由政府免费提供殡葬基本服务；至2014年底，全省已有深圳等6个地级以上市和广州市花都区等13个县（市、区）实施了城乡户籍居民殡葬基本服务免费政策；2015年，省政府首次将“实施城乡户籍居民殡葬基本服务由政府免费提供政策，减免7项基本服务收费”纳入省十件民生实事；2011年7月1日至2015年6月30日，全省共免费提供殡葬基本服务292718宗，免除费用3.4亿元。这项政策已经日臻成熟，可以吸收入地方性法规。

（四）须就解决重大现实老年问题做出前瞻性制度安排

广东对老年人权益保障进行地方立法，需要深入研究如何通过立法解决以下问题：

1. 老年人权益保障观念落后

社会上普遍认为老年人权益保障更多地是个人问题和家庭问题，不是社会问题。例如，老年人再婚自由往往遭到成年子女的干涉，一些子女未尽到赡养父母的义务。不少人没有从老龄事业的角度高瞻远瞩，认为这是子女的个人素养问题，清官难断家务事，国家不宜做出过多干预。

2. 老年人权益保障的负责主体缺位

上位法规定，保障老年人合法权益是全社会的共同责任。国家机关、社会团体、企业事业单位和其他组织应当按照各自职责，做好老年人权益保障工作。但实际上难以落实。

第一，县级以上人民政府政府老龄办人手有限，经费不足，捉襟见肘，更多地是从事老龄事业的宏观管理。乡镇一级则没有老龄办，没有专人去维护老年人权益。

第二，相对于其他特殊群体权益保障法，老年人权益保障缺乏专门的维权主体。妇女权益有妇联进行维权，未成年人权益有共青团负责维权，残疾人权益有残联负责维权。政府老龄办作为民政部门下属的二级机构，负责组织、协调、指导、督促有关部门做好老年人权益保障工作，它本身不是专门对老年人权益进行维权的机构。

3. 养老服务供给能力总体不足

社会老龄化形势日趋严峻，老年服务需求大幅攀升，粤东西北地区养老服务体系基础薄弱，各级财政尤其省级财政资金投入严重不足。2011年至今，广东省省级财政每年投入养老服务体系建设资金仅5520万元，而2012年山东省级财政就投入了7亿元、江苏4亿元、浙江3亿元；2013年山东投入11亿元、江苏4.7亿元、浙江1.35亿元；2014年山东投入11.8亿元、江苏6.35亿元、浙江34.5亿元。财政资金的投入不足，极大地影响了广东省养老服务供给能力建设。政府兴办的养老机构缺乏收养失能老人的设施和专业服务人员，实际服务人数与应该得到服务保障的人数差距较大。目前，广东省有养老床位27.7万张，每千名老年人拥有养老床位仅有23张，少于全国平均水平的26张，其中8.7万张乡镇敬老院床位主要用于收住农村“五保”供养对象，3万张社区照料床位主要用于居家老人日间托老和午间休息，实际用于社会老人养老的机构床位仅有16万张，难以满足老年群体日益增长的生活照料、康复护理、精神慰藉、临终关怀等服务需求。

4. 养老服务能力区域失衡

区域和城乡之间的发展不平衡，珠三角地区公办养老机构“一床难求”与欠发达地区养老机构床位空置率较高的现象并存。目前广东省 60 岁以上老人 1194 万，有各类养老机构 2780 个，床位 27.7 万张。其中珠三角 60 岁以上老人 461.6 万（含惠州、肇庆），养老机构 673 个，床位 13.53 万张，每千名老人拥有床位 29.4 张；非珠三角地区 60 岁以上老人 732.4 万，养老机构 2107 个，床位 14.17 万张，每千名老人拥有床位 19.3 张。全省有民办养老机构 281 个，其中珠三角 177 个，非珠三角地区 104 个。养老床位数相对集中在珠三角地区，非珠三角地区床位少、机构分散、管理质量不高。

5. 养老和医疗资源整合乏力，老年人护理保障制度尚不健全，养老服务人力短缺矛盾突出

广东省具有一定规模、功能较齐全、医养结合模式的养老机构仅有 39 个。其中养老机构内设医疗康复机构（养医结合）的有 34 个，医院办养老院或设置养老床位的有 5 个，健康养老需求矛盾突出。医养结合省级层面的支持政策不明确，医养服务“碎片化”、医养资源整合乏力。各地在为失能、半失能老人提供医养一体服务政策差异较大，医养合作机制较为落后。有的地方明确地将长期护理费用排除在医保报销范围外，有的地方将养老机构内的医疗护理纳入医保报销范围内，不同地区的失能老人保障水平不一样，经济欠发达地区的失能老人困难更大，政策的公平性不足。

在应对老年失能风险等方面，缺少基本制度安排，特别是低收入高龄老人护理制度尚未健全，老年护理事业发展相对滞后，现有养老机构大多不具备医疗护理功能，护理型床位数所占比重不到 1/5，且养老机构内设医疗机构门槛高，已设医疗机构纳入医保定点难，老年人护理保障制度和家庭养老支持政策亟待建立健全。养老服务人才队伍建设亟待加强，管理和服务人员工资福利待遇偏低，专业素质有待提升

目前广东省各类养老机构收住老人约 16 万人，按每 10 个健康老人或 3 个失能、半失能老人配备 1 个护理人员要求，广东省仅养老机构就需养老护理员约 3 万人。全省失能、半失能老人约 80 万人，需养老护理员 27 万人。但广东省现有护理人员约 2.3 万人，其中取得职业资格的仅 1.4 万人。护理人员社会地位和经济待遇较低，职业吸引力不大，专业人才流失严重，养老服务专业化、职业化水平亟等提高。

6. 支持社会力量进入养老服务领域力度不够

政府在发展养老服务业与提供基本养老保障的界限缺乏清晰界定，政府购买服务机制还不健全，制约了社区居家养老服务机构的发展；鼓励社会力量参与养老服务业发展的引导政策措施“碎片化”问题亟待解决。对民办养老机构的扶持力度还有待加强，特别是资金扶持、土地供应、人才供给等方面与公办养老机构有较大差距。当前，政府对经济困难老年人主要是生活救助，但是老年人尤其是特困供养老人，由于无儿无女，生活单调寂寞，缺乏家庭式的关爱和照顾，靠政府的力量难以满足他们的精神需求，亟需发动社会团体、社工等社会力量对老年人给予精神慰藉。

养老服务发展规划不够，政府各部门职能交叉，权责不清，缺乏合力；支持社会力量举办养老服务机构政策不够完善、配套，已有的扶持优惠政策有的落地难，如养老用

地政策、医养融合政策等，有的标准偏低，如民办养老机构建设补贴，多数地方每张床位补助仅3000元，最多的广州也只有1.5万元，且分三年到位，广东省现有民办机构床位数仅8万张，不足总床位数的1/3。政府购买养老服务政策不健全，各类养老服务社会组织生存空间有限，亟待加大培育发展的力度。

7. 失能老人无力负担长期护理费用，五保老人护理费用渠道亟需拓展

城乡老年人总体收入水平偏低，收入来源主要依靠养老金；城乡老年人收入水平差异明显，农村老人仅有政府不到一百元的基础养老金，难以支付长期医疗护理费用。即使是经济发达的中山市，调查显示该市超过三成老人认为养老负担很重，老年人79.6%的支出在生活费上，15%的支出在医疗方面，失能老人经济能力低、医养老难问题愈加突出。

虽然广东省将农村五保供养对象（2014年12月农村五保供养对象24万人）纳入居民基本医疗保险范围，规定对其自付部分的门诊和住院费用给予全额补助，由于五保供养对象的护理费用不属于基本医疗保险报销范围，而有的失能、半失能五保供养对象所需护理费用甚至高于医疗费用，造成地方财政压力较大。

8. 敬老院现状难以满足日益增长的养老需求

国务院《关于加快发展养老服务业的若干意见》（国发［2013］35号）提出，"在满足农村五保对象集中供养需求的前提下，支持乡镇五保供养机构改善设施条件并向社会开放，提高运营效益，增强护理功能，使之成为区域性养老服务中心。"但是，目前广东省仍有325所乡镇敬老院供养床位不到40张，规模较小，同时，由于大多数敬老院建设时间早，消防设施不齐全或者过于残旧，普遍存在着消防安全隐患。据统计，全省1285所乡镇敬老院仅有158所取得了消防资质，尚有1127所未取得消防资质，占全省乡镇敬老院数量约88%。消防安全隐患突出。这些问题制约着其发展成为区域性养老服务中心，无法为更多的老人提供养老服务。

9. 广东省居家养老存在的问题和不足

广东省居家养老业务开展与广东省经济地位不符，已落后国内外第一梯队，起步较晚、层次较低。目前四川、海南、江苏、福建、浙江等地已经或正在开展居家养老模式的创新工作，总体来看，落后于国内其他经济发展水平相当的地区。

一是没有统一信息化平台规划，省级层面顶层设计缺失。主要表现在：各地市各自为政，标准不统一、系统呈现碎片化管理，缺乏整体性规划安排、系统衔接和统筹协调；缺乏省一级建设标准和指南；资源消耗大、重复投资缺乏统一的业务标准、标识，管理信息化系统等比较杂乱，、数据无法共享，不能体现整体性与公平性。

二是平台技术落后中，运营机制不完善，创新不足。存在"重建设轻运营"的倾向；有的未充分尊重居家养老运营企业的市场主体属性，结果运营企业投入大、收益少而不可持续；有的在业务规范等方面做得不够，导致老百姓心存疑虑、业务开展不好，老年不满意等。

三是与当下物联网技术、移动互联网技术、云计算、大数据等信息化先进手段没有融合起来，管理系统等未实现良性互动。

10. 养老与医疗界限不明，医疗保险支出难以控制

由于现行的医疗保险制度不能解决老人的长期护理问题，一些机构打政策的“擦边球”。个别医疗机构开设老年病区，由于缺乏合理的流转和合适的社保报销机制，部分有医保的老年人处于康复期或达到出院标准的，仍将医院当作护理场所，长期住院导致医疗保险支出激增，加大了医保基金支付压力。

如何保障失能老人，沿海发达地区或一线城市先行做一些试点。山东省青岛市建立长期医疗护理保险制度，该市于2006年依托社区医疗机构和养老护理机构开展老年医疗护理试点；2012年7月，山东省政府推广青岛市的经验做法，出台了《关于建立长期医疗护理保险制度的意见（试行）》，对覆盖范围、基金筹集方式及标准、定点护理机构管理、保险报销标准及支付办法做出了总体规定，取得“患者减负担，医保少支付，机构得发展”的共赢效果。上海做出了系统的老年护理保险的制度安排，北京也在探讨增加养老护理保险，把在养老院的医疗室看病费用也纳入医疗保险报销范围。

三、老年人权益保障地方立法路径的现实选择

（一）按照“不抵触、有特色、可操作”的总体要求进行立法

修法不是著书立说，不能凭个人兴趣信手拈来。要从实际出发，从可能着想，对照上位法研究现行条例值得保留的内容、缺陷和过时的规定。法有良法劣法之分。我们立的法必须解决社会生活中的实际问题，不能纸上谈兵，凭主观臆想设计“理想法”。

（二）问题导向，理论先行

立法不是为立法而立法，而是要通过建章立制解决实际问题。只有找准老年人权益保障实践中客观存在的难点重点，才能提出解决问题的理论模型，设计解决问题的路径。课题组应该列出本省老年人权益保障存在的问题清单，进行课题规划，广泛深入进行调查研究，听取基层老龄部门和广大老年人的意见和建议，并以科学的理论和先进的理念作为指南，运用科学的先进的理论指导修法。如果就事论事，没有正确理论的指引，立法势必停留在低水平的抄袭和经验层面的设计上。

（三）他山之石，借鉴移植

他山之石，可以攻玉。对反映老龄事业共同发展规律和特点，有利于老年人权益保障的外地做法，应该虚怀若谷，海纳百川，采纳其条文中的真知灼见。

第一，老年人权益保障是各国各地区共同面临的任务，类似的问题具有共同的解决机制。

我们需要研究省外、境外、国外保护老年人权益的经验，特别是吸收香港、澳门特别行政区

保障老年人权益的可取之处。比较借鉴，合理移植，吸收人类社会的文明成果，可以节约立法成本，也是在没有现成的路径可供选择时的明智之举。

第二，借鉴未成年未成年人权益保障法、妇女权益保障法、残疾人权益保障法的立法经验，取长补短。

（四）实现宗旨，制度创新

针对上面提到的10大问题，有的放矢，提出法律对策，特别是针对下列问题做出制度安排：

第一，建立“专业化、市场化、信息化和社会化养老机制。出台全省公办、公建养老机构公办民营、公建民营制度，完成公办、公建养老机构运营体制改革；继续加大政府资助力度、落实彩票公益金资助不低于50%，落实各项优惠扶持政策，吸引养老服务社会资本投入，建立和完善养老服务市场；探索试行底线民生保障部分的养老服务由政府向市场主体购买服务；凡底线民生保障对象中的失能、失智、高龄老人由县级民政部门按照轮候的方式安排入住养老机构（包括民办养老机构）集中养老或安排居家养老；继续完善养老服务机构（组织）监管体系，规范养老服务市场行为，提高养老服务专业水平；建立中低收入失能、失智、高龄老人护理补贴制度；农村敬老院，凡规模较大、硬软件条件较好、能承担机构养老服务任务的可以保留，同时实行公办民营，其余的分期分批撤销；城乡社区的老年人活动场所、设施，在解决运营经费的前提下全面对社区老人开放，使社区老人能够就近享受日托照护、康复保健、配餐助餐、文化娱乐等社区服务，发挥支持老人居家养老的功能；按照部门分工落实老年人各项权益保护和优待，司法部门尤其要做好老年人权益保护的司法工作，对于侵害老年人权益的典型案件进行公开披露，树立法律保护的权威；以宣传和传播孝文化为抓手，广泛开展敬老活动，营造爱老、敬老、助老社会氛围。

第二，建立护理保险制度，解决失能老人护理资金难问题。开展政府主导、社会参与的长期护理险种保险的前期调研工作，鼓励经济发达地区开展试点探索。护理保险制度是一种新型的老年人社会保障制度。根据养老护理的需求，可将40岁以上的人将全部加入护理保险，并为自己在今后能够得到公共护理服务而缴纳一定的保险费。失能老人护理服务的费用，主要由护理保险支付，个人只承担其中一部分。建立合理的筹资机制，参照职工和城乡医保的做法，政府出一部分、社会（企业）出一部分、个人出一部分。已经退休的失能老人，由政府通过财政专项和彩票收益出大头，个人承担部分从医保个人账户中扣减，减轻他们的支出负担。同时，医保或工伤保险结余较大的统筹区，可以从结余拿出一部分，降低个人的缴费比重。

推动金融机构加快金融产品和服务方式的创新，拓宽信贷抵押担保物范围，支持养老服务业的融资需求，利用财政贴息、小额贷款等多种方式，加大对养老服务业的信贷投入、土地供应、税费减免等扶持力度。

第三，推进医养有序融合，解决失能老人机构养老难问题。医养结合需要加大制度创新力度，要将分属人社、卫计、民政部门现行的医疗保险、医疗服务与养老服务支持政策无缝衔接、有机整合，形成支持健康养老产业发展的合力。医养结合政策要突出医养主题、细化医养结合指标，制定医养服务标准、合理界定医养边界，实现养老机构基本医疗服务和基本公共卫生服务全覆盖。通过内部整合、外部整合、社区进驻等途径，提高医养结合的老年护理机构的比例。养老机构内设医疗机构符合城镇职工基本医疗保险和城乡居民医疗保险的定点条件的，优先纳入定点范围，逐步形成政府引导、多方参与的健康养老服务发展格局。

将困难老年人尤其是五保老人的护理费用，纳入基本医疗保险报销范围。适度提高民办养老养老机构床位建设和运营补贴标准，探索政府一般性财政预算购买服务、投资补贴等优惠政策或可行方式。

第四，加大特困老年人供养力度。供养标准不低于当地（县、市、区）居民上年度人均可支配收入的60%，供养标准保持在全国前列；2016年底前建立城乡供养对象中的孤老、重残等失能、失智供养人员、城乡低保家庭中的失能失智老人及重残人员、失独家庭老人中的失能、失智人员等护理补贴，介助对象每人每月护理补贴费2000元以上；介护对象每人每月护理补贴费4000元以上。

第五，加大老年人医疗救助力度。城乡低保对象、特困供养人员全部资助参加城乡居民基本医疗保险；健全医疗救助“一站式”即时结算服务，建立完善重特大疾病医疗救助制度,实现城乡医疗救助与城乡基本医疗保险,大病保险和商业保险衔接;到2017年，医疗救助重点对象在定点医疗机构发生的政策范围内住院费用中，经基本医疗保险、城乡居民大病保险及各类补充医疗保险、商业保险报销后的个人负担费用，按不低于80%的比例给予救助。

第六，其他。针对广东老年人权益保障的现实需要，需要规定：失独家庭的老人有权以房养老；教育行政部门主管老年教育；子女赡养父母义务为连带义务，不得主张按份赡养义务；被赡养人失智时赡养协议须经基层自治组织见证并经公证处公证；未形成扶养关系但一起共同生活的成年继子女，对继父母是否具有赡养义务，通过老人再婚时签订赡养协议进行约定；老年人开展群众性文体活动应当遵守法律和公共场所管理秩序，不得危害交通秩序，不得恶化社区生活环境和制造干扰居民休息的噪音；老龄部门设立调处老年人权益纠纷中心；等等。

综上所述，进行老年人权益保障地方立法，应该明确立法性质，主要规定老年人社会权利及其法律保障措施。在修订原有条例时，保留行之有效规则，删去与上位法不一致之处，将成功做法和成熟政策予以法律化，直面本地老年人权益保障的重大现实问题，做出具有前瞻性的具有时代特点、地方特色的制度安排。

课题组成员

杨源哲　华南理工大学法学院博士后
方炎松　广东省老龄办主任
高迎春　广东省老龄办政研宣传部部长
杨振洪　华南师范大学法学院教授
王先胜　广东省民政事业发展研究服务中心主任
　　　　黄婧芝、林豪

社会力量参与上海养老服务业发展的政策研究

上海市老龄科学研究中心课题组

为贯彻落实国发［2013］35号文“创新体制机制，激发社会活力，充分发挥社会力量的主体作用”，沪府发［2014］28号文“充分调动市场主体、社会力量提供养老服务的积极性，加快养老服务业的发展”的总体要求，结合国外在税收优惠、养老金融等方面的经验做法，以及国内北京、江苏、浙江、重庆、山东、深圳等省市发展养老服务业的政策举措，立足上海发展实际和需求诉求，重点从土地、税收、金融三个层面，提出本市贯彻《国务院关于加快发展养老服务业的若干意见》，促进社会力量参与养老服务业的政策建议。具体如下：

一、土地类政策建议

围绕落实《国务院关于加快发展养老服务业的若干意见》（国发［2013］35号）相关要求，近期国土部、住建部、上海市先后公布施行了一批法规政策文件，包括上海市地方性法规《上海市养老机构条例》，国土部规范性文件《养老服务设施用地指导意见》、住建部等四部门政策文件《关于加强养老服务设施规划建设工作的通知》、上海市政府规范性文件《关于加快发展养老服务业推进社会养老服务体系建设的实施意见》（沪府发［2014］28号）等，对规划土地支持政策进行了较为详尽的规定。从现行政策来看，在规划土地方面争取更多更大政策突破的空间已十分有限。结合上海市实际情况，提出如下政策建议：

（一）直接落实类土地政策

（1）严格落实《国务院关于加快发展养老服务业的若干意见》（国发［2013］35号文）、《养老服务设施用地指导意见》、《关于加快发展养老服务业推进社会养老服务体系建设的实施意见》（沪府发［2014］28号文），由相关部门研究制定本市闲置的公益性设施用地优先用于养老服务设施用地的实施细则。同时，开通养老服务设施用地“绿色通道”，简化养老服务设施用地审批手续，确保养老服务设施用地的优先使用。

（2）落实《养老服务设施用地指导意见》要求，企事业单位、个人对城镇现有空闲的厂房、学校、社区用房等进行改造和利用，兴办养老服务机构，经规划批准临时改变建筑使用功能从事非营利性养老服务且连续经营一年以上的，五年内不增收土地年租金或土地收益差价，土地使用性质暂不作变更。

（3）落实《养老服务设施用地指导意见》要求，将养老服务设施土地用途确定为医卫慈善用地，养老服务设施用地以出让方式供应的，建设用地使用权出让年限按 50 年确定。以租赁方式供应的，租赁年限在合同中约定，最长租赁期限不得超过同类用途土地出让最高年期。

（4）落实《养老服务设施用地指导意见》要求，对营利性养老服务机构利用存量建设用地从事养老设施建设，涉及划拨建设用地使用权出让（租赁）或转让的，在原土地用途符合规划的前提下，不改变土地用途，允许补缴土地出让金（租金），办理协议出让或租赁手续。在符合规划的前提下，在已建成的住宅小区内增加非营利性养老服务设施建筑面积的，不增收土地价款。若后续调整为营利性养老服务设施的，应补缴相应土地价款。

（二）参照类土地政策

（1）参照《关于本市盘活存量工业用地的实施办法（试行）》，进一步丰富养老用地支持措施，工业区整体转型释放的公共服务设施用地，以及零星工业用地转型提供的公益性设施用地或定向用于公益性用途的经营性物业，以及其它城市更新活动中增加的公益性用地、公益性用途物业，应优先用于养老服务设施建设或使用。

（2）参照《上海市养老机构条例》、《养老服务设施用地指导意见、《关于加快发展养老服务业推进社会养老服务体系建设的实施意见》（沪府发［2014］28 号文），尽快明确相关操作细则，确保落实“非营利性养老机构用地可划拨，营利性养老机构用地可协议出让、可租赁使用”的相关政策。

（3）参照《关于本市加快新城发展的若干意见》（沪府发［2011］19 号），进一步加强土地取得费用方面的支持措施，出让土地取得的市本级土地出让收入在根据国家及本市规定计提各项专项基金（资金）后余额的 30%，以项目支出的形式对养老服务设施建设项目予以支持。区级土地出让收入在根据国家及本市规定计提各项专项基金（资金）后的余额，优先用于养老服务设施建设”。

（4）参照《关于本市开展小城镇发展改革试点的政策意见》（沪府发［2009］41 号）、《养老服务设施用地指导意见》、《关于加快发展养老服务业推进社会养老服务体系建设的实施意见》，推动试点镇率先开展集体建设用地流转试点，并鼓励优先用于养老服务设施建设，市建设财力和各有关部门预算内资金也应优先支持试点镇养老服务设施建设。

（5）参照《关于推进城镇养老服务设施建设工作的通知》（民发［2014］116 号）、《上海市养老机构条例》，在新建居住（小）区，特别是大型居住社区的土地供应条件中，明确养老服务设施建设用地的具体要求与内容。配套建设的养老服务设施应与住宅同步验收、同步交付使用。

（6）参照《关于推进城镇养老服务设施建设工作的通知》（民发［2014］116 号），鼓励在有条件的居住（小）区，对部分富余的社区商业或其他配套设施，采用整合、购置、租赁、腾退、置换等方式，配置相应面积并符合建设使用标准的居家和社区养老服务配套设施。鼓励区县政府在部分有条件的居住（小）区，试点开展回购居民住房转建养老服务设施。

（三）创新类土地政策

在不影响正常使用的前提下，中心城区非营利性养老机构建设容积率可做适当调整。

二、税收类政策建议

税收类政策主要从两方面着眼，一是全面落实国家已经出台的支持养老服务业的相关税收优惠政策，二是从企业实际需求出发，进一步完善地方性税收优惠政策。综合《国务院关于加快发展养老服务业的若干意见》（国发［2013］35号）、《财政部、国家税务总局关于员工制家政服务免征营业税的通知》（财税［2011］51号）、《财政部、国家税务总局关于对老年服务机构有关税收政策问题的通知》（财税［2000］97号）、《财政部、国家税务总局关于企业年金职业年金个人所得税有关问题的通知》（财税［2013］103号）、《上海市人民政府关于加快发展养老服务业推进社会养老服务体系建设的实施意见》（沪府发［2014］28号）、《中华人民共和国个人所得税法实施条例》（国务院令第600号）、《中华人民共和国企业所得税法》（中华人民共和国主席令［2007］63号）、《财政部、国家税务总局关于非营利组织企业所得税免税收入问题的通知》（财税［2009］122号）等多份文件和法律，从营业税、企业所得税、个人所得税、房产税和土地使用税、行政事业收费、其他等六个部分提出如下税收类政策建议：

（一）直接落实类税收政策

（1）根据国发［2013］35号文规定，对符合条件的非营利性养老机构按规定免征企业所得税。对企事业单位、社会团体和个人向非营利性养老机构的捐赠，符合相关规定的，准予在计算其应纳税所得额时按税法规定比例扣除。

（2）根据《中华人民共和国企业所得税法》第十八条，企业纳税年度发生的亏损，准予向以后年度结转，用以后年度的所得弥补，但结转年限最长不得超过五年。

（3）根据《中华人民共和国企业所得税法》第三十条、条例第九十五条，企业开发新技术、新产品、新工艺发生的研究开发费用，未形成无形资产计入当期损益的，在按照规定据实扣除的基础上，按照研究开发费用的50%加计扣除；形成无形资产的，按照无形资产成本的150%摊销。

（4）按照《中华人民共和国个人所得税法实施条例》第二十四条规定，个人将其所得通过中国境内的社会团体、国家机关向非营利性养老机构等社会公益事业的捐赠，捐赠额未超过纳税义务人申报的应纳税所得额的30%的部分，可以从其应纳税所得额中扣除。

（5）按照《财政部、国家税务局关于企业年金职业年金个人所得税有关问题的通知》（财税［2013］103号）规定，企业和事业单位根据国家有关政策规定的办法和标准，为在本单位任职或者受雇的全体职工缴付的企业年金或职业年金单位缴费部分，在计入个人账户时，个人暂不缴纳个人所得税。个人根据国家有关政策规定缴付的年金个人缴费部分，在不超过本人缴费工资计税基数的4%标准内的部分，暂从个人当期的应纳税所得额中扣除。年金基金投资运营收益分配计入个人账户时，个人暂不缴纳个人所得税。

（6）按照国发［2013］35号文规定，养老机构使用水、电、燃气、电话，按照居民生活类价格标准收费；养老机构使用有线电视，按照本市有关规定，享受付费优惠。

（7）按照国发［2013］35号文规定，境内外资本举办养老服务组织和机构享有同等的税费优惠政策。

（二）参照类税收政策

（1）参照国发［2013］35号文，《财政部、国家税务总局关于员工制家政服务免征营业税的通知》（财税［2011］51号），养老机构（含家庭服务企业、社区为老服务机构）提供的养护服务免征营业税。

（2）参照《浙江省人民政府关于加快发展养老服务业的实施意见》（浙政发［2014］13号），养老机构合并、分立、兼并过程中发生的实物资产、不动产、土地使用权转移行为，不征收营业税。

（3）参照《浙江省人民政府关于加快发展养老服务业的实施意见》（浙政发［2014］13号），营利性养老机构取得的养老服务收入直接用于改善养老条件的，其后五年缴纳的税收地方留成部分由同级财政给予减半补助。

（4）参照国发［2013］35号文规定，对非营利性养老服务、社区居家养老服务设施自用房产、土地免征房产税、城镇土地使用税。

（5）参照《浙江省人民政府关于加快发展养老服务业的实施意见》（浙政发［2014］13号），中小型居家和社区养老服务企业缴纳城镇土地使用税确有困难的可以给予定期减免。

（6）参照国发［2013］35号文规定，非营利性养老机构、社区居家养老服务设施建设免征行政事业性收费，营利性养老机构设施建设减半征收有关行政事业性收费；养老机构提供养老服务涉及的行政事业性收费减半征收。

（7）参照《浙江省人民政府关于加快发展养老服务业的实施意见》（浙政发［2014］13号），老年住宅、老年公寓建设在配套费等方面给予适当优惠。

（三）创新类税收政策

（1）老年人集聚的居住区适老性环境改造项目、老年住宅改造项目营业税给予适当优惠。

（2）对提供家庭和社区养老服务的非营利性机构的企业所得税，在政策通过第二年开始，其后三年缴纳的税收地方留成部分由同级财政给予减半补助。

三、金融类政策建议

按照国发［2013］35号文“完善投融资政策”，沪府发［2014］28号文“拓展养老行业的融资渠道”的总体要求，综合《国务院关于加快发展服务业的若干意见》（国发［2007］7号）、《上海市商业性融资担保机构担保代偿损失风险补偿办法》（沪财企［2014］40号）、《关于上海市鼓励发展家庭服务业的指导意见》（沪府办发［2012］21号）、《上海市促进中小企业发展条例》、《关于推进本市小微企业融资服务平台建设的指导意见》（沪金融办［2012］256号）等政策文件和条例，重点从创新金融支持、优化金融环境两大方面，在坚持风险可控的前提下，进一步拓展融资渠道、鼓励金融产品和服务创新，营造良好金融环境，鼓励和引导更多社会力量参与养老服务业。具体政策建议如下：

（一）直接落实类金融政策

（1）依据《关于加快发展养老服务业推进社会养老服务体系建设的实施意见》（沪府发［2014］28号文），加大对养老服务业的贷款投入。由相关部门研究制定面向养老机构、社会组织、企业的分类信贷机制，鼓励在沪银行业金融机构对从事养老服务业且连续三年及以上信用评级良好的养老机构、社会组织、企业，开放养老信贷，并逐步扩大信贷规模。明确养老服务业的整体贷款增速不低于小微企业贷款平均水平，增量不低于上年同期水平。对部分信用评级良好的养老机构、社会组织、企业可适当延长贷款偿还期限。

（2）依据《国务院关于加快发展养老服务业的若干意见》（国发［2013］35号）、《关于加快发展养老服务业推进社会养老服务体系建设的实施意见》、《关于上海市鼓励发展家庭服务业的指导意见》（沪府办发［2012］21号），推进养老金融产品创新。在政府和监管部门的有效引导下，鼓励银行、证券、保险类金融机构，加大养老金融产品创新力度，探索老年人住房反向抵押养老保险、企业年金等各类保险工具，增强老年人的支付能力。鼓励发展各类养老服务业保险产品，探索针对老年护理需求的商业保障计划。鼓励发展银发投资、养老信托等金融产品。支持商业保险机构加大老年人意外伤害保险、家庭服务保险、长期护理保险等产品的开发和推广力度。

（二）参照类金融政策

（1）参照《浙江省促进民办养老产业发展的政策措施》的相关内容，对本市养老服务业的小额担保贷款给予贷款额50%的贴息支持。

（2）参照《上海市2013－2015年小型微型企业信贷奖励考核办法》，研究制定本市养老服务业信贷奖励考核办法，设立养老服务业信贷专项奖励基金，对连续三年为养老服务机构、组织、企业提供信贷且绩效突出的在沪银行业金融机构给予一定的信贷奖励。

（3）参照《上海市创业投资引导基金管理暂行办法》（沪府发［2010］37号）、《上海市服务业发展引导资金使用和管理办法》（修订）（沪府发［2013］3号），鼓励和引导本市服务业发展引导资金、创业投资引导基金加大对养老服务业的支持力度。同时，设立上海市养老服务公益基金、养老服务业发展专项基金，加大对从事养老服务的公益性、非营利性组织和机构、企业，尤其是初创期、发展期的组织、机构、企业的金融支持力度，重点加大对提供社区居家养老服务的组织和机构、民营养老机构等的支持。

（4）参照《上海市商业性融资担保机构担保代偿损失风险补偿办法》（沪财企［2014］40号），加大对从事养老服务的组织、机构和企业的融资担保力度，鼓励融资性担保机构，特别是政府出资建立的融资性担保机构，优先为从事养老服务的组织、机构和企业提供融资担保。由市、区（县）两级财政设立的中小企业融资担保专项资金作为代偿损失补偿资金。或由市、区财政对为提供担保的金融机构，单独设立奖励扶持资金。

（5）参照《北京市人民政府关于加快推进养老服务业发展的意见》（京政发［2013］32号）、《江苏省人民政府关于加快发展养老服务业的实施意见》（苏政发［2014］39号）、《浙江省人民政府关于加快发展养老服务业的实施意见》（浙政发［2014］13号）、《深圳市人民政府关于加快发展老龄服务事业和产业的意见》（深府［2013］54号），支持养老服务企业上市融资，由上交所、深交所、券商、银行、基金公司、律师事务所等专家组成专家团，为上市养老服务企业提供包括公益性辅导、免费上市方案等服务。研究制定《推进养老服务企业上市资金扶持细则》，对上市养老服务企业给予一定的资金奖励。

（6）参照《关于推进本市小微企业融资服务平台建设的指导意见》（沪金融办［2012］256号），在上海市小微企业融资服务平台上增设养老服务融资服务窗口，搭建养老服务企业融资服务平台，集中受理养老服务企业融资申请，为养老服务企业提供足够、便利的融资服务。

（三）创新类金融政策

（1）不断丰富养老服务业的融资渠道。继续加大公益创投对养老服务业，特别是社区居家养老服务的投入。鼓励在养老服务设施建设中引入BOT建设模式。鼓励探索众筹等互联网金融创新模式，采用“政府搭台、社会参与、项目化运作、第三方监管”的方式，在营利性养老机构、养老服务企业与养老服务需求方、养老服务投资方之间，搭建起互联网金融服务平台，实现养老服务业的多元化融资，吸引更多国内外优质社会资本进入养老服务业。同时，应加大第三方评估监管机制的建立，实现对“项目评估、筹资过程、项目落地”等的全过程监管。

专栏：两种融资模式

1）BOT

BOT（build-operate-transfer）即建设—经营—转让，是指政府通过契约授予私营企业（包括外国企业）以一家期限的特许专营权，许可其融资建设和经营特定的公用基础设施，并准许其通过向用户收取费用或出售产品以清偿贷款，回收投资并赚取利润；特许权期限届满时，该基础设施无偿移交给政府。

2）众筹

众筹，即大众筹资或群众筹资，是指用团购＋预购的形式，向网友募集项目资金的模式。现代众筹指通过互联网方式发布寿款项目并募集资金。相对于传统的融资方式，众筹更为开放，能否获得资金也不再是由项目的商业价值作为唯一标准。

（2）加快研究制定养老服务业相关行业规范。重点推进养老护理服务、家庭服务业、养老金融机构等的行业标准及评估标准，促进养老服务业规范化、标准化建设。

（3）建议加快养老服务信用体系建设。可依托市级社会信用体系平台，增设养老服务类信用记录，针对养老服务业的行业特点，对全市从事养老服务的各类组织、机构、企业，享受养老服务的老年人群，进行养老服务信用信息的采集和管理，为相关金融、税收、土地等政策的施行提供依据。

（4）加快养老服务业集聚区建设。设立市区两级养老服务业集聚区，吸引各类养老服务、养老金融、人才中介等组织、机构、企业落户，特别是国内外优秀社会组织、知名养老金融机构、大型养老服务企业等的落户，对落户组织、机构、企业给予税收、租金、审批等方面的优惠或便利，进一步完善养老服务业发展的配套环境，逐步形成市区层面养老服务业的集聚效应，打造养老服务业的完整产业链。同时，参照《上海市服务业发展引导资金使用和管理办法》（修订）（沪府发［2013］3号），鼓励有条件的区（县）率先开展养老服务业集聚区建设，充分发挥市、区（县）服务业发展引导资金的作用，对集聚区的发展规划、区内重点企业和重点项目等给予必要的支持。具体的支持方式和额度，参照《上海市服务业发展引导资金使用和管理办法》（修订）（沪府发［2013］3号）的相关规定。

（5）研究制定养老服务业奖励补偿机制。对连续从事养老服务业三年及以上，且信用评级良好的各类社会组织、机构、企业，在参与本市养老服务领域的政府采购、养老服务设施建设、居住区适老性环境改造等项目的招投标时给予一定的优先权或补偿奖励。

附件：近年来国家、省市层面养老服务相关政策文件

<table>
<tr><th>分类</th><th colspan="2">序号</th><th>时间</th><th>文件</th></tr>
<tr><td rowspan="12">国家层面</td><td colspan="2">1</td><td>2013.9.6</td><td>《国务院关于加快发展养老服务业的若干意见》（国发［2013］35号）</td></tr>
<tr><td colspan="2">2</td><td>2013.9.28</td><td>《国务院关于促进健康服务业发展的若干意见》（国发［2013］40号）</td></tr>
<tr><td colspan="2">3</td><td>2013.8</td><td>《民政部关于推进养老服务评估工作的指导意见》（民发［2013］127号）</td></tr>
<tr><td colspan="2">4</td><td>2014.4.17</td><td>《养老服务设施用地指导意见》</td></tr>
<tr><td colspan="2">5</td><td>2010.9.26</td><td>《国务院办公厅关于发展家庭服务业的指导意见》</td></tr>
<tr><td colspan="2">6</td><td>2000.11.24</td><td>《财政部、国家税务总局关于对老年服务机构有关税收政策问题的通知》（财税［2000］97号）</td></tr>
<tr><td colspan="2">7</td><td>2013.12.6</td><td>《财政部、国家税务总局关于企业年金职业年金个人所得税有关问题的通知》（财税［2013］103号）</td></tr>
<tr><td colspan="2">8</td><td>2011.7.19</td><td>《中华人民共和国个人所得税法实施条例》（国务院令第600号）</td></tr>
<tr><td colspan="2">9</td><td>2007.3.19</td><td>《国务院关于加快发展服务业的若干意见》（国发［2007］7号）</td></tr>
<tr><td colspan="2">10</td><td>2014.5.28</td><td>《关于推进城镇养老服务设施建设工作的通知》（民发［2014］116号）</td></tr>
<tr><td colspan="2">11</td><td>2007.3.16</td><td>《中华人民共和国企业所得税法》（中华人民共和国主席令［2007］63号）</td></tr>
<tr><td colspan="2">12</td><td>2009.11.11</td><td>《财政部、国家税务总局关于非营利组织企业所得税免税收入问题的通知》（财税［2009］122号）</td></tr>
<tr><td rowspan="11">省市层面</td><td rowspan="11">上海市</td><td>1</td><td>2014.4.4</td><td>《上海市人民政府关于加快发展养老服务业推进社会养老服务体系建设的实施意见》
（沪府发［2014］28号）</td></tr>
<tr><td>2</td><td>2014.5.16</td><td>《上海市商业性融资担保机构担保代偿损失风险补偿办法》（沪财企［2014］40号）</td></tr>
<tr><td>3</td><td>2012.3.22</td><td>《关于上海市鼓励发展家庭服务业的指导意见》（沪府办发［2012］21号）</td></tr>
<tr><td>4</td><td>2011.4</td><td>《上海市促进中小企业发展条例》</td></tr>
<tr><td>5</td><td>2012.9.21</td><td>《关于推进本市小微企业融资服务平台建设的指导意见》（沪金融办［2012］256号）</td></tr>
<tr><td>6</td><td>2011.5.18</td><td>《关于本市加快新城发展的若干意见》（沪府发［2011］19号）</td></tr>
<tr><td>7</td><td>2009.8.6</td><td>《关于本市开展小城镇发展改革试点的政策意见》（沪府发［2009］41号）</td></tr>
<tr><td>8</td><td>2010.10.26</td><td>《上海市创业投资引导基金管理暂行办法》（沪府发［2010］37号）</td></tr>
<tr><td>9</td><td>2013.1.8</td><td>《上海市服务业发展引导资金使用和管理办法》（修订）（沪府发［2013］3号）</td></tr>
<tr><td>10</td><td>2012.11.21</td><td>《上海市服务贸易发展专项资金使用和管理办法》（沪府办发［2012］64号）</td></tr>
<tr><td>11</td><td>2010.7.22</td><td>《关于本市加快融资性担保行业发展进一步支持和服务本市中小企业融资的若干意见》
（沪府办发［2010］31号）</td></tr>
</table>

续表

分类	序号		时间	文件
其他省市		1	2014.4.2	《江苏省人民政府关于加快发展养老服务业的实施意见》（苏政发［2014］39号）
		2	2014.4.23	《浙江省人民政府关于加快发展养老服务业的实施意见》（浙政发［2014］13号）
		3	2014.4.21	《重庆市人民政府关于加快推进养老服务业发展的意见》（渝府发［2014］16号）
		4	2014.5.20	《江西省人民政府关于加快发展养老服务业的实施意见》（赣府发［2014］15号）
		5	2014.5.26	《山东省人民政府关于加快发展养老服务业的意见》（鲁政发［2014］11号）
		6	2013.6.8	《深圳市人民政府关于加快发展老龄服务事业和产业的意见》（深府［2013］54号）
		7	2013.10.12	《北京市人民政府关于加快推进养老服务业发展的意见》（京政发［2013］32号）

老年群体社会治理体制创新研究

——以兵团第六师一〇三团蔡家湖镇为例

王 利

一、研究背景

（一）党和国家积极推进社会治理体制创新

党的十八大把“社会建设”纳入“五位一体”的总体布局，提出了“加强社会管理创新”；十八届三中全会提出了“创新社会治理体制”要求。从“社会管理”到“社会治理”的转变，是我们党在理论和实践上的重大创新，反映了党和政府从“管理”国家到“治理”国家的思维上的跨越，是社会主义民主政治的新发展。其理念和目标就是要着眼于维护最广大人民根本利益，最大限度增加和谐因素，增强社会发展活力，提高社会治理水平，全面推进平安中国建设，确保人民安居乐业、社会安定有序。本文认为，社会治理的行动主体应为党政机关、企事业单位、社会组织和公民个人；目的在于实现多元利益的主体的利益均衡；功能上强调多元主体通过协商协作方式实现对社会事务的合作管理，倡导社会自治，参与式治理。鉴于老年群众社会治理涉及经济、政治、文化、社会各个领域，涉及养老保障、社会服务等方方面面的政策和体制机制，根据103团蔡家湖镇实际，老年群体社会治理体制应更加注重老年工作组织和老年群众组织的协同，充分发挥出老年工作组织的组织、引导和服务职能，充分调动起老年群众组织的积极性、灵活性，促进老年群众实现更高程度的自我管理、自我教育、自我服务和自我发展，在政府组织的引导下实现老年群众更加科学、规范、有序的群众自治。

（二）人口老龄化对社会治理体制具有深层次影响

以103团蔡家湖镇为例，截至2013年底，蔡家湖镇60岁及以上老年人口3231人，65岁及以上老年人口1584人，分别占总人口的17.95%、8.8%，远远超出国际老龄化社会相应10%和7%的标准，也高于全国平均水平。蔡家湖镇人口老龄化现状，一方面体现了社会文明进步的水平，另一方面也给区域经济社会的发展带来了严峻“挑战”，特别是在普遍存在“未富先老”的社会背景下，老年群众在物质、文化等方面的需求增长，引起政府和社会的负担不断加重，伴生了各种各样的老年群众社会性问题，成为社会和谐、家庭和睦的不利因素，正在深层次影响着社会的长治久安。

二、103团蔡家湖镇老年群体社会治理基本情况

近年来，103团蔡家湖镇在老年群众社会治理体制上边探索边研究，一方面重视加强基层老龄工作组织的建设和完善，让其充分发挥服务职能，引导老年群众走出家门、融入社会；另一方面积极鼓励发展老年群众组织，使其更加灵活的把老年群众凝聚在一起，参与到社会各类活动中，初步形成了政府组织主导、老年群众组织参与的社会治理模式。

（一）基层老龄工作组织健全完善，服务规范

基层老龄工作组织是指各级政府直接服务老年群众的工作组织，是有效组织、管理和服务老年群众的基础点、关键点，其职能作用发挥是否明显直接关系到基层社会矛盾问题是消除还是放大。103团蔡家湖镇正是通过不断强化基层老龄组织的规范建设，规范基层老龄工作组织的服务行为，有力地组织老年人参与社会活动，在促进老年群众的社会治理上，发挥了积极的政府引导作用。

1. 基层老龄工作组织规范化建设发挥重要作用

自2013年起，103团蔡家湖镇着力加强基层老龄组织建设，在老龄系统开展了“基层老龄组织规范化建设年”活动，把落脚点确定在基层老龄工作组织发挥作用上，提出了“有组织、有制度、有阵地、有活动、有成效”的五有规范化建设目标，突出规范化重点，努力把基层老龄组织建设成为组织健全、功能完善、充满活力、作用显著的规范化组织。团镇老龄委完善了日常管理、学习活动、信访调解、走访慰问等“四项制度”，建立老年人活动记录簿、信访调解记录簿和老年人信息花名册的“两簿一册”制度，工作逐步规范。

2. 为老年群众文体活动的开展提供了基础保障

103团蔡家湖镇完善了活动阵地，重点建设了文娱活动、图书阅览等文化服务设施。在社区，坚持因地制宜，重点建设老年活动室、露天广场等活动设施。目前，103团蔡家湖镇建成老年活动室，团镇社区建有老年图书阅览室，为老年人活动提供了基础条件，同时还组织开展老年群众性活动。社区广场、老年活动室的文体活动丰富多彩，每年组织开展老年文艺大赛、老年体育运动会等大型老年群众性活动50余场次，直接参与活动的老年人达1万余人。特别是在亮剑广场参加广场舞的老年人，她们每个人都积极响应，热情参与，成为群众文化活动的重要力量。

3. 老龄工作组织充分发挥了组织引导作用

团镇老龄工作组织通过加强老年文化建设，在组织开展老年活动，创新社会治理，加强老年群众思想教育和服务，引导老年人参与经济社会发展、参与志愿服务等方面，发挥作用明显。特别是在贯彻落实党委、政府利老惠老政策措施方面，老龄组织充当宣传员、组织员、引导员和监督员，发挥了很好的作用。推进完善政策体系和组织架构。

老龄工作组织积极向党委政府争取政策支持，初步完善了推进老年群众社会治理的整体体系和组织架构。提出了完善社会化养老服务体系、完善老年文化教育体系、完善老有所为管理服务体系等目标任务；明确了公共文化服务设施向老年人免费或优惠开放。成立了 103 团蔡家湖镇老年人活动中心，承担促进老年群众社会治理的具体职能。为老年群众参与社会提供公共服务设施供给保障。目前 103 团蔡家湖镇兴办或支持的文化馆、展览馆、纪念馆等公共文化场所，对老年人全部实行免费开放。

（二）老年群众组织形式多样，参与广泛

老年群众组织是老年人为了实现共同目标而自愿组合的，具有两个或两个以上的功能的老年人自发群体，其目的在于关心老年人的生活自娱自乐，发挥老年人在经济建设和社会进步中的作用，增强老年人的社会交往，组织老年人为社会服务等，参与社会的形式是多样的、广泛的。调查统计发现，103 团蔡家湖镇老年群众组织类型众多，形式多种多样，参与社会领域广泛，团镇各类健康的老年群众组织达到 20 多个，其中以太极剑、柔力球等规范性老年群众社团 3 家，非规范性老年群众社团、广场舞等约 10 余支，有效激发了社会和谐因素。

1. 老年群众组织参与社会主要有三种类型

结合老年群众组织的组成人员职业及目标和功能特征，本文将 103 团蔡家湖镇为数众多的老年群众组织参与社会的形式，划分三大类。

（1）综合类组织。这类老年群众组织的组成人员，不受职业、性别和社会地位的限制，只要有意愿参与，都可以被吸纳为成员。其组织目的和功能具有广泛性和多样性，在围绕维护老年人合法权益，关心老年人物质和精神文化生活，发挥老年人作用等方面，开展内容丰富、形式多样的参与活动。其典型代表为群众矛盾纠纷调解委员会等。

（2）志趣类组织。老年人在过去几十年的劳动和工作中，因职业关系、阅历关系等形成了在某一方面兴趣爱好，如戏曲、舞蹈、美术、体育等等。基于老年人共同的志愿、兴趣、爱好，跨行业、跨地域组建起此类组织。103 团蔡家湖镇目前此类组织为数众多，组织形式丰富，参与老年群众非常广泛，发挥的作用相当突出，如以跳舞、唱歌、戏曲为主的老年艺术团等，以健身操、太极拳（剑、扇）为主的老年体育协会等都较为活跃，同时还有老年书法协会、老年象棋协会等。

（3）服务类组织。此类组织以为社会提供服务为主要组织目的，参与此类组织的多为有很强的社会责任感和奉献社会的精神，却又没有特别突出的技术专长或兴趣爱好的老年群众。如在社区有关心教育下一代工作委员会、“五老”报告团、社区老年义务巡逻队等，承担着大量精神文明建设方面的社会事务。

2. 老年群众组织参与社会发挥了积极作用

老年群众组织都是基于一定的社会功能而组建，必然要发挥出其应有的职能作用。否则，就不可能在社会上得以生存，也难以取得发展。调查发展，老年群众组织在参与社会的各个方面，都发挥着较为突出的积极作用，即减轻了政府和社会的负担，又有效地把老年人引导到了有利于促进社会和谐的方向，同时还影响到了家庭、子女及身边周

围的人，促进了家庭和睦，多方面促进了社会治理。

（1）增进老年群众社会交往。老年群众通过参与老年群众组织，走出了家门，融入了社会，进而通过开展活动增多了社会联系和交往，结识了更多的朋友，从而减少甚至消除“赋闲”在家的孤独、寂寞、空虚的心理感觉。在组织里，老年群众有共同的话题，相互关心生活，叙叙家长里短，精神上得到了慰藉，思想上也被积极的健康的文化所占据，避免了老年群众易上当受骗、被迷惑着参与邪教组织、诱发家庭矛盾等社会问题。

（2）在一定领域促进经济发展。根据 103 团蔡家湖镇经济发展的需要，各类老年社团组织充分利用知识型、专家型人才密集的特点，有组织地发挥老领导、老专家在管理、指导和开拓市场等方面的知识、技术、经验优势，有力地促进经济又好又快发展，在一定程度上奠定了构建和谐社会的物质基础。如老干部胡国成虽然已经退休，但并没有退岗，他积极参加社区的各项活动，为香甜路社区的发展建言献策。

（3）参与维护社会和谐稳定。老年群众组织涉及到社会各个领域、各个阶层，具有较为广泛的群众基础，他们与包括老年人在内的广大群众保持着密切的联系，在党委、政府与广大群众之间搭建起了一种便捷的沟通反馈渠道，建立一个顺畅的危机处理机制，随时畅通决策、管理者与受众对象之间的信息，使一些社会问题得到及时发现、妥善解决，特别是处理社区的邻里纠纷矛盾，从而最大限度增加和谐因素，最大限度减少不和谐因素，激发了构建和谐社会的创造活力。

3. 老年群众组织继承和发扬了先进文化

老年群众组织把不同专业特长、不同兴趣爱好的老年人组织起来，通过不同的活动形式，传承和弘扬着社会主义先进文化，形成强大的凝聚力量，促进老年人精神文化生活质量不断提升，使老年人以更加积极的姿态参与和谐社会建设。老年体协等老年社团组织开展健身展示、运动竞赛等丰富多彩的文体活动；老年文艺团体拥有众多的会员，经常组织开展广场文化活动、文艺演出、文化下乡等活动，使老年人在美的艺术感染中思想受到教育、身心得到陶冶；各类有组织的活动促使老年人克服悲观消极情绪，培养乐观向上精神，保持积极的生活态度，从而避免了社会矛盾和问题。

（三）老年群众对参与社会有很高期待

据调查了解，由于 103 团蔡家湖镇各项养老保障政策比较到位，老年群众物质生活水平得到显著提高。随之，他们对精神生活就有了更高的期待，渴望通过不同的方式参与社会，或继续从事经济活动改善生活质量，或发挥余热参与公益活动实现自身价值，或参加文体娱乐活动保持身心健康等等，城乡老年人受生活环境和自身文化水平影响，参与意愿不尽相同。通过座谈了解到，城镇老年人对自身精神生活和价值取向有高的要求，80% 以上的城镇老年人表示退居二线后，存在心理落差，有孤寂之感，有强烈的社会参与意愿。

三、老年群体社会治理体制存在的问题

（一）基层老龄工作组织力量相对薄弱

基层老龄工作组织承担着引导、服务和组织老年群众参与社会的职能，是发挥政府主导作用的基础环节。103团蔡家湖镇虽然健全完善了老龄工作网络，但也存在着老龄工作组织体制未理顺，老年人工作委员会力量薄弱等问题，致使职能作用发挥不够明显，还不能有效地把老年群众组织起来，不能把老年群众参与社会的意愿诉求合理的展现出来，制约了老年群众在更广泛的领域参与社会治理。

（二）老年群众组织管理体制不顺，指导不到位

按照国务院《社会团体登记管理条例》，老年群众社团组织必须在各级民政部门登记注册，以取得合法地位。目前，103团蔡家湖镇在民政部门登记注册的规范性老年社团组织，不到总数的10%，大部分老年群众组织属于自娱自乐并没有登记注册，组织性质和法律地位不明确，导致老年群众组织建设和开展工作没有法律基础，造成老年群众组织存在的诸多矛盾和不足，极大地制约着老年社团组织的发展。同时，有关政府职能部门对已取得注册登记的老年群众组织，指导服务不到位，管理缺失，致使一部分老年群众组织处于无序发展状态。

（三）管理制度不够健全

在与老年群众组织带头人座谈中发现，绝大多数老年群众组织的发展不是依靠管理制度，而是凭借组织带头人的个人威信，以其使组织得以自然延续。这些老年社团组织大多没有建立健全一套完善的规章制度，即使有的社团组织建立了规章制度，也因各社团组织的成员年龄、文化、性格、素质的参差不齐，导致一部分成员不能很好地按照规章制度来参加活动，随意性很大。

（四）老年群众组织发展无经费

调查了解到，在各类老年群众组织中，没有活动经费。老年社团组织经费来源主要是组织发起人垫付、会员自筹、社会募捐等，满足不了社团组织开展正常活动的需要。由于经费来源不足等原因，大多数社区和团镇老年人组建的组织以自娱自乐为主，层次不高，也没有起到服务社会的作用。

四、加强老年群体社会治理体制创新的对策建议

在人口老龄化形势严峻的社会背景下，不断加强和创新老年群体社会治理体制，显得尤为重要，社会价值不可小觑。鉴于本文的研究重点，我们认为，老年群体社会治理

体制应充分体现以政府为主导，以群众为主体，完善全社会协同参与的体制机制，不断加强老龄工作组织和老年群众组织建设，促进老年群众实现自我管理、自我教育、自我服务和自我发展，充分激发老年群众组织社会活力，以推进社会主义和谐建设。

（一）加强基层老龄工作组织建设，夯实工作基础

基层老龄工作组织具有政府主导的职能作用，是实现老年群体社会治理基础条件。一是重视加强基层老龄工作组织建设。把加强基层老龄组织建设作为应对人口老龄化和加强创新社会治理的重要内容，纳入基层党组织建设、和谐社区建设、新农村建设总体规划，大力支持基层老龄组织建设，不断完善老龄工作组织的管理体系和运行机制，为基层老龄组织发挥作用提供强有力的组织保障。二是加强基层老龄工作组织队伍建设。结合实际工作需要，配齐配强基层老龄工作人员，改善知识层次和年龄结构，加强教育培训，不断提高工作人员服务老年群众的素质能力。三是规范基层老龄工作组织服务行为。狠抓基层老龄组织作风建设，不断改进工作作风，密切联系老年群众，为老年人搞好贴心服务。引导各级老年群众社团组织发挥作用，倡导老年人选择科学、文明、健康的生活方式，践行社会主义和谐价值观，组织老年人开展文体活动，参与城乡社区建设，在社区服务、关心教育下一代、调解邻里纠纷和家庭矛盾、维护社会治安、移风易俗、抵制封建迷信等方面发挥积极作用。

（二）加大对老年群众组织的扶持力度，引导他们释放参与社会治理的能量

充足的资金是老年群众组织存在和发展的基本条件。政府要发挥公共财政扶持的“杠杆”作用，引导老年群众组织以主体姿态参与社会治理等公共事务。一是从政策上引导、支持和保障老年群众组织进行多元筹资，动员社会力量资助、支持老年群众组织建设。二是通过转移职能、购买服务的方式，支持老年群众组织承担公共服务项目的组织实施，让老年群众组织以项目带动筹资。三是建立资助管理机制，为老年群众组织提供必要的资金援助，协调有关部门单位、社区居民委员会为老年群众组织发展创造条件。为自愿组织发起老年群众组织的老年人个人提供便利条件，帮助解决实际困难。四是建立政府财政资金扶持机制，通过开展评先树优、以奖代补的方式，对作用明显、发展良好的老年群众组织给予一定的扶持引导资金，让其在满足社会服务需求中促进自我发展。

（三）加强老年群众组织的能力建设，实现科学发展

加强能力建设是实现老年群众组织自我管理、自我服务、科学发展的必要条件。一是加强组织自身能力建设。完善组织自我管理的能力，建立健全组织机构，制定完善的职责和工作制度，做到职责明确，管理有序，工作活动规定化、制度化。二是加强筹资能力建设。在政府政策、资金的引导下，老年群众组织应强化多元筹资能力，通过向社会提供服务、规范会员会费缴纳以及其他收入等，多渠道筹集资金，确保老年群众组织正常活动开展。三是加强活动组织能力建设。老年群众组织要不断解放思想、更新观念，

经常性组织开展顺应时代需要、顺应老年群众需求的活动，有计划、有安排、有创新地组织开展丰富多彩、健康向上的活动，使组织自身发展充满时代气息和生命活力。四是加强发展能力建设。着眼长远发展，在队伍建设上应建立一支热爱组织工作、能力强的工作队伍，特别是要吸引有知识、有经验的老干部、老知识分子加入到群众组织工作中，形成有系统的组织机构、坚强的领导班子和得力的工作骨干、一定数量的会员，形成了“老有所为，老有作为”的大好格局，不断拓展老年群众组织为老服务的领域和提高为老服务的质量，使老年群众组织最终形成组织规范化、决策民主化、管理制度化、经费多元化、活动经常化、内容多样化的工作格局。

（四）坚持政府主导，强化老年群众组织管理、指导和服务

一是明确职能定位。政府和老年群众组织属于不同性质的组织，其社会治理的手段不同，发挥的作用也不相同。政府在社会治理中的职能定位应是指导、监管、协调和服务，同时支持和培育老年群众组织，充分发挥其在社会治理中的积极作用。老年群众组织具有民间性、公益性和志愿性特点，通过不同的组织形式来弥补政府功能不足，从而达到与政府协同治理、良性互动的效果。二是强化老年群众组织的规范管理。本着先发展后规范的原则，鼓励和引导老年群众组织进行合法的注册登记。按照《社会团体登记管理条例》进行登记注册，规范老年群众组织的管理，依法保证老年群众组织的社会地位和法律地位，使其发展延续的合法权益得到切实保障。三是加大服务指导的创新力度。对已规范注册的老年社团组织，按照规范管理，强化指导服务职能，完善评价机制，建立健全指导服务制度，及时了解并帮助他们解决实际困难；必要时，建立老年群众组织“大协会”，集中优势，整合资源，形成合力。对还没有规范注册的老年群众组织，要根据所在区域，以社区为单位，推进基层老龄工作组织对老年群众组织的监管制度建设，协调专业人员经常性深入老年群众组织进行指导，强化组织带头人教育培训，及时掌握他们的发展状况，促使其逐步走向规范化发展的路子，在参与社会治理中发挥出更大优势。

（作者单位：兵团第六师103团香甜社区）

关于民间资本参与养老机构领域的思考

吴长文　熊万胜

随着老年人口的持续快速增长，养老服务需求也不断增加。但由于家庭养老功能不断弱化，养老的观念逐渐转变，传统的养老模式，正面临巨大压力和挑战，在市场需求和政府相关政策的激励下，越来越多的民间资本参与到社会养老服务机构中。本文通过对民间资本参与养老机构领域的主要意义、主要方式及优缺点、重庆民间资本参与的现状分析，就如何引导民间资本参与机构养老领域提出对策建议。

一、民间资本参与养老机构领域的重要意义

截至2014年底，全市有60岁以上老年人口656万，占全市户籍人口的19.45%。随着全市人口老龄化、高龄化的加剧，失能、半失能老年人的数量的持续增长，照料和护理问题日益突出，老年群体的养老服务需求日益增长，加快并完善社会养老服务体系建设已刻不容缓。但与现实需求相比，社会养老服务发展依然相对滞后，与人口老龄化的发展形势和城乡老年人口养老服务需求之间的矛盾依然十分突出，其中最突出的问题就是养老服务资源不足与结构性失衡、市场作用发挥不充分，政府职能缺位错位，公办养老机构与民办养老机构的竞争不平等，造成了养老服务资源的重置与浪费，挤占了民办养老机构的市场空间，阻碍了养老服务业的健康发展。

2013年国务院出台了《关于加快发展养老服务业的若干意见》，明确了我国养老服务业发展的正确方向：从国情出发，把不断满足老年人日益增长的养老服务需求作为出发点和落脚点，充分发挥政府作用，通过简政放权，创新体制机制，激发社会活力，充分发挥社会力量的主体作用，吸引民间资本参与到机构养老领域。通过民间资本的参与，增加机构养老建设领域的资金投入，能够为养老机构提供所需资金，有效缓解政府在养老机构领域方面的财政预算压力；能够拓宽民间资本的投资渠道，引导民间资本向养老机构进行投资，促进民间资本的流通与增长；能够优化机构养老服务的供给结构，民间资本的逐利性驱使私营机构根据老年人的需求，提供不同层次的机构养老服务，有效缓解养老机构的结构性矛盾；能够促进机构养老服务的专业化水平和供给质量提高，社会资本参与的养老机构运营的过程中，必须不断引进和培养高素质、专业化的人才，提高机构养老服务的专业化水平和供给质量，才能吸引和留住老人，从而实现利润最大化。

二、养老机构的类型及优缺点

养老机构是指以提供养老照料为宗旨，以社会机构为载体，依靠国家扶助、亲人资助或老年人自助等方式为资金来源的一种养老模式。其主要功能是提供供养、生活护理、康复、托管等服务，服务对象包括无劳动能力、无生活来源、无法定赡（抚）养人等按有关规定到养老机构接受养老服务的收养人员和自愿到养老机构按照合同约定接受养老服务的休养人员。民间资本参与养老机构领域有两种方式，分别是参与养老设施建设和参与机构营运。

（一）养老机构的类型

养老机构主要有三种类型：①公办养老机构。其服务对象必须首先是“三无”老人、低保、特困等低收入的老人，向其提供无偿、低偿的供养服务，在此前提下，为社会上的其他老人提供服务；公办机构在政府编制内，享受政府财政拨款，其面向社会的收费所得用于弥补事业发展经费的不足和改善院内重点人员的生活条件。②在民政部门注册的民办非企业性质的养老机构。其服务对象是社会上的广大老人，但要合理确定收费标准，不能超过绝大多数老人的经济承受能力和支付水平，收入所得要按照相关规定，用于章程规定的事业，不得用于分红。③在工商部门注册的民办养老机构。这种机构属于营利性的企业组织，可以追求利益最大化的目标，但不享受国家对社会福利机构的相关优惠政策。民间资本参与养老机构设施建设主要是后面两种养老机构类型。承担福利性社会养老服务的机构主要是公办养老机构和民办非企业养老机构这两类。

（二）养老机构的运营类型

根据出资和承办的主体划分，目前养老机构运营主要有公建公营、民建民营、公办民营和民办公助四类。①公建公营。主要是由政府组织开发和经营管理的社会福利性老年机构，即属于传统的养老院与福利院。是一种由国家出资、国家营运、政府包办的模式，通常由民政部门直属、直办、直管。我国现有的公有制养老机构多属于这种模式。这些机构以收住三无、五保老人为主，经费由政府财政全额拨款，工作人人为行政事业单位编制，属于社会福利型供养的范畴。这种模式的主要优点是完全没有缴费能力的老人可以入住，享受国家非盈利机构所有优惠政策；这种模式的主要挑战是政府容易承载过大的财政压力；这种模式容易产生传统行政管理中难以克服的低效率问题。②民建民营。是指由私人部门投资兴办的养老机构，以营利为目的而提供的经营性养老服务。由于养老服务具有社会公益性，政府对这类机构会给予政策扶持，但这类养老机构的运营不靠政府资助而是靠收费来维持。作为市场组织，这类机构往往具有注重效率、运作灵活的特点。此模式的优点是业主可以自主经营。而且如果注册民非，可以享受国家非盈利机构所有优惠政策。但是民非规定，经营收入不得归个人所有，土地及建筑物不能抵押贷款，往往造成资金运作困难，而且民办民营模式自负盈亏，对办理者来水压力较大。但是目前政府对民办养老机构是有一定补助的。③公办民营。是指政府相关部门联合组织开发和经营，以出租的形式收取一定的费用的老年住宅形式。各级政府和公有制单位已经办成的公有制性质的养老机构，按照市场经济发展的要求进行改制、改组和创新，交给民间组织或社会力量去管理和运作，与政府的行政管理部门脱离关系，政府部门不再插手管理和运作。这种模式下有三种经营方式：一是承包式，即把养老服务机构的经营服务权转让给社会经营者，政府根据协议收取一定的承包费，监督相关服务与营运。二是租赁式，即将养老服务机构资产承租给社会经营者使用，政府根据合同收取一定的租金，并监督租赁的财产不受损失。三是合营式，即养老机构的经营服务权由社会经营者部分代行，根据政府与社会经营者双方的资金及精力投入比例、以及能力优势分配经营服务权，通过协议确定双方在某些服务管理上的职责范围，形成合作关系，社会经营者根据投入情况获得相应回报。④民办公助。这种模式是指民间组织或个人开办养老机构，为老年人提供非营利性的养老服务，这类养老机构的运行成本除主要来源于入住者的缴费外，政府和社会捐赠也是重要的组成部分。通过这种模式，民间组织或个人可借助政府在土地划拨、出资资金协调和政策扶持方面的便利，同时，政府通过协议形式，将三无、五保、残疾人等对象委托照顾。这种模式有助于改进公办养老服务机构在服务和管理上专业化的不足，并且市场化的运作减轻政府的负担。社会力量也因为获得了充足的自主权而更有积极性，从而注重市场需求，努力丰富和拓展养老院的服务内容和范围。目前民间资本参与养老机构运营的主要是后三种形式。

三、重庆民间资本参与养老机构领域的状况

（一）重庆市养老机构发展情况

“十二五”以来，我市各级政府加大财政投入，构建市、区县、乡镇三级国办养老机构服务网络，各级财政累计投入资金24亿元，新建、改扩建区县福利中心28个，新建、改扩建敬老院523所，累计新增床位近5万张。截至2014年底，我市共有国办养老机构1133所，养老服务床位12.4万张，与“十一五”期末相比，床位数增长85%。同时加强对社会力量兴办养老机构的扶持力度。2012年市政府出台了《关于扶持发展社会办养老机构的意见》，在2014年市政府制定出台的《重庆市人民政府关于加快推进养老服务业发展的意见》中明确要求按照人均用地不少于0.1平方米的标准设置养老服务设施；开展了养老机构民办公助，市财政每年安排专项补助资金4000万元，对自建和租建的社会办养老机构分别按每张床位5000元和1000元标准发放建设补贴，区县负责落实运营补贴；全面落实税收优惠政策和水、电、气、闭路电线价格优惠措施，对各类养老机构服务收费实行市场自主定价。推进公办养老机构改革，大足区和长寿区社会福利中心在明晰权责关系，确保国有资产不流失、养老用途不改变、服务水平明显提高的基础上，实行公建民营，取得较好的社会效益和经济效益。截至2014年底，全市有社会办养老机构275所，社会力量办养老机构数量约占全市养老机构总量的19.53%，养老服

务床位4.4万张，与“十一五”期末相比，床位数增长130%。预计到2015年底全市每千名老人拥有床位数将达到30张。

（二）“十三五”期间养老床位及资金投入需求

2014年重庆市政府出台的《关于加快推进养老服务业发展意见》提出，到2020年，全市每千名老人要拥有养老床位35张，养老服务床位总数要达25万张，到2015年期末全市养老床位数为19万张，这也意味着未来5年重庆将新增养老床位近6万张，年均增加1.2万张，以适应老年人对机构养老的迫切需求。根据测算，以每张床位6万元建设成本计算，未来5年新增6万张床位的建设资金需约36亿元投资，平均每年需投资7.2亿才能实现预定目标。

目前我国的养老资金来源主要有四方面：一是财政拨款；二是彩票公益金的资助；三是社会捐助；四是市场化运作。但实际上，养老支出主要还是依靠政府每年投入的社会福利费，“十二五”期间，各级财政在养老机构建设中平均每年投入4.8亿元，与“十三五”期间养老床位建设每年最高需要7.2亿元的投入需求相比，政府投入只占到了66.7%左右，还有33.3%的资金缺口只能靠引入社会资金才能弥补。

四、民间资本进入养老机构存在的问题

近年来，重庆采取了一系列举措，促进了民间资本投入养老机构的活力，但民间资本进入养老领域的一些“瓶颈”问题仍然存在，主要表现在以下几个方面：

（一）政策配套不健全

由于养老服务行业的社会效益大于经济效益的特性，它的发展必须得到政府在财政、税收、金融、土地使用等方面的政策支持。虽然近年来各级政府也出台了诸多优惠政策，但由于部分地区和部门认识不到位，加之一些政策措施刚性不够，许多政策很难落实，没有发挥好优惠政策对社会力量兴办养老机构的扶持和激励作用，尤其是在土地供应方面，由于对社会办养老机构缺少土地支持，成为制约民间资本投资养老机构的最重要因素。从而使目前进入养老服务行业的民间资本数量依然较少。

（二）融资机制不完善

在现行的融资体制下，民间资本融资渠道较为狭窄，与国有资本相比处于劣势地位。就民营企业的融资方式看，主要以银行贷款为主。而就投资养老机构来说，养老机构作为社会养老环节的一环，带有一定的公益色彩，在进行银行贷款时，银行对民间企业或个人可以提供的抵押物会十分谨慎，被定性为“非营利性社会福利机构”的养老机构，既不能作抵押，也不能贷款。其次，养老机构经营收益偏低，资金回笼较慢，银行也会因企业或个人是否能保有稳定的现金流来偿还贷款而持保留态度。

（三）机构定位不清晰

从当前民办养老服务机构的性质看，一种是在民政部门登记注册的民办非企业组织，另一种是在工商部门登记的公司制企业。前者属福利性、非营利性质，可以享受国家的优惠政策，后者因其经营性质则不能完全享受。为了享受国家对于养老服务业的优惠政策，更多的养老服务机构趋向于在民政部门登记为民办非企业单位。但这就产生了新的问题：民办非企业机构由于“利润不能分红”和“不享有财产权利”，即其经济权和所有权受到限制。有学者指出，这种不平等从根本上导致了民办养老服务机构制度上的困境，同时也为民办非企业性质的养老服务机构的发展埋下了隐患：无法从银行取得抵押贷款，致使机构经常陷入资金困境等。这显然与谁投资谁获益的基本市场规律以及物权法的相关规定不相协调。

（四）人才培养不到位

民间资本在投资养老机构时经常会陷入养老机构服务人员匮乏的窘境，“用人难”一直是困扰民营养老机构生存和发展的重要因素之一。一方面是因为养老服务机构护理工作时间长，护理人员社会地位低，福利待遇较差，工资水平不高，致使人员流动性大；另一方面，养老机构中的工作要求工作人员具有较高的职业技能与素质水平，护理工作必须细致、认真，这也使民营养老机构难以招收到高素质高学历的专业型护理人才。这些原因使民营养老机构招人难、留人难，难以获得长期稳定的发展。

（五）法规体系不健全

民办养老服务机构的发展需要健全的法制环境，需要相关的法律法规保障。但在目前，涉及民办养老服务机构行业的法律法规仍不健全。具体来说，缺乏行业规范、制度保障及相应的管理制度。包括缺乏行业的规划与发展方向（实施过程中多处在放任自流状态）、没有明确的职能机构、市场定位不准确、权益得不到维护、缺乏统一的机构准入制度和评估标准、缺乏行业团体的约束与保护、员工缺乏职业性的训练与管理等。

五、对民间资本应用于养老机构领域的对策建议

（一）加强对民间资本进入机构养老领域的理论研究

长期以来，养老被定义为公益福利事业，而今天的社会状况和市场形势都有了巨大的变化和发展。要使养老事业在新形式下健康发展，必须对其重新审视和全面研究。①养老资金的需求，尤其是机构养老的资金需求量、需求方向。民间资本一般缺乏投资经验，往往带有一定的盲目性。因此，政府应做好民间资本流向的引导工作，在对养老服务需求进行专业调查的基础上，做好相关领域资金需求的测算工作，明确机构养老投资的具体方向，加强民间资本投资机构养老的针对性，确保民间资本投向当前资金最紧

缺的领域，提高资金的利用效率。②民间资本投资机构养老领域的动力机制。如何增强民间资本投资养老机构的动力，是破解当前养老机构资金短缺难题的重要一环。民间资本以获取收益为主要目的，政府应在养老机构投资的体制机制设计方面，加大优惠和扶持力度，尽可能地降低民间资本的投资成本，进一步拓宽民间资本的获利空间，以吸引更多的民间资本进入养老机构投资领域。③政府投资带动民间投资养老机构项目的思路和途径。通过政府投资引导，改善投资环境，进而发挥政府投资的“挤入效应”，引导更多的民间资本进入，但是也要控制政府投资的规模，避免政府投资给民间资本造成“挤出效应”，影响民间资本投资的积极性。在养老投资领域，对于如何发挥政府的这种带动效应，形成“政府投资—民间资本进入—民间资本获益—民间资本再投资”的良性循环，在具体思路、途径以及关键技术方面，还有待于深入研究。④引导民间资本投资养老机构项目的政策机制设计创新，以及相应的对策研究相关政策不完善和执行力差，是民间资本投资机构养老领域的主要风险。政府应进一步完善民间资本进入机构养老领域的进入和退出机制，降低民间资本的投资风险。通过积极探索公办民营、公私合作关系（PPP）等多种模式，创新民间资本投资养老机构的运作模式，打破制度障碍，使民间资本投资机构养老领域走上良性的发展轨道。

（二）完善吸引民间资本参与养老机构的措施

按照养老市场需求，可以将机构养老细分为不同层次，以满足不同的养老需求。可以采取公建民营、民办公助，独资、合股、联营、租赁等各种方式鼓励社会力量参与。对于“龙头”的机构养老，我们可按照市场需求划分为高端养老机构、大众养老机构和保障性养老机会构，并按照不同的建设、管理、运营模式，对应满足不同的市场需求。①对纯市场化运作的高端养老机构，应尽可能的向市场化方向引导。可采取政府土地投入，民间投资建设，民间投资运营、管理，政府监管。②满足大众市场需求的养老机构，可采取政府投入土地和部分建设资金投入，民间资本投入其余部分建设资金，民间投资运营、管理，政府监管。③满足基本保障性需求的养老机构，可采取政府全资投资建设，也可由政府提供现有的使用效率不高的物业进行改造，作为新的养老机构用房，民间投资运营、管理，政府监管。根据不同性质的养老机构，通过政府不同比例的投入，引导民间资本投资、参与，使得养老机构的建设有一个较快速度的发展。

（三）放宽民间资本准入原则，进一步完善行政许可制度

2012 年民政部颁布了《关于鼓励和引导民间资本进入养老服务领域的实施意见》，2013 年国务院颁布了《关于加快发展养老服务业的若干意见》，这些文件中都明确指出要鼓励民间资本投资养老机构，之后许多鼓励引导民间资本入资养老机构的相关政策文件也随之出台。而要贯彻落实这些政策，首先要降低民间资本的市场准入门槛，放宽民间资本准入原则，采取简便、宽松的准则，对不同类型、不同阶段的养老机构采取不同的准入标准。如在已实行的登记制度的基础上，在民间资本投资养老机构运作比较成熟的地方或是对民间投资的非营利性养老机构，可以以地方立法的形式在明确民间资本的

投资条件，投资者可以在守法经营、依法纳税的基础上依照法律规定条件向登记机关提交申请，登记机关对投资者实行形式审查，若符合规定则允许其设立。同时，对不同机构要区别情况、分类对待，尤其对于基层特别是农村基层养老机构和设施，立足实际，适当降低准入门槛。

（四）完善对民间资本参与养老机构的扶持制度

①完善扶持政策。首先，完善优惠政策的操作程序与标准，使各项扶持政策，如财政补贴、税收优惠等都有明确具体的操作程序，而不显得宽泛化。其次，加大扶持力度。对民间资本投资经营的养老机构不仅要给予各项财政补贴、建设补贴、运营补贴以及税收优惠，还要为其提供养老建设用地的优惠政策。另外对于老年人群也要根据情况提供补贴，使政府的扶持范围更加广泛。除此之外完善行政救济制度也是十分必要的。对于无法获得应得扶持、补贴、优惠的机构或个人要保证他们的行政救济权利，例如确立专门的主管监督部门，对于此类申诉要及时处理，保障各项政策都能得到贯彻实行。②强化养老护理人才队伍建设，促进养老服务的专业化和范化。首先，政府要加大力度进行养老护理的职业化和专业化，即在卫生、医学、职业院校开设养老护理专业，强化其职业化属性，加大力度推进老年护理专业的教学和研究工作，为机构养老模式的发展提供优秀的人才。其次，针对现有养老护理人员专业素质低、缺少正式护理培训的现状，政府要联合养老机构和社会教育培训部门，加大对现有工作人员的培训力度，提高养老机构护理人员的专业素质和服务理念，完善机构养老的服务体系。最后，要加大财政投入力度，改善现有护理人员的工作待遇和工作环境，在全社会树立起尊敬养老护理人员的社会氛围，提升其职业形象和社会地位，使得护理人员的工作得到社会的尊重和认可，使其“体面”地工作。

（五）完善社会资本进入养老机构的融资制度

①确立民间融资的合法性地位。以立法形式，在法律上肯定民间融资的合法性，区别非法集资等非法融资活动。在民间融资方式中，民间借贷等方式占据重要地位，但是长期以来我国对民间融资合法性未予承认，使很多民间中小企业为弥补资金短缺的难题而向民间公众借贷时往往不具有合法性，而转变为非法集资。②建立和完善民间资本信贷制度。银行借贷是一个重要的融资渠道，但是民营企业或个人常常因为缺乏第三方担保或抵押而被拒之门外。养老机构是一项前期投入大、受益期晚的经营项目。民间投资者往往需要前期投入大笔资金，但不能马上回收资金流，这些特点使民间投资者需要资金，但又缺乏稳定的资金使银行信任还款能力，更容易陷入“死地”。政府应为民办养老服务机构开辟信贷渠道，创立新型的信贷品种，由政府推动设立小额贷款融资平台，为民营养老机构提供融资方式；对于缺乏固定资产的养老服务机构，由政府负责协调担保机构或建立非公有制的担保组织，解决担保问题。

（六）完善社会资本进入养老机构的监管制度

为了维护市场秩序以及保障群众利益，政府在最大限度的开放市场以鼓励和吸引民间资本进入养老领域时，建立一套系统完善的监管制度，但该制度不是要求政府对民间资本进行严格限制或是制定“高门槛”，而是要依据法律规范对民间投资行为进行合理的管理与调节，既要保障市场主体享有投资自由的权利，也要保证投资行为不触犯法律，否则就要对其进行限制、甚至是惩罚。

（七）将民间资本投资养老机构的规定立法化、体系化

我国没有专门的市场准入法律制度，通常是分散在各个部门和地方的不同层次的法律法规、政策或产业指导等文件中形成的三级市场准入制度体系之中。在民间资本参与养老机构建设方面，目前为止也未有全面系统的市场准入法律规定，多是采用行政政策来规范、引导。但法律是一种强制性的行为规则，它是任何行政手段与经济手段都无法比拟和不可代替的。根据国内外公用事业民营化的经验来看，将政策法律化，立法先行，以立法引导民营化改革，可以减少改革的盲目性。我国应加紧建立关于民间资本投资养老机构的准入法律规范，以法律作为政策的后盾，依法改革、执行，否则难以真正使民间资本参与养老机构的建设。

参考文献（略）

（作者单位：重庆市老龄办）

徐州市主城区居家养老服务市场化运作探析

徐州市老龄办

一、研究背景与意义

至2014年底，徐州市60岁以上的老年人口已达173.5万，老龄化局面愈发严峻，同时庞大的市场潜在需求也为养老产业带来新的机遇。十八届三中全会提出发挥市场在资源配置中的决定性作用，这为养老产业大发展提供了极为有利的大环境。三中全会之后，国务院及其有关部委发布多项推动养老产业的重要文件，明确提出把“夕阳红”事业打造成朝阳产业，使之成为调结构、惠民生、促升级的重要力量，这将为我国养老产业发展带来更大的空间。在此背景下，全国老龄办副主任吴玉韶指出，老龄化社会将催生前景可观的六大养老产业。其中包括：面向所有老年人的健康管理服务业，面向失能老龄有病老年人的康复护理业，面向社区居家养老所有老年人的家政服务业，面向中低龄健康老年人的老年文化教育业，包括机构社区和家庭面向所有老年人的老年宜居服务业以及面向中等收入以上老年人的老年金融理财业。可以预见，养老服务市场正逐步兴起。养老服务是一项可消费的公共服务，老人可以根据自身需要选择价格可以接受的、服务质量满意养老服务，这就为养老服务的市场化提供了可能。

以往，居家养老主要由政府出资开展，随着老龄人口的日益增多，政府独揽模式日渐力不从心，但是依靠企业方以做慈善的方式来推动居家养老也并非长久之计。居家养老市场需求巨大，而服务提供却严重不足，依靠政府主导，强调福利性，市场化程度不高的这条路子难以走远，在居家养老建设初期，通过政府引导和先期投入发挥带动作用是必经之途。但从长远看，政府提供的毕竟是基本养老服务，覆盖的人群是有限的。随着居家养老服务的不断推进，政府应从具体事务中逐步淡出，让市场发挥更大的作用，不断提高市场化程度，培育出一个高效率、高覆盖、可持续发展的居家养老服务市场，才是居家养老服务长远发展的根本方向。

二、居家养老服务的内在规律和基本方法

（一）责任主体

从责任主体看，政府、社会、市场、家庭、个人都有责任，缺一不可。自从上世纪80年代以来，福利多元主义兴起，通过对西方福利国家危机的反思，提出福利供给主体

多元化的理论。政府并不应该成为唯一的社会福利供给主体，社会福利供给的主体应该是多元化的，不同福利供给主体之间要保持相互平衡的关系。居家养老服务体系建设是一个系统工程，要集聚政府、市场、社会、家庭以及个人力量等组成合力，才能有效完成。

（二）运作机制

从运作机制看，应该是“政府引导、市场运作、社会参与”。三方面要协同作战，更要充分发挥市场在居家养老服务资源配置中的决定作用。

从政府角度来看，要发挥对养老产业发展的主导作用。一是要做强事业。提高老年人养老金收入，建立长期护理保险制度，提高保障水平。二是要加强产业规划。三是要整合资源。四是要重点扶持。有选择性地扶持，充分发挥政策的激励导向作用。五是要加强监管，建立市场准入制度，建立标准和规范，打击侵害老年人权益的行为等。

从市场的角度来看，一是市场机制可以通过价格调节服务供给和需求，经营机构自身有较强的成本和效益意识，将促进机构运营效率的提升。二是市场存在激烈的竞争，会增强机构的忧患意识，机构通过提高服务质量和性价比来吸引更多的消费者，敏锐察觉并迎合市场需求为消费者提供更多选择。只有市场才能提供个性化的服务。

从社会的角度来看，社会多方力量参与社区居家养老服务供给是一种全新的路径选择，能够有效解决政府提供的养老服务内容单一、难以满足老年人多样化养老服务需求的困境，实现对老年人个性化需求的尊重，体现人文主义关怀。

（三）居家养老服务供给方式

1. 走专业化的协作生产模式，将政府购买、有偿、无偿服务相结合

针对老年群体经济水平的不同情况，建立以政府为主导、家庭为核心、社会养老服务机构为运作平台，无偿、低偿、有偿服务相结合、高中低档次服务相配套的多层次服务体系，从而满足不同经济状况老年群体的各种大众化、甚至个性化的居家养老服务需求。

2. “走进去”与“走出来”服务相结合

“走进去”是指依托居家养老服务组织或个人，积极为老年人提供照料服务、商务服务、健康服务、精神慰藉、司法援助服务；“走出来”的服务是利用社区居家养老服务组织的场地设施来提供照料服务、文体服务、护理与康复服务、老年教育等，让老年人实现居家自助、互助养老与社区照料的有机结合 .

3. 大众化供给与个性化定制服务相结合

居家养老服务中心提供的服务，需要根据老年人的实际需求来进行确定，遵循以顾客需求为导向的原则。可以根据特征明显的老年群体的需求类别，让老年人可以根据自己的需求重点享受到自己需要的服务。

4. 实体与虚拟服务相结合

通过信息化手段，依托物联网技术，整合服务资源，更新服务手段，为居家老年人提供一系列人性化居家养老服务。“虚拟养老”服务，由于其覆盖范围广、服务内容多，服务质量好，服务水平高等，受到社会各界的广泛关注和老年人的普遍认可。

5. 市场化与志愿者服务相结合

志愿者是社会组织提供养老服务的一个重要组成力量，可以充分发动社会资源为社区老年人提供志愿服务，发动低龄老年志愿群体，高龄老年群体服务。做好志愿者的组织和管理，建立激励制度，提高其服务水平。

三、徐州市居家养老服务市场化现状

（一）徐州市直接提供居家养老服务的主体

（1）居委会，这类主体将居家养老服务视为一项行政任务来完成。

（2）主要经营收费性社会服务的非政府组织，包括公办养老院（属于事业单位）、民营养老院和民营医院，这类主体本身的核心业务是收费性的社会服务。

（3）专门从事社会服务的非营利组织，即民办非企业，这类主体以提供不收费的社会服务为主，经费主要来自政府公益创投或者政府购买服务。

（4）家政公司，这类主体以家政服务为核心业务，且以营利为目的。

（5）盈利性商业机构，这类主体以产品或者服务为载体来运行运作。

（6）亲戚、邻里或者志愿者，这类主体主要是居家养老服务对象的亲戚、邻里或者，由他们到户为老人提供服务。

（二）徐州市居家养老服务市场化的初步探索

1. 继续实行居家养老站点建设

2015 年新建普通型居家养老服务站点 287 个、老年人助餐点 157 个。部分餐饮企业的助餐点依托居家养老站点，已开展配餐、送餐服务。

2. 依靠社会组织进行托管运营

主城区老龄办与服务企业对接，郑州爱馨养老集团、幸福 9 号、社康服务中心等企业与部分社区居家养老站点已签订托管协议，在保证站点原来公益性服务功能只增不减的前提下，社区无偿将站点委托给社会组织运营，并允许社会组织依托站点开展一些合法的市场化经营项目，社会力量主体承担的养老服务市场化模式初步显现。

3. 完善市居家养老信息服务中心建设

中心设有呼叫中心（12349）、多功能室、培训场所、居家生活用品展示、老年娱乐区、生活体验区等，现有加盟企业 100 余家，专业服务人员 226 名。通过整合社会为老服务资源和自身服务队伍，集合运用数据通信、GPS 定位、二维码、物联网等现代科技手段，构建居家养老服务综合平台，为居家老人提供紧急救援、生活照料、家政服务、康复护理和精神慰藉等方面的服务。

4. 政府向社会组织购买服务

目前主城区约有 2500 名老人享受了政府购买服务。政府服务购买机制的建立激发社会参与养老服务供给的热情，推动养老服务供给主体由单一主体向多元主体发展，同时在老年人用服务卷在商场上购买为老服务时，老人可以自主选择服务的主体和服务内容，市场机制在养老服务中发挥作用，提高的养老服务的供给效率和质量。

5. 利用公益创投和微公益项目运营

徐州市自 2013 年实行市级公益创投，2014 年在市级公益创投的基础上各区开展了微公益创投项目。为老服务项目一直是重点支持项目。三年来，共有 15 个市级项目，42 个微公益创投项目，资助金额已达百万元。

6. 初步尝试居家养老 O2O 新模式

2015 年 9 月 27 日上午，徐州市首家居家养老社区服务店在风华园社区启动，该店是由全国首创 O2O 居家养老新模式的徐州幸福 9 号开设的第一家社区大型居家养老服务店。居家养老服务店围绕社区建立的基础养老体系统地为社区老人提供健康服务、家政服务、健康管理大数据跟踪。

四、徐州市居家养老服务市场化中存在的问题

（一）政策法规不健全

目前，政府对居家养老服务这种新型养老模式给予原则上的支持和鼓励，都只是一种政策性倡导，但是尚未出台有关规范居家养老服务市场化运作的具体政策法规和实施细则。

（二）养老服务刚性需求大且多样化，但购买力不足

居家养老机构提供的服务项目包括助餐、助洁、助浴、助急、助行、代办、生活护理等。老年人的服务需求呈现越来越多样化、个性化的特点，给居家养老服务机构提出了更高的要求。

在对养老服务有较高需求，需求多样化、个性化的同时，老年人的购买力又显得较弱。2015 年 9 月对主城区 1000 位老人进行了居家养老服务的需求调查，1000 位调查对象中，仅有 437 位愿意自费购买居家养老服务，而这一人群的每月承受力在 300 元以下的占 65.8%，300~699 元的占 23.7%，700 元及以上的仅占 10.5%。刚性需求大而购买力不足制约着养老服务的发展。

（三）市场对企业吸引力不足，服务产品供给乏力

1. 企业利润微薄，盈利困难

由于老年人收入水平有限，支付能力较低，加上养老终究是个民生问题，企业在定价上不能完全与市场价格接轨，只能向老年人收取较低的费用。这样，利润将难以保证，甚至有亏损的危险。所以，许多企业不会轻易进入该市场。

2. 企业规模小，一时难以实现规模效应

多数居家养老服务企业刚开始运营时普遍面临的棘手问题是市场份额少、经营规模

有限，服务范围只覆盖个别社区，服务的老年人人数也较少，使得原本利润微薄的企业无法通过总量的优势来降低产品单位成本，进而获得可观的收益，以实现规模效应。

（四）服务内容单调，滞后于老年人的需求变化

对徐州市各社区进行调查发现，服务站点仍然是集中在家政服务、理发、义诊、健康讲座等等，没有结合社区老年人的需求去探索创新适合老年人需求的服务项目。

（五）从业人员数量不足且素质不高

目前，居家养老服务业的从业人员主要是进城务工妇女或者是社区的家庭妇女，她们整体素质不高且没有掌握专业的护理知识和技能，无法保证居家养老服务质量。

五、建议与对策

（一）完善与市场相配套的政策法规

一是建立养老产业的市场准入和监管机制。二是加大政府鼓励政策。制定税收、土地、水电气等优惠政策，减免有关费用，鼓励建设老年产业园区，创新老年产品，对老年产业的生产者给予信贷优先的照顾。

养老服务业目前是个微利行业，如果长时间得不到相应优惠政策的补偿，产业本身将会萎缩，影响民间资本的积极性，最终影响的还是社会老年人享有的养老服务的供给水平。

（二）提高老年人的支付能力

居家养老服务市场化的驱动最终要靠老年人的购买力和购买欲望，吴玉韶指出在老龄产业中，提高老年群体收入，引导老人消费，是产业发展的基础。从政府的角度来讲，提高老年人的支付能力是发展老龄产业的治本之举。最主要的是进一步完善养老保障制度，在广覆盖的基础上，不断提高给付水平，完善低保、高龄津贴等各种养老福利补贴制度，并逐步建立长期护理保险制度，让老人们不要为了顾虑未来的风险而不敢花钱。

（三）加强基于有效需求的市场研发

养老服务市场要更多的站到老年人需求的角度去研发产品和服务。比如同样是家政服务。老年人对家庭的环境除了要求干净卫生外，很多老年人还要求拿取东西方便，地面防水、防滑，服务人员耐心易沟通等。

心理服务、法律支持、房产处置、金融理财等，这些专业性比较强的需求还有待于进一步加大侧重和重视。

要细分市场，目前市场开发和服务定位以高收入老年群体为主，但从市场发展前景

来看，随着城镇化的发展，中等收入群体才是未来老年产业发展的主要消费力量。

（四）建立多元化和制度化的居家养老服务资金的筹措机制

目前居家养老服务的资金来源主要包括财政拨款、彩票公益金的资助、社会捐助和市场化运作等方式。据了解，目前徐州能筹措到的资金普遍较少，可补贴的服务对象也非常有限，急需建立多元化和制度化的居家养老服务资金的筹措机制，加大相关经费的投入力度。

1. 建立养老服务社区基金

社区基金是指依托一个街道或社区，以从事社区公益事业为目的，基于捐赠行为设立的专项非营利性基金。社区基金的资金来源于社区居民或单位捐赠，将采用项目运作方式，从社区居民的实际需求出发设置多元化的社区服务项目。社区让渡资源提供空间，社会组织提供公益性服务，企业提供资金支持和部分贴近老年人生活的商业服务，相互融合，从而推动养老服务市场良性、持续发展。

2. 推广政府和社会资本合作（PPP）模式

PPP 模式即 Public—Private—Partnership 的字母缩写，是指政府与私人组织之间，是为了提供某种公共物品和服务，以特许权协议为基础，彼此之间形成一种伙伴式的合作关系，并通过签署合同来明确双方的权利和义务，以确保合作的顺利完成，最终使合作各方达到比预期单独行动更为有利的结果。PPP 模式本质上是一种公私合作伙伴关系，合作伙伴选择的好坏，直接关系到居家养老服务供给的质量和效率。首先，在选择标准上，要制定严格的准入标准，对私人部门和社会组织的实力、信誉度、经营管理水平以及拥有员工的素质等方面进行严格的考核和筛选；其次，在选择的程序上，引入竞争机制，通过公开的项目招标来选择合适的合作伙伴。招标的过程中尽量做到公开透明，严格按照制定的标准来选择实力较强的伙伴；再次，在选择的结果上，对整个招标过程进行公示，做到信息公开，包括对中标组织的基本情况、项目书的基本内容以及与政府在未来的合作策略等进行公示，让公众享有一定的知情权，同时以此来作为公众监督的手段。

（五）完善政府购买服务的机制，鼓励社会组织承接政府服务项目

2014 年 8 月，财政部、国家发改委、民政部、全国老龄办公室四部委下发了《财政部等关于做好政府购买养老服务工作的通知》，对政府购买养老服务工作作出部署。政府购买公共服务是一种新型的政府提供公共服务方式。其主要方式是“市场运作、政府承担、定项委托、合同管理、评估兑现”。即政府购买公共服务是指政府将由自身承担的为社会发展和人民日常生活提供的公共服务事项交给有资质的社会组织来完成，并定期按照市场标准相互建立提供服务产品的合约，由该社会组织提供公共服务产品，政府按照一定的标准进行评估履约情况来支付服务费用。政府购买服务的工作主要集中在购买居家养老服务等领域，即针对“三无”、优抚老人等民政对象及高龄、独居、劳动模范等特殊老年群体，通过公开招标引入专业的社工机构，为其老年人提供生活照料、配

送餐、紧急救援等服务。为养老护理人员购买职业培训、职业教育和继续教育等。

（六）促进老年产业发展，完善社会养老服务体系

老年产业是以老年人为供给对象，以养老服务为主要内容，主要通过市场化运作配置养老资源，以市场交易方式向老年人提供商品和服务，由老年人口的需求导向与拉动的综合性产业。由此可见，老年产业是社会养老服务体系建设中发挥市场决定性作用的最重要的领域。目前，徐州市的老年产业处于初步发展阶段，结合徐州的实际，应优先发展以下几个产业：

1. 发展并推广“适老化”家居产品

徐州市“适老化”家居产品普及率并不高，老人的消费理念、消费水平没有跟上。2015 南京老年产业博览会在宁开展，前来参展的 250 家各种类型的涉老企业表明，国内老年产业结构正逐步明朗，产品市场逐步细分，产品供给日益多元。养老产业的真正蓝海，无疑是居家养老配套服务产业。

2. 老年家政服务业

目前社区居家养老服务最受欢迎的服务项目主要是：家政服务、配送餐和康复护理。居家养老成为多数老年人养老模式的首选，居家的老年人首先需要的养老服务即是生活照料，家政服务业的市场潜力也非常大。

3. 老年健康服务业

老年人身体机能的衰退决定了老年人围绕身体健康方面的需求最为急切。因此，老年产业应优先发展老年健康服务业。老年健康服务业主要包括：家庭病床和护理、健康咨询、康复中心以及提供医疗护理等。可以结合社区医疗卫生资源，为老年人提供家庭病床和上门护理服务，引入专业团队开展老年健康讲座、提供康复治疗方案等。

4. 老年教育产业

目前徐州市城市老年人大部分仍属于 80 岁以下的低龄老年人，这部分老年人生活能够自理，退休后与社会脱节，自我认同和价值感偏低。老年人在面对现代化的科技产品时常常手足无措，因此为了提升老年人晚年的生活质量，应鼓励兴办老年大学，开设老年讲座。

5. 老年旅游产业

据全国老龄委调查显示，我国每年老年人旅游人数已经占到全国旅游总数的 20% 以上，由此可见老年旅游市场也具有相当潜力。老年人希望通过旅游观光来丰富自己的休闲生活，提高健康水平和生活品质。发展异地休闲养老服务，南飞过冬，北漂避暑，旅游式的养老方式，已经被越来越多的老人所接受，也成为当下最时尚的养老方式。

6. 老年金融保险业

鼓励保险公司为老年人提供保险服务。老年人由于身体机能的衰退出现意外事故的可能性很大，而自身抵御风险的能力又很弱，才需要以政府信用作为担保，为老年人开辟新的险种。

（七）大力培育社会组织，积极参与养老服务体系建设

各国经验表明，政府对社会组织的资助是必不可少的。一方面，政府要制定政策、规章和提供资金来扶持社会组织的发展；另一方面，要加强对社会组织的监督，确保社会组织依法依规提供服务。通过购买服务、服务外包、委托等方式，鼓励和支持社区养老服务机构发展加强对社会组织的政策指导和服务监督。

（八）鼓励与支持社会组织参与各级公益创投项目的申请

社会组织申请到公益创投项目，一方面可以获得资金支持，解决资金匮乏的难题；另一方面，还可以获得资助方的技术指导，对所执行的项目进行督导和评估，有利于社会组织的服务能力提高。

（九）利用“互联网+”模式，为社区老人提供科技养老服务

民政部副部长邹铭指出，加快发展养老服务业，应该紧跟信息化发展前沿。在“互联网+”时代，居家养老模式也悄然发生着变化。养老机构利用大数据，对老年人的生活习惯进行挖掘，并通过线上线下互动，为老年人提供丰富多样的养老服务。这类模式将政府、社会力量和社区紧密联系，积极探索广阔的市场商机。

（十）完善从业人员培训体系，提高员工待遇

一是完善从业人员培训体系，增加从业人员供给量；二是建立职业资格认证机制，定期对从业人员进行审查和考核，确保他们具备专业资质和技能水平；三是提高行业整体待遇水平以吸引更多高素质人才加入。

参考文献（略）

《北京市居家养老服务条例》立法调研报告

陈　谊　刘剑波　王　华　常　勇

一、本市居家养老服务发展状况

为积极、主动、科学应对人口老龄化，本市确立了“9064”养老服务模式（90%的老年人居家养老、6%的老年人在社区养老、4%的老年人集中养老）。按照“9064”养老服务模式，加大惠老政策创制力度，2010年制定实施居家养老（助残）服务“九养”政策；2013年10月，在全国率先以市政府名义出台了《关于加快推进养老服务业发展的意见》，制定了《关于加快本市养老机构建设的实施办法》，养老服务工作理念、发展方式、管理机制发生重大转变，社区居家养老服务实现跨越式发展。

（一）大力发展居家养老服务

全面落实居家养老（助残）服务“九养”政策。建立养老（助残）券服务制度，每年向50万名高龄老年人和重度残疾人发放5亿元养老（助残）券，发挥了多种社会服务催化效能，拉动了内需，激活了市场。发展养老服务单位1.1万家，为老年人提供生活照料、家政服务、康复护理、精神慰藉、老年教育和其它共六大类110项服务。为符合条件的20万老年人配备使用“小帮手”电子服务器。完成3.2万户有需求的老年残疾人家庭无障碍设施改造工作。为本市近7万名享受城乡最低生活保障待遇老年人、城镇“三无”人员、农村“五保”对象、享受定期抚恤补助的优抚对象及失独老年人，统一购买了老年人意外伤害保险。开展万名“孝星”和千家为老服务示范单位命名活动，2010年以来，已命名4万名孝星、4000家为老服务示范单位，弘扬了孝亲敬老传统美德。

（二）完善社区养老服务设施和功能

2010年以来采取项目补贴方式，投入以奖代补资金1.82亿元，大力发展养老餐桌、托老所和其他为老服务单位，建立了养老餐桌3669个，托老所3727个，有效缓解了老年人吃饭难、社区托养难的问题。试点建设养老管理服务中心196个。聘用4400名“4050”、“3540”零就业家庭人员为养老（助残）员，充实基层养老服务工作力量。发挥市、区社会福利机构和养老机构资源优势，通过开展康复保健、技术培训等方式支持社区居家养老。鼓励改造街道（乡镇）养老机构设施设备，完善服务功能，建设区域性养老服务中心，为社区居家养老服务提供支撑。截至2013年底，全市养老床位总量为94735张，已开业运营机构养老服务设施410家，投入运营床位80516张，百名老人拥有床位3.5张。到“十二五”期末，全市养老床位将达到12万张，百名老年人拥有床位3.8张。

（三）开展敬老优待服务和老年人文化娱乐活动

为全市200万65周岁及以上老年人办理了优待卡，老年人持卡免费乘坐市域内公交车，500多家市、区（县）属公园、景区、博物馆、公共文化和体育等场所为老年人提供免费或优惠服务。全市A级旅游景区和市属公园免票接待老年人年均6000万人次，优惠接待老年人年均1000万人次。引导和推动老年文化、教育、体育活动的蓬勃开展，开发各种面向老年人群的培训课程和讲座活动。充分发挥北京市老年活动中心的窗口示范作用，开展老年文体活动和送文化下乡活动。编印老年人精神关怀系列读物，深入社区、家庭、养老机构，为老年人提供10万小时的精神关怀服务。根据老年人才的特点组织开展“银龄行动”，为基层老年人送医疗、送科技、送文化。

二、立法的必要性和紧迫性

（一）积极应对老龄化社会带来的严峻挑战

按国际上通行的老龄化社会的确定标准，地区60岁以上老年人达到总人口的10%，或者65岁以上老年人达到总人口的7%，该地区即视为进入老龄化社会。我国在1999年进入老龄化社会，北京提前全国近十年在1990年进入人口老龄化，至今已经有二十多年的时间。

当前本市正处于人口老龄化快速发展阶段，截止到2013年，北京市户籍老年人口达到279.3万，占户籍人口总数的21.2%，常住老年人口292.8万，其中80岁及以上高龄老年人口45万，失能老年人口45万，空巢老年人约占老年人口的一半左右。老年人口正以每天400人左右、每年15万人左右的规模和年均6%左右的速度增长。预计今年底，全市老年人口将达到300万；2020年将超过400万。在未来10年内，本市人口老龄化将继续呈现出高龄化、失能化、空巢化，增幅快速、需求大量增加等特点和趋势。这个问题不仅是一个重大的民生问题，也是一个严峻的社会问题，不仅会影响到本市经济社会的可持续发展，也将影响到国际一流的和谐宜居之都的建设。

（二）切实解决居家养老服务中的突出问题

目前，本市绝大多数的老年人选择居家养老，这既是传统养老方式的传承和以人为本的基本需求，也是根据目前的国情、市情所必然选择的经济实用的养老方式。由于我国实行计划生育政策、改革开放、城乡人口高速流动等因素，家庭结构发生根本变化，呈现出小型化、空巢化特点，家庭成员在用餐、家政、就医等方面亲自照料老人越来越困难，需要政府和社会提供各类服务为居家生活的老年人提供支持。

目前本市居家养老服务方面存在一些突出问题：一是对居家养老服务工作的紧迫性认识不够，应对不足，居家养老工作的体制机制还没有形成，居家养老服务体系还未完全建立；二是政府在居家养老服务体系建设上政策支持少、资金投入少，居家养老的“九养政策”和推进本市养老服务业发展意见等政策尚在探索实施阶段，支持、培育为老服务企业、社会组织的政策措施不配套，涉及老年人的专项津贴补贴碎片化、零散化；三是社区养老服务设施场所小、服务项目和设施不全，特别是农村社区养老服务项目匮乏；一些新建小区的公共服务设施被挤占挪用，老旧小区的老年活动设施的空间小，社区及老年人家庭的无障碍设施不完善；四是“看病难、看病贵”仍然是影响居家老年人生活质量的一个重要因素，大型医院人满为患，社区卫生服务机构服务项目不全，医药资源少，医疗设施不足，特别是高龄失能老年人的医疗、护理、康复问题面临极大困难，基本没有得到解决；五是有效服务供给不足、专业人才短缺、社会参与较少、基层群众性自治组织、老年人群众组织、公益慈善组织参与养老服务的积极作用尚未发挥出来。

解决上述问题，需要从现实出发，规范政府责任，提高公共治理能力，坚持公共服务体制的市场化主体方向，打破不同主体职能的屏障，整合各类资源，引入各种社会力量，开放服务市场；需要建立以老年人需求为导向、政府为主导、社区为依托、各种社会力量广泛参与的居家养老服务体系；需要运用法治思维和法制方式来调整各种社会关系，通过立法立责、执法履责的立法价值理念，协调平衡利益主体，推动公共服务和养老服务的体制性改革与前瞻性规划。这些是维护本市老年人权益、提高绝大多数居家老年人生活质量最基本的现实和立法需求。

（三）推进居家养老服务体系建设

1995 年，本市率先在全国颁布了《北京市老年人权益保障条例》。2013 年 7 月 1 日新修订实施的《中华人民共和国老年人权益保障法》（以下简称《老年人权益保障法》），对老年人的社会保障、社会服务、社会优待、宜居环境和社会参与作了全面制度性规定，为地方立法提供了法律依据和立法空间。

市委、市政府为应对人口老龄化的严峻形势，根据我市老年人的实际需求，加快构建以居家为基础、社区为依托、机构为支撑的社会养老服务体系，制定了居家养老和推进本市养老服务业发展意见等一系列政策措施。通过近十多年的努力和探索，积极构建社会化服务体系，引入社会力量参与居家养老服务，培育居家养老助残队伍，增强了老年人购买服务的意识和能力，累积了一定的政策和实践经验。

上位法的修订和本市实践经验为地方立法提供了法律依据和支撑。为此，经过审慎研究，对原来修订《北京市老年人权益保障条例》的立法计划进行调整，明确提出要坚持问题引导立法、立法解决问题，要针对本市绝大多数老年人面临的比较突出的居家养老服务问题，本着不照搬照抄上位法的原则，对上位法关于居家养老服务的原则性规定予以细化，制定切实可行、操作性强的地方性法规，即《北京市居家养老服务条例》，通过立法建立居家养老服务制度和推动养老服务体制机制改革。

三、立法起草过程

2014 年 3 月，市人大常委会主任专题会议研究决定，起草《北京市居家养老服务条例（草案）》，并拟提交 2015 年市人民代表大会审议。市人大常委会第二十七次主任会议通过了起草工作方案，为加快立法工作进度，分别成立了由市人大常委会、市政府有关部门的主要负责同志与工作人员组成工作领导小组和起草工作组，由全国人大、民政部、各高校、研究所和律师等专家组成专家顾问组，由市人大内务司法委员会作为提出法规议案主体，牵头法规起草工作。

《条例（草案）》起草过程中，起草工作组根据代表和各方意见建议收集梳理了 11 个重点问题；先后 12 次组织部分代表、专家和有关部门，深入城乡基层社区、居家养老服务企业和养老照料机构进行专题调研；就草案重点问题进行专题研讨座谈，召开专题研讨会、专家论证会和代表意见座谈会 11 次；对涉及政府职责、医疗卫生服务和长期护理等重要规定和条款，多次与有关部门进行充分协商，达成共识；就草案重要问题与全国人大内司委进行沟通，对重要制度设计委托专家设计修改。市人大常委会先后多次召开主任会议、主任专题会议研究立法工作方案和《条例（草案）》，常委会主管领导专门就立法涉及的重大问题与市政府领导进行沟通协调。《条例（草案）》稿形成后，先后征求了养老议案建议领衔代表、内务司法委员会委员、市政府有关部门、市政协委员和各区县人大常委会的意见。2014 年 7 月上旬，市人大将《条例（草案）》向社会公开，广泛征求社会公众和各方意见后对《条例（草案）》修改。草案于 2014 年 7 月、9 月、11 月经市人大常委会三次审议后，由市十四届人大第三次会议于 2015 年 1 月 29 日通过，自 2015 年 5 月 1 日起施行。

四、立法设立的重要制度

为有效解决居家养老服务发展中的难题，通过立法固化、完善、创设相应的制度，使居家养老服务发展中的体系构建、各方主体权利义务、政府责任、养老服务设施建设、医疗卫生服务等方面有法可依，提供长期稳定的发展依据。

（一）关于政府部门落实《条例》的责任和机制

《北京市居家养老服务条例》的制定实施是我市居家养老服务发展的大事，市民政局根据全市养老服务发展结构布局和社会需求，在 2015 年调整养老服务发展思路，将工作重心从机构养老转向发展居家养老服务，把贯彻落实《居家养老服务条例》作为工作的重中之重。一是尽快召开市老龄委全会研究部署落实工作。研究《条例》实施配套政策文件体系，分解《条例》落实职责，将任务明确到老龄委各成员单位；梳理工作难点，健全督促落实机制。二是出台《北京市关于推进居家养老服务工作的意见》，从政府层面对落实工作进行统一部署，明确工作计划、目标和责任，将居家养老服务工作落实情况纳入监察和年度目标责任制考核。三是与市法宣办等部门协调开展普法准备工作，在委办局、区县和社会广泛开展《条例》宣传和解读，为《条例》实施创造良好环境。

（二）关于完善社区居家养老服务体系

目前老年人居家生活急需解决用餐、医疗、精神关怀等困难与不便。主要建立以下几方面制度。

1. 扩展服务内容

居家养老服务应当围绕居住在家老年人的服务需求，坚持老年人自愿选择，为老年人提供就近便利的服务。一是通过社区老年餐桌、定点餐饮、自助型餐饮配送等方式，有效解决老年人就餐谈问题。二是为老年人提供基本医疗、护理、康复等健康服务。三是为失能老年人提供家庭护理服务。四是为失能、高龄、独居老年人提供紧急救援服务。五是利用社区养老设施为老年人提供日间照料、短期托养服务等。六是为老年人提供保洁、助浴、辅助出行等家政服务。七是为独居、高龄老年人提供关怀访视、生活陪伴、心理咨询、不良情绪干预等精神慰藉服务。八是开展有益于老年人身心健康的文化娱乐、体育活动。发展居家养老服务不排斥家庭养老责任，老年人的子女及其他负有赡养扶养义务的人，仍然要履行对老年人经济上供养、生活上照料和精神上慰藉的义务。

2. 健全服务机制

充分发挥养老照料中心辐射居家和社区养老服务的功能，建立社区托老所与街道养老照料中心有效衔接的机制。建立老年营养餐服务体系，制定老年餐饮服务企业和困难老年人营养餐补贴政策，综合解决老人就餐问题。同时，引入符合条件的社会力量兴办的生活照料、康复护理、精神关怀等服务机构进驻养老照料中心，在服务信息系统、服务质量保障机制等支撑下，为居家老年人提供社区托老、上门服务等多样化支持。

3. 强化医疗卫生服务

进一步完善基层医疗卫生服务网络，为居住在家的老年人提供医疗、护理、康复服务指导，开展社区家庭医生式服务，提供优先就诊和与其他医疗机构之间的双向转诊等服务。按照社区卫生服务机构的服务功能完善基层用药制度，保证社区卫生服务机构药品配备，为老年人在社区治疗常见病、慢性病用药提供方便。

4. 加强基层组织保障

发挥居民委员会、村民委员会的组织服务功能，开展居民信息自愿登记，协助政府对企业和社会组织管理、运营社区养老设施及其他服务项目的情况进行监督、评议，组织开展互助养老、志愿服务和低龄老年人扶助高龄老年人的活动，为居家养老服务落实到社区、落实到老年人身边提供基层组织保障。大力发展基层老年协会，了解、反馈辖区老年人生活状况和服务需求，参与为老服务工作的决策和监督，参与组织助餐、助洁、助急、助行、助医、互助关怀等居家养老服务。

（三）关于支持社会力量参与居家养老服务

1. 大力发展居家养老服务网点

在全市推广养老（助残）卡，大力发展百货购物、生活照料、家政服务、老年餐桌、医药医疗、文化娱乐等养老（助残）服务。

2. 制定政府购买养老服务制度

在购买居家养老服务方面，主要包括为符合政府资助条件的老年人购买助餐、助浴、助洁、助急、助医、护理等上门服务，以及养老服务网络信息建设；在购买社区养老服务方面，主要包括为老年人购买社区日间照料、老年康复文体活动等服务。加强对购买养老服务的组织领导、制度设计、政策支持、财政投入和监督管理。以老年人基本养老服务需求为导向，充分发挥市场配置资源的决定性作用，逐步使社会力量成为发展养老服务业的主体。

3. 发展养老产业组织力量

发挥行业协会研究、组织、协调作用，加快开展养老产业，综合运用市场价格、竞争、供求等机制，优化养老产业结构和养老产业组织，营造良好的市场发展环境，丰富养老服务和产品供给。总结推广老年餐饮、康复护理、养老家政、科技养老、老年用品等养老服务品牌企业的管理服务经验，推动养老服务企业连锁化、规模化运营。重点奖励扶持养老服务行业龙头单位，塑造和培育养老服务的“北京品牌”。

4. 鼓励养老机构为周边社区居住在家的老年人提供服务

开展养老照料中心周边老年人需求筛查，制订服务标准，加强监督管理，提高服务质量，促进养老照料中心开展社区居家养老服务。建立社区托老所与街道养老照料中心有效衔接的机制，发挥其在居家助老、社区托老、专业支撑、技能培训、信息管理等方面的枢纽和辐射作用，实现机构、社区和居家三类养老服务相互依托、资源共享、融合发展。

（四）关于配建社区养老设施

明确各级政府在社区养老设施方面建设与管理责任，对社区养老服务设施进行标准化配置。一是新建居住区要根据规划指标配套建设养老服务设施，与住宅同步规划、同步建设、同步验收，由开发商移交给民政部门统一调配使用。二是没有养老服务设施或现有设施不能满足需要的老旧小区，通过购置、置换、租赁等方式完成达标建设。三是农村地区养老服务设施纳入农村公共服务设施统一规划、优先建设，依托行政村、较大自然村，充分利用农家大院、闲置校舍等建设托老所、老年活动站等互助性养老服务设施。四是制定专门的配建养老设施移交、管理、运营制度。在前期建设上，在规划部门和住建部门核对小区配建的指标要求基础上，民政部门按照相关标准对小区配建养老设施在建设设计方案给予审核。在后期验收上，由民政部门会同规划、国土、住建、所在街乡镇政府等相关部门，对建成的小区配套养老设施进行验收，在验收合格后，开发商方可到住建部门办理其住宅部分的竣工验收备案。在设施移交上，养老设施建成后，由开发商无偿移交给区县民政部门，在办理完移交手续后，由民政部门到住建部门办理房产证。

（五）关于整合社会设施资源用于开展居家养老服务

一是鼓励、扶持个人申请开办家庭小型养老院和社区托老所。目前对社会力量举办的托老所全托型床位已参照民办养老机构床位给予运营补贴，下一步还要制定社区居家养老机构管理办法、托老所管理办法，对企事业单位和个人利用居住区附近闲置的场所和设施开展居家养老服务进行规范管理。

二是鼓励社区内或周边的机关企事业单位向居家生活的老年人开放内部食堂、浴室、文化娱乐活动场所等。这方面在一些社区已经开展了有益的尝试，在政府指导、扶持下以无偿或低偿的形式为社区居民提供活动场地、便民服务、就餐、医疗等资源。

三是在农村地区推进乡镇养老照料中心建设，建立“乡镇敬老院＋村养老服务站＋农居服务点”的设施服务网络。现阶段主要向所在村和毗邻村开展社区服务，长期发展可借助村委会、村集体经济组织，在本乡镇属地其他村设置服务站，并依托服务站提供入户服务，实现“以院统站带点”发展。

（六）关于居住区无障碍设施工程建设

落实住建部、民政部等《关于加强老年人家庭及居住区公共设施无障碍改造工作的通知》，制定本市无障碍改造的具体制度。一是完善老旧小区无障碍设施改造相关技术标准，细化无障碍设施改造实施方案，研究制定相关资金配置政策。二是摸清全市贫困老年人家庭及无障碍改造需求底数，研究制定贫困老年人家庭无障碍改造的资金补助标准、实施程序，明确资金监管措施。三是做好老年人家庭及居住区无障碍设施改造计划、年度计划。老年人家庭无障碍改造将体现老年人个性化需求，并重点解决居家生活基本需要，改造计划遵循公平、公正、公开原则，优先安排贫困、病残、高龄、独居、空巢、失能等特殊困难老年人家庭。居住区公共设施无障碍改造将严格执行无障碍设施建设相关标准规范，提高无障碍设施安全性和系统性，重点推进居住区缘石坡道、轮椅坡道、人行通道，以及建筑公共出入口、公共走道、地面、楼梯、电梯候梯厅及轿厢等设施和部位的无障碍改造。

（七）关于开展养老服务需求评估、建立失能老人补贴制度

老年人服务需求评估是一项综合评价工作，目的是了解老年人健康状况、日常生活的自理能力、经济条件，通过整合社会资源，构建社会照护服务支持体系，以减轻家庭照护负担、延缓老年人生活自理能力下降。同时，减少老年人住院治疗和入住养老机构的社会压力，尽可能长得保持其独立生活能力，提升其生活品质。评估重点是生活自理能力评估，结果主要应用于划分等级，确定补贴及服务标准。需求评估可以分三个阶段：第一阶段是面向全体老年人进行需求调查，了解老年人的基本生活、健康状况，主要风险和问题；为基本养老服务规划及服务项目设计提供依据；为进一步筛查提供人群指向。第二阶段是在调查基础上，确定重点筛查人群，包括低保老年人、低收入老年人、特殊

困难老年人、残障老年人、罹患重特大疾病老年人、失能老年人、高龄独居老年人(空巢)、失独老年人等。第三阶段是对第一、二阶段筛查出有失能倾向的老年人，进行多维度综合评估，确定失能等级，制定综合服务计划。财政部、民政部、全国老龄办已下发了《关于建立健全经济困难的高龄失能等老年人补贴制度的通知》，我市应出台具体实施文件，落实对经济困难高龄失能老年人的补贴制度。同时，还可以支持区县开展试点，与商业保险机构开发长期护理保险，为失能老年人提供长期护理保障，政府将对长期护理保险的投保人给予适当补贴。

（作者单位：北京市老龄办）

镇江医养融合创新发展模式研究

镇江市民政局课题组

我国老龄化趋势日益严重，养老服务需求与日俱增，但传统的养老服务和医疗服务自成系统，互不衔接。如何将老年人的养老与医疗问题实现一揽子解决，成为当前养老服务体系建设和医药卫生事业体制改革必然面对的结构性议题。“医养融合”则为解决这一问题提供了可能，它是一种有病治病、无病疗养、医疗和养老相融合的新型养老模式，其优势在于整合养老和医疗两方面的资源，养老和医疗互为裨益、相融发展，为老年人构建综合型服务体系。这一结构性资源整合反映了“持续照料”的养老理念，在养老的不同阶段、不同情境下，采用不同的医疗资源配比，满足养老服务需求。本课题组试图通过对国内外医养融合实践经验的梳理，结合镇江市医养融合现状与问题，探索适合镇江实际的医养融合创新发展模式。

一、镇江医养融合发展概况

镇江自2008年开始在全市打造医养融合渠道，通过试点引导、部门联合、资源整合等方式进行医养融合的尝试。具体有以下举措：一是养老机构内设医疗机构；二是养老机构与社区卫生服务中心对接；三是开设专业养老护理院；四是医院下设养老康复机构；五是社区居家养老服务中心提供医疗服务；六是设立智慧养老服务中心。

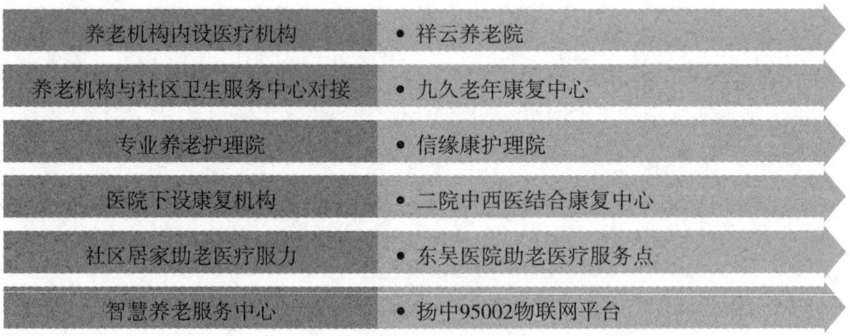

养老机构内设医疗机构	• 祥云养老院
养老机构与社区卫生服务中心对接	• 九久老年康复中心
专业养老护理院	• 信缘康护理院
医院下设康复机构	• 二院中西医结合康复中心
社区居家助老医疗服力	• 东吴医院助老医疗服务点
智慧养老服务中心	• 扬中95002物联网平台

图1 镇江市医养融合渠道的基本结构及典型代表

自2013年开始，镇江民政部门就在东吴医院试点开展“医疗助老行动”。为医疗助老对象提供相应的医疗优待服务，对住院老人医保账户自费部分予以减免。经过几年建设，镇江医疗机构与普通养老院对接的医养融合绿色通道已经建成，根据2015年3月镇江市卫生局和民政局联合下发的《关于做好我市养老服务机构内医疗服务的通知》，目前市内已有两家医疗集团的24家社区卫生服务中心与养老服务机构实现医养融合对接。

同时，镇江积极引入社会资本，发展养老机构护士站、护理院等专业模式。由黎明社区医疗卫生服务中心与九久老年康复中心联合创办的“民办养，公助医”机构，是江苏省首家“医养结合”养老模式护士站。该护士站内配备心电图、X光机、彩超、多功能监护仪等设备，改造了康复理疗室、机能训练厅等，入住老人不出养老院大门，在自己的屋内就能享受到医疗服务，直接刷卡结算。镇江信缘康护理院设有床位440张，其中，护理院床位200张，养老院床位240张，设有普通内科病区，康复医学病区，临终关怀病区，老年养护区，并设有专门的阿尔茨海默病病区。主要对长期卧床、晚期姑息治疗、慢性病、阿尔茨海默病等患者实施保健、医疗、护理及老年生活照料。

此外，镇江扬中以覆盖全市79个村（社区）的居家养老服务中心为载体，依托市镇两级医疗服务资源，探索建立了“医养共建工作室”，为农村居家养老老人尤其是失能老人提供“保姆式”医疗卫生服务，弥补养老机构在医疗服务上的“短板”。目前扬中已成功运营5个“医养共建工作室”，重点服务老人110名。同时，扬中启动智慧养老服务中心，通过“95002”热线，利用互联网、物联网和大数据、云技术等手段，构成了健康服务、安全管理、快乐支持、生活助理的整体解决方案。”

镇江还将继续推进民间资本与政府合作，丹徒区十里长山生态观光养老康乐园、扬中西沙岛国际养生养老基地等重大医养融合招商项目正在持续开发中。即将出台的《关于全面推进我市医养融合发展的实施意见（试行）》，更将为医养融合扫清政策障碍。

二、镇江发展医养融合的必要性

（一）镇江老龄人口医养融合的需求

据统计2014年，镇江市60岁及以上户籍老龄人口62.98万人，占户籍总人口的23.15%，人口老龄化、高龄化程度均呈高速发展态势，保障老年人的晚年生活是社会保障民生工程建设的重要方面。随着老龄人口家庭养老作用的逐渐弱化，特别是伴随着计划生育政策的实施、经济社会的转型、家庭规模缩小和结构的变化，医养融合全面深入的推进势在必行。

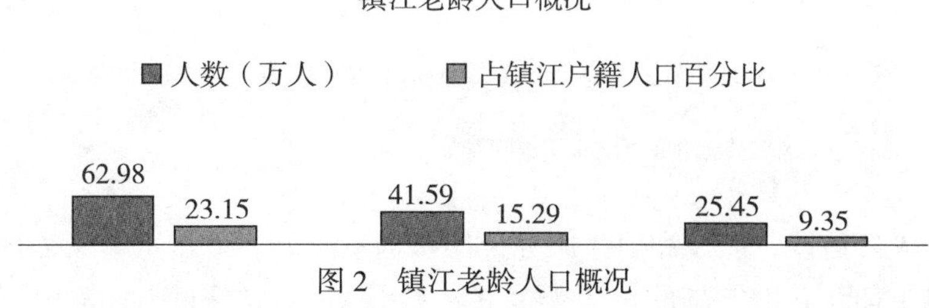

图2 镇江老龄人口概况

数据来源：镇江市公安局户籍数据

调研期间，课题组发放《镇江市养老医养融合发展需求调查问卷》500份，总回收441份，回收率88.2%。据调查显示，被调查老龄人口生活自理能力需要辅助，其中29%需要适当提供生活帮助，6%完全需要照顾。

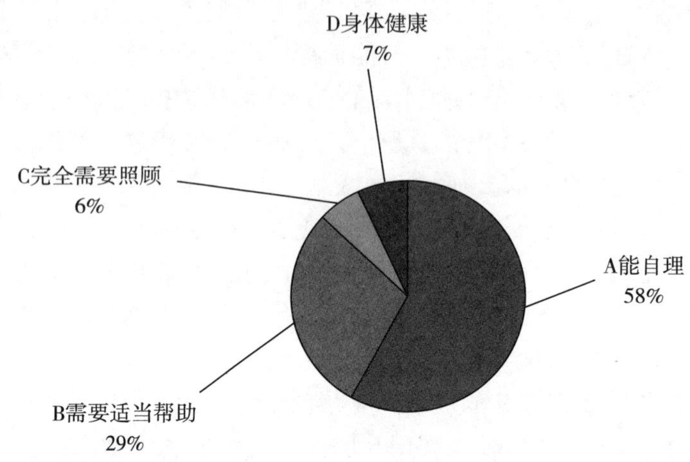

图3　镇江老龄人口生活自理的能力

数据来源：《镇江市养老医养融合发展需求调查问卷》

同时，取样人群中58%的老龄人口将医疗当作自己的必要需要，且随着年龄增大及身体健康状况的改变，老龄人口的医疗需求将逐年递增。

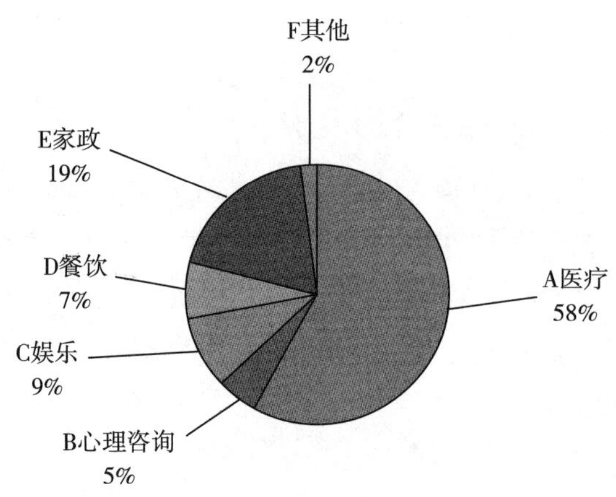

图4　镇江老龄人口医疗服务需求

数据来源：《镇江市养老医养融合发展需求调查问卷》

在对老龄人群访谈，以及和卫生服务部门沟通后得知，老龄人口医养融合的需求围绕诊疗阶段主要有以下几个方面：一是病前的疾病预防、日常保健；二是病中的便捷就医；

三是病后的康复、护理；四是临终关怀，其中以便捷就医为核心需求。

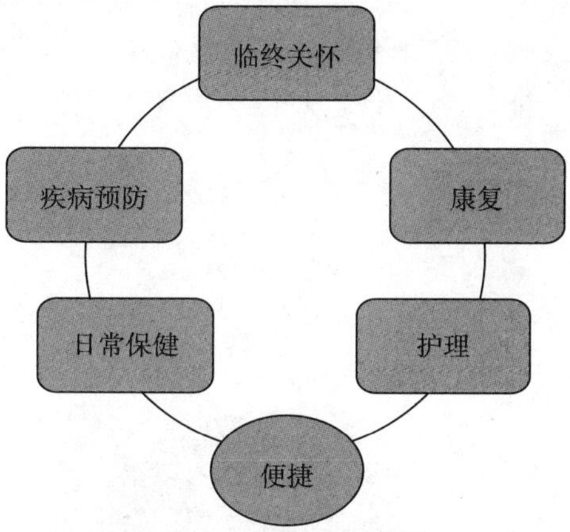

临终关怀
疾病预防
康复
日常保健
护理
便捷

图示 5　老龄人口医养融合需求组合示意图

（二）发展医养融合是新的民生命题

1. 发展医养融合有利于提高社会养老服务水平

镇江养老机构基本上均缺少医疗资源，面对众多需要康复护理的老人，不能提供专业的医护服务。老年人突发性疾病需要及时救治；失能、半失能老人以及慢性疾病老人需要较长时间康复、护理；其他老人需要预防保健、健身养生、健康管理、临终关怀等健康服务，解决这些问题亟待医养融合的发展。

表 1　老龄人口所需要的服务类别

需求（取样人数） 服务类别	需要	本地有	最近用过	不知道有这些服务
1. 街道、社区老年公寓	155	138	28	22
2. 社区养老服务中心（站）	120	118	5	19
3. 社区卫生服务中心（站）	138	141	52	16
4. 日托照料	78	56	2	53
5. 家政料理	91	101	9	55
6. 社区医疗保健	136	109	20	47
7. 社区康复护理	101	93	11	47
8. 陪同看病	75	58	18	43

数据来源：《镇江市养老医养融合发展需求调查问卷》

2. 发展医养融合有利于提升医疗资源的高效分配

由于缺少康复护理机构，本应出院的老年人趋于风险最小化的行为选择，坚持留在医院，不少患病老人把医院当成养老院，成了“常住户”，老人“押床”现象频发。这既影响优质医疗资源的使用效率，也增加患者的就医负担和就医难度。构建医养融合服务体系，将老年人医疗、康复、护理不同阶段有序结合，可有效缓解现下二、三级医疗机构中长期患慢性疾病的失能、半失能老人长期占床的现象，更为合理地利用有限的医疗卫生公共资源。

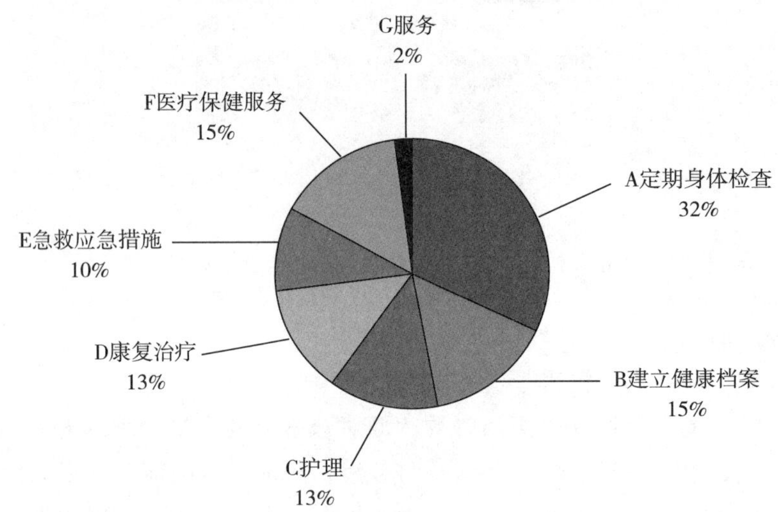

图 7　老龄人口希望养老机构里能提供的医疗服务类别

数据来源：《镇江市养老医养融合发展需求调查问卷》

3. 发展医养融合有利于减轻老龄人口家庭负担

目前人口老龄化、高龄化、失能化、失智化、空巢化和失独化态势不断严重，而独生子女政策实施后的家庭结构急剧减缓，家庭养老已不能满足养老需求。但老年人在院治疗费用较高，如果请护理员护理每天要花费 100~120 元左右，极大程度上增加了老人及家属的经济负担。且入住老人已是年高体弱，反复住院搬动，易造成老人伤害，许多慢性病亦无法治愈，需要日常安养。构建全面的医养融合体系可以切实减轻老龄人口家庭负担。

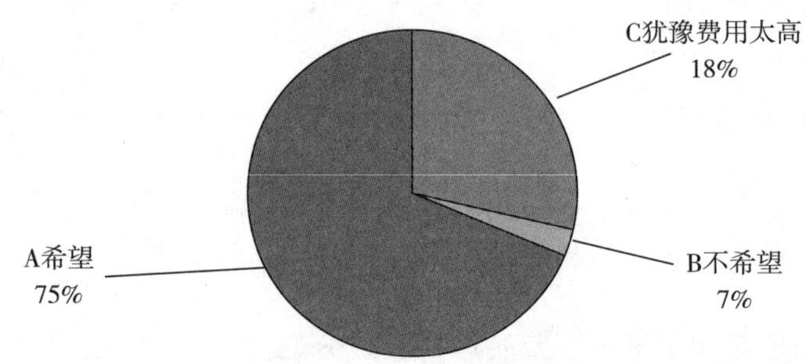

图 8　老龄人口希望在养老院接受医疗服务的程度

数据来源：《镇江市养老医养融合发展需求调查问卷》

三、国内外先进医养融合模式借鉴

（一）我国医养融合典型个案模式简介及评析

1. 医院内设老年病房模式

厦门长庚医院开设了养老机构——长庚护理院，护理院设于医院内，共有50个床位，依托医院为入驻老人开展医疗服务。此类型以医院为主导，实质是在医院内开设老年病房，将康复、护理、临终关怀等非急诊式服务集中起来，由治疗期延续到休养期，在医院内为老龄人口提供医养融合服务。

2. 养老机构内设医疗机构模式

无锡目前有150多家养老院，其中28家已经有了独立医疗机构，并且是医保定点，另外还有四五十家养老院已经或者正在跟乡村医疗站或者社区卫生服务站合作，派驻医疗人员、设置医疗设施，解决老人的看病需求。此类型以养老机构为主体，将部分规模较大、经济效益较好的养老机构升级，发展成可以提供基本医疗服务的医养型养老机构。

3. 社区康复养老模式

北京市的“社区康复养老”，也就是家庭医生式服务，引导居民到社区就诊，形成“首诊在基层”的格局。基本模式是需要服务的老人和社区卫生服务中心的医生签约，由医生负责签约老人的健康管理，老人没病但有患病风险的话，医生也有责任进行处理。此类型以社区为驻点，依赖社区公共卫生资源，打造社区养老的医养融合服务圈，促进医疗资源的上门服务。

4. 老年护理险模式

青岛市建立了长期医疗护理保险制度，将残疾、半失能和失能等需长期护理的参保老年人的医疗费和护理费纳入护理保险基金支付范围。护理保险费主要通过调整基本医疗保险统筹金和个人账户金比例的方式筹集，财政和福彩公益金给予一定补助，用人单位和个人不另行缴费。青岛实行“社区巡护”“居家护理”“护理院护理”和“医疗专护”等多层次医疗护理方式，形成了家庭、社区、医院三位一体、相互承接的护理服务体系，建立了医疗、养老、康复、护理相结合的新型医疗护理模式。

5. 物联网智慧养老模式

攀枝花中心医院及康和敏盛公司合作，以物联网方式共同开创攀枝花医养融合健康服务平台，双方通过整合各自康养服务与医疗救治的优势资源，提供包括日常体检、社区诊疗、远程会诊等多项服务，以及就医绿色通道服务，全方位的健康管家式服务，为社区居民提供健康检测、分析、评估。

医养融合的核心在一个“融”字，目前，我国各地正对各种模式进行尝试、探索，城市根据自身情况选择的多种模式结合也逐步形成自身的特色。

（二）域外医养融合典型模式简介及评析

国外“医养结合”早已备受关注，北欧的高福利国家，由专业护理团队、全科医生及医疗机构共同参与的养老机构的医养结合模式已经运营多年。

1. 日本：养老机构医疗外包

日本鼓励以家庭养老为主的所谓“在宅服务”，并由外包的医疗护理人员为之提供全面的服务。如家庭护理员上门对卧床老人进行包括身体护理、家务以及生活咨询服务；定期早晚用车接送老人到设在养老院或单独设立的“日托护理中心”，对他们进行包括入浴、用餐、日常生活训练、生活指导等各种服务。此外，养老机构一般设置长期护理、康复训练和简单急救等医疗服务，严重疾病的治疗则是通过与周边医院合作来解决。日本养老机构与周边医院合作，将医疗机构外包给医院运营管理，从而集中各自优势提升养老和医疗的专业化效率。

2. 美国：特护型老年公寓

美国将老年公寓分为三类，其中特护型老年公寓为老龄人口提供全面的医疗服务，包括从传统的医护房间到特别为老年癌症患者提供治疗的房间。美国老年公寓的分级管理，有利于不同需要的老人入住不同的老年公寓，将同类化老年医疗服务集中起来，有利于提高医疗服务资源的利用率。

3. 德国：大型医养结合综合体

德国阿尔伯蒂纳医养综合区是汉堡最大的医养综合体，由汉堡市内所设的医院和老年病中心及附属设施，以及汉堡市外的医院构成了其三大支柱机构。重点科室有：心脏和血管科、妇产科、老年医学与老年康复门诊、骨科、肿瘤科、内科、消化科、创伤科、老年病学科等，和还有牙医诊所。综合医院不但是北德心网成员之一，还有汉堡最大的紧急中心。其所设置的医疗专业涵盖了从出生到高龄的整个人生旅程。位于威森卡门帕的医养综合区拥有五星级的养老公寓，综合医院及新建的医疗大楼，各类专科诊所，肿瘤中心，康复中心，饭店，临终中心，日托所，24 小时住宅护理和重症护理等，大大增强了机构医疗护理能力。

4. 丹麦：提高养老护工地位

在丹麦，医养结合的重点放在了对医护服务人员的培养中。养老护工最初在丹麦的社会地位也是非常低，随着需求量的增大，老年护工薪酬和社会地位均有了大幅提升。丹麦政府强制推行每年两次的养老护工工作环境测评工作，并要求养老院不断完善护工的工作环境，而且教学机构不断向行业输送高水平人才。丹麦模式中将院校与实践结合起来，培养专业的医护服务人员，弥补医疗护理人员在养老院中的缺口，提高养老院的医护水平。

四、目前镇江发展医养融合的困境分析

经过对医养融合牵头单位，镇江民政局、镇江卫生与计划生育委员会的调研，以及长期深入社区、养老机构、护理院、社区卫生服务中心的实地探索，通过访谈、调查问卷、政策分析等方式的研究，总结镇江医养融合面临的困境如下：

（一）养老供养比严重失衡，制约养老水平提高

由于多年来镇江人口结构发生了重大变化，目前养老供养比为 1.7 ∶ 1，供养压力空前巨大，养老代际统筹无法实现平衡。加之镇江市经济水平相对周边城市偏低，经济总量较小，由此导致政府无法对养老机构扩大支持力度。同时，镇江养老机构普遍基础条件较差，受市场发展和经济水平的制约，高档养老机构数量不多，小规模养老机构不愿花费成本内设医疗机构。

（二）财政缺口下的医保统筹冲突

镇江作为我国首批医保试点城市，自 1994 年医保实施以来，其制度设计上存在两个特点：医保个人账户结存额度高，统筹账户低；医保支付水平相对较高，门诊在社保中的报销比例高。2014 年镇江医保统筹账户赤字 2.5 亿元，导致医保统筹资金难以承受对养老机构、老年康复机构、老年护理机构等的医疗康复、护理费用补贴。

（三）社区卫生服务体系不尽完善，资源较缺乏

镇江社区卫生服务中心广泛存在着队伍力量不足、素质整体不高、队伍不稳定等问题，导致现在的服务人员坐诊压力大，无法广泛实现上门诊疗。同时，由于全科医生相对较少，较难满足社区老年卫生服务公共性、个性化、特殊性等特点。在已经形成的社区卫生服务中心与养老机构的对接中，出现了巡诊频次不足、评估单位缺失、双向转诊难以实现等，这都阻碍了医养融合服务的提供。

（四）欠缺专业医养融合评估单位，无法科学界定服务对象

医养融合服务不是简单的对老龄人口实施医疗行为，在具体实施服务中首先要运用统一的评估标准对老年人进行评估，从而保证服务内容的针对性和标准化。中国目前对老年人缺乏全面评估，卫生和民政的评估体系没有贯通，导致无法明确老龄人口是否需要医养融合服务，以及服务的具体内容和需求程度，很难做到服务内容与服务需求相吻合。

镇江是我国中小型城市的缩影，所面临的这些问题具有一定代表性。发展医养融合不能仅凭政府的大量投入，如何在困境中求发展，突破瓶颈，需要在发展模式上积极探索，在城市规划上逐步完善，在制度设计上层层推进。

五、镇江医养融合创新发展模式相关制度建议

医养融合是一项多部门、多机构、多层次综合构建的养老体系，需要长期的合作与融合，并非可以一蹴而就。对于老龄人口占比大、需求多，经济发展水平有限，医疗和养老均存在财政赤字的镇江而言，如何发展医养融合，值得不断地深入思考。

（一）细化普通养老院医疗绿色通道的契约化管理

普通养老院是医养融合制度设计中一个广泛的主体，受制于规模、服务能力、服务对象经济条件等多元因素，大多无力提供独立的医养融合服务，需要社区公共卫生服务和综合医院医疗绿色通道的支持。镇江已于2015年构建了普通医疗机构医疗绿色通道，落实好绿色通道的契约化管理是重要的服务内容。目前医疗机构的绿色通道仍然集中在急危重症，主要为保障重大事故后或节假日期间市民的急重症救治，对养老机构老年人的便捷服务较少。亟需明确普通医疗机构、公共卫生服务机构、护理院、康复中心等主体的服务范围和责任承担，分工明确，各尽其责，打通医疗绿色通道。

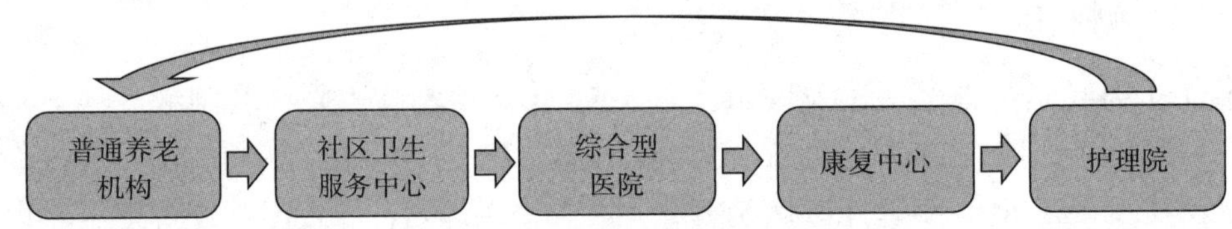

图9　医养融合绿色通道循环图

（二）构建健康管理式居家养老体系

加强家庭和社区养老过程中的医疗卫生服务能力，关键在提高家庭医生制度的覆盖率和服务能力，同时充分发挥日间照料中心和家庭病床在社区老年康复护理中的作用。形成老年人首诊在社区，病情严重的转诊进入更高级别医院治疗，病情稳定后，返回社区卫生服务中心或进入老年护理院进行康复治疗，最后回到家庭或者社区内，通过家庭病床或者日间照料中心提供医疗护理服务。

（三）实现社区公共卫生服务资源的有效分配

一方面，社区卫生服务中心医疗资源和服务按需分配。实践中，片区化医疗资源分布使得部分社区卫生服务中心本身服务量超额，医疗诊治应接不暇，只能实施坐诊。需要按需分配社区卫生服务中心医疗资源，对各社区医疗资源的需求进行评估，合理分配医护人员人数，确保其有能力为养老机构提供医养融合服务。另一方面，养老机构要积极培养医护型养老护理员。养老机构是医养融合的重要载体，要积极对聘用的养老护理员进行培养，提高其护理水平，这样更有利于在与社区卫生服务中心对接中提高服务衔接效率。

（四）制定涉及医养融合的医护人员责任管理制度

医养融合的落实主要在社区公共卫生服务的提供，以及综合医院绿色通道的搭建上，这两块运行中，医护人员是最重要的主体。调研中，社区、养老机构、服务对象对医护人员的服务大多持有好评，但也暴露出一些问题，确定医护人员明确的责任管理制度是确保医养融合顺利运行的基础。考察先进地区做法，主要措施有：卫生部门制定涉及医养融合的医护人员责任管理规定；建立医养融合医护服务评价体系；绩效考核中将公共卫生服务的时间和成效纳入医护人员考核指标；工资报酬中体现医养融合服务的绩效，进行适当奖惩。

（五）促进社会资本合作兴办医养融合机构

医养融合服务体系建设耗资巨大，仅靠公立医疗机构和养老机构的资源是无法满足日益增长的医疗和养老服务需求的，吸引社会资本兴办医养融合机构是发展的根本途径之一。但于资本而言，利益的追求永远是不变的终极目标，养老产业回报期长，服务对象风险性高，医养融合既是朝阳产业也面临种种挑战。目前国家、省均已对社会资本发展养老产业进行了政策性倾斜，镇江也在多方面予以关注。但面临两项主要问题：一是优惠政策需要因地制宜；二是政策落地需要切实有效。制定适合镇江社会资本投入医养融合发展的优惠政策体系是促进这一服务体系建设的政策基础，而将纸面的优惠政策转化为实际为社会资本投资医养融合产业的服务则更为重要。

（六）制定医养融合发展人才保障政策

制定切实有效的人才保障政策是保证医养融合服务体系顺利构建的基石。教育部、民政部、卫生计生委等九部门联合印发《关于加快推进养老服务业人才培养的意见》，进一步明确了关于加快推进养老服务业人才培养的总体思路、工作目标、任务措施和组织保障。医养融合的服务对象主要是老龄人口，服务对象在医疗服务上往往需要多科会诊、中西医结合康复等特殊服务。培养一定数量的全科医生，以及专业的护理、康复人员，才能为老龄人口提供科学有效的医疗服务。此外，养老机构在培养专业护理、康复人员之外，尚需对老年人心理健康持续关注，培养老龄人口心理专员和社会工作人才也势在必行。壮大健康服务人才队伍，需要从需求预测、人才培养、鉴定考核、人才使用、激励等多个环节加强人才培养体系建设，尤其需要创新人才派遣、人事代理等用人机制，促进人才流动，为健康服务服务业发展提供充足的人才保障。

（七）强化医养融合资金保障措施

医养融合服务体系需要大量的社会资源，不管是提供专业的养老、医疗服务，还是对接平台的搭建、信息通道的维护、专业人才的培养等均需要政府投入不少的资金。但这样服务体系也融合了关于老龄人口养老医疗的最重要需求，是关于公民福祉的重要内容。强化医养融合资金保障，首先需要政府整合资源，以医养融合为目标，将相关条口服务资金整合起来；其次需要政府根据目标实现逐步进行资金投入；第三需要政府扩大宣传，引导社会资本进入医养融合体系，将社会资本增值与医养融合结合起来。

结语：

医养融合服务体系是一幅美好的社会服务蓝图，将整合各种社会资源，网络化提供分级服务，多元模式共存共荣，构建政府托底、社保保障、社会资本介入支持的综合体系。目前，镇江已经在各种养老方式张全面展开养老、医疗资源的融合，在各类养老服务机构中链接基本医疗服务，目标护理型床位数占养老床位总数达30%以上。到2020年，镇江将实现养老和医疗康复资源共享，服务便捷，各类养老服务机构医疗服务功能更加完善，与医疗机构合作更加紧密，医养融合模式更加成熟，医疗护理水平逐步提高，护理型床位数占养老床位总数达到60%以上。实现老有所养、病有所医的总体目标。

课题组成员：潘志坚、陈正革、李正云、游文静

关于城市空巢老人生活状况与心理健康问题的调查与研究

——以南昌市社区为例

刁 莉

一、引言

（一）人口老龄化与“空巢老人”调查背景

截至2014年底，我国60岁以上老年人口已经达到2.12亿，占总人口的15.5%①。根据2013年全国老龄工作会议上数据显示②，2025年突破3亿，2033年突破4亿，2053年达到峰值4.87亿。“未富先老”在相当长时期内仍然是我国老龄问题的基本特征。就南昌市东湖区而言，截止2015年6月，东湖区有老年人8万人左右，空巢老人约占30%，约2.4万人。并且随着独身子女的父母步入老年，可以预见，南昌市老年人家庭的“空巢化”也将成为一种不可避免的趋势。近年来，南昌市以大院街办为代表，大院的一些社区正在大力倡导空巢老人关爱服务，开展了针对空巢问题的“掘美行动”以及南大等志愿服务活动，引起了社会的积极反响和政府的关注，对南昌市空巢老人目前的生活状况和心理健康方面问题的调查与研究，对今后关爱空巢老人这一方面，具有可参考的现实意义。

（二）空巢老人的概念

1.“空巢”一词的来源③

这一术语最早源于自然界，是指雏鸟逐渐长大展翅飞翔，并开始独立筑建自己的幼巢，母巢里只剩下年迈老鸟的现象。随着家庭生命周期理论的提出，空巢这一概念便逐渐在社会人口学领域活跃起来，它代表着人类家庭生命周期中一个必不可少的阶段。在这个阶段，孩子完成了学业开始步入社会，而父母却已离退休，独自留在家里。我国人

① 数据显示：全国老龄工作委员会第十七次全会精神传达提纲

② 数据显示：2013年全国老龄工作会议

③ “空巢”的定义：《空巢老人心理健康的现状及研究述评》——卢慕雪 郭成（西南大学心理学部，西南大学心理健康教育研究中心）

口预期寿命在迅速上升，生育率却因严格的人口控制政策而直线下降。随着中国家庭的"小型化"和"高龄化"特点，许多国家相继出现了人口老龄化趋势，为此，空巢老人已成为一个比较普遍的社会现象。

2."空巢老人"的含义①

随着对空巢老人研究的深入，不同学者对空巢老人的含义进行了阐释。概括起来，主要有三种理解：第一，有学者将空巢老人定义为最后一个孩子离开，只剩下一对夫妻独自生活的老年父母。第二，人们认为空巢老人是指只与配偶或一个人单独居住的老人。第三，研究者把空巢老人界定为那些子女不在身边或无子女的老人。综合以上定义，不难发现，目前对空巢老人的界定尚无定论，这与不同文化背景相关，而在我国，"空巢老人"②，一般是指子女离家后的中老年夫妇。

二、调查与研究的方法与过程

（一）调查与研究的目的

一方面了解南昌市社区空巢老人的基本生活状况及心理健康方面的问题，为今后在南昌市社区开展空巢老人关爱服务提供背景资料和依据；另一方面了解社会不同群体对于空巢现象的观念和态度，从中找出帮助空巢老人生活更幸福对策与出路，来应对未来空巢现象的发展趋势。

（二）调查方式与研究对象

本文采取问卷调查法和个人访谈形式进行调查，同时结合相关文献、权威报道及养老政策进行资料收集和探讨，随机在南昌市东湖区社区抽取320位60岁以上空巢老年人进行调查问卷。共发放问卷320份，回收320份，其中有效问卷为310份，回收有效率为97%。

三、南昌市空巢老人生活状况与心理健康的现状及问题

（一）空巢老人的生活状况

1.基本情况

从年龄分布上，被访老年人平均年龄为82岁，60–70岁68人，22%；71–80岁141人，

① "空巢老人"的定义：《空巢老人心理健康的现状及研究述评》—— 卢慕雪　郭成（西南大学心理学部，西南大学心理健康教育研究中心）

② "空巢老人"：百度百科 http://baike.baidu.com/link?url=oWT1yca8cRu8kn1Jpj_X4300HsX3RZjaRIpWl09f94oOimZnOc1VdsAlfQuoLK1PtS7-CZtN7SHB79mk2YOXF-V2rYFIXUK-RsKdWWXGwmaYiqLfaV2Hgsq3kwlFKRmw

占46%，81–90岁82人，占27%，91岁以上占5%；说明南昌市高龄化相对来说比较严重。从性别构成上，在访问者当中58%是女性，而男性只占了42%。男性人数明显小于女性人数，这说明在生存优势上，女性要比男性强。

2. 生活来源和医疗保障方面

从调查问卷中得知，因为南昌市社区的空巢老人退休之后享有退休金，其生活来源89%来自退休金。健康是老年人生活的核心。老年人随年龄的增长，身体机能衰退，出现疾病的可能性大，健康状况逐渐下降。老年人或多或少都有慢性病，大多数老年人中都有高血压，经常影响自己的生活，最初都是选择能抗则抗，实在影响正常的生活时，才会到医院就诊，予以治疗。66%有基本医疗保险，23%是由自己支付，7%子女或亲属支付。其他占4%。

3. 在生活照顾与子女关系方面

在生活照顾方面，因为调查的绝大部分空巢老人都在老城区，生活条件较好，自理能力较好，调查中69%的空巢老人能自己照顾自己。且因被调查的空巢老人有62%配偶健在，故在其生病的时候，有49%的空巢老人是由老伴照顾，43%的是由子女照顾，另有8%的是由医疗护理人员照顾。在与子女关系方面，空巢老人们的子女一般是生活在本地的。数据还显示，造成空巢老人与子女分开住是多种原因共同作用的结果。23%巢老人是因为与子女的生活方式，价值观念有差异为避免冲突而与子女分开居住，同样的31%老人空巢是因为子女学习工作忙，压力大无暇照顾老人，另外42%空巢老人是因为自己希望独立生活，自己喜欢在老地方住。从调查中我们还得知，空巢老人们的子女很少与其联系的比率占12%，而空巢老人们经常主动和子女联系的比率占53%。这说明很多空巢老人与子女保持了更多的联系。

4. 在社区服务设施与其休闲娱乐方面

（1）在社区服务设施上，从调查中我们了解到，在硬件设施方面，社区针对老人们的休闲娱乐设施很少，老人们提到的休闲活动场所主要是公园、广场之类的。另外，我们所调查的东湖区有很多空巢老人有的都安装了爱心门铃等针对空巢老人在紧急情况下呼叫帮助的系统；而在软件设施方面，有很多有社区或社会志愿者给空巢老人提供服务，但是缺乏专业的助老队伍。

（2）在空巢老人的休闲娱乐上，我们通过调查得知，74%的空巢老人们的休闲娱乐方式是在闲暇时间看看电视和报纸书籍，同时，60%的会选择打太极，散步之类的放松方式，还有16%的空巢老人喜欢聚在一起打牌，只有极少数的约为9%的空巢老人会选择出远门旅游。

（二）空巢老人的心理健康状况

根据问卷调查统计可知，整体上空巢老人的心理健康程度达到66%，处于中等水平。在问卷表中，有约68%的老人觉得自己当我老了以后发现事情似乎要比原先想象得好，59%的老人有时感到孤独，13%的老人经常感到孤独，9%的老人感到生活无目的，老人们的总的幸福满意度为19%。从统计中发现空巢老人的心理明显感到孤独，幸福感不强。

（三）空巢老人的生活状况与心理健康状态的关系

1. 空巢老人的生活状况直接影响其心理健康状况

通过调查访问，所调查的对象空巢老人的整体生活状况处于能基本上满足需要的水平，因生活困难而产生的悲观、焦虑、无望等心理问题较少，但这种因为生活得不到保障而影响心理健康状况的现实还是存在于一部分空巢老人身上。

案例：杨某是位孤老，身边无亲人，独居。患有高血压、心脏病且腿脚不方便。从事居委会工作几十年，因体制原因，虽已退休但无退休工资，仅靠东湖区每月发 147 元的生活费维持生活。老人的人际关系非常好，与邻居相处融洽，是多年的居民代表。在经济方面，老人每月只有政府补贴的 147 元生活费，无其它收入，日益增长的物价成为老人面临的首要问题。在日常照料问题。老人患有多种老年病，经常发作的腿痛，给老人的行动和日常生活带来极大不便，急需人照顾。在精神慰藉方面。老人属于孤老，身边无亲人，在精神方面难免会感到寂寞孤单。通过落实帮困解难，改善生活状况。通过与居委会、街办、区民政局等有关职能部门联系和沟通，帮助老人享受了居家养老服务券、爱心门铃、政府发放的小灵通。利用老人的人缘非常好的资源，以社区为主体，开展“时间银行”邻里互助活动，组织身体健康的低龄老人志愿者照顾高龄老人，为老人配备了一支以近邻的低龄老人志愿者及爱心门铃志愿者，为老人提供就近服务。充分利用社会资源，提高老人精神文化。并为老人提供心理抚慰、应急救助、健康保健等服务，及时给她排忧解难。

2. 空巢老人的心理健康状况间接影响其生活状况，积极健康的心理状态会促进其生活质量的提高。

案例：胡阿姨，女，71 岁。早年丧夫，后其儿子不幸去世，胡阿姨为此悲痛万分。其后媳妇离家另谋生活，并带走了孙女，更是让她备受打击。出事前她身体较为硬朗，能照顾自己的起居生活，但自从遭受打击后一蹶不起，精神萎靡。胡阿姨的基本问题表现为心理健康问题及由此导致的生活自理问题。由于遭受过度刺激身体出现了故障，患了中度的心脏病；参加社会活动的几率很少，她所做的最多的就是对她儿子的思念与回忆。长期孤独无助的生活自然带来了严重的心理问题。通过鼓励老人到社区参加一些有益身心健康的活动，广交老年朋友，拓展自己的生活圈，摆脱内心压抑，走出丧子后的心理阴影，融入社区大家庭。社区志愿者定期上门宽慰老人，并帮助老人做家务，让她在感受到被社会关心的现实下，心理上得到极大的安慰。还时常陪伴老人去医院做定期检查，保证老人家中救急药品的备用。

从我们调查中发现，有相当一部分的空巢老人在与我们的交谈中表现得很积极、乐观、豁达。谈到子女不在身边，都表示很理解；在谈到对现在生活的满意度上，都觉得自己是还是很幸福的；而谈到未来生活的变化时，都持较乐观的态度；最大的愿望是一直淡然、平静而从容地生活着。

总体上空巢老人的心理健康状况良好，其对生活的幸福满意度处于中等偏上的水平。受教育程度高的空巢老人心理健康状况比受教育程度低的空巢老人好，男性空巢老人的心理健康状况比女性空巢老人好，但是空巢老人还是明显感到孤独。空巢老人的生活状况直接影响其心理健康状态，生活状况越差，其心理健康状态也越差。空巢老人的心理健康状态间接影响其生活质量，心理健康状态越好，其生活质量越高。

四、建议和对策

（一）建立社会支持系统

社会支持是目前公认的对空巢老人心理健康最为重要的影响因素之一，研究发现，社会支持与空巢老人的孤独感呈负相关，社会支持越多，空巢老人的孤独感越少。一是对于空巢老人来讲，子女的支持应排在第一位，其次是邻居，最后是同龄朋友。不过，当空巢老人生病时邻居的支持却成了除子女以外最重要的社会支持。因此空巢老人的子女必须尽到经常联系老人、看望老人，照顾老人，给老人提供生活保障的义务。二是扩大志愿者服务，社区志愿者服务社会的中低龄老人可与本社区的高龄空巢老人或其他有需要的空巢老人结成对子，以“一对一互助”的方式帮助空巢老人，如心理、法律、医疗等方面的咨询、文艺汇演等。建立老年人志愿者服务协会等一些在老年康复、护理、保健、营养、心理方面的专业人士加入到服务队伍中，为空巢老人提供专业化的服务。

（二）加大社区服务设施①

政府应加大投入，建立健全基本的社区服务设施和服务网络。一是通过新建和改、扩建，完善以社区为基础的公共设施建设，优化社区环境，从居住出行、道路交通等方面满足老年人需求；二是结合空巢老人自身特点，以便利、快捷为目标，发展以需求为导向的服务保障体系设施建设，如老年人日托中心、家政服务中心、老年活动中心、食物及生活用品配送中心、医疗卫生保健、康复及治疗中心等，形成“十分钟”生活圈，实现社区服务网络的全辐射；三是兴办具有综合服务功能的社区活动中心，为老年人提供娱乐、社交的场所，帮助老年人摆脱孤独，促进其心智健康。建立多元的社区服务模式。老人生活需求的满足除了通过货币的形式向市场购买服务外，还可以通过劳务交换、时间储蓄等多种方式来获得。

（三）介入专业社会工作

社区应建立专业社会工作室，每个社会工作室至少配备 2 名取了助理社会工作师及以上职称的人员。结合社区居家养老服务，积极引进专业社工，入驻到区居家养老服务中心开展各项专业实务工作。通过培养本土社工和引入专业社工两条方式，鼓励取得社会工作职称的人员积极开展社会工作实务，同时，政府应每个月给予相应社工补贴。一

① 服务设施：《城市空巢老人社会支持系统构建的探讨——以南昌市 NH 社区为例》——余冲；霍莹

是社会工作者给予老人支持和鼓励。工作者通过仔细聆听老人的表述、表达自己的同感如对于子女不在身边的痛楚的体会等方式来建立与老人的信任关系；给予老人改变人际交往状况的保证，使老人有足够的信心去与他人交往；还可以给予老人一些实际生活中的帮助或实物支持，使老人感觉到工作者对他的关心，增强老人改变的要求。二是工作者可以通过将空巢老人以及子女聚集在一起后进行小组工作的形式，与老人的家庭成员之间建立充分的沟通，并为双方的交通架起桥梁，正确理解双方的真实意思。这样有利于形成一个良好的家庭互动条件，是解决老人心理问题的一个重要方面。

（四）成立社区心理诊室

政府应在社区成立心理诊室，心理咨询师用通过运用心理知识解决空巢老人的心理问题。其实空巢老人只是想找到一个聊天或倾诉对象，这样增强双方互动，是有利于社区和谐发展的，是应该受到鼓励的，鼓励老人要有信心去与他人交往，将自身的心理问题及时排解。

参考文献（略）

（作者单位：南昌市东湖区老龄办）

关于宁夏社会养老服务体系建设的调研报告

李治贵　岳秀霞　肖振亚

按照据全国老龄办《关于开展2015年专题政策调研的通知》（全国老龄办发［2015］21号）精神，宁夏老龄办组织专题调研组就我区社会养老服务体系建设情况进行了专题调研。调研组先后赴全区五市及辖区各市、县（区）实地察看了部分社会养老服务机构、城乡社区居家养老服务站、社区医疗服务站、老年活动中心等养老服务基础设施建设和服务工作开展情况，并与基层广大干部群众、老龄工作者及部分老年人进行了面对面的交流和座谈，形成了一些意见和建议。现将调研情况报告如下。

一、充分认识老龄化形势的严峻性

我区于2009年进入人口老龄化社会，当年底全区总人口625.2万，其中老年人口65.2万人，占总人口的10.4%。这标志着我区已进入了人口老龄化社会。截至2014年底，我区60岁以上老年人口82.3万，占总人口的12.4%。预计今年，全区60岁以上老年人口将达到86万，占总人口的13%以上；到2020年老年人口将达100万以上，占总人口的15%左右。我区进入老龄化社会显然比全国晚了10年，但却呈现出增速加快的态势。全国老年人口由10%增加到15%，历经15年，而我区到2020年将超过15%，用了11年，全国老年人口每年增速为3.4%，而我区近5%。随着人口老龄化进程加快、高龄老人增多和“空巢”、“留守”、“独居”老人的增加，老年人在生活照料、康复护理、精神文化等方面的服务需求日益凸显。

我国老龄化形势的严峻性和特殊性是世界上独一无二的，主要表现在基数大，发展快。老龄化问题涉及政治、经济、文化和社会生活各个方面，是关系国计民生和国家长治久安的一个重大社会问题，已成为我国改革发展中不容忽视的全局性、战略性问题。

21世纪，我国社会经济发展的战略目标是，在2020年实现全面小康，在2050年基本实现现代化，实现中华民族伟大复兴——中国梦。要实现这一宏伟目标，就必须积极应对人口老龄化迅速发展，特别是2030–2050年间人口老龄化高峰的严峻挑战。对待这样一个重大问题，我们全社会对它的认识和了解还很不充分，特别对其严峻性、特殊性认识不足，更缺乏应对老龄化必要的思想准备、理论准备、物质准备和制度准备等。时光如箭，光阴荏苒。留给我们的时间十分有限，要全方位地做好应对人口老龄化高峰的准备，时间十分紧迫。因此，要把老龄社会作为21世纪中国的一个重要国情认真对待，树立老龄意识，增强应对人口老龄化和老龄社会挑战的紧迫性、责任性和自觉性。

养老服务是基本社会服务的重要构成，事关老年人权益保障，事关应对人口老龄化，事关人民群众共享改革发展成果。党和国家历来十分关怀老年人，始终高度重视养老服务，作出了一系列重大决策部署，制定了一系列重要政策措施。就“十二五”期间来讲，国家制定了养老服务业发展“十二五”规划及社会养老服务体系建设规划。特别是2013年9月国务院出台的《关于加快养发展老服务业的若干意见》，为加快养老服务业的发展，提供了政策依据。

二、着力推进我区社会养老服务体系建设

国务院35号文件中指出，推进社会养老服务体系建设的总体目标是：到2020年，在我国基本建立起制度完善、组织健全、规模适度、运营良好、服务优良、监管到位、可持续发展，与人口老龄化进程相适应，与经济社会发展水平相协调，以居家为基础、社区为依托、机构为支撑的社会养老服务体系。

就我区而言，社会养老服务服务体系的发展目标是：到2020年，养老服务业政策法规体系建立健全，行业标准科学规范，监管机制更加完善，服务质量明显提高，以居家为基础、社区为依托、机构为支撑、信息为辅助，功能完善、规模适度、覆盖城乡的社会养老服务体系全面建成。

近年来，自治区党委、政府高度重视养老服务业的发展，在加大财政投入力度，加强养老服务基础设施建设的同时，不断完善扶持政策，鼓励支持社会力量参与养老服务业发展，以居家为基础、社区为依托、机构为支撑的社会养老服务体系建设基本形成。

一是以政策创制引领养老服务业发展。近年来，自治区政府先后印发了《宁夏回族自治区老龄事业发展“十二五”规划》、《宁夏回族自治区社会养老服务体系建设规划（2011–2015）》，出台了《关于加快推进社会养老服务体系建设的意见》、《关于加快发展养老服务业的实施意见》。《实施意见》明确了土地供应、税费减免、投融资、民办养老机构一次性床位补助、运营管理补助和水电气热等方面的优惠政策，为社会养老服务体系建设提供了有力保障。同时，民政厅联合有关部门先后下发了《关于推进城镇养老服务设施建设工作的通知》、《民办养老服务机构一次性床位补助资金管理办法》、《民办养老服务机构管理办法》和《关于加强农村幸福院建设与管理工作的通知》等配套文件，有效地推进社会养老服务体系建设进程。

二是大力推进养老服务设施建设。在自治区发改委、财政厅的配合下，民政厅积极争取国家专项资金、中央福利彩票公益金，自治区本级安排福彩公益金，建成了一批养老机构基本设施。目前，全区有各级各类养老服务机构103所，设置床位17024张，每千名老人拥有机构养老床位22.6张；依托城乡社区建成居家养老服务站584个、社区老年人日间照料中心53所；在全国率先以省为单位建设了集为老服务热线、紧急救援系统、数字网络系统和“一键式”紧急呼叫服务为一体的宁夏智能化社区居家养老服务信息平台和14个县级平台，为两万余名老年人安装了“一键式”呼叫器，其中困难老人1.4万。同时，采取签约、协议加盟等方式，为居家老年人提供了45个平价收费服务项目。

三是积极引导社会力量参与养老服务业发展。继 2012 年 4 月自治区政府出台的《关于加快推进社会养老服务体系建设的意见》之后，2014 年 5 月自治区政府又出台的《关于加快发展养老服务业的实施意见》将支持社会力量兴办的养老机构床位一次性开办补助由 2012 年的 5000 元提高到 8000 元，民办养老服务机构的用地实行划拨，收费实行政府指导价与市场调节相结合，用电、用水、用气、用热按居民生活类价格执行。目前，全区已建成并投入使用的民办养老服务机构 20 所，建筑面积 15.1 万平方米，设置床位 3364 张，总投资 2.28 亿元；正在建设中的民办养老服务机构 8 家，设置床位 2597 张，总投资 2.5 亿元。如果全部建成并投入运营后，今年全区民办养老机构的床位数将达到 5961 张，占各类养老机构床位数的 37.5%。

四是统筹规划、合理布局。去年 8 月，自治区民政、国土、财政、卫计委等部门联合下发了《关于推进城镇养老服务设施建设工作的通知》，明确对土地方面的借给。今年自治区政府办公厅转发了由自治区发展改革委、民政厅、财政厅制定的《宁夏基本养老服务体系建设规划（2015—2017 年）》。《规划》进一步明确了指导思想、总体目标、建设原则、建设任务、投资安排和保障措施。这标志着宁夏的社会养老服务体系建设步入了快车道。

五是提升养老服务机构管理服务水平。近年来，自治区民政厅和相关部门制定了多项规范管理的政策措施。同时，为提高养老服务机构从业人员服务技能，将养老机构从业人员统一纳入自治区职业技能培训补贴范围，对 663 名养老机构从业人员进行了培训。目前，全区养老服务机构从业人员持证上岗率达 70% 以上。

三、存在的问题

我区的社会养老服务体系建设虽然取得了明显成效，但认真分析也还存在着一些困难和问题。

一是基础较薄弱，建设任务重。宁夏属西部少数民族经济欠发达地区，目前全区机构养老床位只有 17024 万张，每千名老人拥有机构养老床位 22.6 张。按照自治区政府《实施意见》中到 2020 年每千名老人拥有养老床位 35 张的要求，还需新增养老床位 1.8 万张。

二是结构不合理，发展不平衡。目前，我区在社会养老服务体系建设中存在着区域之间、城乡之间发展不平衡，布局不合理的问题。现有的各级各类养老服务机构 103 所，大部分为农村敬老院，为失能失智老人提供专业化服务的养老护理机构还不能满足养老服务多样性需求。社会力量参与不足，市场运作机制尚未形成，服务内容和形式还欠规范，为老服务市场还不够成熟。

三是民间资本投入养老服务业的积极性不高。目前，在我区建设一张养老床位的建筑面积需 35 平方米，社区日间照料中心、托老所需 20 平方米，加上辅助设施需 10 万元，政府的一次性床位补助只有 8000 元，补助资金不到 10%，很难调动社会力量的积极性。

四是涉及部门多，政策落实难。在社会养老服务体系建设的过程中，虽然国家和自治区层面出台了相关政策，但因涉及部门多，特别是金融、税务、保险等部门政策要从国家层面争取出台，但就自治区和市、县（区）而言，有些优惠政策落实的不到位。

四、应对措施

一是建立健全养老服务体系建设的管理机制体制。目前，养老机构建设管理的主管部门大部分是民政部门，也有老龄部门主管的；居家养老服务工作既有民政部门承担的，也有老龄部门承担的；养老服务体系建设大部分由民政部门牵头负责，也有老龄部门牵头负责的。从组织机构、管理体制上看，各级老龄委办公室都设在民政部门，老龄工作已经成为民政工作的重要组成部分，所以说养老服务体系建设应明确民政部门具体负责，老龄办及相关处（科）室配合，要防止多人牵头、多处管理的弊端。

二是因地制宜构建多种形式并存的养老服务体系。在养老服务体系的建设中，要始终坚持政府主导、社会参与、家庭支撑的养老原则。政府不能大包大揽，家庭不能推卸责任，社会不能不尽义务。要通过家庭、政府和社会力量不断健全完善社会养老服务体系，不断满足老年人多层次、多元化、多需求的覆盖城乡的社会化养老服务体系，达到服务方式多元化，投资主体多样化，养老服务普及化，服务队伍专业化，全方位地为老年人提供优质温馨的服。

三是积极推进社区居家养老服务工作。居家养老让老年人在亲情融合的家庭氛围中享受社会对其提供的各项服务。这种服务方式较机构养老投入少、成本低，符合我市的市情和老年人的生活习惯，是当前破解养老难题的有效途径和实现形式，也是今后一个时期为老服务工作的发展方向。因此，要在城市全面推行社区居家养老服务，在农村逐步推广农村幸福院、小型互助养老院建设。养老服务是社区服务的重要组成部分，居家养老要以社区服务为依托，在社区建设中要注重社区养老服务设施、老年人社会组织和信息平台建设，配置必要的设备和器具，加快发展日托服务、餐饮服务、文体活动服务和志愿服务、互助服务，为居家老年人营造舒适、便利的生活环境和服务条件。

四是以优惠政策扶持民办养老服务机构发展。大力发展民办养老服务机构，能有效缓解政府资金投入不足的难题，推进多种形式并存的养老机构快速发展。因此，各级政府要制定优惠政策，加大推进民办养老机构发展，在这方面银川市走在了全区的前列。当前急需政府明确制定三项优惠政策：一是土地优待政策。在土地规划使用中要预留养老机构公益用地，对养老机构建设用地给予无偿划拨或优惠出售。二是建筑优惠政策。建设部门在批准新建居民商品住宅区时，明确要求开发商无偿提供老年公共服务活动场所，并对养老机构城市建设费、规划费给予减免优惠，税务、水电、通信等部门也要减免养老机构的营业税、所得税，按最低标准或优惠收取水、电、暖、气、通信等公用事业收费。三是服务补贴政策。财政、人社、民政、卫生、老龄等部门要根据养老机构类型和具体情况，采取直接发放床位补贴或以奖代补的形式，对民办养老服务机构（包括社区养老服务机构）给予相应的补贴，把符合条件的民办养老机构纳入基本医疗保险定点单位，把养老护理人员纳入公益性岗位给予适当的补助，不断提高养老护理人员的工资待遇。

五是建立健全养老服务人员教育培训机制。一是明确民政部门是养老服务、养老护理职业培训的业务主管单位，并制定养老服务人员中长期培训规划，进一步理顺养老服务职业培训准入体制，允许企业在工商行政部门审批注册营利性养老服务职业培训，使养老服务职业培训走向市场化，使更多的养老服务人员能取得职业技能资格。二是人社部门要在监督管理下，全权赋予民政、老龄部门对养老服务培训的职业资格发证权和技术职称评审权，并对养老服务培训给予补贴。三是教育部门要在高等院校开设养老服务（护理）专业，着力培养一批高层次的养老服务管理和技术人才。

（作者单位：宁夏回族自治区老龄办）

建立失能老人长期护理保险制度
保障老年人生命生活质量

湖北省政府办公厅、湖北省老龄办、湖北省人社厅联合调研组

2013年，《国务院关于加快发展养老服务业的若干意见》（国办发［2013］35号）提出“各地要加快建立养老服务评估机制，建立健全经济困难的高龄、失能等老年人补贴制度。”为贯彻落实国务院35号文件精神，积极应对人口老龄化进程加快的严峻形势，省政府办公厅、省人社厅、省老龄办组成联合调研组，对我省失能老人生活状况进行了调研，现借鉴国内外经验做法，对我省有步骤地推进建立失能老人长期护理保险制度提出如下建议。

一、我省失能老人的现状、发展趋势和主要特征

（一）失能老人数量随人口老龄化速度同步增长

调查显示，我省城乡失能老人为81万人，占60岁以上老年人口的8.4%，占全省常住总人口的1.4%。按照吃饭、穿衣、上厕所、上下床、在室内走动、洗澡六项指标评估，轻度失能者（1~2项不能完成的）有39万人，占48.16%；中度失能者（3~4项不能完成的）有18.5万人，占22.83%；重度失能者（5~6项不能完成的）有23.5万人，占29.01%。在未来50年人口老龄化快速发展进程中，失能老人数量将伴随人口老化速度同步较快增长，预计到2020年、2033年、2050年将分别达到105万人、165万人和186万人。

（二）失能老人呈现“五多”的特征

1、高龄多。在1704名失能老人中，平均年龄为76.8岁，其中76岁以上的占42.90%。2、女性多。在1704名失能老人中，男、女性比为4∶6。3、丧偶多。失能老人丧偶者占51.39%，其中入住养老机构的失能老人“丧偶”者占67.6%。4、疾病多。失能老人多因疾病所致占60.19%；同时，80%以上的失能老人又患有多种疾病，其中高血压、中风、心脏病、类风湿分别占49.27%、25.89%、19.96%和19.60%。5、低收入家庭多。在1704名失能老人中，近70%的老人没有离退休费等固定收入。家庭收入较好的仅有176人，占10.3%；困难家庭287人，占16.81%。

（三）近半数失能老人得不到基本照护服务

调查显示，失能老人对生活照护基本满意的占36.33%，不满意的占8.33%，近半数失能老人得不到最基本的照护服务。失能老人及其家庭期望得到政府救济、补助的占77.1%，反映多数失能老人经济压力较大；期望政府提供康复和医疗保障的占57.53%，反映半数以上失能老人医疗保障有困难；希望有良好护理服务的占26.08%；渴望更多精神慰藉的占11.75%。

二、失能老人养护工作面临的主要问题及挑战

（一）失能老人护养资源严重不足，生存质量不高

1. 养老保障水平较低

从总体上看，养老保障水平仍然较低。城市离退休职工只能维持较低的生活保障水平；而农村老年人所享受的新农保月人平仅有70元，绝大多数老年人的生活来源仍为“自食其力”或子女接济。在调查的1704名失能老人中，人均月收入为993.77元。其中月均收入在500元以下的50.06%，月收入不足200元的占20%。相当一部分农村失能老人的基本生活难以得到保障。

2. 养老保障措施单一

除城乡社会养老保险外，目前我省尚未针对失能老人的其他有效保障举措。失能老人护理补贴仅在武汉等少数地方开展试点，且仅限于极少数特困失能老人，标准也很低；国外通行的长期护理保险制度尚未提上议事日程；商业保险产品也属空缺，且很难推广。目前情况下，即使收入水平较高的行政事业单位离退休人员，有限的养老金也无法兼顾失能后养、护两个方面，养老院一床难求，护工更是请不起。

3. 家庭负担沉重

子女成为失能老人的双重依赖，既要靠子女供养，又要靠子女照料。调查显示，失能老人的日常照料70.51%靠子女，生活费支出60%以上由子女负担，农村达90%以上。由于失能老人依赖子女照料，子女择业受到限制，发展机会减少；家庭开支加大，导致经济困难，体力、精神压力增大。类似感动中国2014年度人物中朱晓晖为照顾瘫痪父亲，辞掉工作、丈夫离异的现象并非个别。

（二）失能老人照护服务体系建设严重滞后

近几年来，我省养老服务体系建设发展仍较滞后，存在规模不大、定位不准、功能不全、服务质量不高等问题。

1. 养老机构总量不大

到2014年底，全省城乡养老机构总数为2572个，床位23万张，平均每千名老人近23张床位。除用于集中供养城市“三无”老人和农村“五保”对象外，能调剂用于

代养社会老人的床位不超过10万张，与失能老人的比例为1：8。民办养老机构由于投入严重不足，大部分为租赁简易改建而成，极少为自建房，设施普遍较差，不仅收费较高，而且安全隐患突出。今年4月，河南省鲁山县民办养老机构发生火灾，由于改建所用的都是易燃材料，入住的大部分是高龄失能老人，行动不便，来不及逃生，造成38名老人被烧死，4人烧伤的惨剧，这种隐患在我省民办养老机构也同样存在。

2. 护理型养老机构严重匮乏

传统的民政救助职能，导致公办养老机构主要功能是供养“五保”、“三无”老人；而民办养老机构由于投入不足，普遍没有专业护理设备。全省现有养老机构具备护理功能的床位不足30%，专业护理人员不足20%。调查显示，在养老机构代养的失能老人仅40%左右在公办养老机构，60%以上在护理功能更弱的民办养老机构。由于养、医属于多部门管理，养医结合难成气候，养老机构不能设置医疗机构，大部分民办养老机构无医务室，医疗机构不能设置养老床位。大型医院无法提供护理和临终关怀服务，无法使老人有尊严地度过人生最后阶段。

3. 支持居家照护的服务体系不健全

一是社区居家养老服务中心覆盖面窄，且不具备护理功能。目前全省共建有城市社区居家养老服务中心1965个，占社区总数的48%；农村互助养老照料中心2838个，占农村社区总数的11.1%。这些居家养老服务中心基本的功能就是娱乐健身，90%以上不具有护理功能。二是居家养老服务信息平台多数地方虽已建成，但后台服务管理跟不上，老人普遍反映“一键难通”。三是政府对“三无”老人、和少数困难失能老人开展“政府购买服务”，只有少数市县实行，落实较好的武汉市，为困难失能空巢老人每天提供1小时的上门服务，覆盖面小，解决不了根本问题。

（三）失能老人照护的社会环境较差

1. 公共硬环境较差

城市居民建筑设计强调经济型、小户型住宅，不利于多代同居，也不便失能老人居家生活；城市老旧社区多为七层以下建筑，普遍没有电梯，社区道路及其他公共建筑无障碍设施不配套，失能老人轮椅出行不便；农村公共服务设施严重匮乏，失能老人居家生活十分不便。

2. 社会软环境不优

随着市场经济的发展，社会尊老敬老意识逐渐淡化，社会歧视老人，子女不赡养老人甚至虐待老人现象时有发生。据相关调查数据显示，60%以上子女不愿与父母共同居住，24.5%的子女不愿照料老人；16%的异地就业子女常年与父母失联。

3. 养老政策氛围不浓

政府在制定相关政策法规时，对应对人口老龄化的社会积极作用考虑不够。如住宅规划指标，小户型占比较多；购买大户型住房，不分家庭人口数量和实际需求，都必须按豪宅征税；水、电、气消费实行阶梯价格，多代同居家庭日常消费开支明显增大；国家的社会福利政策，对哺乳期的妇女有相对宽松的假日安排，但对照护失能老人的家庭成员却无相关优待政策等。

（四）失能老人居家照料面临三大挑战

1. 少子女家庭结构的挑战

据第六次人口普查统计，2010 年，全省家庭规模为平均每户 3.16 人，比上世纪 80 年代的每户 5.6 人减少了 2.44 人，60–65 岁老人平均养育子女为 2.5 人，其中城市有近 70% 的家庭只养育 1 个子女。“四二一”的超小型家庭结构逐渐增多，一对年青夫妻，一旦有一位老人失能，家庭生活、工作矛盾凸显。不少失能老人为不给子女增添负担走极端的不在少数。前些年发生在我省京山县老人非正常死亡的报道，惊动了中央领导，两届国务院总理均对此作出批示进行调查核实。失能老人生存状况的严峻性由此可见一斑。

2. 空巢家庭环境的挑战

调查显示，目前全省农村老年人空巢率约占 40%，局部村镇高达 60% 以上。受子女外出打工区域经济发展不平衡和产业布局等影响，异城择业或同城跨区、跨县市就业成为普遍，加之子女多不愿与老人共同居住，部分城市老人实际空巢率高于农村。

3. 照护能力严重不足的挑战

调查显示，失能老人需要生活护理的比例高达 73.46%。其中城市和农村养老机构需要护理服务的比例分别为 90.45%、81.70%；城市和农村居家失能老人需要护理服务的比例分别为 77.22% 和 64.29%。有 30% 的重度失能老人需 24 小时专人护理。家庭成员在护理失能老人中将会面临三大考验：首先是 24 小时离不开人的守护考验；其次是相对专业的技能考验；第三是久病床前有孝子的耐性考验。

三、有关建议

（一）建立老年人长期护理社会保险制度

建立老年人长期护理社会保险制度，有助于保障失能老人生命尊严和生活质量，是治本之策。以德国、日本为代表的，通过采取“国家＋企事业单位＋个人”的筹资模式，将长期护理社会保险纳入国家大社保框架，成为目前世界发展趋势，是发达国家和发展中国家解决失能风险的首选。其建立在低成本、广覆盖基础上，符合社会主义优越性的普惠性和保障性要求。在今年的全国老龄委第十七次全体会议上，民政部和人社部对尽快建立长期护理保险制度已达成共识，并正在做摸底论证工作。现阶段我国有 4 省份建立了失能老人护理补贴制度。2012 年青岛市建立了独立于医保基金之外的长期医疗护理保险制度，不需要社会人群重新缴费，采取从医疗保险中分离部分资金，财政适度补充的运作方式，已取得良好的社会效果。随着我省近两年经济跨越式发展，已为建立老年人长期护理保险制度奠定了基础，建议尽快组织研究论证，早日建立我省老年人长期护理保险制度。

（二）建立失能贫困老年人养老服务政府补贴制度

上世纪50年代，我国将“三无”、“五保”老人的生老病死纳入政府救助保障，是最早的政府补贴兜底形式。天津市从2007先期对城市低保、特困、优抚对象中需要护理的老年人纳入护理补贴范围，2012年又覆盖到农村范围，城乡统一补贴标准设定每人每月150元、200元和400元三个档次。武汉市采取政府购买服务形式，对少部分困难老人实行政府补贴，我省目前还没有专门针对失能困难老人的补贴制度。建议尽快建立对贫困失能老人养老服务政府补贴制度，可先行对部分困难失能老人实行政府补贴制度，有助于缓解这类失能老人的生存危机，为特殊困难老年群体兜底。

（三）建立商业护理保险制度

建立商业护理保险作为社会保险的补充形式，可以满足不同层次的护理需求，以节省政府资源，更好服务弱势群体。以美国为代表的商业长期护理保险，其产生背景基于人口老龄化及长期护理社会保障不足，美国除对65岁以上和低收入人群由政府兜底，其余人群均采取商业保险为主导模式。我国北京、天津、上海等地商业保险公司开发一些商业性长期护理保险产品的做法值得借鉴。建立商业护理保险制度，作为老年人长期护理保险制度的补充形式很有必要，建议研究出台支持政策，引导、鼓励保险企业研发长期照护保险产品，以保障失能老年人的差异化、个性化的需求。

（四）建立护理机构准入及失能老人等级评估机制

借鉴天津市的做法，建立第三方专业评估机构，通过准入评估机制对护理机构进行全面评估，给予准入资格的同时给予相关补贴。制定对失能老人等级标准和评估机制，对符合条件的失能老人，按规定程序进行失能等级评估，按照不同等级发放照护补贴或报销照护发生的相关费用。

调研组成员：王建楷　孙志刚　田　莹　秦尚伟　邵晶晶　张泽文

构建宝山区立体养老服务体系研究

上海市宝山区决策咨询研究课题组

引言

上海是我国第一个进入人口老龄化的城市，宝山区是上海老龄化程度较高的城区之一。随着宝山区居民老龄化程度加重，养老压力增加、居民家庭结构的变化导致传统的养老模式面临冲击，养老服务需求的变化导致了宝山区养老服务项目的单一性与养老服务需求的多样性之间供需矛盾的显现。

本研究在对宝山区养老服务体系调研的基础上，结合宝山区养老服务的实际情况，借鉴国内外养老服务体系建设的经验，明确立体养老服务体系的内涵的基础上，探索建立宝山的“立体养老服务”体系，以寻求进一步缓解养老压力，缓和供需矛盾，真正做到老有所依，老有所养。

一、立体养老服务体系概念界定

上海已逐步形成以家庭养老为基础，社区养老为依托，机构养老为支撑的“9073”养老服务格局，这是我国目前在养老保障领域中一种较为合理的养老服务格局。

所谓“9073”养老格局，即90%的中低龄、健康、有生活自理能力的老年人通过自我照料和社会化服务协助下实现居家养老，7%的有部分生活自理能力的老年人通过社区组织设立的各种专业化服务实现社区照料养老。3%的需要长期照料、生活完全不能自理或半自理、庭和社区无力承担的或者经济宽裕且追求高质量生活的老年人通过入住养老机构实现集中养老。

然而“9073”养老格局的构造并未实现立体化的养老服务，忽视了不同年龄、不同自理程度、不同家庭结构等特点的老年人的需求，在养老服务提供的主体上未能统筹配置，因此本文提出的“立体养老服务体系”是在“9073”养老服务格局基础上，提出的一种资源整合、相互配合、规模适度、结构合理，制度完善、管理规范，运营高效、服务专业，布局合理的服务体系。

本文将“立体养老服务体系”定义为五位一体，即以养老服务供给体系、需求评估体系为基础、以保障体系、政策支撑体系、行业监管体系为支撑的立体养老服务体系，各个体系之间相互协调、资源共享、协同发力，逐步形成从物质保障到生活服务，从生理健康到精神慰藉，从单一主体到多方参与，有序发展的养老服务内容，构建确保“9073”

养老格局，多元化、分层次、分阶段的立体养老模式。

二、宝山区养老服务发展现状分析

1. 宝山区老年人口基本情况

（1）宝山区老年人口数量和年龄结构

宝山区老年人口老龄化加快，高龄化程度稳定。依据宝山区政府工作统计数据，宝山区老年人口呈现快速增长的趋势，2013 年 60 岁以上老年户籍人口由 2012 年的 216898 人增加到了 241052 人，占全区总人口的比重由 24.14% 上升到了 26.44%。

近五年，宝山区老年人口呈现明显上升趋势，60 岁以上老年人口年均增长 1.3 万人，占户籍人口比例年均增长 1.1 个百分点，人口老龄化程度明显。同时，80 岁以上老年人口占户籍老年人口比例的没有显著变化（见表 1），相对来说较为稳定。

表 1　2008–2012 年宝山区老龄人口变动情况

项目　年份	2008	2009	2010	2011	2012
60 周岁以上老年人口数（万人）	17.72	19.01	20.22	21.44	22.91
60 周岁以上老年人占全区户籍人口比例（%）	20.9	22	22.9	24	25.3
80 周岁以上老年人口数（万人）	2.95	3.19	3.41	3.59	3.82
80 周岁以上老年人占本区户籍老年人口比例（%）	16.6	16.8	16.9	16.7	16.7

（数据来源：《上海宝山统计年鉴》（2009–2013））

鉴于宝山区老龄化趋势明显，高龄化特征不明显，老年人口的需求不断增大，使宝山区的养老服务压力不断上升，建立更加完善的立体养老服务体系的任务重大而紧迫。

（2）宝山区老年人家庭结构特点

宝山区老年人家庭居住结构纯老化现象显现，独居化略有减轻。依据宝山区政府的统计数据，2013 年宝山区独居老年人共有 1.52 万人，较 2012 年 1.53 万人有所下降，较 2011 年的 1.92 万人下降 4000 人左右（见下图），独居化现象略有减轻。

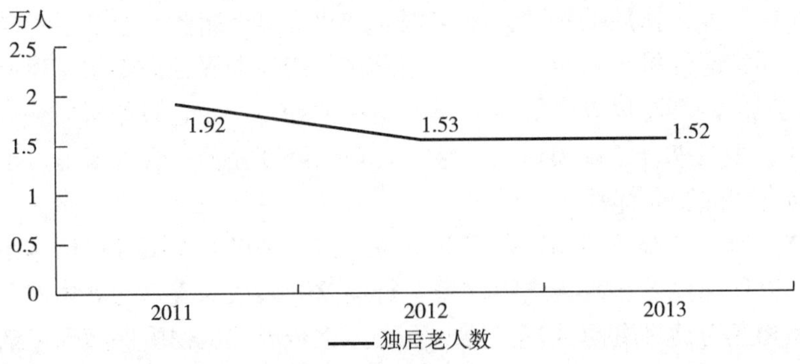

图 1　宝山区独居老年人情况（2011—2013）

宝山区近一成的老年人为独居老人，纯老化现象依然存在，由家庭提供的养老资源大幅减少，传统的在家养老模式逐渐弱化。

（3）宝山区老年人口经济状况

通过课题组调研问卷的统计数据，宝山区老年人经济生活状况相较上海市水平略低。抽样调查显示，36% 的老年人工资收入在 2001~3000 元之间，33% 的老年人工资收入在 1001~2000 元之间，18% 的老年人收入低于 1000 元（如下图）。

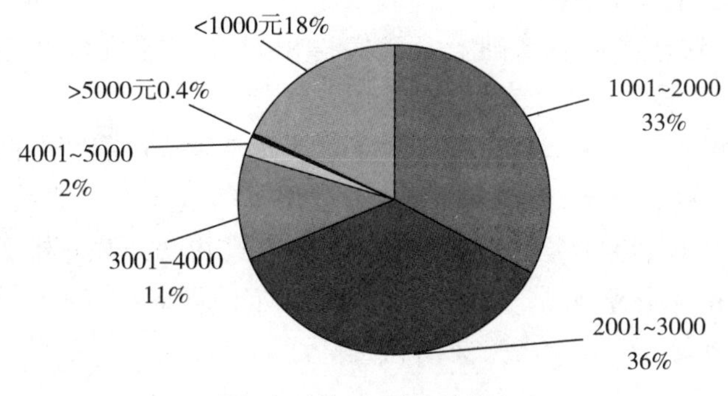

图 2　老年人平均月收入

而 40.49% 的老年人平均月支出在 1000~2000 元范围内，26.99% 在 2001~3000 元范围内，27.61% 的老年人小于 1000 元。基本上老年人收支能够达到基本平衡。

根据上海市 2013 年度月均可支配收入 3654 元，月平均可支配指出 2346 元，宝山区的老年人可支配收入和生活消费水平偏低，养老服务的消费能力不高。

2. 宝山区养老服务现状

近年来，宝山区积极探索建立“以社区养老为主体，居家养老为基础，机构养老为补充”的养老服务体系，其中，居家养老占 70%，社区养老占 7%，机构养老占 3%，三者相互协调，资源共享，从而形成较为完善的养老服务体系。

截止 2013 年底，宝山区共有养老机构 39 家（其中政府办 17 家，社会办 22 家），核定床位数共 8436 张，入住老年人 5144 人，入住率为 60.98%。社区居家养老服务对象 12183 名（包括服务补贴对象 4816 名），居家养老服务员 532 人；社区老年人助餐服务点 25 个，助餐服务老年人 1731 名，月供餐 50210 客，助餐服务员 188 人；社区老年活动室 480 个；老年人日间照料服务中心 13 家，养老服务的水平有了进一步的提升。

居家养老服务稳定健康发展。宝山区主要提供“生活护理”、“助餐”、“助浴”、“助洁”、“洗涤”、“助行”、“代办”、“康复辅助”、“陪聊”、“助医”等居家养老服务项目。截止到 2013 年底，宝山区新增居家养老对象 235 名，全区共有居家养老服务对象 12183 名，服务覆盖面进一步扩大。

机构养老功能不断增强。到 2014 年，宝山区共有养老机构 38 所，并逐步加强对养老机构的考评规范，不断提高服务质量。同时，积极开展对养老服务场所安全检查、消防安全培训工作，加强指导与监管，探索建立“医、护、养”一体化的机构养老新模式。

社区养老服务日趋完善与成熟。宝山区以老年人需求为导向，完成了助餐点新建项目、“老伙伴”家庭互助服务计划、区级百岁老年人关爱项目、标准化老年活动室建设、“银发无忧”老年人意外保险计划以及各种惠老助老活动，并创新探索老年宜居社区试点工作。

上述养老服务模式的探索，体现了宝山区政府致力于建立并完善“9073”养老服务格局的实践，不断提高宝山区养老服务的水平，更好地为老年人服务。

3. 对宝山区养老服务的研判

在查阅文献和实地调研的基础上，我们得出对宝山区现行养老服务体系的相关研判：

综合宝山区老年人口、家庭、经济等特征以及养老服务供需状况的调研，我们认为，宝山区致力于建立“9073”养老服务格局，并取得了初步成效。但是“9073”养老服务体系并不能满足宝山区养老服务的需求，三种养老方式并没有发挥相互协调配合的功能，并没有形成“立体养老服务体系”，使得该体系在宝山区老年人中的普及度不高，造成了部分养老资源的浪费，养老服务效果有待提高。

三、宝山区养老服务体系的供需状况分析

课题组于2014年7–9月，在宝山区范围内开展了关于养老服务供需状况的问卷抽样调查。同时，课题组通过个案访谈方式，与张庙、庙行等2个街镇的20多位从事养老服务工作的社会工作人员进行了访谈，多次召开座谈会，走访了多个养老服务机构。

1. 调查基本情况

（1）样本选择

本次调查采用随机抽样的直接抽选法的方式进行，样本覆盖了宝山区12个街道，以成年自然人为样本，共抽取样本489个。发放489份调查问卷，回收有效问卷481份。在被调查的489名对象中，男性占59.9%，女性占40.1%。

表2 调查样本基本情况

调查样本性别比例					
		人次	百分比	有效百分比	累计百分比
有效样本	男	288人	58.9%	59.9%	59.9%
	女	193人	39.5%	40.1%	100.0%
	汇总	481人	98.4%	100.0%	
缺漏样本		8人	0.6%		
汇总		489人	100.0%		

（2）调查问卷和访谈提纲设计

抽样调查的问卷设计，主要围绕社区养老服务的需求和供给情况设计了 47 个问题，通过问卷调查了解宝山区养老服务的供需关系，老年人口对社区养老服务的需求情况，各级政府和社会提供的养老服务的满意度。

访谈提纲的设计，重点是要了解宝山区养老服务相关政策的实施效应，收集政策实施过程中碰到的问题。

2. 抽样调查信息分析

（1）老年人家庭结构单一，家庭养老负担重

根据调查显示，生活遇到困难时，老年人获得来自配偶和子女的照顾占到了 74.3%。可见，老年人在需要接受服务时，首先选择的是来自家庭的照顾，并且大部分的老年人希望家庭养老，这与中国的传统文化有密切的关系。

调查显示，来自于街道助老服务社上门服务的也占有 16.6%，可见宝山区的助老服务社的发展及运行已经初具成效，老年人社会化养老服务的意愿增强。（如图 3）

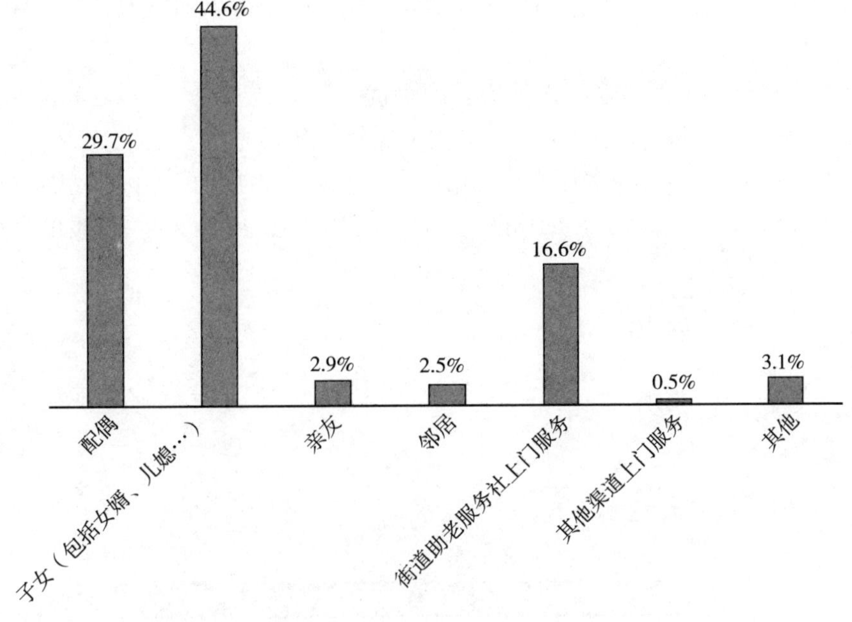

图 3 老年人的日常照顾

（2）老年人生活可自理者比重大，生活境况良好

抽样调查显示，在关于生活自理能力的问题中，宝山区 60% 的受访老年人认为自己生活能够自理，39% 的受访老年人生活部分不能自理，而仅有 1% 左右的受访老年人生活完全不能自理。（如图 4）

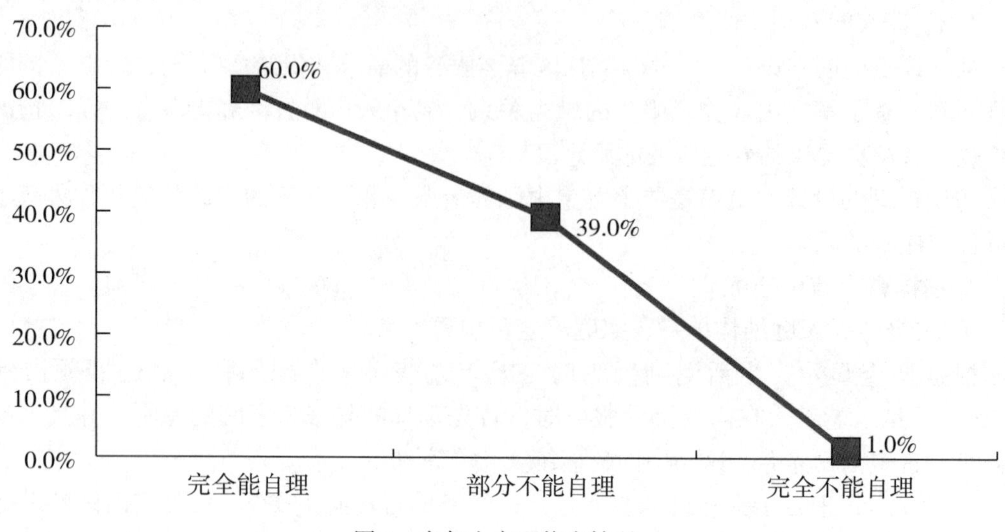

图 4　老年人自理能力情况

上述数据表明，有 39% 的老年人是需要社会或家庭提供生活照料，但是完全不能自理的老年人数量并不多。

（3）医疗支出比重大，老年人健康状况堪忧

抽样调查显示，日常饮食的支出，占据了老年人生活费用支出的 33.7%，医疗支出占据了 30.5%; 另外，公共事业费用支出 28.1%，文化娱乐 3.9%，子女生活、教育开销 2.6%，其他 1.6%（图 5）。其中，医疗费用的支出偏高，影响着老年人的生活质量和水平。

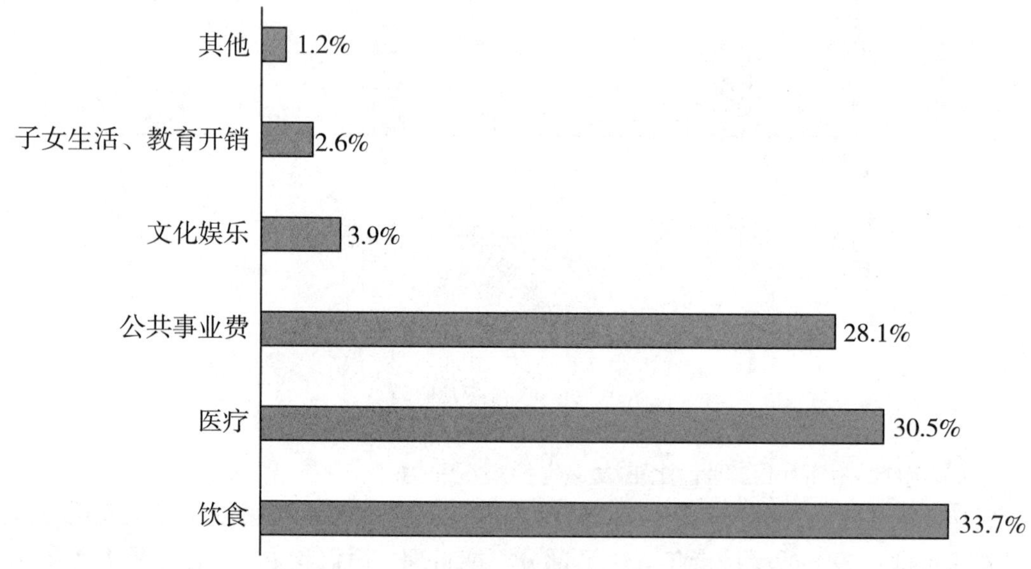

图 5　老年人的日常支出情况

（4）养老需求呈现多元化，精神需求刚性增长

抽样调查显示，在日常休闲方式的选择上，45% 的老年人更倾向于在家看电视或

听广播，或者是与同伴聊天。选择体育锻炼的占10%，而选择上老年大学的仅2%，可见，老年人对于休闲娱乐及人际交往的需求量较大，对于老年大学等的需求并不太高（图6）。

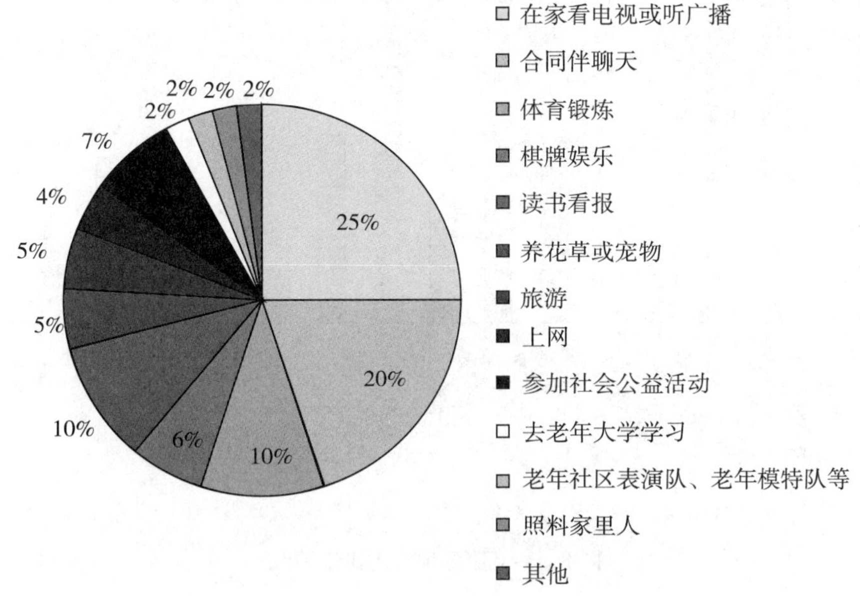

图6 老年人日常休闲方式选择

抽样调查显示，宝山区老年人在对社区养老服务项目的选择上，老年人需求较集中于打扫卫生、洗衣服等护理服务，比例达到33%和23%；精神慰藉服务方面，需要聊天谈心等精神慰藉的比例为14%，是仅次于护理服务的第三大需求。（如图7）

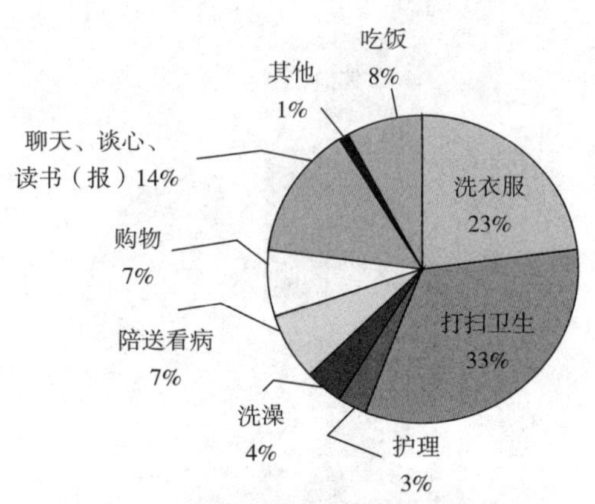

图7 老年人服务项目的需求

（5）养老服务供给参差不齐，服务质量有待提高

抽样调查显示，社区为老年人提供的养老服务中家政服务为14.2%，助餐服务为13.6%，社区医疗保健服务为11.4%，（图8），服务覆盖面较广，但是服务质量参差不

齐，部分老年人对服务质量并不满意；为老咨询服务和文娱活动供给数量较少仅为7.2%和5.9%，与老年人的需求不符，并且提供服务的覆盖范围较小。

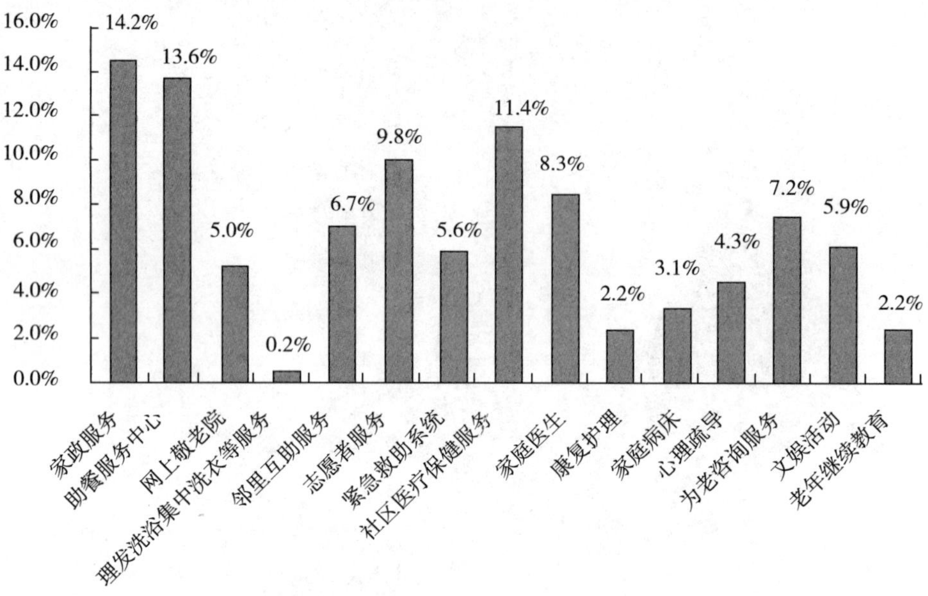

图8 养老服务项目的供给情况

抽样调查显示，社区老年人日常生活中最担心的事项，集中在身体不好和医疗费用上（如图9），显然健康卫生服务是养老服务的重点。然而从供给的情况看，社区在提供服务方面，过分侧重于基本的保健，对于提供护理服务的家庭病床，却只有3.1%。这与老年人的护理服务需求不相匹配。由此可见，目前宝山区养老服务体系的供需结构并不平衡。

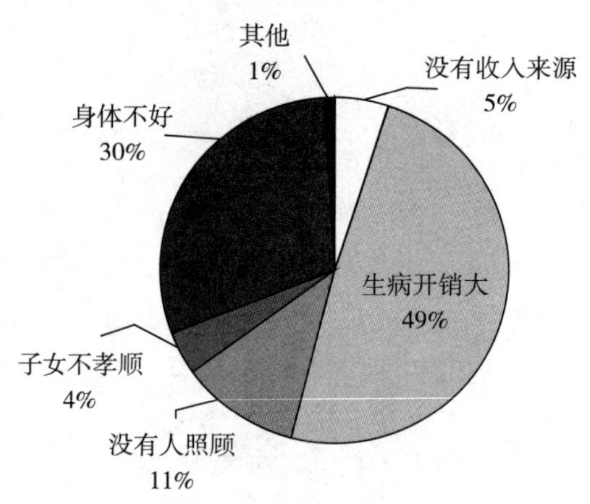

图9 老年人日常生活最担心的事项

抽样调查显示，社区老年人接受关心最多的是子女（60.7%）（如图10）。

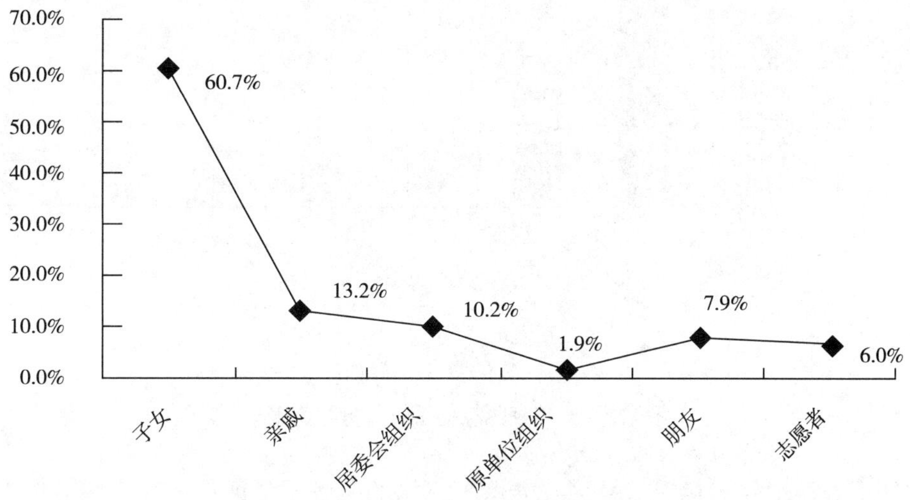

图 10　日常生活中老年人受关心的情况

抽样调查显示，老年人对社区养老服务机构认知度较高，占调查人数的 29% 的老年人（如图 11）。

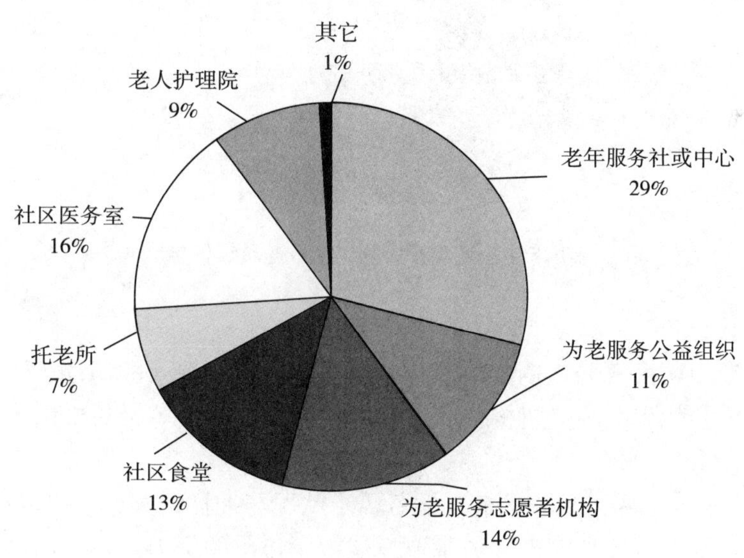

图 11　社区养老服务机构的情况

抽样调查显示，66% 的老年人愿意参与到邻里志愿性质的服务中来，并且 42.3% 的老年人愿意提供读书看报等性质的服务；23.4% 的老年人愿意提供定期上门看望的服务；13.8% 的老年人愿意提供生活照料服务（如图 12）。社区养老服务机构应当整合这部分老年人的志愿服务和自身提供的服务，实现为老服务的多层次优化。

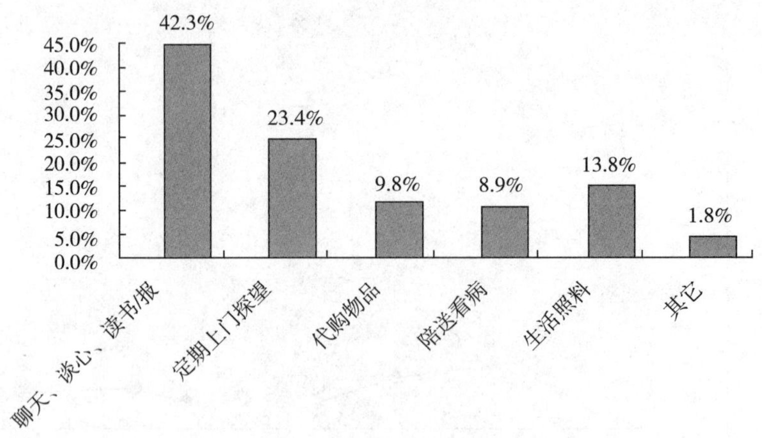

图 12 老年人愿意提供的邻里志愿服务

抽样调查显示，老年人对社区养老服务机构的服务质量评价比较高，老年人对社区养老服务结构的接受意愿也比较强烈。回答质量非常好的占 40%；比较好的占 37%，回答一般的 21%。回答不太好和不好的仅 2%（如图 13）。

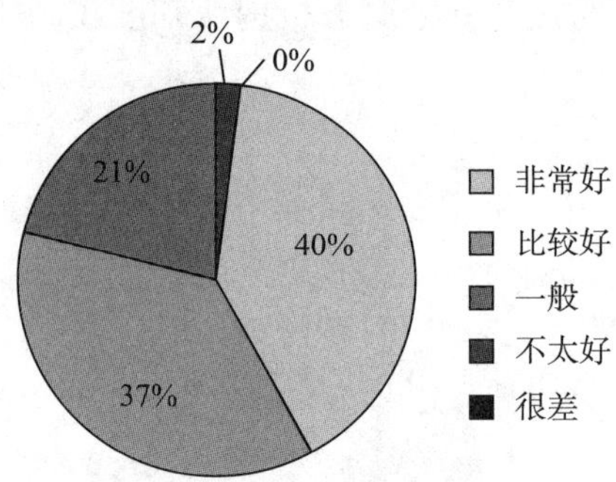

图 13 老年人对社区养老服务质量评价

3. 个案访谈分析

课题组对宝山区民政局、老龄办以及部分街道进行了深入的访谈，访谈对象包括老龄办代表，居委会代表，养老机构代表，护工代表，老年人等，对宝山区养老服务的现状以及问题进行了解。

在访谈中，许多老年人反映的养老服务需求状况与抽样调查所获得的信息基本相同，老年人肯定了区委、区府在养老服务事业发展中所作出的努力，对宝山区的多数养老服务项目和养老服务质量评价比较高。同时，基层从事养老服务的工作人员和志愿者，对于近年来区委、区政府高度重视养老事业都作出了积极评价，对于宝山区的养老事业发展充满信心，对于智能养老等新的养老方式，表现出极大的积极性。

在个案访谈中，也体现出了一些问题。一是在为老服务志愿者方面，宝山区老年人对于志愿服务的需求并不高，而真正需要志愿服务的老年人在志愿者为他们提供聊天、谈心等精神慰藉服务愿望较为强烈。可见老年人希望通过志愿服务获得精神上的需求，希望通过专业服务满足生活照料以及医疗保健方面的需求，宝山区在养老服务的供给方选择上与老年人的实际需求还是存在一定偏差。二是在居家养老服务供给中，家政服务为14.2%，助餐服务为13.6%，社区医疗保健服务为11.4%，服务覆盖面较广；为老咨询服务和文娱活动供给数量较少仅为7.2%和5.9%，与老年人的需求不符，并不能有效满足老年人的精神需求，并且提供服务的覆盖范围较小。同时不同年龄、经济收入、身体状况、家庭结构的老年人对养老服务项目需求不同，缺乏有效的需求评估体系。三是在居家养老服务获取方面，由于享受条件的限制，许多老年人无法享受区里提供的居家养老服务，而另一方面部分老年人由于养老观念的不同，不愿意接受上门服务。四是在机构养老服务方面，养老服务人才数量上的短缺及人才的素质问题一直难以解决，主要是由于缺乏可靠的薪酬体系及培训体系。

四、宝山区养老服务发展的经验和问题分析

1. 宝山区养老服务体系的实践特色

（1）四级联动共同推进养老服务

宝山区的养老服务工作形成了区政府、街镇、居村委以及社会组织的四级联动机制。一是区政府制定和完善了促进养老服务业发展、有关设施建设、服务规范的标准和分类管理的政策、措施，综合解决养老服务机构在发展中遇到的问题。二是街镇在资金支持、养老服务中心建设中发挥了重要作用。三是居村委依托日间照料中心和为老服务中心，积极开展居家养老服务。四是各涉老部门、志愿服务组织、社区老年协会、辖区单位等的大力支持，使得宝山区养老服务事业发展获得良好政策环境和社会环境。

（2）整合各类优势资源，创新养老服务形式

宝山区利用社区志愿者和社会组织的优势资源，并引入信息化、智能化手段为老年群体提供服务。一是各社区吸收“4050”下岗人员，组建老年服务队，为社区老人提供日间入户养老服务，服务内容惠及日间照料、精神慰藉等方面。二是积极开展“老伙伴”计划、楼道守望相助、为老服务志愿者等特色鲜明的互助养老服务形式，为老年人提供预防失能、健康科普、精神慰藉等家庭关爱和生活辅助服务。三是考虑到高龄独居老人的现实情况，与企业合作，逐渐引入网络资源和信息化平台，安装“安康通”、IPTV等智能设备，为老人提供紧急救援服务。

（3）重点扶助与适度普惠相结合

宝山区立足于区情实际和老年人的需求，不断健全适度普惠的养老服务设施和服务内容，逐步形成了日间入户、社区照料、呼叫应急和机构延伸四种养老服务模式。

另一方面，宝山区充分考虑各类机构的性质以及老年人的特点，为有特殊需要的老人提供重点扶助服务。如针对独居、高龄、行动不便和“纯老”家庭老年人就餐难问题而设的助餐点，解决了这部分老年人的特殊需求。

（4）物质惠老与精神助老相结合

宝山区提供养老服务，坚持物质惠老和精神助老相结合，根据老年人的个性化需求，

为其提供不同类型的服务。

在物质惠老方面，宝山区出台对高龄老年人赠饮牛奶的补贴政策，为区内90岁以上高龄老人每人每天赠送一瓶鲜牛奶；为低保、独居、孤寡、特困老年人开展实物帮困和经济补贴；为老年尿毒症、白内障患者提供医疗援助。

在精神助老方面，为老年人提供“助聊”、老年大学等精神慰藉服务。此外，宝山区还组织中老年侨界人士、癌症患者游览宝山特色景点，开展“老来乐”、“文化大篷车”、“爱暖银龄”等广受老年人欢迎的综合服务项目，精神助老服务得到了持续深化和提升。

2. 宝山区养老服务体系存在的问题

（1）养老服务资金的主要来源较单一

目前，宝山区养老服务的经费主要是政府拨款，但财政投入力度远远满足不了日益增长的养老服务需求，尤其是街道社区的养老服务资金尤为短缺，制约了社区养老服务事业发展。另外，社会捐赠和社会福利彩票也是养老服务资金的一个来源，但目前宝山区真正向养老事业捐款的社会组织并不多，社会福利彩票的资金投入也具有很大的随意性和波动性，从而使得养老服务资金的主要来源还是比较单一。

（2）单主体的养老格局无法满足多层次的养老服务需求

在短期的养老服务体系构建中，政府主导起着关键性的作用，但政府重点关注的还是困难和弱势的老年人，而不是全体老年人的需求，只能起到“保基本”的作用，如宝山区享受居家养老服务的老年人条件限定在60周岁以上低保、低收入老年人和80周岁以上老年人。虽然有效满足了困难老年人的最基本养老服务需求，但对其他老年人的需求无法有效满足。

（3）养老服务的社会化程度低

目前宝山区的养老服务供给主要还是由政府提供，社会和市场的比例较小，社会资金的投入较少，社会化程度较低。随着老龄化程度的不断加深，单支柱、单主体的养老服务供给模式一方面给政府财政带来极大的压力，另一方面政府提供的养老服务具有福利性和普惠性特点，无法满足多层次多样化的养老服务需求。例如，在养老机构建设方面，政府和民间力量不平衡，养老机构总体数量和规模远远无法满足社会需求；助餐点的提供也是由镇街道托管，并未由市场参与竞争运作；养老服务产业发展羸弱。

（4）各类资源供需不平衡

一方面，养老服务资源出现结构性失衡。表现为：老年人需要的服务与社区提供的服务之间存在供需结构不平衡；卫生护理床位紧张，养老床位相对充裕；养老服务资源分布与人群需求不匹配等，居家养老服务内容碎片化，且缺乏系统性。例如，居家养老服务中心、服务社、日间照料中心和助餐点通常建立在街道或镇的层面，仅能满足人口密度较高、居住比较集中的老年人的居家养老服务需求。然而，也出现了一些养老机构分布在交通并不便利的区域，这与老年人想生活在离子女较近城区的需求不匹配。

另一方面，养老服务设施与人力资源存在较大的数量缺口。宝山区现有养老服务设施还存在服务设施供给总量不足、服务人员数量存在较大缺口、供给层次与需求不相适应等情况，难以满足老年群体的养老需求。尤其是养老机构服务人员，不仅存在数量缺口大，而且流动性较大，这些都大大降低了养老机构的服务质量。

（5）缺乏配套的制度和政策

从宏观控制的角度来看，目前宝山区在用于明确规范养老服务职能部门的政策法规上，在满足不同人群的需求的养老服务需求评估体系政策上，在养老服务产业及人才引导扶持及优惠政策上，在养老服务业的运行管理监督上都有一定欠缺。

（6）养老服务产业尚未形成规模、发展水平低

目前宝山区养老产业尚属新兴产业，且主要局限在养老设施方面，相关产业发展滞后，还未形成一定规模，发展水平低，还未开垦出广大的养老服务产业的巨大市场。

五、宝山区立体养老服务体系国际经验借鉴

1. 国外立体养老服务体系建设的具体实践经验

（1）日本：社区—家庭共同服务模式

日本实行的家庭——社区共同服务模式，倡导建立一种公助、共助、互助相结合的多层次的社会养老服务体系。服务主体主要由政府、民间组织、志愿者、企业四类组成。

社区老年人服务中心是日本为老年人提供养老服务的主要渠道，由政府工作人员、民间组织以及志愿者为老人提供包括日常生活照顾、资讯劝导服务、提供贷款、定期保健或检查等内容。日本的养老机构分为老人福祉设施和收费养老机构，并实行专业的养老机构第三方评价制度。

（2）美国：自助养老服务模式

美国政府倡导自助养老，通过“祖父母养育计划”、“低龄老人服务高龄老人”、“老年志愿者招募”等形式为老人提供力所能及的工作，发挥其自身价值。

绝大多数社区都设有老年服务中心，为相对健康的老年人提供交通服务、老年食堂、日间照料、专业咨询等服务。而对于机构养老，老人可选择护理院、老年公寓、协助生活社区、家庭照料社区、老年年痴呆病院、老年活动社区、临终关怀、暂缓照料等多种服务机构。

（3）英国：社区照顾服务模式

社区照顾是英国老年服务的主体，其目标是使老人在他们自己的家或“像家似的”环境中受到帮助。主要包括：一是，生活照料，包括居家服务、家庭照顾、老年公寓和托老所。二是，物质支援服务，包括了提供食物、安装设施、减免税收等服务项目。三是，心理支持，包括为老年人提供护理、医疗服务，并定期或定点举行养生类讲坛。四是，整体关怀，这涉及改善生活环境、发动周围资源予以支持等。

（4）瑞典：居家养老服务模式

瑞典坚持以居家养老服务体系为主体，机构服务体系为补充。在瑞典，养老院是以长期患病需要长期护理的老年人为对象的，并由政府进行评估、审查后才能入住。同时，瑞典的社区服务有以下两个方面的特点：一是强大的社区服务网络。通过开展社区服务、远程服务、定点、定期上门等，切实解决居家老年人的各种生活问题。二是完善的养老

服务组织机构。形成国家级—地区级—县级的三级养老服务工作组织架构。国家养老服务工作机构设在卫生福利部。地区和县配置相应的工作机构。县级政府聘用有爱心、有经验有能力的人员组成社工组织，负责对本地区老年人收入、健康状况做出评估，并就老人应不应该享受服务及补贴做出决定。

2. 国内立体养老服务体系建设的具体实践经验

（1）不同地区的具体实践经验

贵州六盘水钟山区在养老服务体系建设中，以居家为基础、社区为依托、机构为支撑，构建起了一键呼叫上门服务、日间照料中心、养老院综合服务等全天候立体交叉的服务体系。

宁波镇海区通过建设集食、宿、休闲一体的多功能、高质量社区养老服务中心（站）；探索实施"虚拟养老"服务工程；推进政府购买养老服务公开招标制度；实行养老服务机构从业人员职业资格认证和持证上岗制度方式，来构建立体养老服务体系。

镇江丹徒新城通过启动天目虹枫生态养老健康乐园项目，以实现宾馆式养老、公寓式养老、居家式养老和全护理养老。

成都锦江区与成华区建立由政府投资打造、由社会组织提供服务的居家养老服务站，社会组织参与到养老服务中。

江苏省如皋市实施了"公建民营"养老运营管理新模式。同时通过兴办如皋长寿养生园，利用长青沙岛独特的自然环境，打造老年"候鸟"式宜居养生场所。

（2）经验借鉴

国内关于立体养老服务体系构建的经验集中在高端养老社区的建设、市场化发展民营养老服务产业、投资主体的多元化、养老服务产业人才培养及培训机制的建立等，都是宝山区建立立体养老服务体系的有效经验。宝山区养老服务体系建设应该促进家庭养老、社会化养老有机结合、合理分工；推进养老服务的市场化，服务主体的多元化；建立一种便利、公平、高效的援助体系；进行组织制度的创新，解决养老服务费用、服务质量等问题；加强政府管理和各部门的协作，进行有效的资源整合。

3. 国内外立体养老服务体系建设经验的启示

在总结国内外关于立体养老服务体系的有效经验后，对宝山区养老服务的发展模式可提供以下借鉴：

（1）完善相关法政策法规，鼓励社会组织和民间力量参与

宝山区虽不具有立法条件，但在执行国家养老服务法律法规过程中，可通过制定本区的地方政策，弥补法律法规不完善带来的不足，建立产业优惠、资本引导机制、人才激励等一系列政策，以鼓励社会组织和民间力量参与到养老服务事业中来，为政府减轻负担，开拓极具潜力的养老产业市场。

（2）构建多层次多级别的养老护理服务体系

宝山区养老服务层次还比较单一，服务提供的数量上还存在一定的缺失，在精神慰藉和内容的丰富上有待提升，而服务质量也因养老设施陈旧落后、养老服务人员缺乏专业性也受到影响，尚不能满足不同层次的养老服务需求，需要在硬件和人才队伍建设上

运行科学的管理服务模式，才能从根本上提升社会养老服务水平。

（3）走专业化道路，为“老有所享”提供条件

在建立立体养老服务体系时，须做到人员和设施的专业化。一是人员专业化。加强教育培训，特别是加快培养老年医学、管理学、护理学、营养学以及心理学等方面的专业人才；加强岗位培训，提高养老服务从业人员职业道德、服务意识和业务技术水平。二是设施专业化。要积极依靠科技创新，引进国外先进技术，利用信息技术，为老年人独立生活提供技术产品，提高老年人独居生活的便利性。

（4）发展志愿服务，实现“老有所为”

应鼓励各年龄阶段志愿者投身养老服务中，将专业化、职业化的养老服务组织与志愿者队伍相结合，提高养老服务水平。政府应发挥大学生和老年志愿者作用；要鼓励身体健康、有知识、有能力的老年人担当养老服务志愿者角色，做到“老有所为”。

六、构建宝山区立体养老服务体系的思考

1. 构建宝山区立体养老服务体系的原则

（1）人本原则

以老年人为本，尽可能地兼顾到老年人的实际养老意愿，提供被需要的，有针对性的、行之有效的社会化为老服务。

（2）系统整合原则

立体化养老服务体系需要各支撑系统及资源合理、有效、系统的整合，需要不同层级的政府机构与社会组织共同来进行。宝山区政府要组织好各方并执行监管的职责，出台规范的政策法规予以指导和约束；各行政职能部门要根据自身情况合理制定目标与规划；街道与社区是养老任务的具体操作和实施单位；其他社会群体是社会化养老的有力补充。

（3）提升老年人生活质量原则

从提升服务水平和拓展服务的领域入手，以满足老年人晚年的物质同精神生活的双需求，通过丰富多样的的文娱活动、体育活动和社会交际等多种形式，增强老年人对于生活的热情度和满意度，让他们体会到生活的价值，体验到晚年生活的幸福。

（4）需求区别对待原则

立体养老服务体系的供给应该满足所有的老年人养老的不同层次的需求，为不同收入水平、经济条件、家庭成员或者是身体状况甚至户籍的老年人提供所需的养老服务。

2. 构建宝山区立体养老服务体系的基本框架

总体框架为：以养老服务供给体系、需求评估体系为基础、以保障体系、政策支撑体系、行业监管体系为支撑的立体养老服务体系，构建确保“9073”养老格局，多元化、分层次、分阶段立体养老模式，逐步形成从物质保障到生活服务，从生理健康到精神慰藉，从单一主体到多方参与，有序发展的立体养老服务内容，覆盖宝山区各年龄层、各需求层的老年人口，以真正实现“老有所养、老有所居、老有所依、老有所医、老有所乐、老有所为”（如图14）。

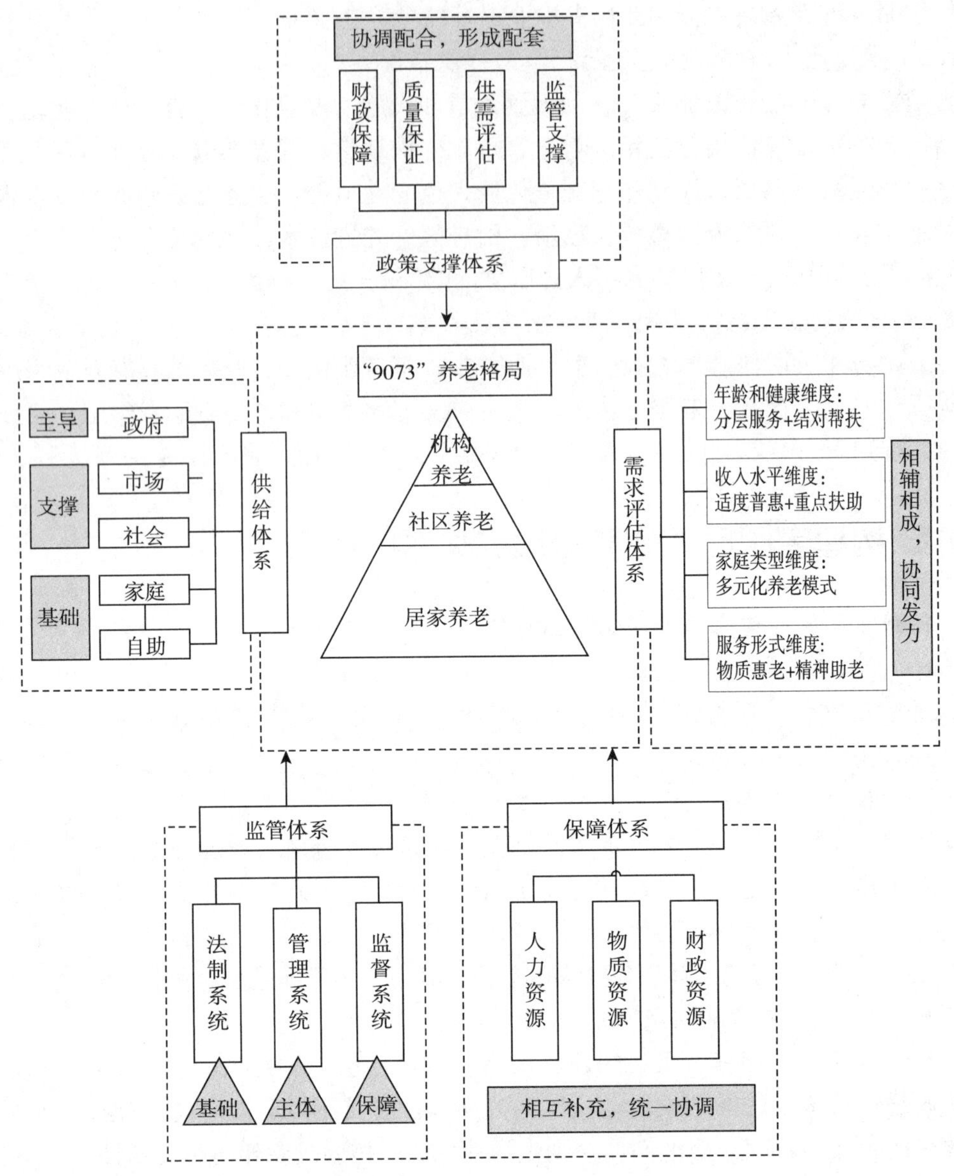

图 14　宝山区立体养老服务体系框架图

"多元化"：指的是供给主体、需求主体、资金筹措、盈利机制及经营机制、服务队伍的多元化。服务主体即供给主体的多元化，即服务机构、服务设施的多元化，实现供给体系中政府主导、社会参与、市场推动、家庭托底、自助为辅；服务客体即需求主体多元化，也就是服务对象既突出重点又要面向社会全体老年人，增大服务的受益面；资金筹措社会化，改革资金来源的单一渠道，多渠道筹措资金，采取财政拨款、社会集资、有奖募捐、各方捐助、街道和居委会出资等方式解决养老助老服务的资金问题；盈利机制及经营机制的多元化，根据不同层次需求建立有梯度的盈利空间；服务队伍社会化，建立一支以专职人员为主体，兼职人员为辅助，青年志愿者为基础的服务队伍。

“分层次”：主要是指按需求的不同纬度实现服务内容上的多层次，按照年龄层次和健康状况、收入水平、家庭类型等不同纬度，满足全体老年人多层次的需求。

“分阶段”：立体养老服务体系的构建一是采用“渐进式”发展，首先应对公众进行预告，对老年人进行系统的需求评估，在不断的尝试中对立体养老模式进行螺旋向上的修正。二是要分步走，必须先从养老需求和养老压力最大的老年人群开始，从最弱势的老年群体开始，逐步扩展到各经济收入层，到各身体状况层的各类群体中去。三是要迈小步，合理利用现有养老资源，进行有效的资源配置，然后再对不足的养老需求进行养老服务及养老设施的配置。四是要同协作，发挥政府主导作用，坚持政府引导与社会组织相互促进，相互合作，相互结合的原则，合理运用市场机制，动员社会各界力量积极参与。五是要多举措，坚持家庭养老与社会养老相结合，发挥家庭养老的积极作用，同时不断完善养老服务体系。

3. 构建宝山立体养老服务体系的实施方案

（1）建立分层次的需求评估体系

以年龄、身体状况、经济收入状况、家庭特点为维度，对老年人建立长效的需求评估机制，提供不同特点的养老服务。

①按服务形式划分：物质惠老和精神助老相结合

在物质惠老方面，实行适度普惠和倾斜惠老的政策，对经济困难的老人和高龄老人提供“保基本”的物质需求，扩大惠及层面，做好政府实事项目，满足老年人基本的生活要求和服务要求；增加养老床位及居家养老服务对象；发挥企业、慈善团体、社会组织的社会责任，提供基本老年人的服务的物质来源。

在精神助老方面，依托社区创新探索“老年宜居社区”，通过丰富社区为老服务项目，提供多层次的养老服务项目，充实老年服务精神慰藉的内涵，加强老年人之间的精神互助功能。根据老年人需求，设立小型的老年大学、老年人活动团体、老年协会及组织，开展社区老年活动室新建、改造工作，满足老年人的精神文化需求。

②按年龄层次和健康状况划分：低龄自助志愿为主，高龄居家家庭责任共担，无法自理老人医养护结合

第一是以低龄（60~79 岁）且生活完全自理的健康期老年人为服务对象，实现低龄老人精神供给及志愿互助结合。居村委充分利用老年人力资源优势，鼓励低龄老人为高龄老人提供志愿服务。同时，依托社区活动室、社区日托所、老年大学、老年专用租赁住宅、老年公寓等形式，扩展老年人团体的互助功能，减少低龄老人的孤单感。

第二是以高龄（80 岁以上）老年人和生活部分不能自理的、半护理期的老年人为对象，应明确家庭为主要责任主体，大力引导家庭责任的承担，社区应为其提供居家照料为主、精神慰藉为辅的全方位的社区服务，形式可以通过公益性养老服务、“小时”性质养老服务、非盈利性养老机构及盈利性的养老机构。

第三是以生活完全不能自理的完全护理期老年人为对象，完善“医养护相结合”的医疗养老病床及老年护理院，大力引导家庭照料。宝山区政府应该通过部门的联席会议

明确医疗养老病床的责任范畴，与定点医院建立医疗咨询、用药辅导、就近诊治、健康评估、医养结合，使生活完全不能自理的老年人在老年护理院内就能接受医疗卫生和护理服务。

在分层次提供养老服务的过程中，经济状况与健康状况的因素呈现复杂的交叉性，因此可以把经济状况和健康状况作为考虑的因素，尝试进行如下的分类：

表 3　年龄层次和健康状况划分的养老服务提供方式

经济状况 / 健康状况	低龄能自理	高龄部分能自理	完全不能自理
低收入阶层	社区活动室、 社区日间照料中心	公益性养老服务、 “小时”性质养老服务、 非盈利性养老机构	医疗养老病床 老年护理院
中等收入阶层	老年大学、 老年租赁住宅	盈利性养老机构	
高收入阶层	老年公寓	高端养老地产	

③按收入水平划分：低端有保障、中端有供给、高端有市场

低收入老人主要由政府提供部分的补助获得居家养老服务和养老机构服务；中等收入老年人依据自身需求由其他社会公益性养老机构提供多样化的养老服务，政府可选择部分参与；高收入老年群体，则可以根据自身需求，自主地选择一些营利性的商业机构提供差别化、个性化、高端化的养老服务。

同时经济状况与健康状况的因素也可以结合起来，对不同层面的老年人实现不同的需求服务，同样尝试进行如下的分类：

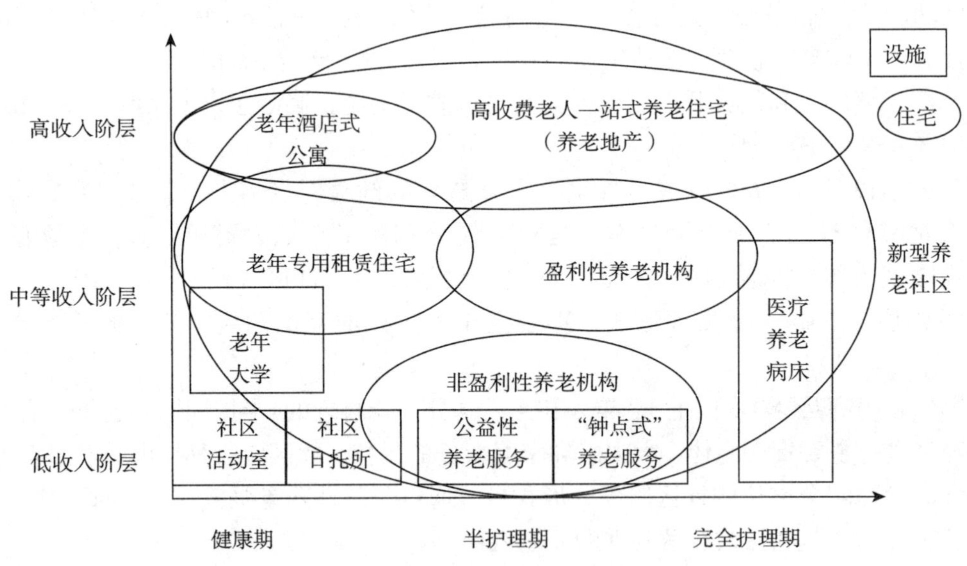

图 15　收入层次与健康状况划分的养老服务提供方式

④按家庭类型维度：家庭照料与社会化照料双轨并进

不同家庭类型的老年人所需要的养老服务是不一样的。一般来说，主干家庭和联合家庭中的老年人较其他家庭类型的老年人更能得到很好地生活照顾；空巢或者独居家庭中的老年人因为缺少家庭成员的照顾，在生活照顾和精神慰藉条件上的缺失导致此类家庭的老年人很需要子女通过经济、通讯或者其他方式予以弥补。

因此应提倡家庭照料与社会化照料双轨并进，社会化照料弥补家庭照料缺失的职能，推动医养融合发展，大力发展家庭病床及医养护模式的养老模式。宝山区应大力促进医疗卫生资源进入养老机构、社区和居民家庭，支持有条件的养老机构设置医疗机构。若有条件，可适当开设老年病科，增加老年病床数量，做好老年慢病防治和康复护理。

（2）筹划多元化的服务供给体系

为应对不同层次的养老服务需求，供给体系的构成应该以政府为主体，市场、社会为支撑，家庭、自助为基础。政府仍然是最重要的养老服务提供主体但并非单一的主体，社会组织、企业都应该参与其中，鼓励民间资本进入，营造公平的市场环境，由多方共同提供多层次，多样化的为老服务以供老年人选择。政府在短期内承担主导责任、在远期内承担引导责任，形成供给体系中的主要来源。

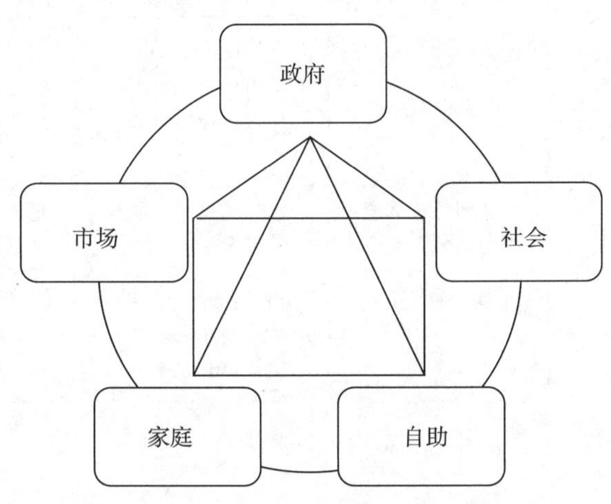

图 16　多元化的服务供给体系

①政府主导，托底基本养老服务。

从短期来看，政府有义务从政策、资金、管理、监督等各方面介入，将宝山原有的“9073”格局过渡到综合性、整体性、长远性的立体化养老服务体系；而从长远角度来看，政府应逐渐由主体地位退到主导地位，在立体化养老体系初成规模后对市场等加以引导，适当放权，将服务外包。

首先，政府应在政策上引导立体化养老服务体系的建立，应以“自下而上”的社区需求为导向，支持社区的自行管理，但应建立适当的评估机制和监管原则，确保社区切实做到满足老年人的需求。

其次，政府应丰富资金来源，多渠道筹集资金，并应将资金合理用于立体化养老服务的建设上。如，宝山的个别镇目前已存在老年基金会，企业募捐的资金该如何合理运用到老年人身上，政府必须加以监管和引导。

再次，政府应加强管理监督职能。政府可以定期或不定期地对于各类养老机构、社区养老服务中心、老年大学、助餐点等加强质量监督，以切实保证养老服务供给的质量以及老人的切身利益。

最后，通过政府购买服务，推动社区养老服务的需求。

②市场支撑，壮大银色产业。

宝山目前在老年人生活照料、产品开发等方面有所欠缺，没有形成银色产业链。因此，在宝山区内可对银色产业进行补贴税收优惠等多项支持，引导养老产业的繁荣与竞争；组织进行老年产品的设计与创新比赛；引进老年金融保险；发展老年娱乐业，借助宝山特色，给低龄健康老人提供船票出国旅游（家人陪同享受折扣等优惠政策）；对于宝山区的旅游景点，可在每月特定时期对老年人免费开放，开通老年人专线，丰富老年人的业余生活等。

根据不同的需求层次开拓不同的市场，实现政府福利型、政府收益型、企业盈利型等多种形式的养老产业，具体的思考参考下图。

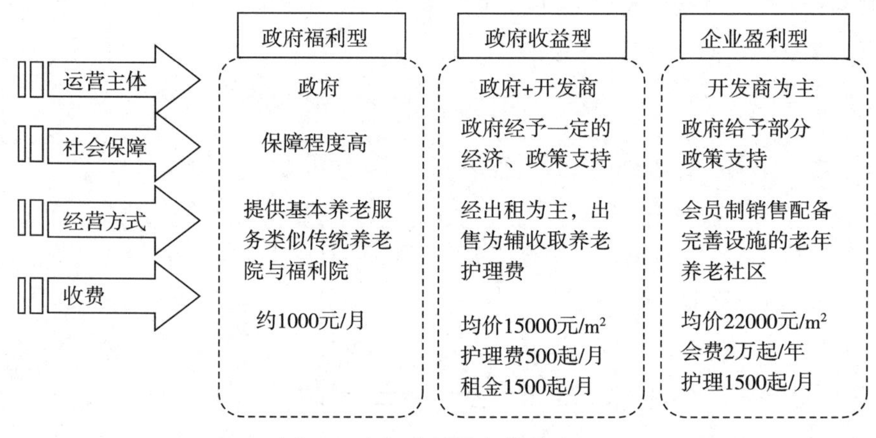

图 17 市场化的服务供给产业

③社会支持，承担社会责任。

在宝山政府的支持下，宝山养老地产项目的实施可以为政府减轻压力，通过配套医养护一体的各类软件、硬件设施，吸引老年人入住。同时，通过引入老年基金会、慈善组织、养老产业相关企业、公共资源单位等社会化的支持，减轻政府压力，整合为老服务的财力资源、物质资源、人力资源，从而为社区老人提供生活照料、医疗卫生和精神慰藉服务。

④家庭支持，强化家庭养老责任。

以社区为服务平台，为老年人的子女甚至年纪较长的孙辈提供一些简单的护理培训，包括饮食、日常保健、按摩手法、急救常识等。对于子女在外地的老人，社区可安排大学生志愿者协助老年人与子女进行网络视频聊天。在社区大力宣传健康、积极老龄化的理念，倡导科学、文明、健康的生活方式，组织各类老少亲子活动。对于低龄、健康的老年人，社区应动员其加入到社区志愿服务中。通过上述举措，在社区中营造尊老爱老的氛围，加强子女和青少年孝亲敬老的理念。

⑤自助养老，互惠互利。

为不同年龄不同健康状况的老年人进行自理、运用智能设备的培训，使老年人能够在某些紧急时刻实现自助自救。对于参与志愿服务的老年人，完善时间银行制度，促进实现“老有所为”。

（3）完善政策支撑及保障体系

①积极培养高素质的专业服务人员，加强养老专业化队伍建设。

以养老机构、老年护理院、家政公司等为载体，开展养老服务专业培训。积极联合职高技校等相关培训机构，培养护理、管理人才。逐步健全当地养老服务行业相对合理的薪酬体制，研究养老服务专业入学补贴和行业入职补贴政策。打破户籍制度，对社区居家养老服务来沪从业人员开展灵活就业登记，对符合条件的参加养老护理职业培训和职业技能鉴定的从业人员给予相关补贴。

②财政投入整合资源改善服务条件。

对社会力量兴办的养老服务设施，政府应在土地征用、资金补助、财政补贴、税收优惠、设施建设、市政配套、人员配备等方面提供有效的扶持政策。对于服务机构经营中的资金短缺困境，应设立专项基金，多渠道、多形式加大对民办养老服务机构实际经营补助。通过细化运作模式，完善经费补偿机制，以项目招标、委托经营等形式向民办养老机构购买服务，对其进行补贴。

③创新智能化养老服务方式，提高养老服务水平。

搭建养老服务的综合信息平台，建立区、街道和居民委员会三级智能化为老服务网络，使老人的各项需求信息及时获得采集，及时得到反馈。结合智慧社区建设，进一步加大智能化养老服务项目的开发。建立为老服务一卡通，使老人使用一张电子卡，就能够享受多种服务。通过宣传、培训等方式，加快老龄群体对智能化养老的适应程度。

（4）建设严格规范的监督体系

①建立统一的经济状况审核体系。

应依据家庭资产、收入等经济状况，确定享受政府基本养老服务补贴的标准和条件，利用居民经济收入核对系统等手段，探索逐步对申请享受政府基本养老服务补贴老人的家庭经济状况开展审核。制定享受财政养老服务补贴的标准，对符合标准的老人，依据享受财政养老服务补贴标准，由政府对其入住养老机构、购买助老服务社服务、购买紧急救援服务等给予适当补贴。

②严把行业准入标准，组件评估监管机制。

一方面对将要进入养老服务行业的机构，严格实行行业准入制度，依据法律规定的基本条件和基本标准，做好养老机构的规划设置、资格申请和登记审批工作，确保服务机构的从业资格，维护行业的良性竞争。另一方面，组建评估监管机构，制定服务评估标准，对养老服务的对象、内容、质量和人员等加强评估监管。对已经成立的服务机构实行规范的行业管理办法，并通过制定养老行业服务标准，指导养老机构按规定为老年人提供康复保健、医疗护理、营养膳食、精神慰藉等服务。

③规范公办养老机构供给标准。

首先，应严格规范入院标准。统筹评估不同群体的养老需求，为真正有需要的老人提供服务；第二，明确收费标准。同时加大政府资金投入和政策扶持力度，为“三无”老人、高龄困难、弱势老年群体提供适当补贴，保障其基本生活，体现政府保障的“底线公平”；第三，公办养老院可通过网站及时公布轮候的情况及入住人员信息，接受社会监督，确保公开、公平、公正。

4. 构建宝山立体养老服务体系的具体政策措施

第一，建立明确的养老服务需求评估体系，开展服务需求评估机制。针对宝山区各街道辖区内不同层次的老年人，依托社区，借助第三方评估平台，进行普遍式的养老服务需求登记，分类别分阶段地进行需求评估。

第二，解决全区内的“医、养、护”一体化机构养老壁垒，加强养老机构提供基础医疗服务的能力。将内设医疗机构的养老机构纳入医保结算范围、在无内设医疗机构的养老机构中进一步加强医疗服务、推进养老机构积极申办内设医疗机构、增加养老机构的医疗设备、加强养老机构提供基础医疗服务的能力。

第三，扶持发展不同层次的民办非营利性养老机构，着力优化养老机构空间布局。广泛发动社会力量、市场力量形成养老服务经费投入机制，投资发展不同层次的民办非营利性养老机构，集成高端养老服务社区的建设；养老机构的区域分布也应遵循宝山区各街道老年人口分布及经济状况分布的特点，优化养老机构的格局；明确养老机构建设标准和服务规范，通过第三方社会评估机构依据标准和规范进行评估、考核、奖惩，提升养老服务质量与公众满意度。

第四，职业培训及培养养老服务人才，加强养老专业化队伍建设。鼓励高校、职业院校开设养老相关专业，加强专业人才培养；加强在职的养老工作人员的技能培训，对中高级人才给予专技津贴，开展养老服务行业职业技能竞赛，鼓励从业人员提升技能水平。

第五，成立养老服务志愿者团体，吸收各年龄层次的志愿者服务。与青年志愿者协会对接，形成青年与老年服务的联合，以社区为落脚点鼓励青年对老年人的志愿服务。成立针对低龄健康的老年人的志愿者团队，建立老年服务志愿的时间银行政策，明确近期志愿服务时间与远期养老服务时间的兑换，从而鼓励低龄老年人积极参与。

结束语

在面对老年人日趋多样化、多层次的养老服务需求，宝山立体养老服务体系应根据老年人的需求状况及养老意愿分层次的划分，按需设计不同的养老设施和服务。立体养老服务体系的建立需要政府、社会、市场、家庭、自助等多方面的支持，是一个不断完善养老服务体系的过程，也需要依靠多元化主体的共同努力根据实际情况分层次、分阶段地来进行，以真正实现“老有所养、老有所居、老有所依、老有所医、老有所乐、老有所为”。

（执笔单位：上海工程技术大学）

惠安县弱势老年人幸福感调查与思考

蔡钦胜

2014 年底，惠安县 60 周岁及以上老年人口占户籍总人口（按公安户籍人口的统计口径，下同）的比重为 12.09%，比国际通行的“10%”老龄社会划分标准线超出 2.09 个百分点。可见，惠安县人口状况已深度老龄化。本文研究的对象是特定为年龄在 50–59 周岁的准老年人和年龄 60 周岁及以上的老年人，无固定职业或无固定收入来源的且未曾在机关、企事业单位从业，目前或今后不能领取机关、企事业单位离退休金，不享受各级政府补助、社会救济（如重点优抚对象、革命五老人员、城乡低保户等）等政策福利的本县户籍人口。通过调查分析该群体特征、现状及诉求、期盼，从经济状况、居住环境、养老保障、身心健康、医疗保障、精神生活等六个方面剖析影响相对弱势老年群体幸福感的因素，探索提升其幸福感的方式、方法，并提出对策、建议，供决策层参考。

一、老年人及准老年人的群体现状

为提高调查的针对性、代表性，课题组在开展随机抽样调查时，充分考虑惠东、惠西、惠南、惠北地域、行业、职业特点和各区域人口分布、特征，样本对象共涉及 8 个镇（含城关镇 1 个）、11 个村（居），3 个年龄段，累计发放问卷 230 份，收回有效问卷 220 份（含 50–59 周岁的 55 份、60–69 周岁的 110 份、70 周岁及以上的 55 份），有效率为 95.7%。

（一）老龄化趋势明显

一是老年人口比重逐年提升。据县老龄委数据显示：截止 2014 年底，本县（不含泉州台商投资区，下同）户籍 60 周岁及以上老年人（简称老年人，下同）约 9.45 万人，占总人口的比重为 12.09%（详见表 1），分别比 2013 年、2012 年、2011 年高 0.39 个百分点、0.75 个百分点、1.13 个百分点、1.74 个百分点。二是老年人口规模日渐庞大。按年均增长率 3.5%（惠安老龄委测算的年均增长为 3.5%）计算，2016 年底惠安老年人口将首次突破 10 万人大关达到 10.1 万人，“十三五”末期将达 11.2 万人左右。三是空巢现象日趋明显。2014 年底，空巢老人占总人口的比重为 4.0%，分别比 2013 年、2012 年、2011 年、2010 年多 0.12 个百分点、0.13 个百分点、0.21 个百分点、0.86 个百分点。另据“六普”数据显示，60 周岁及以上老年人的空巢户有 16716 户，占全县家庭户总户数的比重为 7.2%，其中 60 周岁及以上单人老人户占 60 周岁及以上老年人户的比重为 55.8%，60 周岁及以上老年夫妇户占比为 42.5%，两代 2 人、两代 3 人、两代 4 人等有 60 岁以上老年人的空巢户占 1.6%。可见，随着老年群体的日渐庞大，独居老年已成空巢老人“主力军”，是一群更应关注的群体。

表 1　惠安县 2010–2014 年老年人口状况　　单位：人

分类	2010 年	2011 年	2012 年	2013 年	2014 年
总人口	750122	756579	762566	769558	781477
老年人口	77350	82904	86509	90043	94517
60–69 周岁	39364	44403	46384	49801	54539
70 周岁及以上	37986	38501	40125	40242	39978
空巢老人	23561	28665	29527	29883	31285

（二）家庭规模小型化

一是家庭规模日渐缩小。据历次人口普查数据显示，2010 年全县户均人口 3.24 人，分别比 2000 年、1990 年少 0.38 人、1.33 人；二是户均老年人比重上升。2010 年全县户均老年人为 0.39 人，比 2000 年多 0.06 人。三是家庭模式呈“倒金字塔格局”。随着第一代独生子女的父母逐步进入老年，家庭模式呈现出“421”、“4421”等“倒金字塔”型格局，出现一对夫妇要同时照顾包括双方父母甚至祖父母等多位老人的现象。可见，随着老龄化社会的深入，老年人口在家庭人口中的比重将不断上升；随着家庭规模日益缩小，家庭结构核心化、小型化更加明显，家庭供养老年人压力也不断上升。

（三）体力劳作较繁重

据调查数据显示，在 60 周岁及以上老年人中，仍继续从业的老年人占到 27.3%。其中，60–69 周岁从业老年人占 60–69 周岁老年人的比重为 55.5%。在其主要从事行业中，农业的占 45%，工业和建筑业的占 38.3%，批发和零售业占 13.3%，住宿和餐饮业、交通运输业等其他行业仅占 3.4%（见图 1）。在主要日常活动选项中，干农活、务工（含经营）、料理家务、照顾孙辈已成为老年人生活的主旋律，分别占到 37.6%、19.4%、18.8%，15.7%，以文娱休闲为主要日常活动的仅为 8.5%（见图 2）。从老年人从业状况、日常活动情况表明，老年人仍需要付出繁重体力劳作，生活缺少文化娱乐。可见，老年人的生活压力不小。

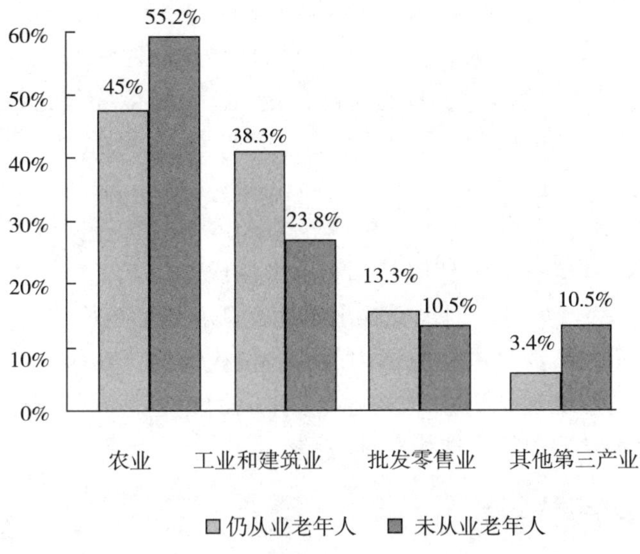

图 1　从业与未从业老年人主要从业经历

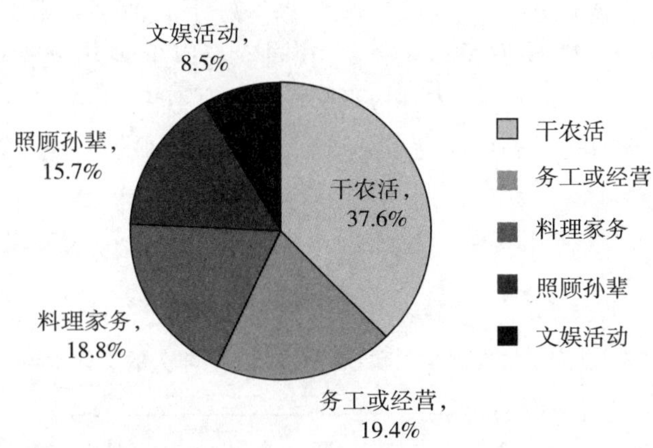

图 2　老年人的主要日常活动

（四）传统婚姻意识强

据调查数据显示，从老年人的婚姻状况看，有配偶的占 69.7%，无配偶（含丧偶）的占 30.3%。其中，60–69 周岁老年人丧偶率为 27.3%，70 周岁及以上老年人丧偶的占 36.3%。在丧偶老年人中，84.5% 的老年人没有续弦的意愿，15.5% 老年人希望晚年能老来有伴，但考虑到家庭负担、子女接受、财产分配利益关系、他人看法、对象难找等情况迟迟未付诸行动。可见，老年人的婚姻观念仍较传统。

（五）传统养老观念浓

一是自主养老意识强。在老年人的居住性质上，表示自己居住或与配偶居住的占

60%，与子女同住占 39.4%，与亲朋好友或邻居同住的占 0.6%。多数老年人反映，因在生活方式、消费习惯等与年轻人有差异，自己居住能主动避免因差异产生矛盾。另外，出于怕给子女添麻烦、增负担，宁愿选择自主养老。二是传统养老观念浓。在老年人的养老方式首要选择上，83.6% 的首选家庭养老，首选居家社区养老、公办养老机构养老、民营养老机构养老的分别为 6%、8.0%、2.4%。在养老方式第二选择上，75.9% 的选择居家社区养老、23.4% 的选择公办养老机构养老、0.7% 的选择民营养老机构养老。对多数老年人来讲，家庭养老有自家环境好熟悉、生活成本较低、享受天伦之乐，饮食起居较方便，不受外界约束等好处，但也反映出本地社区养老和机构养老力量的薄弱与不足。多数受访老年人表示，不清楚本地范围内的养老机构情况，对居家社会养老概念、经营方式不了解。可见，传统观念仍深刻影响着老年人的养老意识，而养老机构力量的薄弱与不足，使老年人养老方式的可选择余地较差。

（六）文化水平差异大

一是整体文化水平低。据问卷调查显示：在老年人中，不识字的占 32.7%、小学文化的占 46.1%、初中文化的占 15.2%、高中文化的占 6%。二是低龄组好于高龄组。从分年龄组看，50–59 周岁的准老年人整体文化水平好于其他年龄组的老年人，60–69 周岁的文化水平相对好于 70 周岁及以上的，70 周岁及以上老年人整体文化水平最低。三是城镇好于农村。从户籍上看，农村户籍老年人中不识字的占 35%，小学文化的占 49.2%，初中文化的占 10%、高中文化的占 5.8%，分别比城镇户籍的高 15.0 个百分点、多 11.4 百分点、低 25.6 个百分点、低 0.9 个百分点（详见表 2）。可见，老年群体文化水平偏低，进而影响老年人的文化娱乐生活水平，是导致老年人文娱生活贫乏、单一的主要原因之一。

表 2　50–59 周岁的准老年人和 60 周岁以上老年人的文化水平情况　　单位：%

分类	不识字	小学文化	初中文化	高中文化	大专以上文化
50–59 周岁	18.2	45.5	23.6	10.9	1.8
60 周岁及以上	32.7	46.1	15.2	6.0	
60–69 周岁	22.7	53.6	16.4	7.3	
70 周岁及以上	52.7	31.0	12.7	3.6	
按户籍划分					
# 城镇户籍	20.0	37.8	35.6	6.7	
# 农村户籍	35.0	49.2	10.0	5.8	

二、影响老年人幸福感的因素

（一）经济状况不好

一是收入来源单一，对子女依赖深。据问卷调查显示：子女供给、工资收入、配偶供给、社会养老金成为老年人重要收入来源，分别占到48.9%、16.2%、9.4%、9.4%，其他收入仅占16.1%。从分年龄组看，随着年龄的上升，老年人的自主创收（含工资收入、经营收入）能力逐渐弱化，对子女依赖程度越高。从60–69周岁老年人的收入来源看，自主创收占27.1%，子女供给占47.1%；在70周岁及以上老年人的收入来源中，自主创收占8.8%，子女供给占52.5%（详见表3）。在今后养老依靠的看法上，认为依靠子女（含孙子女）的占84.2%，靠自己或配偶的占14.5%，靠亲戚朋友或社会救助等的占1.3%。二是生活压力不小，经济负担较大。从年收入水平看，城镇、农村户籍老年人年平均收入分别为13889元、10375元，分别为本地2014年城镇居民、农村居民人均可支配收入的42.1%、70.6%。从年支出水平看，城镇、农村户籍老年人年平均消费支出分别11112元、7050元，分别为2014年城镇居民、农村居民人均消费支出的49.4%、61.5%（见图3）。从老年人的主要生活支出看，排名一至五的分别为吃、医、衣、行、住，而文化娱乐、老年教育方面的支出几乎空白。在对自身经济状况评价中，认为不理想的占39.4%的，一般的占51.5%，认为理想的占9.1%。可见，一定的经济收入是维持晚年幸福生活的必要条件，而弱势老年人经济状况的劣态，生活负担不轻，弱化了老年人的幸福感。

表3　各年龄组主要收入来源情况　　单位：%

分类	工资收入	经营收入	财产收入	配偶供给	子女供给	亲友赠送	社会救助	社会养老金
60周岁及以上	16.2	4.6	5.5	9.4	48.9	4.7	1.3	9.4
60–69周岁	21.3	5.8	5.2	9.7	47.1	3.2	0.6	7.1
70周岁及以上	6.3	2.5	6.3	8.8	52.5	7.5	2.5	13.6
50–59周岁	29.1	13.9	6.3	29.1	19.0	1.3	1.3	–

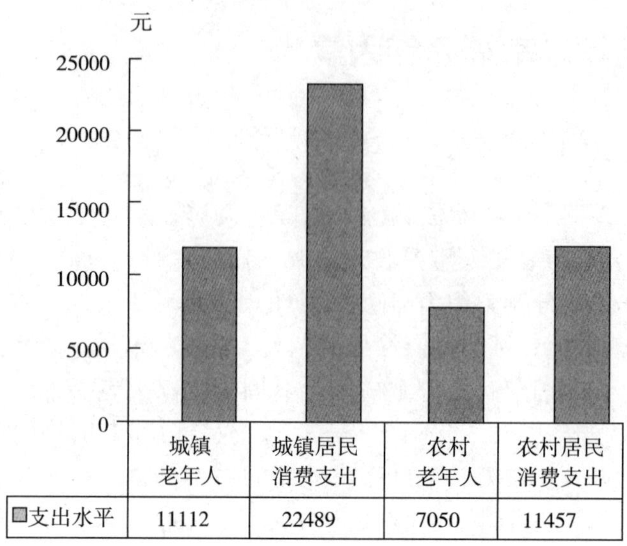

	城镇老年人	城镇居民消费支出	农村老年人	农村居民消费支出
支出水平	11112	22489	7050	11457

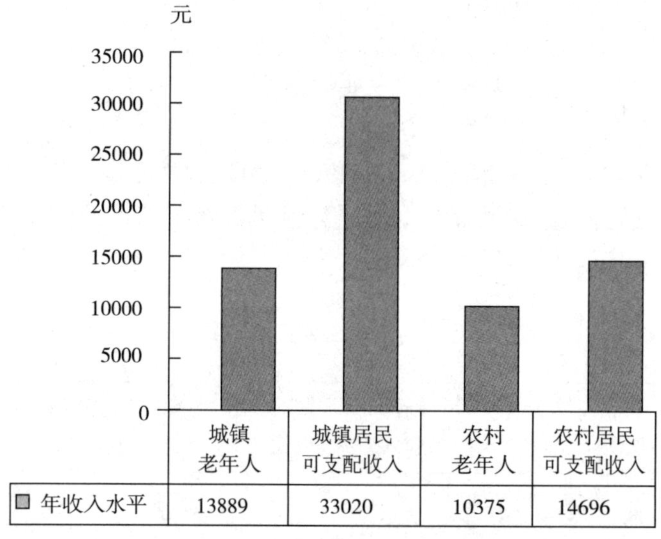

	城镇老年人	城镇居民可支配收入	农村老年人	农村居民可支配收入
年收入水平	13889	33020	10375	14696

图 3　2013 年城乡户籍老年人与本地城乡居民收支水平比较

（二）居住环境欠佳

一是居住条件欠佳。在住房结构上，61.8% 的老年人仍居住在砖石结构、草木土坯结构等抗震等级低、安全状况较差的危房中。在受访老年人中，住房仍未通电、通水的分别占 1.2%、4.8%，仍以柴草、煤炭为炊事燃料的占 9.1%，无空调、风扇等制冷设备仍有 3.6%。可见，对于身体机能日渐衰弱的老年人来讲，居住条件不佳、基本生活硬件设备的缺漏，导致其生活质量水平的降低；二是自我满意度偏低。在自我居住环境评价上，认为理想的占 46.6%，不理想的占 53.4%。可见，居住环境的不佳，导致老年人对舒适度的评价不高，现实与理想的差距挫伤了老年人的幸福感。

（三）养老保障滞后

一是基础养老金标准低。从城乡养老保险的参合情况上看，100% 的受访老年人均参与城乡养老保险，但多数老年人反映额度偏低。从月养老金额度看，月领取额为 85 元（2014 年惠安县城乡居民每月基础养老金为 85 元，失地失海面积在 30–69% 的，每月在基础上增加 45 元；失地失海面积达 70% 以上的，每月在基础上增加 130 元。）占 55.8%，130 元的占 18.2%，215 元及以上的 26%。在城乡基础养老金的评价上，认为不理想的占 43.6%，一般的占 25.5%，理想的占 30.9%。老年人形象地形容基础养老金："'按每斤米 3 元，每人每天 1 斤，勉强够每月口粮'、液化气价格按 140 元计算，每月基础养老金刚够买一瓶多"。二是机构养老体系尚未健全。据了解，目前本县公办养老机构 4 家，均处于低水平运转状态，入住老年人仅占全县老年人的 0.04% 左右；民办养老机构设立、运营因各种原因，导致"雷声大、雨点小"、"有开花、难结果"；作为多元化养老的重要补充社区居家养老，仍局限于城关镇所属社区，在运营状况不佳，运作方式粗放、功能单一、覆盖面不足等方面仍存在缺陷，并非严格意义上的社区居家养老。可见，目前社会养老保障水平仍处于基础保障阶段，作用有限，仍不足以切实改善老年人的生活质量，影响老年人幸福感的提升。

（四）身心状况堪忧

一是犯病就医较频繁。据问卷调查数据显示，最近一年内就诊治疗（含小病）次数上，97.6% 的老年人有 1 次以上的就诊治疗经历，其中 1~3 次的 6.7%，4~6 次的 50.3%，6 次以上的 40.6%。从分年龄组看，70 周岁及以上的就诊治疗次数更为频繁，有 6 次以上的占 58.2%。二是自理状况呈年龄差。在 70 周岁及以上老年人中，认为自理能力不理想的占 7.9%，比 60–69 周岁老年人高出 5.6 个百分点。三是自我健康评价不乐观。老年人认为自己身体理想（健康、较健康）的占 45.5%，一般的占 40.6%，不理想（不太健康、不健康）的占 13.9%。从分年龄组看，70 周岁及以上老年人认为不理想的占 21.8%，比 60–69 周岁的高 11.8 个百分点。四是家庭矛盾不容忽视。在与子女的相处上，认为相处融洽的占 91.5%，有矛盾或经常矛盾的占 8.5%。在与子女同住的意愿中，与子女有矛盾的老年人均表示不愿意与子女同住。可见，一个良好的身体是老年人晚年幸福的重要前提，而和谐的家庭氛围也成为左右老年人生活幸福与否的重要因素。

（五）医保力度不足

目前城乡基础医疗保障已初成体系，整体利好于老年人，但在报销比例、便利性、治疗水平等方面仍有不足。据调查数据显示，从最近一年医疗费用负担情况看，城镇、农村户籍老年人年医疗费用支出占其生活消费支出的比重分别达到 19.2%、29.7%。从报销比例上看，最近一年有就诊治疗的老年人人均医疗费用 3395 元，人均报销医疗费用 1320 元，报销比例为 38.9%。在对报销的满意度评价上，表示理想（满意、较满意）的

21.2%、一般的14.5%、不理想（不太满意、不满意）的64.3%。在具体表现上：多数老年人反映，门诊报销、特殊病种报销比例偏低，村级卫生所就诊治疗无从报销。在就诊治疗和报销方便程度评价上，认为不方便仍有25.5%。可见，老年人生活幸福与否与医疗保障体系是否健全息息相关。随着年龄的上涨，老年人的身体机能逐渐弱化，就诊治疗几率更大，随之而来的是医疗费用的增加，加重老年人的身心负担。

（六）精神生活匮乏

一是文娱生活层次低。在日常主要文化娱乐活动选项中，看电视、听广播的占56.9%，下棋、打牌、麻将的占21.4%，看书、报、杂志的占13.2%、体育运动、运动健身的占8.5%，像出行旅游、互联网使用、饲养宠物、种植观赏植物、再教育等对老年人自身条件要求较高的高层次、高水平的文娱活动几为空白。二是社交圈子狭窄。在日常主要交流对象中（多选），选择子女的占83.3%，选择配偶的占65.5%、选择孙子女的占57%，选择邻居、朋友的占35.2%。在是否帮忙照看孙子女上，很需要的占25.5%、比较需要的占38.2%。可见，老年人的社交圈仍以家庭为主轴，家庭的束缚成为影响其社交圈扩展的重要因素，老年人的文娱活动仍以低层次、低成本的居家活动为主，过于贫乏、单一。

三、提升老年人幸福生活的思考

在受访老年人中，认为很幸福的为4.2%，比较幸福的占27.9%，幸福度一般的占57%，认为不太幸福或不幸福的占10.9%。在多数弱势老年群体中，身体健康、吃喝不愁、远离劳作、老有所乐等成为最基本、最朴实的理想。在影响其幸福感的因素中，身体欠安，看病贵、看病难，经济压力大，生活单调成为左右弱势老年人幸福感的关键因素。可见，提升弱势老年群体幸福感的关键在于实现其老有所为、老有所养、老有所依、老有所医、老有所教、老有所乐。

（一）改善老年群体经济状况

通过创新养老形式，提升老年人自有资产的保值增值能力，解决老年人“自主养老”的经济瓶颈问题；通过鼓励老年人从事力所能及的工作，改善其自身经济状况，提升其自主养老的潜能，实现其“老有所养”。

1. 鼓励老有所为

调查显示，多数低龄老年人的健康状况较好，仍适合适当的劳作。因此，通过政府或社区搭建“老有所为”服务平台，充分利用老年人力资源，引导老年人从事一些力所能及的工作，如让老年人积极参与关心下一代，兴办公益事业、协调民间纠纷、维护社会治安、参与移风易俗等活动，不仅可提高老年人收入，也可提升老年人的自身价值。

2. 创新养老形式

积极引导老年人利用储蓄养老，提升资产的增值保值功能。农村地区，可结合小城镇建设、城中村改造、棚户区改造、闽南地区危房改造试点等政策优势，合理有序引导老年人通过农村宅基地使用权的置换，林地、农地经营权合法流转，提高自主养老能力；城镇地区，建议试点和推进养老地产的发展，通过养老地产的发展，促进城镇老年人养老水平的提升。

（二）完善养老服务体系建设

按照“政策引导、政府扶持、社会兴办、市场推动”的原则，统筹规划，逐步建立起适应本地人口老龄化发展趋势的多元化、多层次养老服务体系，实现老年人“老有所依”。

1. 以家庭养老为主体

通过政策引导鼓励老年人家庭善待老人、赡养老人，形成一种法律与道德双重监督奖惩机制，使家庭成员与老年人的社会保障利益相连，增强子女对父母、国民对家庭及社会的责任意识。

2. 以社区养老为补充

结合本地实际，在城市规划布局、土地征用划拨、财政补助等方面给予社区养老建设多方位支持；统一规划布局，使社区养老资源与老年群体的空间分布相匹配，提高社区养老机构的使用效率；引导老年人转换思维，改变养老观念，积极参与社区养老。

3. 以各类养老机构相结合

统筹公办、民营养老机构的协调发展，加强政府在扩大公益性养老、福利机构的规模、容量及提升服务水平的扶持力度，提升公益养老机构保障功能。抓好国家、省、市三级优惠政策的落实，做好配套优惠扶持力度，积极引导民营养老机构的发展。在城市整体规划、土地征迁划、税收及建设配套费减免、金融机构信贷优惠、财政补助力度等方面给予大力扶持，引导和搞活民营养老机构发展，推动养老服务事业的全面发展。

（三）提升社会养老保障力度。

通过建立与市场经济水平相适应的基础养老金增长机制，逐步提高广大老年群体的基础养老金收入水平；通过完善老年人救助制度，尤其是空巢、失独、残疾、无子女等老人救助机制，保障其基本生活质量不下降；通过创新养老保险制度，挖掘老年人自主养老潜力，使老年人不再担忧“老无所依”。

1. 强化养老保障功能

探索建立基础养老金与物价水平、社会经济发展水平相适应的增长机制，逐步调整提高基础养老金标准。强化家庭基础保障功能，鼓励和引导子女在生活状况与身心健康两方面给予老年人更多的关注、关心。

2. 完善老年救助制度

建立弱势老年群体救助机制，解决弱势老年人基本生活、就医等问题，着重关心孤寡老人、空巢老人等弱势老年群体生活状况，政府或社区从资金资助、生活辅助等方面给予重点倾斜，保障和改善弱势老年群体的基本生活水平。

3. 创新养老保险机制

以城乡基本养老保险制度为基础，创造有利条件引导和鼓励有条件老年人参与商业养老保险，创新政府购买养老保险等形式，提升社会养老金的增值保值功能，并逐步将增值实惠转化为老年人的实惠。调查显示，老年人自有住房情况，城镇为97.8%、农村为99.2%。通过试点和推荐反向抵押养老保险新形式，鼓励老年人房产反向抵押实现以“以房养老”，提高自主养老能力。

（四）继续完善医疗保障体系。

逐步扩大医疗救助惠及面、降低普通门诊报销门槛，提高老年人特殊病种、慢性病等疾病的报销比例，进一步减轻老年人的医疗负担；提升便民信息化服务水平，给予老年人便捷的就诊、报销绿色通道；加强基层医疗服务体系建设，提升基层医疗机构技术水平和人才队伍建设水平，从而提高基层医疗服务水平，更好地为老年人服务，使老年人的“老有所医”得到充分的保障。

1. 优化医疗服务保障水平

根据社会经济发展水平，逐步扩大医疗救助惠及面，降低医保报销起付门槛，简化医疗保报销程序，提升老年人特殊病种、慢性病等病种的医疗补助标准。加快合作医疗信息化建设，统一跨地区医疗信息联网建设，建立便捷报销绿色通道，方便老年人报销。

2. 健全基层医疗服务体系

提升基层医疗机构的医护力量，加强对各类医疗诊所和药店的监管力度，为老年人创造可以信赖的医疗支持环境。支持基层卫生机构开设针对老年人的专业性、个性化的医疗服务项目，如诊疗服务、健康保健咨询，并逐步实现常态化，使老年人获得更多实惠。

（五）提升老年文化建设水平

充分发挥老年协会在老年人日常活动的组织协调作用，提升老年人的社会参与度；完善老年群体的再教育工作机制，开展多形式的适合老年群体的寓于娱乐的教学活动、文化活动，提高老年人的知识面、接触面，使老年人“老有所教”、“老有所乐”。

1. 提升老年群众组织建设水平

老年群众组织既是老年人文化生活的一部分，也是促进老年人身心健康的重要载体。老年协会作为老年群众组织的最重要载体，在老年人自我管理、自我服务和奉献社会的工作中发挥重要的作用。因此，政府应加大对老年协会建设的扶持力度，从资金、组织形式等方面给予充分的支持，让老年协会发挥更大的效力。

2. 重视老年群体的再教育工作

各级政府应结合本地老年群体文化现状，将老年人教育纳入本地文化教育发展规划上，从政策、规划布局、财政经费等方面给予倾斜；拓宽老年大学、老年学校的覆盖面，改变老年学校只为有文化老年人服务的现状，使文化水平较差的老年人也能广泛参与老年文化教育，学知识、长文化，实现老年人“老有所教”。

3. 丰富老年人的精神文化生活

通过健全和完善公共文化服务体系，以公共财政为支撑，建立多元化投入机制，加大基层文体设施建设力度，逐步缩小城乡差距，保障广大老年人能公平、平等地享有基本文化权益。结合各地实际，因地制宜地创新老年人精神文化生活形式，如老年球队、老年舞蹈、南音合唱队、老年合唱团、艺术团等，不断丰富基层文化生活内涵，提升老年人的精神文化生活水平，使老年人的"老有所乐"。

（六）培育发展老年家政服务业

通过合理有序地引导和扶持家政服务行业的发展，提升其服务内涵和水平，逐步建立起适应老年人在护理、心理辅导、保健、理财等特殊需求的现代化、多元化、专业化的家政服务体系，更好地为老年人服务；积极探索政府购买服务的方式，解决残疾、孤寡、特殊高龄、空巢老人等弱势老年群体基本养老保障难题；整合各方面资源，发挥各自优势提升家政行业和志愿者队伍的建设水平，从而更好地实现老年人"老有所依"。

1. 拓宽家政服务功能

据了解，目前惠安家政服务功能较为传统，仍以保洁、家教、维修、搬家、保姆、月嫂为主，以老年人为主要服务对象的专业化护理、心理辅导、保健、理财等服务功能仍较薄弱。随着老年群体的日渐壮大，老年人的需求无法通过子女实现时，通过购买服务成为必然的选择。因此，通过引导和扶持本地家政服务企业实现城乡兼顾的规范化、有序化、产业化、多元化的发展，为老年群体提供更专业、更细致、更到位的服务，帮助解决老年的实际困难。

2. 转变服务购买方式

弱势老年群体经济状况不理想，额外的服务费用可能导致生活负担的加重。因此，可积极探索政府购买服务的方式，将残疾、孤寡、特殊高龄、空巢老人等弱势老年群体的日常生活纳入民生保障工程，委托专业家政服务公司定期派员上门服务，改变弱势老年群体无人照顾的难题。

3. 搞好人才队伍建设

引导和鼓励具有一定家政服务经验的大中专毕业生参与家政服务、养老服务的自主创业，提升本地家政服务企业的整体水平；结合本县院校资源，增设老年服务学、心理学、保健护理等课程，自主解决老年服务人才的紧缺问题。同时，通过健全和完善志愿者队伍建设机制，提升整个社会老年人服务水平和氛围。

参考文献（略）

（作者单位：国家统计局惠安调查队）

构建失独家庭父母晚年幸福的思考与对策

肖守渊

一、形成失独家庭的现实特点

有这么一个社会群体，他们也曾拥有美满的家庭，因家中独生子女的夭折或残障而幸福从此缺失，成为失独家庭。这类家庭主要是家庭中独生子女死亡或病残，父母不再生育、不能再生育、不愿意收养子女的家庭。自计生政策和独生子女政策出台后，当今421家庭数量越来越多，一旦家中独生子女发生意外，家庭结构随之坍塌，失独父母将承受生理和心理双重风险。2013年3月3日，中国致公党发表报告称我国现有200万老年人因无子女而面临养老、医疗、心理等困难，我国失独家庭数量不断增加且上升快的现状是不容忽视。为缓解失独家庭父母晚年生活困境，让失独老人老有所养、老有所尊、老有所乐，政府需要采取及时有效措施。失独父母因失独内心往往充满恐慌与生活绝望，对未来失去信心，无法及时适应身边社会环境而继续融入到社会，容易出现自我封闭与脱离社会，失独父母们养老就只能依靠政府和社会。对此，通过了解失独家庭个案差异化，关注不同失独家庭生活状态，尤其是精神层面（失独父母精神慰藉上极大伤害而形成了自我封闭、少与社会互动、逃离社会、与世隔绝等），探讨如何有效促进失独父母顺利再融入社会，过上正常生活，从而促进社会和谐稳定。老年人精神慰藉或精神赡养主要指关注老年人心理与精神需求，并尽量给予慰藉和满足。精神赡养分人格尊重、成就宽心、情感慰藉。再融入社会是指处于弱势地位的主体主动与社会特定组织、群体及个体进行反思性、持续性的社会互动过程。当前，失独家庭日益增加成为新的特殊群体，它的形成不仅是个人和家庭问题，更是社会问题。失独家庭的再融入社会问题是由个人和社会环境的互动失调引起，因失独家庭个体抗击能力不足、家庭功能弱化、社区互动平台匮乏及社会支持力量不足等影响，失独父母再融入社会表现出自我封闭、生活适应障碍及解决问题能力低下等现象。更多关注失独家庭面临的再融入社会问题，充分调动个人、家庭、社区及社会的作用，为帮助失独父母走出困境，走入社会再创建美好明天服务。

围绕失独家庭父母物质与精神，与其面对面交流，笔者共访谈了南昌市16个失独家庭，并对其中9个案例进行了再融入社会的研判。

二、失独家庭父母再融入社会的主要困境

（一）政策性特扶金低而无法确保基本生活

2008 年起，国家全面实施计生家庭特别扶助制度，独生子女伤残或死亡后未再生育或未合法收养子女的夫妻，自女方年满 49 周岁后，夫妻双方领取每人每月不低于 80 元（伤残）、100 元（死亡）的特别扶助金。2012 年起，特别扶助金标准提高到每人每月不低于 110 元（伤残）、135 元（死亡）。2014 年起，再次上调特别扶助金标准，其中城镇提高到每人每月 270 元（伤残）、340 元（死亡），农村提高到每人每月 150 元（伤残）、170 元（死亡），并建立动态增长机制。江西省 2013 年起计生家庭特别扶助进一步完善和提高标准，明确全省独生子女（含收养子女）死亡、女方年满 40 周岁且未再生育、未再收养子女的家庭，夫妻按不同年龄段发放特别扶助金，即：40–48 周岁的每人每月 150 元，49–59 周岁的每人每月 300 元，60 周岁以上的每人每月 500 元。针对独生子女（含收养子女）伤、病残、女方年满 49 周岁且未再生育也未再收养子女的家庭，夫妻按每人每月 130 元的标准发放特别扶助金。这些钱因物价因素对失独父母仍是杯水车薪。笔者与 ST（01–ST–64）（访谈者代号，下同）访谈中得知，他独子 2008 年因交通意外而不幸离世，他妻子则 1997 年病故，他一人孤独生活，因年纪渐大，无其他收入，计生工作者看他时发现其一贫如洗，时值寒冬而家中连床像样被子都没有，而他本人身穿的也是破棉衣。看到来人时，他害羞地躲在门后，像是太久无人来家，之后他才想起搬凳让坐。尽管接下来政府对他进行特别补助，年节中给他送钱送物，但仍无法真正保障他的基本生活，源于国家还没有很完善的法规政策来确保如他这样失独者的持续稳定生活。

笔者与 X（06–X–56）访谈了解，她曾是服装加工厂工人，2005 年独子被检出胃癌晚期后，全家其乐融融局面被打破，她诉说道：“为给儿子治病，我和老伴几乎跑了全国各地，求了不少人，把积蓄都花完了还借了不少钱，最终没能留住孩子，孩子走了，我们也就没了希望。我们之前过的都是有孩子的日子，操的都是孩子的心。我也想过一了百了，可欠人家的钱不能就这么不给，人家都是在我家最困难时帮过的人，钱也是大家辛辛苦苦赚来的。现在我孩子因治病欠钱我们都应还清啊。”讲述中的她，泪流满面地接着说：“退休后，我夫妻俩收入不多，近年老伴到建筑工地做工伤了身体，也没钱去治疗。如今我俩还能动动，不知再过几年如何，哎……”看出，她对日后的生活已无太大期盼，甚至觉得日子过一天算一天。没有经济来源，靠着政府补助和不多的退休金，她夫妻俩晚年过得紧巴巴的。

（二）机构养老有门槛而出现安度晚年困惑

养老是失独家庭父母晚年的现实困惑。老人要入住当下养老机构都需有担保者签字，而签字担保人多为直系亲属，无直系亲属则须街道、社区或单位担保，但多数街道、社区或单位都不愿承担。笔者与 L（02–L–62）访谈中得知，他就被这个问题困扰着。他

是某小学退休老师，独女2005年因车祸丧命，从此他和妻的希望也失去了。“这几年，身子骨越来越差了，上个四楼都得歇两次，要是年纪再大点估计爬楼都费大劲。”他和爱人一直想去养老院度晚年，“进那里都要我们签一份入住协议，得有担保人，找不到，我们也进不去。”笔者也走访南昌市部分养老机构，负责人都表示目前基本没有接纳失独老人，并告知机构养老必签入住协议和有担保人，否则出意外无人负责或监管。

（三）养医服务资源不足而造成日常照护缺乏

当前，我国养老服务和医护制度，因职业、区域不同的人员仍存在待遇的不同，加上社区服务和医疗资源的分布也多不合理、不均匀，带来突出的城乡差异、城城差异。调查的南昌市西湖区南浦街道据不完全统计有失独家庭50多户，其中30%失独父母患了慢性疾病。笔者在与C（03-C-65）访谈中得知，她自失去独子8年来一直郁郁寡欢，饮食与睡眠愈发不好。孩子离世头3年，她每天梦见孩子和常看孩子遗物，但近几年里孩子就不怎么梦里出现了，样子也慢慢模糊了。她患有冠心病，失去独子后，“一想起他，我心就疼。”她对笔者说，“有一次，在家发病，老伴出门买菜了，就我一人，还好老伴回家及时拿药给我吃，要不然……”

笔者与Z（07-Z-64）访谈知晓，她独女12年前因病去世，从此夫妻相依为命。她说：“我和老伴都60多了，身体都不如从前好，经常有小病小灾的，到社区医院看病又总是开些不痛不痒的药。有一次，我上吐下泻，就给我开了点午时茶颗粒。”她接着说：“不久前，我老伴不慎从楼梯上摔下来，疼得不行，就近去了社区医院，结果等了半天，社区医院让我们去南昌市医院。社区医院呀……也就只能看看小感冒。”现实的情况是分散在社区的各类医疗服务机构如社区医院，其设备简陋，确实无法满足老人医疗需求，仅能看个小病。而失去独生子女后的父母，无子女关顾生活，常常易患各种慢性疾病，也易出现突发疾病，社区又无法满足老人的养老服务和医疗需要，特别是独居老人，独住家中因出意外较难被人及时发现。现实表明，受经济发展水平影响，针对失独家庭父母年迈和多病的政府性专门优先优惠、齐全到位的养护与就医等政策性保障很少，还存在保障水平参差不齐，保障效果难尽人意。

（四）社会关怀总体不足而隐含着群体性问题

笔者调查中感到，多数失独父母不愿与外界接触，不参加家庭外任何活动，也不愿向他人吐露心扉，甚至有的都不愿与亲戚朋友联系，形成失独父母长时间封闭自己而丧失社会能力，带来晚年生活郁闷、孤僻等心理与身体疾病，由此增加了失独家庭父母的社会关怀需求，这是失独老人忧伤心结急需帮助的主要环节。笔者与Z（04-Z-58）访谈中得知，她是南昌市一名退休教师，她时年24岁的独子于8年前因恋爱受挫自杀，而儿子一直是她的全部精神支柱。她对笔者说：“以前在家，儿子想干什么我都会同意，儿子和我说过和女朋友的事情，我一直没放在心上，早知道……都怪我，我如果早点察觉到，儿子……就不会……”虽然儿子离世已5年，可她与丈夫却为此一直生活在自责中，认为自己未看好儿子而出错，也不再与以前的亲戚朋友联系，夫妻现都近六旬还总是整天窝在家里，生怕被人非议。与笔者访谈的 L（08-L-46）也如此，他夫妻经营的小超市生意好、妻子高龄生子，三口之家生活幸福，自 6 岁独子被查患有严重自闭症起发生了变化。经多方求医治疗无果，医生明断其子病情很复杂且易出极端行为，要求家长密切关注，而病情一直不稳的独子进入小学 4 年级后却因他夫妻一时疏忽，竟然家里上吊自杀了。伤心欲绝的他们把独子自杀怪罪自己大意，由此常常活在自责中，闭关家中不外出，把负面情绪都深深地藏在心里，内心痛苦无人诉说，没有依靠和寄托。其实不少失独家庭都如此，不与外界接触而自我封闭中生活，假使家庭外主动关注少则他们极易出现潜在问题。相反，来自家庭外如社区和单位的关怀帮助及时到位，失独家庭父母就易走出失独阴影，重新面对生活。笔者与 L（05-L-56）访谈中感觉，他独子 7 年前离世，他告诉笔者："儿子刚走的 3 年，我都不愿意出门，2014 年我们街道的老主任就一直来找我，和我聊天，把我当成亲人一样。街道举办的活动也都邀请我，后来我知道还有那么多和我一样的人，看着他们……我就不觉得孤单。"笔者查阅南昌市西湖区南浦街道社工组织的信息得知，多开展形式多样、独具特色的文体、健康、休闲的小组活动，帮助了不少失独者从悲伤中走出来，这种事例该街道有不少。

三、失独家庭父母再融入社会难的原因分析

失独家庭因独生子女死亡或残障，其稳固的家庭结构遭到破坏，失独家庭父母面临不少社会风险，容易被边缘化，出现物质匮乏、精神匮乏或物质与精神双重匮乏而往往难以融入社会。

（一）计生政策等制度性设计缺陷

制度设计的缺陷使失独家庭不断新增，且失独家庭与社会出现的隔膜，又难如从前正常参与社会活动，无法融入社会。国家在制定计生政策和独生子女政策时未料想到失独家庭的产生、未预估到意外的发生，使得公民积极履行计生义务时却遭受子女意外去世后的老无所养、老无所靠等痛苦。2001 年 12 月 29 日颁布的《人口与计划生育法》中第 4 章第 27 条规定："独生子女发生意外伤残、死亡，其父母不再生育和收养子女的，地方人民政府应当给予必要的帮助。"在法律上首次对失独者做出规定，但这种"给予必要的帮助"概念模糊，仅"帮助"而非强制性义务，这非强制性规定对地方政府是否实施就存在选择，且该条文中未明确标准，由地方政府自定标准，更难落实到位。访谈中，Z（09-Z-56）告诉笔者，因失独家庭在日常生活中非大众化群体，少有专人或单位负责此项政策保障，居委会、单位对其补助金不仅少，且常常因人事调动等还不能按时领到或漏发错发，去寻求帮助时也找不到相关人。现涉及失独家庭的政策主要由卫生计生委、民政或其他主管机构制定，实施中涉及多部门多领域，出现政策制定与实施脱节或不及时、好政策难切实执行等现象。来自江西省部分基层计生工作者、社区干部反映，因不同主管部门间政策不衔接、责任不明，出现申请扶助政策待遇屡屡遭拒的结果。同时，各地对失独家庭的保障也存在不平等问题，如独生子女伤残与死亡家庭的特别扶助政策，

没有完善的法律政策体系，就无法真正保障失独家庭父母晚年幸福生活。

（二）社会保障总水平较低

对公民而言，国家财政支出的社会保险和社会福利（含社会救济等）总体偏低或补充不够。因此，只有国家财政提高对社会保障资金的支持力度，才能提高失独家庭所急需的社会福利性支出，促使失独家庭再次融入社会。目前我国社会养老保险制度处于完善阶段，我国基本养老保险制度囊括了新型农村养老保险、城镇居民养老保险、城镇职工养老保险、机关和事业单位养老保险等。对失独家庭，独生子女的失去，适度父母就面临老无所养、老无所靠境地，而养老是他们面对的最大问题，现行养老保险制度很难满足这类特殊家庭的养老需求。另据国家统计局江西调查总队服务业调查处 2011 下半年采用随机抽样的方法调查显示，南昌市老年人对社区养老服务有五大需求：体检、养生知识普及等保健服务，需求度达 100%；住房维修、家电维修服务，需求度达 98.15%；形式多样的文体休闲活动，需求度达 90.74%；家庭医生服务，需求度为 46.3%；保洁、送餐、上门做饭等家政服务，需求度为 38.89%。而这些需求在失独家庭中更为突出，如被访谈的 ST（O1-ST-64）没有收入来源，靠着政府微薄的补助生活，难以承受现代社会日益增长的生活消费水平（养老、住房、医疗等），制约了他们再融入社会。

（三）医疗保障水平不足

依托问卷调查而显示，对“目前还不能满足老年人需要的服务”的选择，“诊治就医”位列第一；而在目前和今后主要担忧的问题，大多数家庭都首选“身体不好、行动不便”，次选“身体不好、行动不便”。护理照顾服务水平低下。护理照顾服务指主要面向病后、高龄、失能失独老人提供的生活照料、康复护理、精神慰藉、临终关怀等综合服务。随着老年人口高龄化，失独父母带病现象将更普遍，失能和半失能将逐渐增多，所需相关服务日益迫切。尤其是长期照料与护理服务，将是一个解决起来难度很大的社会问题。医疗保障水平不足成为失独家庭因病返贫主因。现实中，独生子女死亡原因多样，其中意外死亡与患病死亡占绝大多数，若意外死亡且责任不在死者时，父母或许能得到些经济赔偿。但若因病死亡，那父母就易因病返贫。数据显示，仅 2010 年我国 15-30 岁年龄段因病死亡者高达 264 万多，这些病逝子女的家庭往往因救治子女而倾家荡产甚至债台高筑。全国人大代表赵超在调查中发现，独生子女因病返贫比例高达 50%。我国不完善的医疗保障体制使父母往往得拼尽一切去救治处于重病中的子女，往往就导致其因病返贫。因地区间经济发展水平不一，各地政府对失独家庭医疗保障水平也参差不齐。失独家庭因缺乏较好医疗保障措施，看病难、看病贵成了他们对再融入社会新阻碍，若得不到很好医疗保障就容易阻碍他们再融入社会。

（四）社会支持体系零散

一个正常的家庭关系和稳定的家庭状态是家庭功能有效发挥的前提，失独作为重大的家庭事件则破坏了家庭正常结构，导致了家庭功能严重受损。独生子女死亡使原本稳定的家庭三角结构出现失衡。失独家庭的变故还带来亲属关系疏离，大部分失独父母表现出自我封闭与排斥外界、主动疏远亲朋好友。访谈的 Z（04-Z-58）和老伴正是产生了自我封闭的心理，对外界有较大抵触情绪。也有些亲属因担心会无意伤及失独父母而不知如何用适当的方式接触他们，加上中国传统“趋福避祸”思想，也导致亲友的疏离。因此，拓展失独父母社会支持网络，是打开失独者忧伤心结的重要手段。

（五）无子女赡养形成困境

失独家庭最大的困境就是失去唯一的孩子后出现养老难题，没有了孩子财力支持，虽然得到了政府部分补助，可物价因素，补助也难以维持日常基本生活，失独父母不可能有较好的养老水平，这种后顾之忧使得失独家庭较难再融入社会。

四、失独父母再融入社会与晚年幸福的对策

独生子女死亡后稳固的三角家庭结构被破坏，使家庭面临着更大的社会风险，失独父母常常处于被社会边缘化群体，物质和精神的匮乏或物质精神双重匮乏的失独父母，往往难以融入社会，为解决失独父母再融入社会和安度晚年生活，提出如下对策。

（一）要切实完善计生政策

我国长期实行独生子女政策，导致出现的 421 家庭，使得失独家庭成为了计生政策的负面结果。2013 年 11 月，党的十八届三中全会通过《中共中央关于全面深化改革若干重大问题的决定》对外宣布单独二孩政策，继续坚持计生政策，启动实施一方是独生子女的生育第二个孩子。2015 年 1 月，国家卫计委新闻发言人毛群安在国新办新闻发布会上针对 2016 年是否全部放开二胎政策问题回答了社会关切，明确提出了将逐步调整和完善现行计生政策，以实现我国人口合理结构和长期均衡发展。

（二）要着力落实养老医护保障

在制度上，要保障失独家庭的基本权利，目前国家没有相关的立法保障失独家庭基本权利，仅民政部有依照“三无”老人等优惠政策。失独家庭中，最为突出是养老与医疗保障问题。因此必须提高养老保险和医疗保险在社会保障中的地位来提高失独老人自身养老能力。我国现行的养老制度是城镇养老保险和新型农村养老保险，但实施的力度却不够，普遍性不足。建议加强完善统一的针对失独家庭社会保障的法律建设。同时，建议政府要加大对社会保障方面的财政投入，或设立专门针对失独家庭养老与医疗的保障性专项资金，切实保障失独父母晚年养医护的特殊需求。

（三）要专设失独父母养老场所

社区养老以居家养老为主体，以社区日间照料、配给居家养老资源为主要服务内容。建议政府要加强对社区养老的支持，加大养老服务设施投入力度，提高养老服务水平与

标准，积极完善居家养老和社区养老的服务网络建设，对失独家庭中不愿意出门及行动不便的失独父母提供日常生活的护理及照料，或在社区建立老年人日间照料的站点，提供给失独父母短期的日常生活等服务。针对失独父母需要长期养老护理服务的，建议参照北京市 2015 年 6 月出台的失独老人养老机构接收方案来落实。据了解，北京市明确对北京第五社会福利院进行改造，使其成为专门接收失独老人的示范性养老机构。

（四）要织密社会支持网络

一是建议政府落实非政府组织的社会支持，使这些非政府组织为失独家庭提供各种服务，如非政府组织可以开展为失独家庭进行募捐、建立基金等筹集帮扶资金的活动，将所得资金通过各种方式赠与失独家庭。同时，这些非政府组织利用自身优势还可以为失独家庭和失独父母们提供一些专业的、免费的康复健身、上门理发、心理治疗等帮扶服务。当然，需要政府建立起完善的引导与监督机制，防止出现低效率或贪腐问题。二是建议政府推动慈善组织或志愿者的社会支持，为慈善机构在运行经费、活动场所、精神支持等方面提供资源，让各类志愿者通过孝行社区活动和结对帮扶、做爱心儿女等形式，帮扶失独家庭，缓解失独父母痛苦，化解失独者孤独情绪。三是建议政府强化社会工作者及其组织的专业支持，充分发挥好社会工作者特殊作用，使之集合社会多种力量来为失独家庭、失独父母提供专业疏导和积极帮助。对于社会工作者及其组织，建议政府加大培育社会工作者力度和逐步提高其待遇与社会地位，给予社会工作者各类组织更多便利。

（五）要优化社区医疗资源

建议政府加强对社区医疗资源的整合，增加失独父母就医的帮扶与资助。同时，建议政府要切实鼓励和引导企业事业单位、社会团体、个人等社会力量开办社区卫生服务机构，按照非营利性医疗机构要求、区域卫生规划，设置和健全包括综合医疗服务、专项护理服务等社区卫生服务网络，切实满足社区居民尤其是社区失独父母的医疗、康复等所需。

（六）要帮助失独家庭自救

要想失独父母走出心理阴影，最关键的是失独者自救。一是建议政府定期组织专业心理咨询专家走进失独家庭，用专业和有效的方式对失独父母进行心理疏导、抚慰其失去子女后受伤的心，帮助失独者进行自救。二是建议政府建立失独家庭教育机制，培育失独家庭对融入社会的意识，树立正确观念，让失独者通过教育学习而重新培养新的兴趣与爱好，增强与外界的沟通联系能力，形成积极乐观心态以面对生活和未来。三是建议政府有针对性经常组织健康有益的娱乐、文体、表演等活动，提供各种有效社会资源，让失独者通过抱团取暖等群体形式来相互鼓励、相互协助、相互送终而减轻失独带来的痛苦。

（七）要营造失独家庭融合社会环境

失独父母因失去子女，亲人的关怀和安慰显得尤为重要，如何使他们将内心的痛苦诉说释放、宣泄情绪，建议政府通过积极引导全社会对失独家庭的正确关注，有意识培育社会关心失独父母，让失独家庭和失独父母愿意融入社会，形成一种人人关心失独家庭、人人维护失独父母利益的社会氛围。

附件

南昌市被访谈16户失独家庭情况的汇总表

个案编号	性别	年龄	婚姻状况	主要收入来源	失独时间	是否有第三代
01	男	64岁	丧偶	政府资助	10年	无
02	男	62岁	有配偶	退休金	9年	无
03	女	65岁	有配偶	退休金	14年	无
04	女	58岁	有配偶	退休金	8年	无
05	女	56岁	有配偶	退休金	7年	无
06	女	56岁	有配偶	打工	10年	无
07	男	64岁	有配偶	退休金	12年	无
08	男	46岁	有配偶	超市收入	4年	无
09	女	56岁	有配偶	退休金	8年	无
10	男	57岁	丧偶	政府资助	9年	无
11	女	55岁	有配偶	退休金	10年	无
12	女	56岁	丧偶	退休金	9年	无
13	男	65岁	丧偶	退休金	12年	有
14	女	52岁	有配偶	退休金	8年	无
15	女	53岁	丧偶	打工	7年	无
16	男	43岁	有配偶	个体经营	2年	有

参考文献（略）

（作者单位：江西省老龄办）

克拉玛依市老年社团组织现状分析及发展对策研究

沙占勇

发挥老年社团组织的作用，使其在社会管理中进一步形成整体合力，是改革开放和建设美丽幸福和谐克拉玛依和世界石油城的客观要求，也是做好老龄工作的重要内容。为深入了解克拉玛依老年社团组织的发展现状，有针对性地开展工作，以适应老龄化不断加快的趋势，今年上半年，市老龄办通过多种形式进行调研，对全市老年社团组织进行综合分析、归纳，基本掌握了我市老年社团组织工作现状、发展趋势等基本情况。

一、研究背景

当前克拉玛依市发展态势与老龄、老年社团工作相关的总体情况主要表现在四个方面：

一是克拉玛依市作为老龄化发展较快的城市，对老年社团组织的发展予以厚望。截止 2014 年底，克拉玛依市 60 周岁及以上老年人口已达 45019 人，占全市总人口的 15.22%。老龄化率在全疆排名前列，人口高龄化现象明显，未来社会负担特别是养老负担将逐渐加重，因此老年社团组织在为老服务方面有着宽广的舞台空间。二是克拉玛依市作为人口预期寿命较高的城市，对老年社团组织发展既是机遇也是挑战。2011 年克拉玛依市人口预期寿命为 82.09 岁，接近世界上发达国家的水平。对老年人管理、照料和护理的需求将成倍增加，除政府、家庭、社会和老年人本人外，老年社团组织可承担更多的责任与义务，积极应对高龄化社会的挑战。三是克拉玛依市作为全面建设小康社会的城市，对老年社团组织的发展既是压力也是动力。目前，克拉玛依市正处于全面建设小康社会的关键时期和深化改革开放、加快转变经济社会发展方式的攻坚时期。到 2015 年克拉玛依争取跨入全国小康社会先进市行列，到 2020 年在全疆率先基本实现现代化，智能油田和数字城市全面建成。在发展过程中，也将面临各种困难，老年社团组织要适应形势，充分发挥老年人的积极性，为克拉玛依市发展做贡献。四是克拉玛依市作为一个经济发达的城市，对老年社团组织的发展奠定了坚实基础。2014 年，全市实现地区生产总值 847 亿元。实现地方财政收入 85 亿元，城镇居民人均可支配收入 28276 元，克拉玛依市人均 GDP 达到 26831 美元，位居全国各城市之首。小康社会综合实现程度高于全疆平均水平 10.8 个百分点，与内地发达城市相比基本持平。城市生活质量竞争力在全国 294 个地级以上市中名列前茅，是中国西部城市中最具发展实力的城市之一。因此在经济持续发展过程中，如何做好各项为老服务工作，让广大老年人口分享社会经济发展的成果，是老年社团组织需要深入研究和认真实施的一项重要工作。

表 1　2003-2014 年克拉玛依市人口老龄化发展历程

年份	户籍总人口（万人）	60 岁及以上户籍人口（万人）	人口老龄化水平（%）
2003	26.11	2.74	10.49
2004	25.38	2.66	10.48
2005	25.49	2.84	11.14
2006	27.05	3.02	11.16
2007	26.71	3.13	11.72
2008	27.28	3.28	12.02
2009	27.53	3.44	12.50
2010	27.79	3.56	12.81
2011	28.20	3.71	13.16
2012	28.56	3.85	13.48
2013	29.39	4.54	15.45
2014	29.57	4.50	15.22

二、全市老年社团组织管理现状和特点

（一）总体情况

1. 老年社团数量

截至 2015 年 3 月，全市共有社会组织 764 个，其中，在市区两级民政部门登记的有 331 个（市本级 177 个，各区 154 个），其中市、区与老年工作有直接和间接联系的社会组织 45 个。其中具体抓老年工作的如老年协会、老年人体育协会、老年大学、五老宣讲团、老年摄影等老年社团有 15 个，占全市老年社团组织的 33.3%。与老年工作有联系的志愿者协会、社会工作者协会、钓鱼、棋牌书画、歌舞协会等社会组织 30 个，占 66.7%。社区登记备案的社会组织有 433 个。其中社区老年社团组织 114 个，占社区社会组织总数的 26.32%，它们是由机关、企事业单位退休等中老年人以相同的兴趣、爱好、特长或自身需要为基础形成的。例如红柳花老年合唱团、红舞鞋舞蹈团、木卡姆维吾尔老年合唱团等，在活跃老年人文化生活方面起着重要的作用。

2. 老年社团组织会员数量

截至目前，克拉玛依市老年社团组织会员合计达 48200 余人，其中市级会员 15000 余人，占总会员数的 31.12%。区级会员 31000 余人，占总会员数的 64.31%。乡镇街道级会员 1200 余人，占总会员数的 2.48%。村、社区级会员 1000 余人，占总会员数的 2.07%。

3. 老年活动场所

全市老年文化活动场所 324 个，其中市级 12 个，区级 4 个，乡镇街道级 175 个，

社区级133个。去年市图书馆、羽毛球馆、射击射箭馆、综合游泳馆等115项工程建成投用。各类老年文化团体190个，文体骨干达7400多人，经常参加活动的1.7万多人。全市敬老爱老教育基地32个、老年大学104个，市、区老年大学每年共开办40多个班级，招收学员1800余名。

4. 老年社团分类

我市老年社团组织根据老年群体需要和工作主题的不同，在类别上有所区别。主要有以下几种：

按功能分。主要有四类：一是文化艺术类。市、区主要有老年合唱团、老年摄影协会、老年书法协会、老年文化艺术协会、社区文化艺术指导协会、观赏石协会、剪纸协会等老年社团组织，占全市老年社团组织的32%左右。二是体育健身类。主要有老年体育协会、武术协会、太极拳（剑）协会、钓鱼协会、门球协会、棋牌协会等老年社团组织，占全市老年社团组织的36%左右。三是教育学习类。主要有五老宣讲协会、老年大学、心理咨询健康教育协会、高血压病防治协会等老年社团组织，占全市老年社团组织的18%左右。四是老年服务类。主要有老年协会、义工志愿者协会、社会工作者协会、旅游协会等社会组织和老年社团组织，占全市老年社团组织的14%左右。

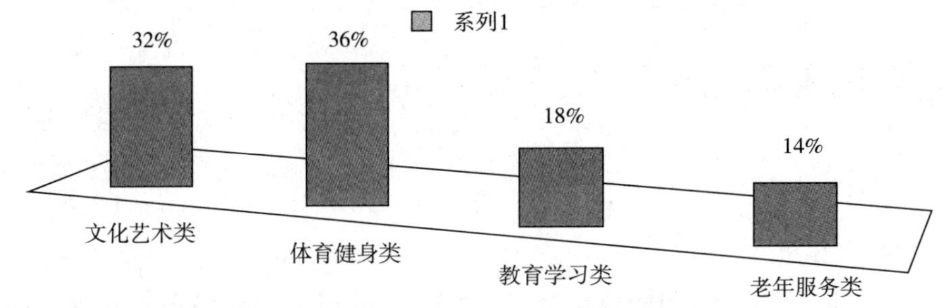

图1 市老年社团组织按功能分类及占比

按组织形式分。主要有三种：一是规范管理型。老年社团组织制度完善，工作有计划、有部署、有指导、有检查，与主管部门、老年群众建立了深入广泛的联系。活动经费基本有保障，活动规模大，在社会影响力大，如老年协会、老年体协、克拉玛依区老年大学、旅游协会、志愿者协会、社工协会等。二是积极活跃型。老年社团组织名称与活动相一致，活动的专业性、娱乐性、知识性、吸引力强，在社会有着广泛的影响和人脉，并随着会员人数的增加和经济社会发展，不断加大发展空间，如老年门球协会、老年摄影协会、书法协会、钓鱼协会、五老宣讲协会、老年合唱团等。三是兴趣为主型。此类老年社团组织没有严格的管理制度和章程，属于松散式的自我管理自我约束，最多确定几名负责人，起牵头召集作用。参加人员大部分是机关、企事业单位离退休人员，他们以相同或相近的兴趣、爱好、特长、或自身需要为基础，自发形成的社团组织，一般不注册不登记，其特点是老年群众参与广泛、内容丰富、形式多样、机动灵活，场地不限，以户外活动为主，如老年广场舞团队、太极拳（剑）团队、户外徒步旅游等社团组织。

（二）我市主要老年社团组织的基本工作现状、特点

1. 市、区老年协会工作开展基本情况

老年协会是在市、区老龄办直接指导、领导下设立的群众自我服务、自我教育、自我管理的老年群众自治组织。目前全市老年协会有 93 个，其中市、区级 4 个（市级 1 个，区级 3 个），占 4.3%。乡镇、街道、社区、村老年协会 90 个，占 96.77%。其中乡镇、街道 13 个，占全市总数的 13.97%，社区、村 77 个，占 82.79%。

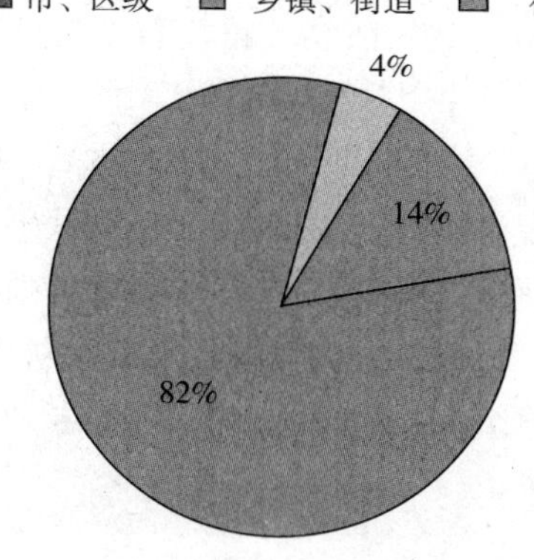

图 2 全市老年协会分级

市老年协会成立于 2009 年，团体会员 40 多个，属于市老龄办领导下的民间老年社团组织，有办公地点，活动经费自筹。市老年协会制度健全，经费收取、支出严格按规定执行，坚持每年请审计部门审计，无出现违反财经纪律的问题。工作和活动采取独立开展与市老龄办、各老年社团组织联合开展相结合的形式。近几年，主要开展了“健康母亲评选”、“健康老人评选”、“油城老人神州行、国外游”、中老年门球赛、中老年人游泳比赛、中老年健身舞蹈大赛、钓鱼比赛和老年人典型代表、圣桥老年公寓、社会福利院走访慰问等活动，开展了居家养老、退休人员现状等专题调研。

全市四个区，成立老年协会的有克拉玛依区、独山子区、乌尔禾区，白碱滩区因故暂时没成立。

克拉玛依区老年协会属于民间老年社团组织，运作效果显著。我市投入使用的克拉玛依老年活动中心占地面积6000平方米，总建筑面积12199平方米，有57间活动厅（室）。运行时由政府出资购买服务，委托克拉玛依区老年协会具体运营，面向全市老年人开放。每年政府出资 30 万元运营费用，节约运营成本 200 万元，政府不设机构，减少事业单位机构 1 个和人员编制 10 人，大大提升成本效率。克拉玛依区老年协会充分发挥老年活动中心自我服务平台作用、规模效应和活动组织聚集效应，不断提升社会组织专业化运营水平，使其成为老年人学习知识的课堂、才艺展示的舞台、心灵交流的家园和青少年社会实践的基地，目前，该中心平均每天活动达 2000 人次，有 88 个社团组织固定到

场所活动，满足了老年人的不同文化需求，达到了明显的社会效益。

独山子区老年协会自2010年12月建立，其下属有老年合唱、老年舞蹈、老年戏剧、老年书画摄影等分会。几年来独山子天韵合唱团获亚洲国际声乐合唱节银奖、北京第十二届中国国际合唱节优秀表演奖、自治区第二届老年文化艺术节银奖。协会代表自治区参加全国老年人健身球操交流活动，获得规定套路优胜奖、自选套路优胜奖、女子组最佳表演奖。老年门球队还代表中石化走出国门参加了在巴西举办的国际门球赛。

2. 市、新疆油田公司老年体育协会工作开展基本情况

克拉玛依市老年体协下设太极拳剑、气功、乒乓球、门球、台球等8个分会，会员遍及市、区、街道及油田公司所属退管单位，各类活动场所总面积达到8万多平方米。多年来体协积极开展形式多样的体育健身活动，推广普及群众喜闻乐见的健身球、柔力球、太极八段锦、四十二式太极拳剑、秧歌舞、拍打操等群众性健身运动，举办太极拳剑、象棋、台球、乒乓球、钓鱼、门球、地掷球等各项竞赛活动，吸引了众多的老年人参与，让广大离退休老同志和社区居民走出家庭，融入社会，快乐生活，营造了全民健身的良好氛围。几年来与市老龄办、企业退管部门、老年协会联合举办了“庆祝老人节”暨中老年健身舞比赛、全市老年门球、大型千人健身操展示、太极拳（剑）、健身气功比赛。连续两年与市老龄办一起组织上百名老同志参加“夕阳红专列”旅游，进一步丰富了克拉玛依老年人文化体育内容和品味。

3. 市、区老年大学工作开展基本情况

老年大学是贯彻落实“五个老有”工作方针的重要体现，通过组织离退休老同志再学习，达到增长知识、丰富生活、陶冶情操、促进健康、服务社会的目的。目前全市老年大学104个，其中市级1个、区级3个、乡镇街道社区100个。

克拉玛依市、新疆油田公司老年大学成立于1988年5月，市老年大学在市区设有校本部，在南区和白碱滩区设有两个分校共8个办学点。目前学习开设了声乐、国画、舞蹈、国标舞、拉丁舞、书法、二胡、葫芦丝、古筝、电脑、服饰表演、维吾尔口语等15个专业、35个班级，在校学员749人。2006年开始启动争创自治区规范化老年大学的活动，于2009年通过新疆维吾尔自治区老年大学的评估验收，被命名为自治区规范化老年大学，2014年11月被评为中石油天然气集团公司优秀老年大学的光荣称号。

白碱滩区老年大学根据老年人丰富知识、陶冶情操的精神需求开设了太极、舞蹈、模特、声乐、书法、二胡、葫芦丝、国画、拉丁舞、中阮、硬笔书法等11个专业，建校以来在校学员累计2100多人，基本上形成了一个比较完善的多学制、多层次、多学科的教育教学体系。共举办各种展览10余次，展出作品近100余幅。

4. 门球协会、钓鱼协会、五老宣讲协会等老年社团工作开展基本情况

克拉玛依市、新疆油田公司门球协会成立于2007年。克拉玛依市有门球爱好者人近800人。门协下设7个分会，会员遍及市、区、街道及油田公司所属退管单位。六年来门球协会加强管理，注重培训，成绩斐然。市门协多次组队代表市、油田公司参加中国门球协会、自治区门协举办的赛事，取得了“长寿杯”全国性企业门球赛荣获冠军、自治区第二届市民体育大会门球赛获荣冠军等优异成绩。

市钓鱼协会成立于 1987 年，一年经费约 13 万元，来源于团体会费及企业赞助。钓鱼爱好者众多，协会会员达 14500 人，每年开展“老龄杯”等钓鱼比赛 30 多次，连续多次被自治区钓鱼协会、克拉玛依优育局推荐为“先进群众体育组织”、先进单位称号。

克拉玛依区五老宣教协会是属于区政府拨款协会，实行协会、分会、工作站三级网络管理。近年主要发挥老领导、老石油、老模范、老党员、老战士作用，积极发展五老队伍，在原 33 人的基础上发展到现在有会员 2000 多人。全面开展对青少年的传统教育、特色教育覆盖面达到 100%，三年宣讲 3750 课，收益人达到 12 万人次。开展丰富多彩的“中华魂”读书活动、“童龄风采”系列活动、“大手牵小手共筑中国梦”系列活动、“温情关爱”扶贫帮困助残活动、夏令营活动，取得显著效果。

三、老年社团组织发展和管理的基本经验

在市委、市政府领导下，通过长期的实践与摸索，在老年社团组织发展和管理方面，基本经验主要有以下几方面：

（一）领导重视、加强管理、措施到位，是老年社团组织工作健康发展的根本保证

一是以规划为引领，明确了方向。克拉玛依市委、市人民政府高度重视老年社团组织的管理服务工作，先后制定克拉玛依市老龄事业发展“十一五”规划和“十二五”规划，将老龄、为老服务事业纳入政府的全社会共同发展框架，并明确提出了为老服务事业发展总体目标，对克拉玛依为老服务事业和老年社团组织的发展起到了非常明显的保障和促进作用。二是加大依法行政力度，加强社会组织登记、年检、评估工作。制定下发了《社会组织评估管理办法》等相关规定，抓好社会组织年检和管理。截至目前，全市应参加年检的社会组织 268 个，实际参加年检的为 234 个，年检合格 222 个。目前国家民政部正式确定克拉玛依市为全国社会组织建设创新示范区。

（二）明确目标、建章立制、加强培训，是老年社团组织工作扎实推进的关键

为保证老年社团工作的健康开展，各老年社团加强了建章立制工作，都基本建立了工作、学习、会议、监督等制度。根据市社会组织党工委《关于认真做好全市社会组织党组织集中组建工作的通知》精神，在老年社团组织积极建立党组织，全市实现老年社团组织在内的社会组织党组织应建已建率达 100%，党的工作覆盖率达到 100%，党员纳入党组织管理 100%、参加党组织活动率 100% 的“四个百分之百”的目标。去年以来，全市分别举办了社会组织党支部书记培训、社会组织负责人培训、十八届三中、四中全会精神等学习培训班，参加培训共达 230 余人次。

（三）积极探索、开拓创新、与时俱进，是老年社团组织工作不断发展的动力

近几年，克拉玛依市积极探索社会组织及老年社团组织管理、为老服务新的工作运行机制和服务模式，初步形成了政府主导、社会参与、公办民办并举的公共服务供给模式，为社会组织、老年社团组织为老年人服务提供了广阔的空间，有效促进了老年社团组织提升管理服务水平和质量。克拉玛依区、白碱滩区和独山子区政府充分发挥社会组织及老年社团组织的作用，加大购买社会组织服务力度，2014 年度购买服务项目 40 项，投入资金 803.6 万元，购买服务项目涉及养老、心理咨询服务、文化体育、教育、机构运营等领域，将部分政府提供的公共服务和解决的事项逐步交由社会组织承担，激发了社会组织及老年社团组织活力，提升了社会组织服务社会、承接政府职能转移的能力。

（四）倾听民意、服务老人、工作接地气，是老年社团组织有所作为的力量源泉

几年来，老年社团组织的工作和活动，坚持立足老年群众、因地制宜、小型多样、健康向上的原则，以老年人满意不满意，欢迎不欢迎为标准，急老年人之所急，帮老年人之所需，认真开展各项工作和活动，受到老年人欢迎。老年社团组织结合居家养老工作开展为老年人提供健康、心理、法律咨询服务，为老年人送菜、送饭，服务上门，组织了“银龄风采”系列活动、戏曲比赛、趣味运动会、书画、摄影、门球、中国牌、中国象棋、乒乓球、台球、太极拳（剑）等比赛和活动，老年大学开设书画、计算机、英语、音乐等课程。极大地丰富了老年人的精神文化生活。2014 年，我市共举办中、大型活动 60 余项，参与活动的各族老人达 830000 余人次。我市老年文体项目分别获自治区及全国比赛一、二、三等奖 55 项，市老年大学被命名为自治区规范化老年大学。

（五）科学文明、和谐稳定、健康向上，是老年社团组织工作不可或缺的重要内容

几年来通过有效工作，我市把老年社团组织建设成为老同志倡导科学文明、健康向上、老有所学的学习教育阵地，和谐稳定、交流思想、凝聚人心的工作平台。通过这个阵地和平台，让有不同的工作经验、生活经历、思想认知的老年人融洽相聚、加强交流，培养感情、增进友谊，相互关爱、形成一种和谐温馨的大家庭氛围。通过开展经常性的体育竞赛、徒步旅游、文化交流、文艺联欢、球艺切磋、文艺汇演、宣传演讲、作品展示、志愿帮扶、结对助老等活动，让老年同志们精神焕发、生活充实，消除政治上的疑虑感，思想上的失落感，精神上的空虚感，生活上的无助感，保持积极进取的生活态度，使老年群体成为和谐社会的中坚力量，使非法极端宗教、三股势力等非法反动组织的活动无立足之地，无插缝之隙。

（六）社会联动、工作互动、舆论牵动，是老年社团组织工作蓬勃发展的重要途径

一是社会联动，形成了合力。近几年克拉玛依市涉及老年人的重大活动，重要工作不搞单打独斗，而是采取政府主管部门、企业、老年社团联合起来组织活动，这样经费足、力量强、声势大、效果好。二是工作互动，加强了凝聚力。几年来由市老龄办牵头，每季召开一次工作例会，请市老干局、各区老龄办、老年协会、老年体协、油田退管中心等部门团体负责人一起总结、研究、协调、部署工作。老龄办做到与老年社团组织、企业退管部门相互理解，互通有无，增加了老年工作的向心力、凝聚力。三是舆论牵动，增加了正能量。目前我市已形成了市、区、街、社区四级老龄信息宣传网络。市、区信息简报刊物 5 个，网站平台 6 个，专兼职信息宣传工作骨干达 182 人。去年分别向中国老年报、老年康乐报、克拉玛依日报、电视、广播电台各类媒体投稿 319 篇，采用 190 余篇。中央电视台夕阳红栏目和四套、《亚洲中心时报》《新疆日报》《老年康乐报》《克拉玛依日报》、市广播电视台对我市老龄工作通过专题、专版等形式进行了深入的宣传报道。各种新闻媒体大范围、快节奏、立体化的宣传，为老年社团组织发展营造了浓厚的社会舆论氛围，扩大了影响，增加了正能量。

四、我市老年社团组织存在的主要问题

（一）老年社团组织发展滞后于老年人口迅速增长的需要

我市老年人口占全市总人口的 15.22%，快速发展的老龄化，对老年社团组织加快发展，加大服务力度提出了新的更高的要求。但从整体上看，克拉玛依市老年社团组织发展速度慢，发育不成熟、发展不平衡、结构不合理、数量相对不足。市、区与老年工作有直接和间接联系的社会组织 45 家，只占全市社会组织总数的 13.76%。具体抓老年工作的“老字号”组织如老年协会、老年人体育协会、五老宣讲团、老年摄影等老年社团只有 15 家，占社会组织总数的 4.58%，数量相对较少。

（二）对老年社团组织的地位作用认识不够到位

全市相当部分社会组织及老年社团组织是通过行政手段组建的，社会性淡化，活动缺乏独立性、创新性、积极性，难以充分发挥应有的作用和功能。一些单位和部门对老年社团组织的发展规律认识不足，对新形势下老年社团组织发展的意义、发展趋势以及功能定位认识不到位，没有把老年社团组织真正纳入经济社会发展和社会管理的总体布局。因对老年社团组织存在错觉，导致在实际工作中重视不够，支持不力，缺乏近期措施和长远目标，致使老年社团组织功能不全、职能不明、自律不严、后劲不足。

（三）老年社团组织缺乏竞争力，严重制约着他们介入公共事务的广度和深度

目前老年社团组织专业人才队伍匮乏，老年社团组织工作人员素质参差不齐、流动性大，人才队伍建设矛盾十分突出。我市社会组织及老年社团组织中受过专业培训、取得专业资格、具备公共管理知识、具有宏观协调能力的高素质专业人员十分短缺。因经济手段缺失、行政手段缺少、法律手段缺位，加之体制性约束，造成老年社团组织建设存在诸多矛盾、困难和问题。特别是参与政府购买服务，为老年人提供专项服务和活动的工作中，缺乏竞争力，往往会被排除在外，发挥不了应有的作用。

（四）部分老年社团组织制度建设不够规范

从老年社团组织制度建设来看，有的老年社团组织规章制度不完善，制度建设相当滞后。内部自律机制不够健全，外部运作机制不够规范。一些老年社团组织缺乏目标和规划，组织机构不健全，执行上不严谨。有的老年社团组织机构松散，有事有人，无事无人，缺乏在工作（活动）上的内部或外部监督手段和监督机制；有的用人机制不完善，没有明确的社会保障机制，社会地位也不高，难以吸引、激励和留住专职优秀人才。

（五）老年社团组织发展基础建设较薄弱，政策扶持不够

目前绝大部分老年社团组织活动经费筹措难。我市除市老年体协、克拉玛依区老年协会、独山子区老年协会等社团组织政府给予投入、购买服务外，其他老年社团组织，政府部门和挂靠单位基本不作投入，经费来源渠道单一，或极少量的社会捐赠，或会员自筹，收入不稳定，缺乏保障性。使老年社团组织主要以自娱自乐为主，难以起到围绕中心服务社会的作用，经费短缺成为制约老年社团组织发展的重要因素。

五、今后老年社团组织发展建议对策

当前老年社团组织发展现已进入关键时期，我们要抓住机遇，认真筹谋，坚持“两入手”和“五化”。即，老年社团组织建设从外部环境入手和内部建设入手，积极构建“组织规范化、决策民主化、管理制度化、经费多元化、活动经常化、内容多样化”的工作格局，以推动老年社团组织在发展中规范、在规范中发展，使老年社团组织为和谐社会建设注入新的生机活力。主要建议对策如下：

（一）老年社团组织工作要紧密围绕有所作为、乘势而上来开展

要认真落实国家关于加快推进社会组织改革发展的要求，克服我市老年社团组织较少的差距，政府主管部门提供政策支持，努力提高老年社团组织发展的数量和质量，努力在全市构建门类齐全、功能互补、布局合理、覆盖全面，具有油城特色的老年社团组织体系。在老年社团组织发展中，要以服务改革发展和老年群众为方向，以建立现代老

年社团组织体制、激发老年社团组织活力为重点，实现老年社团组织规模稳步发展，能够承担政府转移、委托、授权的职能，提供相应的为老社会服务，在经济建设、政治建设、文化建设、社会建设和生态文明建设中发挥积极作用，真正成为政府的合作伙伴、社会建设的重要力量。老年社团组织必须牢固树立机遇意识、改革意识、攻坚意识，坚定信心，乘势而上，主动作为。

（二）老年社团组织工作要紧密围绕解放思想、提高认识来开展

要按照党的十八届三中、四中全会精神，进一步加强对老年社团组织的领导，把老年社团组织管理改革摆上重要议事日程，加大协调力度，健全工作机制，加强组织领导。老年社团组织管理及制度改革政治性、政策性强，涉及面广，关注度高，工作难度大。各级党委、政府及其有关部门要用战略眼光、全局意识和系统思维谋划老年社团组织的建设，把老年社团组织发展纳入老龄事业发展的总体规划，作为和谐社会建设的重要组成部分，在政策上给予扶持、经费上给予支持、工作上给予指导、活动上给予帮助、舆论上给予宣传、典型上给予弘扬，为老年社团组织健康发展营造良好的社会环境，使老年社团组织作为党和政府联系广大老年人的纽带，成为一支推动经济发展、促进社会和谐的重要力量。

（三）老年社团组织工作要紧密围绕改革创新、提高为老服务质量来开展

根据中央的要求，近几年政府向社会力量购买服务工作在各地逐步推开，统一有效的购买服务平台和机制初步形成，相关制度法规建设不断完善。老年社团组织的发展关键靠人才，要着力加强人才队伍建设。建议政府主管部门将社会组织人才纳入各行业人才培养规划，建立和完善社会组织劳动合同、人才选拔、流动配置、社会保障、职称评定、技能鉴定、表彰激励等政策，培育老年社团组织领军人才和专业人才，造就一支高素质、职业化的社会组织人才队伍。着力发展教育、卫生、文化、科技、体育、就业服务等行（事）业的老年社会团体。重点发展民办福利院、敬老院、老年公寓、社区服务中心（站）、社区慈善服务中心等慈善公益性的老年社会组织，规范发展其他行（事）业的老年社会组织。老年社团组织应发挥独特的组织优势、人才优势和平台优势，抓住政府向社会力量购买服务机遇，积极竞争参与，要加快转变发展理念，积极引领新常态，切实做到观念上适应、认识上到位、方法上对路、工作上得力，牢牢掌握新常态下做好老年服务工作的主动权。

（四）老年社团组织工作要紧密围绕治理查纠、维护稳定来开展

维护克拉玛依的稳定不仅是我市改革发展、构建和谐的迫切需要，也是维护新疆稳定大局、保障国家能源安全的现实要求。当前，新疆正处于暴力恐怖活动的活跃期、反分裂斗争的激烈期、干预治疗的“阵痛期”的“三期叠加”的特殊历史阶段，暴恐案件多发频发，已经成为影响社会稳定最直接的现实危害。在改革发展稳定进程中，各种困难问题和新的社会矛盾相互交织，一些涉及群众切身利益的问题，一些苗头性的问题，

如果处理不好，就会影响社会大局稳定。老年社团组织成员覆盖全市社会各个不同利益群体，在化解人民内部矛盾、促进社会稳定方面起着不可替代的作用，是推动发展、凝聚人心、促进和谐的重要力量。为此老年社团组织要发挥宣传教育、治安巡逻、家庭走访等优势，不断加大教育转化和专项治理查纠力度，组织少数民族老领导、“五老宣讲协会”人员在街道社区宣读辅导，邀请相关专家学者、宗教人士举办批驳宗教极端思想及宗教知识讲座，形成全民揭批宗教极端思想的舆论氛围，形成政府与社会力量互联、互补、互动的社会管理和公共服务网络，最大限度地传播正能量、增加和谐因素，维护稳定大局。

（五）老年社团组织工作要紧密围绕增强凝聚力、向心力来开展

要发挥文化建设中的示范和带动作用，积极开展形式多样的文体活动，带动老年群众自觉树立普及科学、文明健身，抵制邪教、扶正祛邪，移风易俗、树立新风，尊老爱幼、弘扬传统的社会风尚。丰富老年人精神文化生活，要围绕重大节日、重大政治活动、重要历史事件，以“百日文化广场”、“银龄风采”、歌舞、棋牌、书画竞赛等文化活动为载体，积极开展系列庆祝、纪念活动，弘扬社会先进文化，倡导健康向上的生活方式，坚持用先进的文化知识、科学的健身方法、有益的文体活动占领老年人的思想阵地。让老年人走出小家，融入大家，陶冶情操，增加快乐感和幸福指数。突出抓好居家养老工作，为老年人提供生活援助服务，帮助老年人解决日常生活困难。加强对老年人法律援助，调解涉老纠纷，维护老年人合法权益等等。

（六）老年社团组织工作要紧密围绕基础建设工作来开展

结合实际建立资助机制。建议各级政府要健全与老年社团组织发展相适应的财政扶持、政府购买服务体系。鼓励企事业单位和个人对老年社团组织开展工作提供资金支持。通过探索建立政府支持、社会捐赠、提供服务收入和会员交纳会费及其他收入等多渠道的资金来源，形成一个强有力的资助系统。在政府及老龄事业发展长期规划中，应将老年社团组织开展活动的阵地建设纳入其中，要遵循设施完善、功能配套、环境优美、方便活动的要求，对老年社团组织各类设施的空间配置、区域功能作出标准化设计。要积极争取民政、体育部门从社会福利彩票、体育彩票等各项公益性事业的收益中每年安排适当的比例，支持老年社团组织活动阵地建设。通过出台优惠办法，大力倡导和鼓励机关、企事业单位和其他社会力量以独办、联办、协办方式，规范有序地推进老年社团组织活动阵地建设，加大软硬件设施投入。

（七）老年社团组织工作要紧密围绕加强自身建设、树立形象来开展

要在老年社团组织中积极开展党建活动，结合服务型党组织创建活动，大力开展“在您身边、为您服务”、“社会组织党员承诺践诺”、“转作风、抓落实、促发展”、“戴党徽、亮身份，作表率、树形象”等主题实践活动。老年社团组织要全面落实承诺服务和信息公开制度，主动接受社会监督，提高社会组织公信力。作为老年社团组织既要建

立以章程为核心，以会员大会或会员代表大会、理事会、监事会为主要内容的内管机制，又要健全联席会议、信息公开、绩效评估、诚信自律等各项制度，推进民主选举、民主决策、民主管理和民主监督，不断提升老年社团组织的自律水平和社会公信力，树立良好社会形象。加强对老年社团组织从业人员的业务培训和职业道德教育，提高从业人员素质。

（作者单位：克拉玛依市老龄办）

西宁市居家、社区、机构养老服务融合发展研究

青海省委宣传部

中共十八大报告明确提出，要“积极应对人口老龄化，大力发展老龄服务事业和产业。”2014年，国务院出台《关于加快养老服务业的若干意见》，对养老服务业发展目标、任务和举措进行全面部署，养老事业面临前所未有的机遇。“十二五”期间，西宁市养老事业取得长足发展，但仍存在不少困难和问题，如何推进居家、社区、机构养老服务融合发展，更好地满足日益增长的养老需求，已成为当前西宁市养老事业面临的紧迫而严峻的课题。

一、西宁市居家、社区、机构养老服务融合发展的实践探索

面对人口老龄化的挑战，西宁市立足本地，服务全省，建立健全服务政策措施，加快基础设施建设，提升老年人福利服务和优待水平，着力构建与人口老龄化进程相适应、与经济社会发展相协调的社会养老服务体系，在推进居家、社区、机构养老服务融合发展方面做出了积极探索，并取得了初步成效。

（一）服务政策措施不断健全

2010年，西宁市制定了西宁市社会养老服务体系建设“十二五”发展规划，为养老服务发展提供了规划依据。为规范社区居家养老服务中心运营管理，2012年，西宁市政府印发了《西宁市社区老年日间照料中心运行管理办法》，规范社区居家养老服务中心运营管理，规定各区县政府每年对每个日间照料中心投入运营经费不低于2万元，基本解决了社区日间照料中心水、电、暖等基础运营经费。为破解养老难题，拓展养老消费需求，西宁市政府出台了《西宁市加快发展养老服务业的实施意见》，从确立总体思路和发展目标、明确主要任务、扶持政策、加强组织领导等四个方面，为当前和今后一段时间内加快发展养老服务业做出制度性安排。此外，西宁市政府制定《西宁市政府向社会力量购买养老服务工作方案》，鼓励政府机构以外的、具备一定条件的、能够提供养老服务的社会组织、机构、企业等社会力量以及依法在工商管理或行业主管部门登记成立的企业、机构等，以居家养老、机构养老等多种方式设立养老服务机构，政府部门将对其进行补贴。

（二）基础设施建设力度不断加大

养老服务基础设施是社会养老服务体系建设的重要支撑。近年来，西宁市先后筹措建设资金约4亿多元，加大养老服务基础设施建设力度，建成各类老年福利设施413个，

机构养老床位 5450 余张。按照西宁市养老服务业“十二五”规划，全市新建 2 个养老服务示范基地、6 个县级福利中心；新建民办养老机构 4 家，筹建 2 家；城镇社区设立了 115 个社区老年日间照料中心，就近为老年人提供生活照料、康复护理、精神慰藉、文化娱乐等多种形式的服务。政府在农村牧区新建和改扩建乡镇敬老院 20 所，集中供养五保对象及农村有养老服务需求的老年人。同时，西宁市还建成 2 所老年大学、52 个社区综合服务中心、13 个社区卫生服务中心以及 107 个社区卫生服务站、658 间老年活动室。各社区共设置 527 条体育健身路径，安装来了 5550 余件健身器械，建设了 76 个门球场。这些设施和设备的建设，有效改善了西宁市养老服务的硬件环境，加快了养老服务体系建设的步伐。

（三）养老服务模式不断创新

自 2004 年起，西宁市就积极开展社会化居家养老服务的探索，初步构建了以社区为依托的社会化居家养老服务体系。在解决农村老人养老的问题上，结合本地特色大胆创新，积极探索以“村级主办、互助服务、社会参与、政府扶持”为主要内容的农村养老服务新模式。全市先后建成 264 个农村互助幸福院，整合农村互助幸福院和乐龄工程项目资源，形成了互助养老与农村敬老院有力互补的新模式。西宁市政府下发《西宁市政府向社会力量购买养老服务工作方案》，落实补贴资金 683.72 万元，率先在全省创新开展了以特殊困难老人为重点的居家养老服务、社区日间照料服务、民办养老机构和三县公建民营养老机构供养老年人服务为主的政府向社会力量购买养老服务工作，为 5877 名低保、五保及重点优抚对象提供居家养老和社区老年日间照料服务。建立敬老院运营经费星级奖补机制，解决敬老院运行保障的实际困难，落实养老机构用电、用水、用气等优惠政策。为解决特殊困难老人养老的问题探索了一条新路，初步实现了老年人养老制度由保障特殊老人向普惠所有老人的普惠型转变。

（四）养老服务能力不断提高

围绕解决老年群体衣食住医等困难问题，西宁市着力优化养老服务资源配置，强化社会救助体系建设，将全市 2 万多名生活困难老人纳入城乡低保和五保供养范围，实行分类施保、重点救助，逐年提升基本生活保障水平，年发放救助保障金 4370 万元。对符合条件的城乡低保对象中的 60 岁以上老人全部纳入大病医疗救助范围，享受代缴参保、参合、门诊救助、大病救助和二次救助，农村五保老人和城镇三无老人住院费用报销比例达到 100%，城乡低保老人住院费用报销比例达到 90%。在重点做好“三无”老人权益保障的同时，在公办福利院开办面向全体老人的养老机构，设立专业精神护理院，并在养老机构内设立清真食堂、礼拜厅等服务场所，充分尊重民族习俗，实现了公共资源从重点保障到所有老人享有的转变。落实高龄补贴制度，连续三次提高高龄补贴，全市 13.4 万老年人从中受益。落实老年人优待政策，及时为城市老年人发放老年优待证，让老年人免费享受市内乘车、游园和参观公共文化设施等优待政策。在农村开展“家庭赡养协议书”签订工作，明确赡养人的法定责任和社会责任，有效地维护了老年人的合法权益。

二、西宁市居家、社区、机构养老服务融合发展的困境

西宁市在居家、社区、机构养老服务融合发展方面，虽然取得了一定的成绩，积累了一些经验，但就总体而言，西宁市的养老服务事业还处在初步探索阶段，与经济社会发展新形势和养老服务需求相比，仍然存在着诸多问题。

（一）政策面面俱到但没有重点突破

“十二五”期间，政府对老年服务的政策支持力度空前，从国家到地方均出台了一系列的政策法规，出台的政策呈现出发布频度密集、涉及范围广泛、部门合作密切等特点，看似面面俱到，但却缺乏针对性、没有找到真正解决问题的突破口。在养老问题上，最为困难的群体是失能老人，而其中又以完全失能老人为甚。据调查，全省失能半失能的老年人口 4.12 万人，占老年人总数的 6.5%。同时，就“居家为基础，社区为依托，机构为支撑”的养老服务体系框架和结构层次而言，居家养老主要针对健康或轻微失能老人，社区养老主要针对部分失能老人，机构养老主要针对特殊困难老年人（农村五保、城镇“三无”、重点优抚对象、经济困难的高龄、失能老人），以便为他们提供“全天候、全方位”的专业性长期照护服务。但养老服务的工作实践却出现了偏差——富裕的老年人追求“高大上”的机构养老，而特殊困难老年人就只能将就着宅在家中度过晚年。从这个意义上说，针对特殊困难老年人的养老服务建设意义重大，应该成为发展养老服务事业的突破口。

（二）服务需求巨大但供给总量不足

据统计，截至 2014 年底，西宁市拥有机构养老床位 5450 张，每千名老年人拥有养老床位仅 18 张，距离实现每千名老年人拥有养老床位 30 张的全国水平还有一定差距。另一方面，西宁市总人口为 229.07 万人，其中 60 岁以上老年人口 29.89 万人，占全市人口总数的 13.04%，而同一时期全省老年人口比重为 11.21%，西宁市老年人口比重高出全省比重近 2 个百分点。全省各市、州老年人集中到西宁养老，老年人聚集养老的“洼地效应”十分明显，西宁市面临“输入性”养老服务压力。同时，全市 65 岁以上老年人口 21.31 万人，占老年人口总数的 71.29%，失能老人 5.058 万人，高龄老年人 13.65 万人，空巢老年人 14.33 万人，贫困和低收入老年人 3.37 万人，总体呈现失能老人、高龄老人、空巢老人、贫困老人比例高等特点。随着老年人口比重的逐年增加，服务供给总量仍然滞后于人口老龄化发展所带来的巨大的社会养老需求。另外，受经费、场地、人员等因素制约，社区所能提供的老年服务项目少、档次低，远远不能满足广大老人全方位、多层次、个性化的服务需求。

（三）盲目增加床位但使用效率不高

“十二五”期间，老年服务机构床位数的增长成为政府养老服务事业建设的一个重

要的考核指标。规划要求的指标是每千名老年人拥有养老床位 30 张，按照西宁市 29.89 万老年人计算，需建成机构养老床位 8967 张，按照西宁市已拥有机构养老床位 5450 张计算，已经完成 60.8%。床位数虽不断增加，但对于大多数老年人而言，养老服务机构高昂的养老费用令他们望而却步，所以床位利用率却在不断下降。据统计，我省正常运营的养老机构床位利用率仅为 49.5%。由此说明，只重视增加老年服务床位而不注重床位的有效利用的工作思路存在问题，其结果就是床位数和空床率同时快速增加。成本偏高的“集中营式”的“包养”服务并非老年人所能接受。政府增加养老资金投入，但大多数老年人却并不能因此受惠。如果立足社区、按需提供养老服务，养老服务的成本就会大大降低，老年人的需求就能得到满足，且其消费能力亦会被激发。

三、推进西宁市居家、社区、机构养老服务融合发展的建议

推进居家、社区、机构养老服务融合发展是一项系统工程，必须有政府、社会、家庭（个人）的共同参与，有效整合各方面的资源和力量，不断推进政府购买养老服务、吸引社会力量参与养老服务、鼓励居家养老、树立“文化养老”发展理念，才能实现社会养老服务体系建设的可持续健康发展。

（一）以解决特殊困难老年人养老问题为突破口，推进政府购买养老服务

大力推进西宁市政府购买养老服务试点工作，运用政策引导和扶持社会力量参与养老服务，探索建立政府购买、企业承担、社会监督、老人享受的居家养老服务模式，不断满足大多数老年人居家养老的服务需求。政府应按照购买养老服务的程序、支付标准，优先保障特殊困难老年人的基本养老服务需求，推动购买居家养老、社区养老服务，以社区为依托，以专业化服务为依靠，整合社区各种服务资源，为年满 70 周岁、生活不能自理且在市区内无子女照顾的低保、重点优抚对象、“三无”（五保）、高龄失能老人等有居家养老需求的老年人提供家政服务、生活照料、代办事务、呼叫等事项，解决助餐、助洁、助医等服务。

（二）多元化投入推进养老服务设施建设，加大养老服务供给力度

加大政府财政性资金投入，吸引社会力量投入养老服务体系建设，尽快实现每千名老年人拥有养老床位 30 张的建设目标。政府应支持社会力量建设一批符合规划和老年人需求的养老服务设施：支持机关、企事业单位将所属的度假村、培训中心、招待所、疗养院等转型为养老机构；支持民间资本运用互联网、物联网、云计算等技术手段，对接老年人服务需求和各类社会主体服务供给，发展面向养老机构的远程医疗服务、老年电子商务，为老年人提供紧急呼叫、家政预约、健康咨询、物品代购、服务缴费等服务项目。

此外，依托现代网络科学技术，推进养老服务信息平台建设。将所有老年人的个人基本信息录入平台内，逐步实现对老年人信息的动态管理。以平台为基础建立 24 小时不间断无偿服务的应急救援服务网络，为高龄老人、患病老人等符合一定条件的老年人

配备免费“一键通”电话。如果老人遇到危急情况可拨打电话求助，工作人员将从信息平台上准确定位老人的所在地，以便在第一时间给予帮助。

（三）从重机构养老转向以居家养老为重点，走出空置率困局

在充分调研的基础上，根据本地人口结构情况、老年人的需求情况及其变化趋势，对养老服务设施进行全面规划，并以此作为促进养老服务业健康发展的基本依据，避免养老服务设施建设与本地老年人的实际需求脱节。各种调查表明，西宁市的老年人普遍偏好居家养老，只有失能老人、高龄老人才是机构养老的重点对象。因此，新时期的养老服务业发展应当以尽可能满足老年人居家养老的需求为政策目标，这就要求养老服务业必须真正立足社区，通过发达的社区服务设施来满足绝大多数老年人的服务需求，而相关政策支持与资源配置均应当符合这一取向。养老服务业应确立不同年龄段老年人的需求满足指标，同时明确养老机构主要面向高龄或失能老人开放，且对其的收住率不应低于一定标准。政府还应进一步完善政策支持体系，实现养老服务业效益最大化，利用社区的闲置房屋改建养老设施，以便就近提供老年服务，并节约土地资源；限制大规模的养老机构建设，优先扶持立足社区的养老服务连锁店；分类分层配置资源，确保公共资源保障失能老人、高龄老人的服务供给，调动市场与社会力量满足低龄、健康老年人的服务需求。

（四）加强老年人精神文化建设，树立“文化养老”发展新理念。

打破“解决温饱便是养老”的传统模式，创新思路，从文化、教育、旅游、体育、休闲、保健等多个方面着手规划，满足老年人物质生活和精神生活的双重服务需求。加强各级老年文艺团体、老年体协组织建设，鼓励基层成立群众性老年文体组织。大力发展老年教育，动员全省社会力量承办各类老年大学、老年学校及社团组织，全面完善老年人网络教育制度，将老年教育纳入终身教育体系。结合城市布局规划，西宁市政府应打造建设一批休闲娱乐、文化教育、生态文明“三位一体”的养老服务文化园区，如主题公园、博物馆、休闲广场、体育馆等。积极引导开发非营利组织加快建设符合老年人需求和特点的老年文化服务中心，如健身房、图书阅览室、乒乓球室、棋牌室、老年舞厅等，创立集老年人生活照料、娱乐休闲、精神慰藉、文化活动为一体的老年幸福之家，为老年人建立起丰富的文化活动场所。要加大中央政府对乡、镇等基层组织的财政倾斜和政策扶持力度，组织开展老年人心理健康教育和心理疏导等服务，鼓励有条件的社区建立老年人心理关爱站，重点满足病残、空巢、高龄、临终老年人的心理服务需求。

调研组成员：
调研组组长：杨自沿，省委宣传部巡视员、副部长
调研组成员：张　涛，省委宣传部宣传处副处长
韩继伟，省委宣传部宣传处干部

老年文体事业发展的现状及对策研究

——以山东省枣庄市为例

枣庄市老龄办

从本世纪初，世界上比较发达的国家把老年人称为“乐龄人士”，意喻离开工作岗位或达到一定年龄后开始享受快乐人生，物质需求得到保障，精神需求得到满足。然而，面临我国老年人越来越多并且不断持续增加的实际情况，大部分老年人处于一种“贫困化”状态，这种“贫困”不完全指经济上的贫困，还有涉及精神、文化等方面的贫困，即老年人逐渐被排斥在主流文化之外，被社会边缘化而导致的精神上的“贫困”。为了使老年人晚年生活充实，精神愉悦，需要在精神层面上给予更多的关爱和支持。不断促进老年文化体育事业的发展，形成“文化养老”新局面，是我们需要长期探讨的课题和努力发展的方向。

一、加强老年文体事业发展的几点体会

（一）加强老年文体事业发展有利于改进老龄工作

老龄化是人类发展的主要特征，是经济发展和科技进步的体现，但也会给经济发展、社会稳定等带来不容忽视的消极影响。枣庄市已于九十年代末步入老龄社会。据统计，截至 2014 年底，枣庄市 60 岁以上老年人口达 56.6 万人，占全市总人口的 14.8%，并且以年均 3.5% 的速度持续增长。其中，80 岁以上老年人口达 8.6 万人，占老年人口总数的 15.2%；居住农村的老年人口达 44.9 万人，占老年人口总数的 79.8%，高出全国近 20 个百分点。值得注意的是，枣庄市的农村老龄化率高于城镇且将持续到 2040 年才会改变，高龄老年人比例还会持续高速增长，而且枣庄市是在经济社会发展程度不高、老龄思想意识准备不足的情况下进入老龄社会的。因此，加强老年文体事业发展，将人数众多的老年人以文化体育为纽带联结在一起，有利于强化老龄工作，积极应对老龄化的挑战。

（二）加强老年文体事业发展有利于提升老年人生活质量

人类不仅有物质生活需求，也有精神生活需求，老年人更是如此。目前，从枣庄市的情况看，大多老年人不再需要辛苦劳作，空闲时间多，如果整日无所事事，不喜欢或受条件限制无法学习新知识、接触新事物，就会感到寂寞空虚，日久天长很容易形成多疑、

自卑、忧郁、怕病惧死等不良心态，并导致身体健康每况愈下。加强老年文体事业发展，引导老年人积极参与丰富多彩、积极健康的文体活动，让他们老有所学、老有所为、老有所乐，他们就能像年轻人一样度过健康快乐、潇洒充实的晚年生活，生活质量无疑也会得到提高。

（三）加强老年文体事业发展有利于推动文化大发展大繁荣

丰富老年人文化生活，是构建社会主义和谐文化，推动文化大发展大繁荣不可缺少的组成部分。通过加强老年文体事业发展，可以有效缓解老年人，尤其是空巢老人精神文化生活匮乏的问题，从源头上遏制各种错误和腐朽思想对他们的侵扰；通过加强老年文体事业发展，可以一定程度上实现公共文化体育资源均等化，促进群众文化体育的发展繁荣，更好地保障老年人的基本文化权益，消除构建社会主义和谐文化的隐患；通过加强老年文体事业发展，可以更好地发挥老年人在保护地方传统文化方面的作用，将非物质文化遗产等优秀传统文化发扬光大。

（四）加强老年文体事业发展有利于构建社会主义和谐社会

老年人是构建社会主义和谐社会的重要组成部分，他们的文体生活丰富与否是衡量社会是否和谐的标志之一。加强老年文化体育建设，可以使老年人更好地学习新知识、接受新事物，与时俱进，从而融洽他们与亲朋邻里的感情，构建和谐的人际关系；加强老年文化建设，可以增强老年人的法制观念，大大减少老年人发生的违法犯罪以及侵害他们权益的违法犯罪事件，促进城乡安定团结；加强老年文化建设，还可以提高老年人的思想道德修养和科学文化素质，对加强社会和谐、政治稳定具有重要意义。

（五）加强老年文体事业建设有利于推进城乡共同发展

社会主义新农村建设和我国城市化进程战略，涉及我国政治、经济、文化、社会等内容，是全面落实科学发展观和构建社会主义和谐社会的具体要求。加强老年文化体育事业建设，是建设社会主义新农村和推进城市化进程课题中应有之义和取得进展的重要标志。它不仅能够丰富老年人的精神文化生活，加强社会主义精神文明建设，使城乡风貌焕然一新，还能够使老年人学到各种科学文化知识，这在当前青壮年外出务工、留守老人成为居民主体的情况下，对于消除子女的后顾之忧，推动经济的发展具有一定的促进作用。

二、枣庄市老年文体事业建设的基本现状

近年来，枣庄市在不断提高“物质养老”的同时，积极打造“文化养老”格局，助推老年文化体育事业有了一定的发展。

老年文体组织建设。枣庄市及各区（市）均建立老年人体育协会和老年人活动中心，专门负责对老年人文化的人才培养和体育活动的开展；枣庄市在 1999 年 1 月就成立了

老年学学会，在今年9月1日召开的全体会员大会上，新设立了五个专业委员会，其中老年书画、老年摄影、老年文艺三个专业委员会，是专门组织文化养老研究和组织开展老年文化活动的专业委员会，为老年人“老有所为”、“老有所乐”提供了组织阵地；村（居）老工委建设覆盖全市2506个村（居），老工委均下辖老年文体组或老年文体活动理事会，专门负责本村（居）老年文体活动的开展；老年体育组织不断发展壮大，全市65个镇（街）、近1500个较大的行政村和城镇社区均建立了老年人体育协会，村（居）老年体协主席多由村（居）委员会主任担任，各区（市）、镇（街）层层抓落实，形成了上下联动的工作格局。

老年文体阵地建设。自2006年起，市老龄委在全市范围内相继开展了“全市老龄工作示范村（居）”建设和“市级老年人活动中心（室）”创建活动，将集老年人学习、娱乐、健身、休闲为一体的村（居）老年人活动中心（室）建设作为创建市级老龄工作规范化村（居）的必要条件。截至2014年12月底，全市共建有老年人活动中心（室）2300余个，其中，达到市级规范化老年人活动中心（室）标准的752个，占全市村（居）总数的30%，为基层老年文化体育活动的开展奠定了基础。大力发展老年教育，据统计，枣庄市共有老年大学14所，老年学校710所，每年在校学员累计达到19318人。各区（市）老年体协积极与体育等部门通力合作，将老年人的健身设施建设纳入全民健身工程，推动全市健身工程实现了全覆盖，全部安装了适合老年人开展体育活动的健身器材。

老年文体队伍建设。市直和区（市）相继成立了老年艺术团、老年文化艺术协会等20多家老年文艺团体，这些老年文艺团体，有的建立了网站，有的出版了老年文化刊物，并经常组织深入基层和养老服务机构开展形式多样的老年文化活动，促进了全市“文化养老”工作扎实有序开展。全市有264家庄户剧团常年活跃于社区、村居、厂矿、敬老院、老年公寓，极大地丰富了老年人的精神文化生活。各级老年体协组织不断加强队伍建设，重点培训基层社会体育指导员、辅导员和教练员，使之达到“一村一员”的目标，2015年共举办各类老年文体骨干培训班11期。目前，全市基层体育辅导站点达到3350多处，优秀表演队伍260多支，老年体育健身骨干69000多人，培养50岁以上老年社会体育指导员近3000人，其中国家级、一级社会体育指导员近500人。

老年文体活动开展。为丰富老年人的文化生活，营造“文化养老”氛围，枣庄市以文体活动为载体，定期举办全市老年文化艺术节，广泛开展“文化敬老进乡村”活动，积极参加全省银龄风采艺术节，定期开展评选表彰活动，以活动为载体激活老年文化格局。进一步做强健身秧歌城市品牌，在创编了全国第四套健身秧歌竞赛套路后，2013年又创编了全国第六套健身秧歌竞赛套路，受到了国家体育总局、省体育局和省老年体协的表彰奖励，社会各界也给予较高评价。积极举办老年人运动会，并注重提高基层参与度，充分调动各方积极性，如枣庄市市中区坚持老年人运动会每年由1个镇（街）轮流承办，让更多的村（居）老年人组队参加；峄城区举行了“庆祝第二十八个老年节文体汇演”健身广场舞大赛；滕州市老年体协童心艺术团等多次到镇（街）、村（居）开展展演活动等等，这些活动大大的促进了基层老年人健身活动的开展。

三、枣庄市老年文体事业发展存在的问题

诚然，枣庄市在老年文化体育建设方面有了一定的基础，也取得了较好的成绩，但是，基于枣庄市属于经济欠发达地区、面临着人口老龄化的严峻挑战、财政投入负担重、农村老年人口比重大的实际情况，枣庄市发展老年文化体育事业还任重道远。

（一）从整体发展布局看，总量投入不足，发展不均

枣庄市作为经济欠发达地区，从政府投入看，全市财政每年在市委老干部局、市老龄办、市老年体协等各家涉老部门预算中，用于开展老年文体活动的经费不足50万元，经费预算投入严重不足。同时，在老年人文化体育活动管理部门中，人员编制不到位，基层老年文体场地设施建设滞后，特别是农村文体设施建设还明显不足，这些现实情况的存在，都影响和制约着全市老年文体事业的健康发展。

（二）从涉及主体方面看，整体联动不足，参与度低

老年文化体育工作涉及老干部、老龄、老年体协、体育、文化、财政、民政等多家单位，老年文体工作“单兵作战”，部门单位间尚未形成齐抓共管的合力，区域之间、城乡之间交流合作不够；整体投入不足，致使部分地方老年人群体享有的文体资源有限，老年人整体参与度非常低。

（三）从提供服务情况看，缺乏特色精品，质量不高

老年人的文体需求是多样化、多元化的，老年文体事业发展的潜力来源于基层和民间，然而政策、资金扶持的缺位，基层组织的发展不成熟，民间老年文化产业规模小，缺乏合理的市场结构和资源优化配置方式，资本结构单一，人才相对困乏，总之，整体还缺乏区域特色和文化精品。

（四）从各级重视程度看，普遍热情不高，流于形式

全市各级在老年文体建设上，重视不够、投入不足的问题依然存在，一些基层地方党委、政府把老年文化体育建设作为软任务、软指标，有的仅把老年文体设施建设作为形象工程，只建不用或挪作他用；对搞好老年文体事业的重大意义认识不足、重视不够，争取老年文体建设经费的积极性不高，工作开展力度不大，严重影响老年文体事业的繁荣发展。在组织建设方面，虽然在各级都成立了文体组织，但有部分问题组织流于形式，自我组织能力差，从而导致了基层文化体育事业的发展。

四、枣庄市老年文体事业发展的对策分析

注重老年人的精神生活，大力发展老年文体事业，积极营造“文化养老”格局，是

应对老龄化社会形势的必然途径，发展“文化养老”，应从社会环境和养老方式上积极创造条件，极力开创老年文体事业发展新局面。“文化养老”不仅是一个宏观的新理念，更是一种迫切需要，应集政府、社会、民众等多方之力整合多方资源促其发展，使“文化养老”不仅仅停留在“口号”上，而是促其逐渐走向成熟。

（一）加大对老年文体事业发展的政策、资金投入力度

省、市政府要加快出台关于推动老年文体事业发展的指导性意见和中长期发展规划，把老年文体事业纳入党委、政府的重要议事日程，在政策、资金、人员等方面给予保障。要通过加大财政补贴力度、提高福彩、体彩公益金投入老年文体设施建设、文体活动经费等形式，不断满足老年人日益增长的开展文体活动的需求。

（二）努力构建老年文体事业的齐抓共管的长效机制

各级要努力推进文化、财政、民政、老龄、老年体协等部门尽快建立发展老年文体的合作和联动机制，形成合力，构建齐抓共管的良好局面。争取通过几年的工作，不断提高老年文体事业发展的整体效果，有针对性的开展老年文化工作，并形成长效机制，促进老年文化体育建设大发展、大繁荣。

（三）大力发展老年教育事业，提高老年文化教育办学水平

在办学规模上，必须充分挖掘现有资源，加强统筹管理，扩大老年大学的办学规模，努力建设政府主导和社会各界参与的办学机制。在组织形式上，将创办老年大学延伸到区（市）、镇（街）、社区，并与社区的老年人活动中心联合开展活动，让更多的老年人可以就近或居家接受教育。在课程设置中，要有针对性地设置教学内容，做到适应老年人的需求，做到合理化、实用化，努力提高授课教师的资质和专业水平，提高教育水平。在办学方法上，要灵活丰富，充分利用网络和远程教育的优势，把村（居）的人口学校、老年学校、老年人活动中心（室）的作用发挥到极致，做到一校多用、一室多用、一站多用，从而达到资源共享。

（四）积极整合各类资源力量，拓展老年文体事业发展渠道

在办好老年大学、老年人活动中心以及各类老年人文化社团的基础上，积极整合社区、民非、企业、高校、文化义工等各种社会文化资源，积极拓展老年文化体育事业的发展渠道。依托社区资源构建社区“文化养老”服务体系，繁荣老年文体事业，将社区养老、居家养老和老年人文体活动有机结合起来，实现文化娱乐、体育健身、学习培训等资源的有效整合，为老年人们提供更加科学合理、人性化的文体服务。注重动员、鼓励各方面人才特别是有文艺专长的人员成为文化义工，积极培育发展文化志愿者队伍，为一些特殊老年群体提供更深层次、个性化的文化服务，从而有效破解基层文化人才短缺的困境。

（五）构建网格化的服务体系，拓宽老年文体事业服务内容

老年人对文化的需求个性化、多元化、多样化，我们要不断创新服务内容和服务方式，积极引导文化工作者和文化单位，把传统单一的文化服务拓展为综合性强、覆盖面广、针对性实的文化服务格局，为老年人提供喜闻乐见的文化服务形式和内容，特别是对空巢、失独、失能等特殊老年群体，必须提供更具人文关怀的文化服务。要充分调动老年人参与文体活动的热情和潜力，培育一批老年艺术团体，使老年人不被视为文化权益的被动享受者，而是作为需求主体参与到“文化养老”体系建设中来。同时，大力支持老年人对青少年开展爱国主义、中华民族精神教育以及维护社会治安、参与社区建设等社会公益活动，为他们老有所为创造条件、搭建平台。

（六）注重农村文体事业发展，让农村老年人共享文化盛宴

进一步巩固和完善各级老年文体组织网络建设，调整、充实、健全镇（街）、村（居）老年文体领导班子，配备好工作人员，形成一个强有力的战斗集体，不断提高农村老年文体工作的生机和活力。进一步整合各方资源，加强场地建设，不图所有，但求所用，逐步满足城乡老年人健身需求，将新农村建设作为推进镇（街）、村（居）老年文体工作的突破口。积极协调各有关部门，努力解决健身场所设施不足的问题，将老年人的文化活动场所和健身设施建设纳入新农村建设规划，建设适合老年人文体活动开展的活动健身场所，镇（街）、村（居）文化大院和体育健身场所要对老年人开放，并加强管理和服务。引导带动农村社区老年人健身活动的开展，发挥村（居）老工委、老年体协的作用，提高农村老年人对文体活动需求的知晓度，从需求出发，不断丰富活动的开展形式和内容，将农村老年人请出来，吸引他们积极参加各项健康有益的文体活动。

莫道桑榆晚，夕阳正当红。开展文体活动是老年人生理、心理机能和生活转折、社会交往的需要；从精神上关爱老年人，繁荣老年文体事业，引导老年人积极参与，营造文化养老的氛围，是社会文明发展的需要；加快老年文体事业的繁荣发展，是构建社会主义和谐社会与全面建设小康社会的必然要求。

总之，加强老年文化建设相对务“虚”，且不容易出政绩，要实现老年文体事业快速发展，需要深入贯彻落实科学发展观，坚持不懈地做好各方面的工作，只有这样，才能真正实现“老有所学”、“老有所乐”。

参考文献（略）

成都市深化农村留守老人关爱服务的思考

舒　发　高学伦

自改革开放以来，我国大量的农村青壮年到城镇谋求更好的发展，其父母则留在农村，形成了我国社会转型中的特殊群体——农村留守老人。由于长期的城乡二元体制，农村老年人所获得的社会保障、养老服务等社会福利，与城市老人相比还存在较大差距，面临的养老问题更为严峻。这些问题受到各级党委、政府的高度重视。2013 年 11 月，党的十八届三中全会作出的《中共中央关于全面深化改革若干重大问题的决定》提出，要“健全农村留守儿童、妇女、老年人关爱服务体系”。2014 年初，成都市委经济工作会及城镇化工作会议提出“积极关爱农村空巢老人”。《四川省人民政府办公厅印发关于加强老年人关爱服务体系建设意见的通知》（川办发［2015］13 号）提出：“重点突出对城乡“三无”人员中的老年人和经济困难的失能、高龄、独居、失独、残疾及空巢、留守等老年人的关爱”。

自 2014 年初以来，成都市老龄工作系统会同民政等部门，结合养老服务体系建设工作的不断推进和养老服务业的发展，积极探索农村留守老人的关爱服务工作，形成了一些亮点和特色。今年 6 月 17 日，民政部党组成员、全国老龄办常务副主任王建军到成都市金堂县调研时，对金堂县官仓镇红旗村“一中心、多站点、重点巡访”的农村居家养老服务和农村留守老人关爱服务模式给予了肯定。今年 6 月 13—15 日，人民日报、新华社、光明日报、中央电视台等 13 家中央新闻媒体，对成都市“贯彻《老年人权益保障法》，加快发展农村养老事业”进行主题采访报道。记者们对成都市司法部门开展的法律援助“双延伸”、“一村（社）一律师”、“留守老人法律援助工作站”等做法表示赞赏。

在总结各区（市）县和市级相关部门的特色亮点基础上，我们查阅相关资料，借鉴外地的做法，开展调查研究和分析，为提升全市农村留守老人关爱服务整体水平作了进一步的思考。

一、基本情况

截至 2014 年底，成都市户籍人口 1210.41 万人，其中 60 岁及以上老年人口 249.3 万人，占全市户籍人口的 20.6%，老龄化率比全国平均水平高 5 个百分点。人口老龄化比例在全国省会城市中位居前列，而且每年以增加 10 万人、增长 0.7 个百分点的增速攀升，养老形势十分严峻。

据统计，全市二、三圈层14个区（市）县农村留守老人总数达60689人，占14个区（市）县60周岁以上户籍人口的3.66%。金堂县、崇州市、大邑县拥有农村留守老人最多，分别为25740人、5991人、5086人，分别占老年人总数的16.46%、4.07%、4.71%。偏远山丘乡村留守老人比例更高，如金堂县广兴镇属丘陵地区，全镇有总人口36088人，60周岁以上老年人6544人，留守老人2869人，占老年人总数的43.84%。农村留守老人大多数由于经济收入少、文化程度低、医疗条件差、劳动强度高等因素，不同程度存在生活单调、精神抑郁、身体健康状态低下等“留守老人综合征”现象以及面临突发疾病送医难、情感交流机会少、办理相关手续困难等问题。

二、主要做法

所谓农村“留守老人”是指因子女（全部子女）长期（通常半年以上）离开户籍地，到外地（县）务工、经商或从事其他服务活动而在家留守的60岁以上老年人。农村“留守老人”与“空巢老人”两个概念常有混淆或笼统的称呼。“空巢老人”是家庭发展必经的一个过程，是指子女长大后离开原有家庭独立生活后，由留下的老年夫妇组成的家庭，其中也包括无子女的家庭。“留守老人”在自己生产生活的同时，还要照顾孙辈。

所谓“农村留守老人的关爱服务”有广义和狭义的概念。广义的关爱服务是各级政府及其有关部门、村（居）自治组织和社会组织对老年人的特殊照护，如《老年人权益保障法》“五个老有”的规定和养老服务体系建设等。狭义的关爱服务是各级政府及其有关部门、村（居）自治组织和社会组织对农村留守老人开展的助老探访等关爱服务。

成都市自2006年开展社区居家养老服务工作以来，最初是以关爱空巢老人为主，组织志愿者提供结对帮扶和政府购买服务为特殊困难空巢老人提供上门照料服务，为空巢老人安装一键通等，逐步由城镇向农村延伸。近年来，各区（市）县政府和市级相关部门积极开展农村留守老人关爱服务，取得了明显成效。

（一）探索建立“一中心、多站点、重点巡访”关爱服务模式

金堂县官仓镇红旗村利用原有村委会办公场所开设了“农村居家养老服务中心”，为全村760名老年人提供喝茶聊天、看电视、听评书、图书报刊阅读、理发、洗衣、午餐等无偿或低偿服务；在全村合理选择5户农家大院分别设立“互助养老服务站”为周边老年人提供喝茶聊天、看电视、听评书、图书报刊阅读、棋牌、政策咨询、代办代购等无偿或低偿服务；组织6名低龄老年人就近分片对50余名留守老人开展每周2次的“助老探访”关爱服务，并协助老人解决临时困难。村老协积极参与组织发动，“互助养老服务站”场地比选、设施建设和制度建设，助老探访人员和服务对象的确定，为老服务质量的关注和评估等全过程；驻村民警、民政干部、司法调解员、医务人员、社工人员、志愿者定期和不定期走访居家养老服务中心和互助养老服务站，为老年人讲解相关政策和办理相关事务。金堂县官仓镇红旗村的做法，被省老龄办称为“金堂模式”；王建军副主任在调研后批示：（金堂的做法）“适应老年需求，体现农村特色，突出组织作用，

这一探索可谓小成本破解大难题”。

（二）探索“互助养老”、“时间银行”养老服务模式

成华区万年场街道依托“邻里互助社”平台，鼓励老年人积极参与为老服务志愿者队伍，志愿者根据老年人的实际需求提供志愿服务，经服务对象确认后，“邻里互助社”将服务时间存入“为老服务储蓄时间银行卡”。当志愿者本人需要服务时，可从“为老服务储蓄时间银行”中支取服务时间，接受其他志愿者提供的服务，实现接力式养老志愿服务。目前，该“时间银行储备库”已储蓄志愿服务时间达 800 余小时，志愿、接力式为老服务的探索初见成效。

（三）建立留守老人巡查探访责任区制度

崇州市建立市、乡、村三级联动工作机制，逐级签定《空巢（留守）老人巡查责任书》落实关爱服务责任，并由老龄办牵头，相关部门配合，老年协会参与，建立起农村“空巢（留守）老人”基础信息台账，对空巢老人实施动态管理，开展巡查探访服务等关爱服务。

（四）建立“邻里守望志愿帮扶”关爱服务模式

双流县建立了由县老龄办牵头、镇（街道）老龄委具体落实、基层老年人协会广泛参与的关爱服务机制，加强留守老人养老服务工作力度，充分发挥低龄、健康老年志愿者的帮扶作用，依托基层老年人协会组织开展“邻里守望　志愿帮扶”的为老服务活动。

（五）探索“菜单式”关爱服务模式

温江区成立留守老人居家养老服务中心，为留守老人提供个性化“菜单式”服务。同时把留守老人居家养老工作纳入镇乡（街道）目标管理，将服务经费纳入政府财政预算全额保障，推动了全区留守老人居家养老工作的健康发展。

（六）探索“政府购买服务”的关爱服务模式

新津县采取政府购买服务模式，将老人每人每月 100 元的服务经费列入财政预算；在村组（社区）公示享受服务的空巢老人名单，经镇乡分管领导审核后报县老龄办备案；各镇乡优选热心人员或专业机构为空巢老人提供生活服务。

（七）基层老协参与关爱服务

2014 年 8 月，成都市老协组织了全市 92 个村（社区）老协开展农村留守老人居家养老服务试点工作，以“金堂模式”为样板，重点为农村空巢、留守、失独及困难老人提供关爱服务。主要做法是：在全市各区（市）县挑选出组织能力强、当地空巢老人较多的村（社区、城区涉农社区）老协作为试点项目单位，每个试点单位拨付项目资金 3 万元，用于互助养老服务站点的启动补贴费用和运行补贴费用、留守老人助老巡访服务

补贴费用以及试点项目工作任务的其它费用等。各试点村（社区）的老年协会以农村居家养老服务中心、农村互助养老服务幸福院、社区日间照料服务中心为平台，利用农家大院设立互助养老服务站，组织老年人参与互助养老和社会化养老服务活动，发挥了老年自治组织联系服务广大老年群众的桥梁纽带作用。

（八）养老服务体系建设主导关爱服务

市民政部门在全市建成了城市社区日间照料中心 324 个，农村互助养老幸福院 374 个、农村居家养老服务中心 51 个；在发挥社区、社工人员及社会组织联动作用的基础上，为老年人特别是空巢留守老人提供了 24 小时全托、临托、日间照料及居家上门服务；建立了“长者通”、“孝行通”居家养老服务信息平台，运用热线呼叫中心和加盟商运营机制，为居家老人提供生活照料、家政维修、保健护理、紧急救援等服务，并资助 8 万余名困难老人进入信息平台享受居家养老服务。为困难家庭失能老人和 80 周岁以上老人提供居家养老服务共计 14.25 万人次。还结合低保、五保、医疗救助、临时困难救助等业务工作，对空巢留守老人实行政策倾斜，开展关爱服务。

（九）老年维权实施关爱服务

市司法部门在全市乡镇建立了留守老人法律援助工作站，在村（社区）均建立了留守老人法律服务工作室和法律援助联络点，聘请法律援助联络员或法律顾问、维权员，会同基层老协组织，为老年人普及相关法律知识，解答法律困惑，引导老年人合法合理表达诉求，帮助老年人依法解决相关维权、信访问题。

三、存在的问题和不足

（一）农村留守老人的底数不清楚

目前，成都市农村留守老人的基本情况在公安部门的流动人口管理工作系统建立了统计台账，是属于对流动人口管理的一个子项目，针对性不强，且是申报制度而不是普查登记制度，存在不全面、不准确的问题。有的区（市）县将农村留守老人的基本情况与村级公共信息数据平台或老年人的生活状况调查数据相结合，相关数据相对比较准确。

（二）各地开展的农村留守老人关爱服务工作发展不平衡

目前，各区（市）县都开展了农村留守老人关爱服务工作，大多数地方是通过政府购买服务的方式，为农村留守老人提供上门服务。但是，有的地方设置种种条件，仅仅是对少数具有特殊困难的留守老人提供服务；有的地方购买服务规定了服务项目数量，如洗衣服几次、理发几次、送餐几次等，没有真正依据老年人的需求提供必要的生活照料；有的地方购买服务按照市场化模式确定一对一帮扶，在某种意义上把被服务和服务者的关系形成了雇佣关系，没有真正体现公益性服务性质。

（三）农村社会化养老服务总体供给不足的矛盾仍然比较突出

一是村（社区）养老服务设施总量不足。目前，成都市共有城乡社区和行政村 3460 个，其中城市社区 714 个，涉农社区 1012 个，行政村 1734 个。现已建成城市社区日间照料中心 324 个，农村互助养老幸福院 374 个，农村居家养老服务中心 51 个。农村的村（社区）养老服务设施覆盖率仅为 15.48%。而且农村幅员面积广，农家住户分散，村（社区）养老服务设施有效覆盖能力有限。二是公益性养老服务能力难以发挥。社会服务组织借助村（社区）养老服务设施载体开展的为老服务项目，由于老年人居住分散，上门服务成本高，加之农村老年人消费水平低下等因素，常常是艰难维持。三是农村社工人员和为老服务志愿者应对缺乏，公益性服务意识不强。四是政府对农村医疗卫生、文化体育等公益性服务投入的资金相对不足，表现为医疗卫生、文化体育服务设施条件差或缺乏。

（四）老年维权的宣传教育工作有待进一步加强

成都市司法部门和各级老年人协会组织建立了全市老年人维权工作体系网络，但是，受“家丑不可外扬”传统思想的约束，农村老年人受到子女的不公平待遇，大多数表现为忍耐，维权意识不强。加之农村家庭条件较差，家庭成员之间的矛盾由于种种原因表现比较复杂，给维权工作带来难度。据不完全调查，农村老年人认为子女不孝、维权困难的比例约 20%。

四、深化农村留守老人关爱服务的思考

（一）建立健全农村留守老人基本情况信息台账，做到底数清楚

按照成都市委第十二届五次全委会提出的“精准扶贫，高标准扶贫”的要求，各级政府对城乡空巢、留守、失能、失独、高龄、经济困难老年人的家庭和个人的有关基本情况逐项登记，建立台账，便于分层次、分区域、分项目实施帮扶和关爱服务。农村空巢、留守、失能、失独、高龄、经济困难老年人都同属一类需要重点关注和帮扶的特殊困难群体，在制定相关关爱服务政策措施时，应当一视同仁，根据实际情况给予适当的生活照料和情感关怀。

（二）建立“条块结合、属地为主”的助老探访责任制

由区（市）县、乡镇、村（社区）逐级签订《农村空巢（留守）老人助老探访责任书》，落实助老探访责任，将农村空巢、留守、失能、失独、高龄、经济困难老年人纳入助老探访服务范围，分类实施一般探访和重点探访帮扶。做到有人关心、有人过问、有人帮助解决困难。避免老年人突发疾病无人过问、急难事情无人帮助等不良事件、或恶性事件发生。

（三）大力推广“金堂模式”

金堂县官仓镇红旗村“一中心、多站点、重点巡访”的做法受到各级领导的肯定和群众的欢迎，表明了这种做法在农村实施关爱服务的实效。据了解，成都市政府计划在三年内建成社区日间照料中心2000个，并给予每个日间照料中心一次性建设补贴25万~30万元，“一中心”的建设可望落实。利用农家大院设置“互助养老服务中心”，其资金投入并不是问题。金堂县对每个“互助养老服务中心”给予初始建设补贴3000~5000元，主要用于房屋和环境的简单改造，服务设施的简单配置；每年给予1000~2000元的服务补贴，主要用于水电费和设施消耗补贴。房主依靠平常低偿的茶水费、棋牌费及副食品经营利润等收入维持运行服务。房主有了适当的收入，在当地赢得了人气和人脉，也是一件乐意的事情。“助老探访”是组织有爱心、有责任心、有能力的中年或低龄老年人作为探访人员，2个探访人员一组对包片的10多位探访对象，每周探访1~2次，每位探访人员每月仅有不足100元的电话费补贴。探访人员在不影响个人和家庭生活的前提下，为老年人提供关心和帮助，自身有一种荣誉感，为公益性服务做出贡献，赢得当地群众的尊重和敬佩。在村级资金筹措方面，每个村都有“成都市村级公共服务和社会管理专项资金”每年50万元左右（根据村的大小有所差别）可以适当列支。据了解，金堂县今年内将在全县各乡镇推广红旗村的做法，助老探访实现村（社区）全覆盖。全市基层老协在2014年92个试点单位的基础上，今年在14个郊区县新增93个试点单位，大力推广“金堂模式”。

（四）进一步发挥基层老协组织的作用

基层老协组织具有反映老年人的需求、老年维权和为老服务的职责，在农村老年维权和老年人关爱服务工作中，具有不可替代的人缘地缘的优势。进一步发挥基层老协组织的作用就是要按照基层老协规范化建设的要求，选好带头人，给予必要的活动场地、设施、经费，鼓励基层老协组织申报合法社会组织登记，引导其转型升级为社会组织，参与公益性服务或承接政府购买服务，增强组织活力。

（五）多措并举、抓好结合

按照《成都市人民政府关于加快养老服务业创新发展的实施意见》和《成都市老龄工作委员会关于加强农村老年人关爱服务工作的意见》要求，各级政府及其有关部门，应当各尽其职，积极发挥应有的作用。如，民政部门开展的社区养老服务设施建设，养老服务补贴，发挥社区、社工人员及社会组织联动作用，为老年人尤其是空巢留守老人提供的24小时全托、临托、日间照料及居家上门服务等政策措施；司法部门为空巢老人提供维权和法律援助服务；卫生计生部门开展的老年人健康教育和慢性病干预服务等等，应当重点向农村空巢、留守、失能、失独、高龄、经济困难老年人倾斜，实施重点关爱服务。

（作者单位：成都市老龄办）

加快贵州老龄事业发展意见研究

谢 峰

发展老龄事业是我国的一项重大任务，加强老龄工作和发展老龄事业是党中央、国务院在新的历史时期作出的重大决策。当前，加快老龄事业发展已经上升成国家发展战略，我国是世界上老年人唯一过亿的国家；到2014年，我国60岁以上老年人已超2.12亿人，也成为人口老龄化发展速度最快的国家之一。近年来，随着改革开放的进一步深入，人口老龄化的不断加剧，经济全球化以及世界各国之间激烈竞争，给我国全面建设小康社会带来诸多问题，影响到经济社会及人口、资源环境的可持续发展。作为“欠发达，欠开发”的贵州，做好老龄事业发展意见研究，为加快老龄事业发展积极地创造条件，促使老龄事业发展超越西部省份水平，赶上全国平均水平，缩小与东部发达地区差距，进一步满足老年人需求，进一步实现促进经济社会全面协调发展总体目标。可见，当务之急，研究实施加快我省老龄事业发展意见是重要而紧迫的艰巨任务。

一、我省人口老龄化趋势

我省自2003年步入老龄化社会以来，老龄化发展速度之快也叫人惊讶。截至2013年底，全省60岁及以上老年人487万，占总人口的14.38%，比2012年净增22万；其中65岁及以上老年人338.51万，占总人口的9.66%。预计到2020年，60岁以上老年人556万，占全省总人口的15.63%。如到2034年，据预测60岁及以上老年人达830万，其比重占总人口的28%，届时65岁及以上老年人比重占全省总人口的15.32%，那以后，我省人口老龄化将进入重度转向深度阶段发展，到本世纪中叶我省老年系数也将超过30%。可见，我省人口老龄化发展速度之快，老龄化严峻形势也依然十分逼人。

综观世界各国和我国及省内人口老龄化发展趋势，人口老龄化实质是由生产力发展水平决定的，是一个伴随经济发展而发展的渐进过程；即是说一个国家或地区人口老龄化是这个国家或地区经济发展到一定水平的结果，将随经济社会发展而发展着。同时，我们也应该相信，当经济社会发展到相当高水平或高度发展时，由于科学技术的高度发达，相信未来的人类社会会将老年系数控制在一定发展水平；也就是说老龄化绝不是因经济社会高度发展而老年系数程度一定会加深，老年系数只在经济社会高度发达之前与经济社会发展水平呈正相关，当经济社会高度发展之时老龄化水平会整体提高，但老年系数会被控制在一定合理区域发展。

二、加快贵州老龄事业发展条件分析

（一）贵州老龄事业发展现状

近年来，在老年人口快速增长、人口老龄化日趋严峻形势下，我省坚持“党政主导、社会参与、全民关怀”的老龄工作方针，深入贯彻落实《中华人民共和国老年人权益保障法》要求，注重夯实管理和服务基础，建立健全老龄工作组织和老年保障体系，加强老年维权机构的建设，提升老年文化生活质量，综合运用经济、法律和行政手段，不断推进老龄事业有长足的发展。

1. 老年组织逐步规范，为老服务能力得到提高

一是建立老龄工作机构。截至2013年底，全省9个市（州）、88个县（市、区）建立了老龄工作委员会（其中新组建的观山湖区正在筹建中），以及2000多个乡镇（街道）建立有专兼职老龄工作机构。二是农村老人协会建设趋于规范化。截至2013年底，全省成立基层老年协会16917个，城市社区老年协会成立率为95.5%，农村老年协会成立率为86.1%，部分老年协会组织机构、管理制度健全、开展活动丰富，其建设正趋于规范化。三是城市社区为老服务网络逐步推开。近年来，由于城市社区为老服务工作扎实推进，目前全省100余个社区老龄基层服务工作趋于规范化标准建设要求，规范化社区服务网络正在形成。四是充分发挥志愿者组织作用。据不完全统计全省建有社区助老志愿者组织3000个，登记在册人数13万人。建立为老服务网络2000个。青年自愿服务者超过150万人，妇女自愿者35万人，社区老年自愿者5万人。

2. 老年保障体系趋于完善，基本养老得到保障

一是健全养老保障体系。我省始终遵从应保尽保和分类施保原则，健全各类养老保障制度。2013年底，全省城乡居民社会养老保险参保人数达到1487.22万人，406.38万60岁以上老人领取养老保险金。城镇职工基本养老保险参保人数达到337.24万人，82.61万60岁以上退休领取养老保险金。二是健全医疗保障体系。县级以上各大医院普遍设立老年人就医优先窗口，部分医院对高龄老人减免挂号和诊疗费；全省有基本医疗保险定点医疗机构2500余家，城乡三项基本医保人数3886.2万人，参保率95%。三是建立最低生活保障制度。全省农村五保供养对象12.59万人，集中供养27481人，供养标准年人均2501元，其余分散供养者标准年人均1618元。

3. 抓好维权制度建设，保护老年人合法权益

一是加大宣传教育力度。全面加强对以《中华人民共和国老年人权益保障法》为核心内容，有关维护老年人合法权益的法律、法规和政策的宣传，进一步提高全社会维护老年人合法权益的法律意识。二是严格涉老案件执法检查。对老年人因养老、医疗等纠纷提起的诉讼，法院予以优先立案、优先审理和优先执行。三是坚持做好老年人法律援助。目前，全省乡（镇、街道）司法机构已建立老年法律援助中心（站）1515个，村（居）委会设立法律援助联络站（点）14559个。

4. 养老设施建设得到加强，促进老年活动健康开展

一是加强老年活动设施建设。几年来，在城乡建设老年活动中心（室）17913个，充分利用现有的公益性文化设施活动场所，将政府兴办的公共文化和体育活动设施向70岁以上老年人免费开放。二是完善老年教育网络。2013年，全省已建立各类老年大学1600余所，在校学员16万余人；全省建立关工委3538个，参与关工委服务的“五老”人员达16万人；省老龄办社团组织10个，会员2000余人；社会社团组织7000余个，会员多达150余万人；通过“老有所为”系列活动的开展，充分体现老年人在我省经济建设、政治建设、文化建设、社会建设中发挥着积极作用。三是得到全社会的大力支持。通过社会各方面的有力支持，以及社会各界、各部门的通力合作，在活动经费、活动场所、文化用品等方面都得到帮助，有效地丰富了老年人的精神文化生活。

5. 推进服务体系建设，满足老年人多样化需要

一是注重养老服务体系建设，实现居家养老与社会养老相结合。积极开展社区为老服务工程，初步形成以设施服务为基础，以专业化服务和志愿者服务为支撑，以定点服务和上门服务为手段的养老服务体系。二是加强卫生服务体系建设，强化社区为老服务功能。初步建成了以社区卫生服务中心（站）为主体，覆盖城乡的社区卫生服务网络，按照人数设置社区责任医生，要求社区医生对辖区老年人义诊服务，实行跟踪服务，动态管理，老年人基本健康问题能在社区得到解决。三是完善文化服务体系建设，满足老年人精神需求。重视发展老年文化教育事业，丰富老年人的精神文化生活，在市（州）、县（市、区）、街道（乡、镇）建立居家养老服务中心（站）和老年协会服务站（点），以此开展丰富多彩的日常生活活动。

6. 引导社会力量参与老龄事业，促进养老服务机构多元化发展

积极引导社会力量投资参与兴办养老服务机构，促进养老服务机构多元化发展，以基本满足老人的基本生活需要。截至2013年底，全省共有养老服务机构1232家，全省每千名老年人拥有床位数16张。已将符合条件并由本人自愿的鳏寡以及生活较困难的老年人全部接纳入各种养老院（所）集中供养。全省建立居家养老服务中心（站）996个、社区老年人日间照料中心279个，基本实现了城市社区居家养老服务全覆盖，近120万城市老年人享受居家养老服务。已建成农村幸福院1181个，正在建设1000余个，随着大量农村幸福院的建成投入使用，可以为我省农村老年人提供就餐、文化娱乐等多方面养老服务。

（二）贵州老龄事业发展面临的挑战

在充分肯定贵州老龄事业成就的同时，要清醒地看到与兄弟省份存在的差距，更要清醒地看到我省老龄事业发展存在的问题和薄弱环节。

1. 老龄工作机构力量比较薄弱

一是机构自身组织力度不强。目前，虽然全省市（州）和县（市、区）建立了老龄工作委员会，但有个别地区老龄委领导班子调整到位慢，有的因前任老龄委领导工作调离位置空缺至今3年没有调整；有的行政区划调整2年至今也没有组建老龄工作机构。

二是人员编制不力。全省县（市、区）以上老龄工作机构编制人员仅300余人，实有编制人员273人，其中有11个县（市、区）编制2人，5个县（市、区）1人。可见老龄工作机构编制人员少，力量薄弱。乡镇（街道、办事处）基本没有专职老龄工作人员，兼职人员的工作多，事务繁杂。总体看，老龄委办事机构级别低，难以协调同级30多个部门，按照专兼职老龄干部2500人计算，平均每人要服务2300余位老年人，工作压力可想而知，管理力量比较弱，这远不能满足老龄工作的实际需要。

2. 机构养老供需矛盾比较突出

我省现有的养老机构与日益增长的养老服务需求不相匹配，社会养老服务跟不上人口老龄化进程，突出表现在：一是养老床位数量严重不足。当前“421”家庭大量出现，空巢老人家庭日益增多，传统的家庭养老功能正在逐步弱化，相应的社会化服务却还没有跟上。目前，我省每千名老人拥有床位16张，与全国每千名老年人24.4张床位相比差距较大，更远低于西方国家平均50~70张床位水平。二是地区发展不平衡。在城市与农村、经济发达地区与欠发达地区之间，无论在数量上、还是在配置上，其养老机构存在明显的地区差异。城市中心地区养老机构数量少，老年人需求床位数量多；而其他边远农村地区机构养老床位数相对多，需求床位的老年人相反少；从布局上不合理和实际床位数本身的不足，致使机构养老床位数与老年人需求量大的矛盾形势。三是服务功能不齐全。目前将近50%的社区和农村没有老年人活动设施和场所，我省多数养老机构只具备简单的生活照料功能，没有专业服务队伍和特色服务项目，这些养老机构仅仅是老年人集体居住场所，缺乏养老必需的学习教育、文体活动、保健康复等功能，不能满足老年人的精神文化需求。

3. 养老服务缺乏科学化、规范化行业管理

随着养老机构的快速发展，特别是近来民办养老机构的逐步增多，给社会福利机构行业管理带来诸多问题。一是现行的管理办法相对滞后。民政部出台的《社会福利机构管理暂行办法》（民政部令第19号），存在有执法依据不足、可操作性不强等问题，则监管部门无法对先期建成的民办福利机构实施有效的监督和管理。二是年检中发现的问题难以整改。目前贵州有相当大的一批民办养老机构不符合规划、消防等部门的审查要求，监管部门如果把关严一点，大批民办养老机构就要关门，供需矛盾会进一步加剧；把关松一点，如果出了问题，监管部门就要背负法律责任，监管处于两难的尴尬境地。

4. 养老服务体系建设处于探索中，出现的问题也较多

虽然贵州养老服务体系建设起步并不晚、也有一定发展，但与日益增长的养老服务需求差距较大，主要表现在：一是机构养老供需矛盾突出，现有养老机构的存量与庞大的、日益增长的养老服务需求不相匹配，社会养老服务跟不上社会老龄化进程。二是民办养老机构发展困难，一些民办养老机构陷入进退两难境地，目前贵州对民办养老机构的扶持政策不足、不配套，导致一些民办养老机构难以为继；同时，新建民办养老机构发展受到土地、规划、消防、审批等政策制约，将一批热心养老服务事业的社会力量拒之门外。三是缺乏居家养老的配套措施，目前政府出台的优惠政策主要针对机构集中供养对象，很少惠及居家养老服务对象，已设置的服务项目不能很好地适合居家养老的老年人需求。

四是服务队伍综合素质偏低，从业人员年龄偏大、文化偏低、缺乏护理技能和专业知识，不能适应修养、护理、医疗、康复、临终一体化的养老服务需求。

5. 社会保障制度不健全，保障金额有待提高

我省社会保障制度主要覆盖城镇居民，农村居民所能享受的保障项目少，且保障水平很低。目前农村已有政府提供的养老保障项目主要有：最低生活保障制度、五保供养制度、农村社会养老保险制度、农村合作医疗制度等；但是保障水平有限，养老保障制度在设计上存在多元性，在城镇职工、机关事业单位、被征地农民、城镇老年居民等不同人群之间实行不同的养老保险制度，在多套保险制度之间没有形成互通互联、合理衔接的机制，当被保险人的个体身份发生变化时，不能从原有的保险制度中直接进入新的保险制度，存在制度上的缺憾，造成被保险人的损失。在新型农村合作医疗中，尽管激发了部分群众的就医需求，但是，由于报销比例太低，并没有从根本上解决农村老年人看病贵、看病难的问题。

6. 老龄事业经费投入不足，营运机制有待创新

在经济社会事务发展过程中，我省依靠民间资本注入发展已取得了成效，尊重和发挥人民首创精神、以市场取向改革激活发展动力是经济社会跨越式发展的成功经验。但是，在老龄事业发展中，目前主要是依靠公共财政的投入，还没有形成由国家、集体和个人等多元化主体进行投资的经费投入机制，政府在制定相关政策鼓励集体、社会团体、个人和外资捐助或兴办老年服务业方面还有很大的潜力。贵州老龄事业要大发展，仅仅靠国家资本远远不够，要积极引导激活民间资本大量投入和参与办老龄事业，创新机制确保老龄事业多元化投入发展。

7. 人口老龄化形势日趋严峻

人口老龄化意味着将给国家财政预算带来压力，因为养老金负担会随着老年人口的增多而增大。同时，人口老龄化到一定程度会导致家庭小型化，以及 80 后和 90 后逐渐进入婚育年龄，“421”或“422”家庭结构不断增加，子女养老负担将加重，从而影响到劳动力的供给。人口老龄化特别是高龄化带来的生活照料问题，将会加大社会医疗费用的支付压力，加剧医疗卫生资源的供求矛盾。人口老龄化伴随如何使老年人过上有欢乐、有价值、有创造的生活，即老年人发展性需求和价值性需求如何高度统一的问题。人口老龄化将使传统的养老模式发生转变，近 80% 的老人希望居家养老，要求家政服务、陪医取药、代购代买等日常生活服务的占 60% 以上，有 90%以上的老人希望得到就近或入户医疗服务，以及存在老年人购买养老服务经济支付能力有限、整体经济收入偏低、渴望得到政府支持和帮助等问题。

（三）贵州老龄事业发展面临的机遇

当前，尽管我省发展老龄事业存在诸多困难和挑战，但经我们充分挖掘和认真分析发现，大力发展我省老龄事业仍然有较多难得的历史机遇和条件：一是我省经济社会持续快速发展，为老龄事业发展奠定了坚实的物质基础。2013 年，我省国民生产总值和人均 GDP 分别达到 8006.79 亿元、3500 美元。国际经验表明，当一个国家和地区人均

GDP 超过 3000 美元，城镇化、工业化进程会加快，居民消费类型和行为也会发生重大转变，这对于经济保增长、扩内需、调结构恰逢其时，非常有利。为加快老龄事业发展，为应对人口老龄化问题奠定了一定的物质基础。二是人口年龄结构在我省仍处于红利期。据测算，我省目前的总扶养比为 47%，即从现在起至 2026 年期间，我省的总扶养比均低于 50%，也就是说我省在未来的 12 年期间仍然处于“人口红利”发展大好时期，这个指标好于全国平均水平，更好于大多数发达国家。即要紧紧抓住和利用好劳动力资源相对丰富、社会抚养负担相对较轻的战略机遇期，大力发展我省的老龄事业。三是中央和省的一系列决策部署，为发展老龄事业指明了方向，提供了动力，创造了机遇。党的十八大报告首次提出“积极应对人口老龄化，大力发展老龄服务事业和产业”、“在老有所养上持续取得新进展，努力让人民过上更好生活”；十八届三中全会进一步提出“积极应对人口老龄化，加快建立社会养老服务体系和发展老年服务产业”，以及“健全老年人关爱服务体系”等有关重要内容。显然党中央和各级党委政府高度重视关注老龄工作，把发展老龄事业作为和谐社会建设的重要内容，国家和省都分别纳入“十二五”经济社会发展总体规划，这为发展老龄事业提供了坚强的政治保障和难得的发展机遇。四是随着老龄事业发展环境的不断优化，为应对人口老龄化提供了难得的机遇。随着人口老龄化形势和老龄方针政策宣传教育的深入开展，全社会老龄意识显著增强，孝亲敬老氛围浓厚，老龄事业发展良好社会环境基本形成，这为应对人口老龄化和发展老龄事业提供了难得的发展机遇。五是发达国家或先进省份的做法和经验，为加快我省老龄事业发展提供经验借鉴。如借鉴江苏和浙江等优先发展地区在人口老龄化程度（分别 19% 和 18.63%）比较高的情况下，如何采取积极措施加快老龄事业发展，取得每千名老人拥有养老床位 28.6 张和 32.7 张的好成绩；又如借鉴法国如何构建国家老龄事业发展体系，实施较为完备、多样化、全覆盖，即从出生到死亡就可以享受某种基本社会救助，被称为“从摇篮到坟墓”的社会保障体系。学习他们的经验和做法，可少走弯路，为加快发展我省老龄事业提供现实参考。六是庞大的养老服务需求给发展老龄事业带来良好的市场机遇。由于我省老龄事业发展的滞后，“未备已老”的矛盾特征更加明显。无论是养老机构床位数、活动场所等硬件设施，还是养老护理、精神慰籍等方面软件服务建设，以及养老保障等供给的严重不足；随着人口老龄化的日趋严峻性，供需矛盾将加剧凸显。这些都将为刺激并加快我省老龄事业发展提供难得的市场机遇。

三、加快贵州老龄事业发展意见的建议

（一）加快贵州老龄事业发展的总体要求

1. 深刻理解加快老龄事业发展的重大意义

加快老龄事业发展，实现好、维护好、发展好老年人的根本利益，不断满足广大老年人日益增长的物质文化生活需要，让老年人共享改革发展成果，是贯彻落实科学发展观、解决人口老龄化问题、坚持以人为本的重要体现，是实施加速发展、加快转型、推

动跨越主基调、加快贵州全面小康社会建设的重要内容，是促进社会公平正义、维护社会和谐稳定的重要保证，也是着力保障改善民生、有效解决老年人切身利益问题的重要举措。加快老龄事业发展，对于扩大内部需求、增加就业岗位、推动服务业发展、调整经济结构等都具有极其重要的促进作用。同时，加强老龄工作和加快发展老龄事业，也是党中央、国务院在新的历史时期作出的重大决策，是中国特色社会主义事业的重要组成部分，是实现中华民族伟大复兴中国梦的重要组成部分。各级党委政府要从全局和战略的高度，充分认识加快老龄事业发展的重要性和紧迫性，进一步增强做好加快老龄事业发展工作的责任感和使命感，将老龄工作纳入全省经济社会发展大局，科学谋划，统一部署，全面实施，探索建立具有贵州特色的养老体系，推动老龄事业在新的起点上加快发展，已成为全省人民一项重大而紧迫的战略任务。

2. 进一步明确加快老龄事业发展的总体要求。

加快老龄事业发展，要以邓小平理论和“三个代表”重要思想为指导，深入贯彻落实科学发展观和实现中华民族伟大复兴中国梦之目标，牢牢抓住国家深入实施西部大开发和国务院关于进一步促进贵州经济又好又快发展的若干意见的历史性重要机遇，紧紧围绕省委、省政府提出的“加速发展、加快转型、推动跨越”的主基调，按照构建社会主义和谐社会的总体要求，积极主动适应我省人口老龄化的发展趋势，坚持“党政主导、社会参与，全民关怀”的老龄工作方针，统筹城乡和区域协调发展，全面提高老年人生活质量，加快建立完善覆盖城乡老年人的社会养老和医疗保障制度，进一步健全社会化养老服务体系，大力发展老年服务产业，保障维护老年人合法权益，积极营造敬老、爱老、助老的社会氛围，大力实施银龄工程，推动老龄事业发展与经济社会发展相协调、与“贵州和全国同步实现全面小康社会”进程相同步、与人口老龄化水平相适应，让老年人共享经济社会发展成果，使老年人能最大限度地享受休闲娱乐、健康长寿、颐养天年的幸福生活，在更高层次上实现“老有所养、老有所医、老有所学、老有所为、老有所乐”的目标。

（二）健全完善社会养老保障体系

1. 完善养老保障制度

始终按照“保基本、广覆盖、多层次、可持续”的原则，采取个人缴费、集体补助、政府补贴相结合的筹资方式，加快推进新型农村社会养老保障制度建设。到 2015 年，以县（市、区）为单位，新型农村社会养老保险和城镇居民参保实现全覆盖，省财政对经济薄弱地区给予适当支持。继续完善企业职工养老保障制度，建立企业退休人员基本养老金正常调整机制。探索事业单位养老保障制度改革，稳步开展社会化发放试点工作。做好农村失地农民基本生活保障工作，加快建立高龄养老补贴全覆盖制度。为没有纳入基本养老保障范围、无固定收入的城乡老年人发放生活补助金，具体办法和标准由各地制定。发展企业年金和职业年金，充分发挥商业保险补充性作用。力争在 2020 年实现并建立全省城乡居民养老保障统筹制度，党政机关、企事业单位养老保障制度改革进一步完善。

2. 完善医疗保障制度

进一步完善医疗保障制度，将所有老年人纳入城镇职工基本医疗保险、城镇居民基本医疗保险和新型农村合作医疗等保险制度。逐步提高老年人医疗保障待遇，到2013年参加城镇职工基本医疗保险和城镇居民基本医疗保险的老年人医保报销比例均达到80%，新农合参保老年人住院费用补偿率和门诊补偿率均达到70%。加快推进医疗保障省内异地就医联网结算，方便老年人看病。探索建立老年人长期护理保险，推广老年人意外伤害保险。全面提高老年人养老医疗保障水平。力争在2020年实现并建立全省统筹的医疗保障制度。

3. 完善老年人社会福利制度

完善农村计划生育家庭奖励扶助和特别扶助制度，落实企业持独生子女光荣证的职工退休一次性奖励政策。完善60岁以上老年人凭居民身分证或“老年证”等有效证件免费进入政府投资主办的公园、旅游景点、公益性文化设施和公共体育健身场所优惠政策，免费乘坐城市公共汽车和即将建成的轻轨地铁，长途客运、铁路、水路和航空客运公司要为老年人提供优先优待服务，倡议上述四类公司逐步推行减半收费服务，落实外省籍来黔老年人与本省老年人就本项优惠政策享受同等待遇制度。从2016年起对百岁以上老人由省财政按每人每月不低于300元标准发放长寿补贴，各地可根据财力情况，增加经费提高标准发放。健全80岁以上高龄老年人长寿津贴制度，逐步建立60至80岁普惠型老年津贴制度，各地可根据财力情况逐年提高标准发放。老年人普惠型社会福利水平与当地经济增长速度按年度同步提高，免除农村老年人“一事一议”筹资义务。逐步建立政府为孤寡、贫困、高龄老年人购买养老服务普惠性制度。

4. 完善老年人医疗保健服务

加强老年多发病常见病的防治，各地（州、市）可指定1所二级以上综合医院作为老年病的防治中心。针对老年病共性致病因素，实施宣传、教育、咨询、普查、主动介入服务等综合干预措施。建立健全以社区卫生服务为基础的老年医疗保健服务体系，加强社区卫生服务与医疗保健制度的衔接，推行首诊负责制和双向转诊制，为老年人提供便捷优质的医疗保健服务。全省普遍建立老年人健康档案，每年为60岁以上老年人做一次健康检查，实行不间断健康管理。养老机构要设立配套的医疗保健服务点。各级综合性医院设立老年门诊或老年护理专科。社区卫生服务机构要积极创造条件，为老年人提供电话约诊、家庭保健等上门服务。

5. 完善老年人社会救助制度

各地要认真落实农村“五保”供养政策，原则上按照不低于上年度全省农民人均纯收入的50%确定五保供养标准，并随经济社会发展逐步提高保障水平。把困难老年人作为临时生活救助、医疗救助、司法救助的重点对象，加大救助力度。将所有符合条件的老年人优先纳入城乡低保范围，积极开展分类施保，搞好城乡低保与其他社会保障制度的衔接。根据城乡经济发展水平，建立城市“三无”和农村“五保”老人供养标准增长机制。将城市享受低保的和低收入住房困难的纯老年家庭户、以及农村享受低保的纯老年无房户和危房户分别优先纳入城市和农村住房保障范围。设立慈善事业助老项目，积极发挥社会力量的济困助老作用，鼓励和倡导社会各界为“空巢”老年人提供志愿服务。

（三）加快推进养老基础设施建设

1. 加强居家养老服务设施建设

加快建立以居家养老为基础、社区服务为依托、机构养老为支撑，城乡一体化、投资多元化、管理规范化、队伍专业化的养老服务体系。将居家养老服务设施建设纳入住宅小区配套设施建设规划。依托社区，为居家老年人提供生活照料、家政、康复护理和精神慰藉等服务，让老年人既不脱离家庭，又能获得专业化的社会服务。目前，全省城市社区基本建立起多形式、全覆盖的居家养老服务网络，实现社区（村）居养老服务中心（站）全覆盖。制定居家养老服务标准，在提供短期托养、日间照料以及助餐、助洁、助浴、助医、助行、助购等生活服务的同时，兼顾老年人多种需求，提供文化娱乐、学习教育、心理关爱等服务。各级政府要积极采取购买服务、资金补助、提供场所等扶持措施，引导和鼓励社会中介组织、家政服务企业参与居家养老服务。到 2020 年，全省城市社区在不超过 4 平方公里范围内要设置一个规范化的居家养老服务中心或服务站，农村在不超过 9 平方公里范围内就要设置一个规范化的居家养老服务中心或服务站或老年协会，并按全省统一规范化的标准管理和运行。

2. 支持民办养老机构建设

根据国家和我省有关规定，要大力支持推进民办养老机构建设，各市（州）和县（市、区）要特别扶持社会中介组织和民营企业参与办养老机构，并要求民办养老机构数量达到一定比例，积极推进养老市场化道路进程，到 2020 年各地区域性民办养老机构数量不少于 25%，力争达 30%。在有关法律法规许可下，各地可采取土地划拨、规费减免、贷款贴息、床位建设补贴、床位运营补贴、以奖代补、购买服务等方式，吸引和鼓励社会资本投资兴办福利性、非营利性的老年公寓、老年康复中心、托老所、老年护理院等养老服务设施，并在土地使用上优先安排；同时，要认真落实有关税收减免政策，对福利性、非营利性的老年服务机构免征营业税，符合条件的免征企业所得税，对老年服务机构使用土地和自用房免征城镇土地使用税、房产税。养老服务机构在用水、用电、用气等方协调按民用收费标准执行，装电话、网络、有线电视要实行价格优惠；对新建老年服务设施、市政公用设施配套费酌情给予减免。各级财政每年安排专项资金，扶持经济困难地区民办养老机构建设，支持有条件的县（市、区）建立“爱心护理院”。

3. 加快公办养老机构设施建设

积极推动全国（省）示范性养老基地建设，办好地（州、市）级以上老年公寓，充分发挥示范作用。近五年，各地（州、市）和县（市、区）都要建成 1 所政府主办的老年公寓或福利院，床位数分别达到 300 张、150 张以上。在示范性养老基地建设基础上，各地要积极开拓养老机构辐射带动面的建设，全省各地将形成“以点带线、以线射面、遍地开花、重点突出”的新气象。各地无论是顺着时间发展或是空间布局的变化，均有新的养老机构建设在不断启动、或落成、或通过改扩建即养老能力在不断提升等诸多变化；无论从数量还是质量方面建设都要上规模上档次，机构建设要始终围绕不断满足老年人日夜增长的养老需求做文章。积极探索公办民营、合作经营、委托管理、服务外包等运行模式，完善管理机制，降低运行成本，提高服务水平。省财政安排专项资金对经济困难地区公办养老机构建设给予补助。继续实施农村敬老院基础设施和配套设备建设，全省“五保”集中供养率达到70%以上。今后几年机构养老床位数保持年均增长10%以上，到2020年养老机构床位数达到老年人总数的5%左右，基本实现与全国养老机构数量（包括床位）及服务质量同步发展的目标。

4. 推进养老服务规范化建设

制定完善各类养老服务机构建设标准，明确服务项目和服务方式，做到服务功能标准化；制定护理、康复、医疗、教育、娱乐、心理关爱等各项具体服务项目内容和标准，做到服务行为规范化；制定服务人员岗位职责，加强技能培训，实行持证上岗，做到服务队伍专业化；积极搭建为老服务信息平台，充分利用各类声讯、网络资源，为老年人提供及时有效的救助关怀等方面的服务，做到服务载体信息化。制定社会养老服务效果评估办法，全面提高社会养老服务质量和水平。到2020年，我省基本建立健全全省上下统一、服务全面、管理科学、组织周密的老龄工作机构、养老研究机构、养老中介服务组织、各类养老服务机构和规范化管理运行标准、养老服务培训机构及各类专业人才培训、各类养老服务技术及人员数量等方面均能基本满足老年人需求。

（四）积极推动老年服务产业发展

1. 搞好老年产业规划

针对老年人不断增长的服务需求，加快发展老年服务产业。结合“大众创业，万众创新”要求，将老年服务产业纳入现代服务业统一规划、统一部署，各地要抓住贵州受污染相对较轻、气候宜人居住等独特的资源环境，着力培育一批大型老年服务龙头企业，打造一批老年服务产业知名品牌。如贵州有长寿之乡的菜叶、有保健功能较好的苦荞和薏仁米，特别是人们从大自然就地获取的粮食和蔬菜瓜果都是天然绿色食品；同时，贵州气候终年变化起幅不大，可以算是冬暖夏凉宜人居住的好环境，如能打造老年人旅游专线品牌，充分挖掘和利用这些独有资源，拉动消费、增加就业，进一步推进全省养老服务业发展，使之成为贵州服务业发展新亮点。贵州各级政府要建立专项资金，扶持老年服务产业发展，到2020年，贵州老年服务业产业规划和建设要有突破性发展，要创造树立二三个贵州本土之名品牌。

2. 培育老年消费市场

鼓励和扶持开发老年产品，引导企业生产满足老年人各种需求、门类齐全、品种多样、经济适用的老年用品。优先发展养老护理、康复保健、社区服务和老年特殊用品等产业。大力发展老年旅游业，组建老年人旅游公司，建立为老年人旅游专门服务团队，推出适宜老年人的旅游线路和服务项目。积极开发符合老年人特点的金融、理财、保险等其他产品。培育老年消费市场，鼓励商家设立老年用品专柜，举办老年产品展示会。促进流通、扩大销售。引导老年人更新消费观念和行为，促进老年消费市场的繁荣与发展。不提倡有经济条件的老年人过简日子，舍不得花钱看病、保养身体、休闲娱乐，将更多钱存入银行的习惯。

（五）高度重视老年人精神文化生活

1. 关爱老人精神生活

省老年维权部门和团省委要牵头制定开展“关爱老人精神生活”工作方案，关爱内容有具体指标，纳入老龄工作考核范围，并有计划、有步骤地开展工作。积极创建关爱老年人精神生活示范基地和示范点，省福利彩票公益金每年要安排经费用于开展工作。对居家养老服务中心、站（点），老年公寓，福利院，敬老院及各类养老机构实行“关爱老人精神生活”考核评比活动，要求达标并实行挂牌制度。工会、共青团、妇联、科协等群众组织要广泛开展结对帮扶、和谐家庭和孝亲敬老评比等活动。教育部门要把养老机构作为学生德育教育基地，将助老服务纳入大中学生社会实践内容。建立义工服务时间储备制，积极探索“义工银行”等自助互助服务途径。到2020年，全省所有独居老年人和失能半失能老年人将全部纳入规范化关爱机构内。

2. 发展老年教育

把老年教育纳入终身教育体系。继续办好省、市、县（市、区）老年大学，改善教学设施，提高教学质量，不断满足老年人需求。街道（乡镇）要利用现有资源，建好老年学校；村（社区）要建立老年学校（分校）。继续开展老年大学示范校创建活动，充分发挥示范指导作用。鼓励支持社会力量兴办老年教育事业。离退休人员管理部门、老年社会团体要积极组织老年人开展学习活动。有效利用广播、电视、互联网等现代传媒开展老年教育，形成覆盖城乡多层次、多形式的老年教育网络体系。到2020年，全省老年人参加各级各类老年学校学习的人数达到老年人总数的15%，条件好的地区力争达到20%以上。

（六）引导鼓励老年人积极参与经济社会发展

1. 丰富老年人文体活动

引导和支持老年人建立群众性文化、体育活动组织，支持和加强各级老年文体协会等组织建设。重点扶持培养一批在全省乃至全国都有影响力的老年文艺、体育团体，把老年文化活动列入群众性文化活动的重要内容。文化部门要积极开展形式多样的老年文化艺术活动；体育部门要广泛开展适合老年人特点的体育健身活动，办好老年体育节，健全老年体协组织网络；宣传、文化、出版等部门要组织力量，多出面向老年人的优秀精神文化产品；广播、电视、报纸等媒体要开设老年专栏，同时办好《贵州老年报》；建设规划部门要研究规划建设多领域、更广泛、普及型的健身体育文化活动场所。各地（州、市）和县（市、区）都要建立老年活动中心，街道（乡镇）和有条件的社区（村）要建有老年文化活动室，社区居委会（村委会）所在地、城镇住宅小区要建有老年健身活动场所。到2020年，经常参加体育健身活动的老年人达到35%以上。

2. 加大老年活动场所建设

将老年文化体育设施建设纳入城乡公共设施建设规划，整合资源，统筹兼顾，保证老年人就近（2公里内）有活动场所。到2016年，贵阳市城区要建2至3个综合性文化体育场所，各地（州、市）要建成1处规模较大的综合性老年文化体育场所，县（市、区）和80%乡镇（街道办事处）要分别建成1处示范性老年人活动中心，社区、村（居）全部建立老年活动室（站），面积分散、人口众多的社区、村（居）应该建立1至2个或多个。公共文化体育活动场所优先向老年人开放，广场、居民小区以及镇（街道）综合文化站、农村文化大院等，要设置适合老年人特点的场地、设施和器材。鼓励学校、企事业单位内部文体场所（馆）非工作（学习）时间内对老年人开放。

3. 加强老年人心理疏导服务

各级政府要扶持建立老年心理服务组织和服务网络，购买心理关爱服务，培训心理服务专业人员，为老年人提供专业的心理疏导服务。乡镇、街道及有条件的社区要设立聊天、心理咨询等服务场所，开展心理健康和生命观等方面教育。重点做好病残、空巢、高龄、临终等老年人心理关爱工作。各地（州、市）确定1~2所、有条件的县（市、区）要确定1所“爱心护理院”，开展长期护理和关怀服务。

4. 扩大老年人社会参与

鼓励专业技术型老年人才参与科学文化知识传播，从事科学研究，开展咨询服务。支持老年人参与公民道德建设、公益事业、社会治安、移风易俗、民事调解、社区文化活动等社会事务和社区工作，发挥老年人在传承道德文化、促进社会和谐中的作用。各类人才市场、人才中介机构要把老年人力资源纳入服务范围，搭建老年人才与社会需求对接的服务平台。省老龄工作委员会设立“老有所为专项奖”，定期进行评比和表彰。

（七）建立健全老龄事业发展机制

1. 强化老龄工作机构职能

为积极主动适应人口老龄化发展，进一步理顺老龄工作机构及管理体制建设，积极探索大老龄工作格局，拟建正厅级老龄行政单位，列入省政府组成部门，各市（州）、县（市、区）要成立相应老龄工作机构，进一步明确各级老龄工作部门的职责与任务。各级老龄部门要充分发挥组织协调、调查研究、检查指导职能，及时研究部署老龄工作任务，定期通报老龄事业发展状况，督促落实相关法规政策，认真解决有关重要问题。上级老龄部门要加大对基层老龄工作的督查指导，建立工作报告、经验交流、督办反馈等制度。各级政府要加强老龄机构建设，根据老龄工作任务，落实人员编制，选派政治和业务素质高的人员从事老龄工作。

2. 加强老年维权执法检查

进一步制定和完善老龄法规政策及其配套政策措施，进一步加大贯彻落实《中华人民共和国老年人权益保障法》，充实完善维护老年人有关权益，加快建立健全覆盖老年人养、医、教、学、为、乐等多方面权益的法规政策体系。加大老龄事业发展规划的贯彻实施力度，逐级制定落实措施，加强督导检查，定期邀请人大、政协组织执法检查、视察，确保老年人的各项待遇得到落实、合法权益受到保护。加大对侵犯老年人合法权益行为的惩处力度和普法教育，建立健全老年法律服务网络，及时为老年人提供法律帮助。

3. 加大老龄事业投入

各级政府加大投入，要求把老龄事业经费纳入财政预算，统筹安排，支持鼓励大额度增加老龄事业发展经费。根据老龄事业发展需要，增加福利彩票公益金、体育彩票公益金对老龄事业的投入。积极鼓励社会资金、慈善捐赠支持老龄事业发展，建立多元化的投入增长机制，经费随经济发展增长逐步增加。建立各级彩票公益金老龄事业发展专项基金。推进老龄工作信息平台建设，提高老龄工作信息化水平。

4. 营造老龄事业发展环境

围绕建设社会主义核心价值体系，大力弘扬中华民族传统美德，在全社会深入开展敬老、爱老、助老教育。机关、企事业单位和社会团体要把敬老、爱老、助老宣传教育作为干部职工思想道德建设的重要方面。宣传、教育、文化等部门要加大宣传力度，及时报道各地各部门发展老龄事业的好经验、好做法，将尊老敬老道德教育纳入社会主义精神文明建设规划，作为城乡文明共建、公民道德建设、党员教育、中小学德育教育和村规民约的重要内容。在每年“敬老月”活动期间，各级老龄工作部门和有关涉老部门要开展形式多样的老年慰问活动，有老人家庭子女要回家看望并慰问老人。结合文明社区、文明村镇、文明家庭等创建活动，树立和表彰先进典型，形成人人尊重、关心、帮助老年人的良好社会风尚，营造有利于老龄事业发展的良好社会环境。创建全国老年人宜居社区，为老年人营造良好的生活服务和生态人文环境。

5. 重视老龄人才队伍建设

省、市（州）、县（市、区）要制定与老龄事业发展相适应的人才培训规划。加强老年服务从业人员的职业技能培训，资格鉴定工作，提高他们的职业道德和服务水平。支持创办培养老年服务专业人才的职业技术学院与学校，省级综合大学要开设老年管理专业学科，鼓励其他院校开设老年服务相关专业及技术培训，培养较多较高层次的老龄工作管理人才和技术人才。加强基层老龄工作者队伍建设，切实提高他们的生活待遇水平。积极发展志愿者队伍，为老年人提供优质的志愿服务。

6. 加强老龄科学研究

鼓励各有关部门和单位、大专院校和研究机构，针对人口老龄化趋势，深入开展人口老龄化战略调查研究，为政府决策和完善为老服务提供理论、信息和技术支持。要积极探索老年学学会有效运行机制和方式，充分发挥老年学学会应有作用。积极创造条件，建立省市老龄科学研究基地。结合人口老龄化实际，适时修订《贵州省老年人保护条例》，进一步建立健全有关老年人的政策法规体系，为维护老年人的合法权益提供法律保障。

7. 加强老龄社团组织建设和管理

加强和扶持各类老年社团组织建设，建立省、市（州）、县（市、区）、街道（乡镇）、社区（村）五级老年人协会网络，发挥老年人自我管理、自我教育、自我保护、自我服务和服务社会的作用。规范老年社团组织管理，促进老年社团组织健康发展。

（八）切实加强对老龄工作组织领导

1. 推进建立老有所为的工作机制

坚持“共建、共享、共融”理念，建立健全老有所为管理服务机制。要建立政府牵头，财政、发改、民政、人力资源和社会保障、住房和城乡建设、规划、卫生、国土资源、税务、老龄等部门参加的养老服务发展领导协调机构。人力资源市场要把老年人力资源纳入服务范围，搭建老年人才与社会需求对接的服务平台。鼓励老年人开展多种形式的老有所为活动，充分发挥老年人在经济社会发展中的重要作用。组织老年人开展党的路线方针政策、中华民族传统美德等宣传和关心教育下一代工作。支持老年人参与基层社会治安、移风易俗、民事调解、养老服务、社区文化、低碳节能、环境保护等社会事务。

2. 切实加强组织领导

各级党委政府要高度重视老龄工作，将老龄事业列入重要议事日程，纳入本地区经济社会发展总体规划和年度计划，列入政府为民办实事项目，纳入党政及各部门领导班子年度目标考核内容。定期召开会议，认真听取汇报，及时研究部署，明确发展目标，抓好责任落实。进一步建立健全党政主导、老龄委办公室组织协调、相关部门协同配合各司其职、社会力量广泛参与的领导体制和运行机制。各地各有关部门要定期对老龄事业发展政策措施落实情况进行督查，对老龄事业发展规划执行情况进行评估，并作为老龄工作先进单位和先进个人评选表彰的主要依据。

3. 建立基层涉老信息搜集系统

农村（居民小组）、城镇居民小区物管，要明确一位居家养老信息员，及时掌握辖区内独居老人情况，及时以电话、短信、网络形式向村居或当地养老机构反馈信息，避免辖区内独居老人和其他老年人出现突发情况不能得到适当处理的事情发生。

（作者单位：贵州省老龄办）

地方政府视角下农村留守老人养老困境问题研究

——以南阳市唐河县为例

南阳市老龄办

改革开放以来，中国经济发展迅速。农业生产率的大幅度提升使得农村的劳动力从土地之中转移出来成为现实，且乡镇企业的飞速发展和城镇化的建设的提速、户籍制度改革等推动，农民工的乡城迁移成为常态。

截至目前，我国60岁以上老年人数量已超过2亿，占总人口的14.9%。这一比例明显高于10%的联合国传统老龄社会标准。2013年全国老龄委预计，未来20年中国将进入老龄化高峰。"未富先老"成为中国越来越突出的问题。《中国老龄事业发展报告(2013)》显示，中国"空巢老人"占老年人口比例接近50%，将突破1亿人，并且呈现不断上升的趋势[1]。面对人口老龄化、农民流动化和家庭结构空心化，基于孝文化理论的传统的家庭养老、土地养老，往往面临新的困境。且我国长期以来实行的城乡二元社会保障体制，使得我国农村留守老人面临的社会风险不断增加，多种社会问题不断涌现，给国家、社会、社区、家庭和个人提出了严峻的挑战。如何解决农村人口流动带来的留守老人的经济支持、精神慰藉和日常生活照料等问题，已经成为关系社会主义新农村建设，关系构建社会主义和谐社会构建的重要问题。

目前，我国已经建立较为完善的农村社会保障体系，农村最低生活保障制度不断完善，新型农村社会养老保险覆盖面继续扩大，形成了一定规模的正式社会支持[2]。但是由于我国农村人口较多，因此其待遇支付水平较低，传统的家庭养老仍然是农村养老的主要形式。人口流动使得大量的中青年人流向城市，空间距离增大，外出时间的延长，给子女赡养、照料老人带来了很多不便，外出子女的经济支持虽有助于提高留守老人的生活生平，但总体上留守老人①的家庭经济状况并未得到显著改善[3]。同时也给留守老人的经济支持、生活照料和精神慰藉带来更多的风险，传统的"养儿防老"功能不断遭到腐蚀。

我办就这一问题展开了深入的调查，着重调查研究我市农村地区的留守老人生存现状，并以留守老人最为集中的唐河县为例，分析了该地区空巢老人的现状、原因及其影

---

① 杜鹏等（2004）、高娜（2011）、唐钧（2008）、王乐军（2007）、张艳斌和李文静（2007）、周福林（2006）等先后给出了"农村留守老人"的概念[4][5][6][7][8][9]。他们一致认同留守老人年龄在60岁及以上、有农村子女离开户籍所在地外出务工，且时间在6个月或1年以上。

响因素，以期为我市的留守老人政策创制提供一定的参考依据。

一、我市留守老人基本情况

2014 年年末，我市总人口 1000.64 万人，是河南省乃至全国的农村劳动力输出大市，农村留守老人达 32.88 万人，居全省之首。唐河县总人口 143 万，农村留守老人 7.47 万人，占全市农村留守老人 22.7%。近年来，随着该县大量劳动力尤其是青壮年劳动力的外出，对农村留守家庭特别是对留守老人在生产、生活、医疗、精神和权益维护等方面的生存状况产生了一定的影响。具体如下：一是留守老年人中，女性数量略多于男性，女性 3.97 万人，女性 3.5 万人。二是农村留守老人超过半数存在生产、生活困难。三是留守老人中普遍患有慢性病，行动不甚便利，其中失能、半失能老人约占全部留守老人的 33.03%。三是看病难是留守老人面临的主要困难。四是留守老人中约 16% 的老年人精神需求得不到满足，缺乏精神依托，内心失落、心理压力大、缺少安全感。

二、我市农村留守老人存在的问题以及原因

（一）家庭氛围缺失，精神生活单调

随着经济发展，越来越多的农村青壮劳动力外出务工，不少农村家庭出现“空巢化”，家庭养老功能被弱化，老人只是名义上有子女赡养，得不到亲情的慰藉和生活照料。

（二）生活水平低下，国家财政补贴少

目前，农村留守老人的经济来源主要依靠自己劳动所得和子女微薄的补贴。由于成年子女的外流，留守老人往往要承担繁重的农活、家务劳动，沉重的农业劳动对老年人是一个很大的压力，老年人的身体逐渐衰弱，患病率逐渐上升。由于没有完善的政策体系支撑，农村留守老人在医疗资源和照料资源方面的需求无法获得满足，农村基层组织和邻居给留守老人提供的照料帮助也十分有限。

（三）缺乏乐观的精神生活，心理需求得不到满足

随着年龄的增高，留守老年人的行动不便，与外界的接触相应减少，而子女的外出务工及常年不回，导致老人孤独感增强。大多数农村留守老人过的是“出门一把锁，进门一盏灯”的寂寞生活，老人很难找到精神寄托。

（四）医疗保障制度不完善，医疗卫生状况不容乐观

目前的农村合作医疗保障范围过窄，不同级别的医院报销补偿制度不一致且报销金额比率较低。所以许多老人“留守老人”一旦头痛发热，要么拒绝就医，要么选择私人诊所。经常出现缺医少药，无人照料，无法应对伤病等突发事件。

（五）管教孙辈心有余而力不足

由于经济上的问题，绝大多数的外来务工人员把子女留在老人身边，形成了“留守老人”教育第三代的“隔代教育”现象，老人不得不重新当起了“父母”。但是农村“留守老人”的文化程度相对不高，不懂得科学教育方法，管教尺度难以掌握。大多老人只管供孩子吃、穿，至于学习、心理、性格和道德教育，就只能听之任之了，使得许多孩子因感情缺失或多或少地出现自卑、自闭、冷漠等心理现象。

（六）女性和丧偶留守老人的生活处境更为艰难

目前留守老人中更加弱势的群体往往是女性和丧偶的群体。女性留守老人由于身体特质的原因，劳动能力相比男性来说，相对较弱，导致她们的经济收入较低，生活质量较差。而丧偶的老人，由于缺少两人之间的相互扶持，生活照料上会更差，精神上更加寂寞。

（七）安全隐患时有发生

“留守老人”子女在外地工作甚至定居，一年或几年才回老家一次，因而平日里老人的生活无人照料，尤其是那些丧偶的孤寡老人，他们年迈行动不方便，疾病缠身，一旦发生意外后果不堪设想。且有一些不法分子起“歪脑筋”专骗“留守老人”，尽管这些骗子的诈骗手段并不高明，但却能屡屡得逞。

三、解决农村留守老人养老困境的对策

随着农村留守老人这一特殊群体的队伍不断扩大，采取有力措施来满足他们的养老需求已刻不容缓。目前我国农村经济发展状况以及留守老人的养老意愿，决定了家庭养老仍是我国农村主流的养老方式。国家应通过不同层面各方主体的努力，提升农村家庭的养老能力。

我国农村养老保障先后经历了传统的保障阶段、集体保障阶段和现代保障阶段。1949 年以前，我国的农村养老保障基本上以传统的孝道文化为支撑的家庭养老阶段，从以前的中华人民共和国成立之后到以后的改革开放之前，中国的农村的养老保障都属于一个集体保障的阶段，这个阶段养老保障的特征是以家庭保障为基础的集体保障，是建立在集体经济之上的保障模式，集体组织承担着农民养老的主要责任，公社成员之间的互助特征明显。1978 年以后，家庭联产承包责任制开始实行，新的农村经济改革开始实施，原来在集体保障阶段发挥重大作用的人民公社制度开始解体，集体养老丧失了组织依托和现实基础，农村老人只能依靠传统的家庭的代际转移获得保障，为了解决 20 世纪 80 年代的农民存在的养老风险问题，我国开始探索建立农村社会养老保险的政策，虽然经历了一些困难和挫折，但是在 21 世纪初，我国开始着手建立的新型农村社会养老保险制度，使得现行我国的农村社会养老保险制度基本趋于完善，加上原有的新型农村合作

医疗保险、农村最低生活保障制度和五保供养制度，农村社会养老保障体系基本完善。具体到南阳市唐河县的社会养老体系，目前，与农村社会养老保险体系较为密切是新型农村养老保险制度、新型农村合作医疗保险制度、农村居民最低生活保障制度和五保供养四种制度。

无论是传统的家庭保障、集体保障，还是现代保障，其解决的核心问题就是农民的养老需求和外在的保障形式之间的矛盾，需求供给之间的矛盾，不仅是经济学研究的重点和核心，而且是养老保障的核心，供给－需求矛盾贯穿农村社会保障发展过程始终，并且从各个层面推动养老保障制度的改革与完善。但是，人口老龄化程度的加深，空心化家庭结构的增多，流动人口的增多，使得供给需求这对简单的矛盾得以加深，即留守老人需求增大，但是供给不足。具体表现为物质支持较少，日常生活照料得不到满足，精神慰藉缺失，传统的家庭养老作用日渐减小，新的问题应运而生，需要对传统的农村养老方式进行调整和完善，社会养老应运而生。对于留守老人养老而言，社会养老并不能替代传统的家庭养老和老人的自我养老。今后，虽然选择社会养老的人会越来越多，但是，受到传统的孝文化伦理的影响，依然有许多人还是选择子女能够承担一定的赡养义务。可见，多种方式并行的养老模式，将在很长一段时间内发挥作用。

因此，从长远来看，留守老人的养老保障必须满足多种需求，同时适应中国传统文化的特殊性，建立一个有政府、社区、家庭、个人和社会组织等多元主体，相互作用，相互依靠的“福利组合”。从目前的保障模式的选择来看，主张留守老人养老供给来源的多元化，是比较适合当今国情的养老保障模式。一方面，我国人口基数大，农村人口老龄化程度严重，国家无力全部承担。现在，我国城市已经建立了比较完善的社会保障制度，因此，现阶段我国社会保障制度改革重点之一应该关注农村社会保障制度的调整和完善，加大对农村社会保障制度的调整与完善。且当今农村面临的现实情况是：弱化的土地保障功能、小型化的家庭结构、流动化的劳动人口，使得现行的以代际传递为基础的家庭养老面临巨大的挑战，加上农村人口的老龄化，这些风险的变化使得政府应该重视留守老人养老保障体系建设，重视农村养老保障体系的建设，促进农村养老保障体系的合理、均衡发展。

（一）地方政府在构建留守老人养老保障体系中，承担的责任主要包括以下几个方面：

1. 财政责任

政府的财政支持是社会保障的重要基础。从国际经验来看，亦是如此。长期以来，我国城乡二元的社会保障结构，使得政府注重城市社会保障体系的建设和完善，政府在城市社会保障体系建设中的财政支出明显高于农村，因此，联系到我国留守老人农村养老的国情，政府应该强化在农村老人养老过程中的财政责任，改变政府在农村养老保障体系建设中投入偏少的局面。首先，建立专项财政预算，保证财政对农村养老资源的投入和财政收入的增幅相符合；其次，对于重点贫困、存在较为严重的养老负担地区，应该从财政上加大对此类地区的投入；最后，强调政府财政责任的同时，要保证各地区的均衡发展。

2. 完善农村社会救助体系，确保农村社会救助体系与农村居民生活水平同步提高的自然增长机制

通过此次调查，虽然发现，在一些贫困自然村，农村最低生活保障制度和五保供养制度的待遇水平高于新型农村社会养老保险，但是，从其本质而言，其只能保障最低生存需要，如果遭遇物价上涨、通货膨胀，那么这些老人的生存需要的风险进一步加大，因此，应该在农村尝试建立农村最低生活保障和五保供养的自然增长机制，让他们充分享受改革和发展的成果。

3. 完善建立统一城乡居民养老保险制度，逐步提高新型农村社会养老保险待遇标准

目前，我国已经提出统一城乡居民基本养老保险制度的基本思路，并提出逐步统一城乡居民养老保险的实现路径和方法。社会养老保险，是现代社会保障的核心内容和重要组成部分。现行社会养老保障改革的重点，不应该局限于单纯的城乡居民社会养老保险的城乡统筹和自由流动，其根本出发点应该在于居民收入水平或者待遇的提高，但是，现行的城乡居民社会养老保险，从其现实性而言，面对的主要问题不是扩面，而是较低的待遇水平，基本不能满足城乡居民的基本生活所需。从以上对唐河县部分老人调研中，我们也可以发现，现在新型农村社会养老保险 60 元的基础养老金，在当今的物价水平条件下，基本不能满足居民的各种临时性的补充。因此，在面对完善留守老人养老保障这一现实问题时，作为重要责任主体的政府，应该千方百计提高留守老人待遇，保障其基本生活。

4. 完善新型农村社会养老保险的增值保值机制，积极应对未来支付压力

2011 年，新型农村社会养老保险在我国全面推行。在短期内，由于领取养老金待遇的人不是太多，没有面临支付压力，但是，在未来的一段时间之内，20 世纪中叶，大规模居民开始退休，加上通货膨胀带来的影响，这些都会对农业社会养老保险基金的支付产生消极影响。因此，迫切需要对新型农村社会养老保险基金进行合理运营，促进其保值增值，以应付其产生的风险。另一方面，应该加强对基金的安全性防护，加强基金监管，使其真正“来之于民，用之于民”，保证留守老人的养老待遇及时发放。

5. 加大农村基本医疗服务机构建设，确保医疗服务资源供应，完善新型农村社会医疗保险

从对唐河县留守老人的半结构访谈中得知，日益增长的年龄，下降的身体机能，留守老人的健康状况每况愈下，迫切需要医疗服务需求，因此，在构建农村留守老人社会养老保障体系的过程中，应该增加社区医疗卫生服务机构，完善农村卫生服务体系，促使公共资源向农村转移，增强留守老人获得医疗服务的可及性，保障留守老人医疗服务的公平性。在完善新型农村合作医疗保险的过程中，应该注意，完善医疗保险服务报销流程，在便利性上为留守老人服务；扩大医保支付范围，大病统筹，真正减轻留守老人的负担，保证留守老人能够享受医疗服务，为其健康的晚年生活保驾护航。

（二）放宽民办养老院服务机构的准入机制，充分发挥民间资本的积极性

发展养老院，福利机构，补充我国公办养老院资源，形成良性竞争，促进养老院的发展，从而，真正提高农村老年人养老质量。农村劳动人口的流动性，使得居住在农村社区公共空间的是大量的留守妇女、留守儿童和留守老人。农村社区作为留守老人重要场所，许多留守老人还希望得到村集体的照顾，因此可以认为，村集体的照顾对留守老人的生活质量产生影响。农村社区在帮助完善农村留守老人养老保障中发挥的作用不可忽视。所以，具体来说，改善农村社区养老，积极推进居家养老服务，加强农村社区建设，切实提高农村留守老人生活质量，其措施如下：

1. 正式社区组织如村委会等应加强对留守老人的支持

《中华人民共和国村民委员会组织法》相关条款规定，村委会是一个社会团体法人，作为农村居民的一个自我组织、自我管理、自我服务的机构存在。村委会作为农村最重要的组织，除了要宣传国家的方针政策之外，还应不断积极维护村民利益，调解村民之间的矛盾，同时，保护弱势群体的利益是村委会义不容辞的责任。但是，根据对南阳市唐河县留守老人进行调研，我办发现，村委会在留守老人养老资源供给的过程之中，无论是留守老人的经济支持，还是日常生活照顾、精神诉求满足、劳动支持等各方面，在养老资源供给的过程之中，其角色是缺位的。

因此，对于村委会这样农村社区中的正式组织来说，一方面，对于那些集体经济能力较强的村委会来说，必须不断完善社区内的基础公共设施，方便辖区内的留守老人的生活服务。同时，对于生活比较困难的留守老人，应该提供救助，帮助其维持基本生活需要，帮助建立社区托儿所，解决留守老人隔代监护问题。另一方面，对于那些集体经济能力薄弱的社区，村委会应该发挥其组织协调作用，在社区之内，帮助建立留守老人互助组织等志愿扶助群体，从而解决留守老人的生活困难，尤其是高龄老人的生活困难。

2. 完善社区之内的非正式组织，帮助其发挥效用

目前，我国农村地区存在着诸如老年协会、宗教组织、乡村文艺队等非正式组织，这些组织在满足老年人精神生活，提高其生活质量方面，发挥了重要作用。我办在对南阳市唐河县留守老人访谈时发现，目前，虽然其没有老年协会、乡村文艺队等非正式组织，但是，目前许多村民都加入了基督教、佛教等寻求精神寄托，在一定程度上弥补了村委会等正式组织的缺位。地方政府创造条件鼓励农村非正式组织的发展，如社会信贷组织、老人协会、乡村文艺组织、专业技术组织等，从而促使其解决农村社区内留守收入生产困难、资金周转困难、日常生活困难、精神慰藉等，更应该从资金支持、政策支持等角度注重农村非正式组织的发展，让其发挥更大的功效。同时，应该注意的是，目前，虽然农村宗教组织能够为留守老人，尤其是女性留守老人提供精神寄托，但是其封建迷信色彩能让许多人误入歧途，应该注重这类组织的监管，切实保障农村村民的合法权益。

3. 传统家庭在满足留守老人的需求方面的作用不可替代

农村社会保障体系如何的健全，都不能够替代家庭在满足老人的日常生活照料、精神慰藉、精神交流等方面的作用。所以，在完善我国留守老人养老保障问题方面，福利

主义多元化，发展合作主义模式是与我国的经济水平、文化和社会结构相适应的。总体而言，留守老人养老保障的最终目标是建立一个由政府、社区、家庭和个人等多元主体构成的保障体系，从而满足留守老人的基本需求提高留守老人的精神需要，促进其生活质量的提升，健康、快乐的生活，真正实现“老有所养”、“老有所乐”的目标。

结 论

从系统论的角度来考虑，农村留守老人养老保障的社会化应该包括：就其最低生活需要而言，需要农村最低生活保障制度和五保供养制度；从其基本生活需要而言，需要新型农村社会养老保险；就其医疗需要而言，需要完善的新型农村医疗合作保以及能够满足各种不同层次的养老机构养老、生活津贴、社区养老等，各项农村社会养老保障制度通力合作，共同保障农村留守老人。对农村留守老人的养老供给主体进行分析，主要包括承担公平价值的政府、竞争价值的社区、团结价值的家庭以及实现自我价值的个人等。政府作为留守老人养老保障的最大责任主体，必须运用强制引导留守老人参与社会养老，运用法律和行政命令推动养老保障体系的完善，明确承担的财政责任；社区作为留守老人的居住空间，其比较了解留守老人的各项需求，能够更加方便、快捷地为留守老人提供服务，作为农村留守老人养老的重要供给主体，社区应该整合社区内的各种资源，调动全体社区居民的积极性，参与到留守老人养老供给中，从而为留守老人提供居家养老、机构养老等多方位的服务；家庭，作为养老供给的基本提供者，在留守老人的日常生活照顾中，满足老人的精神诉求等方面，家庭发挥巨大作用；其他社会组织（如民营养老院、志愿服务等）应该以社会资源为基础，提供多种形式的养老服务，从而起到补充作用。

参考文献（略）

关于贯彻执行《老年人权益保障法》情况的调研报告

天水市老龄办

天水市地处长江、黄河两大流域，东西长197公里，南北宽122公里，总面积14325平方公里。现辖两区五县，有56个镇57个乡、2491个村民委员会，10个街道办事处、113个社区居民委员会，总人口380.26万人。近年来，全市老龄工作市委、市政府的正确领导和人大、政协的监督指导下，紧紧围绕全市经济社会发展大局，坚持“党政主导、社会参与、全民关怀”的方针，深入贯彻落实老年法规政策和全国、全省老龄工作会议精神，以实施新修订《老年人权益保障法》为主线，以加快推进老年社会保障制度和社会养老服务体系建设为重点，以开展基层老年协会制度化建设、“敬老文明号”创建、“敬老月”宣传教育等活动为载体，以实现“老有所养、老有所医、老有所为、老有所学、老有所乐”为目标，以维护保障老年人合法权益为己任，狠抓各项优待政策规定和工作任务落实，老龄工作和老龄事业取得新发展。主要体现在以下几个方面：

一、老年人比重大，老龄化发展快，老年人社会养老服务的需求越来越多

（一）老年人口数量多，特殊群体比重大

截至2014年底，全市共有60岁以上老年人口48.53万人，占上年度总人口377.98万人的12.84%（60–64岁的15.57万人，占老年人口的32.09%；65–69岁的13.31万人，占老年人口的27.44%；70–79岁的14.57万人，占老年人口的30.02%；80–89岁的4.73万人，占老年人口的9.74%；90–94岁的2809人，占老年人口的0.58%；95–99岁的510人，占老年人口的0.11%；100岁以上的92人，占老年人口总数的0.02%）。其中：男性老年人口23.28万人，占老年人口的47.91%；女性老年人口25.25万人，占老年人口的52.03%。各类特殊老年群体[①]交叉累计达35.67万人，占老年人口总数的73.5%。

---

① 各类特殊老年群体主要指高龄、“空巢”、留守、病残、失能老人，城乡低保、“三无”、“五保”老人和老优抚对象等。统计情况表明，天水市2014年年末有80岁以上老年人5.07万人，“空巢”、留守老人16.72万人，病残、失能老人2.83万人，城乡低保、“三无”、“五保”老人和老优抚对象11.05万人。

（二）老龄化发展速度快，呈现五个明显特征

“十二五”以来，天水市人口老龄化①进入快速发展阶段，除具有典型的“未富先老”②基本特征以外，主要呈现出五个方面的特点。一是老龄化进一步加速。老年人口增长速度由“十一五”时期后三年的0.33个百分点上升到0.46个百分点，平均每年净增老年人口由1.57万人增长到2.23万人，预计今年年末全市老年人口将达到51万人，占总人口的13.39%；2020年将达到61万多人，占总人口的15.7%左右。二是高龄化进一步加速。“十二五”末全市共有高龄老人③3.47万人，占老年人口的8.73%；2014年已达5.07万人，占老年人口的10.45%。预计2020年将增加到8万多人，占老年人口的13.12%。三是“空巢”化进一步加速。2008年天水市刚进入老龄化社会时，“空巢、留守”老人④仅有5.4万人，占老年人口总数的14.67%；去年已增加到16.72万人，占老年人口的34.45%。预计2020年将达到25万人，占老年人口的41%左右。四是失能化进一步加速。去年底，全市共有病残、失能老人⑤2.83万人，占老年人口的6.1%。随着高龄化的进一步加速发展，失能、半失能老人数量迅速增长，预计2020年将达到6.21万人，占老年人口的10.18%。五是家庭小型化进一步加速。以1980年中共中央致全体党团员的公开信为标志，我国实施计划生育国策已持续35年，初期响应这一国策者已陆续进入老年阶段，第一代独生子女成家立业、孕育子女后，大都与老人单独生活，这些家庭人口结构呈现为“421”⑥倒金字塔结构，家庭小型化现象日趋明显。人口老龄化、高龄化、失能化和家庭“空巢”化、小型化的进一步加速，使劳动年龄人口的赡养负担不断加重，老年人对社会养老服务的需求越来越多，老龄工作面临的任务越来越重。

---

① 人口老龄化是指总人口中因年轻人口数量减少、年长人口数量增加而导致的老年人口比例相应增长的动态。1956年联合国《人口老龄化及其社会经济后果》确定的划分标准，当一个国家或地区65岁及以上老年人口数量占总人口比例超过7%时，则意味着这个国家或地区进入老龄化。1982年维也纳老龄问题世界大会，确定60岁及以上老年人口占总人口比例超过10%，意味着这个国家或地区进入老龄化。

② 大部分发达国家早于我国50年进入老龄化社会，当时的人均GDP为2万美元（约15万元人民币），已为解决人口老龄化带来的问题奠定了较为坚实的物质基础。2008年，天水市进入人口老龄化时人均GDP仅6626元。

③ 高龄老人指80岁以上的老年人，高龄化指高龄老人占老年人口的比例趋于上升的过程，高龄化与老龄化同是反映人口年龄结构“老化”现象的指标。

④ 空巢老人是指没有子女照顾、单居或夫妻双居的老人，分为三种情况：一是无儿无女无老伴的孤寡老人，另一种是有子女但与其分开单住的老人，还有一种就是儿女远在外地，不得已寂守空巢的老人。留守老人指所有子女半年以上外出务工、经商或从事其他生产经营活动而在家留守的老人。

⑤ 失能老人指丧失生活自理能力的老年人。按照国际通行标准分析，吃饭、穿衣、上下床、上厕所、室内走动、洗澡6项指标，一到两项“做不了”的，定义为“轻度失能”，三到四项“做不了”的定义为“中度失能”，五到六项“做不了”的定义为“重度失能”。

⑥ “421”指由一对独生子女夫妻及其双方父母和他们的独生子女构成的家庭（4个老人、2个成年和1个独生子女），因其由上到下人口逐渐减少，故称为倒金字塔结构。

（三）服务管理体制健全，工作力量不断加强

一是成立各级老龄工作组织机构。2002年，原市老龄委办公室整建制划入市民政局，市上成立了新一届“天水市老龄工作委员会”，市委、市政府根据市领导和成员单位领导职务变动及工作需要等情况，先后对市老龄委组成人员作了多次调整。现市老龄委主任由市委常委、市委组织部部长担任，常务副主任由市政府分管民政工作的副市长担任，市政府副秘书长、市民政局局长、市人社局局长、市委老干局局长担任副主任，成员单位共26个。两区五县根据各自的实际，及时调整、补充了老龄委主要领导和成员单位。市、县区老龄办均设在民政部门，主任由民政局局长兼任或设专职主任。全市113个乡镇、10个街道办事处老龄委主任由副书记或副乡镇长（主任）担任，老龄办设在民政办（站、所），民政助理员主办老龄工作日常事务。城乡社区成立了老年协会和农村养老服务互助协会，由党支部书记或主任兼任会长，担任常务副会长的老年人主持日常工作，协会组建率城市实现全覆盖，农村成立老年协会2399个、养老服务互助协会2371个，分别占行政村总数的96.31%和95.18%。二是健全完善了社会养老服务体系。2012年，成立了由市政府分管领导任组长，分管副秘书长、市民政局局长任副组长，市发展改革委等19个市直部门和县区政府分管领导为成员的“天水市社会养老服务体系建设领导小组”，进一步健全完善了社会养老服务管理体系，从全局性上为全市养老服务工作的发展理清了思路、明确了方向，在具体操作上作出了制度性的安排部署，从政策上、组织上、制度上保证了养老服务事业健康发展。三是成立了养老服务业发展领导机构。今年，天水市在印发《天水市加快推进养老服务业发展实施方案》的同时，市政府成立了由分管民政工作的副市长任组长，市政府分管副秘书长和市民政局局长任副组长，29个市直部门（单位）和县区政府负责人为成员的“全市加快推进养老服务业发展领导小组”。市县两级党委、政府高度重视老龄工作，核定市、县老龄办编制人员52名，分别按每位老年人每年2元和3元的标准将老龄事业经费列入财政预算，在组织机构、编制人员、事业经费等方面为积极开展为老服务工作奠定了坚实基础。

二、精心安排部署，认真组织实施，以贯彻老年法促养老服务业健康发展

（一）深入开展老年法规政策宣传教育活动，全社会老龄法制意识明显增强

长期以来，天水市始终把学习教育、宣传贯彻《老年人权益保障法》放在首要位置来抓，列入各级党委、政府和部门工作的重要议事日程，纳入全民普法宣传教育的主要内容，坚持法制教育与传统教育并举、经常性教育与集中教育相结合，组织开展了多种形式的老年法律法规和优待政策学习宣传活动。一是面向社会、面向基层加强宣传。以开展“全民普法教育”、“法制宣传周”、“法制进社区、进学校、进农村”、“敬老

宣传月”、庆祝“老年节”等活动为契机，营造社会舆论氛围，掀起全民学习贯彻老年法律法规热潮。在《天水日报》、天水电视台、天水在线等新闻媒体开办老年专题栏目，大力宣传党和国家有关老年法规政策，宣传全市人口老龄化的形势和老龄工作任务，宣传各行业尊老爱老、敬老助老的先进典型事例，发挥主流媒体的舆论导向作用，推动学习教育活动深入开展。各县区、市直各单位采取办板报、悬挂宣传横幅、张贴敬老标语和举办专题辅导讲座的形式，大力营造敬老爱老的良好社会氛围，组织干部职工开展老年法规政策学习教育活动。市县两级老龄部门年平均在城市广场、居民小区等繁华地段和农村集贸市场开设《老年人权益保障法》宣传咨询服务站（点）15 次以上，现场接待老年群众 12000 多人（次），散发老年法规政策宣传学习资料和传单 8 万多份（张），主动向老年人解答维权方面的疑难问题，并通过召开座谈会、纪念会、庆祝会等形式，掀起老年法律法规和政策规定宣传教育高潮。通过开展多种形式的学习宣传教育活动，老年法规政策家喻户晓、人人皆知，全社会的老龄法制意识、养老责任意识和为老服务意识明显增强，老年人运用《老年法》维护自身合法权益的能力不断提高。二是在培育典型、争创先进中加强宣传。以开展创建“老年维权示范岗”、“敬老文明号”、“敬老爱老助老”主题教育、争先创优等活动为载体，弘扬传统文化，培树先进典型，努力提升老龄工作社会影响力。结合天水实际，制定印发了“敬老爱老助老”主题教育活动方案、创建“老年维权示范岗”和“敬老文明号”活动管理实施细则等文件，不断完善教育管理、评选推荐机制，并在全市范围组织开展了创建“敬老模范乡镇（村居）”、“敬老文明家庭”、“孝亲敬老好儿女”、“老有所为先进个人”等活动，进一步丰富了老龄工作争先创优的形式和内容，广泛动员、引导全社会积极参与，培树了一大批敬老维权先进单位和个人，先后有 7 个单位被评为全国“敬老模范村居（社区）”、3 个单位被评为全国“老年维权示范岗”、45 名同志被评为全国“孝亲敬老之星”、4 名同志被评为全国“老龄系统先进工作者”，还有一大批单位和个人受到了省上的表彰奖励，老龄工作社会影响显著提升。三是在查隐患、排纠纷中加强宣传。以学习贯彻《老年法》为重点，精心组织排查各类涉老矛盾纠纷，全力维护老年人合法权益。新修订的《老年人权益保障法》公布后，为认真做好宣传贯彻工作，市老龄办及时印发了《天水市关于做好＜老年人权益保障法＞宣传贯彻工作的通知》，并结合历年开展“敬老月”和庆祝“老年节”等活动，从不同角度和涉及范围，对学习宣传工作作出了具体安排，各部门、各单位组织干部职工原原本本地学习了新修订、颁布实施的《老年法》，掌握新内容，了解新精神，增强老龄法制意识。各级公安、司法部门严厉打击各类侵害老年人的刑事案件，各有关单位对侵占老年人财产、干涉老年人人身自由和污辱、歧视、虐待、伤害老年人等问题集中开展排查，及时调处、化解赡养矛盾纠纷，确保《老年法》学习贯彻工作有序有力开展。

（二）认真贯彻落实老年法规政策和优待规定，全力维护老年人合法权益

紧紧围绕全市开展机关作风建设年、争先创优、“三严三实”教育、“工作落实年”等活动，把为老服务贯穿于各项工作之中，狠抓《老年法》及其国家和省上《关于加强

老年人优待工作的意见》《关于加强基层老龄工作的意见》《关于全面推进居家养老服务工作的意见》《老龄事业发展规划》《关于加强新时期老年人优待服务工作的意见》《加快养老服务业发展的实施意见》的贯彻落实，切实加大组织协调和监督检查力度，认真落实老年人各项优待政策规定，让老年人共享经济社会发展成果，为老服务工作水平得到明显提高。一是积极组织为老年人颁证。2003 年省政府统一颁发《老年人优待证》以来，天水市多次就老年人办证工作印发通知，提出具体要求，由市老龄办集中收缴、整理办证资料，实行专人负责，定期上报申办，不断改进工作作风，将办证周期从原来每季度一次缩短到每月一次。与此同时，从充分考虑老年人办事的需要出发，积极建议省上将收缴《身份证》原件改为电子扫描件，采纳后极大地方便了老年群众。截至今年 8 月底，全市已累计为 6.5 万多名老年人办理了优待证，还为 200 多名百岁老人、4000 多名 90–99 岁高龄老人颁发了省政府制作的“寿星证”和“敬老爱老徽章”。二是全面落实老年人优待政策。文化、体育、卫生、财政、建设、交通、旅游等部门切实履行为老服务职责，热情为老年人提供优待服务。国有图书馆、文化馆、体育场对所有老年人免费开放，持证老年人就医“一免一半三优先”、免购门票游览市内各名胜景点、乘坐公交车按 60% 刷卡等优待政策全部落实到位；按照新的政策规定要求，市老龄办加强与交通部门的联系协调，正在建立 65 岁以上老年人免费乘坐公交车优待制度。2004 年以来，全市年平均享受政府发放生活补贴待遇的高龄老人已由 2004 年的 2200 多人增加到目前的 37100 多人，发放范围从 90 岁以上下延到 80 岁以上高龄老人，每人每月现行补贴标准分别为 80–89 岁的 25 元、90–99 岁的 60 元、100 岁以上的 100 元，已由民政部门转交人社部门实行社会化发放。在此基础上，各有关部门还采取救助救济资金与物资相结合的方式，给一些 80 岁以下特别困难的老年人发放了生活补贴。三是落实法律援助和调处养老纠纷。市、县区司法部门和法律援助中心发挥行业优势，认真履行为老服务职责，通过开展法律咨询、法律援助、司法救助，年平均帮助老年人解决和调处赡养、房产、财产继承、婚姻等纠纷 300 多件；老龄部门年均协助上访的老年人通过司法渠道解决侵权案件 30 多起，以签订《家庭赡养协议书》的方式，督促一些家庭落实了赡养老人的责任。四是努力为老年人办实事。在每年“老年节”、元旦春节期间，全市统一安排部署，四大组织领导亲自带队，集中走访慰问了一大批高龄老人、老红军、老复员军人、老党员、老劳模和“三无”、“五保”、低保、病残等特困老人，动员和引导全社会力量为老年人送温暖、献爱心。各有关部门还组织社区志愿者、学生、现役军人深入敬老院和“空巢”老人家庭，为老年人提供生活照料、卫生保洁、医疗保健、精神慰藉等服务，发动干部职工为特困老人捐款捐物，让老年人充分感受到党和政府的关怀、社会大家庭的温暖。

（三）加快推进养老基础设施建设步伐，努力营造老年人安享晚年的社会环境

“十一五”以来，天水市牢牢抓住国家支持西部地区的机遇，加快推进养老福利服务设施建设。在城市，天水市老年公寓通过逐步改造，服务功能不断提升，养老环境得到明显改善，床位利用率日益提高，较好地解决了无精力照料老年人子女的后顾之忧。

扎实推进县区老年社会福利综合服务中心、敬老院、农村“五保家园”、城乡社区老年人日间照料中心(农村互助老人幸福院)等项目建设,养老服务业呈现出良好的发展势头。全市已建成并录入全国养老数据直报系统的养老服务机构共747个(其中:社会福利院5个、社会福利中心3个、老年养护院1个、老年公寓1个、敬老院40个,城市社区日间照料中心33个,农村“五保家园”116个,农村老年人日间照料中心或互助老人幸福院547个,其它养老服务机构1个),共设置养老服务床位11596张,平均每千名老人拥有养老服务床位23.89张。天水麦积全国综合养老示范基地[①],公办的武山县养老院、清水县老年护理院,省上列入今年福利彩票公益金资助项目的城市社区老年人日间照料中心19个、农村老年人日间照料中心(互助老人幸福院)160个,民办的天水新天坛医院老年康复中心、天水海天老年公寓等一批新建续建项目正在建设之中,全部建成投入使用后,可增加养老服务床位7146张,全市累计床位将达到18742张,按2015年年末老年人口增长到51万人计算,平均每千名老人拥有养老服务床位36.75张。

(四)建立健全多形式多层次的服务体系,满足老年人的社会养老服务需求

通过多年努力,天水市逐步建立起了以生活照料、老年福利、医疗保健、体育健身、法律服务和文化教育为主要内容的老年服务体系。一是建立了生活照料服务体系。对生活不能自理、子女不便或根本无亲属照料的老年人,依托社区组建了以社区干部、志愿者、公益性岗位服务人员为主体,辖区家政服务、卫生机构、社会中介组织联合加盟的养老服务队伍,采取“定人定点定时”上门探视、“1+1”和“多+1”结对的方式,积极开展“进老年人门、知老年人情、解老年人难、暖老年人心”等活动,坚持常年为老年人办实事、做好事、解难事,重点为高龄、“空巢”、失能、特困老人提供了生活照料、医疗陪护、心理疏导、应急处置等居家养老服务[②]。今年,天水市分别在秦州区和武山县开展城乡社区示范化居家养老服务试点,将进一步提升居家养老服务工作整体水平和覆盖范围。二是建立了就医帮助服务体系。市、县区医院在全面落实持证老年人“一免一半三优先”优待政策的同时,对就医老年人发放优惠卡,让他们享受方便、价廉、优质的服务,并坚持常年向老年人提供预防、医疗、保健、康复、健康咨询等服务,

---

① 根据《国务院办公厅关于进一步支持甘肃经济社会发展的若干意见》(国办发[2010]29号文件)规划争取的重点养老服务项目。该项目位于麦积区甘泉镇八槐村与麦积镇街亭村交界处,占地面积514亩,总建筑面积20.87万平方米,设置床位3500张,规划建成“三公寓六中心”(护理型养老公寓、酒店型养老公寓、居家型养老公寓,医疗康复中心、生活服务中心、物业管理中心、文化活动中心、健身娱乐中心、护理培训中心),按股份制投资建设(国家投入1亿元、企业投入5亿元),实行企业化管理运营,定位为“立足天水、面向甘肃、辐射全国”。

② 居家养老(服务),是指以家庭为核心、以社区为依托、以专业化服务为依靠,为居住在家的老年人提供以解决日常生活困难为主要内容的社会化服务。服务内容包括生活照料与医疗服务以及精神关爱服务。主要形式有两种:由经过专业培训的服务人员上门为老年人开展照料服务;在社区创办老年人日间服务中心,为老年人提供日托服务。

分季度组织专业人员开展医疗保健知识咨询讲座。卫生系统在全市 113 个城市社区全部建成了卫生医疗服务中心，在给基层老年人建立健康档案，全面推行免费体检服务，确保老年人就近就医的同时，狠抓乡镇卫生院和村级卫生所建设，初步形成了县、乡、村三级农村医疗预防网络。民政部门在支持农村新型合作医疗工作中，减免或全额代付了城市“三无”老人①、农村“五保”老人②、城乡低保老人个人承担的参合费用；在实施医疗救助、临时救助制度中，优先照顾高龄、特困老人和特殊老年群体的切身利益，救助范围逐步延伸、力度不断加大，全力保障老年人“老有所医”。三是建立了教育管理服务体系。在各单位、各社区建立了离退休干部党支部或党小组，注重选好配强支部书记或组长，开展了“一个党员一面旗，党员责任在社区”活动，引导老党员自觉体现先进性。在城乡社区建立了老年协会和农村养老服务互助协会，通过两个协会组织，让老年人自我教育、自我管理、自我服务和自我监督。四是建立了政治学习服务体系。紧紧围绕党的各个时期重大政治任务和政治活动，通过设立老年大学、建立学习小组和举办读书班、辅导讲座等形式，定期组织老年人学习政治理论和法律法规。五是建立了文体娱乐服务体系。坚持一手抓硬件建设，采取购买、建造、配套、租用、共享等手段，大力兴建老年人活动场所。一手抓软件建设，充分利用社区文化资源丰富、文艺人才众多的优势，成立老年体协、老年书协、老干部艺术团等文体组织，广泛开展丰富多彩的文体娱乐活动。六是建立社会养老保障体系。人社部门进一步完善了城镇职工基本养老和医疗保险制度，按时发放、落实了养老金和医疗保险费用；社会养老保险工作全面实施，城市无业老人和农村老人享受到了基础养老保险金的待遇。民政部门在实施城乡低保、五保供养、临时救助等制度和救灾救济、冬荒春令口粮安排等方面，坚持把特困老年人作为保障的重点，保障标准高于其他对象，全力保障老年人基本生活，已纳入城乡低保的老年人 78396 人，保障标准高于平均水平；按时发放落实了 14876 名“五保”老人的生活供养经费，供养标准连年提升，已由去年的 3504 元提高到今年的 4512 元，逐步建立健全了“五保”老人敬老院集中供养、分散供养和亲属包养的养老服务组织管理体系。

（五）组织开展多种形式的文体娱乐活动，不断丰富老年人的精神文化生活

每年元旦、春节、“老人节”等传统节日期间，市、县区老龄部门在组织老年人召开座谈会、茶话会的同时，有计划地开展适宜老年人参加的文艺汇演、体育健身、书画展览、登山比赛等活动，丰富老年人节日生活，带动了经常性、群众性老年精神文化活动的开展。各有关部门不断加强对基层老年文化体育组织的管理，精心帮助指导，大力

---

① 城市“三无”老人指无劳动能力，无生活来源，无赡养人和扶养人、或者其赡养人和扶养人确无赡养和扶养能力，政府负责供养的老年人。

② 农村“五保”老人指无劳动能力、无生活来源、无法定赡养人和扶养人或者其赡养人和扶养人确无赡养和扶养能力，政府“保吃、保穿、保住、保医、保葬”的老年人。

支持配合，搭建老年社会服务平台，积极协调企事业单位自管活动场所向全社会老年人免费开放使用，并根据老年人服务需求和服务时段等实际，设置灵活的服务项目，安排灵活的活动时间，组织老年人开展科学进取、文明健康的文化娱乐健体活动。天水市老年大学和6所县区老年大学开设了初级、中级、高级三个班次，有书法、绘画、声乐、戏曲、舞蹈、武术、英语、电脑、电子琴、烹饪等52个专业、119个教学班，在校学员近4000名，满足了老年人接受再学习、再教育的需求；市、县区老年人书画研究会已发展会员千余人，在定期开展书画交流、竞赛、展览活动的同时，多次深入农村、驻军部队为群众和官兵义写书画作品。市老年体协门球协会、市军队离退休老干部门球队经常组织活动，每逢节日都要举行一次比赛。全市以老年人主体组建的舞蹈、声乐、武术、秧歌等全民健身点和社会组织已有100多个，常年组织老年人开展体育健身和文化娱乐活动，多个团体先后被选送到省、市组织的“公祭伏羲大奠”、商品交易会、体育运动会上表演。为进一步展示全市老年人的精神风貌和文化艺术水平，市老龄办组织老年人积极参加全国老龄办举办的“中国老年文化艺术节”活动，选送推荐的大型舞蹈《沂蒙情》《才女怨》分别获得金奖和银奖，老年书画作品获得20个金奖、98个银奖、50个铜奖和1个优秀奖，老龄工作社会影响得到显著提升。

三、认真调查摸底，主动征求意见，积极为老年人参与社会经济发展提供平台

在各有关部门的组织引导下，天水各行各业都能够看到广大老年人忙碌的身影，他们不畏年迈，老当益壮，积极参与经济社会发展，发挥着年轻一代不可替代的作用。一是组织启动了“银龄行动”。2003年，天水市对各行业离退休老教授、老专家、老医生、老干部等方面的老年人才进行了调查摸底、造册登记，在主动征求意见的基础上，建立了110名70岁以下离退休老年人才信息库，并结合实际，研究制定了《天水市“银龄行动”[①]实施意见》，按照老年人才个人意愿和专业分组，通过媒体向社会公布了他们的住址、电话和特长，供需要援助的单位和个人选择，组织启动了老年知识分子智力有偿援助行动，一批老专家与受援单位和个人签订了援助协议，就近、方便、可行、实效地帮助实施农林科技、文化教育、医疗卫生、扶贫开发、助老扶困等项目。二是提供老年人参与经济建设服务平台。2005年以来，为认真贯彻中央办公厅、国务院办公厅转发《中央组织部、中央宣传部等8部委＜关于进一步发挥离退休专业技术人员作用的意见＞》的通知精神，农业、科技、教育、文化、卫生等部门充分发挥职能优势，主动为老年人开始人生的第二次创业创造条件、提供服务平台，组织离退休老年知识分子积极参与科技攻关、文化教育、医疗卫生、高新农业、良种选育、果树栽培、沼气池建设、病虫害防治等工作，并多次参加了科技、卫生、文化下乡活动，为全市经济社会发展贡献力量，取

① “银龄行动”即全国老龄委《关于印发〈组织开展老年知识分子援助西部大开发行动试点方案〉的通知》（全国老工委发［2003］1号）活动的简称。

得了良好的社会效益和经济效益。三是组织老年人参与社会公益活动。引导老年人走出家庭、融入社会，充分发挥他们政治坚定、原则性强、作风优良、经验丰富、时间充足的优势，积极开展多种形式的“老有所为”活动，一大批离退休老领导、老干部积极参加有关部门组织的决策研讨活动，为天水经济社会发展建言献策，为中小学生做革命传统报告，投身于挽救失足青少年工作。先后有 2 万多名老年人参与了民主评议行风、市容整治、治安联防、交通协管、社区建设和关心下一代等活动，发挥了较好的作用。农村广大老年人积极发展种植、养殖和庭院经济，为改变家乡面貌和生存环境发挥着余热。先后涌现出了一大批“老有所为”先进典型，为充分发挥老年人余热起到了引领示范作用。

四、贯彻落实老年法规政策存在的主要问题和困扰因素

在人口老龄化快速发展和经济转轨、社会转型、利益格局不断调整变化的新形势下，天水市贯彻落实老年法规政策工作虽然取得了较好的成绩，有效维护保障了老年人合法权益，但仍然存在着一些亟待研究解决的问题和困扰因素，主要反映为：一是宣传教育工作有待进一步加强。对《老年法》等相关涉老法律法规的宣传力度还不够大，学习教育还没有完全深入到基层、深入到人心，一些地方敬老爱老、养老助老的社会氛围还不够浓厚，涉老侵权、赡养纠纷等问题在边远、贫困地区还没有完全杜绝。二是在维护老年人权益认识上还有偏见。个别单位认为维护老年人合法权益是老龄部门的事，在配合开展老龄工作上不够重视、认识不到位，在依法维护和保障老年人各项权益方面，缺乏工作主动性，相互之间的沟通协调不顺畅，影响了《老年法》的贯彻实施和老龄工作的开展。三是老龄基础设施建设步伐有待进一步加快。虽然现在已有一批在建续建的养老服务工程项目，但“十二五”末要实现每千名老人拥有 30 张床位的任务仍然十分艰巨，特别是由于农村集体经济困难、地方配套资金跟不上，再加之可整合利用的场所越来越少，建设农村老年人日间照料中心（互助老人幸福院）的难度越来越大。四是养老服务从业人员严重缺乏。目前，全市各类养老机构共有从业人员 979 人，其中管理人员 765 人，养老护理员 22 人，专业技术人员 85 人，工勤人员 107 人，仅占养老床位总数的 8.44%，而且具有大中专院校毕业文凭和取得资格培训认证的专业人员十分缺乏，养老服务人才已经成为制约养老机构发展的一大瓶颈。五是执法主体部门力量薄弱。《老年法》指出：县级以上人民政府负责老龄工作的机构，负责组织、协调、指导、督促有关部门做好老年人权益保障工作，这就是说，县级以上老龄部门是《老年法》执法主体单位。从天水的情况看，除市老龄办以外，县级以上老龄办均为事业单位，虽然参照公务员管理，但大部分老龄工作人员未经过行政执法证培训，没有取得《执法证书》就没有执法权，无异给督促落实《老年法》带来了一定的障碍，也成为贯彻实施过程一个重要的困扰因素。六是老年法规缺乏刚性的约束指标。制定《老年法》的目的在于“保障老年人合法权益，发展老龄事业，弘扬中华民族敬老、养老、助老的美德”，综观《老年法》各条款，无论是在强调保障合法权益，还是在制定老龄事业发展规划和弘扬传统美德方面，要求“应

当、提倡、鼓励”怎么做的较多，强调“不得、必须、严禁”的内容较少，仅规定了一些原则性的问题，缺乏刚性约束指标，属程序法而非实体法，因此，操作的难度较大，司法机关在审判涉老侵权案件时，依据《老年法》条款做出惩处的很少，难以体现《老年法》的震慑作用。

五、对进一步抓好《老年法》宣传贯彻工作的几点建议

在下一步工作中，天水市人大将以在全省开展《老年法》执法检查为契机，以加大《老年法》学习宣传和贯彻实施为重点，进一步解放思想，求真务实，充分发挥人大监督指导职能，积极开展多种形式的调研督查活动，督促各级政府和有关部门创新工作机制，健全完善措施，努力提升为老服务工作水平，全面落实党和国家有关老年法律法规和政策规定，全力维护好、保障好老年人合法权益，促进代际和顺、家庭和睦、社会和谐。

一要进一步加强人口老龄化发展趋势、老年法规政策、老龄工作任务的宣传教育。通过多种形式的宣传教育，不断提高全社会对《老年法》的知晓率、普及率和贯彻落实的自觉性，增强发展老龄事业的紧迫感，形成全社会共同维护老年人合法权益的共识。继续加大法律服务、法律援助、司法救助和优待政策落实力度，增强老年人依法维权的认识和依法维权的能力。全面开展以创建“敬老文明号”、“敬老模范村镇”、“星级敬老家庭”、“孝亲敬老好儿女”等为主要载体的评选表彰活动，大张旗鼓宣传敬老典型，助推爱老孝老之风，以确保《老年法》的贯彻实施。

二是制定机构人员编制新政策，营造利于老龄干部成长的环境，加强老龄队伍能力建设。当前，市县两级老龄机构编制仍然执行的是上世纪80年代末期的政策，以不能适应新形势、新任务的发展要求。一方面，从《老年法》执法主体职能部门的角度讲，建议国家和省上出台新的政策，将县级以上老龄机构纳入政府单设部门，或在维持现状的基础上调整为行政单位，有利于开展《老年法》执法情况检查。另一方面，从人口老龄化面临的形势和老龄工作承担的任务考虑，建议国家和省上重新制定编制政策文件，增加编制人员，将老龄干部的教育培养、管理使用纳入人才培养使用发展规划，让老龄干部能进能出、干事有劲头，增强老龄队伍的发展活力，提升老龄干部的整体素质。

三是尽快出台符合省情、方便操作的《甘肃省实施<老年法>办法》，推动老年法规政策落实。新修订《老年法》实施后，省人大、省老龄办做了多次调研，《甘肃省实施<老年法>办法》已形成了初稿。为此建议，在补充完善过程中，应针对原则性规定过多、缺乏刚性约束指标，以及在某些方面涉嫌法律过多干预道德等问题，把“依法治国”和“以德治国”结合起来，进一步明确执法主体部门和工作职责，尽量作出具体规定，提出明确要求，规定哪些行为属于法律调解范围，哪些方面应由道德准则来调适，增强操作性、减弱“自由裁量”权，为贯彻实施老年法规政策提供重要保障。

团场留守老年人关爱服务体系建设研究调研报告

娜仁才才克

随着经济的发展，城市化进程的加快，一〇三团蔡家湖镇人口流动强度不断提高，连队剩余劳动力大量地向城市迁移，而老年人则由于生活习惯、传统的乡土观念等主、客观原因选择留在团部或连队。这将使城市的老龄化压力减弱，而团场的老龄化速度加剧，这样，便形成了留守老人这一特殊的群体。留守老人的养老问题面临着诸多困境，已成为一个值得全社会给予更多关注的社会现象。关注老年人口，特别是老年贫困人口中的留守老人，了解他们的现状，积极解决他们生活中存在的问题与困难，了解团场留守老人的生活状况，根据师市老龄办的工作安排，近期，对一〇三团“留守老年人”的基本生活现状、产生的原因、面临的困难、亟待解决的问题等进行了一次深入调研。在对调研情况进行综合分析后，就如何解决“留守老人”问题应采取的办法和措施，提出了自己的看法和建议，以期引起各级党委和政府的高度重视，及时采取相应的对策，并呼吁全社会都来关心和关注这一特殊的弱势群体。现将调查情况报告如下：

一、关于“留守老人”的基本内涵

改革开放以来，随着中国经济和社会的快速发展，城乡居民的收入差距日益加大。连队人均可耕地面积减少，居民从自己原有土地上获得的收入赶不上经济发展水平，人们为了改变现有的生活条件，青壮年纷纷走出家乡，前往外地打工，以获得主要生活收入。大量的职工进城务工不仅增加了家庭经济收入，也带动城市经济的发展，为城市建设做出了巨大贡献。但是，大量青壮年外出务工，使得农村只剩下老人、儿童及妇女，也就是人们所说的“留守人员”。“留守人员”中的老人就称为“留守老人”，亦或“留守老人家庭”。由于生活环境的改变，这些“留守老人”在物质生活上和情感上都产生了极大的影响。关于“留守老人”的问题已经越来越引起社会的关注。需要说明的是，“留守老人”不同于“空巢老人”。“留守老人”的特征是，他们身负看家护院、照料孙子女、喂养牲畜、耕种土地等重担和责任。

二、“留守老人”的生活现状

一〇三团地处天山北麓准噶尔盆地南缘，古尔班通古特沙漠边缘，总面积430平方公里，占五家渠市总面积近三分之二。截至2014年12月底，一〇三团有60岁以上的老年人3105人，占全团总人口的19.9%；“留守老年人”30人，占全团老年人总数的0.19%。

（一）基本生活无保障是“留守老人”最基本特征

“留守老人”由于子女不在身边，“留守老人”主要生活来源都是依靠子女提供，他们自我脱贫能力差，大部分”留守老人”收入水平较低，生活尤为艰难，需要长期救助。

（二）留守老人还承担着繁重的体力劳动

除少数年龄特别大，行动不便的留守老人外，普遍从事农业生产劳动，“留守老人”由于子女全部外出打工，老人便承担起家中责任田的耕种重担。在被调查的留守老人中有的 70 岁以上仍然从事体力劳动，与其他老年人相比，劳动强度更大。

（三）基本医疗无保障是“留守老人”又一特征

疾病、伤残、有病无钱治，硬扛着。留守老人的健康状况整体较差，很多老人处于亚健康状态。留守老人最担心的就是生病，生病几乎可以导致一切困难：经济拮据，缺少照料，心理负担加重等等。

（四）老人遭遇排斥

因老年人闲暇时无处可去，小卖部又往往是人群集聚地，老年人因无购买能力，到其场所闲坐时亦不受店主欢迎。两代人特别是婆媳关系不好的，更易遭到媳妇的排斥，即使当儿子的想孝顺也阻力重重。

（五）“留守老人”身负照料孙子辈抚养教育的责任

“留守老年人”出门要种菜，回家要做饭，更重要的是要担负起教育管理孙子女的饮食起居、上学读书、人身安全等重要责任。亲人的远离、体力劳动的繁重、隔代教育子女的无奈，让他们倍感艰辛。从目前看，大部分外出务工人员将子女留在父母身边，由自己的父母看护小孩，带子女上学，由于老人的文化程度普遍较低，大多老人只管供孩子吃、穿，至于学习、心理、性格和道德教育，就只能听之任之了，带孙子力不从心，有的连自己照顾自己也成了问题，大大地增加了留守老人的生活负担和精神负担。

（六）“留守老人”照料问题突出

经调查，“留守老人”的照料主要依靠配偶，对于丧偶，子女又不在身边的独居老人问题更突出，无人照顾，“留守老人”突发疾病时得不到及时抢救，生命也时常受到威胁。

（七）“留守老人”缺少精神慰藉

从调查的情况来看，经济越贫困的连队，外出打工的人越多，“留守老人”家庭因主要劳力外出，成为“打工一族”，而本应在晚年得到子女的反哺、颐养天年的老年人，则成了“留守一族”。这些“留守老人”的“养”、“医”、日常照料、精神慰藉等等问题日益突出。我们从感情上与理智中可以感受到许多老人那种强烈的孤独，这种落寞与难言的孤独让我们心痛。

三、“留守老人”产生的原因

（一）“留守老人”家庭的大量出现，是社会经济发展一定阶段和社会群体结构发生变化的必然结果

从社会客观原因来讲，一方面是长期以来实行计划生育政策出现较低生育率；另一方面是经济的快速增长、科技的进步、医疗条件的改善和生活水平的提高，使我国在健康长寿方面取得了惊人的成就，人口寿命大大延长。主观上有观念的转变、老年人和子女趋向于独立生活。因此，从这个意义上说，“留守老人家庭”的大量出现，也是经济发展和生活质量提高的表现，是社会进步的重要标志之一。

（二）城乡差距拉大，生活困难与当前社会竞争的加剧造成子女“远游”

虽然“留守老人家庭”中的大部分年轻人有赡养老人的意愿，但为了获得更好的生活、教育和就业机会，不得不外出务工和学习，这是“留守老人家庭”出现的最重要原因。特别是城乡之间收入的差距，使得越来越多的农工前往沿海及大中城市务工。同时，许多家庭为了孩子能得到更好的教育，举家迁往城镇。一些通过求学走出团场的学生为了追求更美好的生活，更为下一代考虑，也会选择争取一张城市户口而留在城市。

（三）老年人与子女存在的代沟造成“留守老人家庭”

一是在当前农村，比较典型的是成年后的子女与老人分家，吃住不在一起。分家后，有的距离老人还算比较近，空闲时可以适当的照顾一下，然而有的却距离很远，基本上处于与老人隔绝的状态，这对于养儿防老的老年人来说，不仅是肉体上的折磨，更多的是精神上的打击。

二是有的“留守老人”认为，子女工作繁忙，跟他们住在一起反而会影响他们的工作和生活而拖累他们。他们认为自己还有能力照顾自己，足以解决自己的生活问题。可以说，从某种意义上来讲，这是由于老人的奉献而形成的“独居”现象。

四、“留守老人”面临的困难与问题

老年人的养老问题既是家庭问题，也是社会问题。目前，我国主要的养老方式是家庭养老。随着子女纷纷外出务工，一旦形成“留守老人家庭”，家庭养老功能就被弱化。老年人需要亲情的慰藉和生活照料，在这方面，子女在老年人心目中有不可替代的位置。随着“留守老人”队伍的不断加大，带来的一系列问题不容忽视，主要表现在：

（一）经济收入低，生活质量差

目前，除了少部分老年人享受低保可以得到扶助外，绝大部分老年人没有社会养老

保障。“留守老人”的经济来源主要依靠自己劳动所得和子女补贴。随着孝道观念的不断淡化及加之子女在外务工压力增大，子女补贴缺乏稳定性且标准低，“留守老人”的经济收入更是少得可怜，仅靠自己种田的微薄收入，既要生活，又要看病，由于无经济来源，三餐基本的油、盐、柴、米都无法保证，甚至半年都吃不上肉；吃的菜大多数是左邻右舍的乡亲送的；炊事用燃料有的是烧废旧木料，生活非常艰难。

（二）无人照料，安全隐患突出

特别是独居、与孙辈同住的“留守老人”。日常生活，由于子女不在身边，日常生活的一些小事，如打米、打柴、挑水吃、到医院看病等都成为难题尤其是老人生病，需要子女陪同上医院治疗时，更显得孤独无助，老人更是觉得孤苦无靠，感到很失落，甚至会危及生命安全。因此与城市老人相比，团场连队“留守老人”面临的安全问题还有用电、用水、用火等存在的安全隐患以及其他灾情的威胁等等。此外，老年人发病往往具有突然性，家中无人或抢救不及时，可能会错过治疗时机，导致严重后果。随着年事渐高，一些老人记忆力下降，有的行动不便或身有残疾，一些日常生活行为都有可能留下安全隐患，甚至导致悲剧。

（三）隔代教育加重了老年人生理和心理负担

仅仅照顾孙辈的生活起居，只是增加老人的生活压力，增加劳动强度。但对小孩的教育却增大了老年人的心理负担，一是因为老年人没有足够的精力教育小孩，二是老年人普遍文化程度不高，识字不多，无法辅导小孩学习。如果小孩比较调皮，老年人根本无法管教。同时，当前交通、通讯得到迅速改善，电视、网吧到处都有，各种负面的信息都对孩子造成一定影响。孩子在外的时间长，担心发生一些意想不到的事情，不少老年人都觉得管理小孩子力不从心，提心吊胆，负不起责任。

（四）“留守老人”缺乏精神慰藉

人老了有喜静的一面，但人老了最怕孤独。老人过惯了苦日子，对物质生活往往无过高的奢求，因此来自子女的精神安慰是老人身心健康必不可少的主要来源之一。孤独寂寞的“留守老人”面对“空巢”，在感情和心理上失去了支撑和依靠，觉得自己不再具有存在价值，因而陷入无趣、无欲、无助的状态，这些不良情绪还会导致一系列不良后果的产生。中国素来有养儿防老的观念，随着老年人的年龄逐渐增大，对子女的依赖性也不断加强。然而，正当老人需要儿女做依靠的时候，儿女却不在身边，老人大多过着“出门一个人，进门一盏灯”的寂寞生活，一种孤独、自卑感油然而生。特别是独居老人感到有心里话没处说，有时间没事打发，很可能出现抑郁症状，觉得生活没有意思，严重的会产生自杀的念头。另外，精神文化生活比较单调，老人大多是“蹲墙根、找树阴、聊聊天”，在家庭外边也难以找到精神寄托。

五、解决“留守老人”问题的措施与建议

要真正解决留守老人存在的问题，短期内很难一步到位，应采取近、中、远期规划，循序渐进式推进。在人口老龄化加速的同时，随着社会经济的快速发展，将进一步加快剩余劳动力转移，也必将使“留守老人”越来越多。如何解决好“留守老人”的生活、就医、养老等问题，使他们幸福地安度晚年，是摆在我们面前的一个重大课题。解决好当前“留守老人”家庭存在的问题，各级政府有重要的责任，但单靠政府投入是不够的，关键是要引起社会的广泛关注和重视。要依靠政府、社会、家庭齐抓共管，来实现“留守老人”人身安全、身体健康、生活幸福，实现老人与年轻人和谐共处，人与社会和谐共处，老少共融、代际和谐的新型人口老龄化社会。我们认为，可以从以下几方面来考虑:

（一）逐步建立老年人自愿者服务队

一是组建一支服务队伍发挥社区党组织的政治优势和组织优势，拓宽选人渠道，实行社区党组织班子成员与老年协会负责人“双向进入、交叉任职”，通过内部选举、组织下派、聘任兼任等方式，将身体状况良好、热心公益事业的退休干部、老党员、离任社区干部推选到协会班子。社区老年协会积极动员团场留守老人加入协会，分片区、分自然角落组织身体状况较好的留守老人组成老年人互助组，开展以老助老的互助活动。依托社区论坛等宣传平台，组建由挂钩社区党员、干部、医务工作者、家政服务人员等参与的关爱留守老人志愿者服务队。服务队可以采用不同的形式，如打一个电话问候一声，上门为老人购物、配药、洗衣、打扫卫生等。一旦发现被看护的老人出现不正常现象及时通知子女家属或社区采取相应措施，就可以大大减少悲剧的发生，起到很好的监护作用。

（二）建立一套服务制度

一是建档管理制度。各社区党组织应对60周岁以上留守老人的家庭、经济、生产生活、健康等状况进行调查摸底，建立以空巢、高龄、特困、失能等为主的留守老人信息档案，并根据年龄、组别、家庭情况和身体健康状况等进行分门别类，及时滚动更新，实现动态化管理。二是挂钩联系制度。由社区班子成员每人挂钩联系2名以上的互助组成员，互助小组成员每人挂钩联系1~2名留守老人，每天至少进行一次电话沟通联系，每周至少一至两次上门走访挂钩老人，开展谈心交心、心理疏导活动，并制作发放挂钩联系卡，方便留守老人回访。三是经费保障制度，通过探索建立养老创收基地，争取社会人士的援助和党员个人捐赠等方式，多渠道筹措资金，成立“老年互助幸福基金”。

（三）发挥主观能动性，做积极参与社会的主人

留守老人自身要注意调节好心态，增强心理上的自立程度，生活上，锻炼自己的自立能力，并且注意锻炼身体，养成良好的生活习惯，保持勤学好问的习惯，不断学习新事物，跟上时代步伐，积极寻找精神寄托，充实新的生活内容，寻找精神寄托的方式有

许多，如：和邻居聊聊天，下下棋，经常参加公益事业活动，帮助连队及社区做些力所能及的工作，发挥余热。

（四）强化尊老、爱老、养老、敬老的宣传教育

在社会化养老机制尚未形成之前，传统式家庭化养老仍是团场养老的唯一形式。大力宣传、贯彻实施《老年人权益保障法》，加强“孝道”文化宣传，提高全社会敬老、养老意识，尤其是加强年轻人的孝道教育，对在敬老爱老等方面做得较好的年轻人应予以弘扬表彰，对歧视、排斥老人等行为给予曝光、鞭挞。架起亲情沟通的桥梁，在外子女要经常与父母保持联系，按时给老人寄钱送物。家中大事多征求父母意见，即使没事也要经常与老人通通话，加强彼此之间的沟通与联系，给老人以精神抚慰。然而随着社会的进步，计划生育政策的实施，家庭越来越小型化、分离化，子女赡养老人也逐渐淡化。为真正实现老有所养，老有所依，构建和谐社会，促进家庭和睦，国家或地方政府可制定新的法规，设立“赡养税”，像征收个人所得税那样向社会征收，确保老有所养、老有所医、老有所乐，使家庭养老法制化。

（五）完善医疗保险制度

留守老人大多数身体虚弱，小病不断，门诊费用大。按照目前医疗保险规定，只有住院才能报销，且报销比例较低。因此要在逐步提高住院费报销比例的同时，对60周岁以上的团场参保老人门诊费应该给出优惠的报销标准，以减轻这部分弱势群体医疗费用。对贫困的大病患者实行医疗救助，对其报销部分相应提高比例。发展家庭医疗病床，实行定点诊疗，定期送医送药上门服务。

（六）逐步建立城镇养老制度，为城镇留守老人提供生活保障

首先是扩大最低生活保障范围，把符合条件的老人全部纳入最低生活保障范围，从经济上保证老年人达到基本生活水平；其次是鼓励社会团体、企业、个体老板捐资设立老年人基金，对需要帮助的老人给予扶持。

（七）兴办城镇养老福利事业，走家庭化养老与社会化养老相结合之路

有条件的地方，可由团镇组织牵头，通过招商引资、当地能人投资等多渠道的办法兴办养老院、托老所、日间照料中心等，建立一个温暖的大家庭。各社区党组织注重整合资源，依托社区文化室、老年活动室、图书屋及自然角落交通便利、住所集中的老年人家庭等场所。去年一〇三团在团结街社区设立“日间照料中心”1个，现在招商阶段，不久会正式投入使用，这对一〇三的老年人来说是福音。几年来团镇领导多次来我社区实地查看“日间照料中心”、询问团镇在关爱“留守老人”上的基础设施建设、为老服务活动、医疗卫生服务、养老保障等情况。团镇党委高度重视“留守老人”的生活起居问题，积极向民政、文化、财政等有关部门争取支持和帮助，为留守老人建立老年活动室，运动场所、日间照料中心等，让老人在闲暇之时有地方可去。在关爱行动上建立常态化

长效机制，将温暖送进每位留守老人的心田，为留守老人筑起“温暖之墙”。

（八）要注重“留守老人”的精神慰藉

孤独寂寞情绪是“留守老人”普遍存在的现象，作为子女，应该多抽些时间常回家看看养育你的父母，特别是逢年过节时，试着想想父母期盼的目光，不要让老人们独自过年，即使再忙也常给家人打个电话，报个平安。解决好这一问题至关重要，在关注“留守老人”物质生活的同时，也要兼顾他们的精神生活。团镇加大了对老年协会、老年健身团的建设和投入，纳入当地经济和社会发展年终考核内容，丰富老年人的精神生活，排解老年人孤独寂寞情绪。留守老人是一个容易被人遗忘的社会群体，他们虽然衣食无忧，但因长期与子女分离，少有关爱，经常开展慰问关爱活动，利用元旦、春节、国庆节、老年节等重要节日，开展形式多样的走访慰问献爱心活动，将符合条件的留守老人纳入低保、五保范围，尽可能实现应保尽保。团镇比较重视文化关爱活动，结合创建“文明城镇”活动和开展居家养老活动，先后举办3场次送文化下基层文艺晚会，组织开展读书看报、打牌下棋、红歌比赛等文体娱乐活动3场次，开展医疗下乡活动2次，丰富了老年人精神生活。

尊老敬老是我们中华民族的传统美德，我们一直在倡导要建设一个和谐的社会主义国家，留守老人是我们当前建设和谐社会的重要组成部分之一。他们很多都经历了新中国成立前后的心酸历史，他们是历史的见证者，改革开放以来，我们的社会发生了天翻地覆的变化，在社会发展繁荣的今天，我们更不能忘了那些留守在团场、连队的老人们，让他们也能享受到社会发展的成果。全社会都应一起努力，帮助、关心他们，设身处地为他们的晚年生活着想，让他们衣食无忧，有病得到及时治疗，临终得到关怀，使他们能幸福、快乐、健康地度过晚年，真真切切感到社会、家庭、儿女给予他们的亲情和温暖。留守老人的难题得不到解决，将会影响到他们的晚年生活与身体健康，在外打工的子女也难以安心。要真正破解留守老人面临的问题，需要政府、社会各界给予更多的关怀和支持。“留守老人”的困难帮扶工作任重而道远，需要政府采取有力的措施、社会的广泛参与、子女的爱心与孝道、邻里的帮助，需要社会共同努力。让我们携起手来，为“留守老人”创造一个良好的宽松的晚年生活环境而努力。

参考文献（略）

（作者单位：兵团第六师一〇三团团结街社区）

哈尔滨市老年人居家养老服务需求状况调查报告

哈尔滨市老龄办课题组

我国已经进入人口老龄化快速发展阶段。截至2014年底，我国60岁及以上老年人已达2.12亿人，养老服务供不应求的矛盾日益突出。为了积极应对人口老龄化，加快发展养老服务业，不断满足老年人持续增长的养老服务需求，我国正在加快建立以居家为基础、社区为依托、机构为支撑的社会养老服务体系，居家养老服务进入加快发展阶段。

为了及时掌握居家养老服务发展状况，了解老年人居家养老服务需求，由全国老龄办主办、中国老龄科研中心承办的全国居家养老状况调查于2014年8月进行。此项调查选取哈尔滨、天津、济南等12个城市，每个城市随机抽样调查60周岁以上老年人1000名，中国老龄科研中心全程指导我市的调查工作的开展。我市选取了道里区、道外区、南岗区和香坊区四个主城区为调查样本范围，抽调了120位街道社区干部，由中国老龄科研中心同志进行了培训。调查采取入户调查的形式，围绕老年人基本状况和居家养老服务需求进行了问卷调查。调查后共收集到个人问卷1000份，经中国老龄科研中心的同志认定有效。

为了借助于这次调查研究活动的成果，我办索取了我市的调查问卷资料，并进行了归纳整理和研究分析。这次调查较全面地反映了我市居家养老服务需求状况，有关情况报告如下。

一、主要调查情况和调查结果

（一）受访者基本情况

1. 男女比例大体平衡

在受访的1000位老人中，男性为520人，占52%，女性为480人，占48%，男女比例为1.08 ∶ 1。从年龄结构上看，60–69岁的老人为411人，占41.1%，70–79岁的老人为420人，占42.0%，80岁及以上的老人为169人，占16.9%。

2. 汉族老人占绝大多数

受访老人中，汉族老人为965人，占96.5%；少数民族老人为35人，占3.5%。

3. 城镇非农居民为主

受访老人中，非农户籍为994人，占99.4%；农业户籍为6人，占0.6%。

4. 中等以下教育程度为多数

受访 1000 位老人中，小学及以下文化为 279 人，占 27.9%；初中文化为 373 人，占 30.7%；中专或高中文化为 197 人，占 19.7%；大专及以上文化程度的老人为 151 人，占 15.1%。

5. 单身老人占三成

调查显示 1000 位老人中，有配偶的老人为 706 人，占 70.6%；丧偶的老人为 270 人，占 27.0%；离异的老人为 22 人，占 2.2%；未婚的老人为 2 人，占 0.2%。（见下图 1）

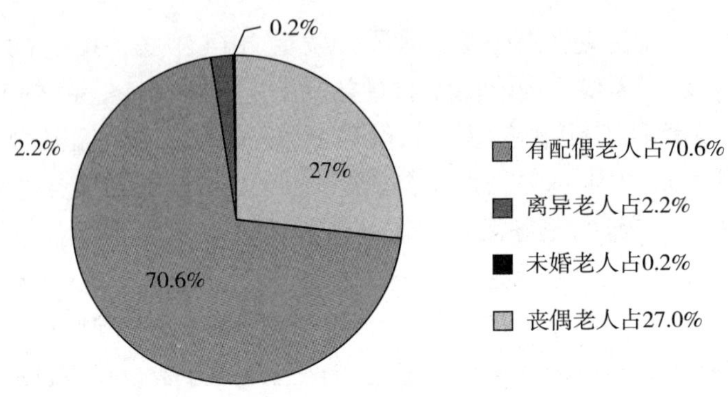

图 1　受访老人婚姻状况（%）

6. 空巢和独居老人占三分之二

家庭空巢化是人口老龄化的一个突出特征，对老人居家养老产生重要影响。这次千名老人调查显示，一个老人单独居住生活的为 141 人，占 14.1%；只与配偶居住的为 521 人，占 52.1%；老年夫妻与子女居住的为 164 人，占 16.4%；老年一人与子女居住的为 174 人，占 17.4%。（见下图 2）

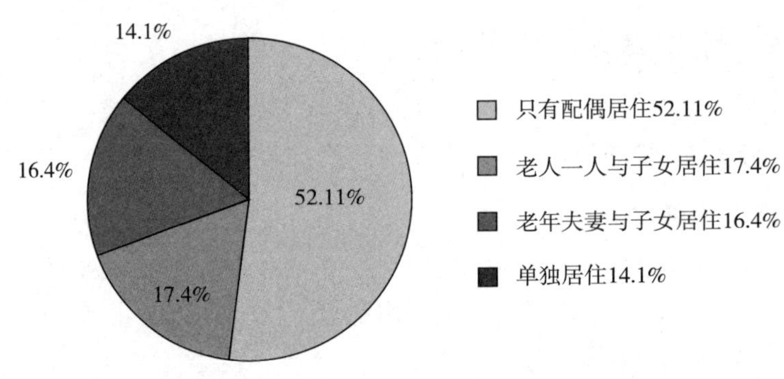

图 2　受访老人居家状况（%）

7. 其子女绝大多数居住在本市

受访的1000位老人中，其子女在本市的，占95.6%；外省市的，占4.4%。在本市的当中，子女与老人居住在本区的，占77.2%。

（二）受访者经济收入情况

1. 养老退休金为主要经济来源

所调查的1000位受访者中，96.7%的受访者及配偶有退休金，退休金为老年人的主要收入来源。除退休金外，老年人还有少量其他收入。2014年受访者月平均收入为2282元，其中养老退休金为2167元，占95%；儿女给的钱人均71.6元，占3.1%；租房或其他经营性收入人均34.4元，占1.5%；政府救助补贴人均8.7元，占0.4%。有商业保险收入的老人数量极少。（见下图3）

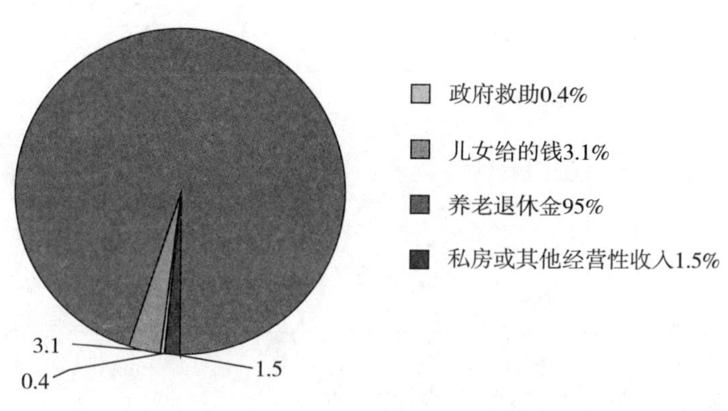

图3　老年人收入来源情况（%）

2. 基本生活和医疗保健占整个支出的大头

我市老年人收入水平整体不高，支出大部分用来满足基本生活费用的需要和医疗健康的支出需要。调查显示，每位受访老人月基本生活费支出为829元，占45%；医疗保健费支出391.5元，占21%；文化娱乐支出296元，占16%；其他支出310元，占18%；计人均月支出为1826.5元。

3. 大多数老人拥有自己房产

在受访老人中，拥有自有房产的为840人，占84.0%。其中，拥有一套房产的为750人，拥有二套房产的为54人，拥有三套房产以上的为2人。愿意将来以房养老的有47人，占5.5%。

（三）受访者健康状况

1. 大部分老人不同程度患有慢性疾病

1000位受访老人中，自报患有慢性疾病的888人，占89%。慢性疾病发病率体现出明显的高寒地区地域性的特点，位居前三位的慢性疾病是心脑血管病、风湿骨病和糖尿病，所占比例分别为47%、18%和16%。心脑血管病和糖尿病发病率在全国排在前列，严重影响群众的健康水平，应予以高度重视，加以干预。（见表1）

表 1　受访老人患慢性疾病情况

	患病种类	人数（人）	比例（%）
1	心脑血管病（含中风）	470	47
2	风湿骨病	180	18
3	糖尿病	160	16
4	高血压	150	15
5	呼吸系统病	140	14
6	颈腰椎病	135	13.5
7	消化系统病	120	12
8	神经系统病	110	11
9	其他慢性病	100	10

2. 失能、半失能老人占三成

老年人生活自理能力高低直接关系到老年人的生命、生活质量，对老年人的晚年生活幸福至关重要。调查显示，在 1000 位受访老人中，自诉生活能自理的 676 人，占 67.6%；自诉生活只能部分自理的 165 人，占 16.5%；自诉生活必须依赖他人照顾，自己完全不能自理的 159 人，占 15.9%。部分自理和完全不能自理老人合计占 32.4%，与中国老龄科研中心公布的全国失能老人数据十分接近；这些失能老人是开展居家养老服务需要重点关注的对象。（见下图 4）

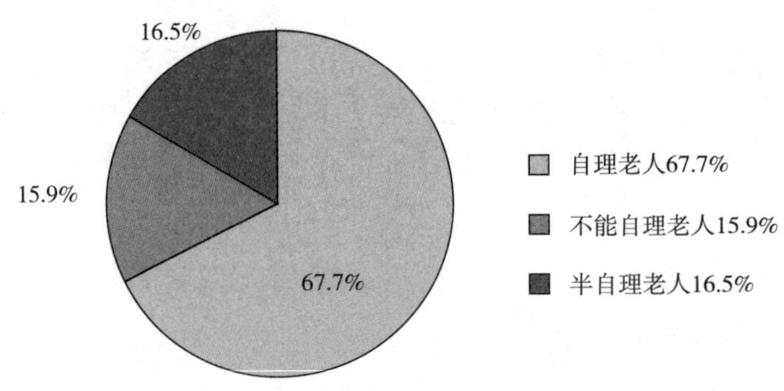

图 4　受访老人生活处理情况（%）

3. 绝大多数老人有医疗保险

医疗保险是社会保障的重要内容，对于老年人身体健康起到重要作用。调查显示，我市社会基本医疗保障覆盖已包括绝大多数老年人。有 945 位受访老人参加了社会基本医疗保险，占94.55；参加商业医疗保险人数较少，只有6人，占0.6%；参加大病保险的49人；未参加任何保险的4人。（见下图5）

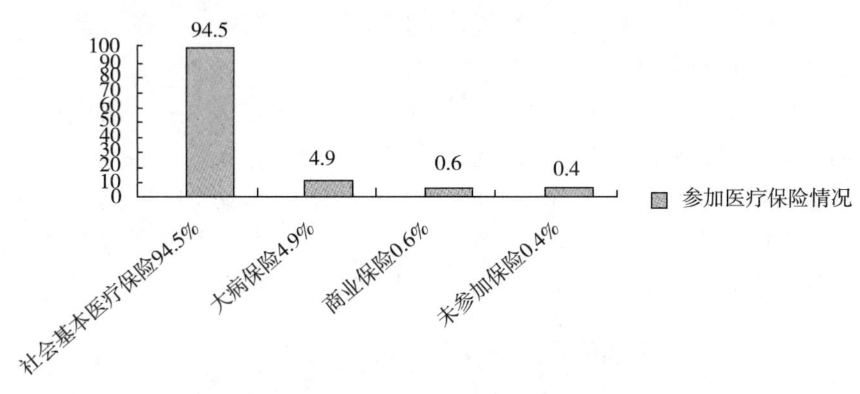

图5 参加医疗保险情况

（四）受访者参与社会情况

1. 老年人对参加社区文体娱乐活动积极性高

受访老人中多数对参与社区文化、体育、娱乐活动表现出越来越浓的兴趣，积极性、主动性空前。调查显示，有67%受访老人经常参加社区文体娱乐活动，在小区锻炼身体、娱乐身心、活跃生活是很多老年人每天重要生活内容。

2. 帮助子女照料后辈占到六成

老年人不全是社会负担，很多老年人依然对家庭及社会做出贡献。调查显示，有60%的受访老年人给儿女照看孙辈，或入家照料，或定时接送入托、入学等，给儿女解除后顾之忧，为家庭奉献晚年余热，间接为社会做出重要贡献，社会不应低估其价值和作用。

3. 老年人参与社会公益活动的意愿增强

老年人是一个巨大的社会人力资源，很多低龄健康的老年人依然可以为社会发光发热。目前我市直接参与社会志愿活动的老年人数还不很多，但随着我市创建文明城市活动的持续开展，越来越多的老年人表现出参与社会公益志愿活动的兴趣。调查显示，表示愿意参与社区服务公益活动或到社会窗口单位参加志愿活动和老年人达到受访者的18.5%，表示愿意参加社区养老志愿服务的12.5%。将这些老年人组织起来，服务于社会，无疑是应对人口老龄化挑战一个积极的举措。

（五）受访者对养老服务知晓状况

1. 很多老年人对居家养老服务还不十分清楚

居家养老服务还是一个新生事物，很多老年人对此的概念和内涵还不是很了解。受访者中，有58.7%的老人表示不知道“居家养老服务”，有41.3%的受访老人是通过报纸、电台等媒体报导，知道“居家养老服务”的。在问到居家养老服务具体内容上，有15%的受访老人希望本社区里能建立老年人日间照料机构，并步行10分钟以内为好。希望能得到社区日间托老服务的老人主要是半失能老年人，他们希望白天在儿女上班时，能在托老所有个相互照应，中午吃顿热饭，晚间又可以与家人生活在一起。

2. 有三分之一的老人对社会养老机构比较关注

受访老人中有36.8%的老人对社会养老机构表示了解或关注；对养老机构总体印象较好的占31.3%；表示今后可能入住养老机构的占13.6%。在具体服务价格方面，多数老年人表示能够目前承担的入住养老机构（全托）费用为每月1300元左右。从以上情况可以看出，随着近几年来我市社会养老机构的发展，人们对社会养老机构的总体认可度在不断提高，有意愿入住社会养老机构的老人数量在不断增加。

（六）老年人对社区服务项目需求状况

1. 在生活服务方面需求较多的是老年餐桌

受访老人对生活服务类方面需求调查中，老年人表示比较关注社区老年人餐桌的建设，需求比例达22%。其次是维权服务、便民服务、家政服务和托老服务，需求比例分别为17%、15%、11%和8%。老年餐桌老年人比较关心的是价格和饭菜质量，老年人可接受的价格是：早餐5元，中餐10元，晚餐10元，饭菜质量较好，口味适合于老年人食用。在维权服务方面，老年人主要关心财产和再婚两个方面问题。家政服务方面老年人重点关心的是家庭保姆比较难找，并且雇佣价格越涨越高。（见下表2）

表2 受访老人生活服务类方面需求情况

	服务项目	人数（人）	比例（%）
1	老年餐桌	220	22
2	维权服务	170	17
3	便民服务	150	15
4	家政服务	110	11
5	托老服务	80	8
6	理财服务	60	6
7	陪同购物	40	4

2. 在社区文化娱乐类服务需求中老年人最喜欢棋牌娱乐

在文化、体育、娱乐服务类需求方面，老年人最喜欢棋牌娱乐，比例最高，占到受访老人的48%；其次是唱歌跳舞、读书看报，比例分别为33%和32%；一些受访老人对了解世界，获取新知识表现出兴趣，表示经常上网和想上老年大学的老年人比例分别

为 14% 和 12%。（见下表 3）

表 3 受访老人对文化娱乐需求情况

	项目	人数（人）	比例（%）
1	棋牌娱乐	480	48
2	唱歌跳舞	330	33
3	读书看报	320	32
4	上网	140	14
5	老年大学	120	12
6	旅游咨询	80	8
7	心理咨询	30	3
8	再就业服务	30	3

3. 失能老人最希望尽快开展上门入户提供医疗、康复、护理等服务

在社区医疗康复类服务方面，失能老人由于出门困难，迫切希望社区能够提供上门入户服务，具体需求比例为家庭病床 13%，护理服务 8.6%，康复服务 6.8%。对于多数普通老年人来讲，主要希望社区能够经常开展正规健康宣传教育活动，开展社区慢性病预防、干预等工作。对于患有中风、糖尿病、心脏病等慢性病的老人，进行定人定时的跟踪干预、防治、康复等活动。

（七）受访者对提供服务的主体看法意见不一

在提供居家养老服务主体方面，受访老人认识分歧较大。有 38.9% 的受访老人表示愿意接受由市场提供居家养老服务，33.8% 的受访者表示不愿意，另外 27.7% 的受访者表示均可接受。在不愿意由市场提供居家养老服务的受访者中，87% 的表示愿意由政府提供服务，7% 的表示可以接受由社区提供服务，6% 的表示可以接受志愿者或其他方面提供的服务。

本次调查结果呈现如下特点：

（1）退休金不断提高。随着近些年企业退休人员退休金的增加，我市老年人收入水平不断提高，消费支出能力正在积累，这是开展居家养老服务的重要条件。

（2）老年人患病比例较高。我市 89% 的受访者自报患有慢性疾病，高于全国老龄办对十城市调查 81.9% 的比例 7.1 个百分点，说明我市地处高寒地区，心脑血管疾病、风湿骨病和糖尿病发病率较高，对健康和生活自理影响较大，老年人对医疗保健、康复、护理服务方面的需要较大。

（3）居家养老服务处于起步阶段。调查显示，我市居家养老服务业还处于发展初期，社区居家养老服务体系还不成熟，已开展的居家养老服务还主要是针对少数特定的老年人对象，能够提供的服务内容和项目较少，接受服务的老人数量比较有限。

（4）高龄、失能老人对开展居家养老服务的关注程度更高。受访者中的高龄、失能老人在医疗保健、生活类服务方面需求呼声较高，对家庭病床、上门护理、家庭保姆、健康指导及社区日间照料托老、老年餐桌等需求比较迫切。低龄健康老人更多的关注社区的环境和活动空间，希望进一步美化社区，绿化庭院，增加一些活动休闲设施和场所。

（5）居家养老服务的期望价格和实际价格有差距。调查显示，很多老年人对生活类服务期望价格与实际价格存在一定差距，特别是对医疗、康复、护理、保姆等服务价格，反映较大。

二、建议与思考

随着人口老龄化的加快发展和老年人收入水平的不断提高，老年人对居家养老服务的需求正不断增加。但总体来看，我市受访者对购买服务的能力比较弱，消费理念还没有普遍形成，对居家养老服务的有效需求仍然不足。市场在居家养老服务中的作用还主要体现在雇用保姆等少量家政服务方面，市场主导机制还未形成。政府虽然不断推动居家养老服务的开展，但直接能够提供的服务产品还很有限，老年人需求较高的康复护理、长期照料、日间照料、托老服务等供给较少，社区服务基础薄弱，服务人员队伍不完善，服务内容简单、服务层次低、服务项目少、服务专业水平不高的问题较普遍存在。

（一）加强居家养老服务的工作力度

去年国务院印发了《关于加快发展养老服务业的意见》的文件，最近习近平总书记又强调，要加快居家服务、养老服务、健康服务、休闲服务的发展。我市出台了贯彻养老服务业发展的实施意见，养老服务业加快发展的春天已经到来。

我市的养老服务业发展与全国一样整体上仍处于起步时期。相对社会机构养老服务而言，居家养老服务更是处于“一张白纸可写最新最美文字”的阶段。面对不断加速发展的人口老龄化形势和众多老年人的殷殷期盼，需要加紧工作，迎头赶上，加快发展。

一是要充分重视居家养老服务的基础性地位。居家养老服务是养老服务业的基础，因为绝大多数老年人是在自己家中居家养老的，这决定了养老服务的主要领域是在社区，应该切实加大居家养老服务的工作力度，将更多的人力、物力和政策资源向社区倾斜，不失时机地开展居家养老服务。

二是要不断提高老年人的收入和社会保障水平。养老服务既是一项民生工作，也是一个新兴产业。目前，老年人收入保障水平还不高，购买养老服务的能力还不强，为了发展养老服务业，政府给予行业一定的支持是必要的，但养老服务业作为一个产业，其发展也要遵循市场内在的经济规律，没有一个成熟的消费群体，就不会形成一个完善的供给市场，养老服务业发展最终还是要靠老年人不断提高的消费能力来支撑。

三是要明晰重点服务人群。老年人有低龄老人，有高龄老人，有健康的，也有患病的、失能的。老年人的需求有很多，方方面面，不同的老年人需求差异还很大。现阶段的居家养老服务主要对象是哪部分老年人，重点应该解决些什么问题，这需要认真研究，要根据国情市力，把有限的资源用在最需要帮助的老年人身上。作为大多数的低龄健康老年人，一般不需要他人特别照顾，他们对社区服务的需求更多地体现在精神文化层面上。他们主要希望社区的环境更好一些，绿化更多一些，冬天最好有一些室内活动场所，大家有个活动娱乐、聊天说话的地点。他们的需求是一般化的需求，是对生活发展的需求，他们的需求应主要从城市整体的发展去考虑和解决。而在社区生活的一些高龄老人、失能老人、患有重病的老人和独身寡居的老人等，是老年人中的特殊群体，他们对社区服务的需求是解决日常生活、生存的困难，是人的基本需求，他们对来自社会的帮助显得更为依赖和急迫。这部分老年人应是居家养老服务重点关注的对象，服务的重点是帮助他们缓解日常生活的困难，以及在疾病治疗、预防、康复和护理等方面存在的一些实际问题，提高他们生活、生命的质量；对于少数高龄空巢、独居的老人，要给予特别的关照，防止出现不测事件，托住社会道德的底线。

（二）加快社区日间托老机构和老年餐桌的发展

调查显示，社区日间托老机构和老年餐桌建议分别受到老年人 8% 和 22% 较高的关注，这两个项目主要是满足一些高龄、半失能老人，在白天家中无人时，解决他们照料和吃饭的问题。这个问题解决得好，就会使在白天儿女不在时，得到照料，吃上热饭，减少老人一个人在家的不便和风险。

1. 日间托老机构

目前社会办的养老机构绝大多数为全托制，日托制很少，其原因是两者投入和运营费用差别不大，但日托收费较低，业主投资兴办意愿不高。

为此，建议调整政府鼓励社会养老服务机构的扶持政策。一是加大对兴办日间托老机构新建和运营的补贴力度，吸引社会资金投资兴办日间托老机构；二是鼓励现有的社区全托制养老机构，拿出部分床位开办日托业务，同样享受日托机构政府补贴标准；三是延伸发展“居家养老互助点”，对吸收高龄、半失能老人入班的，政府要给予类同于日间托老机构的费用补贴，支持鼓励其发展。

2. 老年餐桌

南方一些城市老年餐桌发展得较快，我市由于气候和饮食习惯等因素发展相对滞后。我市的老年餐桌应以发展午间餐、入户送餐的形式为主。从老人需方来看，订餐主要考虑饭菜的质量、价格、口味、保温、按时和送餐到户几个方面问题；从供方看，主要关注订餐数量、饭菜制作成本、入户送餐人工成本等问题。如果从单个老人订餐的角度，很难形式长期稳定的一对一服务关系。如果在基层组织的参与推动下，由于可以形成整体订餐的数量优势，从而在饭菜的质量、价格等方面可以得到更多的保障。可以考虑以社区为单位（小的社区可以联合几个社区），由社区出面组织，选择一个信誉较好的配餐机构，代表老年人与其签定送餐服务协议。配餐机构在社区的监督下，按照约定送餐至订餐老人的家中，或将订餐送到社区，由社区志愿者分送至老年人家中。

（三）加快发展社区老年卫生事业

1. 发展完善公办社区卫生服务机构

据前面调查推算，我市有失能、半失能老年人50余万人，还有80岁以上高龄老年人20余万人，很多老年人还不同程度患有一些慢性疾病。除了在疾病急性发作时期，需要到大医院集中住院治疗一段时间以外，老年人平时日常大量的预防、治疗、康复、护理等老年卫生工作需要在家中、在社区里解决，这就需要建立起完善的社区卫生服务体系，为老年人居家养老提供优质高效的卫生服务。但调查中很多群众反映，社区卫生服务单位的医疗水平和服务功能与老年人的卫生需求还有较大的差距。目前，公办社区卫生服务机构主要功能是以治病诊疗为主，机构定位是医院。应该按照人口老龄化发展的新需要和建成全面小康社会人民群众对基层卫生事业的新要求，调整基层卫生服务的功能，以目前的以治疗为主向治疗、预防、康复、长期护理等多种功能为一体，齐头并重，全面发展的综合性基层卫生机构转变。既能治病，又管预防，还能康复和护理，满足人们对基层卫生多层次的服务需求。还要改变目前患者上门看病的“坐堂待诊”方式，增加进门入户为老年人服务的新机制。在调查中，一些高龄、失能老人家属反映，常因一些日常康复护理上的问题，得不到帮助，而使家人着急难堪。如一位卧床老人家属反映，家中老人七八天解不下大便，想给老人灌灌肠，走了几家附近社区医院，都表示无此项服务或不能上门提供服务，让家属自己给老人灌肠，家属十分无奈，类似情况还有很多。社区卫生服务机构要把为老年人提供日常的预防、康复、长期护理以及临终关怀等服务，作为基本的职能。有关部门还应逐步地将康复、医疗性护理等卫生项目纳入医保范围。社区卫生服务机构要主动与社区养老机构建立服务协作关系，为辖区内的养老机构老人开展卫生服务。

2. 加快发展社区民办卫生机构

最近，国家又出台政策，进一步降低准入门槛，鼓励民办卫生机构发展壮大。从基层卫生方面来看，显然单靠公办卫生服务机构，很难满足社会日益增长的对基层卫生事业的需求，客观上需要民营卫生机构进入社区，兴办一些中小型的基层卫生单位，填补公办卫生机构的不足。让公办与民办基层卫生机构相互补充，共同发展。现在社会投资都愿意开办一些专科医院，往往是处于近期利益上的考虑，实际上基层卫生发展的潜力很大。建议我市在出台相关贯彻意见时应考虑利用政策的杠杆，鼓励民营卫生机构更多地投入到社区卫生事业。同时要创新体制机制，学习国外发展私人医生的经验做法，鼓励一些退休的医生、护士开办小型的或个人的治疗、康复、护理等卫生机构。鼓励学习医疗卫生专业的大学生、卫校护士，在社区创业，开办社区诊所、护理站、康复指导站等卫生机构，既安排了就业，又为社区老年人和居民服务。

（四）要充分重视社区志愿助老活动的作用

家庭养老功能弱化的一个主要原因，就是家庭小型化导致的家中缺人手，老人缺少年轻人的照料。所以人力资源是开展养老服务的重要因素，开展社区养老服务的一个重要方面就是解决老人家庭中人力乏缺的问题。社区是整体居民的一个大家庭，个人小家庭中缺人手，大家庭中的成员可以相互帮助，互相照顾。通过组织开展社区成员之间的志愿活动，可以解决很多老年人居家养老的实际问题。

持续、深入、有效地社区志愿助老活动，即可以减轻老年人家庭雇佣人的经济负担，也可以减轻政府的工作压力。在社区中，存在大量可以利用的人力资源。从社区老年人年龄结构上看，60–70 岁的低龄老人占比例 60% 以上，他们中大部分人身体都还健康，整日闲居无事。况且，社区中还有很多年龄不到 60 岁的中年人，也退休或下岗在家。从本次和历次调查中看出，很多低龄老年人越来越关注社区公益活动，愿意在社区的组织下，力所能及地参与一些志愿活动，这是一块珍贵的养老服务资源，我们应该充分重视并加以利用。一是要坚持不懈地宣传志愿活动的积极意义。大力宣传“学习雷锋、奉献他人”的志愿者精神，宣传社会主义核心价值观和“人人为我，我为人人”、“助人为乐”的和谐社会理念，宣传尊老、敬老、助老的中华传统美德，发掘人们心底里的真、善、美，不断地将社会志愿活动发扬光大，推向高潮。二是积极组织社区退休党员干部、退转军人，带头参与社区志愿服务活动，踊跃为高龄老人、失能老人开展志愿服务活动，帮助老人解决一些日常生活困难以及精神上关爱和慰藉。三是要对志愿活动进行了激励。各级有关部门都要大力倡导社会志愿活动，建立不同形式的物资和精神的激励机制，志愿活动要有详实的记录，要给予及时的披露和褒奖，要让志愿奉献活动受到社会和人们的尊重，让志愿者们切实感受到光荣与自豪。

（五）搭建好社区居家养老服务平台

老年人是社区居家中主要的部分，他们生活留存在社区的时间最长，对社区的依赖程度最大，对社区服务的要求最迫切。社区是最基层组织，职能就是为社区居民服务，为老年人做事，为老年人排忧解难，应是社区的重要内容和基本职能。在社区搭建居家养老服务平台，是做好社区老龄工作的首要事项。一是居家养老服务平台应是上一个服务平台。社区各项老龄工作均通过平台开展，各种形式的助老服务通过平台去组织进行，老年人有事情都可以通过平台直接或间接得到帮助或解决。二是居家养老服务平台应是一个协调平台。社区各类为老服务单位、组织都与平台建立起工作联系，社区所有为老服务资源在平台的协调之下，齐心协力，形成合力，共同努力为老年人开展好服务。三是居家养老服务平台应是一个信息平台。社区居家养老服务平台要将老年人的基本情况信息，需求情况信息以及社区为老服务单位的信息，分门别类、详详细细的网上录入下来。通过平台，供需双方可以便捷地进行信息沟通和交流，服务平台起着连接双方的桥梁和纽带的作用。社区居家养老服务平台的建设要与时俱进，不断创新，以为老年人做事，为老年人服务，满足老年人的需求为宗旨，尽力帮助老年人解决好一些基本生活的问题，让每一位老年人都拥有一个幸福、尊严的晚年。

课题组成员： 战阴斌　梁　君　吴　昊

新时期规范基层老年协会建设的思路和对策

王　成

按照自治区《关于做好2015年老龄调研工作的通知》精神，伊犁州老龄办结合本地实际情况，精心选题，认为老年协会在我州老龄化进程加速的新常态下，将成为党和政府联系老年群众的桥梁和纽带，成为老龄工作开展的重要载体。对此，伊犁州老龄办组成调研组，在六月、七月分别赴伊宁市、伊宁县、察布查尔自治县、霍城县四个县（市），对4个县级老年协会、2个街道老年协会、2个乡镇老年协会、8个社区老年协会和8个村队老年协会进行调研，调研听取汇报24次、召开座谈会24次、走访老年群众48名。现将调研情况汇报如下：

一、伊犁州老年协会的基本情况及现状

伊犁州截至2014年底，全州共有60岁以上老年人333746人，占伊犁州总人口的11%，已经是进入老龄化社会的第四个年头了。目前，伊犁州共有老年协会565个，其中州级老年协会2个，会员1800人；县市级老年协会26个，会员5336人；乡镇街道老年协会147个，会员7466人；村队社区老年协会390个，会员7205人。2014年伊犁州老年协会工作取得了较好的成效，开展老年文体活动12000次、帮扶活动420次、宣讲活动110次，培训老年人参加文体活动21807人，组织各类比赛89次。

（一）伊犁州老年协会的形成与发展

伊犁州自1986年老龄委成立以后，州直各地自发性地成立了一些老年文体活动小组，形成了伊犁州老年协会的雏形。如伊宁市老年协会成立于2003年，成立时的名称为老年体育协会，主要开展一些老年体育运动。还有察布查尔县孙扎齐牛录镇老年协会成立于1995年，成立时是几个退休后爱好文艺的老干部组成了一个合唱队。到了2008年以后伊犁州的老年协会才开始逐渐发展。伊犁州老龄办将各县市老年协会开展情况纳入老龄工作考核目标，使老年协会在乡镇（街道）、村队（社区）开展起来，主要任务是开展一些老年文体活动。到了2013年，全国老龄办《关于加快基层老年协会建设的通知》下发后，伊犁州通过老年协会推进会、交流会等方式，使老年协会逐渐向纵深发展。目前，全州有654个行政村和206个社区，建老年协会有390个，已达到基层村队（社区）45%覆盖面。这些老年协会都能正常地开展一些文体活动，有条件、推行比较好的老年协会，还能为当地政府承担一些职能工作，如民事调解、慰问宣传、工作监督、贫困帮

扶等。

（二）伊犁州老年协会开展工作的基本情况及发展变化

1. 从我们的走访调研中发现，伊犁州的老年协会目前主要开展了四类工作

（1）老年协会在各地开展了各类文体活动及比赛。文体活动是伊犁州各级老年协会开展工作的主要形式。项目主要是针对老年人的喜好分组进行，形式多种多样，涉及文化、体育、健身等多个方面。主要开展的有舞蹈、健身操、合唱、门球、太极拳、书画、乒乓球、柔力球、空竹、乐器、社火等大概有 30 多项。这些活动丰富了老年人的精神文化生活，锻炼了老年人的身体，使老年人能够老有所乐、安享晚年。有些协会还组织了相应的文体比赛，使老年人在文体活动中，追求技巧上的精进，保持积极向上的精神状态。如伊犁州老年协会在 2014 年组织了伊犁州第三届太极拳运动会、伊犁州第四届老年人门球比赛、伊犁州第三届老年人运动会等。

（2）老年协会在各地开展了党的政策及宗教“去极端化”宣传工作。当前新疆正处于暴力恐怖活动活跃期、反分裂斗争激烈期、干预治疗阵痛期“三期叠加”过程中，反恐维稳的任务十分繁重。在贯彻自治区、伊犁州的维稳精神中，老年协会起到了先锋模范作用。从我们的调研中发现，基层村队（社区）都在组织老年协会的老人们开展维稳宣讲、帮扶说教等工作。大多村队（社区）能够充分发挥老年人见多识广、经验丰富、威信高的优势，以老年协会为抓手，使老年人成为了当地党的政策的宣传员，宗教“去极端化”的宣讲员，协调邻里矛盾的调解员。如，我们在伊宁县吉里于孜镇西二区调研时发现，该区老年协会在当地维稳、宗教去极端化工作中起到重要作用。2014 年该老年协会组织宗教“去极端化”宣讲 12 次，受教育群众达 400 余人。在对“吉里巴甫”、“留大胡子”人员转化中，该区老年协会会长吉甫素江对西二区着“吉里巴甫”的 11 个人进行了说教帮扶，帮教后直接转化 6 人。

（3）老年协会在村队社区开展了为老服务和老年互助活动。老年人群体存在年龄差距大、职业分布广、健康差异大、家庭收入差异大等特点。如，有些老年人退休后主要任务是带孩子；有些老年人退休后因家庭贫困还在捡废品；有些老年人退休后没事做在老年协会跳跳舞、唱唱歌；有的老年人退休后身体不好在家无人照顾等等。伊犁州一些基层村队（社区）老年协会，针对不同的老人开展一些为老服务和老年互助活动。有帮扶村队（社区）孤寡老人志愿者服务队，有村队（社区）扶贫帮困慰问队，有村队（社区）锻炼身体活动队，还有低龄健康老人对高龄老人的帮扶，形式不一，有邻里互助、定时探望、生活照顾，还有托管照顾等帮扶。在我们调研的 16 个社区（村队），都有不同程度的帮扶工作。

（4）老年协会协助村队（社区）开展了调解纠纷、低保发放监督等其他工作。“上面千条线、下面一根针”，基层村队（社区）与群众直接接触，事情纷繁复杂。面对一些热点难点问题，伊犁州基层老年协会发挥了作用，他们调解邻里矛盾、监督群众低保评定、协助村队社区走访值班、监督社区居民遵守文明公约等，为构建和谐社会贡献力量。如，我们在察布查尔县孙扎齐牛录镇孙木齐村调研时发现，该村老年协会对 207 名村民享受国家最低保障评定及发放工作进行了全程监督，协助村委会对全村22户拆迁居民进行了宣传，对村民居住点道路两旁卫生打扫、垃圾乱倒现象进行监督。又如，我们在伊宁市艾兰木巴格街道北苑社区调研，该小区是一个老旧小区，以前没物业，社区环境卫生脏乱差。为了改变这种现象，就组建了老年协会，利用老年人自身优势，组成了卫生环境监督队、值班备勤队、舞蹈书画队和为老服务帮扶队等，加强对社区的卫生监督、小区闲杂人员的检查及对老人的服务帮扶。就在2014年5月，老年协会的大妈们还帮警察抓住了一个骗子。目前，该小区环境优美、邻里和谐，老年人和谐安乐，一片欣欣向荣的景象。听社区领导说，以前这里的住房价格很低，自从环境卫生好了、邻里矛盾纠纷少了，连这个社区的二手住房价格也提高了。

2、从我们的走访调研中发现，伊犁州老年协会正在从自娱自乐向规范化及协助政府开展职能工作转变

（1）从自娱自乐向有组织、有目标、有落实转变。一是基层老年协会组织管理进一步健全。从我们走访调研的16个村队（社区）看，12个基层村队（社区）领导班子分工中都安排了主要领导分管老年协会，老年协会内部章程健全、领导班子职能明确。二是基层老年协会工作目标进一步明确。从各县市老年协会工作总结看，年初各县市老龄办都对老年协会工作进行了安排，各基层老年协会也都有了工作计划，老年协会工作开展情况都纳入了老龄办年底工作考核目标。三是老年协会管理进一步规范。在2014年伊犁州老年协会“推进会”后，各县市老龄办针对基层老年协会无场地、无经费，不符合民政老年协会注册现状，都在想方设法解决问题，一些县市创新工作方法，成立了以县市老年协会为总会，乡镇（街道）、村队（社区）为分会的老年协会组织机构。

（2）从自娱自乐向协助政府开展职能工作转变。近年来，伊犁州老年协会在逐步壮大，一些开展得比较好的老年协会，正从组织一些单纯的文体娱乐活动，向帮助基层政府开展一些工作转变。从调研走访的16个村队（社区）中我们发现，这些老年协会或多或少地都参与或协助政府开展一些职能工作。协助政府开展职能工作主要分为四类。一是维护社会和谐稳定宣传工作。主要有请基层威信高的“四老”人员集中宣讲。有传达党的惠民政策，向亲朋好友宣传；有针对着“吉里巴甫服”、“留大胡子”现象说服教育；有举办文艺汇演引导居民热爱生活；有组织计划生育、禁毒、法律宣讲宣传等等。比如，伊宁市萨依布依街道办事处萨依布依社区成立了宗教“去极端化”宣传队，2014年共去120户居民家中宣传，开展宣讲会6次；成立了创建卫生城市监督队，2014年对20余个居民乱倒垃圾进行了教育。二是沟通党和政府与老年人之间的联系，加强老年人的自我教育。伊犁州各级老龄办直接将党和国家的政策传达到老年协会，老年协会通过协会会员，在平时的文体娱乐活动中，“裂变式”地在老年人群中传达，形成良好的舆论氛围。三是开展了空巢老人、孤寡老人、贫困老人慰问及高龄老人津贴发放回访及反馈工作。四是协助村队（社区）管理社会事务工作。有协助村队社区值班、巡逻，维护村队（社区）社会稳定的；有开展社区邻里矛盾调解的；有开展居民房屋拆迁宣传的等等。五是协助老龄部门开展工作。如伊宁市老龄办将老年协会融入老龄工作中，要求老年协会一三五到老龄办报到开会。2014年伊宁市老年协会协助老龄办开展了“银龄行动”

支援；开展了老龄工作调研。2014年由老年协会调研执笔撰写的《伊宁市养老机构服务业发展现状及思考》被自治区评为优秀调研二等奖；还开展了高龄津贴发放和体检回访、贫困老人帮扶慰问、老年公寓老人慰问等。

（3）从自娱自乐向为老服务及老年互帮互助转变。在我们调研的16个村队（社区）老年协会中，不同程度地开展着一些为老服务及互帮互助工作。有的建立孤寡老人、空巢老人、贫困老人志愿者帮扶队，帮扶老人；有的利用居家养老服务中心对辖区的老人实行互帮互助；有的组成老年人文体活动教学组，针对不同喜好的老人进行教学；有的开展社区舞台等文化节目，为老年人提供文化演出等。

（4）从自娱自乐向参政议政转变。一些基层政府注重发挥老年人的余热，充分利用一些体力和精力好的老年人，成立行风评议、社会监督队伍。有的开展对辖区干部队伍履行岗位的监督，有的开展村队（社区）热点工作的监督，如低保评定监督、环境卫生监督、村规民约监督、财务公开监督等。

（三）伊犁州推进老年协会建设的主要做法

2014年伊犁州老龄办转发自治区《关于加快基层老年协会建设的通知》和印发了伊犁州《加快推进基层老年协会管理办法》后，通过“建、督、推、考”四项措施，使伊犁州老年协会发展收到好的效果。主要做法是：

一是“建”。就是建立州、县、乡（街道）、村（社区）四级老年协会体系，及时下发自治区老龄办《关于加快基层老年协会建设的通知》，要求各县市要分级建设老年协会，老年协会的数量要在县、乡（街道）、村（村队）三级达到100%。二是“督”。就是采取定期督导方式，检查各县市老年协会开展情况。自伊犁州《关于加快基层老年协会建设的通知》下发至今，州老龄办共派出老年协会督导组督导4次，分别赴州直八县两市乡（街道）村（社区）两级32个老年协会督导。三是“推”。就是召开老年协会“推进会”。2014年伊犁州老龄办在察布查尔县召开老年协会推进会。州直八县两市老龄办、老年协会48人参加了老年协会推进会，共参观8个老年协会基层点，开展老年协会汇报会9次，总结了一些老年协会开展经验。四是“考”。就是将老年协会纳入老龄工作的考核依据，对没能按照伊犁州《关于加快基层老年协会建设的通知》精神，积极有效地开展老年协会的，年底不对其评优评先。

二、存在的问题

（一）重视力度不够

1. 老年协会在新时期发挥重要作用还未引起高度重视

一是一些政府、老龄部门没有意识到老年协会已成为新时期老龄工作的重要抓手和基层村队（社区）管理的有力助手。在调研中我们发现一些老龄办领导认为老年协会就是一个群众性组织，没有编制、没有经费，也就是开展一些群众性文体活动，对老年协会的工作没有指导、引导，随他们自我发展，不能使老年协会成为积极推进老龄工作的有力抓手。二是一些乡镇街道领导认为，将老年人组织起来，会给乡镇街道提出很多的历史遗留问题，给乡镇党委添加麻烦，所以对老年协会的建设重视不够。三是老年协会领导没有认识到老年协会在新时期所要发挥的作用。认为老年协会就是将一些老年朋友在一起说说话、锻炼一下身体，没必要执行上级部门的命令，只要可以申请到一些经费，把老年协会的文体娱乐活动开展得更好点，谁给钱就听谁的。

2. 对建设规范化老年协会思路还不清晰

一是普遍认为老年协会就是自我管理的一个民间协会，让他自我发展就好了。二是认为老年协会无编制、无资金、无场所，没有上行下效的老年协会领导体制，没有工作的目标和考核机制等等，而这些不是我们这一级能解决的，只是走一步看一步。三是在推进老年协会建设上，没有落实到抓根本、抓体制、抓队伍建设上，从体制机制上解决老年协会建设的根本问题。四是对老年协会作用认识不清，没能认识到老年协会将成为新时期老龄工作的重要抓手和基层村队（社区）管理的有力助手。

3. 对建设规范化老年协会争取还不够

一是没能有效的争取政府和社会团体资金的支持。从我们调研的 16 个基层村队（社区）老年协会来看，只有 2 个有来自政府资金的直接支持，有 4 个村队（社区）要老年协会开展文艺演出等活动时，才给予一些服装等补贴。在我们调研的村队（社区）中，没有一个有给予老年协会资金支持的明确意见和政策。二是没有有效的协调和利用现有资源为老年协会提供办公及活动场地。在我们调研走访的 16 个村队（社区）中，有 10 个村队（社区）的办公阵地建设较好，有充足的办公活动场所，占总数的 62.5%。比如伊宁市萨依布依街道办事处办公场所 2300 平米，用于办公的仅 230 平米，占 10%。而目前社区领导商量拿出有 1000 平米服务于老年人。而在村队（社区）活动场所中，老年群体占了 90% 以上，但我们调研的 16 个村队中只有少数明确了老年协会的办公和活动场所。自上而下没有形成村队（社区）的办公阵地要拿出一部分用于老年协会建设的指导意见。

4. 对建设规范化老年协会的政策还不明晰

没有形成规范的老年协会工作任务、老年协会领导组织结构、老年协会资金来源、老年协会场所来源等相关政策。

（二）机制体制制约

1. 体制机制不畅

一是没有形成州、县、乡、村四级老年协会组织结构。州、县、乡、村四级老年协会之间没有纵向联系，工作政出多头，老龄、老干、社区，谁给场地、谁给钱，就听谁的。如在我们的调研座谈中，伊宁县老年协会提到这个问题。县级老年协会是作为领导机构还是群众机构，我们老年协会的组织结构怎样建设等。二是没有形成统一的老年协会章程指导意见，导致各级老年协会内部结构松散，横向纵向组织结构散乱，会员之间缺乏有效的联系，无法形成一定的舆论氛围。三是老年协会没有统一的工作任务、目标。各级老年协会各自为政，工作任务随意简单，大多以自我娱乐为主，没能有效地引导到为老服务、互帮互助、协助基层做好社会管理、社会监督等工作来。

2. 管理不规范

一是老龄办对老年协会之间管理松散。老年协会是自发性群众组织，与老龄办之间是业务指导关系。在目前老年协会发展初期，老龄办对老年协会缺乏领导，基本上就是两张皮。老年协会只是按照协会章程开展一些老年文体活动，实现基本的自我教育、自我管理、自我服务的职能。二是老年协会内部管理松散。老年协会没有固定的办公场所，协会领导与会员之间联系的结构松散，缺乏黏性，国家的老龄方针政策不能及时传达到会员，工作执行力差。

（三）资金场所制约

1. 资金成为当前推进老年协会建设最主要的困扰

目前，伊犁州没有将老年协会资金纳入政府预算。老年协会的资金来源主要是：一是收集会员费。会员费非常少，还有的连会员费都没有。如在我们调研的16个村队（社区）老年协会中，收会员费的4个，没有收会员费的12个。而收取的会员费，也基本在每人每年10~30元左右。如伊宁县老年协会有会员150个，每人收取30元会费，2014年共收取4500元会费。二是其他方式筹备资金。基本采取向政府申请点、企业赞助点的方式筹备资金。在16个村队（社区）老年协会调研中，2014年筹备到资金的6个，没有筹备到资金的10个。而申请的资金也非常少，基本都是村队（社区）办公经费中拿出的。如伊宁县吉里于孜镇西二区老年协会，这个协会在调研中算是比较好的。2014年，伊宁县老龄办为鼓励老年协会建设，拨付3000元办公经费，吉里于孜镇党委拨付3000元，西二区社区又从办公经费中拿出3000元经费用于协会，这在整个伊犁州都是资金支持力度大的，就这样西二区老年协会会长吉甫素江还是说经费根本不够，有很多有意义的活动不能开展。目前，对于伊犁州老年协会因经费不足直接造成以下问题：一是无法在民政部门正常注册。伊犁州直目前成立468个老年协会，其中注册的30个，因没有资金注册的438个。二是无法开展一些正常的活动，致使个别基层老年协会工作基本处于停滞状态。

2. 场地成为制约老年协会发展的关键环节

目前，基层老年协会大多都依托村队（社区）办公阵地办公或活动，存在办公活动场所不固定、活动场所小、老人多等现状，不能满足当前老年协会发展的需要。如霍城县清水镇城南社区，该社区办公、活动场所共500平米，其中仅有的250平米活动场所给了老年协会，而协会有九个队，活动根本安排不过来。而这个老年协会是霍城县清水镇开展比较好的，现在很多老人都想加入协会，但协会因为场地限制，已经不能再吸收新会员了。

（四）老年协会队伍建设不够

1. 老年协会领导班子建设不够

一是老年协会领导班子都是退休后兼职工作的，没有工资也没有补助，积极性不高，事业心不强，再加上机制体制等方面存在的困难，致使目前老年协会领导班子组织管理松散，凝聚力不强。二是老年协会领导中没有全职或有事业心的年轻的中间力量。老年协会领导班子成员年龄普遍较大，不能全身心地投入到老年协会工作中，工作中一些联系、协调、上情下达等工作没有人做，这是造成老年协会内部管理松散的一个主要原因。

2. 老年协会会员缺乏教育、没有形成良好的舆论氛围

老年协会会员来自“五湖四海”，思想素质千差万别。既有高学历的党员干部、知识分子，也有学历很低的农民等劳动人民。因缺乏必要的教育培训，他们的思想很难形成统一。目前，会员之间基本上靠群体之间的非领导影响力发挥作用，不能在老年协会规范化建设中形成共识。

三、对老年协会在老龄化进程加快新常态下发挥作用的思考与设想

（一）对完善的老年协会解决问题的思考设想

1. 解决老年人的自我教育问题

通过各种不同职业退休的老年人，在基层广泛开展一些对所有老年人的各类教育。教育可涉及党和国家政策、法律知识教育、老年健康知识、道德情操教育、防骗防盗教育等。教育形式可通过人对人、点对点的教育，也可通过知识讲座式集中教育，还可通过参观学习、组织实践等教育形式，使老年人能够遵纪守法、文明礼貌、热爱生活、积极向上。

2. 解决老年人的自我服务问题

老年人群体职业结构复杂、人员素质不一、经济状况不同、教育程度差距大，因此需求也不同。但主要有以下几种需求：一是对社会群体（集体）的需求。二是对身体健康的需求。三是对社会服务的需求。四是对精神文化的需求等。还有一些经济条件差的，对养老生存的需求。可以通过老年协会的自我服务，解决老年人的一些主要需求。通过组织老年人开展文体活动、培训教育、帮扶村队（社区）追踪热点、银龄行动、互帮互助、扶贫帮困等，解决老年人的自我服务问题。

3. 解决老年人的互帮互助问题

老年群体中有一些孤寡老人、空巢老人、残疾老人，他们在生活、精神文化方面，存在很多的问题，这些问题不仅成为这些老年人困扰，而且还成为党和政府关心的重难点问题。通过完善的老年协会组织，可以开展邻里互帮互助、定时慰问、精神慰藉、文化宣传等，使一些老年群体中的低龄健康、富有爱心的老年人，对孤寡、空巢、残疾老人进行互帮互助，使这部分困难老年人能享受到改革带来的红利，使他们安享晚年。

4. 解决老年人社会服务问题

在我们调研的老年人中发现，很多老年人对党的事业、祖国的发展、社会的和谐都非常关注，希望能够发挥余热，为祖国、社会贡献一些力量。在我们走访的老党员中，很多怀有对党的事业发展的责任心，在一些老干部中，他们表现出对下一代的关爱。在

我们走访的老教师中，也体现出对教育改革的关注。这些群体不求报酬、不求回报，有强烈的对社会贡献力量的愿望。如在我们调研中，有些社区的大妈们按时上班、按时下班，帮社区义务值班、慰问、宣传、打扫卫生等等。而完善的老年协会，可以组织这些老人，按他们的特长发挥他们的余热，既解决了这些老年群体的需求，也给社会做出了贡献。

（二）对完善老年协会的思考设想

1. 将老年协会建成协助政府开展职能工作的重要社会团体

在州、县、乡、村四级发挥老年人的自身优势，在老年宣讲、邻里调解、热点跟踪、财务监督等发挥作用，让老年协会的老年人既能自我管理、自我教育、自我服务，又能帮助政府开展一些职能工作，成为政府的有力帮手。

2. 将老年协会建成“一级抓一级，层层抓落实”的州县乡村四级领导体制

形成老年协会四级领导体制，上下级老年协会任务明确。上级老年协会完成一些指导培训、监督检查、活动组织、文体比赛、“银龄行动”等。下级老年协会开展一些社团活动、会员教育、社会帮扶、民主监督、热点跟踪等工作。

3. 将老年协会建成在政府有编制、在财政有预算的重要社会团体

争取将老年协会列入政府正式编制及财政正式预算，制定三定方案，设置专职人员开展老年协会正常工作，使老年协会有资金、有场所、有人员、有任务。

4. 将老年协会建成老龄事业的有力抓手和重要帮手

老龄事业中一些适合老年协会开展的工作，交给老年协会开展。如，银龄行动、社会帮扶、老年贫困老人帮扶基金建立、低龄老人对高龄老人的互帮互助、老年教育、老年文体比赛、老年健身、老年病康复等，使老年协会成为老龄事业的有力抓手和老龄办的重要帮手。

5. 将老年协会建成“老年人之家”和“老年党员之家”

一是把老年协会建成“老年人之家”，让老年人在社会群体中找到社会归属感，解决老年人对社会群体的需求。二是在老年协会建立党支部，解决退休党员的归属问题。如，在伊宁县吉里于孜镇西二区调研发现，该社区有党员 100 人，老年党员就 76 人，社区平时工作忙，组织生活都不能很好开展，而在老年协会的同志，就可以通过协会活动场所读读书、看看报、聊聊天、谈谈心，轻松地过组织生活。

四、对新时期规范基层老年协会的对策建议

（一）提高各级政府、老龄部门及老年协会领导对老年协会在老龄化社会重要作用的认识

1. 提高各级政府及老龄部门对老年协会在新时期重要作用的认识

一是开展州、县、乡、村四级主管老龄工作领导培训班，形成各级领导干部对老龄事业及老年协会的重视。培训教育分级分批对主管老龄工作领导、老龄办领导、老年协

会领导加强培训，使他们认识到当前老龄化快速推进给社会带来问题的紧迫性；认识到老年协会在老龄化社会中的重要作用，让老年协会在新时期不仅完成自我教育、自我管理、自我服务的基本功能，同时使老年协会成为党和政府在解决老龄化社会带来的问题中的重要帮手和助手，尤其是成为在基层构建和谐社会和加强基层组织建设中的重要帮手和助手。

2. 通过老年协会推进会、经验交流会、到外地参观学习等多种形式，增强老龄部门领导在加快推进老年协会建设的意识

老年协会在伊犁州正在发展期，对怎么开展、怎么推广，很多老龄办领导没有一个好的思路和方法，通过“走出去、引进来”的方式，横向纵向通过向上级、同级老龄部门老年协会学习，学习他们的管理方法、推进经验等等，增强加快推进老年协会建设的意识，培养各级老龄办推进老年协会建设的能力。

3. 加强监督检查指导工作，督促指导各级老龄办积极开展老年协会建设，让各级政府、老龄办认识到老年协会的重要性

通过督查指导、督查通报、简报通报等多种形式，使各级分管老龄部门领导知道老年协会的重要性，让老年协会成为老龄办的重要抓手和有力助手。

4. 组织调研，使各级老龄办对老年协会的基本情况、主要特点、存在问题了如指掌，在调查的基础上，形成好的推进老年协会建设的对策

没有调查就没有发言权。只有领导干部对老年协会的认识清晰、问题清晰，思路清晰，才能有效的推进老年协会的规范化建设。

5. 培养老龄部门协调能力，为老年协会提供组织保障

当前制约老年协会的一个主要问题是资金场所缺乏，老龄办要想方设法，争取政府财政资金的支持，争取老年协会的办公场所及活动场所。积极协调各级政府资源共享，将老年活动与老干活动场所资源共享、村队社区活动场所与老年活动场所资源共享、企业活动场所与老年活动场所资源共享等，为老年协会新时期的发展提供资金场所保障。

（二）完善老年协会的机制体制，为老年协会的发展提供组织保障

1. 建立州县乡村四级老年协会组织结构，一级抓一级、层层抓落实

分级制定老年协会的职责与任务。州县及老年协会主要抓好对基层老年协会的指导、政策的制定、文体活动的比赛组织、对下级老年协会培训教育、教学老师的培训指导等等。乡村两级主要抓好老年人文体活动开展、健康教育及锻炼、党和国家政策传达和宣传、协助村队社区开展一些工作等，如热点监督、矛盾调解、维稳宣传、帮扶说教、慰问互助等等。

2. 完善州县四级老年协会章程指导意见，规范各级老年协会，使他们从自发的群众自我娱乐团体，向规范化的政府的重要团体发展

使各级老年协会做到组织结构清晰、领导班子有力、会员发展迅速、任务目标明晰、工作开展有效。

3. 形成自上而下的老年协会工作目标及任务

各级老年协会根据自身特点，确定当年的工作任务及目标，让老年协会知道在干什么、为了什么，使老年协会有归属感和使命感。

4. 充实老年协会工作人员，建立合理的人员结构

在原有老年协会领导班子的基础上，增加老龄办工作人员在老年协会领导班子中兼职，充实年轻人担任老年协会的工作人员。争取将老年协会纳入自治区政府“三定方案”编制或各县市财政自筹资金编制，使老年协会工作人员成为专职人员。

（三）积极争取各方资金及场所，为老年协会发展提供资金场所保障

1. 资金方面

一是积极争取财政资金的支持，争取将老年协会纳入财政预算。二是争取州县乡村四级分级给付资金的方法，上级给一点、本级给一点、自己筹一点。三是积极争取社会资金的支持。利用老年协会自身优势，将舞蹈、体操、书画、歌唱的老年资源与社会企业、政府工作等得到有效转化，让老年人的资源可以为社会服务、企业服务，为社会及企业带来效益，同时也为老年协会争取到资金。四是争取福利彩票的资金。五是政府购买服务。针对老年人教育、宣传教育、贫困帮扶、文体活动教学等，实行政府购买老年协会服务。教会一个老人打太极拳多少钱，演出一场社会节目多少钱等等，让政府工作与老年协会资源得到有效转化。

2. 场所方面

一是积极争取各级政府保障老年协会的办公场所。协调各级政府及各类企事业单位，资源共享，让政府及各类企事业单位的活动场所也成为老年人的活动场所。尤其在基层村队（社区），明确村队（社区）办公场所不少于 20% 比例用于老年协会。二是积极开展老年社区建设。在房地产开发中，把老年活动场地列入开发的重要内容，既成为房地产公司的卖点，又为老年协会场所保障提供了出路。

（四）加强管理，提高老年协会自身建设

1. 加强老龄办对老年协会的管理和指导

一是做好对老年协会工作任务的安排、监督及指导。二是及时传达党和政府及老龄工作的政策。三是做好对老年协会领导的培训及考核。四是增强老龄办和老年协会的工作黏性。可将“银龄行动”、组织慰问、文体比赛、社会活动等工作交给老年协会组织开展，老龄办加强指导监督，使老龄办与老年协会之间联系紧密，形成群体效应。

2. 加强老年协会自身建设

一是加强老年协会班子及中坚力量建设。二是开展协会自上而下的培训教育。

（作者单位：伊犁哈萨克自治州老龄办）

白银市社会养老工作情况调查

宋秉乾

一、白银市人口老龄化现状

白银市辖会宁、靖远、景泰3个县和白银、平川2个区，有69个乡镇、9个街道办事处、99个社区和702个村民委员会。全市常住人口为174.30万人，60岁以上的老年人口为23.65万人，占常住人口的13.57%，其中60–79岁的老年人口为21万人，80–89岁的老年人口为2.12万人，90–99岁的老年人口为1360人，百岁以上的老年人口为13人。城镇老年人5.38万人，占老年人口总数的22.75%，农村老年人18.27万人，占老年人口总数的77.25%。享受城乡低保的老年人37459人，空巢老人27579人，五保老人4166人。目前，白银市老龄人口发展呈现出老龄化速度加快、未富先老、农村老年人口比例高、空巢老人多、农村养老保障一直处于较低水平等主要特点。

二、白银市社会养老工作开展情况

（一）高度重视社会养老工作

一是全市各级党委、政府把社会养老工作纳入当地经济和社会发展总体规划，先后制定出台了《白银市老龄事业发展“十二五”规划》《白银市“十二五”社会养老服务体系建设规划》《白银市人民政府关于加快发展养老服务业的实施意见》《白银市社区老人日间照料中心建设实施方案》《全面推进白银居家养老服务工作实施方案》《白银市城乡居民基本养老工作实施方案》等政策措施，为开展养老服务工作提供了政策保障。二是积极解决老龄组织建设，建立健全了市、县、乡、村四级老龄工作组织网络，落实编制，配强人员，市、县区两级专职工作人员达到35人。各级老龄事业经费按照规定标准列入财政预算，保证了老龄工作的正常开展。三是成立了由市委常委、组织部长为主任，市政府分管领导为常务副主任，有24个部门负责人组成的市老龄工作委员会，结合各部门的职能，制定了成员单位老龄工作职责和协调联系制度，靠实了成员单位的老龄工作责任。各级老龄工作机构想方设法，积极作为，为各级领导决策老龄工作发挥参谋助手作用，形成了“党政加强领导、老龄委组织协调、相关部门齐抓共管、全社会共同努力”的良好工作格局。

（二）加快落实发展养老服务业的政策措施

省政府《关于加快养老服务业发展的实施意见》出台后，市政府高度重视，就加快推进养老服务业发展向各县区做了具体安排。2014 年 11 月，市政府出台了《关于加快发展养老服务业的实施意见》（市政发［2014］278 号），进一步明确了总体要求和发展目标、重点任务，完善了金融支持、土地供应、税费减免、财政投入、人才支撑等政策。市民政局、市老龄办、市财政局、市城乡和住房建设局、市国土资源局、市残疾人联合会、市工商行政管理局、市统计局等相关部门积极行动，出台配套措施，先后下发了《关于加快推进全省居家养老服务网络平台建设的实施意见》（市民发［2014］132 号）、《关于推进城镇养老服务设施建设工作的通知》（市民发［2014］185 号）、《关于加强老年人家庭及居住区公共设施无障碍改造工作的通知》（白建发［2014］452 号）、《社会办养老服务机构一次性建设补贴资金管理办法》（市财社发［2015］17 号）、《关于进一步规范社区老年人日间照料中心建设管理工作的通知》（市民发［2015］23 号）、《关于开展养老服务业统计工作的通知》（市民发［2015］38 号），进一步推动了社会养老工作的发展。

（三）逐步加大社会养老保障体系建设力度

在城镇，以基本养老、基本医疗、最低生活保障制度为主要内容的社会保障制度基本建立。在农村，已逐步建立和完善家庭赡养、土地保障、社会扶持和最低生活保障制度相结合的养老保障体系。全市为 4.79 万退休人员提高了基本养老金水平，月人均增加 156.96 元，增幅达 11%。目前，我市企业退休（职）人员基本养老金月均达 1863.66 元；“五七工、家属工”基本养老金月均达 882.92 元，完全失地农民基本养老金月均达 951.3 元。城乡居民社会养老保险参保率达 96.39%，基础养老金发放率 100%，人均每月达到 65 元。城镇居民基本医疗保险政府补助标准由 280 元提高至 320 元。新型农村合作医疗制度实现全覆盖，人均补偿额逐年提高，高血压、糖尿病等老年人多发的慢性病纳入门诊补偿的十个特殊病种，使老年人医疗保障受益面进一步扩大。建立并完善了城乡大病医疗救助制度，对所有患病的城镇“三无”老人、农村“五保”对象都按规定给予医疗救助；同时，为城镇“三无”老人、农村“五保”对象和一、二类农村低保对象代缴了参保参合金。37459 名城乡生活困难老人纳入了低保范围。农村五保供养标准进一步提高，分散供养达到 4114 元 / 年，集中供养达到 4314 元 / 年。

（四）进一步加快养老基础设施建设

近年来，我市紧抓民政部实施“星光计划”、“霞光计划”项目和省民政厅实施“双五、双十、双百示范工程”的机遇，按照“因地制宜、统筹规划、合理布局、分类实施、建管并举”的原则，积极推进养老服务机构建设。截至 2014 年底，全市已建成各类养老服务机构 352 所，其中：社会福利院 6 所，老年公寓和敬老院 38 所，城市社区日间照料中心 34 所，农村互助老人幸福院 274 所，设置养老床位 6404 张，每千名老人拥有床位数 28.09 张。“十二五”期间，我市认真落实国务院和省政府《意见》，积极引导民间资本进入养老服务领域，已经有两家民办养老机构投入运行。目前，由白银镇远房地产开发有限公司投资的白银黄河北岸仙居老年公寓项目已经立项批复，正在办理土地使用手续，项目分两期建设，共计划投资 7.64 亿元。初步形成了以市级养老福利机构建设为引导、以县区综合养老福利机构为主体、以乡镇敬老院、日间照料中心、互助老人幸福院和民办福利机构为补充的“三位一体”养老服务社会化格局。积极推行“医养结合”服务模式，提升养老行业护理水平。市福利院、市老年公寓都设置了康复理疗室，配备相关的器材，供老年人康复使用。市县区社会福利机构有的设立了医疗室（站），有的与专业医院建立了合作关系，缓解了入院老人看病难的问题。

（五）积极推进居家养老服务

一是建立服务档案。对全市 60 岁以上老年人进行调查摸底，根据老年人的生活习惯、健康状况、家庭情况、生活需要等，建立了空巢老人、残疾老人和特困老人等服务档案，健全了居家养老服务基础性资料。按照就近、便捷的原则，以社区医疗服务中心为基础，建立医疗服务联系点，为社区老年人建立详细的健康信息档案，并根据老年人的具体需求及时提供贴心服务。二是探索居家养老服务新模式。积极探索由政府提供无偿或低偿的居家养老服务，推动养老服务从“特惠型”向“适度普惠型”转变。从 2011 年开始，以政府出资购买服务形式，在城市 96 个社区开展了居家养老服务，重点为 2730 名伤残老人、“三无”老人、“空巢”老人、特困老人等提供了无偿、低偿服务，累计发放服务费 736.56 万元。平川区建成“12349”居家养老服务网络平台，白银区四龙路街道开办了居家乐虚拟养老院，白银区工农路街道开通了以“8833999”为专线的养老服务热线，全市街道和社区普遍成立了居家养老服务机构，通过整合家政服务中心、餐饮、社区门诊等社会资源，形成了多种服务链条。三是关注农村“空巢老人”生活。从 2011 年开始，在 30% 的村级组织开展留守老人日间照料帮扶工作，累计安排工作经费 422 万元，惠及全市 211 个村 4220 名老人。2013 年，市政府在财政并不宽裕的情况下，将“建设 150 所农村互助老人幸福院”列入为民办实事项目，当年投入资金 750 万元。截至目前，省、市、县三级共投入资金 1276 万元，建成农村互助老人幸福院 274 所，已覆盖我市 40% 的农村社区。在尚未建立农村互助老人幸福院的村，推行以村为依托，村干部、志愿者、村民为主体的“定人定时定点”探视救助服务，每个老人每月探视不少于 4 次，随时掌握老年人生活状况，帮助老人解决生活照料等困难。

（六）进一步落实老年人权益保障政策

认真贯彻落实《老年人权益保障法》和甘肃省《关于加强新时期老年人优待服务工作的意见》，建立健全优待维权机制。全面落实老年人各项优待政策，60 岁以上老年人受到普遍优待，高龄老人和 70 岁以上农村残疾老人受到特殊优待，贫困老人受到照顾优抚。2008 年以来，为农村 70 岁以上残疾老人发放生活补贴 910 万元。2012 年开始，白银、平川城区 60 岁以上老年人乘坐公交车实行五折优惠。2015 年开始，将高龄老人生活补贴和城乡居民基本养老保险合并发放，并将发放高龄补贴的年龄放宽到80周岁。社区医疗卫生中心为65岁以上老年人免费进行体检。市、县区两级法律服务机构在街道设立法律援助站，推进法律服务进社区，扩大对老年群众的法律咨询和服务，对“三无”老人、农村“五保”老人等老年弱势群体，通过简化程序，优先受理、优先审核、优先指派等方法，持续做好为老年人提供高效法律服务和法律援助工作。市妇联积极贯彻落实《妇女权益保障法》，成立了市妇女法律援助中心，为生活困难的老年妇女提供无偿法律服务。各级老龄部门认真抓好老人信访案件的调处反馈工作，做到涉老信访件件有着落，事事有反馈，有效维护了老年人的合法权益。

（七）积极搭建平台活跃老年人精神文化生活

通过各级老年协会和各类老年文化活动团体，积极组织老年人开展科学、文明、健康、有益的文体活动，经常性举办老年文艺汇演、老年人体育运动会、老年书画摄影展等活动。全力推进老年教育事业发展，建成各类老年大学（学校）21所，目前在校学员约2000余人。2013年，我市老年大学编排的木码黑管演奏曲《梁祝》获得文化部艺术中心、全国老龄办艺术中心举办的全国中老年盛世文化演出西北赛区金奖。全市建成公园及公益性娱乐场所48个，各类健身晨练点240个，群众性老年文化活动团体46个，常年参加活动的有近6万人。引导广大老年人积极参与社区精神文明建设和社会公益活动，充分发挥老年人在关心下一代、开展传统教育、维护社区治安、调解邻里纠纷等方面的特殊作用，有效促进了社会和谐稳定。积极组织开展“银龄行动”，为离退休专业技术人员发挥作用搭建平台，组织各类老专家开展咨询、义诊、送技术下乡等活动，为老年人发挥余热，参与社会事务，实现老有所为创造了条件。

（八）努力营造良好的社会养老工作氛围

一是加强社会养老宣传工作。充分发挥领导层面的宣传作用，通过各级政府组织召开现场会、电视讲话、发表慰问信等形式增强各级领导对做好社会养老工作的责任意识；充分发挥新闻媒体的作用，在白银日报、电视台开办专题栏目，宣传“孝亲敬老之星”和老龄工作先进单位、先进个人；充分发挥老年群体宣传作用，利用文艺演出、体育比赛等老年活动展示老年人的风采，鼓励老年人积极参与社会活动，形成了全社会关心、支持、重视社会养老的良好氛围。二是深入开展“敬老文明号”创建活动。成立了白银市“敬老文明号”创建活动领导小组，研究制定了《白银市开展“敬老文明号”创建活动实施方案》。各相关行业、单位开展了形式多样、内容丰富的创建活动，31家单位被评为“敬老文明号”（国家级3家、省级8家、市级20家）。三是认真组织实施全国敬老助老爱老主题教育活动评选表彰工作，我市近年来共有32人获得“全国孝亲敬老之星”称号，平川区兴平路街道老龄办获得“全国敬老模范单位”称号。同时以评选活动为契机，通过宣传敬老爱老模范人物、单位以及他们的先进事迹，在全社会营造敬老爱老助老的社会氛围，弘扬中华民族孝亲敬老的传统美德，促进了代际和谐、家庭和睦与社会主义和谐社会建设，社会反响良好。

三、当前白银市社会养老事业发展存在的主要问题

（一）社会养老事业发展不平衡

社会养老工作的机构、人员、经费及工作机制等方面还不能完全适应新形势下加快社会养老发展的实际需要。总体上，全市社会养老发展水平两区好于三县，社会保障及养老服务保障城市优于农村。特别是近年来，农村留守老人和空巢老人增多，而农村老人经济保障能力低，养老保障和养老服务问题日益凸显，农村社会养老工作深入开展难度较大。

（二）民办养老服务机构发展较慢

作为公办养老机构的补充，我市民办养老服务机构总体上规模偏小、设施较差。由于受融资困难、上报项目和征用土地手续繁琐等因素影响，民办养老服务机构征地难度大，难以达到老年人建筑设计规范及交通便利、环境良好、消防安全等要求。我市白银黄河北岸仙居老年公寓（占地 190 亩，总建筑面积 25.37 万平方米，总投资 7.64 亿元）、白银坤和生态老年公寓（占地 50.8 亩，总建筑面积 1.5 万平方米，总投资 8000 万元）是由社会力量投资建设的养老服务项目，已完成立项、土地批复等手续，由于受融资难、土地补偿费用高等因素影响，进展不快。

（三）是养老产业发展缓慢

我市处于西部欠发达地区，城乡居民收入均处于全国最低水平，老年人可支配收入少，用于老年消费的动力不足，除了吃饭、医疗等刚性需求，其他方面的消费则能省就省。由于“未富先老”的社会现实，养老产业还处于起步阶段，投资收益小、见效慢，民间投资兴办养老产业的积极性还不够高。

（四）是养老服务专业化程度还比较低

目前，我市养老服务人员知识水平和专业化程度普遍偏低。养老机构服务人员多数是从社会上招聘的，文化水平和业务素质参差不齐，没有经过专业培训，不具备专业技能和护理知识，并且从业人员偏少，满足不了老人的日常服务需求。缺少各类专业社会工作者，在心理疏导、精神慰藉、康复保健、老年护理及失能老人长期照料等方面还需要通过引进人才和加大培训的力度来提高服务水平。社区志愿服务人员少，现有志愿服务活动往往具有很大的随意性和阶段性，缺乏持续提供服务的制度保证。

（五）城乡日间照料中心缺少经费，运营困难

我市是在经济不太发达的条件下进入老龄型社会的。当前我市正处于经济体制转轨的过程中，由于物质基础比较薄弱，民政部门需要承担“扶贫”与“养老助老”双重任务。

养老很多环节都需要大量资金，但政府经费投入十分有限，紧靠政府投入的专项资金明显不足，资金问题正成为养老服务发展的重要制约因素。各地已建成的城乡日间照料中心大都缺少运营经费，管理服务缺乏创新意识，存在单纯依赖管理人员提供为老服务的现象，还没有形成老年人互帮互助、自我管理的服务管理模式。

（六）是农村敬老院运行成本高，一部分不能正常开放

近年来，我市陆续兴建了一批农村敬老院和五保家园，由于各级财政困难，敬老院和五保家园运行经费不能足额列入财政预算，现行的五保供养标准又远远不能维持基本的运行，导致床位长期闲置、入住率低。另外，由于敬老院老年人护理工作既脏又累，且责任大、待遇低，很多人不愿从事这个职业，致使养老服务机构进人难、留住专业人员更难。

四、加快发展白银市社会养老事业的对策建议

（一）统筹规划养老体系建设，科学制定社会养老发展规划

加快养老体系建设，是一项具有重要意义的民生工程，要按照统筹考虑，超前规划的原则，在科学分析老年人口发展趋势的基础上，结合我市经济社会发展规划，制定全市《养老事业发展“十三五”规划》，并将其纳入经济社会发展总体规划中。要优先保障养老机构用地，对各类投资主体新建、改建、扩建的养老服务设施，优先立项，优先审批。要积极做好养老服务机构的资源整合，将闲置的医院、学校、幼儿园、企业以及各类公办培训中心、活动中心等设施资源改造后用于养老服务。

（二）增加投入，加大对社会养老事业发展的扶持力度

调整政府公共财政支出结构，建立社会养老事业公共财政投入的稳定增长机制。各级财政要足额列支社会养老福利机构运行经费，特别是县区财政要对福利院、敬老院、城乡日间照料中心运行经费单独预算。每年要安排一定的养老事业发展经费，按时足额拨付，并随着财政收入增长而逐步增加，重点对养老服务机构、居家养老服务组织等实行扶持，特别是加大对社会力量兴办的养老机构的资助。要进一步细化和落实民办养老机构在用地、税收、能源资源等方面的优惠政策和措施，通过加大政府投入、扩大福彩公益金和慈善资金投入、激励社会投入等多种渠道，强化养老服务的资金保障，切实改善养老服务基础设施条件，提高养老服务能力和水平。

（三）科学谋划养老医疗融合发展，推进“医养结合”养老机构建设

切实落实国家的优惠扶持政策，建立养老机构与附近医院合作形式，以实现资源共享、优势互补，在为老年人提供基本养老服务的同时，能够提供高质量的医疗服务，鼓励医院设立老年病房和老年护养中心。同时，积极探索养老机构的医保定点工作，将养老机构纳入医保定点单位，实现既可养老又可看病，还能报销医疗费的目标，减轻老年

人养老经济负担。

（四）着力发展老龄产业，开拓老年消费市场

随着社会保障制度的逐步完善，老年人的消费能力逐渐加大，老龄产业也必将成为一个新兴的朝阳产业，市场前景极其可观。要以推进产业养老，优化养老产业结构，拓展老年消费市场，丰富老年生活为重点，通过政策引导，鼓励社会资本投资兴办以老年人为对象的老年生活照顾、家政服务、心理咨询、康复服务、紧急救援等业务。一是要制定老龄产业的扶持政策，拓展融资渠道，鼓励和引导社会各界参与。二是建立健全关于老年产业的法律法规，制定各项老年服务行业和项目必要的标准和规章制度。三是多样化开发老年用品、服务业、旅游业、娱乐业、房地产业、老年保险业、再教育业、老年咨询服务业，提高服务产业特色，满足老年人的多种需求。四是拓宽销售渠道，提高老年人购买便利性。

（五）开展养老服务专业培训，加强专业养老服务队伍建设

要强化从业人员专业化培训。将养老服务机构负责人、养老护理员及其他各类提供养老服务的从业人员纳入培训规划。要积极引进人才，制定优惠政策，鼓励大专院校对口专业毕业生到我市从事养老服务工作。重点引进医生、护士、康复医师、心理辅导师、社会工作者等具有执业或职业资格的专业技术人员。充分吸纳社会力量参与养老事业。在养老机构和社区开发公益性岗位，吸纳农村转移劳动力、城镇就业困难人员从事养老服务。同时，养老机构应当积极改善养老护理员工作条件，加强劳动保护和职业防护，依法缴纳养老保险费等社会保险费，提高职工工资福利待遇。

（六）大力支持社会力量兴办养老机构，缓解养老供需矛盾

各地应从全局、长远、可持续发展的角度全面谋划本地养老机构建设。在项目实施中，要量力而行、规模适度，切忌不顾实际盲目贪多求大、铺张豪华，确保养老机构项目建一个，成一个，用一个，发挥应有的效益。同时，要积极引导、支持社会力量兴办多元化的农村养老服务机构，采取公建民营、民建公助、政府补贴、独资、合资、参股等方式兴办养老机构。鼓励有条件的地方通过委托管理等方式运营面向社会老人提供服务的公办养老机构，支持社会力量运营公有产权的养老服务机构。通过床位补贴、运营补贴和购买服务等方式，鼓励社会力量利用机关、学校、企事业单位和农村集体组织闲置土地、场所、设施等，开办各种模式的养老院、老年公寓、托老所等养老服务机构。并进一步落实养老服务机构税收减免政策，在民营养老院的建设过程中，在用地及规费减免等方面给予一定优惠。

（作者单位：白银市老龄办）

厦门市老年人体育健身状况的调查研究

厦门市老年体育协会、集美大学体育学院老年问题调研组

一、前言

近日，国务院印发了《国务院关于加快发展体育产业促进体育消费的若干意见》，提出营造重视体育、支持体育、参与体育的社会氛围，将全民健身上升为国家战略。随着中国步入老龄化国家，人口老龄化问题已经是整个社会需要关注和解决的重大问题，而老年人体育正是缓解老龄化问题的一个重要举措，因此，备受社会各界的关注。

厦门市早在 1994 年就步入老龄化城市的行列。截至 2013 年 5 月底，厦门市户籍总人口 188 万人，其中 60 周岁以上的老年人已达到 26.1 万人，占全市户籍总人口的比例约为 13.88%，老年人口平均年增长约 1.1 万人，增幅约为 3%。目前全市人口结构中老年群体呈现出老龄化、高龄化、空巢化等特点。

近年来，厦门市在提高老年人的体质健康水平和丰富文化生活，推动全民健身运动的开展，构建和谐社会发挥了重要作用。但是，目前厦门市老年体育发展还存在许多与厦门经济特区高速发展不相协调的老年体育服务体系。为此，本文采用问卷调查法，访谈调查法，文献资料法等综合研究方法对厦门老年人体育健身状况进行调查研究，提出构建"美丽厦门"推动全民健身运动广泛开展的老年体育发展对策。

二、研究对象与方法

1. 研究对象

厦门市身体基本健康，能走出家门锻炼的 60 岁以上的男性和 55 岁以上的女性。

2. 研究方法

（1）文献资料法：根据论文研究对象和研究任务，充分利用计算机文献检索系统，对相关信息进行检索，并将收集到的文献资料整理归类，力求从中得到启发，为课题研究的进行提供理论和方法依据。

（2）访谈调查法：根据有关理论和实践问题走访相关方面的专家了解相关知识与动态。

（3）问卷调查法：先通过文献资料查阅和访谈调查等方法，初步了解厦门市老年人健身的基本情况，然后在进行综合分析的基础上设计出厦门市老年人健身情况调查表，于 2013 年 12 月—2014 年 4 月通过厦门市老年人体育协会向各区老年人体育协会发放并

组织回收。共计发放 20000 份，回收 19979 份，有效回收率 99.9%。

（4）数理统计法：通过电脑和 SPSS11.5 软件对调查的数据进行数理处理，然后进行分析以发现其中的问题，并绘制数据图提供直观的数据显示。

3. 研究截止时间

2014 年 4 月底。

三、结果与分析

1. 参与体育活动目的性不够明确

根据调查结果（表 1）显示，厦门市有 90.3% 的中老人是爱好体育的，其中体育参与者的比例更是达到 82.04%。退休后坚持锻炼的老年人人数相比退休前的人数有着显著增加，也说明了随着退休后空暇时间的增加，更多的老年人愿意将时间投入到体育健身中去。同时，（表 2）表明 91.97% 的老年人在参加锻炼后都自觉体质明显变好，也提升了中老人参加体育健身活动的热情。但是，从（表 3）厦门市老年人每周锻炼次数和锻炼时间的情况表中看出：每周锻炼次数 3 次或以上的老年人仅有 42.54%，根据体育人口的判断标准，将每周参与体育锻炼次数到达 3 次及以上视为经常锻炼。大部分中老年的每周锻炼次数仅有 1~2 次甚至更少，说明老年人的体育健身过程对质的重视程度不够，存在一定的盲目性。

表 1　厦门市老年人是否爱好体育的情况表

是 / 否	人数	百分比
是（参与者）	16391	82.04%
是（参观者）	1649	8.25%
否	1939	9.7%

表 2　厦门市老年人参加锻炼后体质变化情况表

体质变化	人数	百分比
明显变好	18375	91.97%
无明显变化	1600	8.01%
更差	4	0.02%

表 3 厦门市老年人每周锻炼次数和锻炼时间的情况表

项目	人数	百分比
3 次或以上	8500	42.54%
1~2 次	7047	35.27%
无	4432	22.18%
90 分钟以上	8086	40.47%
60 分钟以上	7738	38.73%
30 分钟	2782	13.92%
无	1373	6.87%

2. 体育基本知识及技能的掌握情况不容乐观

根据厦门市老年人已掌握体育基本知识技能的统计表（表 4），结果表明：厦门市老年人掌握到 1~2 项基本技能比例为 87.13%，掌握 3~4 项基本技能比例为 10.6%，掌握更多的项目只有 2.28%，可以看出大部分老年人的健身活动的技能内容比较单一，掌握多项健身技能以上的人数较少。同时有七成的老年人更倾向通过跟着身边的人自学来学习健身技能，也是造成厦门市老年人掌握体育基本知识及技能情况较差的原因之一。在老年人参加体育锻炼形式的调查中，分别有 76.75% 和 59.37% 老年人主要参加体育锻炼的形式是健步走和登山，在需要专门技能的项目中参与人数明显较少，也从侧面反映了厦门市老年人体育技能掌握情况不尽如意。

表 4 厦门市老年人已掌握体育基本知识及技能的情况表

项目	人数	百分比
1~2 项	17407	87.13%
3~4 项	2117	10.6%
更多	455	2.28%

3. 老人健身活动丰富多彩，但项目过于集中

调查结果显示，厦门市老年人的健身锻炼形式多种多样，如表 5 所示，健步走、登山、广场舞、门球、健身气功、地掷球、网球、扑克、乒乓球、保龄球、羽毛球、篮球、游泳、象棋、桥牌等项目在老年人群体中都有一定的群众基础。不仅使城市的老年人的晚年生活得到丰富，也使长期生活在农村的老年人得到乐趣。

虽然，厦门市的老年人体育锻炼形式多样。但是，主要形式集中在老年人喜欢的健步走和登山（约占 76.75% 和 59.37%）的这样无需专业技能的活动。其次是近年流行的广场舞在女性中很受欢迎，约占总数的 46.02%。而男性则对门球运动较为热衷。其他的运动项目也有部分老年人喜爱和参与，但参与项目明显较少。

表 5 厦门市老年人参加体育锻炼的形式表

健步走	登山	广场舞	门球	健身气功	地掷球	网球	扑克
76.75%	59.37%	46.02%	36.08%	25.03%	21.91%	20.26%	19.68%
乒乓球	保龄球	太极拳（剑）	羽毛球	篮球	游泳	象棋	桥牌
19.42%	19.01%	18.26%	13.38%	13.32%	11.98%	11.68%	10.28%

4. 老年人体育场地设施建设加强，但活动场地利用率较低

根据调查，厦门市共有 81 个公园，大都具备老年群体活动的场地和设施。同时，全市已建成各级老年活动中心 100 余个，活动馆室 1000 余个，其中市、区级老年活动中心 5 个，占地面积 11546.6 ㎡。各镇、街、村、社区建有健身站点 725 个，老年活动场所 1081 个，总面积 693874 ㎡。一批可供老年人健身锻炼的活动场地、馆室，配备了相应的器材、设施。

但是根据表 6 厦门市老年人锻炼的场地情况表显示，厦门市有 92.84% 老人的锻炼场地是公园或露天广场，还有 4.77% 的老年人选择在家中进行锻炼，只有 2.39% 的老年人会选择在室内的健身场所锻炼。可以看出，虽然厦门市老年体育场馆和设施建设有所加强，但仍相对滞后，与美丽厦门不相适应。走访中可以发现厦门市城区的场地普遍比岛外的要差，有些地方没有及时把老年体育场馆和设施建设纳入新区建设、新农村建设和旧城区改造的规划，缺乏科学合理的布局。例如市中心的思明区，市民居住区周边有许多绿地、公园，但正规的、属于老年人的体育场馆少之又少。还有设备简陋，布局差等一系列问题，导致老年人锻炼的场地主要还是集中在公园、广场这样的露天场所。同时由于老年人体育消费意识较弱，不愿意选择经营性室内场所进行锻炼。

表 6 厦门市老年人平时锻炼身体的场地情况表

锻炼场所	人数	百分比
公园或露天广场	18549	92.84%
家中	953	4.77%
室内健身场所	477	2.39%

5. 基层老体协组织不断完善，但工作发展不平衡

目前，厦门市老体协组织已形成了较为完整的“四级”网络体系。全市各镇、街、村、居都已成立老体协组织，会员9万余人，占全市老年人口总数的33.5 %。各区都把加强基层老体协组织建设摆上各级党政议事日程，全市24个街道、13个镇（场）、321个社区、155个行政村都成立了老体协组织，实现了基层老体协组织网络的全覆盖。各级老体协组织的各种运动队及保健知识讲座等，推动了厦门市群众性老年体育健身活动的开展。

但是调查走访中发现，厦门市的有些镇、街、社区，虽然都挂上了老体协的牌子，但班子不健全、工作不到位，应该换届选举的也未如期举行。有的虽然老体协组织健全，也不缺党政领导重视、不缺场地、不缺群众参与、不缺经费，但就是缺少作为，打不开局面。个别区连老年体育活动项目的专委会也未成立，缺乏对基层专业指导和培训的力度。又如有的镇街“三场一室”规划建设不落实；村与社区的活动经费缺乏；健身活动中女多男少的现象普遍存在。个别自然村或社区仍存在活动难以开展的“死角”。另外，健身项目也缺乏拓展和创新。这些问题不同程度地成了老体协发展亟待解决的瓶颈。

四、对策与建议

1. 积极发挥政府作用

正如《国务院关于加快发展体育产业促进体育消费的若干意见》中所提到的，全民健身已经上升为国家战略，而老年人健身更是全民健身中的重要环节。政府在发展老年人健身的进程中更应发挥巨大作用。

一方面是要发挥政府的政策导向作用，根据《福建省老龄事业发展十二五规划》《福建省全民健身实施计划》《福建省人民政府关于加快老年服务业的实施意见》和省委组织部、宣传部、省体育局、省老体协、省老龄办等十四个部门联合下达的《关于进一步加强老年体育工作的实施意见》，厦门市政府应该结合各方意见尽快出台我市进一步加强老年体育工作的意见。这不仅是对厦门市各级老年体育协会的一个鼓励和鞭策，更是对今后各级部门各项工作的整体动员部署，能够更好地推动老年体育事业健康扎实地向前发展。

另一方面是发挥政府的统筹优势，不失时机地将老年体育场所和设施建设纳入城镇化和旧城改造新城建设的轨道中去。在城镇化和旧城改造新城建设过程中，要把区、镇、村、社区老年活动中心场馆设施建设引入统一规划，作为美丽厦门共同缔造的一项内容，统筹安排，科学、合理地布局。按省政府要求，市、区、乡镇（街道）老年活动中心进一步建立健全。

2. 设立老年人健康账户，培养体育消费意识

由于经济条件的限制和传统消费观念的影响，老年人口的体育消费特征并不明显。然而对于老年人体育消费意识的的培养不能一蹴而就。可以通过设立健康账户，实现医

保账户和经营性健身场所的联网，使得医保卡不仅能够买药治病，更能够运动健身。通过这样的间接消费初步建立老年人的体育消费观，逐渐培养老年人的体育消费意识。

同时经营性体育场馆可以在非高峰期对老年人实施优惠政策，通过低消费吸引老年人进入经营性健身场馆进行体育锻炼，满足老年人对一些需要专门场地的运动项目的需求。

3. 医体结合

走访中发现，多数老年人有定期到医院或是社区医疗服务点检查身体的习惯。因此可以在这些医院及社区医疗机构中增设运动处方科室，针对老年人的慢性病提出科学运动的建议。通过医疗和体疗相结合的方式，以实现对慢性病的辅助治疗，同时科学地改变老年人某些不健康的生活方式。

同时，根据国务院 2013 年提出的《国务院关于促进健康服务业发展的若干意见》中提出的健康管理与促进理念，鼓励社会体育专业人才及医学相关专业学生从事医体结合的健康管理类工作，实现医体结合的专业化、职业化。

4. 发展群众体育带头人

如表 7 中调查显示，有 69.43% 的老年人更倾向通过身边的人自学的方式来学习健身技能。因此，发展好群众中的体育“带头人”能够在发展老年人体育事业中发挥更好的作用。群众体育带头人源于群众，能与社区中的老年人有着更好的交流。并且有助于开展老年人的群体性体育活动。但这些现有的群众体育带头人水平参差不齐，不能很好地带领老年人科学地进行锻炼。因此，应该定期组织老年人群体中的体育带头人进行有关培训，首先能够保证带头人的技能水平，引导科学健身；其次，对老年人运动过程的容易产生的受伤或损害进行预防性教育，尽量减少老年人的运动伤害；最后能够对由于社会体育指导员的缺少导致的中老年群体健身指导需求不足进行补充。

表 7 厦门市中老年人希望通过什么方式学习健身技能的情况表

学习方式	人数	百分比
跟着身边的人自学	13871	69.43%
有一定资历的教师教学	6108	30.57%

5. 统筹共享各类体育场馆、设施资源以满足老年人场地设施需求

公共体育场馆应免费或优惠向广大老年人开放，具备开放条件的机关、学校、企事业单位和社会团体的内部体育设施优先向老年人开放，为老年人参加体育健身活动提供便利和服务。举办大型老年人体育活动需使用综合性场馆的，实行优惠或免收场租费。要充分利用厦门现有大大小小的山地公园、绿道、步行道、海滨浴场等，动员老年人走到户外，享受“绿色健身”的乐趣，为老年人晨（晚）练免费开放。要鼓励和支持企事业单位，社会团体和个人积极兴办老年人体育健身场所，对于兴办非盈利性老年体育健身场所的，应按照国家有关规定，减免相应费用。

6. 完善老年体育协会机制，加强专委会建设

推动老年体育协会改革，完善老年体育协会管理机制，明确老年体育协会的职能范围，积极创新，使老年体育协会在促进老年体育事业发展中发挥重要作用。加强老年体育健身知识宣传普及和老年体育健身设施管理，举办老年人喜闻乐见的休闲体育赛事。积极改变现有缺少作为的状况，抓住时机，主动作为。当好党委和政府的参谋助手，担当起献爱老心、架康乐桥的重任，积极参与老年体育健身活动，广泛联系老年朋友，并且注重改革创新，奋发有为，打开工作局面。

同时积极成立各种老年人广泛参与而又需要加强指导的运动项目的专委会，将专委会建设作为各级老体协的一项重要工作。通过各个具体项目的专委会加强对基层老年体育活动的多渠道的专门指导和培训，改善厦门市老年人体育基本知识和技能掌握情况较差的现状。

7. 加强对老年体育工作的宣传力度，营造良好的老年人体育健身氛围

报社、电视台、电台、网络等媒体和镇、街、社区、村居的宣传栏板，要通过生动活泼的形式，加大老年人体育事业和科学健身活动的宣传力度。要有计划地编制和推出宣传我市老年体育事业发展和老年人体育健身活动的专题报道、专题片、音像制品，多渠道、多层次、多载体地宣传和普及体育健身的科学理念和知识，营造开展老年体育健身的浓厚舆论氛围。吸引更多的老年朋友走出来，动起来，乐起来，健康起来。

五、结论

（1）厦门市老年人体育健身热情较高。大部分老年人有参加体育健身的习惯，并且有九成以上的老年人身体状况在自觉参加体育健身之后有所改善。但是由于科学健身及体育技能方面的缺乏及自身闲暇时间较少等因素，有些老年人存在着健身时间较短，健身频率较低甚至有不合理的健身活动产生身体伤害的情况出现。

（2）厦门市老年人锻炼地点局限性强。超过九成的老年人选择在公园或者露天广场这样的非盈利性的健身场所进行锻炼。究其原因，一方面是在公园和露天广场一同锻炼的同龄人较多，能够满足老年人的社交需求；而另一方面则是由于老年人长期节约的消费习惯及经济水平所导致的体育消费意识薄弱，造成选择经营性室内场所锻炼的人数较少。

（3）鼓励发展群众体育带头人，改善社会体育指导员长期缺乏的状况。根据调查，七成的老年人更倾向跟着身边的人学习体育锻炼知识及技能。同时社会体育指导员虽然人数逐年增加，但是真正上岗就业的人数少之又少。发展群众体育带头人，一方面源自老年人群体，能够更好地开展工作，提高老年人体育健身热情；另一方面缓解社会体育指导员供不应求的情况，从而提高社会体育指导员的整体水平。

（4）通过推动建立健康账户，整合体育健身资源，构建完整的健康消费体系。逐步培养老年人的体育消费意识。多种手段鼓励体育健身相关企业推出适合老年人的健身器材及运动服饰等体育产品，健全体育消费市场。双管齐下，相辅相成，发展体育产业，提高老年人身体素质。

课题组成员

课 题 指 导： 陈雅清

课题负责人： 刘明辉　陈雅清

成　　　员： 陈雅清（厦门市老年体育协会副主席兼秘书长）、
刘明辉　宋霖阳　林　军（集美大学体育学院）
洪荣灿（厦门市老年体育协会副秘书长）

执　笔　人： 宋霖阳

新型农村互助养老模式考察报告

陈安香　李土忠

2013年以来，郴州市老龄办组织部分县市区老龄办主任到山东青岛市、郴州市苏仙区、资兴市的居家养老服务模式进行考察、学习。通过学习，认真总结，认为：机构养老是社会化养老的辅助，居家养老、互助养老社会养老是发展的主流，信息化服务是居家养老、互助养老服务的保障。“社区居家养老、互助养老为主导，机构养老、信息化养老作保障”的新型养老模式是老年人最期盼的养老服务模式。

一、发达地区城乡社区互助养老模式

（一）青岛模式

为了有效缓解养老问题，重新整合居家养老、社区养老等养老资源，创新建立了社区互助养老模式。在社区设立互助养老点，由政府加强引导、给予资金扶持，社区负责为互助养老点购买娱乐设施、补贴水电费等，组织开展扑克、麻将比赛、读书等有益的文化活动。坚持“自愿结合、互助养老、互相帮助、共建和谐”的原则，以“为老人养老创造健康快乐的生活环境”为理念，倡导由低龄老人照看高龄老人、身体状况好的老人照顾身体偏弱的老人，有效地提高了老人参与互助养老的积极性和主动性，发挥老人们自身的组织、协调能力，组织竞技性文体活动，让老人们重新体验到比、学、赶、超的乐趣，实现自我价值，使老年人活动由扎堆娱乐型向团结互助型发展，形成老人之间相互关心、相互照应、互相牵挂、相互帮助，丰富老人晚年的精神生活。

（二）“银色银行”养老模式

江苏海安以记录服务时间、服务内容方式，安排50–60岁人员到生活不能自理的老人家里，像小时工一样为老人提供居家清洁、代缴水电费、心理防护、陪老人聊聊天、解解闷等等。服务者与被服务者之间不发生经济关系，只是把劳动时间进行“存”和“取”，成为“银色银行”，这样既解决了部分高龄老人雇不起保姆的困难，又解决了部分工资偏低的低龄老人居家养老的后顾之忧，体现了社会统筹养老的精神所在。

（三）湖南苏仙模式

湖南的苏仙区，把城镇社区都建立居家养老服务中心，依托社区开展上门服务，同时，还设立于8个坐席的信息化12349呼叫平台，只要老年人有养老服务的需求，拨打12349平台，信息中心就会安排附近服务人员上门服务。

二、互助养老模式存在的主要问题

互助养老，任重道远。不论是青岛模式还是海安“银色银行”养老模式，社区互助养老是对现代社会养老模式的探索创新，但受经济条件、观念更新等主客观方面因素的限制，当前社区互助养老模式的推广与老年人对社区互助养老服务的需求相比，特别是政府资金投入、互助养老网络建设还存在较大差距。如何适应经济社会的发展和老年人养老需求，实现社会和谐发展的总体目标，互助养老的建设任务十分艰巨。还存在一些不容忽视的问题。

（一）个别老年人的个人自由受限

“互助型”养老模式是在相互之间腾出时间相互服务的一种养老模式。目前，城乡老年人他们平时的生活大多局限于在家里做些家务，照看孙子、孙女等。所以，有的老年人认为这种新型的社区“互助型”养老模式，会影响到个人自由，使他们没有时间去照料家中的事。所以这种养老模式需要转变为以自愿为前提，在不限制老年人个人自由的基础上去实施。

（二）“银色银行”养老模式“存、取”制度需更进一步完善、健全

“银色银行”是建立在老年人能够提供为他人服务时存入大量的“劳务资本”待需要服务时取出。建立在老年人自愿报名、社区推荐，根据需求提供服务。

健全“银色银行”的管理制度，确保“劳务资本”有“存”有“取”。“爱心服务”、“银色银行”发展才会顺利。民政、教育、工、青、妇等部门都应参与配合，更需要企业和专业养老机构参与管理，“银色银行”就能更快地发展。

（三）互助养老缺乏稳定性

呼和浩特市的“互助敬老院”，空巢老人过上了集体生活，形成了“集中养老、吃住免费、互助服务”给老人们实实在在地解决了最基本、最迫切的生活困难。“互助敬老院”完全靠社会爱心人士捐助。存在不稳定因素。一旦没了粮食，办不下去了，老人们就要先各回各家。这意味着，爱心力量稍有松懈，老人们就得恢复从前的生活状态。“互助敬老院”能走多远还真是个问号。

（四）由自发组织向自觉参与转变缺乏制度保障

“互助养老”模式还处于摸索、探索阶段。如何从老年群体的自发组织转向自觉参与探索，自觉普及，需要制度的保障。我国城乡管理制度还处于空白或缺失。特别是对互助养老的资金支持制度、设施投入制度、互助养老内容统一、规范化制度设计等等，所有这些制度性安排，应该是政府管理制度的有机组成部分，是县市区政府公共管理制

度构成要素。

三、值得借鉴的互助养老

（一）日本“邻里互助网络”

日本是二战后典型的老龄化、现代化都市社区，市民对构建公共性社区生活的要求日趋迫切。自发组成的邻里互助网络。它吸收志愿者成员，将人力资源进一步组织化、合理化配置形成了一种新的“邻里互助网络”，形成社会化养老结构的优化。

（二）“邻里互助网络”的核心

“邻里互助网络”的核心是“互助活动制度化、规范化、快乐化”。它主要是通过组织的各种活动来实现高龄老人之间的互助或对他们的帮助。主要包括聚会、聚餐、无障碍旅游及健身等几个类型的活动。而且在活动展开时，主办人将一些关怀主题如医疗保健、生活防范及实务援助等融入其中。这样，使老人们既排遣了孤独，又增加了自我保护等生活技能。

（三）“邻里互助网络”的启示

邻里互助网络之所以能够建立起来，得益于市民的自觉性、主体性、伙伴意识、平等民主的观念；家庭主妇们的生活智慧和灵活处事方式；核心人物的领导能力和“专业”的态度。

四、“互助养老”的制度设计与管理思路

（一）灌输互助伦理观念

1. 灌输助人为乐的道德理念

老年伦理最大误区之一就是“以邻为壑”。多向老年人灌输助人为乐的道德规范、慈悲为怀、乐于助人，尤其是需要帮助的老年人，让他们了解助人为乐不仅是中华民族的传统美德，也能增强老人独立完成某种工作的自信心，提高老人的自我效能感，从而促进身心健康，减少他们的孤独感。这样，就能使这种互帮互助的养老模式更好地开展下去。

2. 灌输慈善信仰

教育老年人有信仰，因为有信仰的人，无论信佛陀、主、上帝或者其他，都是信仰善、信仰美、信仰真！因为有信仰，才能舍弃财富，花费精力，纯粹帮助别人，不求回报。教育老年人有信仰，教育他们把与人为善落实在彼此之间互帮互助的行动上，这样才会改变社会的风气，让善长存。

3. 树立互助型的老有所为典型

榜样的力量是无穷的，身边的榜样更是无穷中之无穷。互助组织定期选出思想健康向上、具有长者风范、家庭和睦、在群众中有较高威信的老年人作为榜样。社区可以定期评比年度或季度的“老有所为楷模”、“老有所为之星”，调动老年人互相帮助的积极性，同时优秀典范的实际也值得大家一起学习。

4. 大力开展“尊老、敬老、爱老、助老”为主题的教育活动

树立身边的孝老、助老典型，以典型示范带动，积极参与帮助老年人、尊重老年人、爱护老年人，形成良好的孝亲敬老氛围。

（二）互助养老制度设计原则

1. 完全自愿进出制度设计原则

“互助养老”模式建立在民主、自由的基础上，在照顾老年人生活的同时，不影响和剥夺老年人自身的权利。完全自愿进出制度是指社区里的老年人可以自愿“进或退”到互助养老的队伍中，享受社区互助服务。是否进退全凭老年人自己的意愿。

2. 互助领袖民主选举制度设计原则

互助养老团体中的领军人物是不可缺。遵循民主选举原则，领袖人物需要由社区互助养老群体自身选举产生。他们本身需要有专业的态度，甚至为了这项事业不断学习，取得专业资格，即使如此，在处理重要问题上，他们还会将自己放在“渠道”的中介位置，而借助专家和专门机构的优势，寻求最快最妥当的解决方式。这样，选举产生的老年领袖有威信和说服力，在协调各项事务上也更加有优势。

3. 资金管理完全公开透明原则

互助养老模式的资金管理和来源要完全公开透明化，让社区居民了解每一笔互助养老资金的来源和用处。

资金来源主要分为四大部分：财政补贴或福利基金、慈善基金、社区居民捐助、县区范围的社会捐助。将这四部分资金来源分类输入社区网络平台，要充分有效地利用资金，认真规划老年群体在生活娱乐上的补贴。同时，多为老年人的健康着想，运用资金对老年人做定期体检，并为老年人购置常用的医疗器械、药物等。

4. 轻重缓急原则

明确互助重点对象以及重点内容、分清轻重缓急。首先要明确重点帮扶对象——空巢老人、丧失自理能力的高龄老人、具备自理能力的中高龄老人、残疾老人和独居老人。明确帮助内容——丧失自理能力的高龄老人社区互助组织需提供医疗、康复、护理、洗涤、购物、送饭、心理疏导等生活照料服务；针对空巢家庭的老人，因身边没有子女照料需要比较多的生活服务，如家政服务、医疗服务，同时可以鼓励他们多参加社会公共活动，更好地体现他们的重要性，提升他们内心的存在感，使他们身心得到愉悦；具备自理能力的中、高龄老人，可以为他们设立一个康复护理中心，白天在社区一同进行康复护理活动，同时可以消除寂寞有益于身体健康；残疾老人、独居老人需要结合政府救助，为他们开设应急呼叫电话、组织其他老年人开展一对一帮扶活动，以保障他们的安全。

（三）互助养老的技能培训

1. 邀请医疗、心理等各类相关专业人士志愿培训

邀请专业的医疗工作者以及专业的心理健康人士进行医疗急救知识和护理知识培训，使互助养老模式健康开展。

2. 鼓励支持知识型老年人参加互助技能培训

建立老年人人才中心，让有一技之长的老年人自愿报名，实现老有所教、老有所学，鼓励知识型老人为其他老年人进行培训学习，展示老年人的自身价值，弥补心灵上的空缺。鼓励大家互助互学，相互咨询，定期交流学习心得。

（四）互助养老服务方式和内容

1. 老年养生讲座

互助养老组织可以定期举办养生知识讲座，让老年人了解健康生活常识，养成良好健康的生活习惯，学习现实生活中的相关养生保健知识，对老人饮食、运动、心态调整等方面给予科学指导，增加对疾病的认识，转变观念，提高老人的生活质量，从过去的看病、医病向防病保健的意识转变。教会老年人通过科学方法，平衡膳食，适度运动以促进身体健康。

2. 老年心理咨询服务

独居、空巢老人都患有不同程度的心理问题，但却很少有人能主动找心理咨询师咨询。所以，互助组织要为老年人开设专门的心理咨询服务。老年人心理问题形成的原因很复杂，一般都是环境、人格等多重因素长期作用形成的。很多老年人出现心理问题后，都会出现一些异常行为，如失眠、食欲降低、焦虑、烦躁等，这些现象的背后其实是心理疾病在作怪，所以，必须要防治老年人患上心理疾病。社区对于行动不便的老人，就要发挥互助组织的作用，通过一帮一互助的方式，定期上门服务，根据每个老人的情况，量身打造个性化的服务菜单，让他们感受到关爱。

3. 老年自我保护帮扶和预警教育

互助组织定期举办“老年人自我保护知识讲座”，邀请社区民警，采取以案说法的形式，向老年人讲解安全防范知识。提醒大家要提高警惕，加强安全防范，切实维护自己的合法权益。

4. 老年文体活动中心

互助组织要坚持以活动为载体举办丰富多彩的文体活动，通过开展文体活动，愉悦老年人身心，丰富广大老年人精神生活。积极挖掘社区文化资源，利用活动广场等资源，组织文艺汇演、亲子互动游戏等形式多样，丰富多彩的文化活动，把社区文化渗透到街道的各个角落。同时，社区的图书室、棋牌室、微机室、健身室等活动场所，无偿向社区老年人开放，实现了社区资源共享，让老年群体在健康向上的氛围中，接受现代文明的熏陶，所有这些都有力地促进了社区精神文明健康发展。

老年人盼望的养老格局：把日常生活需要全护理的失能社会老人收人养老机构中养

老，打破现有农村机构养老只收“城镇三无”“农村五保”的格局，成为开放式机构养老，让老人住得进，负担得起；把行动方便，但又带有半失能的老人集中在社区居家养老，依托社区开展半日托服务；组织生活完全能自理的老人采取互相帮助，相互照顾的方式在家庭进行养老，一旦有服务需求，“一键呼叫”有人帮助，开展信息化养老服务。而构成“社区居家养老、互助养老为主导，机构养老、信息化养老作保障”的新型养老模式。

（作者单位：陈安香，郴州市老龄办
李土忠，嘉禾县老龄办）

关于青岛市医养结合服务发展情况的调研报告

王冠宜

一、基本情况

近年来，随着经济社会发展水平的不断提高和人口老龄化状况的加剧，医养结合服务逐步发展起来。目前，开展医养结合服务的主体是各类养老机构和医疗服务机构。通过养老机构设立医疗机构、医疗机构设立养老机构方式，分别取得民政部门颁发的养老机构和卫生部门颁发的医疗机构资质证书的机构，被称为医养结合机构。医养结合机构建立主要有以下几种模式：一是养老机构自办医疗机构。在养老机构内部设立医疗机构，聘请专业的医护人员为老年人提供医疗保健方面的服务。二是医疗机构提供养老服务。在医疗机构中设立老年人护理病床、将过剩的医疗资源转型为养老机构或直接投资建设养老院区，从事医养结合养老服务。另外，养老机构与医疗机构建立协作关系，实现养老、医疗服务的融合，并将服务由机构向社区、家庭延伸，也成为医养结合服务的一种重要方式。

青岛市开展医养结合服务在全国起步较早，特别是长期医疗护理保险、养老机构建设运营扶持政策等一系列鼓励措施的出台，起到了促进发展的重要作用。截至目前，全市医养结合机构达 71 家（见表 1），其中有 35 家具有医疗资质的养老机构开展了对失能老人的长期医疗护理服务。全市在床享受长期医疗护理的老人约 1.9 万；其中，2000 多名老人在医养结合养老机构享受到长期医疗护理服务，13000 多名老人居家接受医养结合养老机构提供的上门医疗护理服务，其余 4000 多名老人分别在二级医院和护理院享受长期医疗护理服务。近年来，一些医养结合的新型产业项目也逐步发展起来，万科集团开发了青岛市第一家具有完全资质的养老地产项目；崂山湾国际生态健康生态城项目加紧开发建设；韩国延世医院将与新华锦集团合作开发大北海医养结合项目等等。

表 1　青岛市医养结合机构情况

区市	数量	盈利性 / 非盈利性	公办 / 民办
市直	2	0/2	2/0
市南区	6	0/6	2/4

续表

区市	数量	盈利性 / 非盈利性	公办 / 民办
市北区	27	0/27	3/24
李沧区	17	0/17	1/16
崂山区	5	0/5	1/4
黄岛区	3	0/3	1/2
城阳区	7	0/7	1/6
即墨市	1	0/1	0/1
胶州市	0	0/0	0/0
平度市	2	0/2	2/0
莱西市	1	0/1	0/1
平均入住率	67%		

当前，青岛市医养结合服务发展存在的问题集中表现在：一是总体服务能力需要提升。截至去年年底，青岛市 60 岁以上老年人 153 万人；其中，失能和半失能的约 29 万人、自理老人约 124 万人。而目前全市每千名老人仅有养老床位 34 张，机构年服务能力在约 3 万人，根据通行比例测算仅占需求总量的 87% 左右。同时，大部分养老机构建设标准偏低，设施设备比较陈旧，医疗护理与生活照料质量不高，特别是在引入最新的开发与经营理念方面还有不小差距。二是社会资本进入意愿还不强烈。医养结合服务既具有社会公益性质，也是具有广阔市场前景的大产业，但目前在吸引社会资本参与方面还存有一些障碍。比如，一些企业反映，养老服务用地在空间规划、土地供应、开发配建时都有明确的规定，但由于涉及多方利益和多个管理部门，落实起来往往比较困难，一部分大项目和便民服务项目的发展受到制约。再如，由于各种原因，目前绝大多数养老机构均注册为非营利性机构，合理的投资回报与增值难以有效体现。再如，在国家照护保险制度尚未建立前，基本医保和商业保险是医养结合服务发展的重要支撑，但目前还存在医保定点进入门槛较高、支付能力总体受控、商业保险品种开发不够的问题。三是管理环节还需创新增效。医养结合机构涉及多个行业主管部门，政策还缺乏统筹性。比如，目前养老机构的行业主管部门是各级民政部门，而医疗服务机构的行业主管部门是各级卫计部门。民政、卫计部门分别依据各自行业管理法律法规进行管理，许多政策出现衔接性不强，甚至矛盾的现象。比如，一些机构反映，由于监管能力不足，基层卫计部门在审批养老机构内设医疗机构时进行了数量的控制；由于第三方经办制度尚未完全建立，社保经办机构受到自身人员较少的限制，长期医疗护理保险的审核支付速度还不够快捷等等。四是护理人才的不足需要高度重视。许多机构反映，由于待遇较低、社会认同度

不高、职业发展空间受限等原因，造成在医养结合机构的医护人员队伍极不稳定，而养老护理员队伍总量不足和结构性问题更为突出。据民政部门统计，全市目前护理员队伍缺口约在29%左右，在岗的也绝大部分为40岁甚至45岁以上人员，专业技能普遍比较缺乏等等。

二、制定医养结合产业政策的主要着眼点

为做好《措施》的制定工作，我们认真学习了国家和省有关文件精神，坚持问题导向，结合青岛实际，本着破除机制束缚、强化政策引导的原则，努力在现有的体制机制框架下、在地方管理权限范围内破解医养结合服务发展中的一些瓶颈因素，重在激发社会资本参与热情，为青岛市医养结合服务发展松绑助力。特别是拿出较多精力会同有关部门将近期省政府出台的《关于贯彻国发［2014］60号文件创新重点领域投融资机制鼓励社会投资的实施意见》中有关优惠政策进行了认真研究和细化，确保措施规定落地生根。《措施》重点突出了以下几个方面：

（一）促进医疗和养老机构有机融合

主要是为医疗和养老机构融合发展提供各种便利。一是推进养老机构全部实现医养结合。鼓励全市新增养老机构根据自身规模和条件，通过内设医疗机构或者与就近的医疗机构签订协议方式，建成医养结合养老机构。对符合条件申请设置医疗机构的，实行限时办理。支持将医疗机构日常管理评价纳入向社会力量购买服务指导目录，解决基层卫生计生部门的监管困难。二是加大医疗机构为老服务的力度。有步骤推进部分公立医院、专科医院等医疗机构转为康复医院、护理院等接续性医疗机构。建立二级以上综合性医院、专科医院与就近的养老机构协作机制，为养老机构入住老人开辟预约就诊和急救绿色通道。养老机构依托医养结合功能，承接综合性医疗机构出院的慢性病老人、术后康复老人的照护服务，纳入基本医保支付范围。三是鼓励医疗机构内设养老机构。鼓励有条件的医疗机构利用自身技术优势和特色医疗资源，设置专门收住老年患者的特色养老机构。鼓励乡镇卫生院和社区医疗机构内设养老机构，满足慢性病康复老人和失能老人的养老医疗需求。

（二）推动医养结合服务向社区和家庭延伸

积极培育发展“居家养老服务企业或社会组织＋医务室或护理站”、“社区老年人日间照料中心＋医务室或护理站”等新型医养结合形式，通过自行设置医疗机构或与就近社区卫生服务机构合作等方式，为社区和居家老人提供医养结合服务。居家养老服务组织或社区养老场所设置的符合条件的医疗机构，纳入基本医保定点范围。

（三）促进临终关怀服务发展

支持社会力量开办提供临终关怀服务的医养结合机构或医疗机构。二级以上综合性

医院开设临终关怀区，开展临终关怀服务。引导社区医疗机构开展居家临终关怀。推动乡镇卫生院、区域性社会福利中心增加临终关怀功能。

（四）优化投资收益合理回报机制

为吸引社会资本参与重点医养结合类项目建设，在投资收益合理回报机制建设方面进行了一些突破：鼓励公办民营模式，公益性部分政府投入形成的资产归政府所有，可按规定不参与生产经营收益分配；允许民非类养老机构拥有对投入资产的所有权，出资人可从结余中取得合理回报；允许通过与经营性较强的项目组合开发等方式，引导鼓励社会资本参与建设经营。

（五）加大财政和价格政策支持力度

新增医养结合类公共服务产品优先采取政府购买方式提供，允许分阶段支付购买服务经费。提供基本医疗服务的社会办医疗机构学科建设、设备购置、人才培养和引进，可纳入财政资金支持范围。对设立医疗机构的社区日间照料中心或居家养老服务社会组织生活用电、用水、用气、用暖价格实行优惠。

（六）创新对医养结合机构的融资扶持

鼓励地方法人银行机构加大对医疗、养老类产业信贷支持，对银行机构持有的相关票据予以再贴现支持。鼓励符合条件具有一定规模的医养结合企业，通过境内外上市、新三板挂牌、债券市场融资，对发生的相关费用给予一定补助。研究成立相关风险投资基金，鼓励驻青金融机构提供多元化综合金融产品，扩大医养结合机构贷款抵（质）押范围。

（七）加强多层次医疗保险支持

强化基本医疗保险支撑，提高医疗保险基金使用效益。进一步拓展募集渠道，充实长期医疗护理保险基金。鼓励商业保险机构提供多样化、多层次、规范化商业健康保险产品。在普通人寿保险、养老年金保险、健康保险业务中开发新险种。企业按国家规定为其员工支付的补充医疗保险，按规定执行税收优惠政策。

（八）加大规划和土地房屋政策引导

加快编制医疗、养老机构设置规划，根据青岛市实际，在国家规定基础上适当提高配套标准。保障新建居住小区和社区医疗、养老等相关设施配套建设用地。新规划建设二级以上医疗机构应在周边相应预留养老机构建设用地。试行医疗、养老项目与其他项目混合用地。支持以划拨方式取得的存量土地和原有土地兴办医养结合机构。鼓励各区市结合未来需求和发展布局规划，将闲置资源通过多种方式转型用于医养结合服务设施。

（九）加强人才队伍建设

鼓励有条件的大专院校设置老年护理专业，职业院校设置相关技能培训专业。设立“养老护理员培养专项基金”，探索建立养老护理员免费教育制度。医养结合机构中的医护人员享有与其他医疗机构同等的职称评定、专业技术培训和继续医学教育等资格。鼓励二级以上综合性医院医师根据医师多点执业政策，到包括医养结合机构在内的各类医疗机构开展多点执业。加强老年医学研究，适当提高相关学科建设和人才培养在政府卫生投入中的比重。创新志愿服务，建立养老服务志愿者登记储蓄制度。

三、建议配套出台的几项政策

促进医养结合服务发展是一项系统工程。其发展与管理涉及多个行业部门，这些部门都有明确的上位法规定，也有比较清晰的改革任务安排。我们认为仅凭本项政策还难以涵盖医养结合服务发展的各个方面，有必要尽快制定出台以下几项配套政策，为医养结合服务的发展营造更好环境：

（一）尽快制定出台促进开展医师多点执业的政策

形成操作简便、流程清晰、放管结合的政策体系，促进优质医疗资源在各类专业医疗机构之间和医疗机构、医养结合机构之间的流动共享，加快解决养老机构医疗资源不足和医护人才队伍不稳定的问题。

（二）尽快制定出台促进社会办医加快发展的政策

贯彻国办有关通知精神，加大在落实行业准入、拓宽投融资渠道、优化发展环境等方面的改革创新举措，吸引更多的社会资本投入医疗健康行业，为医养结合服务创造更好的基础条件。

（三）尽快制定出台全市养老和医疗机构设置规划

落实国家有关部门规定，借鉴先进城市经验，制定青岛市专门规划，及时向社会公开，为社会资本顺畅进入打开政策空间，引导医养结合机构合理布局及配置资源。

（作者单位：青岛市政府研究室社会处）

库尔勒市居家养老服务的现状及对策建议

艾山江·阿斯木

在多年来的老龄工作实践中，库尔勒市采用“物质养老与精神养老并重，以德养老与以法养老并举，居家养老与社会化养老并行”的养老方针，在全力推行社会化养老、兴办老年福利事业的同时，大力倡导、实施居家养老。几年来，通过社会化养老试点和居家养老模式的推广和实践，目前，库尔勒市的社会化养老和居家养老工作逐步走上健康发展的轨道，也逐渐得到越来越多的老年朋友的认可。

一、基本情况

2014年底，全市老年人口6.35万人，占全市总人口的12.02%，其中60–79周岁老年人60453人，80–89周岁老年人2779人，90–99周岁老年人271人，100周岁及以上老年人15人。空巢老年人10051人，失能老年人644人，失智老年人133人，贫困老年人1507人，“四老”人员679人。在老年人口中，65岁以上44590人，占全市总人口的8.44%。从这些数据可以看出，除了贫困老年人数比往年有所下降外，其他老年人数仍然居高不下，并呈现出以1%~1.5%的速度逐年递增的趋势。

二、深入细致调查摸底，全面掌握老年人基本状况及居家养老服务需求情况

今年，我市将居家养老服务工程、空巢老人“暖心”工程、基层老年协会规范化建设工程、老年活动中心建设工程四项养老爱老服务工程，作为老龄工作的重点，纳入全市重点民生工程项目计划。为总结推广经验，进一步改进和完善服务措施，确保居家养老和社会化养老工作的有效开展，市老龄办组成调研组，于5月下旬对有代表性的2个乡、5个街道社区居家养老和社会化养老服务工作进行了专题调研，调研采取座谈交流、实地走访、发放调查问卷等方式进行。通过调研。对老年人生活基本现状、养老机构设施建设、养老服务需求等情况有了比较全面的了解，进一步掌握了老年人的基本生活状况。

（一）老年人基本现状

1. 老年人口基本情况

调研的2个乡和5个街道社区老年人数5160人，约占辖区总人口的8.89%，其中

80岁以上老人594人，约占老年人数的11.51%。在特殊老年群体中，空巢老人1471人，失能老人63人，失智老人5人，贫困老人686人，“低保”老人139人，“五保”老人9人，“三无”老人4人，约占老年人数的46.1%；居家养老服务对象50人，约占老年人数的0.97%。

2. 服务对象分类

2个乡和5个街道社区50名居家养老服务对象中，80岁以上分散供养的“三无”老人8人，占16%，补贴金额38400元/年；70周岁以上失能或半失能的“三无”老人5人，占10%，补贴金额21000元/年；70周岁以上空巢、失能或半失能的低保老人21人，占42%，补贴金额75600元/年；70周岁以上空巢、失能或半失能的重点优抚对象9人，占18%，补贴金额32400元/年；80周岁以上空巢、失能或半失能、子女残疾无力照顾的困难老人7人，占14%，补贴金额16800元/年。对上述50名居家养老服务对象，市财政每年补贴资金达18.42万元，占全市每年补贴总额的30.7%。

3. 老年人基本需求

2个乡和5个街道社区50名居家养老服务对象的年龄均在70岁以上，都属于本市地方户籍且本人现住于本市，这与全市其他乡镇、街道社区的情况相同。结合本次调研，对包括2个乡5个街道社区在内的全市农村、城镇600名老年人开展问卷调查，了解到他们的服务需求主要涉及生活照料、医疗保健、精神慰藉、法律维权、文化教育、体育健身六个方面，具体包括：①家政服务，占17.8%；②送医送药上门，占7.9%；③送餐（外卖），占1.8%；④日间照料，占10.1%；⑤陪同看病，占2.4%；⑥代购日常物品，占2.4%；⑦紧急救助，占5.8%；⑧老年人服务热线，占11.5%；⑨文化娱乐，占11.7%；⑩法律服务，占1.8%；⑪陪同旅游，占0.9%；⑫聊天解闷，占12.5%；⑬康复护理，占2.8%；⑭心理疏导，占2.4%；⑮以上都不需要，占8.2%。

（二）居家养老服务基本状况

1. 基层党政关切，组织机构比较健全

农村以乡镇，城市以街道、社区为基准单位，逐年加强对居家养老服务工作的领导，把解决老年人问题作为社区和新农村建设的重要工作来抓，不同程度地成立了各级老龄工作领导小组。目前全市建立社团组织（老年协会）90个、会员6603人。老年志愿服务组织115个，为老服务组织、机构117个，为老服务专兼职人员113人，为老服务志愿者2402人。这些组织和机构兼顾居家养老服务，能够较好地履行职责。

2. 经费基本保障，投入居家养老公共资金逐年增加

我市从2010年开始将居家养老服务纳入重点民生工程计划，年度计划投资从最初的近35万元陆续增加到2014年的60万元，2015年又增加到96万元，并计划投入空巢老人“暖心”工程20万元。对村、社区工作经费逐年增加，从2012年开始村、社区工作经费根据辖区范围和居民户数分别增加至10万元、11万元、12万元和10万元、15万元、20万元。2013年，为每个社区安排惠民项目资金20万元不等。今年，又计划为每个村、社区再落实为民办实事经费10万元。资金主要用于村、社区建设与服务。市党委组织部按照管理原则，对资金使用投向提出明确的指导意见，居家养老、公共事业作为惠民项目资金重点使用领域之一，重点打造了村、社区“老年餐桌”试点，得到了社区老年人的普遍欢迎。

3. 专项资金投入逐年加大，基础设施建设日趋完善

（1）我市于2010年9月至2012年12月，对开展居家养老服务试点的5个街道社区投入启动资金5万元，用于老年活动中心（室）设施建设。投入后续资金29.57万元，为全市96名老年人购买居家养老服务。投入资金7.2万元，在2个街道社区改建230多平方米的老年人日间照料站，配备了所需配套设施。2013年11月，投入资金10万元，用于1个乡镇社区老年人日间照料站配套设施建设。2013年至2014年，投入资金850万元，用于3乡1镇敬老院建设。投入17万元，在3乡4个村开工建设农村互助院，为空巢、孤寡、失能、残疾、特困、重点优抚对象等老年人提供日间照料服务。

（2）各乡镇、街道积极争取市党委、市政府及各级共建（包联）单位的支持，并依靠自身的力量，全面加强对居家养老服务设施的建设力度，以资源共享的形式，不同程度地创建了各类活动场所，配备了相应的文体活动设施，让老年人能够在活动场所开展有益于身心健康的各类文体娱乐活动。

（3）全市建立市级老年活动场所2个，乡镇、街道老年活动场所18个，村、社区老年活动场所141个。功能较为齐全的居家养老服务机构（日间照料站）3个、安设老年床位12张，基本能够满足辖区居家老年人的服务需求。市萨依巴格街道开通“智慧社区”信息服务网络，建立现代化的为民服务、求助呼叫网络平台，兼顾受理老年人求助呼叫，全天候（24小时）为辖区居民服务，为老年人排忧解难。

4. 居家养老基本做法和服务内容

（1）我市居家养老服务对象主要是独居、失能或半失能的“三无”老人、“低保”老人、重点优抚对象、市级以上劳模、子女残疾无力照顾的老人及百岁老年人。服务形式是每户每月免费享受定时或不定时的上门服务。服务内容主要有两大类：一是照料服务，二是精神慰藉。

（2）基于服务对象的信任、放心，开展服务的乡镇、街道社区在选配服务人员时，侧重于乡镇、街道社区管理人员，邻居中的无业中青年，亲属中的无业“4050”人员，居民小区未就业大中专毕业生，另有一少部分比较稳定的服务业从业人员，即保姆或护理员。他们按照提供的居家养老服务，从乡镇、街道社区发放的居家养老补贴经费中收取服务报酬，不足的部分由服务对象从个人收入中加以贴补。服务项目主要是不定期地上门看望、聊天交流、打扫卫生、走访慰问、义诊体检、健康咨询、代办代购、读书读报、保健按摩、免费理发等上门服务。

三、立足现实，创新方式，全面推进居家养老和社会化养老服务进程

面对不断增长的多层次、多样化养老服务需求，我市以制度创新为着力点，探索出

与我市经济社会发展水平相适应，投资主体多元化、服务对象公众化、运行机制市场化、服务方式多样化和服务队伍专业化的社会化养老服务体系。

（一）大力倡导和推行居家养老

居家养老是养老福利制度的基础，也是我国传统的养老方式。根据我市“未富先老”的实际情况，我们在倡导和巩固传统的家庭养老形式的基础上，把运行成本低，满足老年人人性化需求，具有很强的生命力的居家养老服务作为城市、农村养老福利制度改革的战略选择。通过建立健全以家庭为核心，以社区为依托，创办社区照料服务中心等形式，对散居的“三无”老人，独居、失能或半失能的“低保”老人，以乡村、社区为单位实行无偿服务；对独居、失能或半失能且有一定经济收入的老劳模、老优抚对象、子女残疾无力照顾及困难百岁老人，由政府差额补贴实行低偿服务；对有经济支付能力的社会大众化老人，由老年人自己承担服务费用，使他们就近就地得到照料服务。

（二）大力支持和加快养老机构的发展

兴办老年福利设施是解决社会化养老的有效途径。近年来，库尔勒市把老龄事业基础设施建设作为发展老龄福利事业的重点。采取河北援建、政府补助、企事业赞助等办法，划拨专项资金 3576 余万元，兴建一座占地面积达 30 亩、总建筑面积 11604.41 平方米的河北库尔勒社会福利院，其中由河北石家庄市投资 3251 万元援建主体工程，市政府投资 150 万元配置基本设施器材，投资 175 万元完成庭院绿化。投入 1882 万元，兴建巴州老年公寓、农二师老年公寓、夕阳红老年公寓、老来福老年公寓、胡杨老年公寓等公办、民办老年福利设施。目前全市有公办养老服务机构 5 个，床位 286 张，年底累计入住老年人数 68 人。民办养老服务机构 6 个，床位 468 张，年度累计入住老年人数 328 人。居家养老服务机构 3 个，床位 12 张，年末累计托养老年人数 96 人。每千名老年人拥有养老床位数为 12.06‰。

（三）大力推进多样化的社会服务方式

全市机关、企事业单位退休人员社会化管理服务面进一步扩大，达到了 95% 以上。州、市属各单位、企业、社会团体等在各种传统节假日，积极开展对老八路、老党员、老干部、“四老”人员、百岁老人、孤寡特困老人的慰问救助活动。积极开展上门免费体检、理发、打扫卫生、建立健康档案等为老服务活动，切实解决老年人遇到的各种困难。全市建有健身广场 3 个，老年健身场所 156 个。老年文体队伍 138 个，老年体育健身参与率达 80%。以市人民广场、风帆广场、拥军广场为中心，向各社区辐射的活动网点已基本形成，以老年人广场晨、晚练为主要形式，以文补文，以体补体，文体结合，多业助文、助体的全民健身活动蓬勃开展起来。在基层司法所和法律服务所设立老年法律服务中心 32 个，老年维权岗 21 个，法律调解组织 132 个，社区服务站点 140 个。这些基层组织把老年人多方面引起的矛盾和纠纷作为调解的重要内容，帮助老年人维护合法权益。市人大定期或不定期开展执法检查，推动政府有关部门依法履行职责，落实老年人的各项合法权益。

四、存在的主要问题分析

综合比较调研的2个乡和5个街道社区的基本情况，结合之前了解掌握的相关数据，目前我市乡村、街道社区开展的居家养老服务工作还存在以下几方面的问题和不足。

（一）还未实现全覆盖

政府补贴居家养老服务工作目前只在2乡1镇11个行政村及5个街道17个社区开展，分别占乡镇、街道、行政村、社区总数的25%、100%、22.45%、21.8%，仅就全市9乡3镇5个街道办事处，78个社区、49个行政村的规模而言，比例失调，缺乏规模效应，与形势发展不相适应。

（二）比例偏低

全市空巢、失能、失智、贫困等特殊老年群体人数12335人，约占老年人口总数的19.42%，其中符合条件享受政府补贴居家养老服务的老年人估计在3%、370人左右。由于老年人居住、年龄、自理、类别以及动态变化等情况所限，目前我市享受政府补贴居家养老服务的老年人数只有84人，约占应享受政府补贴居家养老服务老年人的22.7%，比例偏低，与相关民生工程项目的要求还有较大差距。

（三）认识上存在误差

从调研情况看，目前，我市乡镇、街道社区开展的居家养老服务基本属于提供生存式的层次较低的服务，即以老年人日常生活照料为主的服务，也就是不定期提供打扫室内卫生、陪聊、组织体检和健康咨询等简单化的上门服务，缺少日托、起居照料、助餐、助医、助洁、助浴、送餐、配餐、家政、健康咨询、健康教育、康复护理、疾病防治、心理疏导、开设家庭病房、文化娱乐、精神慰藉、应急救助、法律咨询、权益保障、代办、代购等较深层次的服务，甚至有的乡镇、街道社区将传统的节假日慰问、送米面油等作为居家养老主要方式对待。

（四）服务对象范围较窄

按照我市居家养老服务工作实施方案的要求，服务范围目前仅限于80岁以上分散供养的“三无”老人，70岁以上失能半失能的“三无”老人，70岁以上独居、失能半失能的低保老人，70岁以上独居、失能半失能的重点优抚对象、70岁以上独居、失能半失能的市级以上劳模、80岁以上独居、失能半失能、子女残疾无力照顾的困难老人及困难百岁老人等七类老人，范围较窄。一是要求70岁以上高龄，未将不满70岁但存在上述其他情况的低龄老年人考虑在内。二是未将虽有一定经济收入，但因重大疾病或重度残疾致贫、负债过重、生活极度困难的各年龄段老年人考虑在内。

（五）补贴标准较低

我市于 2010 年 9 月起将居家养老服务补贴金额提高到每月 150~400 元之间，考虑到目前的物价因素，补贴标准偏低已日益突显。

（六）队伍规模素质与老年人服务要求相比亟待提高

现有养老服务组织和服务队伍及老龄产业相对落后，目前我市为老服务者主要为社区管理人员和志愿者两类，这些服务人员绝大部分没有经过系统的专业培训，且服务内容大多集中在家政服务和简单护理上，缺乏心理疏导、康复护理、助餐、助医、健康咨询、法律咨询等相应的知识和技能，服务能力与老年人要求还有一定差距，还不能完全满足服务对象的多元化需求。

（七）社会化养老服务发展不平衡

城市街道和个别乡镇社会化养老服务发展较快，已初具规模，但部分乡镇发展速度较慢，对社会化养老服务工作的重视程度还不够，投入的资金明显不足，各项目标发展不平衡。社会化养老服务发展水平街道好于乡镇，社会保障及养老服务保障城市优于农村。特别是近年来，农村留守老年人增多，空巢老人增多，而农村老年人经济保障能力较低，养老保障和养老服务问题有待进一步解决，农村居家养老服务工作开展难度较大。

五、进一步加强和创新居家养老工作的对策及建议

我市居家养老服务工作要持续、健康、快速发展，必须走政府主导、社会参与、市场运作的路子。严格地讲，在开展居家养老服务工作中，乡镇、街道社区确实面临不少困难，但此项工作还得做下去而且要比从前做得更好，这就需要乡镇、街道社区付出更加艰辛的努力。

（一）政府主导，加强对居家养老服务工作的领导

一是制定规划。把居家养老服务工作列入党政议事日程，作为为民办实事内容，结合实际，制定本地居家养老服务规划，并纳入经济社会发展和建设总体规划，使居家养老服务有计划、有步骤地与其他工作稳步协调推进。二是建立居家养老服务工作的长效机制。制定行之有效的居家养老服务措施，确保规划有计划、有步骤的贯彻落实。三是经费投入。居家养老服务工作必须政府主导，加大投入。四是必须确保政府补贴购买服务资金切实用于居家养老专项工作，做到专款专用，收到实际效果。

（二）建立健全居家养老服务组织网络

一是由各乡镇、街道社区居家养老服务领导小组具体规划及承办本辖区的居家养老服务工作。二是充分利用好老年人日间照料服务中心（站）的资源优势，合理调配人力、时间，形成市、乡镇（街道）、村（社区）三级服务组织网络。三是强化三支队伍。即

建设专业化的家政服务、服务人员以及助老志愿者服务队伍。

（三）广泛宣传，为推动居家养老服务工作营造良好的社会氛围

首先，要广泛开展有关居家养老服务工作的宣传活动，使社会各界对其重要性和必要性有充分的认识并形成共识，努力营造一个社会关心支持、个人积极参与的良好氛围；其次，要做好向居家养老服务对象的宣传教育，逐步改变服务对象传统的生活观念和消极的消费理念，增进服务对象对社会的认同感和信任感，消除顾虑和偏见，鼓励更多的特困老年人主动融入社区大家庭，乐于接受服务；再次，要支持并推动社会志愿者义务为老年人服务，帮助老年人解决生活困难，进而在城乡逐步形成敬老爱老助老的良好社会风气。

（四）整合服务资源，促进部门共建

要按照政府主导、部门协同的工作思路，明确具体牵头单位，发挥相关部门优势，整合基层民政、人社、卫生、文化、教育、体育等公共服务资源，依托区域养老机构、社区服务、医疗卫生、老年活动等服务设施，建立完善乡镇（街道）、村（社区）运作平台和支持系统，形成整体合力，多渠道、多形式、多方位开展服务，逐步形成覆盖乡镇、街道社区，满足不同需求的居家养老服务网络。

（五）推动机制创新，保障持续发展

居家养老服务的机制创新是实现可持续发展的重要保障。要积极借鉴先进经验，努力推进机制创新。特别是在居家养老服务的市场运行机制、投入激励机制等方面要加大探索力度，积极寻求突破，努力培育和形成市场运行机制，鼓励和引导社会中介组织、市场服务主体积极参与居家养老服务特别是生活照料、医疗保健、精神关爱服务。

（六）努力建设一支热心于居家养老的专业化与志愿者相结合的养老服务队伍

要加强对居家养老服务人员的职业培训，强化责任，逐步推行专门服务人员职业技能等级证书和持证上岗制度，不断提高服务队伍的专业化水平。同时，要大力发展居家养老服务志愿者队伍建设，积极动员、组织、引导企事业单位、社会团体、慈善组织、中小学校、团员青年及广大居民为有需求的居家老年人提供力所能及的公益性服务，积极倡导低龄健康老年人参与为老志愿服务。要加强对志愿者队伍的组织和管理，在充分尊重志愿者意愿的基础上，对志愿者资源进行合理配置，从而进一步调动和发挥社会志愿者参与居家养老服务的积极性。

（七）结合“访惠聚”工作机制，健全和完善服务措施

深入开展调查摸底，了解掌握老年人动态，切实将有特殊家庭困难、需要政府补贴购买服务的老年人全部纳入居家养老服务范围。一是逐步扩面，实现城乡居家养老服务

全覆盖。力争全市乡镇、街道、村队、社区开展政府补贴购买居家养老服务的覆盖面达到100%，城市社区建立日间照料中心（站）的规模达到90%以上，农村建立日间照料中心（站）的规模达到50%，为城乡老年人提供养老、医疗不出社区半径服务区。二是降低门槛，适当扩大服务范围。服务对象人数可视具体情况适当增加或减少，但要适当降低年龄限制，将不满70岁但存在特殊情况的“三无”、“低保”等低龄老年人，以及虽有一定经济收入，但因病因残致贫、负债过重、生活极度困难的各年龄段老年人也纳入服务范围，使更多的老年人享受到社会、经济发展的文明成果。三是适当提高补贴标准，提高服务质量和效果。充分考虑市场物价因素，将居家养老服务补贴金额提高到200~500元。

（八）结合实际，推进中高端层面的服务

即以生活照料和精神慰藉为主打，提供符合人性化的层次较高的享受型的居家养老服务，使老年人在生活和精神双重服务下安享晚年。这种层面主要是通过乡镇、街道社区，采取政府购买服务的方式，组织社会有偿服务机构和专业人员，为符合条件并需要政府救济的孤寡、“三无”、特困、高龄老人等最弱势群体提供较深层次的居家养老上门服务。也就是以日托、起居照料、助餐、助医、助洁、助浴、送餐、配餐、家政、健康咨询、健康教育、康复护理、疾病防治、心理疏导、开设家庭病床、文化娱乐、精神慰藉、应急救助、法律咨询、法律援助、权益保障、代办、代购等方式为重点，以走访慰问、体检（义诊）、打扫室内外卫生、陪聊、谈心交流、陪同散步、读书读报等方式为补充，将二者有机结合起来，使服务对象在家里或在本辖区内，就能享受到较高层次的较为专业化的居家养老服务。这种服务一般将居家养老服务对象与社会有偿服务机构和服务人员（义工）相挂钩，相对应，通过村（社区）、服务机构和服务人员、居家养老服务对象三方签定协议，可采取“一对一、一对二、一对三”甚至一对多个服务对象的形式开展，并且做到时间上的合理搭配和质量上的确切保证。

（九）加强居家养老服务机制建设，完善社会化养老工作大格局

进一步扩大城镇基本养老保险覆盖面，完善最低生活保障制度，全面推行新型农村社会养老保险。继续落实并完善农村计划生育家庭奖励扶助政策，积极引导社会服务机构参与居家养老服务。继续推广以大病统筹为主的新型农牧区合作医疗制度和城镇居民医疗保险制度，扩大老年人医疗保险覆盖面。加强与宣传、老干、文体、文明办等部门联系，以村（社区）文化大院、便民服务中心为阵地，更多地组织老年人开展健康有益的文体活动、“去极端化”宣传教育活动等，丰富老年人精神文化生活。

（作者单位：库尔勒市老龄办）

打造养老基地

——特色风情小镇的“镇兴之路”

谢守心

近年来，海南省投入一定的财政资金，每年建设一批特色风情小镇建设。截至2014年年底，全省已初步建成海口市云龙镇、琼海市潭门镇以及澄迈县福山镇等21个特色风情小镇，约占全省乡镇总数的10%。一批风景秀丽、人文气息浓郁、配套设施齐全的特色旅游风情小镇不断涌现。其中博鳌、潭门、福山、水满乡等一大批特色风情小镇各具特色，成效明显。“十三五”期间，海南还将计划建设100个特色风情小镇，通过特色风情小镇的建设和发展，以点带面，加快推进城镇化进程，逐步实现城乡基础设施、公共服务和社会保障的城乡一体化。

和许多正在建设中的特色风情小镇一样，文昌市潭牛镇在历经两年多的建设之后，镇圩面貌有了较大改观，基础设施建设有了新进展，面貌一新。由于缺乏产业支撑，潭牛镇和其他一些特色风情小镇一样，徒有其名，游人稀少，并没有给小镇居民带来实际经济收益。如何实现风情小镇跨越式发展，学习博鳌等镇的先进经验，克服自身建设存在的问题，走出一条特色鲜明又符合自身实际的发展之路，是所有正在建设中的特色风情小镇共同面临的崭新课题。

一、潭牛镇概况和现状

潭牛镇位于海南省文昌市中部，距离文昌市仅10公里，距省会海口市50公里。这里是文昌半小时商务圈及海口半小时经济圈的交集点，是海口和文昌的“后花园”。海文高速公路纵贯其境，面积141.27平方公里，人口30684人，辖17个村（居）委会，248个经济社，6个社区居民小组。镇政府驻地潭牛圩，镇区面积2.1平方公里，常住人口5800人，是海南“四大名菜”之首“文昌鸡”发源地。

2012年，海南省住房和城乡建设厅确立潭牛镇为7个省级重点特色风情小镇之一。目前，潭牛镇小城镇建设已完成了过境道临街建筑立面改造和人行道铺设工程1200米，共21847平方米，同时配套绿化、亮化工程，完成卫生院至中心小学街道改造等9项市政基础设施改造工程，做好临街建筑遮阳棚铺设、中街立面改造等10项城镇建设工程，共投入资金2235.12万元，完成了对镇圩内环境的初步整治，进一步美化亮化城镇面貌，有力提升小城镇建设的整体形象。2015年，潭牛镇依托潭牛镇圩土地环境资源优势，建设落成潭牛田野公园，将农田水利设施与小城镇建设有机结合，为镇圩群众提供休闲娱乐场所的同时，也为小镇旅游风光增添一抹亮色。

二、发展中存在的问题

如今，小城镇建设初具规模，大大提升潭牛的整体形象，增强了潭牛市镇服务功能，产生一定的社会和经济效益。但也存在以下几点问题：一是缺乏经济发展引擎。由于片面重视镇圩景观建设，忽视切合小镇发展实际的产业引领，无法带动小镇旅游业和工商业的发展。来潭牛旅游的游客增长并不明显，过境旅客和居住旅客不多，潭牛镇圩面貌的大改观并没有引来设想中的高人气。小城镇第三产业密集，发展服务业是最佳选项，我们不能本末倒置，捧着金碗讨饭吃。二是产业发展滞后。由于缺乏产业支撑，风情小镇经济社会发展动力不足。作为文昌鸡的发源地，也是海南省主要的罗非鱼养殖基地，潭牛镇当地还有一些特色农产品，都还没有很好打开销路，形成产销两旺局面。三是人口聚集能力不强。城镇建设优势不明显，对农村人口、外来人口吸引力不强，人口数量少，城镇化水平低。四是镇圩文化挖掘不深。城镇个性不够鲜明，镇圩风格单一，千城一面，没有文化特色，缺乏人文精神内涵，不利于长远发展。

三、发展对策思考

党的十八大吹响进一步深化改革的号角，改革创新的时代大潮滚滚而至，潭牛作为我省首批特色风情小镇之一，要紧抓发展机遇，实现经济上的腾飞，成为真正意义上的特色风情小镇。

（一）打造“候鸟”异地养老基地，挖掘风情小镇服务养老产业潜力

近年来，我国的老龄化进程加快。截至2014年底，我国60岁以上老年人口已经达到2.12亿，占总人口的15.5%。面对人口基数如此庞大的老年群体，养老产业市场潜力巨大。据民政部《中国养老产业规划》估算，2015年，我国健康产业的市场规模达3000亿，至2030年，将超过10万亿元。我国养老产业已受到国内外资本的热捧。

养老服务产业链延伸甚广，包括旅游、房地产、医疗保健和食品等多个方面，具有显著的经济带动效应。不仅能够拉动GDP增长，还能提供大量的就业岗位。按全镇每年接纳1万~3万老年人异地度假养老计算，每人每年在小镇居住3至6个月，人均消费1万~1.5万元计算，将形成年1.5亿~4.5亿元的消费额，有这个庞大的消费需求推动，将直接助推镇域新一轮的发展高潮。同时，养老服务业属于第三产业，据国家有关部门测算，每24个老年人养老就可提供一个就业岗位，如果潭牛镇每年能吸引1万~3万老年人在镇上休闲养老度假，将会新增400~1200个就业岗位，数量十分可观。

同时，海南作为世界长寿岛，每年约有60万老人前来过冬休闲养老。这些老年人喜欢海南阳光沙滩空气，钟情海南美丽山水和人文风情，由于缺少承接养老服务的度假基地，

大多数老年人拥挤在海口、三亚、琼海等城市，既给城市造成了拥堵，老人们也生活得不够舒坦。如果我们发掘特色风情小镇养老服务功能，打造特色养老基地，既可满足老年人养生、保健、学习和休闲等多种需求，又可缓解海口、三亚等区域中心城市压力，还可以有效带动镇域经济社会的发展，使特色风情小镇闲置的旅馆业资源变为滚滚财源，进而带动服务业、工商业等相关产业发展，增加小镇居民家庭收入，壮大地方经济，一举多得。

我们要充分利用特色风情小镇的市镇功能相对完善，基本具备居住和医疗条件，紧抓海南养老事业发展这块大蛋糕，充分发挥特色风情小镇的旅居吸纳优势，拓宽发展思路，提升小城镇发展战略。积极依托当地丰富的自然资源、人文环境和便利的交通条件，按照休闲地产＋养老项目、旅游景区＋养老基地模式，引进有实力的社会养老机构进驻风情小镇，共同打造“候鸟式”异地养老基地。

（二）完善市镇功能，打造优质养老服务基地

建设功能完善、服务便捷的养老基地，必须加强基础设施和公共服务设施建设，加大投入，建设更加便捷，更加舒适的生活环境，吸引更多的老年人前来观光、休闲度假和置业。一是要加强基础设施建设。改善医疗卫生条件，推进公共交通发展，保障城镇居民用水用电。加强老年人宜居环境建设，对镇圩公共服务设施进行适老性改造，创建老年人宜居社区，提升城镇服务功能，为小镇旅游业发展打下坚实基础，使旅居小镇的“候鸟老人”达成山水养人、运动养身、怡养身心的目的。二是大力发展农家乐式旅游服务企业。目前，潭牛镇内农家乐式餐饮企业较少，这对乡村旅游发展是不利的。要大力引进民间资本成立农家乐式旅游服务企业，指导扶持和服务农家乐式旅游服务企业发展。大力推进休闲观光农业、乡村旅游，打造新的农民收入增长极。三是要吸引“候鸟”老人，提高小镇知名度和美誉度。每年来海南过冬的“候鸟”老人众多，他们热爱海南的碧海蓝天，并有一定的消费能力和需求，加上很多“候鸟”老人都是和同事朋友一起过来度假，亲友相伴，有很强的聚集效应。通过吸引“候鸟”老人，利用他们口耳相传的带动，必能使潭牛家喻户晓，提升知名度，更加有利于潭牛特色农产品销售。可依靠互联网，进行密集宣传，接受老人的网上预订；也可以和周边市县相对接，分解省内中心城市“候鸟”老人输入性养老压力。尤其是“候鸟”老人最为集中的三亚，通过与三亚合作，主动承接“候鸟”老人来潭牛过冬，以此打开新市场。

（三）搭建互联网平台，将特色风情小镇组团出售并提供订单化服务

现在，我省旅游发展已形成琼北、琼南和中部山区的旅游格局。通过组团的方式，不仅提高游客观光的质量，更带动海口、三亚周边市县共同发展。特色风情小镇能否也进行这样的组团呢？建议由镇政府牵头，搭建可信度高的互联网平台，全面推广风情小镇及其周边景点，把潭牛、龙楼、云龙等特色风情小镇纳入进来，并将每个小镇分门别类纳入不同团组，开通网上订单服务，游客既可以选择一系列特色风情小镇游，也可以单点一个小镇深度游。相应地，游客在网上下单后，各市县政府要做好无缝对接，导引、接送、餐饮、住宿、上门服务等各个环节都能有力拉动就业，增加收入。为拉动旅游业

发展，提升游客满意度，各市县政府可对小镇旅游项目予以专项补贴，使游客花更少的钱享受到更好地服务，将此项目做精、做强，形成品牌优势。同时，引入互联网企业，开辟特色风情小镇专门接待“候鸟”老人的新业务，将目标群体精准化。与去哪儿、携程、途牛等大型互联网旅游企业深度合作，大力推广我省丰富的小镇旅游资源，用市场化运作的方式提高“候鸟”老人满意度。

（四）发掘镇圩文化内涵，增强人文风情魅力

古希腊哲学家赫拉克利曾说，看不见的和谐比看得见的和谐更美。城市发展固然重要，但更重要的是发展城市的文化内涵。只有努力发展小镇软实力，提升群众素质，以人的发展推动整个镇域的发展，才能彰显潭牛特色，实现新型城镇化。潭牛民风淳朴，治安良好，这一稳定的环境是适宜发展旅游业的。下一步，要加大对文化建设的投入力度，依托深入发展特色风情小镇的契机，培养潭牛镇域文化，不断丰富潭牛人民的精神文化生活。一是将小镇文化建设与美丽乡村建设相融合。美丽乡村建设，改变的不仅是生态环境，村民的生活习惯、对人对事的看法都会慢慢随之改变。因而，要将潭牛镇域文化建设与美丽乡村建设共同推进，达到培养新型农民、繁荣农村文化、培育文明乡风、建设优美环境的目的。在村民中倡导垃圾分类、做好可再生资源的循环利用，定期进行环境整治，并以户为单位予以奖惩。使村民树立爱护环境意识，自觉呵护青山绿水。二是组织开展丰富多彩的文体活动，培育乡村文化新风尚。大力培育发展老年人协会组织，在村民中间成立广场舞协会、书法协会、乒乓球协会、排球协会等，定期组织村民开展健康的文化娱乐活动。三是推进乡村文化建设。创办农家书屋、乡村大舞台、农村数字电影院和村文化室等，形成村落三十分钟文化圈。在潜移默化之中提升潭牛群众的道德涵养，以更开放、包容、谦和、热情的姿态迎接八方来客。

（五）成立镇级家庭旅馆业协会，促进养老行业规范化管理运行

结合“互联网+”发展战略，在搭建互联网营销平台的基础上，成立镇级家庭旅馆业协会。将全镇的家庭旅馆业资源纳入进来，由协会制定行业规则，完善消防设施，统一服务标准，统一硬件配置，整合服务资源。利用“互联网+”技术优势，优化配置养老资源，探索实行养老机构和社区服务机构联合经营模式，实现“候鸟”老人在养老基地、乡村休闲旅社中的自由流转，建立“没有围墙的候鸟基地”。城乡养老机构通过签订协议的方式进行联结，互通有无，以团结协作共享候鸟经济发展的成果。“候鸟”老人则能以较少的成本，在城乡养老机构转换中得到更多难忘的旅居体验。同时，积极借助省市发改、财政、民政部门的力量，争取上级主管部门支持，建设好镇敬老院和社区老年人日间照料中心、老年公寓等，加强管理，规范化经营，形成产业优势，在优先保障本地老年人养老服务的同时，满足国内外“候鸟人群”异地养老的需要。努力把潭牛建设成为优秀的养老胜地，为提升老年人口的生活质量和幸福指数做出应有的贡献。

（作者单位：海南省文昌市潭牛镇政府）